T0124866

Orbis Ugariticus

Ausgewählte Beiträge
von Manfried Dietrich und Oswald Loretz
zu Fest- und Gedenkschriften

Anläßlich des 80. Geburtstages von Oswald Loretz

herausgegeben von

Manfried Dietrich

Alter Orient und Altes Testament

Veröffentlichungen zur Kultur und Geschichte des Alten Orients
und des Alten Testaments

Band 343

Herausgeber

Manfried Dietrich • Oswald Loretz

Beratergremium
R. Albertz • J. Bretschneider • St. Maul
K.A. Metzler • H. Neumann • U. Rüterswörden
W. Sallaberger • G. Selz • W. Zwickel

2008
Ugarit-Verlag
Münster

Orbis Ugariticus

Ausgewählte Beiträge
von Manfried Dietrich und Oswald Loretz
zu Fest- und Gedenkschriften

Anläßlich des 80. Geburtstages von Oswald Loretz
herausgegeben von
Manfried Dietrich

2008
Ugarit-Verlag
Münster

Orbis Ugariticus. Ausgewählte Beiträge von Manfried Dietrich und Oswald Loretz zu Fest- und Gedenkschriften.
Anläßlich des 80. Geburtstages von Oswald Loretz herausgegeben von Manfried Dietrich
Alter Orient und Altes Testament, Band 343

© 2008 Ugarit-Verlag, Münster

Alle Rechte vorbehalten
All rights preserved. No part of this publication may be reproduced, stored in a retrieval system, or transmitted, in any form or by any means, electronic, mechanical, photo-copying, recording, or otherwise, without the prior permission of the publisher.

Herstellung: Druckhaus Folberth, Pfungstadt
Printed in Germany
ISBN 978-3-934628-99-1

Printed on acid-free paper

Vorwort

Schon vor Jahren äußerte der Jubilar den Wunsch, sich bei nächster Gelegenheit der Herausgabe der Studien zu widmen, die er zusammen mit dem Herausgeber dieses Bandes in Fest- und Gedenkschriften zu Ehren von Kolleginnen und Kollegen verfaßt hat. Denn für die Forscherin und den Forscher *in rebus ugariticis* sei es nur schlecht möglich, sich einen Überblick über die nach wie vor aktuellen Inhalte der Beiträge zu verschaffen, die mitunter in abgelegenen Publikationen erschienen sind. Dies erschwere die laufenden lexikographischen, grammatikalischen, religionsgeschichtlichen und historischen Forschungen an Themen des syro-palästinischen und ostmediterran-levantinischen Kulturkreises und führe auch dazu, daß dort vorgelegte Forschungsergebnisse, wie neuere Publikationen zeigen, übersehen werden. Dem soll mit der hier vorgelegten Zusammenstellung entgegen getreten werden.

Entsprechend den Forschungsinteressen der Autoren, deren ausgewählte Beiträge zu Fest- und Gedenkschriften hier neu veröffentlicht werden, basieren die Studien in der Regel auf der Gegenüberstellung von syro-palästinischen Texten des 2. Jahrtausends v. Chr. beispielsweise aus Ugarit, Emar, Alalaḫ und Tell el-Amarna und dem Alten Testament. In diesem Rahmen bilden die keilalphabetischen Texte aus Ugarit wiederum einen Schwerpunkt.

Auf den ersten Blick stehen philologische Fragestellungen (Epigraphie, Poetologie, Lexikographie, Phonologie, Grammatik) zwar in den Vordergrund der Betrachtungen, sie dienen aber letztlich nur als Grundlage für die Erörterung von literarischen, religionsgeschichtlichen und historischen Themen über Ugarit und seine Welt. Von daher bietet sich für den Band der Titel „ORBIS UGARITICUS“ an.

Es ist eine Freude, die Sammlung der ausgewählten Beiträge zu Fest- und Gedenkschriften dem Jubilar anläßlich seines achtzigsten Geburtstages vorzulegen, ihm, der ein beredtes Beispiel für folgenden sumerischen Leitspruch zur Schriftgelehrsamkeit ist:

nam.dub.sar.ra
ama.gù.dé.ke_4.e.ne a.a.um.me.a.ke_4.eš

Die Gelehrtheit
ist die Mutter des Redners, der Vater des Gelehrten.

(W.G. Lambert, BWL 259:19)

Münster, im November 2007 *Manfried Dietrich*

Inhaltsverzeichnis

Baal, Leviathan und der siebenköpfige Drache *Šlyṭ* in der Rede des Todesgottes Môt (KTU 1.5 I 1-8 ‖ 27a-31) 75
M. Molina, I. Márquez Rowe, J. Sanmartín (ed.), *Arbor Scientiae.* Estudios del Próximo Oriente Antiguo dedicados a Gregorio DEL OLMO LETE con ocasión de su 65 aniversario. AuOr 17-18 (1999-2000)

Hunde im *ap* des königlichen 'Mausoleums' nach dem ugaritischen Keret-Epos 109
D. Groddek, S. Rößle (Hg.), *Šarnikzel.* Hethitologische Studien zum Gedenken an Emil Orgetorix FORRER (19.02.1894-10.01.1986). DBH 10 (2004)

Ḥorōn, der Herr über die Schlangen. Das Verhältnis von Mythos und Beschwörung in KTU 1.100 ... 119
P. Marrassini (ed.), Semitic and Assyriological Studies Presented to Pelio FRONZAROLI (Wiesbaden 2003)

"Siehe, da war er (wieder) munter!" Die mythologische Begründung für eine medikamentöse Behandlung in KTU 1.114 (RS 24.258) 141
M. Lubetzki, C. Gottlieb, Sh. Keller (ed.), Boundaries of the Ancient Near Eastern World. A Tribute to Cyrus H. GORDON. JSOTSS 273 (1998)

Hunde in Leben und Mythos der Ugariter 165
H. Altenmüller, D. Wildung (Hg.), Studien zur altägyptischen Kultur. Festschrift W. HELCK (Hamburg 1984)

Die ugaritische El-Dämonologie. Untersuchungen zu den Wortpaaren *tkm* ‖ *il šiy* und *aklm* ‖ *ʿqqm* 177
Y. Avishur, R. Deutsch (ed.), *Michael.* Historical, Epigraphical and Biblical Studies in Honor of Prof. Michael HELTZER (Tel Aviv 1999)

Übereignung von Personen in den Texten von Alalaḫ VII ATaB 21.07 und 24.01 195
M. Köhlbach, S. Procházka, G.J. Selz, R. Lohlker (Hg.), Festschrift für Hermann HUNGER zum 65. Geburtstag gewidmet von seinen Freunden, Kollegen und Schülern. WZKM 97 (2007)

***šmn* (*arṣ*) "wohlriechende(s) Öl/Fett/Salbe (der Erde)" als Metonymie für "Regen". Die ugaritisch-hebräischen Parallelismen *ṭl* ‖ *šmn* , *šmn* ‖ *nbt* und das biblische Binom "Milch und Honig"** 207
J. Luchsinger, H.-P. Mathys, M. Saur (Hg.), «... der seine Lust hat am Wort des Herrn!» Festschrift für Ernst JENNI zum 80. Geburtstag. AOAT 336 (2007)

Einführung

In der vorliegenden Auswahl von Beiträgen zu Fest- und Gedenkschriften werden zweiundzwanzig neu abgedruckt – am Ende der Einführung (S. XII) und in der jeweils ersten Fußnote werden die ursprünglichen Publikationsorte aufgeführt. Allen Verantwortlichen und Institutionen sei herzlich für ihre zumeist spontane Bereitschaft gedankt, den Wiederabdruck der Beiträge zu gewähren.

Folgende vier Beiträge zu Festschriften kommen nicht wieder zum Abdruck:

- *Die Alphabettafel aus Bet Šemeš und die ursprüngliche Heimat der Ugariter*, in: G. Mauer, U. Magen (Hg.), *Ad bene et fideliter seminandum.* Festgabe für Karlheinz DELLER zum 21. Februar 1987. AOAT 220 (1988), 61-85;
- *Der Prolog des Krt-Epos*, in: H. Gese, H.-P. Rüger (Hg.), Wort und Geschichte. Festschrift für Karl ELLIGER zum 70. Geburtstag. AOAT 18 (1973), 31-36;
- *Einzelfragen zu Wörtern aus den ugaritischen Mythen und Wirtschaftstexten. Zur ugaritischen Lexikographie (XV)*, in: K. Bergerhof, M. Dietrich, O. Loretz (Hg.), Festschrift für Claude F. A. SCHAEFFER am 6. März 1979. UF 11 (1979), 189-198;
- *The Syntax of Omens in Ugaritic* (tr. R. White), in: E.M. Cook (ed.), *Sopher Mahir.* Northwest Semitic Studies Presented to Stanislav SEGERT. Maarav 5-6 (1990), 89-109.

Die Anordnung der Beiträge richtet sich nach dem Alphabet der Namen der Geehrten. Auf eine inhaltliche Gruppierung wurde verzichtet, weil die Abhandlungen vom Studium bestimmter Texte – wie etwa keilalphabetisch-ugaritische, akkadische und aramäische – ausgehen und in der Regel mehrere Themenbereiche (Lexikographie, Geschichte, Mythologie, u.a.m.) abdecken.

Die Beiträge werden in dem von uns bei ihrer Abfassung gewählten Format abgedruckt und nicht in dem von den jeweiligen Herausgebern der Sammelbände durch Umformatierung erstellten. Letzteres wird dadurch mitgeteilt, daß im Abdruck der Seitenwechsel in der Ursprungspublikation durch eine nach links ausgeworfene Zahl und durch einen senkrechten Strich auf der Zeile (|) angezeigt wird. Auf diese Weise soll eine direkte Gegenüberstellung der Texte des ursprünglichen Publikationsortes und des Abdrucks erleichtert werden.

Am Ende der Sammlung schlüsseln Indizes (S. 359-377: Sachen, Namen, Wörter, Stellen) die Themen auf, die in den Beiträgen zur Sprache gebracht worden sind.

Verzeichnis der ursprünglichen Publikationsorte

R. Stiehl, H.E. Stier (Hg.), Beiträge zur Alten Geschichte und deren Nachleben, Festschrift F. **ALTHEIM** (Berlin 1969), 14-23.

Gordon D. Young, Mark W. Chavalas, Richard E. Averbeck (ed.), Crossing Boundaries and Linking Horizons. Studies in Honor of Michael C. **ASTOUR** on His 80th Birthday (Bethesda MA 1997), 211-242

M. Heltzer, M. Malul (ed.), *Teshûrôt laAvishur.* Studies in the Bible and the Ancient Near East, in Hebrew and Semitic Languages. Festschrift Presented to Prof. Yitzhak **AVISHUR** on the Occasion of his 65th Birthday (Tell Aviv - Jaffa 2004), 29*-46*.

C. Roche (éd.), Du Ṣapounou au Ṣaphon. Mélanges en l'honneur de Pierre **BORDREUIL** (i.D.)

L. Eslinger, G. Taylor (ed.), Ascribe to the Lord. Biblical & other Studies in Memory of Peter C. **CRAIGIE**. JSOTS 67 (1988), 109-116.

A. Caquot, S. Légasse, M. Tardieu (éd.), Mélanges bibliques et orientaux en l'honneur des M. Mathias **DELCOR**. AOAT 215 (1985), 113-116.

M. Molina, I. Márquez Rowe, J. Sanmartín (ed.), *Arbor Scientiae*. Estudios del Próximo Oriente Antiguo dedicados a Gregorio **DEL OLMO LETE** con ocasión de su 65 aniversario. AuOr 17-18 (1999-2000), 55-80.

D. Groddek, S. Rößle (Hg.), *Šarnikzel*. Hethitologische Studien zum Gedenken an Emil Orgetorix **FORRER** (19.02.1894-10.01.1986). DBH 10 (2004), 253-262.

P. Marrassini (ed.), Semitic and Assyriological Studies Presented to Pelio **FRONZAROLI** (Wiesbaden 2003), 150-172.

M. Lubetzki, C. Gottlieb, Sh. Keller (ed.), Boundaries of the Ancient Near Eastern World. A Tribute to Cyrus H. **GORDON**. JSOTSS 273 (1998), 174-198.

H. Altenmüller, D. Wildung (Hg.), Studien zur altägyptischen Kultur. Festschrift W. **HELCK** (Hamburg 1984), 631-642.

Y. Avishur, R. Deutsch (ed.), *Michael*. Historical, Epigraphical and Biblical Studies in Honor of Prof. Michael **HELTZER** (Tel Aviv 1999), 127-144.

M. Köhlbach, S. Procházka, G.J. Selz, R. Lohlker (Hg.), Festschrift für Hermann **HUNGER** zum 65. Geburtstag gewidmet von seinen Freunden, Kollegen und Schülern. WZKM 97 (2007), 137-146.

J. Luchsinger, H.-P. Mathys, M. Saur (Hg.), «... der seine Lust hat am Wort des Herrn!» Festschrift für Ernst **JENNI** zum 80. Geburtstag. AOAT 336 (2007), 46-59.

A.S. Kaye (ed.), Semitic Studies. In honor of Wolf **LESLAU**. On the occasion of his eighty-fifth birthday November 14th, 1991 (Wiesbaden 1991), 309-327.

L. Kogan (ed.), Studia Semitica. Orientalia: Papers of the Oriental Institute (Alexander Yu. **MILITAREV** LX), Issue III (Moscow 2003), 53-78.

Sh. Isreel, I. Singer, R. Zadok (ed.), Past Links. Studies in the Languages and Cultures of the Ancient Near East. This volume of Israel Oriental Studies is dedicated to Professor Anson F. **RAINEY**. IOS 18 (1998), 335-363.

A.-S. Dalix (éd.), Volume d'hommage dédié à la memoire de G. **SAADÉ** (i.D.).

G. del Olmo Lete, L. Feliu, A. Millet Albà (ed.), *Šapal tibnim mû illakū*. Studies Presented to Joaquín **SANMARTÍN** on the Occasion of His 65th Birthday. AuOrS 22 (2006), 183-193.

Antike und Universalgeschichte. Festschrift Hans Erich **STIER** zum 70. Geburtstag am 25. Mai 1972 (Münster 1972), 39-42

R.J. van der Spek (ed.), Festschrift Marten **STOL** (i.D.)

W.G.E. Watson (ed.), „He unfurrowed his brow and laughed". Essays in Honour of Professor Nicolas **WYATT**. AOAT 299 (2007), 345-357.

Der Amarna-Brief VAB 2, 170 *

In der historischen Forschung über die Amarna-Zeit spielt der Brief VAB 2, 170 eine besondere Rolle. Als Absender dieses Schreibens treten *Baʿalūja* und *Beti-ilu* auf, der Adressat ist der König der beiden Autoren.

Seit dem Bekanntwerden dieses Briefes besteht das Problem, wer dieser angeredete König ist und wo er sich zur Zeit der Abfassung des Briefes befand.

Hinsichtlich des Empfängers sprach J.A. Knudtzon die Meinung aus, der Brief sei an den Pharao gerichtet. [1] Obwohl dies innerhalb der Amarna-Korrespondenz naheliegt, haben formale und inhaltliche Indizien H. Winckler zur Ablehnung dieser These geführt. Nach H. Wincklers Ausführungen ist der Briefempfänger *Aziru* von Amurru gewesen. [2] Diese Bestimmung des Adressaten hat allgemeine Anerkennung gefunden. [3]

Über den Aufenthaltsort *Azirus* zur Zeit der Abfassung dieses Briefes
15 konnte bisher keine letzte Einigung erzielt werden. Auf der einen Seite | versucht S. Smith den Beweis zu führen, *Aziru* habe sich damals in seiner Heimat Amurru aufgehalten. [4] Auf der anderen Seite besteht die allgemein akzeptierte Theorie, *Aziru* habe ihn während eines längeren Aufenthaltes in Ägypten [5] in Empfang genommen. [6]

Völlig offen ist die Frage, auf welchem Wege dieser Brief in das Archiv des Pharao gekommen ist. S. Smith versucht den Sprung von Amurru nach Amarna mit Hilfe eines ägyptischen Offiziers, der den Brief — aus welchen Gründen auch immer — an den Hof des Pharao gebracht habe. [7] Auch bei der Annahme, *Aziru* habe den Brief in Ägypten entgegengenommen, ergibt

---

* *Aus:* R.Stiehl, H.E. Stier (Hg.), Beiträge zur Alten Geschichte und deren Nachleben, Festschrift F. ALTHEIM (Berlin 1969), S. 14-23.

[1] Vgl. VAB 2, S. 1273.

[2] KAT[3], S. 199.

[3] S. z.B. H. Klengel, MIO 10 (1964) 76.

[4] S. Smith, TTKY 7/5, 33ff.

[5] Vgl. V. Korošec, CRRA 15, S. 126 mit Anm. 1.

[6] H. Klengel, MIO 10 (1964) 76; Helck, Beziehungen 182.

[7] S. Smith, TTKY 7/5, 34.

sich die Frage, wie das an ihn gerichtete Schreiben in die königliche Bibliothek gelangte. W. Helck erwägt eine Beschlagnahme des Schreibens durch die ägyptische "Zensur", die es in das Archiv des Auswärtigen Amtes habe gelangen lassen. [8]

In dem hier zu behandelnden Brief wird der Empfänger über zwei große militärische Aktionen der Hethiter informiert. Die eine steht unter der Leitung des hethitischen Generals *Lupakku* und ist gegen das Land Amqu gerichtet, die andere leitet *Zitana* und betrifft das Land Nuḫašše (Z. 14-18) bzw. 19-35). Die Diskussion über die historischen Hintergründe der einzelnen Nachrichten leidet verschiedentlich darunter, daß die philologische Interpretation des Briefes bisher zu keinem eindeutigen Ergebnis kommen konnte. So spricht O. Weber z.B. im Falle von Z. 10-13 von einer dunklen Stelle, [9] und S. Smith mißachtet in seiner syntaktischen Analyse die von den Briefverfassern selbst durch einen Trennungsstrich deutlich hervorgehobenen Sinnabschnitte. [10]

Es dürfte aus diesem Grunde nützlich sein, dieses historisch bedeutsame Dokument erneut unter philologischen Gesichtspunkten zu behandeln. Die Grundlage dafür bietet eine Kollation des Originals. Für die Erlaubnis zur Durchführung derselben danken wir Herrn Generaldirektor Prof. Dr. G.R. Meyer, Berlin.

16 | Im folgenden soll zunächst der Text in *Umschrift* und *Übersetzung* geboten werden. Daran schließt sich, soweit dies den Verfassern als wichtig erschien, ein *Kommentar* über philologische Einzelfragen an.

Umschrift

1. *a-na* LUGAL EN-*ni*
2. *um-ma* ^{md}IM^{lu}-*ia ù um-ma*
3. ^{m}*Be-ti*-DINGIR *a-na* GÌR^{meš} EN-*ni ni*-AM-QUT
4. *a-na muḫ-ḫi* EN-*ni lu-ú šul-mu*
5. *ù an-na-kám iš-tu* KUR^{meš}-*šu*
6. *ša* EN-*ni dan-níš šul-mu*

---

7. EN-*ni mi-im-ma-am-ma*
8. *i-na lìb-bi-ka la ta-šak-kán*
9. *lìb-bá-ka la tù-uš-ma-ra-aṣ*

---

[8] Helck, Beziehungen 182.

[9] VAB 2, S. 1274.

[10] TTKY 7/5, 33ff.

10. EN-*ni ki-i-me-e te-le-é*ʾ*-e-mi*
11. *ù pa-ni-šu-nu ṣa-bat // zu-zi-la-ma-an*
12. *ki-i-me-e i-na aš-ra-nu*
13. *la ú-wa-aḫ-ḫé-ru-ka*

---

14. *ša-ni-tam* ERÍN^{meš} KUR *Ḫa-at-te*
15. ^{m}*Lu-pa-ak-ku el-te-qú-nim*
16. URU$^{\text{ḫi.a}}$ KUR *Am-qí ù iš-tu* URU$^{\text{ḫi.a}}$
17. ^{m}*A-ad-du-mi el-te-qú-nim-mi*
18. *ù be-li-ni li-i-de*$_4$

---

19. *ša-ni-tam ki-a-am né-eš-te-mi*
20. ^{m}*Zi-ta-na*
21. *el-le-kám-mi* (———)
22. *ù 9 10.000*^{meš} ERÍN ^{meš} GÌR
23. *it-ti-šu ša el-le-kám*
24. *ù a-ma-ta la nu-tar-ri-iṣ*
25. *šum-ma i-na ki-it-ti i-bá-aš-šu-nim*
26. *ù i-kà-ša*$_{10}$*-du-nim*
27. *i-na* KUR *Nu-ḫa-aš-še*
28. *ù* ^{m}*Be-ti*-DINGIR
29. *a-šap-par a-na pa-ni-šu*
30. *ki-i-me-e pa-ni-šu-nu*
31. *ni-ṣa-ab-bat ù* ^{lú}DUMU.KIN$^{ip\text{-}ri}$*-ia*
32. *ar-ḫi-iš a-na muḫ-ḫi-ka*
33. *a-ša*$_{10}$*-ap-pár ki-i-me-e a-ma-tam*
34. *ut-te-er-ka šum-ma i-bá-aš-ši*
35. *ù šum-ma ia-nu*

---

36. *a-na* ^{m}GAL-DINGIR *ù* ^{m}ÌR-^{d}IB
37. *a-na* ^{m}DUMU-*a-na ù* ^{m}GAL-*ṣí-id-qí*
38. *um-ma* ^{m}*A-mur*-^{d}IM
39. *a-na muḫ-ḫi-ku-nu lu-ú šul-mu*
40. *lìb-bá-ku-nu la tù-uš-ma-ra-//ṣa-nim*
41. *ù mi-im-ma i-na* ŠÀ-*ku-nu la ta-šak-kán-//nu-nim*
42. *ù an-na-kám iš-tu* É^{meš}*-ku-nu*
43. *dan-níš šul-mu ù a-na* ^{m}*A-na-tí*
44. *šul-ma qí-bi*

Übersetzung

1. An den König, unseren Herrn:
2. folgendermaßen *Baʿalūja* und folgendermaßen
3. *Beti-ilu*: Zu Füßen unseres Herrn fallen wir nieder!
4. Unserem Herrn sei Wohlbefinden!
5. Auch hier in den Ländern
6. unseres Herrn ist gar sehr Wohlbefinden!

---

7. Unser Herr, um nichts
8. sorge dich!
9. Betrübe dein Herz nicht!
10. Unser Herr, wenn es dir möglich ist,
11. dann sprich bei ihnen vor,
12. damit sie dich nicht (länger) dort
13. zurückhalten!

---

14. Ferner: Die Truppen des Landes Ḫatti
15. haben unter *Lupakku* eingenommen
16. die Städte des Landes Amqu, und mit den Städten
17. haben sie *Aaddumi* weggenommen —
18. unser Herr nehme (dies) zur Kenntnis!

---

19. Ferner: Folgendes haben wir gehört:
20. *Zitana*
21. ist gekommen
22. und 90 000 Mann Infanterie
23. sind mit ihm gekommen.
24. Wir haben noch kein Wort (an ihn) gerichtet.
25. Falls sie in Wirklichkeit da sind
26. und sie
27. im Land Nuḫašše ankommen,
28. dann werde ich *Beti-ilu*
29. zu ihm senden.
30. Wenn wir mit ihnen

19 | 31. zusammentreffen, dann werde ich meinen Boten

32. eiligst zu dir
33. senden, damit er dir Nachricht
34. überbringe, ob es sich so verhält
35. oder nicht.

36. An *Rabi-ilu* und an *Abdu-*^{d}IB,
37. an *Bin-Anu* und *Rabi-ṣidqī*:
38. folgendermaßen *Amur-Baʿal*:
39. Euch sei Wohlbefinden!
40. Betrübt euer Herz nicht
41. und sorgt euch um nichts!
42. Auch hier in euren Häusern
43. ist gar sehr Wohlbefinden! Richte auch an *Anati*
44. einen (besonderen) Gruß aus!

Kommentar

Z. 2: ^{d}IM^{lu}-*ia*: Der Name besteht aus ^{d}IM und dem 'Zärtlichkeitsaffix' *-ia* (s. J.J. Stamm, MVAeG 44, 113). ^{d}IM ist hier wegen der Komplementierung mit *lu* *Baʿalu* zu lesen. *Baʿalūja* ist an die Seite von ug. ^{d}U^{li}-*ia* = *Baʿalīja* (StP 1, 330) zu stellen. [11]

Z. 3: Der Name ^{m}*Be-ti*-DINGIR wurde bisher *Bat-ti-ilu* gelesen, wobei das erste Element, *batti*, noch nicht zufriedenstellend erklärt wurde. Dieses Element ist das hurr. *be/anti-/wanti-* "gerecht, richtig" (s. NH 352; NPN 244f.). Aus statistischen Gründen ist die Lesung *beti* wahrscheinlich der von *batti* vorzuziehen.

20 | *Beti-ilu* hat eine direkte Entsprechung im ug. *bdil* (s. OLZ 62, 1967, Sp. 546). [12]

GÌR^{meš}: Die Kopien geben vor dem MEŠ zusätzlich einen senkrechten Keil an, der im Original zwar vorhanden ist, wohl aber als ein Schreibfehler betrachtet werden muß.

ni-AM-QUT: Diese Schreibung kommt ferner in den Briefen 59, 4

---

[11] In diesem Zusammenhang ist auch der Name ^{d}IM^{la}-*nu/a* (Syria 18 [1937] 251, 3 sowie StP 1, 329) zu erwähnen, der als ersten Bestandteil ebenfalls den GN *Baʿal* mit dem Komplement *la* und als zweiten die Endung *-nu* (nach dem Gesetz der Diptosie, s. zuletzt D.O. Edzard, CRRA 15, 64 mit Anm. 6, stets *-na*) aufweist. F. Thureau-Dangin (Syria 18 [1937] 251,3) und A. Goetze (Language 17 [1941] 132 Anm. 51) geben dagegen ^{d}IM mit *Addu* wieder und fassen *-lana* als einen selbständigen Bestandteil auf; A. Goetze übersetzt diesen Namen folglich: "The Stormgod is ours".

In Māri begegnet der Name *Baʿalānu* in Verbindung mit dem Determinativpronomen 3. sg. m. *šū/zū* als *Zū-bāla-n*, s. OLZ 62 (1967) Sp. 550f. zu ug. *ṯbǵl* (M. Wagner leitet dagegen *Zu-ba-la-an* von der Wurzel *zbl* "tragen" ab: Vetus Testamentum, Supplements 16 [1967] 363).

[12] Abwegig ist der Erklärungsversuch des Elementes *bd-* durch **ba-yadi* "durch, durch die Hand, in der Hand" in StP 1, 118.

und 100, 6 [13] vor und ist wahrscheinlich folgendermaßen zu erklären: Gewöhnlich wird ein Brief von einer einzelnen Person verfaßt, so daß *am-qut* die Normalform darstellt. Der Gewohnheit treu bleibend betrachtete der Schreiber des vorliegenden Briefes *am-qut* als Ausgangspunkt und bildete die Pluralform durch Voranstellung des Präfixes der 1. pl. AM-QUT wäre demnach gewissermaßen als ein Pseudoideogramm aufzufassen und die Verbalform als *nimqut* (und nicht etwa als *niamqut*) zu lesen. [14]

Z. 5: *ištu* hat hier die Bedeutung "mit", steht also anstelle eines zu erwartenden *itti* (vgl. AkkBo 141, s.v. *ištu* 4). Das gilt auch z.B. für 34,4; 145,6; 166,4. In den Texten aus Ugarit findet sich in den entsprechenden Wendungen *itti*, s. z.B. PRU 3, S. 13: 16.111, 8; S. 15: 15.33,13; S. 16: 12. 05,1 (in den alphabetischen Texten steht hierfür *ʿm* "mit", s. z.B. 89 [= CTA 52],12f.; 1015 [= PRU 2,15],17f.; vgl. WUS 2041,2 sowie UT 1863).

Z. 5f.: *mātātī-šu bēlī-ni*: Die Auflösung der Annexion durch das Determinativpronomen *ša* drückt hier wahrscheinlich eine besondere Betonung des Regens aus (s. GAG § 138j).

Z. 8f.: Die Wendung *ina libbi šakānu* bedeutet zunächst neutral "sich zu Herzen nehmen, sich um etwas kümmern" (vgl. AHw 549, s.v. *libbu* 4i).
21 | Wie die parallele Wendung *libba šumruṣu* "das Herz betrüben, kränken" (s. AHw 610, s.v. *marāṣu* Š 4a) in Z. 9 zu erkennen gibt, muß *ina libbi šakānu* hier "sich um etwas sorgen" bedeuten.

Z. 10: *kīmē* leitet hier einen temporal-konditionalen Nebensatz der Vorzeitigkeit ein und bedeutet "wenn". Da sich die Satzaussage auf die Zukunft bezieht, steht dem Präsens des Nebensatzes ein Imperativ im übergeordneten Satz (Z. 11) gegenüber.

Z. 11: *ù* leitet als *u*-konsekutivum den übergeordneten Satz ein.

---

[13] VAB 2, S. 1461 wird außerdem eine Schreibung *ni-um-qu-ut* aus 200, 5 angeführt. Da von dem *-um-* weder in der Kopie von O. Schroeder noch auf dem Original etwas zu sehen ist, dürfte hier an Anlehnung an 59, 4; 100, 6 und 170, 3 eher *-am-* als das zu erwartende *-im-* zu ergänzen sein.

[14] Eine andere Lösung des hier aufgeworfenen Problems wäre: Die Qualität des *-a-* in *-am-* ist von dem Praefix *ni-* her zu bestimmen und dementsprechend hell, d.h. wie ein *-ä-*. Dies könnte durch alle jene Fälle gestützt werden, in denen ein *-a-* mit *-i-* (oder *-e-*) wechselt, also wohl ein zwischen diesen liegender Laut *-ä*?!- angezeigt wird (vgl. z.B. VAB 2, S. 1461 s.v. *malāku*; 1464 s.v. *marāṣu* Š; 1511ff. s.v. *šamú*). In diesem Falle wären als Transkriptionen *ni*-AM-*qut*/*qú-ut* und die Lesung **nämqut* vorzuschlagen.

Die Einordnung der hier zur Sprache stehenden Formen unter "gebrochene Schreibungen" durch G. Jucquois (Phonétique 118) besteht nur dann zu recht, wenn sie nicht zugleich als fehlerhafte Schreibungen bewertet werden — so G. Jucquois.

Zur hurr. Glosse *zuzilaman* als Übersetzung des akk. *pānī-šunu ṣabat* s. F. Bork, OLZ 35 (1932) Sp. 377; E.A. Speiser, AASOR 20 (1941) 159; HethWb 327.

Die Wendung *pāna ṣabātu* bedeutet "jdn. zu sehen bekommen, antreffen, bei jdm. vorsprechen" (s. CAD Ṣ 29, s.v. *ṣabātu* 8, *pānu* b), was in Z. 30f. besonders deutlich wird.

Z. 12: *kīmē* steht hier zu Beginn eines Finalsatzes, der von *pānī-šunu ṣabat* abhängt (zum *kīmē*-finalis siehe AHw 478, s.v. *kīmē* C 5); so schon S. Smith, TTKY 7/5, 35. *kīmē* ist hier also keine temporal-konditionale Subjunktion zur Einleitung eines Nominalsatzes, wie dies allgemein angenommen wird, weil die einen übergeordneten Satz einleitende Konjunktion *u* zu Beginn der Z. 13 fehlt.

Z. 14: *šanītam* "zweitens, ferner" (vgl. auch ARMT 15, 263) steht ebenso wie in Z. 19 zu Beginn eines neuen syntaktischen und inhaltlichen Abschnittes — graphisch ist dieser Abschnitt durch einen Trennungsstrich hervorgehoben.

Z. 15: Zur Person *Lupakku* s. NH Nr. 708, 1 (S. 108 mit Literaturangaben) und H. Klengel, MIO 10 (1964) 77.

Z. 16f.: Bislang wurde der Abschnitt *ištu ālāni Aaddumi elteqûnim-mi* gewöhnlich "von den Städten des *Aaddumi* haben sie genommen" übersetzt und dahingehend interpretiert, daß der Hethiter *Lupakku* nicht nur die Städte des Gebietes Amqu, sondern auch solche, die dem *Aaddumi* gehörten, weggenommen habe. Dafür gibt es, wie S. Smith zutreffend feststellt (TTKY 7/5, 36), keine Anhaltspunkte. Syntaktisch ist dieser Satz vielmehr so zu verstehen, daß der PN *Aaddumi* das Objekt von *elteqûnim-mi* ist. Da *ištu* hier ebenso wie in Z. 5 und 42 "mit" bedeutet (der Brief gebraucht nur in Z. 23 *itti* mit dieser Bedeutung), wird dem König mitgeteilt, daß zugleich mit den zuvor erwähnten Städten von
22 Amqu auch *Aaddumi*, | der dort die Belange *Azirus* vertreten haben dürfte, von *Lupakku* weggeführt worden sei.

Z. 18: *līde* ist als Kontraktion von *lū+īde* zu verstehen, die hauptsächlich in Amarna-Texten belegt ist (vgl. Jucquois, Phonétique 155).

Z. 20: Zu *Zitana* s. NH Nr. 1553 (S. 211).

Z. 21: Das letzte Zeichen in dieser Zeile ist wahrscheinlich ein unvollendetes *ù* (s. VAB 2, 170 zur Zeile: S. 677 Anm. e).

Z. 22: Während H. Winckler-L. Abel (Der Tontafelfund von El Amarna, II/2, Berlin 1890, Nr. 143) und O. Schroeder (VS 11, Nr. 94) das dritte Zeichen dieser Zeile ungenau wiedergegeben haben, hat es J.A. Knudtzon in seiner Liste "Undeutliche und fragliche Zeichen" exakt kopiert. Die richtige Deutung dieses Zeichens als LIMXGUNU "Myriade" gab — auch unter Hinweis auf unsere Stelle — erstmals E. Forrer in BoTU 1,

23 (zu Nr. 354; s. auch ŠL 351, 20).[15] Die Lesung des Zeichens LIMXGUNU ist unbekannt, vgl. jedoch ug. *rbt* (pl. *rbbt*; WUS 2481 und UT 2899) und hebr. *rbbh* "Myriade".

ERÍN^{meš} GÌR "Infanterie": zur Lesung *ṣābē šēpē* siehe E. von Schuler, Or 25 (1956) 228, 3 und 233.

Z. 23: Das Subjekt von *ellekam* sind die 90 000 Mann Infanterie.

Z. 25: *šumma* "wenn" dient als Einleitung des konditionalen Nebensatzes, der bis Z. 27 geht.

Z. 28: *ù* am Beginn der Zeile leitet den übergeordneten Satz zum vorangehenden Konditionalsatz (Z. 25-27) ein.

Z. 30f.: Wie in Z. 10 folgt auf *kīmē* ein temporal-konditionaler Nebensatz, der mit *niṣabbat* endet.

Zur Wendung *pāna ṣabātu* s. oben zu Z. 11.

Z. 31-33: Mit *ù* beginnt der dem *kīmē*-Satz übergeordnete Satz.

Z. 33f.: Wie in Z. 12 ist auch hier von *kīmē* ein Finalsatz abhängig.

Die perfektische Verbalform *uttēr* des Finalsatzes ist, da sich der übergeordnete Satz auf die Zukunft bezieht, im Sinne des Futurum exactum zu verstehen.

Z. 34f.: *šumma* ... *ù šumma* "ob ... oder ob" stellt einen vom vorangehenden Finalsatz abhängigen disjunktiven Satz dar (vgl. GAG § 180).

Z. 36: GAL-DINGIR — *Rabi-ilu* hat eine direkte ug. Entsprechung in *rbil* (s. StP 1, 179; vgl. auch den Māri-Namen *jarbi*-DINGIR: APNM 260).

23 | ÌR-^{d}IB/*Uraš* enthält als erstes Element *abdu* (vgl. die Namen mit *ḫabdu-* in APNM 189 und die ug. PNN *ʿbd*-GN) und als zweites den GN ^{d}IB/*Uraš*, dessen westliche Lesung unbekannt ist.

Z. 37: DUMU-*a-na*: Das erste Element dürfte *bin* "Sohn" zu lesen sein. Zur Diskussion über das zweite als möglichen GN s. APNM 199 (s.v. ḪN), StP 1, 110 sowie G. Buccellati, The Amorites of the Ur III Period, Naples 1966, 138 (zu *Bu-na-a-nu-um*).

GAL-*ṣí-id-qí*: Zur Lesung von GAL s. oben zu Z. 36 GAL-DINGIR.

Z. 38: *A-mur-*^{d}IM dürfte dem ug. *amrbʿl* entsprechen und demnach wahrscheinlich *Amur-Baʿalu* zu lesen sein. Die Interpretation des Elementes *amur-* als finite Verbalform von *amāru* "sehen" ist umstritten: I.J. Gelb sieht in *amur-* einen Imperativ (MAD 2^2, 181), J.J. Stamm und E. Sollberger betrachten *āmur-* als ein Imperfekt (MVAeG 44, 183f. bzw. TCS 1, 99).[16]

---

[15] In CAD Ṣ 50a unten wird dieses Zeichen als unleserlich betrachtet.

[16] J. Aistleitner analysiert *amr-* im ug. *amrbʿl* als Nomen: "Wunsch, Rede(?)" (WUS 285).

Z. 40f.: Zu den Wendungen *libba šumruṣu* und *ina libbi šakānu* s. oben zu Z. 8 und 9.

Die Schreibung *ta-šak-kán-nu-nim* ist in zweifacher Hinsicht auffallend: 1. Die Doppelschreibung des letzten Radikals von *šakānu* und 2. die Pluralendung *-ū*. Zu 1: Die Doppelschreibung ist wohl rein graphisch zu verstehen: Zur Angabe des Plurals hat der Schreiber an die KVK-Silbe *-kán-* noch *-nu-* angefügt. Zu 2: Anstelle des *-u-* wäre auch hier wie in *tušmarraṣā-nim* ein *-a-* zu erwarten.

Z. 42: Zu *ištu* in der Bedeutung "mit" s. oben zu Z. 5 und 16.

Z. 43: *Anati* dürfte ein allgemein auf das theophore Element verkürzter PN sein (vgl. J.J. Stamm, MVAeG 44, 117). Ug. Entsprechungen sind wohl *ʿnt* und *ʿntn* (WUS 2066 und 2067; UT 1889 und 1890).[17]

[17] Zu amor. *Ḫanat* auch in PNN s. D.O. Edzard, CRRA 15, 64.

Der Vertrag zwischen Ir-Addu von Tunip und Niqmepa von Mukiš

(Al.T. 2) *

1. Vorbemerkungen

1938 hat Sir L. Woolley einen weitläufigen Palast der Schicht IV von Tell Atchana/Alalaḫ freigelegt, den er aufgrund seiner Fundobjekte dem Herrscher Niqmepa, dem Sohn des Idrimi, zuweisen konnte. [1] Dort fand er an den Stufen zum Palasttor innerhalb des Hofes [2] den in zwei Teile zerbrochenen Vertragstext, den D.J. Wiseman 1956 als Nr. 2 in seiner Ausgabe der Alalaḫ-Tafeln [3] vorgestellt hat: im CATALOGUE (S. 26-30) mit Umschrift und Übersetzung und im Tafelteil mit einer Autographie (PLATE II-III).

212 | Wegen seines schlechten Erhaltungszustands konnte dieser Vertragstext zwischen Niqmepa von Alalaḫ/Mukiš und Ir-Addu von Tunip, obwohl er einer der wenigen 'internationalen' ist, die bis *dato* in Syrien ans Tageslicht gekommen sind, sich nicht in wünschenswerter Weise einen festen Platz in der modernen Geschichts- und Sprachforschung der Altorientalistik sichern. So liegt nach der Erstveröffentlichung durch D.J. Wiseman als umfassende Übersetzung nur die von E. Reiner im Sammelband *Ancient Near Eastern Texts Relating to the Old Testament* (3. Aufl.) vor. [4] Von gelegentlichen Zitaten eines oder mehrerer Paragraphen sei hier zunächst nur auf die Studie M. Liveranis hingewiesen, die von der Auslieferung von Flüchtlingen handelt. [5]

Würdigungen zahlreicher Details aus dem Vertragstext lassen sich in historischen und philologischen Studien zu den Alalaḫ-Texten nachweisen: So wid-

---

* *Aus*: Gordon D. Young, Mark W. Chavalas, Richard E. Averbeck (ed.), Crossing Boundaries and Linking Horizons. Studies in Honor of MICHAEL C. ASTOUR on His 80th Birthday (Bethesda MA 1997), S. 211-242. – Anstelle der dort S. 240- 241 wiedergegebenen Fotos wird hier eine Autographie von O. Loretz abgedruckt.

[1] Woolley 1955, 106-131.

[2] Woolley 1939, 114, wenn die dort angegebenen Tafelsignaturen ATT/38/34-42,72 in irgendeiner Weise mit den von Wiseman 1953, 26 ("courtyard") AT.211 + AT.212 zusammenzubringen sind.

[3] Wiseman 1953, 26-31.

[4] Reiner 1969, 531-532.

[5] Liverani 1964.

mete sich auf seiten der Historiker etwa H. Klengel den erschließbaren Implikationen zwischen Niqmepa und seinem Nachbarn Ir-Addu, [6] W. Helck den eher indirekten Berührungen zwischen Ägyptern und Tunip, [7] und auf seiten der Philologen G. Giacumakis Phänomenen der mittelbabylonischen Koine [8] sowie A. Draffkorn dem Reflex des Hurritischen in der Vertragsformulierung. [9]

Unsere folgende Studie über Al.T. 2 fußt auf zwei Kollationen des Originals in den Jahren 1964 und 1965, einer zweifachen fotographischen Erfassung in denselben Jahren sowie einer 1965 angefertigten Autographie (O. Loretz) im Hatay-Museum zu Antakya, wo die Tafel heute aufbewahrt wird und unter den Inventarnummern 8997a und 8999b registriert ist.

Die beiden getrennt aufbewahrten Tafel'hälften' lassen sich am linken
213 Rand über einen schmalen Steg zusammenschließen, so daß die Größe der | Tafel sowie die Anzahl der auf ihr zwischen Querstrichen erfaßten Paragraphen bekannt ist.

214 | 2. Umschrift und Übersetzung (mit Gliederung)

2.1. Umschrift

$^{\text{na}_4}$KIŠIB *ša* ^{m}*Ir-*^{d}IM LUGAL-*RU* ^{uru}*Tu-ni-ip*^{ki}

(Abrollung eines breitbandigen Siegels mit Spiralmuster)

Präambel

1 *ṭu*[*p-p*]*u ša ni-iš* DINGIR^{meš} *ša* ^{m}*Níq-me-pa* LUGAL KUR *Mu-ki-iš-ḫé*
2 [*ù ša*] ^{m}⌜*Ir*⌝-^{d}IM LUGAL ^{uru}⌜*Tu*⌝*-ni-ip*^{ki} *ki-ia-am* ^{m}*Níq-me-pa ù* ^{m}*Ir-*^{d}IM
3 [x x x x *t*]*a an-na-t*[*i* ⌜*i*⌝-[*n*]*a bi-ri-šu-nu i-pu-šu*

§ 1

4 [*šum-ma* . . .]x *mi-in-d*[*ì* ^{lú}DAM.] GÀR^{meš} *mi-in-dì* ERÍN$^{\text{meš kur}}$*Zu-ti*^{ki}
5 [. . .] ⌜*ka*⌝*-ak-k*[*u* x x x x *m*]*a-la na-ak-ru-ka*
6 [. . .]*-ia la na*[*-ak-r*]*a-ta šum-ma* ŠE-*IM* ZÍZ$^{\text{hi.a}}$ GIŠ.Ì^{meš}
7 [. . . *ú-k*]*à-al* ⌜*ù*⌝ [x x x] ⌜*kan*⌝*-ka-am*
8 [. . .] x x [*ta-na-*]*an-din*

---

[6] Klengel 1965, 220-221. 232-233; vgl. Klengel 1992, 89.

[7] Helck 1971, 118, 295-297, etc.

[8] Giacumakis 1970, *passim*.

[9] Draffkorn 1959.

Da auf der rechten Tafelhälfte der Mittelteil verkrustet und großteils herausgebrochen ist, erweist sich eine ganze Reihe der Paragraphen als nicht mehr voll lesbar. Das beeinträchtigt die Arbeit an dem Vertragstext und behindert eine Bestimmung seiner literarischen Besonderheit erheblich.

Es erscheint geboten, unsere Ergebnisse trotz der erwähnten Schwierigkeiten mitzuteilen und damit der Forschung an den philologischen und historischen Aussagen der Tafel neuen Auftrieb zu geben. [10] Als Beleg für die vorgetragenen Lesungen liefern wir die Autographie und Fotos mit.

Wenn wir diese Studie als Beitrag zur Festschrift des hochverehrten Jubilars M.C. ASTOUR ausgewählt haben, dann tun wir das im Bewußtsein, daß er die Alalaḫ-Forschung stets mit besonderem Interesse verfolgt und sie vielfach entscheidend gefördert hat. [11]

215 | 2. Umschrift und Übersetzung (mit Gliederung)

2.2. Übersetzung

Siegel des Ir-Addu, des Königs von Tunip.

(Abrollung eines breitbandigen Siegels mit Spiralmuster)

Präambel

1 Tafel über den Gotteseid zwischen Niqmepa, König des Landes Mukiš,
2 [und zwischen] Ir-Addu, dem König von Tunip. Folgendermaßen haben Niqmepa und Ir-Addu
3 [. . .] diese [. . .] unter sich durchgeführt:

§ 1

4 [Wenn . . .]x seien es die Händler, seien es die Sūtû-Leute,
5 [. . .] Waffen[?] [. . ., sov]iele dir feind sind,
6 [. . .] meiner [. . .] darfst du nicht feindlich sein! Ob er nun Gerste, Emmer, Olivenöl
7 [. . .] zurückhält oder [. . .] eine gesiegelte [. . .]
8 [. . .]. . .[. . .] mußt du (her)geben.

---

[10] Wir danken unserem Kollegen Walter Mayer für zahlreiche wertvolle Hinweise.

[11] Gleichzeitig kommen wir unserer Ankündigung nach, eine Neubearbeitung von Al.T. 2 vorzulegen: Klengel 1969, 94.

§ 2

9 [. . . *i*]*b-bá-aš-ši*
10 [. . . *ta-*]*dáb-bu-bá-a*
11 [. . . *ša*] URUDU
12 [. . .]*lu-ú tu-bá-á'-a-šu-nu*

13 [. . .] x x [. . .]⌈*i*⌉*-qá-ab-bu-ú*
14 [. . .]⌈*i-na*⌉ KUR *Mu-ki-iš-ḫé*^{ki} *ni-*⌈*i*⌉[*-nu . . .*]
15 *šu*[*m-m*]*a* ERÍN^{meš} *a-na-mu-ú la ta-ad-du-uk-šu*[*-nu*]

---

§ 3

16 *šum-ma ma-am-ma-an iš-tu lìb-bi* KUR*-ia i-*[*na* KUR*-ka i-ir-ra-ab*]
17 *šum-ma at-ta te-še-em-me-šu šum-ma la ta*[*-ṣa-bat-šu ù la*] *tu-ba-sar-an-n*[*i*]
18 *ù šum-ma i-na lìb-bi* KUR^{ki}*-ka aš-bu šum-ma* [*la ta*]*-*⌈*ṣa-bat*⌉ *ù la ta-n*[*a-an-di-na-šu*]

---

216 § 4

19 *šum-ma šal-la-tum ša* KUR*-ia i-na* KUR^{ki}*-ka ša i-pa-aš-ša-ru ib-bá-aš-š*[*i*]
20 *šum-ma qa-du ša i-pa-aš-ša-ru-šu-ma la ta-ṣa-bat ù a-na ia-ši la ta*[*-na-an-di-na-šu*]

---

§ 5

21 *šum-ma* ^{lú}*mu-un-na-ab-tù* ÌR^{meš} GEMÉ^{meš} *ša* KUR*-ia a-na* KUR*-ka in-na*[*-ab-bi-it*]
22 *šum-ma la ta-ṣa-bat ù la tu-te-er-šu šum-ma ma-am-ma-an iṣ-ṣa-bat-ma*
23 *ù a-na ka-ša ú-ba-al-šu i-na* É *ki-lì-ka šu-k*[*u-un*]*-*⌈*šu*⌉*-mi*
24 *im-ma-ti-me-e* EN*-šu i-il-la-kám ù ta-na-din a-na š*[*a-š*]*u*
25 *šum-ma la aš-bu* ^{lú}*a-lik pa-ni-šu ta-na-din i-na a-i-im-me-e* ⌈URU⌉^{ki} *aš-bu*
26 *ù li-iṣ-bat-šu la aš-bu-ma-a* ^{lú}*ḫa-za-an-nu qa-du* 5 $^{lú.meš}$*ŠI.BU*^{meš}*-šu*
27 *a-na ni-iš* DINGIR^{meš} *i-za-ka$_4$-ru šum-ma* ÌR*-ia i-na lìb-bi-ku-nu aš-bu ù tu-ba-sà-ra-ni-mi*
28 *šum-ma i-na ma-mi-ti-ia la i-ma-ga$_5$-ru ù* ÌR*-šu ut-te-er-šu*
29 *šum-ma i-tam-mu-šu-nu ar-ka$_4$-nu* ÌR*-šu ú-še-el-la-šu* (x x *ru* x)
30 *ù šar-ra-qú \ up-su-qà ri-it-ta-an*
31 6 *li-im* URUDU *a-na* É.GAL *in-na-an-din-šu* (⌈x x⌉)

---

§ 2

9 [. . .] aufkommt,
10 [. . .] werdet ihr anklagen
11 [. . .] aus Kupfer
12 [. . .] sollt ihr sie suchen.
13 [. . .] . . . [. . .] werden sie sagen:
14 [". . .] aus Mukiš sind wi[r." . . .]
15 Diese Leute mußt du töten.

---

§ 3

16 Wenn irgendeiner aus meinem Land in [dein Land eintritt,]
17 mußt du ihn, wenn du von ihm hörst, ergreifen und mir melden.
18 Und wenn er in deinem Land ansässig ist, mußt du (ihn) ergreifen und mir übergeben.

---

217 | § 4

19 Wenn es jemanden gibt, der Raubgut aus meinem Land in deinem Land verkaufen will,
20 dann mußt du (sie) mitsamt dem, der ‘es’ verkaufen wollte, fassen und mir übergeben.

---

§ 5

21 Wenn ein Flüchtling — ein Sklave, eine Sklavin — aus meinem Land in dein Land flieht,
22 dann mußt du (ihn) ergreifen und zurückgeben. Wenn ihn irgendein anderer ergreift,
23 dann soll er ihn zu dir bringen. Du setze ihn (dann) im Gefängnis fest!
24 Wann immer sein Herr kommt, dann wirst du ihn ihm geben.
25 Wenn er nicht ansässig ist, dann wirst du seinen Anführer geben. Ist er in einer bestimmten Stadt ansässig,
26 dann soll man ihn fassen; ist er nicht (in einer bestimmten Stadt) ansässig, dann wird der Bürgermeister mitsamt seinen fünf Zeugen
27 einen Gotteseid leisten: Wenn mein Sklave unter euch lebt, dann werdet ihr mir Nachricht geben.
28 Wenn sie in meinen Schwur nicht einwilligen, dann wird ihm (: dem früheren Besitzer) sein Sklave zurückgegeben.
29 Wenn sie ihnen (falsch) schwören, später ihm seinen Sklaven produziert,
30 dann sind sie Diebe, beide Hände (von ihnen) werden abgetrennt.
31 6.000 (Sekel) Kupfer wird (zudem) dem Palast für ihn geben.

---

§ 6

32 *šum-ma* LÚ *lu* LÚ.SAL-*tum* GU$_4$ ANŠE *ù šum-ma* ANŠE.KUR.RA *iš-tu* É *ma-an-nim* [0]
33 *jú-dá-šu ù i-qáb-bi a-na ši-mi-im-mi el-qí-šu-mi* [0]
34 *šum-ma* ^{lú}DAM.GÀR-*ma ú-še-el-la-šu* ⸢*ù*⸣ *za-ku ù šum-ma* ^{lú}[DAM.GÀR-*ma*]
218 | 35 *la ú-še-el-la ša jú-dá-šu i-li-q*[*í*-] ⸢*e*⸣ -*šu*[*ù* 0$^{?!}$]
36 *a-na ni-iš ilāni*^{meš} *i-za*[-*k*]*àr-šu šum-m*[*a . . .-mi*]

u.Rd.
37 *ù šum-ma a-na ma-mi-ti la i-ma-gàr* ⸢*ù*⸣ [*šar-ra-qú*]

---

§ 7

38 *šum-ma* LÚ *ta-na-aṣ-ṣa-ru it-ti* LÚ *ta*-[. . . *i-na qa-ti-ka*]
39 *i-il-la-ak šum-ma* ^{giš}GÌR-*šu i*[*-pe-et-ti-ma kán-na-šu . . .*]

Rs.
40 *ab-bu-ut-ta-šu ú-gal-li*[*-bu . . .*]
41 *ù iṣ-bat-šu ù šar-ra-qú šum-ma i-qáb*[*-bi . . .*]
42 *ù ki-ia-am a-na ni-iš* DINGIR^{meš} *i-za-ka*$_4$*-ru šum-ma i*[- x x]-*ta*-[x x x (x)]
43 *šum-ma a-na ma-mi-ti la i-ma-ga*$_5$*-ru ù ša*[*r-ra-*]*qú ki-ma šar-ra-q*[*í . . .*]
44 *šum-ma* ^{lú}*ši-nu šum-ma* LÚ.SAL-*tum ù šum-ma ṣú-ḫa-ru i-n*[*a qa-*]*ti-šu i-il-la-ak* [*ù* EN-*šu*]
45 *iṣ-bat-šu ù šar-ra-qú ki-ia-am* EN-*šu i-tam-mu-šu*
46 *šum-ma iš-tu* ŠU-*šu i-na* KASKAL-*ni la aṣ-bat-šu* (x x x)

---

§ 8

47 *šum-ma* ^{lú}*šar-ra-qú ša* KUR^{ki}-*ka i-na* KUR^{ki}-*ia i-šar-ra-qú-m*[*a*]
48 É *ù* URU^{ki} *i-pá-al-la-š*[*u*] *ù i-ṣa-ba-tù a-na* É *ki-lim* [*išakkanū-šunu*]
49 *ma-ti*$_4$*-me-e* EN-*šu*[*il-la-k*]*ám* EN-*el* É *ki-ia-am a-na ni-iš* DINGIR^{meš} *i*[*-za-ka*$_4$*-ar*]
50 *šum-ma-mi iš-tu pá-al-ši* \ *ḫa-at-ḫa-ar-re la ta-aṣ-bat-šu-mi*
51 $^{\text{lú.meš}}$*ši-bu-te-šu ú-še-el-la-šu-nu ḫi-iṭ-a-šu a-na* SAG.DU-*šu*
52 *i-ša-ak-ka*$_4$*-nu ù i-ḫap-pí-tu-šu ù* ÌR-*du*
53 *la i-tam-mu-nim-ma-a ù za-ku*

---

§ 6

32 Wenn ein Mann oder eine Frau ein Rind, einen Esel oder gar ein Pferd aus dem Haus(stand) irgendjemandes
33 erkennt und sagt: "Zu einem Kaufpreis habe ich es entgegengenommen!",
34 (dann) ist er unschuldig, wenn er einen Händler aufbietet. Wenn er aber einen [Händl]er
219 | 35 nicht aufbieten kann, das, was er gefunden hat, aber mitnimmt, [dann]
36 wird er einen Gotteseid vor ihm leisten: "Bestimmt [. . .!"]

u.Rd.
37 Wenn er aber in den Eid nicht einwilligt, dann [ist er ein Dieb$^{?}$.]

---

§ 7

38 Wenn ein Mann, den du in Gewahrsam hast, mit einem Mann, den du [. . ., deine Verfügung]
39 verläßt — wenn einer seine Fußfessel [öffnet und sein Band . . .,]

Rs.
40 nachdem(?) er seine Locke rasiert hat[, . . .]
41 und ihn aufgenommen hat, dann ist er ein Dieb. Wenn er sagt[: ". . .",]
42 dann werden sie folgendermaßen einen Gotteseid leisten: "Bestimmt [. . .] . [. . .!"]
43 Wenn sie (jedoch) in den Eid nicht einwilligen, dann sind sie Diebe. Wie Diebe [. . .]
44 Wenn ein Fremder, wenn eine Frau oder wenn ein junger Mann seine Verfügung verläßt [und sein (ehemaliger) Herr]
45 seiner habhaft wird, dann ist er ein Dieb. So soll sein Herr ihm schwören:
46 "Ich habe ihn gewiß nicht aus seiner Hand während eines (Handels-)Zuges gefaßt!"

---

§ 8

47 Wenn Diebe aus deinem Land in meinem Land stehlen und
48 in ein Haus oder in die Stadt einbrechen und dabei (etwas) wegnehmen, dann [wird man sie] ins Gefängnis [werfen.]
49 Sobald sein Herr [auftr]itt, wird der Herr des Hauses folgendermaßen einen Gotteseid [leisten:]
50 "Aus der Einbruchstelle hast du es genommen!"
51 Zeugen wird er aufbieten, sie werden sein Vergehen auf sein Haupt
52 laden und ihn überführen. Dann wird er ein Sklave.
53 (Wenn) sie aber nicht gegen ihn schwören, dann ist er frei.

---

220 **§ 9**

54 [*šum-ma* L]Ú-*ia i-na lìb-bi* KUR^{ki}-*ka a-na bu-tal-lu-ṭì i-ru-ba-am*
55 ⌜*šum-ma*⌝ *ki-ma* KUR^{ki}-*ka la ta-na-aṣ-ṣa-ar-šu-nu šum-ma ki-ma* KUR^{ki}-*ka*
56 *la ta-ta-kal-šu-nu ma-ti*$_4$*-me-e i-na* KUR^{ki}-*ia id-*⌞*dá*⌟ [*-ar-r*]*a-ru*
57 *ta-ba-aḫ-ḫar-šu-nu ù tu-te-er-ra-šu-nu i-n*[*a* KUR^{ki}-*ia*]
58 *ù* 1^{en} É *i-na lìb-bi* KUR^{ki}-*ka la ta-kal-l*[*a-šu*]

---

§ 10

59 *šum-ma* LÚ *ša* KUR^{ki}-*ka i-na* KUR^{ki}-*ia a-na bu-ta*[*l-lu-ṭì i-ru-ba-am*]
60 *i-dáb-bu-ub šum-ma* URU^{ki}-*ia a-na* x[. . .]
61 ^{lú}EN-*el ḫi-iṭ-i*[. . .]
62 *ú-še-ri-b*[*u* . . .]
63 *ta-a-*x[. . .]
64 x[. . .]
65 [. . .]
66 *ša*[. . .]
67 *ù* ^{lú}[. . .]. . .[. . .] (x x)

---

§ 11

68 *šum-ma* URU[x x x x]x *it*$^?$ *šum-ma mu-*[x x (x) *i*]*b-ba-aš-ši*
69 *it-ti* ERÍN[^{meš}-*ia i-na lìb-b*]*i* URU-*ia aš-bu* x[x x *t*]*a-aš-šu-ša-an-ni*
70 URU *a-na* x[x x x x -]*at*$^?$*-mu ù i-na ar-*x[x x x]-*ku la ta-ṣa-bat-šu-nu*
71 *i*[*š*]-*tu* [x] šu *un nu* KI *aš-li-im*[x x x *l*]*a ta-ṣa-bat-šu-nu*

---

222 **Treuegelöbnis**

72 [*šum-m*]*a* ERÍN.MEŠ *Ḫur-ri* EN-*lí šum-ma it-ti* LUGAL ERÍN.MEŠ *Ḫu*[*r-r*]*i na-kir ù a-na-ku*
73 [*m*]*a-mi-it-šu ša* LUGAL ERÍN.MEŠ *Ḫur-ri* EN-*ia la a-ḫa-ap-pí*
74 ⌜*a*⌝ *-na-mu-ú a-wa-te*^{meš} *iš-tu ma-*⌜*mi*⌝ *-ti lu-ú i-pá-aš-šar*

---

^{na_4}KIŠIB *ša* ^{m}*Níq-me-pa* LUGAL ^{uru}*A-la-la-aḫ*^{ki}

(Abrollung des Dynastiesiegels - Legende siehe unten)

221 | **§ 9**

54 [Wenn Leu]te von mir, um zu überleben, in dein Land eingetreten sind,
55 dann mußt du sie, als wären sie Angehörige deines Landes, in Schutz nehmen, mußt ihnen, als wären sie Angehörige deines Landes,
56 Vertrauen entgegenbringen. Sobald sie freien Lauf in mein Land wollen,
57 wirst du sie überprüfen und sie in [mein Land] zurückkehren lassen.
58 Nicht eine einzige Familie darfst du in deinem Land zurückhalten!

---

§ 10

59 Wenn ein Mann aus deinem Land mein Land, um zu über[leben, betritt und]
60 sagt: "Meine Stadt ist gewiß gegenüber x [. . .!",]
61 dann ist er ein Frevler. [. . .]
62 sie haben hineingebracht[. . .]
63 . . . [. . .]
64 [. . .]
65 [. . .]
66 von [. . .]
67 und der [. . .]. . .[. . .] (Rasur: x x)

---

§ 11

68 Wenn die Stadt [. . .]. . . wenn . . .[. . .] entsteht,
69 sich bei [meinen?] Leuten [inmitte]n meiner Stadt aufhält,[. . .] du versetzt mich in Trübsal,
70 eine Stadt [. . .]. . . und in . . .[. . .]. . . mußt du sie ergreifen,
71 Aus . . . mit einem Seil . . . mußt du sie ergreifen!

---

223 | **Treuegelöbnis**

72 Wenn sich (mit) den Ḫurru-Leuten mein Herr, wenn mit dem König sich die Ḫurru-Leute verfeinden, so werde ich selbst
73 den Eid gegenüber dem König der Ḫurru-Leute, meinem Herrn, niemals brechen,
74 (es sei denn, daß) dieser die Worte aus dem Eid auflöst!

Siegel des Niqmepa, des Königs von Alalaḫ.

(Abrollung des Dynastiesiegels - Legende siehe unten)

lk.Rd.
Fluch

75 *ma-an-nu-um-me-e a-*[*wa-t*]*e*^{meš} *an-nu-ut-ti uš-bal-kàt-šu-nu* ^{d}IM E[N *bi-r*]*i* ^{d}UTU EN-*el di-ni*
76 ^{d}30 *ù* DINGIR^{meš} GAL.GA[L.E.NE] *ú-ḫal-liq-šu* MU-*šu ù* NUMUN-*š*[*u li-ḫa*]*l-liq i-na* KUR$^{\text{ki.meš}}$
77 ^{giš}GU.ZA-*šu ù* ^{giš}P[A-]*šu li-iš-bal-kat-šu a*[*k*-x-^{d}I]M DUB.SAR

(Legende des Dynastiesiegels:)
1 *Ab-ba-an* LUGAL KALA.GA
2 DUMU *Šar-ra-an*
3 ÌR ^{d}IM
4 *na-ra-am* ^{d}IM
5 *sí-ki-il-tum*
6 *ša* ^{d}*Ḫé-pat*

224 | 3. Bemerkungen zum Text

Überschrift des Siegels von Ir-Addu von Tunip

Die Lesung von ^{d}IM im Namen des Herrschers von Tunip, Ir-^{d}IM, ist in der bisherigen Diskussion kontrovers: Während D.J. Wiseman [12] und E. Reiner [13] ^{d}IM nicht umschreiben, lesen M. Liverani [14] und H. Klengel [15] Ir-Teššub, W. Helck dagegen Ir-Addu. [16] Zur Verdeutlichung der Problematik seien im folgenden die in Alalaḫ syllabisch belegten PNN aufgelistet, die die Elemente Ir-/Ar- und -Addu/-Teššub aufweisen: *I-ri-*(*i*)*a-du* (2x; vgl. *I-ri-ia* oft) :: *Ir-te-šu-ba / Ir-te-eš-šu-ub* (je 1x; vgl. *Ir-te* oft); *A-ri-*(*i*)*a-du* (1x; vgl. *A-ri-ia* oft) :: *Ar-te-šu-bá* (1x; nie **Ar-te*). [17]

Dieser Aufstellung ist hinsichtlich der beiden Namenselemente zu entnehmen:

1. Das theophore Element kann sowohl "Addu" als auch "Teššub" heißen, wobei "Addu" möglicherweise der Vorzug gegeben werden könnte, weil es eine größere Belegbreite hat.

---

[12] Wiseman 1963, 26-31; in der Vorbemerkung (S. 26) verweist D.J. Wiseman auf *Iri-adu in seinem Namensindex.

[13] Reiner 1969.

[14] Liverani 1964.

[15] Klengel 1965, 297: Index; Klengel 1969, 80, 88; Klengel 1992, 89-90, bietet die Alternative Ir-Adad/Teshup.

[16] Helck 1971, 118, 603: Index.

[17] Vgl. *arttb* in alphabetischen Texten aus Ugarit (13. Jh.).

lk.Rd.

Fluch

75 Wer diese Worte überschreitet, den werden Addu, der He[rr der Opfer]-schau, Šamaš, der Herr über die Rechtsprechung,
76 Sîn und die gro[ßen] Götter, (gewiß) vernichten! Seinen Namen und seinen Nachkommen [möge er] aus den Ländern entfernen!
77 Seinen Thron und sein Szepter möge er umstürzen!
Ak[-x]-Addu ist der Schreiber.

(Legende des Dynastiesiegels:)

1 Abban, der mächtige König,
2 der Sohn des Šarran,
3 der Diener des Addu,
4 der Liebling des Addu,
5 Kleinod [18]
6 der Ḫepat.

3. Bemerkungen zum Text

(Überschrift des Siegels von Ir-Addu von Tunip - Fortsetzung)

2. Das Verbalelement lautet gleichermaßen ar= und ir= und steht für das hurr. ar= "geben". [19] Also ist ar=/ir= ein weiterer Beleg für die auch sonst gut belegte Austauschbarkeit der Vokale *a* und *i* im Anlaut.

Über die Person des Ir-Addu von Tunip, dessen Siegel Spiralmuster in einem breiten Band zeigt, ist uns über die hier gemachten Aussagen hinaus
225 | nichts bekannt: [20] Er wurde von Niqmepa mit *bēlī* "mein Herr" (Z. 72) angesprochen, was zumindest eine Gleichrangigkeit, möglicherweise sogar eine höhere Stellung signalisiert, und unterstand seinerseits dem König der Hurriter (LUGAL ERÍN.MEŠ *Ḫur-ri*, Z. 72. 73) als Oberherrn.

In dem Titel LUGAL-*RU* ^{uru}*Tu-ni-ip*^{ki} ist die Schreibweise LUGAL-*RU* für ein Regens im Genitiv auffallend: Es scheint ein gemischtes Sumero-Akkadogramm zu sein, dessen Aussprache durch das Silbenzeichen *RU* (: |šarru|?) nicht festgelegt ist; vielleicht steht LUGAL-*RU* für ein westliches |malik| oder ein hurritisches |ewre|.

Aus der Tatsache, daß sowohl Niqmepa von Mukiš als auch Ir-Addu von Tunip dem "König der Hurri-Leute" unterstellt waren, ergeben sich Rückschlüsse auf eine grobe Datierung für den Vertragsabschluß Al.T. 2,

---

[18] Wörtl.: "Erwerb".

[19] GLH 52f.

[20] Klengel 1969, 88-89.

wie W. Helck vor Augen führt: vielleicht schon während der späten Jahre des Pharao Thutmosis III. (1490-1436), zumindest aber ab den frühen von Amenophis II. (1438-1412), als Tunip bestimmt nicht mehr unter ägyptischer Oberhoheit stand [21] und in die der Hurri-Könige gewechselt war. [22]

Die Lage des Ortes Tunip im Grenzbereich ägyptischer und mitannischer Interessen ist unsicher: H. Klengel [23] und W. Helck [24] vermuten es im Süden von Mukiš, und zwar jenseits des direkten Nachbarn Niya. Diese Lokalisierung von Tunip erscheint im Hinblick auf die in vorliegenden Vertrag angesprochenen Regelungen problematisch, weil diese doch eher eine direkte als eine indirekte Nachbarschaft voraussetzen.

226 | **Präambel** (Z. 1-3)

1 Niqmepa war nach Al.T. 15 Sohn und Nachfolger des Idrimi [25] und hat um die Mitte des 15. Jh.s geherrscht. Ihm lag daran, ein ungetrübtes Vasallenverhältnis zum hurritischen Oberherrn Saušatar zu wahren (unten, Z. 72-73).

Die Schreibung KUR *Mu-ki-iš-ḫé* besagt, daß KUR nicht als Determinativ, sondern als Regens in einer Genitivverbindung verstanden wurde, dem der um die hurritische Nisbe =ḫe erweiterte Landesnamen Mukiš zugeordnet ist: *māt Mukiš=ḫe* "das Land von Mukiš, das Mukiš'sche Land".

2 Für eine erwogene Ergänzung ^{uru}*A-la-la-aḫ* am Anfang der Zeile [26] fehlt der Platz.

3 Da hier auf Vertragsworte angespielt wird, könnte am Zeilenanfang [*a-ma-*]*ta* zu ergänzen sein, dem das Demonstrativpronomen *an-na-t*[*i*] folgt.

Paragraph 1 (Z. 4-8)

Der 1. Paragraph schließt direkt an die Präambel an und scheint sich mit der Beschaffung von Lebensmitteln zu befassen. Welche Rolle dabei die Händler und Nomaden spielen, läßt sich nicht mehr sagen — möglicherweise stehen sie in Opposition zu einander.

4 Die Gegenüberstellung von ^{lú}DAM.GÀR^{meš} und ERÍN^{meš} zu-ti^{ki} zeigt an, daß wir es bei *zu-ti* trotz des Determinativs KI nicht mit einem geographisch begrenzbaren Begriff zu tun haben, sondern mit der für diese Zeit neben

---

[21] Helck 1971, 293.

[22] Klengel 1965, 234-235; Klengel 1969, 90-91.

[23] Klengel 1969, 75-77: nordwestlich von Ḥoms; vgl. auch del Monte - Tischler 1978, 440 (mit Nennung von weiterer Literatur).

[24] Helck 1971, 150-156, 308 (Karte).

[25] Klengel 1965, 232-233.

[26] Reiner 1969, 531.

Aḫlamû/Aramû gut belegten Bezeichnung von Nomaden allgemein. [27]

227 | **Paragraph 2** (Z. 9-15)

Der 2. Paragraph handelt offenbar von Überläufern, die sich fälschlicherweise zu Mukiš bekennen und mit dem Tod bestraft werden sollen.

12 Die Austauschbarkeit der Objekts- und Possessivsuffixe gehört zu den typischen Merkmalen der mittelbabylonischen Koine Syriens. [28]

15 Zur häufig wiederkehrenden Ausdrucksweise *šumma lā* im Eid mit positiver Aussage s. GAG § 185g.

Für das — hier offensichtlich nicht deklinierte — *a-na-mu-ú* s. CAD A/2 125b. [29]

Die Form *ta-ad-du-uk-šu*[*-nu*] ist ein Pf. im promissorischen Eid s. GAG Nachträge § 185g.

Paragraph 3 (Z. 16-18)

Der 3. Paragraph regelt die Auslieferung von Umsiedlern nach Tunip.

16 Die Ergänzungen wurden in Anlehnung an Al.T. 3, dem Vertrag zwischen Idrimi von Alalaḫ und Pilliya wohl von Kizzuwatna, vorgenommen, wo in den Abschnitten Z. 23-25 und Z. 29-32 von Überläufern gehandelt wird.

17 Die Ergänzung *la ta*[*-ṣa-bat-šu*] geschieht in Anlehnung an die sonst übliche Diktion in diesem Text, vgl. z.B. Z. 18, 20, 22, etc.; mit dem Suff. 3.Pl. Z. 70 — die Anhängung des Suff. der 3.Pers. erfolgt, wie üblich, ohne die graphische Veränderung des *š* in Kontaktstellung mit *t*.

Zum positiv promissorischen Eid im Bedingungssatz ohne Nachsatz mit dem Prs. (*šumma . . . lā taṣabbat-šu* "du wirst ihn ganz gewiß ergreifen!", "du mußt ihn ergreifen!") s. GAG § 185g.

228 | **18** Die Form *ašbu* weist, da hier kein St. im Subj. gemeint sein kann, auf ein (Vb.-)Adj.

Paragraph 4 (Z. 19-20)

Der 4. Paragraph stellt klar, daß Leute, die Beutegut aus Mukiš in Tunip zu veräußern gedenken, ausgeliefert werden müssen.

---

[27] Kupper 1957, 83ff.; Klengel 1972, 69-73; nach Klengel 1977 wäre es auch vorstellbar, daß die hier vorgenommene Parallelsetzung von ^{lú}DAM.GÀR^{meš} und ERÍN^{meš} *zu-ti*^{ki}, Händlern und Nomaden, auf einen durch Nomaden getragenen Handel hinweist.

[28] Vgl. Giacumakis 1970, 33-34: § 4.25; Huehnergard 1989, 132; Adler 1976, 27-28 (§15 b) für die Tušratta-Briefe.

[29] Vgl. Giacumakis 1970, 35: § 4.35; für Ugarit: Huehnergard 1989, 136.

19 Wörtliche Übersetzung des epigraphisch klaren Bedingungssatzes: [30] "Wenn - Beute aus meinem Land ist in deinem Land - (wenn) es jemanden gibt, der (sie) verkaufen will".

Das Wort *šallatum* "Beute" läßt zunächst offen, ob mit ihm außer Sachgut auch Menschen gemeint sind, wie das folgende *pašāru* "lockern, (auf)lösen" [31] und das diesem in Z. 20 angehängte Suffix *-šu* suggeriert. Ein Argument dafür könnte das Thema Sklavenflucht im nächsten Paragraphen sein.

Paragraph 5 (21-31)

Der 5. Paragraph trifft Regelungen für flüchtige Sklavinnen oder Sklaven.

22-23 In *iṣṣabat-ma u . . . ubbal-šu* liegt das übliche Konstruktion der Gesetzestexte vor: Das Pf. des *šumma*-Bedingungssatzes wird im Nachsatz durch ein Prs. fortgeführt. Die Einleitung des Nachsatzes geschieht hier nach dem Muster der mB Koine Syriens durch die 'doppelte Konjunktion' *-ma u* "dann" — *-ma u* kann, wie dieser Paragraph noch vor Augen führt, entweder durch ein einfaches *u* ersetzt werden (z.B. Z. 24, 26) oder ganz entfallen (z.B. Z. 25).

Die Anrede an den Vertragspartner wird durch das affigierte *-mi* der direkten Rede am Imp. *šukun-šu* "setze ihn!" unterstrichen.

25 Die Tatsache, das ein Flüchtling *lā ašbu* "nicht ansässig" sein muß, weist gewiß darauf hin, daß er sich, um nicht erkannt zu werden, in der Gruppe
229 der *ḫapīru*-Leute aufhält. Von daher erklärt es sich | auch, daß der Vertragspartner anstelle des Flüchtlings dessen *ālik pānī* "Anführer" auszuliefern hat.

Die einleitende Konditionalpartikel *šumma* "wenn" fehlt in den nächsten beiden Bedingungssätzen; offensichtlich übernimmt deren Funktion das *šumma* am Anfang von Z. 25.

26 Die Sg.-Form *liṣbat-šu* "möge ihn fassen" antizipiert entweder das Subjekt *ḫazannu* "Bürgermeister" des nächsten Satzes, oder es wird das unpersönliche Subjekt hier durch den Sg. ausgedrückt.

Das akkadische Pseudoideogramm $^{\text{lú.meš}}$*ŠI.BU*^{meš} wird in Z. 51 syllabisiert: $^{\text{lú.meš}}$*ši-bu-te*.

Das Poss.-Suff. *-šu* nach $^{\text{lú.meš}}$*ŠI.BU*^{meš} weist zurück auf den Bürgermeister, der Zeugen für seine Angaben braucht.

27 Subjekt von *izakkarū* "sie werden sprechen" sind der Bürgermeister und seine fünf Zeugen.

Die Formulierung des Schwursatzes, der durch das affigierte *-mi* als direkte Rede gekennzeichnet ist, geschieht wider Erwarten aus dem Blickwinkel des Vertragspartners aus Mukiš.

---

[30] Vgl. Reiner 1969, 531 Anm. 4 zu einer Lesung *la* [*i-pa-aš*]-*ša-ru ib-bá-aš*-[*ši*].

[31] AHw. 842b: *pašāru*(*m*) G 3c.

28 Die Form *ut-te-er-šu* dürfte trotz der Schreibweise mit *e* eher ein Prs. als ein Prt. von Dt sein; darauf läßt u.a. *ušella-šu* "er wird ihm vorbringen" des nächsten Konditionalsatzes schließen.

29 Hier beinhaltet *tamû* "schwören" den Meineid.

Die kaum leserlichen vier Zeichen nach *ú-še-el-la-šu* sind offensichtlich eine Rasur.

30 Der nominale Nachsatz *u šarrāqū* "dann sind sie Diebe" führt den *šumma*-Satz von Z. 29 fort.

Äußerst problematisch ist der auf *šar-ra-qú* folgende Abschnitt: D.J. Wiseman liest ihn *u up-ta-ka ri-it-ta-an* "and his hands shall be bound?"; [32] E. Reiner übersetzt ihn "and their hands are cut off" [33] und
230 setzt dabei offenbar die in CAD B 165a vorgeschlagene Lesung | *u ub-ta-*
<ta->ka ri-it-ta-an voraus; in CAD Š/2 (*s.v. šarrāqu*) findet sich eine geringfügige Abwandlung: *u butaqqa rittān* "and his hands will be cut off". [34] Bei dieser Lesung können sich die Interpreten auf das hinlänglich bekannte Phänomen des Abschneidens der Hände von Delinquenten stützen.

Bei genauem Studium der Tafel ergeben sich allerdings starke Zweifel an den bisherigen Lesungen: 1. Bei dem Keil zwischen *šar-ra-qú* und **ub-ta-qà* handelt es sich nicht um einen Winkelhaken, der hier, vollends ungebräuchlich, als Konjunktion *u* "und" gedeutet worden ist, sondern um einen diagonalen Glossenkeil; 2. das zweite Zeichen der Verbform ist ein deutliches ZU und nicht ein in dieser Form sonst nicht bekanntes TA. Also haben wir es hier mit einem Glossenkeilwort *uB-Zu-Ka* zu tun, an das sich das epigraphisch sichere *ri-it-ta-an* anschließt.

Die Tatsache, daß wir es bei *uB-Zu-Ka* mit einem Glossenkeilwort zu tun haben, lenkt unsere Blicke aus dem engeren Rahmen der mB Koine hinaus: Wir müssen bei einem solchen Wort entweder mit einem fremden, westsemitischen oder einem hurritischen Wort rechnen. Obwohl letzteres aufgrund zahlreicher Belege nicht nur in Alalaḫ (siehe unten Z. 50) sondern auch in Ugarit und in Emar am nächsten liegt, [35] unterbreiten wir nachfolgend eine Erklärung auf der Basis eines westsemitischen Substrats in Nordsyrien:

In Hinblick auf die Verbindung mit dem nachfolgenden *ri-it-ta-an* liegt es nahe, in *uB-Zu-Ka* eine Verbform mit einem *ā*-Auslaut zu erkennen, versuchsweise *up-zu-qà* zu lesen und |upsuqā| zu deuten; dabei bezöge sich der *ā*-Auslaut auf den — archaisierenden — Du. von *rittān*. Dieser Verb-

---

[32] Wiseman 1953, 27, 29.

[33] Reiner 1969, 531.

[34] CAD Š/2 70b, *s.v. šarrāqu* a); W. von Soden betrachtet die Stelle als 'unklar': AHw. 990a, *s.v. rittu* 2b.

[35] Als mögliche Analyse wäre hierbei zu erwägen ups=ukka: Partizip des Zustands mit der Negationsformans =kk= von einer Basis ups=, von der weder Lautung noch Bedeutung bekannt ist: "sind nicht *ups=*".

231 form könnte ein ‘inneres Passiv’ | (| jupsaq |) zugrundeliegen, wie sie auch für das Ugaritische angenommen wird,[36] bei dem das unbetonte *a* der mittleren Silbe zu *u* enttont worden wäre. Damit bekämen wir die Voraussetzung für eine westsemitische finite Verbform, die von einer Wurzel PSQ abzuleiten wäre, die im Aram. stets etwas mit Abschneiden, Abtrennen, u.ä., zu tun hat.[37] Als Übersetzung böte sich "die beiden werden abgetrennt werden" an.

31 Die Reste von zwei Zeichen am Zeilenende gehören zu einer Rasur.

Paragraph 6 (Z. 32-37)

Der 6. Paragraph regelt die Behandlung zugelaufener Tiere.

33 Epigraphisch ist weder hier noch in Z. 35 ein Zweifel an der Lesung *jú-dá-šu* möglich, weil in beiden Fällen das Zeichen WA deutlich ist. Also haben wir es auch hier mit einer Verbform zu tun, deren Präfix westsemitisch anlautet.

34 Das enklitische *-ma* nach ^{lú}DAM.GÀR, das auch am Zeilenende zu ergänzen sein dürfte, hat eine hervorhebende Funktion.

37 Die Ergänzung [*šar-ra-qú* "ist ein Dieb"] legt sich sachlich nahe.

Paragraph 7 (Z. 38-46)

Der 7. Paragraph hat die Menschenhehlerei zum Thema, die grenzübergreifend praktiziert wurde.

38 Die Verbindung LÚ *ta-na-aṣ-ṣa-ru*, in der das finite Verbum den selten auftretenden Subjunktiv aufweist, stellt einen asyndetischen Relativsatz dar. Möglicherweise liegt eine ebensolche Konstruktion in der zweiten, am Ende weggebrochenen, Zeilenhälfte vor, die mit *it-ti* LÚ *ta-*[. . .] beginnt.

232 | Für die Deutung von *naṣāru* "bewachen, schützen, bewahren", das an dieser Stelle Sklaven zum Objekt hat, ist der Hinweis auf einen einschlägigen Paragraphen des Ešnunna-‘Kodex’ aufschlußreich — § 52: SAG.ÌR *ù* GEMÉ *ša it-ti* DUMU *ši-ip-ri-im na-aṣ-ru-ma* KÁ.GAL *Èš-nun-na*.KI *i-te-er-ba-am ka-an-nam maš/ma-aš-ka-nam ù ab-bu-tam iš-ša-(ak-)ka-an-ma a-na be-lí-šu na-ṣir/ṣi-ir* "Ein Sklave oder eine Sklavin, die unter Bewachung eines Boten das Stadttor von Ešnunna betritt, wird mit Band, Fessel und ‘Haarlocke’ versehen und für seinen Herrn in Gewahrsam gehalten".[38]

Die Ergänzung [*i-na qa-ti-ka*] "[aus deiner Hand]" am Zeilenende erfolgt nach Z. 44. "Hand" steht hier in übertragenem Sinne für "Verfügung(sgewalt)".

---

[36] Vgl. Segert 1984, § 54.31.

[37] Vgl. etwa aAram. psq_1, DNWSI 923.

[38] LE § 52: A IV 10-13 || B IV 14-16; aus der Version B stammen die orthographischen Varianten.

39 Bei dem Bemühen, die bisher nicht erschlossene Lesung des Sumerogramms ^{giš}GÌR "Fußfessel" zu ermitteln, ist der eben zitierte Ešnunna-Paragraph § 52 hilfreich: Dort treten als Sklavenmerkmale die Begriffe *kannum* "Binde, Band", [39] *maškanu(m)* "Tenne; Ort, Stätte; Fessel; Pfand" [40] und *abbuttu* "Haarlocke" [41] auf, von denen im vorliegenden Text zwei erhalten sind: ^{giš}GÌR (Z. 39) und *abbuttu* (Z. 40). Daraus läßt sich folgern, daß ^{giš}GÌR entweder *kannu* "Band" oder *maškanu* "Fessel" sein dürfte. Zieht man die Gebrauchsweisen dieser beiden Begriffe in Betracht, dann fällt die Entscheidung recht eindeutig zugunsten von *maškanu* "Fessel". Als mögliche Stütze dafür könnte auch gelten, daß die normalerweise aus Metall gefertigte
233 *maškanu* "Fessel" einerseits auch aus Holz bestehen konnte [42] | und daß *maškanu* "Fessel" nach *Ludlul bēl nēmeqi* II 98 zudem auf die Füße des Klagenden bezogen wird: *maš-kan ram-ni-ia muq-qu-ta še-pa-a-a* "in der Fessel meiner selbst sind gestrauchelt meine Füße". [43]

Für die weggebrochene zweite Hälfte von Z. 39 kann somit festgestellt werden, daß dort eine Bemerkung über *kannu* "Band" gestanden haben muß.

Die Restaurierung des Verbums, das wegen des sicher lesbaren *i-* doch wohl nur im Prs. gestanden haben kann und auf die Öffnung der Fußfessel angespielt haben könnte, ist unklar: Denkbar wären beispielsweise **ipette* "öffnet" oder **ipaṭṭar* "löst".

40 Die Prt.-Form *ú-gal-li-*[*bu*] scheint gegenüber dem Prs. in Z. 39 eine Vorzeitigkeit auszudrücken.

42 Wegen des zerstörten Kontextes ist das pluralische Subjekt von *izakkarū* "sie sprechen", dem *imaggarū* "sie willigen ein" (Z. 43) entspricht, nicht mehr bestimmbar.

44 Problematisch ist die Deutung von *ši-nu*, das neben LÚ.SAL-*tum* "Frau" und *ṣú-ḫa-ru* "junger Mann, Bursche" steht. Möglicherweise handelt es sich um eine ungewöhnliche Nebenform von *šanû* "anderer, Fremder", [44] bei der das unbetonte *a* in Kontaktstellung mit *š* zu *e* umgelautet worden ist.

46 Die letzten drei Zeichenreste sind eine Rasur.

---

[39] AHw. 438: *kannu(m)* II; CAD K 156-157: *kannu* B "fetter, band, rope, belt, wisp of straw to bind a sheaf".

[40] AHw. 626-627: *maškanu(m)* 3 "eine Fessel"; CAD M/1 372: *maškanu* 6 "fetter (for a slave).

[41] AHw. 5-6: *abbuttu(m)* I; CAD A/1 48-50.

[42] AHw. 627a: $^{\text{(giš)}}$KAB = *iṣ maš-ka-ni*; CAD M/1 369a lex.

[43] In Parallele zu *il-lu-ur-tú ši-ri-ia na-da-a i-da-a-a* "in die Fessel meines Leibes sind gelegt meine Arme" BWL 44:97-98; von Soden 1990, 125, übersetzt Z. 98: "durch Selbstfesselung befallen sind meine Füße".

[44] Wiseman 1953, 27.29, liest *amêlu lim-nu* und übersetzt "a wicked person"; Reiner 1969, 531: "criminal" — also liest offensichtlich auch sie **lem-nu* "böse, schlecht".

Paragraph 8 (Z. 47-53)

Der 8. Paragraph handelt vom grenzübergreifenden Diebstahl, den ein Mann aus Tunip in Mukiš begeht.

234 | **47** Da die Verbformen *išarraqū* "sie stehlen" (Z. 47) [45] sowie *ipallašū* "sie brechen ein" und *iṣabbatū* "sie nehmen weg" (Z. 48) eindeutig im Plural stehen, handelt es sich bei ^{lú}*šar-ra-qú* offensichtlich um einen kollektiven Singular. [46]

48 Die Textrestitution erfolgt nach Z. 23. Der dabei postulierte Wechsel zwischen den Präp. *i-na* und *a-na* läßt sich auch sonst nachweisen. [47]

49 Zum asyndetischen Anschluß des Nachsatzes s. zu Z. 22-23.

50 Der auf *iš-tu pá-al-ši* "aus der Bresche, Einbruchstelle" folgende Keil ist kein Winkelhaken mit der sonst nicht belegbaren Deutung *u* "und", sondern ein Diagonaler. Also haben wir es hier wie in Z. 31 mit einem Glossenkeil zu tun, der vor ein Wort gesetzt ist, das dem Koine-Babylonischen fremd ist und das vorangehende *palšu* "Bresche" glossiert: *ḫa-at-ḫa-ar-ri*.

Beim Versuch, das Glossenwort zu analysieren, stößt man auf den in Nuzi belegten zusammengesetzten hurro-akkadischen Infinitivausdruck *ḫatḫumma epēšu*, dessen Deutung den akkadischen Wörterbüchern Schwierigkeiten bereitet: Das AHw. (336a) notiert dafür "töten(?)", das CAD (Ḫ 149b) "mng. uncert."; bei der Behandlung der Belegstellen aus HSS 13, 422, wird hier die Übersetzung LÚ.MEŠ *sarrūtu ša bīt qarīti . . . ḫatḫumma īpušū* "the criminals from the storehouse who committed the crime" vorgeschlagen, woraus für den besagten Ausdruck eine Übersetzung "commit a crime" ableitbar wäre. E. Laroche (GLH 88) führt im Hinblick auf diesen Ausdruck eine für ihn fragliche hurr. Wortbasis *ḫad-*, die er, wohl in Anlehnung an das AHw., "tuer?" übersetzt.

235 | Die Nuzi-Belege lassen zweierlei erkennen: Die Wortbasis ist ein um =ḫ= erweitertes ḫat/d= und wird im Zusammenhang mit Diebstahl gebraucht, den Verbrecher (*sarrūtu*) begingen, indem sie Vorratslager (*bīt qarīti*) aufbrechen und plünderten. Nichts liegt bei diesem Sachverhalt näher, als eine Brücke zum *ḫatḫarre ≈ palšu* in Alalaḫ zu schlagen und in ḫat=ḫ= den Weg zum Diebstahl zu sehen: die "Bresche, Einbruchstelle", durch die die Einbrecher zum Vorrat gelangen konnten. Der Ausdruck *ḫatḫumma epēšu* könnte dann wörtlich "das Einbrechen, einen Einbruch machen, eine Bresche schlagen" heißen und für alle Nuzi-Belegen einen glatten Sinn ergeben: LÚ.MEŠ *sarrūtu ša bīt qarīti . . . ḫatḫumma īpušū* "die Einbrecher, die ins Lagerhaus einbrachen".

Nun wieder zu *ḫatḫarre ≈ palšu*: In *ḫatḫarre* liegt die erweiterte Basis

---

[45] ŠRQ ist hier in der Ablautklasse konjugiert.

[46] Denkbar ist es auch, daß der Schreiber es versäumt hat, das Determinativ ^{lú} mit dem Pl.-Zeichen ^{meš} zu versehen.

[47] Für Alalaḫ vgl. Giacumakis 1970, 39, *s.v. ana* (5.3i, mit Anm. 3) sowie *s.v. ina* (5.8d).

ḫat=ḫ= vor, an die ihrerseits das Element =ar= angetreten ist, das als Wurzelaugment faktitiv wirkt; dieses Konglomerat wurde schließlich durch =ne determiniert: ḫat=ḫ=ar=re "das Einbrechen, der Einbruch". Trifft diese aus der Analyse gewonnene Deutung für das hurritische Glossenwort zu, dann erscheint die Übersetzung "Einbruchstelle" [48] für das babylonische *palšu* zu konkret. Angesichts der Konstruktion *ištu* . . . *ṣabātu* "aus . . . herausholen" ist nach dem Prinzip *concretum pro abstracto* jedoch trotzdem die Übersetzung "Einbruchstelle" vorzuziehen.

Hinsichtlich der Verwendung von Glossenkeilen im vorliegenden Text zu festzuhalten: In Z. 31 soll der Glossenkeil nur darauf aufmerksam machen, daß nach ihm ein Wort folgt, das der mB Koine fremd ist, in Z. 50 liegt hingegen ein Übersetzungswort vor, das dem hurritischen Umfeld entstammt und offensichtlich eher geeignet war, einen Sachverhalt zu präzisieren, als das 'klassische' *palšu*.

51 Das Suffix *-šunu* nimmt offenbar das unmittelbar vorangehende Objekt *šībūtē-šu* auf.

236 | **52** Zur bildlichen Rede *ḫiṭ'a ana qaqqadi šakānu* "die Verfehlung (d.h. die Folgen aus der Verfehlung) aufbürden" siehe Malul 1988, 266-267 mit Anm. 167.

In dieselbe Richtung weist das folgende *i-ḫap-pí-tu-šu* "sie werden übermächtig für ihn", d.h. "sie überführen ihn": Dieser Verbform liegt die Wurzel *ḫapātu* "übermächtig sein, werden" [49] zugrunde, die eine Wurzelvariante von *kabātu* "schwer sein, werden" [50] sein dürfte.

Paragraph 9 (Z. 54-58)

Der 9. Paragraph bestimmt das Verhalten des Ir-Addu gegenüber Wirtschaftsflüchtlingen aus Mukiš.

54 Die Lesung [L]Ú ist trotz der dazu passenden Spuren unsicher; gestützt wird die Annahme eines LÚ allerdings durch den nächsten Paragraphen (§ 10), in dem ebenfalls von der Wirtschaftsflucht, diesmal allerdings in umgekehrter Richtung, die Rede ist.

LÚ ist hier kollektiv gebraucht, wie die zugehörige Verbform *īrubam* "eingetreten ist" im Vergleich mit den nachfolgenden Formen — z.B. *idd[arr]arū* (Z. 56), *tanaṣṣar-šunu* (Z. 55), *tatakkal-šunu* — und vor allem der Ausdruck 1^{en} É "eine einzige Familie (von ihnen)" (Z. 58) zeigt.

Die Form des kontextlich erforderlichen Pron.-Suff. 1.Sg. am Subjekt [L]Ú, *-ia*, ist orthographisch, wie in der mB Koine üblich, nicht von der des Genitivs zu unterscheiden.

---

[48] AHw. 816b; für "Einbruch(stelle), Loch, Bresche" kennt das Akkadische normalerweise *pilšu* (s. AHw. 863-864).

[49] AHw. 321b (i/i); CAD Ḫ 11f. *s.v.* *ḫabātu* C "to triumph(?), prevail(?)".

[50] AHw. 416f.; CAD K 14-18.

55 *ki-ma* KUR^{ki}*-ka* bedeutet wörtl.: "wie dein (eigenes) Land".

56 Da die Regenten von Zufluchtsgebieten gegenüber Überläufern stets mißtrauisch waren, ist die Bestimmung, Ir-Addu solle Wirtschaftsflüchtlinge aus Mukiš wie eigene Landeskinder behandeln und ihnen Vertrauen entgegen-
237 bringen (*lā tatakkal-šunu* im *šumma-* | Eid mit positiver Aussage: "du mußt ihnen vertrauen!" [51]), von größter Wichtigkeit und bedingt gleichzeitig, sie zu versorgen. [52]

Die Zeichenreste am Zeilenende legen die Lesung *id-*⌞*dá*⌟*[-ar-r]a-ru* "sie wünschen freien Lauf" [53] nahe.

57 AHw. 108a bringt den vorliegenden Beleg unter *bâru* I "fangen" (G 4 Ende); CAD B 2-4 verweist dafür von *ba'āru* "to catch fish, to fish, etc." (Ende, S. 4b oben) auf *bêru* "to select, choose; to examine" (S. 212f.), kommt dort aber nicht mehr auf diese Stelle zu sprechen. Der vom CAD suggerierte Bedeutungsansatz "prüfen" [54] ist kontextlich auf jeden Fall dem des Einfangens (AHw.) vorzuziehen, weil die Leute aus Mukiš schon die Rückkehr wünschten und nicht für eine Rücksendung eingefangen werden mußten. Eine Stütze dafür ist zudem die Aufforderung an den Vertragspartner, nicht eine einzige Familie zurückzuhalten (Z. 58).

Die Orthographie mit einem festen *ḫ* (*ta-ba-aḫ-ḫar*) erschwert den Anschluß an die Wurzel *bêru* (ass. *be'āru*). Möglicherweise liegt hier ein Substrateinfluß des Nordwestsemitischen vor, weil die Wurzel dort BḤR lautet.

Paragraph 10 (Z. 59-67)

Der 10. Paragraph, dessen Text fast ganz verlorengegangen ist, bestimmt das Verhalten des Niqmepa gegenüber Wirtschaftsflüchtlingen aus Tunip.

238 | **Paragraph 11** (Z. 68-71)

Der 11. Paragraph befaßt sich mit Bewohnern von Tunip, die sich gegenüber Mukiš feindlich verhalten; da große Teile des Textes zerstört sind, sind die Aussagen nicht mehr sicher zu erfassen.

69 Wenn die Lesung am Zeilenende zutrifft, dann haben wir es hier mit der transitiven Bedeutung von *ašāšu* "sich betrüben" (AHw. 79b) zu tun, wie sie in G^2 des CAD (A/2 423b) vorgeschlagen wird: "in Betrübnis versetzen".

---

[51] Vgl. AHw. 1305a: *takālu* G II 1c.

[52] Reiner 1969, 532, übersetzt: "feed them"; es erscheint unmöglich, die Bedeutung "zu Essen geben" an den G von *akālu* "essen" (AHw. 26-27; CAD A/1 245-257) anzuschließen.

[53] AHw. 163a; CAD D 109; vgl. auch Dietrich 1993, 51.

[54] Nach AHw. 122b unsicher nur fürs aA.
Vgl. auch die 'Nebenwurzel' *pâru* I "suchen", für deren Gt auch die Bedeutung "prüfen" ermittelt ist (AHw. 836b).

Inhaltlich ist hier offenbar davon die Rede, daß Ir-Addu bei Nichthandeln seinen Vertragspartner Niqmepa erzürnen kann.

70/71 Die beiden Feststellungen *la ta-ṣa-bat-šu-nu* dürften zu einem Eid mit positiver Aussage gehören, deren einleitendes *šumma* nicht erhalten ist.

71 Die Lesung und Deutung von *aš-li-im* ist unsicher: Wenn wir es mit dem Substantiv *ašlu* "Seil" zu tun haben, dann liegt hier wegen der Mimation offensichtlich ein Akkadogramm vor (: *AŠ-LI-IM*).

Treuegelöbnis (Z. 72-74)

Niqmepa gelobt dem hurritischen Oberherrn absolute Treue auch dann, wenn sich seine Kollegen gegen den Hurriter entscheiden sollten.

73 In *lā aḫappe* wird der Prohibitiv offensichtlich im Sinne des assertorischen Eides gebraucht.

Fluch (Z. 75-77)

Die drei Zeilen des Fluchs [55] stehen auf dem linken Tafelrand und werden durch den Namen des Schreibers abgeschlossen.

75/76 Da die Namen der Schwurgötter ideographisch geschrieben sind, ist es nicht mehr mit Sicherheit zu sagen, welche Lesung ihnen zugrundeliegt: Da
239 die Epitheta und der Globalbegriff für das Pan|theon der Hochgötter in der traditionell mesopotamischen Weise auftreten, liegt es nahe, ^{d}IM als "Addu", ^{d}UTU als "Šamaš", ^{d}30 als "Sîn" und DINGIR^{meš} GAL.GA[L.E.NE] als "*ilū rabûtu*" zu lesen; es ist aber ebenso gut denkbar, daß wir bei den Götternamen die hurritische Form aufgreifen müssen: Teššub, Šimige und Kušuḫ.

^{d}IM und ^{d}UTU werden mit Epitheta angesprochen, ^{d}30 nicht. Die Epitheta von ^{d}UTU, EN-*el di-ni* "Herr über die Rechtsprechung", und ^{d}IM, E[N *bi-r*]*i* "Herr über die Opferschau", sind für diese Gottheiten im mesopotamischen Kulturkreis gut bezeugt. [56]

76 Die Verbform *ú-ḫal-liq-šu* dürfte fehlerhaft sein: Wir brauchen entweder ein Prs. *uḫallaqū-šu* "sie (: die Götter) werden ihn (bestimmt) vernichten!" oder einen Prk., *liḫalliqū-šu* "sie (: die Götter) mögen ihn vernichten!". Am leichtesten ist die Brücke zu *uḫallaqū-šu* zu schlagen, wenn wir unter der Voraussetzung eines *a-i*-Wechsels bei der unbetonten dritten Silbe (*liq* = *laq*$_{x}$) eine Lesung *ú-ḫal-laq*$_{x}$*-šu* postulieren und den Sing. mit einer *Constructio ad deum* erklären — vgl. die beiden folgenden Verbformen. Mit denselben Phänomenen haben wir es in Z. 77 zu tun, wo die Schreibweise *li-iš-bal-kat-šu* für ein erwartetes *lišbalkitū-šu* steht. Unter diesem Aspekt ist die in Anlehnung an das folgende *li-iš-bal-kat-šu* vorgenommene Ergänzung

---

[55] Vgl. zu Flüchen allgemein: W. Sommerfeld, 1993.

[56] Für Šamaš *bēl dīni* vgl. AHw. 172a (*dīnu* 2), CAD D 152 (*dīnu* 1b); für Addu/Adad *bēl bīri* vgl. AHw. 130a (*bīru* b), CAD B 265 (*bīru* A c).

der Prk.-Form [*li-ḫa*]*l-liq* nicht unproblematisch: Es könnte hier durchaus [*ú-ḫa*]*l-liq* gestanden haben.

77 Der Name des Schreibers, dessen theophores Element ^{d}IM ist, kann nicht mehr sicher rekonstruiert werden.

Dynastiesiegel von Alalaḫ und Mukiš (mit Legende)

Es ist als ein besonderes Merkmal für Niqmepa zu werden, daß er das Siegel von Abban, dem Sohn des Šarran und Dynastiegründer von Mukiš-Alalaḫ, benützte. [57]

242 | ***Literatur:***

H.-P. Adler 1976: *Das Akkadische des Königs Tušratta von Mitanni.* AOAT 201.

G. del Monte - J. Tischler 1978: *Die Orts- und Gewässernamen der hethitischen Texte.* RGTC 6 (Wiesbaden).

M. Dietrich 1993: *Die Frage nach der persönlichen Freiheit im Alten Orient*, in: *Mesopotamica - Ugaritica - Biblica. Festschrift für Kurt Bergerhof.* AOAT 232, 45-58.

M. Dietrich - O. Loretz 1981: *Die Inschrift der Statue des Königs Idrimi von Alalaḫ.* UF 13, 201-269.

A. Draffkorn 1959: *Hurrians and Hurrian at Alalaḫ. An Ethnolinguistic Analysis* (Diss. Philadelphia).

G. Giacumakis 1970: *The Akkadian of Alalaḫ.* Janua Linguarum 59 (Den Hague)

W. Helck 1971: *Die Beziehungen Ägyptens zu Vorderasien im 3. und 2. Jahrtausend v.Chr.* Ägyptologische Abhandlungen 5 (Wiesbaden).

J. Huehnergard 1989: *The Akkadian of Ugarit.* Harvard Semitic Monographs (Atlanta, Ga.)

H. Klengel 1965: *Geschichte Syriens im 2. Jahrtausend v.u.Z.* Teil 1 - Nordsyrien (Berlin).

ders. 1969: *Geschichte Syriens im 2. Jahrtausend v.u.Z.* Teil 2 - Mittel- und Südsyrien (Berlin)

ders. 1972: *Zwischen Zelt und Palast. Die Begegnung von Nomaden und Seßhaften im alten Vorderasien* (Wien).

ders. 1977: *Nomaden und Handel.* Iraq 39, 163-169.

ders. 1992: *Syria 3000 to 300 B.C. A Handbook of Political History* (Berlin).

J. Kupper 1957: *Les nomades en Mésopotamie au temps des rois de Mari* (Paris).

B. Landsberger 1954: *Assyrische Königsliste und "dunkles Zeitalter".* JCS 8, 31-73.

M. Liverani 1964: *L'estradizioni dei rifugiati in AT 2.* Rivista degli Studi Orientali 39 (Roma), 111-115.

M. Malul 1988: *Studies in Mesopotamian Legal Symbolism.* AOAT 221.

E. Reiner 1969: *Akkadian Treaties from Syria and Assyria*, in: J.B. Pritchard, ed., Ancient Near Eastern Texts Relating to the Old Testament (Princeton, N.J.^{3}), 531-541.

W. von Soden 1990: *"Weisheitstexte" in akkadischer Sprache*, TUAT III/1, 110-188.

W.H. van Soldt 1991: *Studies in the Akkadian of Ugarit. Dating and Grammar.* AOAT 40.

---

[57] Siehe Landsberger 1954, 55.

W. Sommerfeld 1993: *Flüche und Fluchformeln als Quelle für die altorientalische Kulturgeschichte*, in: *Mesopotamica - Ugaritica - Biblica, Festschrift für Kurt Bergerhof*. AOAT 232, 447-463.

E.A. Speiser 1954: *The Alalakh Tablets*. Journal of the American Oriental Society 74 (New Haven), 18-25.

D.J. Wiseman 1953: *The Alalakh Tablets*. Occasional Publications of the British Institute of Archaeology at Ankara (London).

Sir L. Woolley 1955: *Alalakh. An Account of the Excavations at Tell Atchana in the Hatay, 1937-1949*. Reports of the Research Committee of the Society of Antiquities of London XVIII (Oxford).

Autographie *(O. Loretz)*

Vorderseite

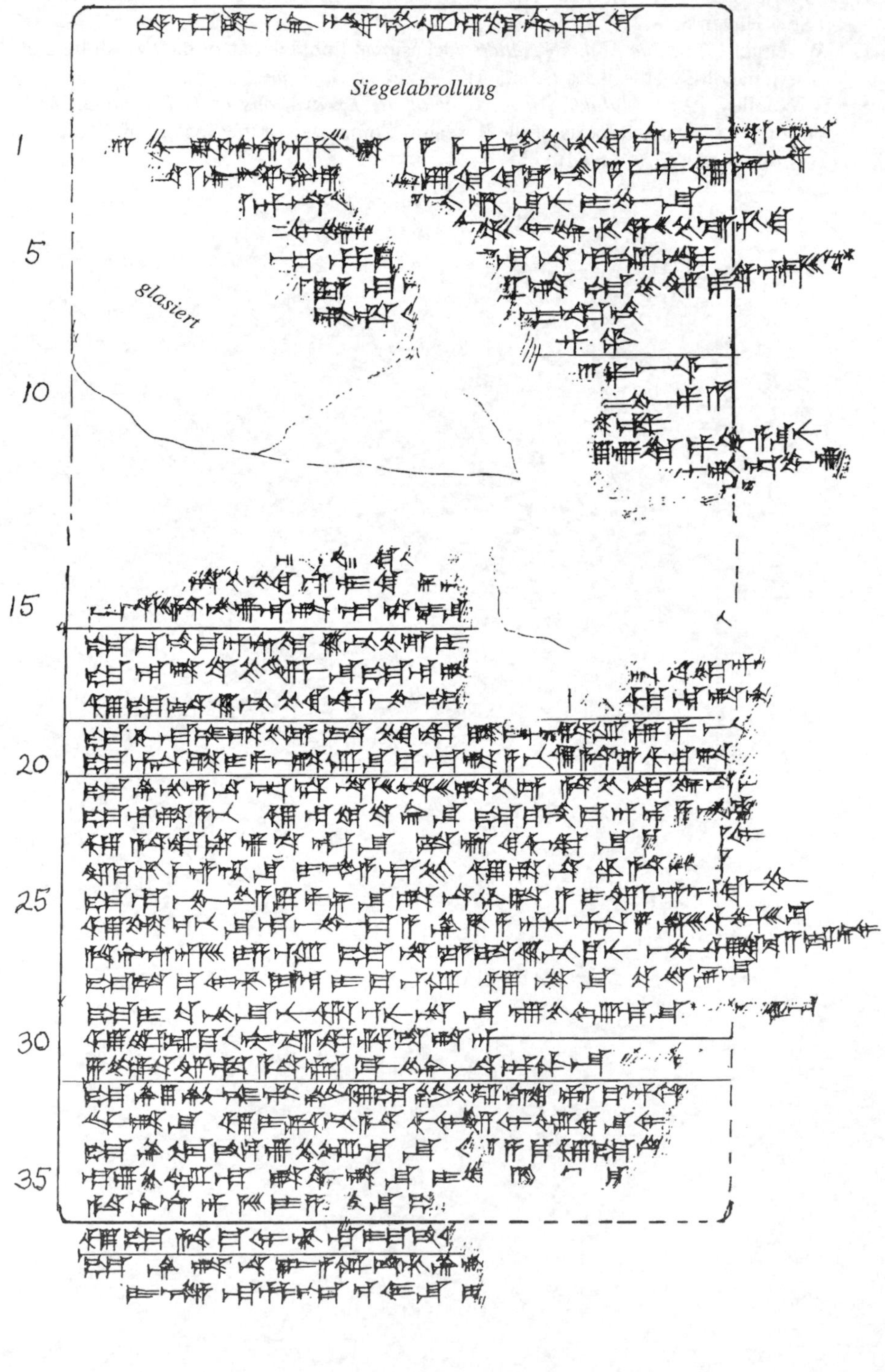

Rückseite

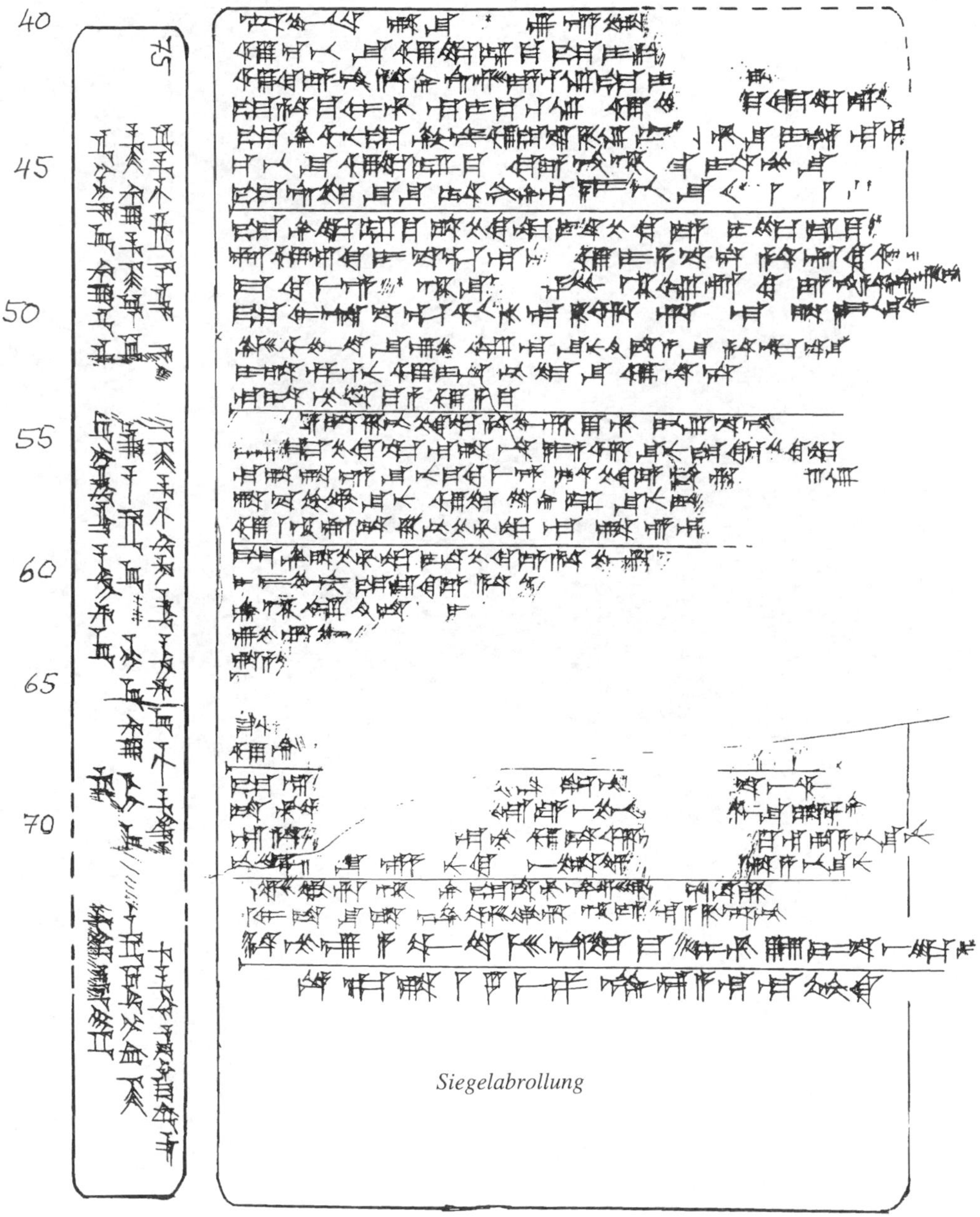

"Singen" und "sich freuen" im Ugaritischen und Hebräischen

Zum Parallelismus *'ny* || *ḥdy* und seinem Reflex in der Lexikographie *

Y. Avishur hat im Laufe vieler Jahre seine enge Verbundenheit mit der Erforschung der ugaritisch-biblischen Beziehungen demonstriert: Er hat darüber einerseits kürzere Beiträge in den "Ugarit-Forschungen" veröffentlicht und andererseits die Monographien "Stylistic Studies of Word-Pairs in Biblical and Ancient Semitic Literature" (AOAT 210.1984), "Studies in Hebrew and Ugaritic Psalms" (1994) und "Studies in Biblical Narrative: Style, Structure, and the Ancient Near Eastern Literary Background" (1999). Also verdanken wir ihm eine stetige und wesentliche Förderung dieses Forschungsgebietes.

Mit der vorliegenden Studie über die beiden Verben *'ny* "singen, jubeln" und *ḥdy* "sich freuen" greifen wir ein Thema auf, das den Forschungsschwerpunkten des Jubilars nahesteht und sowohl in der Ugaritistik als auch in der Hebraistik bis zur Stunde divergent diskutiert wird. Im folgenden versuchen wir zunächst eine semantische Abgrenzung der beiden Verben *'ny* "singen, jubeln" und *ḥdy* "sich freuen" und gehen dann der Frage nach, ob die drei Substantive *m'n*, *'nn* und *'n* von *'ny* I "antworten" oder *'ny* II "singen" abzuleiten sind. Anschließend kommen wir auf Folgerungen für die ugaritische und hebräische Lexikographie zu sprechen, die sich aus dem Nachweis der beiden Verben *'ny* II "singen, jubilieren" und *ḥdy* "sich freuen" ergeben. [1]

---

* *Aus:* M. Heltzer, M. Malul (ed.), *T^eshûrôt laAvishur.* Studies in the Bible and the Ancient Near East, in Hebrew and Semitic Languages. Festschrift Presented to Prof. Yitzhak AVISHUR on the Occasion of his 65th Birthday (Tell Aviv - Jaffa 2004), S. 29*-46*.

[1] Zur Literatur über ug. *ḥdy*, *ḫdw/y*, *ḥnn* und *'ny* siehe u.a. M. Dietrich / O. Loretz 1996, 648-649. 656. 663.

1. Ugaritische Belege für das Verbum *'ny* "singen, jubilieren"

In Anlehnung an die Unterscheidung von vier homonymen Wurzeln *'nh* (I-IV) im Hebräischen, von denen *'nh* IV "singen" von einigen Lexika und Autoren als selbständig neben *'nh* I "antworten" geführt wird, kennt auch die Ugaritistik die Frage, ob neben ug. *'ny* "antworten" Belege für ein selbständiges Verbum *'ny* "singen" nachzuweisen sind.

Gegen die Existenz einer ug. Wurzel *'ny* mit der Bedeutung "singen" wird angeführt, daß in Entsprechung zu ar. *ġaniya* "singen" im Ugaritischen *ġny* zu erwarten sei. [2] Dieses Argument kann jedoch mit dem Hinweis darauf entkräftet werden, daß im Ugaritischen für ar. *ġ* mehrfach ein *'* auftritt – also ist der Ansatz eines ug. *'ny* "singen" grundsätzlich möglich. [3]

Die bisherige Forschungsgeschichte gibt zu erkennen, daß eine Klärung der Probleme nur dann möglich ist, wenn es gelingt, in den fraglichen Texten
30* die parallelen Verknüpfun|gen Verben ebenso wie etwa *ḥdy* "sich freuen" eine von Freude bestimmte menschliche Regung beschreiben. Das geschieht am besten dadurch, daß wir die Existenz eines ugaritischen Wortpaares mit den beiden Elementen *'ny* "singen" und *ḥdy* "sich freuen" aufzeigen. Hierfür bietet sich KTU 1.3 II 23-24 (‖ 1.7:6b-7a) an. Also diskutieren wir in Punkt 1.1 zuerst die Parallelkola KTU 1.3 II 23-24 (‖ 1.7:6b-7a) und kommen dann in Punkt 1.2 auf die gleichfalls zu berücksichtigenden *'ny*-Belege KTU 1.17 VI 32 und 1.23:12 zu sprechen.

1.1. Das Wortpaar *'ny* ‖ *ḥdy* im Bikolon KTU 1.3 II 23-24 (‖ 1.7:6b-7a)

Das Bikolon KTU 1.3 II 23-24, das sowohl nach oben als auch nach unten von klar abgrenzbaren poetischen Einheiten umrahmt wird, hat den Wortlaut

mid tmtḫṣn w t'n 13
tḫtṣb w tḥdy 'nt 13

und ist offensichtlich auf die beiden Wortpaare *mḫṣ* ‖ *ḫṣb* und *'ny* / *'yn* ‖ *ḥdy* aufgebaut. Dabei stehen die Wörter *mid* und *'nt* chiastisch am Anfang bzw. am Ende und erfüllen zugleich eine Doppelfunktion. Das führt graphisch zu folgender Darstellung:

---

[2] F.-J. Stendebach 1989, 234.

[3] So z.B. J.C. de Moor 1969, 224 mit Anm. 2, der gegen A.S. Kapelrud auf KTU 1.3 II 23; 1.17 VI 32 verweist; id., 1971, 93-94; J. Tropper 2001, 569.

mid *tmtḫṣn* *w tʿn* ||
|| *tḫtṣb* *w tḥdy* *ʿnt.*

Dieser Sachverhalt wird von einer Reihe von Interpreten beachtet. [4]

Die Bemühungen um eine Klärung der Bedeutungen des strittigen Wortpaares *ʿny* / *ʿyn* || *ḥdy* haben allerdings auch dazu geführt, daß der parallele Aufbau des Bikolons verkannt und, unter Einbeziehung der folgenden Kola, abweichend aufgelöst worden ist. Einige Beispiele mögen diesen Sachverhalt beleuchten:

– U. Cassuto hat 1951 die vier Zeilen KTU 1.3 II 23-26a in ein Monokolon plus ein Trikolon aufgelöst. Er begründet diese kolometrische Entscheidung mit der Aufhebung des Wortpaares *ʿny* || *ḥdy* in eine Abfolge der beiden Verben *ʿny* "to say" und *ḥdy* "to rejoice" und übersetzt:

> She smites exceedingly, and says:
> Anath hews in pieces and rejoices,
> her liver extends with laughter,
> her heart is filled with joy,
> . . . [5]

31* | – J. Aistleitner hat in der Wiedergabe des Bikolons KTU 1.3 II 23-24 einen bedeutsamen Wandel vollzogen: Zunächst setzte er für das Wortpaar *ʿny* || *ḥdy* die Bedeutungen "jauchzen" [6] || "sich freuen" voraus:

> Viele hieb sie nieder und jauchzte (dazu),
> Es metzelte und es freute sich Anat. [7]

In seiner späteren Interpretation nimmt er im Gegensatz zu U. Cassuto jedoch noch Z. 26b hinzu und gliedert den Abschnitt mit Hilfe der Auflösung des Wortpaares *ʿny* || *ḥdy* in die Elemente *ʿny* "sagen" und

---

[4] Siehe z.B. G.R. Driver, CML 1956, 85; H.L. Ginsberg 1969, 136; J.C.L. Gibson, CML 1978, 47; G. Del Olmo Lete, MLC 1981, 181; N.H. Walls 1992, 164; D. Pardee 1997, 250; M.S. Smith 1997, 108; N. Wyatt 1998, 75; J. Tropper 2001, 571.

Vgl. hierzu C.H. Gordon 1977, 77, der das Bikolon auf Z. 23-24a beschränkt und den GNF *ʿnt* zur folgenden Einheit zieht.

[5] U. Cassuto 1971, 87-89. 119.

[6] J. Aistleitner 1939, 208, vermerkt zu *tʿn* folgendes: "vgl. etwa arab. *ġaniya* 2: ein Lied singen."

[7] J. Aistleitner 1939, 207.

ḥdy "sich freuen" in ein Monokolon und ein Tetrakolon:

Viele hieb sie nieder und sagte dabei:
"‘Anat metzelt und freut sich,
Sie läßt schwellen ihre Leber,
Des Lachens wird voll ihr Herz,
Der Freude [wird voll] die Leber ‘Anats!" [8]
(KTU 1.3 II 23-26)

– In der Textgliederung beschreiten A. Caquot / M. Sznycer einen besonderen Weg: Sie formen das Bikolon in ein selbständiges Monokolon und in ein Bikolon mit dem Wortpaar *‘yn* || *ḥdy* "sehen, schauen" || "sich freuen" um:

mid tmtḫṣn 9
w t‘n tḫtṣb 9
w tḥdy ‘nt 8

En foule, elle (les) massacre.
Elle contemple la bataille
et elle se réjouit, ‘Anat. [9]

– M. Dahood folgt jenen Interpreten, die ein Worpaar *‘yn* || *ḥdy* "sehen" || "blicken, schauen" ansetzen:

Much she smites and views,
Slaughter and gaze does Anath. [10]

– J. Tropper hat die frühere Diskussion über ug. *‘ny* und ar. *ġaniya* "singen" und *ḥdy* "sich freuen" oder *ḥdy* "sehen" [11] wieder belebt und den Vorschlag unterbreitet, für *t‘n* doch | eine Ableitung von *‘ny* "singen usw." zu erwägen, *tḥdy* dem Verbum *ḥdy* "sich freuen" zuzuordnen und das Bikolon folgendermaßen zu übersetzen:

---

[8] J. Aistleitner 1959, 26.

[9] A. Caquot / M. Sznycer, TO I 1974, 160.

[10] M. Dahood 1969, 27; id., RSP I 1972, 298, Nr. 432, fordert als Parallele zu *ḥdy* "to gaze" ein Verbum *‘n* "to eye" und den Parallelismus *‘n* || *ḥdy* "to eye" || "to gaze"; E. Verreet 1988, 81, "Gar sehr kämpft sie und sie sieht, || ‘Anat haut drein und erblickt."

[11] J. Aistleitner 1939, 207; J.C. de Moor 1971, 93-94, hat bereits den Parallelismus *‘ny* "to sing" || *ḥdy* "to rejoice" erwogen. Zuletzt gelangt er (a.a.O., S. 94) jedoch zu folgender Lösung: "Nevertheless I adhere to the safer translation noted above [S. 88: ‘watched’ || ‘looked on’], at least for the time being."

Sie kämpfte erbittert und erhob ein lautes Geschrei;
sie stritt und frohlockte dabei, (die Göttin) ʻAnat. [12]

Die Interpretation J. Troppers führt zur neuen Frage, ob es erforderlich ist, statt von *ʻny* "singen" von *ʻny* "ein lautes Geschrei erheben" auszugehen. Denn vom Kontext her stehen wir in Z. 23-24 bereits in der Endphase des Kampfes der Göttin gegen ihre Feinde, so daß es naheliegt, das Wortpaar *ʻny* ‖ *ḥdy* "singen" ‖ "sich freuen" als direkte Überleitung zur Darstellung des Jubels der siegreichen ʻAnat in Z. 25-26 zu sehen.

Die hier vorgetragenen Lösungsversuche zu den beiden parallel angeordneten Verbformen *tʻn* ‖ *tḥdy* lassen sich in vier Gruppen gliedern:

1. *ʻny* ‖ *ḥdy* "sagen" ‖ "sich freuen": U. Cassuto 1971, 87-89. 119; J. Aistleitner 1959, 26; id. WUS Nr. 906: *ḥdî* "sich freuen".
2. *ʻyn* ‖ *ḥdy* "schauen" ‖ "betrachten": G.R. Driver, CML 1956, 85. 138 mit Anm. 18, vgl. he. *ḥzh*; H.L. Ginsberg 1969, 136; M. Dahood 1969, 27; id., RSP I 1972, 298, Nr. 432; J.C. de Moor 1971, 88; "watched" ‖ "looked"; id., ARTU 1987, 6; C.H. Gordon 1977, 77; J.C.L. Gibson, CML 1978, 47 mit Anm. 11, "looked" ‖ "surveyed [or "rejoiced"]"; G. Del Olmo Lete, MLC 1981, 181; N.H. Walls 1992, 164; D. Pardee 1997, 250; M.S. Smith 1997, 108; N. Wyatt 1998, 75, "looked" ‖ "considered"; DLU 84: */ʻ-n-y/* "responder, decir"; 174: */ḥ-d-y/* "ver, mirar, contemplar". [13]
3. *ʻyn* ‖ *ḥdy* "betrachten" ‖ "sich freuen": A. Caquot / M. Sznycer, TO I 1974, 160, *ḥdy* "se *réjouir*" mit Virolleaud, Gaster, Cassuto, Aistleitner.
4. *ʻny* ‖ *ḥdy* "jauchzen, singen" ‖ "sich freuen": J. Aistleitner 1939, 207; J.C. de Moor 1969, 224 Anm. 2; id. 1971, 93-94, als alternative Übersetzung diskutiert; J. Tropper 2001, 567-571, "singen; ein lautes Geschrei erheben" ‖ "sich freuen, frohlocken".
5. (*x*) ‖ *ḥdy* ("x") ‖ "to look, to see": I. Márquez Rowe 1993, 36 Anm. 7, KTU 1.3 II 24.

Zusammengefaßt ergibt sich aus der Diskussion zu KTU 1.3 II 23-24 folgendes:

1. Da nach *tʻn* am Ende von Z. 23 keine Rede der ʻAnat, sondern ein Bericht über ihren körperlichen und psychischen Zustand als erfolgreiche Kämpferin folgt, sind alle Versuche einer Auflösung des streng parallel

---

[12] J. Tropper 2001, 571.

[13] W.G.E. Watson 1981, 94, übersetzt KTU 1.3 II 23-24 folgendermaßen: "Hard did she fight and look, ‖ do battle and *gloat* did Anath". Er ist darüber unsicher, ob *ḥdy* mit "to see" oder "to rejoice" zu übersetzen ist.

und chiastisch aufgebauten Bikolons in ein Monokolon plus Trikolon, in ein Tetrakolon oder eine Gliederung des Bikolons in ein Trikolon abzulehnen. Eine wohl denkbare Ableitung der Verbform *t‘n* von *‘ny* "antworten usw." und ein Wortpaar *‘ny* || *ḥdy* "sagen" || "sich freuen" scheiden folglich aus.

2. Fraglich sind ferner ein Parallelismus *‘yn* || *ḥdy* "schauen" || "blicken"[14] oder ein sonst nicht belegtes Wortpaar *‘yn* || *ḥdy* "schauen,
33* betrachten" || "sich freuen",[15] die beide nicht | mit der im nachfolgenden Trikolon Z. 25-26 erhaltenen Beschreibung großer Freude der Göttin kongruieren und in sich unstimmig oder etymologisch nicht zu rechtfertigen[16] sind.
3. Als positives Ergebnis ist festzuhalten, daß nur das Wortpaar *‘ny* "singen" || *ḥdy* "sich freuen" eine Klärung der Probleme im Bikolon KTU 1.3 II 23-24 bietet. Es allein erfüllt die Kriterien, die für einen Parallelismus innerhalb der poetischen Einheit maßgeblich sein müssen.

Das Bikolon KTU 1.3 II 23-24 wirft zudem ein klärendes Licht auf Struktur und Beschreibung des gesamten Handlungsablaufs des Kampfes der Göttin. Denn es leitet die Darstellung der Freude ein, die ‘Anat nach dem siegreichen Kampf in ihrem eigenen Haus empfindet. Die Göttin hatte nämlich draußen im Gelände gekämpft (KTU 1.3 II 3-16) und geht nach dem Ende des Treffens mit den Feinden in ihren Palast zurück, um dort überraschenderweise mit größter Lust unter ihren Gästen ein Blutbad anzurichten:

[17]*w hln ‘nt l bth tmġyn*	16
[18]*tštql ilt l hklh*	13
[19]*w l šb‘t tmtḫṣh b ‘mq*	16
[20]*tḫtṣb bn qrtm*	11
tṯ‘r [21]*ksat l mhr*	12
ṯ‘r[17] *ṯlḥnt* [22]*l ṣbim*	10

---

[14] M. Dahood I 1972, 298, Nr. 432, kritisiert an J. Aistleitner die Ansetzung eines Verbums *ḥdy* "to rejoice", das der ungarische Gelehrte irrtümlich neben *ḫdw* "to rejoice" postuliere. In Parallele zu *ḥdy* "to gaze" sei ein Verbum *‘n* "to eye" zu fordern, so daß sich - wie in Ps 11,4; 17,2 - der Parallelismus *‘n* || *ḥdy* "to eye" || "to gaze" ergebe. Da jedoch in Ps 11,4 der Parallelismus *ḥzh* || *bḥn* und in Ps 17,2 die Abfolge *yṣ’* - *ḥzh* fehlt dem Argument M. Dahoods die notwendige hebräische Grundlage.

M. Dahood übersieht außerdem, daß J. Aistleitner kein ugaritisches Verbum *ḫdw* "sich freuen" kennt, sondern die von M. Dahood hierfür beanspruchten Stellen in WUS Nr. 1006 versuchsweise *’ḫd* zuordnet.

[15] J. Tropper 2001, 568-569.

[16] Zur Frage *ḫdw* und *ḥdy* "sich freuen" siehe unten Abschnitt 3.2.1.

[17] Vgl. unten Z. 36-37 das Trikolon *ṯ‘r ksat l ksat* || *ṯlḥnt l ṯlḥn<t>* || *hdmm tṯ‘r l hdmm*.

hdmm l ġzrm	9
[23]*mid tmtḫṣn w tʻn*	13
[24]*tḫtṣb w tḥdy ʻnt*	13
[25]*t*[d]*ġdd kbdh b ṣḥq*	12
ymlu [26]*lbh b šmḫt*	12
kbd ʻnt [27]*tšyt*	10
k brkm tġll b dm [28]*ḏmr*	15
ḥlqm b mmʻ mhrm	12
[29]*ʻd tšbʻ tmtḫṣ b bt*	14
[30]*tḫtṣb bn ṯlḥnm*	12

Und dann/siehe [18] ging ʻAnat zu ihrem Haus,
betrat die Göttin ihren Palast.
Und bis zur [19] Sättigung reichte ihr Kämpfen [20] im Tal,
34* | das Streiten zwischen den beiden Städten.
Sie richtete [21] Stühle her für den Krieger,
richtete her Tische für die Soldaten,
Schemel für die Jungmänner. [22]
Sie [23] kämpfte hart [24] und sang,
sie stritt, und es freute sich ʻAnat:
Es schwoll an ihre Leber [25] mit Lachen,
es füllte sich ihr Herz [26] mit Freude,
die Leber der ʻAnat mit Triumph! [27]

---

[18] J. Tropper, UG 2000, 751.

[19] Das *l* dürfte in Entsprechung zu *ʻd* in Z. 29 nicht als Negation zu übersetzen sein; vgl. dagegen J. Tropper, UG 2000, 530.

[20] J. Tropper, UG 2000, 530, *tmtḫṣ+h* und *tḫtṣb* als Verbalsubstantive Gt.

[21] *ṯʻr* "herrichten", vgl. *ṯṯar* (KTU 1.3 II 37); J. Tropper, UG 2000, 110. 153. 712, zum Wechsel zwischen PK (*tṯʻr*) und G Inf. (*ṯʻr*).

[22] H.L. Ginsberg 1969, 136, deutet das Trikolon folgendermaßen: "She *pictures* the chairs as heroes, ‖ *Pretending* a table is warriors, ‖ And that the footstools are troops."

[23] M. Dahood 1969, 26-27, zur Diskussion über die Kolometrie von Z. 23-27a.

[24] *mid* "in hohem Maße, sehr"; J. Tropper, UG 2000, 748.

[25] SED I 126-127, Nr. 141.

[26] SED I 157-158, Nr. 174. Aus der Wortfolge *kbd* ‖ *lb* ‖ *kbd* ergibt sich, daß eine Erweiterung des gebräuchlicheren Parallelismus *lb* ‖ *kbd* (M. Dahood, RSP I 1972, 245-246, Nr. 323; Y. Avishur 1984, 562-563) bezeugt ist.

[27] HAL 1579: *twšyh* - 1. "Gelingen, Erfolg"; M.H. Pope 1985, 43. 93, zu Hi 5,12b; 12,16a, "success, victory"; M. Dahood 1969, 27, zum Parallelismus *b ṣḥq* ‖ *b šmḫt* ‖ *tšyt*; id. 1989, 74.

Fürwahr, [28] die beiden Knie tauchte sie in das Blut der Starken,
die Hüfte [29] ins Gerinsel der Krieger.
Bis sie satt war kämpfte sie im Haus,
stritt sie zwischen den Tischen.
(KTU 1.3 II 17-30a)

Aus dem Verlauf der blutigen Auseinandersetzung im Palast der Göttin geht hervor, daß in Z. 23b-27a die Freude der siegreichen Kämpferin beschrieben wird. Zugleich erfahren wir, daß beim oder umittelbar nach dem Kampf gesungen wurde, wenn der Sieg sicher war.

Innerhalb von KTU 1.3 II 3b-30a folgt auf einen Kampf im Gelände (Z. 3b-16) eine blutige Auseinandersetzung in Palast der Göttin (Z. 17-30a). Die von ihr bekriegten Männer gehören in beiden Fällen denselben Gruppen an. Es scheidet folglich die Annahme aus, daß die Göttin in ihrem Haus Gefangene aus dem Kampf im Gelände auf kannibalistische Weise verzehre. [30] Da der Streit außerhalb des Palastes und der in dessen Innern denselben Verlauf nehmen und die Soldaten im zweiten Fall als Gäste ‘Anats anzusehen sind, beleuchten beide Auseinandersetzungen die furchterregende
35* Gestalt der Göttin von verschiedenen Seiten. Sie | erscheint mit ihrer siegreichen Grausamkeit als eine wirklich mächtige Herrin. So werden im Mythos ihre überragende Kraft und Wirksamkeit dargestellt.

Sachlich bietet der Mythos über die kämpferische ‘Anat wohl die Rechtfertigung für einen rituellen Kampf während des Neujahrsfestes. [31]

1.2. Das Verbum *‘ny* "singen" in KTU 1.17 VI 32 und KTU 1.23:12

In DLU (S. 84) wird unter Berufung auf J.C. de Moor (UF 1 1969 224 n. 2) und M. Dijkstra / J.C de Moor (UF 7 1975 189) für KTU 1.17 VI 32 und

---

[28] *k* Affirmationspartikel; vgl. dagegen J. Tropper, UG 2000, 801, subordinierende Konjunktion "als".

[29] Vgl. AHw. 372: *ilku* II "etwa Hüftgegend?"; CAD I/J 81: *ilku* B "waist or posterior".

[30] M.S. Smith 1997, 107. 167 Anm. 49, spricht übertreibend von einem "Cannibalistic Feast" der Göttin mit ihren Gefangenen, die sie als ihre Speise vertilge: "The furniture suggests a feast with the captives as Anat’s main course rather than her continued battling. This section accordingly uses the language of warfare to convey the goddess’ consumption of her captives."

[31] J.C. de Moor 1971, 94-95; id., ARTU 1987, 6 Anm. 29, "Clearly a feast for the army."; vgl. dagegen N.H. Walls 1992, 365, der eine kultische Deutung ablehnt und daher zu folgender Feststellung genötigt ist: "Anat’s purpose and motivation for this ruthless slaughter of humans are unknown, as is the identity of her enemies. . . . In fact, this episode may not play an important role in the mythic narrative but may simply provide a thematic introduction to the goddess herself."

1.23:12 ein Verbum *'ny* II "*cantar, celebrar*" neben *'ny* I "antworten" als möglich angeführt. Demgegenüber sieht J. Tropper neuerdings beide Belege als unsicher an. [32]

1.2.1. KTU 1.17 VI 32

M. Dijkstra / J.C. de Moor schlagen in KTU 1.17 VI 32 als Lesung *n'm* [. *dy*]*'nynn* und die Übersetzung "*the minstrel who serves him*" vor. Sie setzen also ein Verbum *'ny* "to accomodate to, to serve" an und verweisen ohne Argumente auf he. *'nh* in I Reg 12,7. [33] Sie bemerken folgendes: "If there existed an Ugaritic verb *'ny* II 'to sing' (cf. AOAT 16, 93) this would be a suitable alternative." [34] Von einem Verbum *'ny* "singen" gehen auch B. Margalit 1989, 151. 186, und D. Pardee 1997, 347, aus.

Für die Klärung der kolometrischen Probleme in KTU 1.7 VI 31b-32a dürfte von der Beobachtung auszugehen sei, daß der Text nicht nur beschädigt, sondern auch fehlerhaft verkürzt ist, so daß folgender Wortlaut in Betracht zu ziehen ist:

ybd w yšr 'lh [32]*n'm* 12
[*w y*]*'nynn* <*ġzr ṭb ql*> 14

Es stimmt an und singt vor ihm der Liebliche,
und es besingt ihn [35] <der Jüngling mit schöner Stimme>!
(KTU 1.17 VI 31b-32a) [36]

Aus dem Bikolon ist somit der Parallelismus *bd* - *šyr* ‖ *'ny* "anstimmen" - "singen" ‖ "singen" zu gewinnen. So versetzt uns KTU 1.17 VI 31b-32a in
36* Lage, neben dem | gebräuchlicheren Wortpaar und der Parataxe *šyr* ‖ *ḏmr* [37] auch den Parallelismus *šyr* ‖ *'ny* festzuhalten. [38]

---

[32] Vgl. J. Tropper, UG 2000, 126. 657, mit J. Tropper 2001, 569, der hierzu bemerkt: "Beide erwähnten Belegstellen sind allerdings unsicher; sie können alternativ zu *'ny* 'antworten, sprechen' gestellt werden."

[33] Vgl. dagegen HAL 806: *'nh* I qal 1. "erwidern, antworten"; - 3a) "auf d. Gesagte eingehen, willig folgen", c. acc. pers. "willfahren" I Reg 12,7.

[34] M. Dijkstra / J.C. de Moor 1975, 189 Anm. 161.

[35] J. Tropper, UG 2000, 223. 661, [*y*]*'ny-nn* "er besingt(?) ihn". Diese Deutung ist nicht sicher, vgl. J. Tropper a.a.O., S. 657.

[36] O. Loretz 2003, Abschnitt 5, Kap. 1.

[37] M. Dahood, RSP I 1972, 369, Nr. 581; Y. Avishur 1984, 404-405.

[38] Vgl. hierzu den Parallelismus *'nh* ‖ *zmr* pi (Ps 147,7).

1.2.2. KTU 1.23:12

Während in DLU für die Rubrik *w ʻrbym tʻnyn* (KTU 1.23:12) wegen des vorangehenden Verbums *rgm* die Übersetzungen "y los oficiantes lo corean" und "lo responden" zur Wahl gestellt werden, geht D.M. Clemens der Frage nach, ob es auf Grund von KTU 1.67; 1.23 und anderer Texte nicht doch möglich sei, für ugaritische kultische Texte einen Parallelismus **ʻny* ‖ **šyr* anzusetzen; dabei äußert er sich allerdings nicht dazu, ob er von *ʻny* I oder von *ʻny* II ausgeht. [39]

Dazu ist zu bemerken, daß für KTU 1.23:12 üblicherweise das Verbum *ʻny* I "antworten" angesetzt wird. [40]

Da der Sprecher von KTU 1.23:12 sein Wort wahrscheinlich mit ʻhohem Tonʼ vorträgt (*rgm*), [41] dürfte auch für die Antwort gelten, daß sie kantillierend vorgetragen wurde – vgl. Z. 57, wo vom Gesang der ganzen Versammlung gesprochen wird. Auch in Z. 12 und wohl auch in Z. 73 [42] dürfte am ehesten *ʻny* I "(mit Gesang) antworten" anzusetzen sein, obwohl *ʻny* II "singen" nicht auszuschließen ist. [43]

2. *mʻn* "Antwort, Responsorium, Antiphon" oder "Gesang"? - Der PN *mʻnt* und *ʻn* "Furche"

In einer Reihe von Texten ist das Substantiv *mʻn* [44] in engster Beziehung zum Singen und zu Gesang gebraucht, [45] so daß die Frage aufkommt, ob *mʻn* von *ʻny* I oder *ʻny* II abzuleiten ist.

In diesem Zusammenhang sind folgende Texte zu berücksichtigen:

KTU 1.35:4 -]*mʻn* [46]

---

[39] D.M. Clemens 2001, 618 Anm. 189.

[40] J. Aistleitner 1959, 59, "und die *ʻāribu*-Priester antworten"; A. Caquot / M. Sznycer, TO I 1974, 370; J.C.L. Gibson, CML 1978, 123, "and the ministers shall make response"; J.C. de Moor, ARTU 1987, 120; T.J. Lewis 1997, 208, "With antiphonal response by ministrants."; D. Pardee 1997a, 278, "and those who enter respond"; N. Wyatt 1998, 327; J. Tropper, UG 2000, 661.

[41] Vgl. Dtn 27,14.

[42] J. Tropper, UG 2000, 483, zu *w ʻn-hm* "und er antwortete ihnen".

[43] M.C. de Moor 1988, 174 Anm. 3, vermerkt zur Stelle: "In the Ugaritic ritual KTU 1.23:12 the verb *ʻny* is used as a designation of a chanted responsion."

[44] M.D. Clemens 2001, 606. 608 Anm. 144; 610 mit Anm. 151. 155; 618-619.

[45] D.M. Clemens 2001, 618 mit Anm. 188-189.

[46] D.M. Clemens 2001, 608 Anm. 144, hält es für fraglich, ob *mʻn* in einem hurritischen Kontext ugaritisch zu deuten ist.

KTU	1.67:5	- *m'nh.*[
KTU	1.67:20	- *m'nh aḏ[mr* [47]
37* KTU	| 1.69:4	- *aḏmr m'nh*
KTU	1.70:3	- *m'nh* [48] *aḏmr*
KTU	1.73:10	- *w m'nt* [49] *š[r?*
KTU	2.10:15	- *m'nk* [50]
KTU	5.2:1	- *m'n*?[[51]
KTU	5.7:2	- *m'n*

Da die beiden Belege KTU 2.10:15 und 5.7:2 einen profanen Wortgebrauch bezeugen, dürfte *m'n* bzw. *m'nt* nur in kultischem Kontext als eine gesungene Antwort zu verstehen sein. Eine Ableitung des Substantivs *m'n* "Antwort, Antiphon" von *'ny* I "antworten" ist als sicher anzusehen. [52]

Offen bleibt dagegen die Etymologie des PN *m'nt.* [53]

Das Wort *'n* (Pl. *'nt*) "Furche, Erdscholle" (KTU 1.6 IV 1. 2. 3. 12. 13. 14; 1.16 III 2. 9) wird etymologisch gleichfalls mit *'ny* "umwenden, antworten" verbunden. [54]

---

[47] D.M. Clemens 2001, 606 mit Anm. 132; 618 mit Anm. 189, zu ug. *ḏmr* als Terminus für kultisches Singen.

[48] W.H. van Soldt 1991, 296 Anm. 93, zum ugaritischen Charakter von *m'nh*.

[49] M.D. Clemens 2001, 618 Anm. 188; vgl. dagegen DLU 258: *m'nt* (I) n. f. "?".

[50] Zur Diskussion über KTU 2.10:14-19 siehe J. Tropper, UG 2000, 541. 909: D.M. Clemens 2001, 181-187. 1365.

Der Abschnitt Z. 14-19 ist offensichtlich als eine Einheit zu übersetzen: "Falls er zurückgeworfen wurde, deine Antwort und was immer du als *Wort/Gerücht* dort hörst, setze es in einen Brief an mich!".

Vgl. dagegen M. Dahood 1989, 74, *hm nšk p m'nk* "Behold, we long here for your reply"; J.-L. Cunchillos, TO II 1989, 279-280, der *hm ntpk* (Z. 14) zur vorangehenden Einheit zieht: ". . . si nous résistons. Mets-moi par écrit ta réponse et tout ce que tu entendra là-bas."; M. Dijkstra 1999, 156. 160, interpretiert *m'n* als Teil eines Eides: *w yd ilm p kmtm 'z mid hm nṯkp m'nk* "as for the hand of the gods, it will be indeed be as strong as Death, if your answer is negative(?)"; vgl. J. Tropper, UG 2000, 541, . . . *hm nṯkp m'nk* ". . . falls dein Gegenangriff (w.: deine Antwort) zurückgeworfen/abgewehrt wird."

[51] M.D. Clemens 2001, 618 Anm. 188.

[52] J. Aistleitner, UGU 1954, 19; J. Tropper, UG 2000, 267, *m'n /ma'nû /* < **ma'nay.*

[53] KTU 4.281:27; 4.412 I 10 (*m'n*[). 13; 4.583:4 (*m'n*[); 4.611 (II):10; 4.632:22.

F. Gröndahl, PTU 1967, 75-76. 110, erwägt eine Ableitung entweder von *'ny* "antworten" oder *'nw* "beistehen, Zuflucht nehmen"; DLU 258: *m'nt* (II).

[54] J. Tropper, UG 2000, 193; vgl. dagegen DLU 82: *'n* (II).

Zu he. *m'nh* "Pflugbahn" (d. Strecke, an deren Ende d. Pflug gewendet wird)" und zur Ableitung des Substantivs von *'nh* I siehe HAL 581: *m'nh*; L. Delekat 1964, 38-39.

3. *'ny/'nh* und *ḥdy/ḥdh* im Ugaritischen und Hebräischen

Aus der Erkenntnis, daß in den poetischen Einheiten KTU 1.3 II 23-24 und 1.17 VI 31b-32a die Wortpaare *'ny* ‖ *ḥdy* "singen" ‖ "sich freuen" und *bd* - *šyr* ‖ *'ny* "anstimmen" - "singen" ‖ "jemanden besingen" bezeugt sind, ergeben sich sowohl für die hebräische als auch die ugaritische Lexikographie mehrere Folgerungen. Sie betreffen an erster Stelle ug./he. *'ny/h* "singen", he. *'ny* I-IV [55] und ug. *ḥdy* I-III und an zweiter das Verhältnis zwischen ug. *ḥdy* I und *ḥdy* II.

38* ### 3.1. Hebräische und ugaritische Belege für *'ny* "singen, jubilieren"

In der hebräischen Lexikographie besteht über die Zuordnung von Belegen zu einem Verbum *'nh* "singen" oder gar dessen Existenz neben *'nh* I "antworten" keine Einigkeit. [56] He. *'nh* IV "singen" wird entweder direkt mit ar. *ġaniya* verbunden und von *'nh* I "antworten" getrennt, [57] oder man folgert von der These her, daß entsprechend zu ar. *ġaniya* "singen" auch im Ugaritischen nicht *'ny*, sondern *ġny* zu erwarten sei, daß *'nh* I und *'nh* IV zusammengehörten und nur ein ug. *'ny* "antworten" belegt sei, [58] oder daß nicht nur ug. *'ny* "singen", sondern auch he. *'ny* IV "singen" zu Gunsten von *'ny/h* "antworten" aufzugeben seien. [59]

Auf Grund der beschriebenen Differenzen sind im Hebräischen folgende Kategorisierungen von *'nh* I "antworten" und *'nh* IV "singen" zu beachten:

1. *'nh* I-IV: *'nh* I "erwidern, antworten", *'nh* II "elend, ausgemergelt sein", *'nh* III "sich plagen", *'nh* IV "singen": Ges.[17] 603-605: *'nh* I-IV; HAL 805-808: *'nh* I-IV; LHVT 612-613: *'nh*$_{1\text{-}4}$.
2. *'nh* I-III: *'nh* I "antworten", *'nh* II "leiden, gedemütigt werden", *'nh* III

[55] HAL 805-808: *'nh* I "erwidern, antworten", *'nh* II "elend, ausgemergelt sein", *'nh* III "sich plagen", *'nh* IV "singen"; so auch Ges.[17] 603-605; vgl. dagegen BDB 772-: *'nh* I "answer, respond", [*'nh*] II "be occupied, busied with", [*'nh*] III "be bowed down, afflicted", *'nh* IV "sing".

[56] Siehe zur Diskussion u.a. C. Barth 1971, 49-50; J.M. Sasson 1973, 157; C.J. Labuschagne II 1976, 335.

[57] Ges.[17] 604: *'nh* IV; BDB 777: *'nh* IV; HAL 808: *'nh* IV; LHVT 613: *'nh*^{4}.

L. Delekat 1964, 37-38, argumentiert folgendermaßen: "Dass *'nh* IV 'singen", arab. *ġnj*, ein Stamm für sich ist, steht ausser Zweifel."

[58] F.I. Andersen 1966, 108-112; J.M. Sasson 1973, 157; F.-J. Stendebach 1989, 234.

[59] F.I. Andersen 1966, 108-112, vertritt die These, daß das Ugaritische keinen Anhaltspunkt für eine kanaanäische Wurzel *'ny* "singen" biete, die mit ar. *ġaniya* verwandt sei.

"singen": HAW 337-338: *‘nh* I-III.

3. *‘nh* I-II, kein *‘nh* IV "singen": F.I. Andersen 1966, 108-112, nur ug. *‘ny* "antworten", ar. *ġaniya* schließt ug. *‘ny* "singen" aus; J.M. Sasson 1973, 157, *‘nh* qal "‘responsive’ singing", *‘nh* pi "‘antiphonal’ singing"; C.J. Labuschagne 1976, 335-338, setzt nur zwei homonyme Wurzeln an: *‘nh* I "antworten", möglicherweise auch "singen", und *‘nh* II "elend sein"; J.C. de Moor 1988, 174 Anm. 3, *‘ny* I und *‘ny* IV sollten zusammengenommen werden; F.-J. Stendebach 1989, 234.

Nachdem in Abschnitt 1 (oben) unabhängig von den biblischen Belegen ein Nachweis für die Existenz eines ugaritischen Verbums *‘ny* "singen" erbracht werden konnte und die Differenz zu ar. *ġaniya* eine befriedigende innerugaritische Erklärung findet, [60] bestehen für die hebräische Lexikographie von der Ugaritistik her keine Bedenken gegen ein *‘nh* (IV) "singen". [61] In den hebräischen Lexika wäre nun unter *‘nh* IV einen Verweis auf ug. *‘ny* aufzunehmen. [62]

Im einzelnen wird es jedoch auch weiter im Hebräischen schwierig bleiben, *‘nh* (IV) "singen" gegen *‘nh* I "antworten" abzugrenzen. [63] Wie
39* schwerwiegend die Problematik ist, | veranschaulichen besonders deutlich die Auseinandersetzungen über *‘nwt gbwrh / ḥlwšh / <mḥlt>* in Ex 32,18. [64]

Für die ugaritische Lexikographie ist auf jeden Fall festzuhalten, daß für die drei Stellen KTU 1.3 II 23; 1.7:6 und 1.17 VI 32 neben *‘ny* I "antworten, entgegnen" (WUS Nr. 2060; UT Nr. 1883; DLU 84: *‘ny* I) ein Verbum *‘ny* II "singen" die richtige Lösung der Probleme bietet. [65] Ob hierher auch KTU 1.23:12 gehört, ist nicht klar zu entscheiden. [66]

---

[60] J.C. de Moor 1971, 93-94; J. Tropper 2001, 569.

[61] J. Tropper 2001, 569-570, betont besonders, daß ug./he. *‘ny/h* ein "lautes Geschrei" bezeichne. Dies läßt sich jedoch nicht mit Sicherheit aus den angeführten Stellen Ex 32,17-18; Jer 51,14 entnehmen; vgl. J.C. de Moor 1988, 174, zu Jer 51,14.

[62] J.E. Hoch 1994, 72-73, Nr. 81, zur Frage, ob semitisches *‘ny* "singen" auch im Ägyptischen nachzuweisen ist.

[63] Siehe die Diskussion in HAL 808: *‘nh* IV; J.C. de Moor 1988, 173-174, zu Jer 25,30; 51,14.

[64] Siehe z.B. F.I. Andersen 1966, 108-112; J.M. Sasson 1973, 153. 157-158; J. Tropper 2001, 570.

S. Mittmann 1980, 41-45, ergänzt das Zitat aus einem Lied auf überzeugende Weise mit *mḥlt* aus V. 19, so daß er folgenden Text erhält:

’yn qwl ‘nwt gbwrh	15 (12)	Kein Laut eines Siegesgesangs,
w ’yn qwl ‘nwt ḥlwšh	16 (12)	und kein Laut eines Jammerliedes,
qwl ‘nwt <mḥlt>	11 (9)	sondern Laut eines Reigengesangs.

[65] Siehe oben Abschnitte 1.1. und 1.2.1.

[66] Siehe oben Abschnitt 1.2.2.

Das Nomen *m'n* "Antwort; (gesungenes) Responsorium" ist von *'ny* I abzuleiten. [67]

Mitunter wird auch das ug. Substantiv *'nn* mit ug. *'ny* "antworten" in Verbindung gebracht. [68] Diese Etymologisierung stößt jedoch auf Widerspruch. [69]

Eine Verbindung von ug. *'n* "Furche" und he. *m'nh* "Furche" mit *'ny/h* I wird allgemein akzeptiert. [70]

3.2. Zur Diskussion über ugaritisch *ḥdy* I-II oder *ḥdy* I-III, *ḫdw* und hebräisch *ḥdh* I oder *ḥdh* I-II

In der Frage, welche Verben das Ugaritische für "sehen, prüfen" und "sich freuen" hat, sind Bewertung der einzelnen Belege für die postulierten Wurzeln *ḥd(w)*, *ḥdy*, *ḫdw* und Ergebnis der Auseinandersetzung mit der These, daß ug. *ḥdy* "sehen" in he. *ḥdh* = *ḥzh* "sehen" eine Entsprechung habe, von ausschlaggebender Bedeutung.

M. Dahood hat die Überlegungen zu ug. *ḥdy* mit seiner Behauptung stark beeinflußt, daß ein ug. *ḥdy* "to rejoice" sowohl durch ug. *ḫdw* "to rejoice" als auch durch ug. *ḥdy* = he. *ḥdh* = *ḥzh* "to gaze" ausgeschlossen werde; es sei nur ein ugaritisches Verbum *ḥdy* "to gaze" anzusetzen. Von dieser Voraussetzung her postulierte M. Dahood ferner, daß he. *ḥdh* pi in Ps 21,7b als ein Kanaanismus im Hebräischen zu verstehen sei: "The verb *t^{e}ḥaddēhū* is a Canaanism for *t^{e}ḥazzēhū* . . . In the Psalter the dialectal form appears in the present passage, xxxiii 15, xlix 11, and cxxxix 16 ..." [71]

H.L. Ginsberg lehnt es dagegen ab, im Hebräischen neben he. *ḥzw/y* "to see" einen Kanaanismus *ḥdw/y* "to see" zu postulieren, der nach seinem
40* Verständnis eigentlich | "Ugaritismus im Hebräischen" genannt werden müßte. [72] Im Fall von Ps 21,7b stellt er der Übersetzung M. Dahoods ("*you*

---

[67] Siehe oben Abschnitt 2.

[68] F.I. Andersen 1966, 112, stellt folgende Überlegung an: "Perhaps *'nn* is one who orders antiphonal singing in worship."

[69] Vgl. R. Good 1978, 436-437, unterscheidet zwischen *'nn* "cloud" und *'nn* < *'ny* III (submission, affliction) + *n* "servant"; J.C. de Moor 1971, 130, ar. *'awn* "assistant, attendant"; F. Renfroe 1992, 22-24, ar. *'wn* "aid, help, assistance", ug. *'nn* "servant, assistant, lackey"; J. Tropper, UG 2000, 273, *'nn* "Gehilfe, Diener, *'wn* "helfen".

Vgl. P.J. van Zijl 1972, 102-104, der in Anlehnung an J. Gray *'nn* "magical appearance" befürwortet.

[70] Siehe oben Abschnitt 2.

[71] M. Dahood I 1966, 133; so auch HAL 280: *ḥdh* II cj qal "sehen"; DCH III 1996, 161-162, *ḥdh* II "see". Diese These dürfte auch S. Segert, BGUL 1984, 185, favorisieren.

[72] H.L. Ginsberg 1967, 71-73.

will make him gaze with happiness upon your face") [73] folgende eigene entgegen: "You gladden him with the light of Your face". [74]

Die Auseinandersetzung zwischen M. Dahood und H.L. Ginsberg verdeutlicht am besten, daß sowohl in der Ugaritistik als auch in der Hebraistik über die Existenz und Verteilung der Wurzeln *ḥdy* I-III und *ḫdw* größere Unstimmigkeiten bestehen. Lexikographen und Interpreten diskutieren bezüglich *ḥdy/w* und *ḫdy/w* im Ugaritischen folgende Vorschläge: [75]

1. *ḥdy* "sich freuen": J. Aistleitner, WUS Nr. 906: *ḥdi̭* "sich freuen"; U. Cassuto 1951/1971, 87-89. 119; J.C. de Moor 1969, 224 Anm. 2; id. 1971, 93-94, als alternative Übersetzung diskutiert; A. Caquot / M. Sznycer, TO I 1974, 160, *ḥdy* "se *réjouir*" mit Virolleaud, Gaster, Cassuto, Aistleitner; J. Tropper 2001, 567-571.
2. *ḥdy/w* "sehen, schauen, prüfen": C.H. Gordon, UT Nr. 839: "to see, look"; M. Dahood 1964, 407; id., RSP I 1972, 298, Nr. 432; id. 1989, 57; H.L. Ginsberg 1967, 71-73, ug. *ḥdw*, he.-aram. *ḥzw/y* "to see"; id. 1969, 136, "behold"; E. Verreet 1983, 230 Anm. 69, *ḥdy* "sehen", KTU 1.19 III 19; J.C. de Moor / K. Spronk, CARTU 1987, 137, G "watch, see", N "be seen"; I. Márquez Rowe 1993, 36, *ḥdy* "to look, to see", KTU 1.2 I 25; 1.3 II 24; 1.19 III 4. 19. 33; 1.127:32; 2.77:8. 15. 18; 2.83:4; J. Tropper, UG 2000, 427, zu KTU 2.77:8. 15; 443. 451, *aḥd* "ich will nachschauen", KTU 1.19 III 4. 19. 33; DLU 174: */ḥ-d-y/* "ver, mirar, contemplar".
3. *ḥdy* "vertreiben" (KTU 1.127:32): K. Aartun 1976, 288; [76] M. Dietrich / O. Loretz 1990, 37; J. Tropper, UG 2000, 101. 233. 668. 735, *ḥdy/w* "antreiben, wegtreiben", ar. *ḥdw*.
4. *ḥd(w)* "nachsehen, prüfen": J. Aistleitner, WUS Nr. 905: *ḥd(w)* "nachsehen, prüfen" (KTU 1.19 III 15. 24. 29. 33. 39); J.-M. de Tarragon 1989, 215, zu KTU 1.127:32.
5. *ḫdw/y*"sich freuen": C.H. Gordon, UT Nr. 933: **ḫdw*, *al tḫd* "do not rejoice!" (*al tḫdhm*, KTU 1.3 V 22; *al tḫdhm*, KTU 1.18 I 9); M. Dahood, RSP I 1972, 298, Nr. 432, *ḫdw* "rejoice"; 354-355, Nr. 550, *šmḫ* ∥ *ḫdw* "to rejoice" ∥ "to exult"; E. Verreet 1983, 230, *ḫdw/y* "erfreut sein, sich freuen", möglich KTU 2.15:7 .10; J.W. Watts 1989, 446 mit Anm. 25, KTU 2.15:7. 10; J. Tropper, UG 2000, 660, *ḫdy* "sich freuen" (KTU 2.15: 7. 10, evtl. auch 2.33:21).

---

[73] M. Dahood I 1966, 130. 133; id. III 1970, XLIX.

[74] H.L. Ginsberg 1967, 72-73.

[75] D. Pardee 1987, 395; M. Dietrich / O. Loretz 1996, 648b-649a, *ḥdw*, *ḥdy*; 663, *ḫdw*, *ḫdy*.

[76] M. Dietrich / O. Loretz 1990, 33 Anm. 188.

6. *ḫdw*-Stellen sind unter *'ḫd* einzuordnen: M. Dijkstra / J.C. de Moor 1975, 193; W.G.E. Watson 1981, 95 Anm. 15; DLU 18: */'-ḫ-d/* G 1) "(re)coger, tomar" etc., zu KTU 1.3 V 22 - 3) KTU 2.15:7. 10.
7. *ḥdy* in KTU 1.3 II 24 ist entweder *ḥdy* "to see" oder *ḥdy* "to rejoice" zuzuordnen: W.G.E. Watson 1981, 94.

3.2.1. Ugaritisch *ḫdw/y* "sich freuen" oder *ḥdy* "sich freuen"?

An erster Stelle ist das Problem zu lösen, ob es im Ugaritischen die von C.H. Gordon, M. Dahood, E. Verreet, J.W. Watts und J. Tropper angeführten Be-
41* lege für ein Verbum *ḫdw/y* | "sich freuen" tatsächlich gibt. Denn nachdem für KTU 1.3 II 24 *ḥdy* "sich freuen" nachgewiesen ist, stellt sich diese Frage völlig neu, zumal seit langem gesehen wird, daß gegen ein ug. *ḥdy* "sich freuen" nicht akk. *ḫadû* als Begründung für ug. *ḫdw/y* geltend gemacht werden kann. [77] Zudem sind nun noch die Briefe KTU 2.15 und 2.33 zu berücksichtigen.

Im Brief KTU 2.15:7.10 werden die beiden Verbformen *iḫdn* und *iḫd* üblicherweise mit *ḫdw/y* "sich freuen" in Verbindung gebracht. [78] Da jedoch in diesem Dokument neben *ḥnny* (Z. 3) auch die Schreibung *aḫnn* (Z. 9) bezeugt und eine Ableitung der beiden Verbformen von *ḫnn* "gnädig sein" als sicher anzusehen ist, [79] sollte erwogen werden, die beiden Belege *iḫdn* und *iḫd* nicht mit *ḫdw/y*, sondern mit *ḥdy* "sich freuen" zu verbinden. [80]

Das *iḫd* in KTU 2.33:21 konnte bislang noch nicht befriedigend erklärt werden. [81]

M. Dahood gründet seinen Nachweis für ein ugaritisches Verbum *ḫdw* "to exult" auf einen angeblichen Parallelismus *šmḫ* ‖ *ḫdw* "to rejoice" ‖ "to exult" auf (KTU 1.3 V 21-22; 1.18 I 8-9). [82] Gegen dieses Wortpaar spricht jedoch, daß in KTU 1.3 V 21-22 und in 1.18 I 8-9 sowohl *tšmḫ* als auch *aḫdhm* verschiedenen poetischen Einheiten zuzuordnen sind, so daß im

---

[77] U. Cassuto 1938, 285 Anm. 1; id. 1971, 199; J. Aistleitner, WUS Nr. 906.

[78] Siehe z.B. E. Verreet 1983, 230; J.W. Watts 1989, 446 mit Anm. 25; J. Tropper, UG 2000, 660, *ḥdy* "sich freuen" zu KTU 2.15: 7. 10, evtl. auch 2.33:21.

[79] J. Tropper, UG 2000, 123; vgl. dagegen DLU 194: */ḫ-n-n/* v. D. "desnaturalizar, arranciar, hacer inadecuado para el uso".

[80] Vgl. dagegen DLU 18: */'-ḫ-d/* G 3) "Requisitar, conquistar, represar": *l šmn iṯrhw p iḫdn NP* "respecto al aceite: síguele la pista y yo, NP, lo requisaré", 2.15:7, *aḫnn w iḫd* "lo (: aceite) desnaturalizaré (vd. *ḫnn*) y procederé a requisarlo", 2.15:10.

[81] J.-L. Cunchillos 1989, 332, "sache que je l'ai prise"; J. Tropper, UG 2000, 449. 660. 902, ordnet *iḫd* sowohl *ḥdy* "sich freuen" (S. 660, mit KTU 2.15:7. 10) als auch *'ḫd* (S. 902, "Er möge wissen, daß ich ihn(?) ergreife(?)" zu.

[82] M. Dahood, RSP I 1972, 354-355, Nr. 550. Zur Kritik siehe Y. Avishur 1984, 12 Anm. 3.

zweiten Fall *aḫdhm* mit *'ḫd* zu verbinden ist. [83]

J.C. de Moor dürfte nach allem mit seiner Feststellung zu ug. *ḫdy* "sich freuen", daß dieses Verbum im Ugaritischen nicht existiere, [84] Recht haben. [85]

3.2.2. Ugaritisch *ḥdy/w*, hebräisch-aramäisch *ḥzw/y* "sehen"

H.L. Ginsberg hat besonders auf die etymologische Identität von hebräisch-phönizisch-aramäisch *ḥzw* "sehen" und arabisch *ḥḏw* hingewiesen. Der Wechsel zu *ḥzw* habe folglich zuerst im hebräisch-phönizischen, nicht aber im aramäischen Bereich stattgefunden. [86] Von dieser Basis aus setzt er ug. *ḥdy/w* "to see" für folgende Stellen an: KTU 1.3 II 24 ("Her fighting contemplates Anath" [87]); 1.19 III 4 ("gaze" [88]). [10]. 15 (*yḥd hrgb* "Beholds Hargab" [89]). 19. 24. 29. 33. 38. [90]

42* | Möglicherweise liegen weitere Belege für *ḥdy* "sehen, schauen" in KTU 2.77:8.15.18 vor. [91] Hierher ist vielleicht auch KTU 2.83:4 (*tḥmk ḥdy*) zu stellen. [92]

---

[83] Siehe z.B. J.C. de Moor, ARTU 1987, 17. 241; J. Tropper, UG 2000, 806.

[84] J.C. de Moor 1971, 94; W.G.E. Watson 1981, 95 Anm. 15.

[85] Zu *iḫd* (KTU 2.33:21) siehe u.a. J.-L. Cunchillos 1989, 332, "que je l'ai prise"; vgl. J. Tropper, UG 2000, 660, *ḫdy* "sich freuen", neben KTU 2.15: 7. 10, evtl. auch 2.33:21.

[86] H.L. Ginsberg 1967, 71.

[87] H.L. Ginsberg 1969, 136.

[88] H.L. Ginsberg 1969, 154.

[89] H.L. Ginsberg 1969, 154.

[90] Dieser Deutung von KTU 1.19 III schließen sich z.B. folgende Autoren an: J. Aistleitner, WUS Nr. 905: *ḥd(w)* "nachsehen, prüfen"; C.H. Gordon, UT Nr. 839: *ḥdy* "to see, look"; DLU 174: */ḥ-d-y/* "ver, mirar, contemplar"; j.C. de Moor, ARTU 1 1987, 256-258, "to look"; B. Margalit 1989, 161-162, "to observe"; D. Pardee 1997b, 353, "to look"; S.B. Parker 1997, 72-74, "to observer, look"; D. Sivan 1997, 164; N. Wyatt 1998, 304-305, "to look"; J. Tropper, UG 2000, 443. 451, "ich will nachschauen", KTU 1.19 III 4. 19. 33.

[91] I. Márquez Rowe 1993, 36 [45]; DLU 174: */ḥ-d-y/*; D. Sivan 1997, 165, zu KTU 2.77:8; J. Tropper, UG 2000, 427, *ḥd* Imp. m.sg.

[92] I. Márquez Rowe 1993, 36, gegen *ḥdy* "sich freuen" (P. Bordreuil / A. Caquot 1980, 361, "ton message a réjouit(?)"; DLU 172: */ḥ-d-y/*.

Die Formulierung *tḥmk ḥdy* "deine Botschaft/Tafel hat er gesehen" dürfte voraussetzen, daß der Briefschreiber dem Adressaten von der Ankunft seines Briefes beim Empfänger berichtet.

3.2.3. He. *ḥdh* "sich freuen" oder *ḥdh* I-II?

Der These M. Dahoods, daß im Hebräischen neben *ḥdh* "sich freuen" [93] zusätzlich ein "kanaanäisches" [94] *ḥdh* II "sehen" anzusetzen sei, wird teilweise auch in der hebräischen Lexikographie zugestimmt. [95]

Der Streit zwischen M. Dahood und H.L. Ginsberg ist jedoch als entschieden anzusehen. Denn an der von M. Dahood als Argument zu Gunsten von ug. *ḥdy* = he. *ḥdy* = *ḥzh* "sehen" angeführten *ḥdy*-Stelle KTU 1.3 II 24 liegt das Verbum *ḥdy* "sich freuen" vor. [96] Es erübrigt sich folglich, von einem Kanaanismus *ḥdh* im Hebräischen zu sprechen [97] und in einem hebräischen Lexikon zwischen *ḥdh* I und *ḥdh* II zu unterscheiden.

4. Ergebnisse für die ugaritische und hebräische Lexikographie

Das Studium der ugaritischen Belege für die homonymen Wurzeln *ḥdy* hat ergeben, daß in der morphologischen und inhaltlichen Analyse der in Betracht kommenden Stellen sowohl in der ugaritischen als auch in der hebräischen Lexikographie erhebliche Unsicherheiten bestehen. Zugleich hat sich gezeigt, daß die mit den homonymen Wurzeln *ḥdw/y* gegebenen Probleme nur zu lösen sind, wenn man in Verbindung mit ihnen untersucht, ob im Ugaritischen zwischen *'ny* I "antworten" und *'ny* II "singen" zu unterscheiden ist.

---

[93] Ges.[18] 325: *ḥdh*; vgl. BDB 292: *ḥdh* I "be *or* grow sharp"; *ḥdh* II "rejoice".

[94] M. Dahood 1964, 407, rechtfertigt seine These mit folgenden Worten: "Canaanite forms are still preserved in the Bible ... dialectal elements much more numerous."

[95] HAL 280: *ḥdh* I "sich freuen", mit Verweis auf ug. *ḫdw*; *ḥdh* II = *ḥzh* "schauen" mit Verweis auf ug. *ḥdy* und M. Dahood; so auch ohne weitere Begründung in DCH III 1996, 161: *ḥdh* I "rejoice"; 161-162: *ḥdh* II "see".

S. Segert, BGUL 1984, 185, stellt zu biblischen Texten folgende Verbindung her: "*/ḥ-d-y/* 'to look, regard, scrutinize, examine' (cf. H. *ḥ-d-y*?: *yaḥad* Ps 33:15; 49:11; Job 34:29?".

[96] Siehe oben Abschnitt 1.

[97] Im einzelnen ist die Beantwortung der Frage schwierig, ob he. *ḥdh* "sich freuen" oder *yḥd* "sich vereinigen" vorliegt; vgl. z.B. zu Gen 49,6 (und Ps 86,11) die Ausführungen bei H.L. Ginsberg 1967, 72; W.G.E. Watson 1981, 92-95; Ges.[18] 457: *yḥd* "sich vereinigen, verbinden, anschließen".

43* | 4.1. Ugaritisch *ʿny* II "singen" - hebräisch *ʿnh* IV "singen"

Aus dem Nachweis eines ugaritischen Verbums *ʿny* II "singen" (KTU 1.3 II 23; 1.7:6; 1.17 VI 32; 1.23:12[?]) neben *ʿny* I "antworten" – siehe oben Abschnitte 1.1., 1.2.1., 1.2.2. und 3.1. – ergibt sich, daß im hebräischen Lexikon beim Lemma *ʿnh* IV "singen" nicht nur auf ar. *ġnj* II, [98] sondern auch auf ug. *ʿny* II zu verweisen ist.

4.2. Ugaritisch *ḥdy* I-III

In den ugaritischen Texten haben wir zwischen den folgenden drei Wurzeln zu trennen:

1. *ḥdy* I "sehen" (KTU 1.19 III 4 . [10]. 15. 19. 24. 29. 33. 38), [99]
2. *ḥdy* II "sich freuen" (KTU 1.7:6; 1.3 II 24; 2.15:7. 10) und
3. *ḥdy* III "vertreiben" (KTU 1.127:32). [100]

Da ein ug. *ḫdw* "sich freuen" nicht existiert, [101] erübrigt sich in der hebräischen Lexikographie beim Lemma *ḥdh* I "sich freuen" eine Erwähnung von ug. *ḫdw*. [102]

Die unbegründete Rede von einem Kanaanismus (oder Ugaritismus) *ḥdh* "sehen" im Hebräischen [103] erfordert den Verzicht auf ein *ḥdh* II "sehen, schauen" in einem hebräischen Lexikon.

4.3. Ugaritisch *ḥnn*

Aus dem Nebeneinander der Schreibungen *ḥnny*, *aḫnn*, *iḫdn* und *iḫd* in KTU 2.15:3.7.9.10 dürfte zu folgern sein, daß für das Ugaritische zwar ein Verbum *ḥnn* "gnädig sein", [104] jedoch keine Wurzel *ḫnn* bezeugt ist. [105]

---

[98] HAL 808: *ʿnh* IV.

[99] Siehe oben Abschnitt 3.2.2.

[100] Siehe oben Abschnitt 3.2.

[101] Siehe oben Abschnitt 3.2.1.

[102] So HAL 280: *ḥdh* I; Ges.[18] 325: *ḥdh*.

[103] Siehe oben Abschnitt 3.2.2.

[104] J. Aistleitner, WUS Nr. 105; C.H. Gordon, UT Nr. 882; DLU 178-179: */ḥ-n-n/*; J.W. Watts 1989, 443-449.

Literatur

Aartun, K., 1976: Eine weitere Parallele aus Ugarit zur kultischen Praxis in Israels Religion, BiOr 33, 285-289.

Aistleitner, J., 1939: Die Anat-Texte aus Ras Schamra, ZAW 57, 193-211.

- -, 1954: Untersuchungen zur Grammatik des Ugaritischen. BVSAW.PH 100,6.

- -, 1959: Die mythologischen und kultischen Texte aus Ras Schamra. BOH 8.

Andersen, F.I., 1966: A Lexicographical Note on Exodus XXXII 18, VT 16, 108-112.

44* | *Avishur, Y.*, 1984: Stylistic Studies of Word-Pairs in Biblical and Ancient Semitic Literature (AOAT 210), Kevelaer-Neukirchen/Vluyn.

Barth, C., 1971: Die Antwort Israels, in: H.W. Wolff, (ed.), Probleme biblischer Theologie. Gerhard von Rad zum 70 Geburtstag, München, 44-56.

Bordreuil, P. / A. Caquot, 1980: Les textes en cunéiformes alphabétiques découverts en 1978 à Ibn Hani, Syria 57, 343-373.

Cassuto, U., 1938: Il palazzo die Ba'al nella tavola II AB di Ras Shamra, Or. 7, 265-290.

- -, 1971: The Goddess Anath, Jerusalem. (First published in Hebrew 1951).

Clemens, D.M., 2001: Sources for Ugaritic Ritual and Sacrifice. Vol. 1: Ugaritic and Ugarit Akkadian Texts. AOAT 284/1.

Craigie, P.C., 1983: Psalms 1-50. Word Biblical Commentary, Waco, Texas.

Cunchillos, J.-L., 1989: Correspondance, TO II, 239-421.

Dahood, M., 1964: Hebrew-Ugaritic Lexicography II, Bib. 45, 393-412.

- -, 1966: Psalms I. AncB 16.

- -, 1969: Ugaritic-Hebrew Syntax and Style, UF 1, 15-36.

- -, 1970: Psalms III. AncB 17A.

- -, 1989: Ugaritic-Hebrew Philology. Second Reprint (With Minor Corrections). BibOr 17.

Delekat, L., 1964: Zum hebräischen Wörterbuch, VT 14, 7-66. (S. 35-49: *'ny*, *'nh* und *'nw*).

Dietrich, M. / O. Loretz, 1984: Brief des *Gnryn* ans *Mlkytn* - KTU 2.15, UF 16, 353-356.

- -, 1990: Mantik in Ugarit. ALASP 3.

- -, 1996: Analytic Ugaritic Bibliography 1972-1988. AOAT 20/6.

Dijkstra, M., 1999: Ugaritic Prose, in: HUS, S. 140-164.

Dijkstra, M. / J.C. de Moor, 1975: Problematical Passages in the Legend of Aqhâtu, UF 7, 171-215.

Fuhs, H.F., 1978: Sehen und Schauen: Die Wurzel *ḥzh* im Alten Orient und im Alten Testament. Ein Beitrag zum prophetischen Offenbarungsempfang. FzB 32.

- -, 1977: *ḥzh* - Zu einem angeblichen Aramaismus im Hebräischen, lBN 2, 7-12.

Ginsberg, H.L., 1938: A Ugaritic Parallel to 2 Sam 1 21, JBL 57, 209-213.

- -, 1967: Lexicographical Notes, VT.S 16, 71-82.

- -, 1969: Ugaritic Myths, Epic, and Legends, in: ANET, 129-155.

Good, R., 1978: Cloud Messengers?, UF 10, 436-437.

Gordon, C.H., 1977: Poetic Legends and Myths from Ugarit, Ber. 25, 5-133.

Hoch, J.E., 1994: Semitic Words in Egyptian Texts of the New Kingdom and Third Intermediate Period, Princeton, NJ.

45* | *Jepsen, A.*, 1977: *ḥzh*, in: ThWAT II, 822-835.

---

[105] Vgl. dagegen J.C. de Moor 1965, 360, *ḫnn* D, "I will make him stinking", he. *ḥnn* II; M. Dahood 1966, 211, *im mlkytn yrgm aḫnn wiḫd* "If Milkyaton gives the word, I will ambush him (?) and seize him."; P.C. Craigie 1983, 285, "incapacitate, disarme, seize"; E. Verreet 1983, 228; S. Segert, BGUL 1984, 186, */ḫ-n-n/* D "'to let spoil'(?) (cf. Syr. *ḥa(n)nīnā* 'rancid')"; DLU 194: */ḫ-n-n/* v. D. "desnaturalizar, arranciar, haber inadecuado para el uso".

Labuschagne, C.J., 1976: *'nh* I "antworten", THAT II, 335-338.

Lewis, T.J., 1997: The Birth of the Gracious Gods, in: UNP, S. 205-214.

Loretz, O., 2003: Götter - Ahnen - Könige als gerechte Richter. "Rechtsfall" und "Rechtfertigung" des Menschen vor Gott nach altorientalischen und biblischen Texten. AOAT 290.

Margalit, B., 1989: The Ugaritic Poem of AQHT. BZAW 182.

Márquez Rowe, I., 1993: The Ugaritic equivalent of EA Akk. *amur* and Eg. *ptr*, NABU 36 [45].

Militarev, A. / L. Kogan, 2000: Semitic Etymological Dictionary. Vol. I. AOAT 278/1.

Mittmann, S., 1980: "Reigentänze" in Ex 32,18, BN 13, 41-45.

Moor, J.C. de, 1965: Frustula Ugaritica, JNES 24, 355-364.

- -, 1969: Rezension, A.S. Kapelrud, The Violent Goddess, Oslo 1969, UF 1, 223-227.

- -, 1971: The Seasonal Pattern in the Ugaritic Myth of Ba'lu According to the Version of Ilimilku. AOAT 16.

- -, 1987: An Anthology of Religious Texts from Ugarit, Leiden. (= ARTU).

- -, 1988: Hebrew *hēdād* "Thunder-Storm", UF 20, 173-177.

Pardee, D., 1987: Ugaritic Bibliography, AfO 34, 366-471.

- -, 1997: The Ba'lu Myth, in: COS I, 241-274.

- -, 1997a: Dawn and Dusk, in: COS I, 274-283.

- -, 1997b: The 'Aqhatu Legend, in: COS I, 343-356.

Parker, S.B., 1989: The Pre-Biblical Narrative Tradition. SBL.RBS 24.

- -, 1997: Aqhat, in: UNP, S. 49-80.

Pope, M.H., 1985: Job. AncB 15.

Renfroe, F., 1992: Arabic-Ugaritic Lexical Studies. ALASP 5.

Sasson, J.M., 1973: The Worship of the Golden Calf, in: H.A. Hoffner, Jr., (ed.), Orient and Occident. Essays presented to Cyrus H. Gordon on the Occasion of his Sixty-fifth Birthday. AOAT 22, 151-159.

Segert, S., 1984: A Basic Grammar of the Ugaritic Language, Berkeley usw. (= BGUL).

Sivan, D., 1997: A Grammar of the Ugaritic Language. HdO I,28.

Stendebach, F.-J., 1989: *'nh* I, in: ThWAT VI, 233-247.

Tarragon, J.-M. de, 1989: Les rituels, in: TO II, 125-238.

Tournay, R., 1961: Rez. zu R.E. Bonnard, Le psautier selon Jérémie (1960), RB 68, 438-440.

Tropper, J., 2000: Ugaritische Grammatik. AOAT 273. (= UG).

- -, 2001: 'Anats Kriegsgeschrei (KTU 1.3 II 23), UF 33, 567-571.

46* *van Soldt, W.H.*, 1991: Studies in the Akkadian of Ugarit. Dating and Grammar. AOAT 40.

van Zijl, P.J., 1972: Baal. A Study of Texts in Connexion with Baal in the Ugaritic Epics. AOAT 10.

Verreet, E., 1983: Das silbenschließende Aleph im Ugaritischen, UF 15, 223-258.

- -, 1988: Modi ugaritici. OLA 27.

Walls, N.H., 1992: The Goddess Anat in Ugaritic Myth. SBL.DS 135.

Watson, W.G.E., 1981: Hebrew "To Be Happy" - An Idiom Identified, VT 31, 92-95.

Watts, J.W., 1989: *Ḥnt*: An Ugaritic Formula of Intercession, UF 21, 443-449.

Wyatt, N., 1998: Religious Texts from Ugarit. The Words of Ilimilku and his Colleagues. The Biblical Seminar 53, Sheffield.

Der kultische Terminus *knt* "(Opfer)gabe" in KTU 1.23:54 und 1.65:17 *

Die Lexika der ugaritischen Sprache, die uns heute zur Verfügung stehen, sind zu einem erheblichen Teil durch strittige Vorentscheidungen in epigraphischen und etymologischen Fragen belastet. Ein klares Beispiel für diese höchst unbefriedigende Situation bilden beispielsweise die Eintragungen zum Substantiv *knt*: Während wir bei J. Aistleitner in WUS Nr. 1335 unter dem Lemma *kn* I "sein" für *knt*, das in KTU 1.23:54 und 1.65:17 belegt ist, die Bedeutungsangabe "e. festgesetztes Opfer" vorfinden, beschränkt sich C.H. Gordon hinsichtlich KTU 1.65:17 unter *knt* auf den kommentarlosen Vermerk: *bknt il* (UT Nr. 1275). Im DUL stoßen wir demgegenüber einerseits auf ein Adjektiv *kn* (I) "1) 'fixed, immutable, complete'" und die darauf basierende Übersetzung eines astronomischen Sachverhalts in KTU 1.23:54: *l špš w l kbkbm knm* "next to the Great Lady DN and the immutable stars (?)" (DUL S. 448). DUL führt aber auch ein Substantiv *knt* (KTU 1.65:17), übersetzt es "'continuity' / 'constancy' (said of a type of offering" und führt dazu aus: *b knt il* "in the continuous oblation to DN (we trust)" (DUL S. 451).

Im Blick auf den epigraphischen Befund *knt* sind sich die Lexika für KTU 1.65:17 einig.

Anders steht es jedoch mit KTU 1.23:54: Hier herrscht über die Interpretation der Reste des Buchstabens, die auf *kn* folgen, Uneinigkeit, ob sie den Anfang eines *t* oder den eines *m* meinen. Aufgrund der in den Lexika herrschenden Differenzen gilt es folglich, in erster Linie zu klären, ob am Zeilenende von KTU 1.23:54 *kn*m, *kn*[*t*] (*knt*) oder, unter Umgehung einer Entscheidung für die Lesung des Auslautkonsonanten, lediglich *kn*[-] zu lesen ist.

In der bisherigen Diskussion über die Deutung des letzten Wortes von KTU 1.23:54 liegen folgende Meinungen vor:

- J. Aistleitner bietet in WUS unter Nr. 1335 und Nr. 1277 für KTU 1.23:54 die Lesung und teilweise Übersetzung *šu 'db l špš rbt wlkbkbm kn*[*t*] "und den Sternen e. festgesetztes Opfer"; also leitet er *kn*[*t*] von der Wurzel *k*(*w*)*n* "bestehen" ab.

---

* *Aus:* C. Roche (éd.), *Du Ṣapounou au Ṣaphon.* Mélanges en l'honneur de Pierre BORDREUIL (i.D.).

- Im "Corpus des tablettes en cunéiformes alphabétiques" (CTA) von 1963 finden wir zwar in der Kopie von Ch. Virolleaud als letztes Zeichen von KTU 1.23:54 den Beginn eines *t* (Fig. 68), aber A. Herdner transkribiert lediglich *kn*[-] und erklärt dazu: "Gaster et Largement : *wlkbkbm* . *kn*[*m*]." [1]
- J.C. de Moor / K. Spronk haben sich in ihrer Kopie demgegenüber eindeutig für ein *t* entschieden. [2]
- In KTU[1] wird die Stelle zwar noch vorsichtig mit *kn*x[ ] wiedergegeben, in KTU[2] kommt es dann aber bedauerlicherweise zu einer 'Verschlimmbesserung': *kn*m.
- Angesichts dieser Meinungsverschiedenheiten wird man D. Pardee kaum zustimmen können, der die Lesung J. Aistleitners in KTU 1.23:54 mit folgender Begründung *ex auctoritate multorum* ablehnt: "... le [t] est restitué, restitution qui n'est pas généralement adoptée". [3]

Epigraphisch ist folgendes festzuhalten: Auf der Basis sowohl der Kopie und des Fotos von CTA als auch anderer uns zur Verfügung stehender Fotos ist die Lesung eines *t* als dritter Buchstabe der Gruppe *kn*x am Ende von KTU 1.23:54 am wahrscheinlichsten. Denn der Einstich des Waagerechten hinter *n* liegt genau auf der Höhe von dessen auslaufenden Waagerechten, was bei dem Einstich des Waagerechten eines *m* kaum der Fall gewesen wäre – diesen hätte der Schreiber nach Ausweis anderer *m*-Belege auf dieser Tafel wohl etwas höher als auf der Zeilenmitte angesetzt.

Unter der Annahme, daß *kn*t somit die zutreffende Lesung ist, haben wir nun zuerst zu klären, ob *kn*t als Substantiv oder als Adjektiv zu interpretieren ist.

Aus dem symmetrischen Aufbau der Aufforderung KTU 1.23:54

šu 'db l špš rbt	12
*w l kbkbm kn*t	10

| kann geschlossen werden, daß in diesem Bikolon neben den beiden Parallelismen *l* ‖ *l* und *špš rbt* ‖ *kbkbm* als dritter *'db* ‖ *kn*t belegt ist, deren beide Wörter Substantive sind: *'db* "Gabe" [4] und *knt* ". . .":

---

[1] A. Herdner, CTA, S. 100 Anm. 6.

[2] J.C. de Moor / K. Spronk, CARTU 1987, 52.

[3] D. Pardee 2000, 380 Anm. 101.

[4] M. Dietrich / O. Loretz 2002, 91-92.

Hebt hoch eine Gabe für die Herrin Sonne
und für die Sterne ein(e) *knt*!
(KTU 1.23:54)

Rein formal macht es der Parallelismus mit *'db* also unwahrscheinlich, daß *kn* ein Adjektiv oder gar ein Partizip G von *kn* ist. Gegen eine Lesung *kbkbm knm* sprechen schließlich auch eindeutige sachliche Gründe: Denn eine Deutung "stars who have been begotten" [5] ist undenkbar und die als "Fixsterne" [6] bzw. Sterne mit unwandelbarer Materie [7] vor Aristoteles kaum vorstellbar. Also sieht man am besten von einer Verbindung mit der Wurzel *k(w)n* "bestehen" und deren nominalen Ableitungen (wie etwa akkadisch *kīnu* "fest" und *kīnūtu* "Treue") ab und zieht gegen die Entscheidung von D. Pardee [8] den Anschluß von *knt* in KTU 1.65:17 an die Wurzeln *knn* oder *kny* in Betracht.

Für alle weiterführenden Überlegungen über Etymologie und Semantik des Substantivs *knt* ist zunächst der inhaltliche Gesichtspunkt zu beachten, daß es sich bei ihm offensichtlich um eine besondere Gabe an Gottheiten handelt: nach KTU 1.23:54 an Sonne und Sterne und nach KTU 1.65:17 an El.

Beginnen wir beim liturgischen Text KTU 1.65, dann fällt auf, daß hier in Z. 16-17 die Opferbegriffe *šrp* und *knt* direkt aufeinander folgen. Während bei den Interpreten kaum Differenzen über die Deutung von *šrp* in seinem Bezug zu Feuer und Verbrennung bestehen, gehen die Vorstellungen über Etymologie und Bedeutung von *knt* zum Teil weit | auseinander – das illustriert die umfangreiche Literatur zu KTU 1.65 und *knt* bestens. [9]

Bei fast allen neueren Überlegungen zu KTU 1.65:17 wird übersehen, daß J. Aistleitner schon in WUS Nr. 1335 zwei Belege für *knt* "festgesetztes Opfer" führt, nämlich diese Stelle und KTU 1.23:54 – *knt* leitet er dabei, wie schon angedeutet, von der Wurzel *k(w)n* "bestehen" ab. Diese etymologische Anbindung [10] hat in der letzten Zeit durch G. Del Olmo Lete, durch DUL und durch D. Pardee sogar eine kräftige Unterstützung erfahren. Während die beiden ersteren für *b knt il* die Übersetzungen "in the continuous oblation to

---

[5] N. Wyatt 1996, 227 Anm. 29; id. 1998, 333.

[6] J. Tropper, UG 2000, 649, *kwn* "feststehen, fest verankert / unbeweglich sein" G-Partizip aktiv, *knm*?, *kbkbm knm* "Fixsterne" (?).

[7] Siehe z.B. D. Pardee 1997, 281, "immu[table] stars"; DUL 448: *kn* (I) adj. 1) *l špš rbt w l kbkbm knm* "next to the Great Lady DN and the immutable stars (?)".

[8] D. Pardee 2000, 380 mit Anm. 104.

[9] Siehe z.B. M. Dietrich / O. Loretz 1996, 4. 75. 708; G. Del Olmo Lete 1999, 342 Anm. 28; D. Pardee 2000, 380.

[10] Siehe hierzu im einzelnen J. Healey 1983, 48-49; D. Pardee 2000, 380 Anm. 101-102.

Ilu" [11] und "in the continuous oblation to DN (we trust)" [12] anbieten, wählt D. Pardee die Wiedergabe "par la fondation de *'Ilu*". [13] Wie kann es beim gleichen Ausgangspunkt zu einer solchen Interpretationsdifferenz seitens D. Pardees kommen?

D. Pardee geht bei seinem Verständnis von *knt* (KTU 1.65:17) von der Annahme aus, daß *knt* entweder irgendein Instrument oder eine abstrakte Eigenschaft des Gottes El bezeichne. Bei der Suche nach einem abstrakten Begriff hat er argumentiert, daß im Ugaritischen, Phönizischen und Arabischen die Wurzel *k(w)n* nicht die Bedeutung "être ferme, solide" habe, sondern eher schlicht "être", und daß die Bedeutungen "fermeté, solidité, justice, etc." auf dem Hintergrund des Akkadischen und Hebräischen erschlossen worden seien. Daraus leitet er ab, daß es sich hier auf jeden Fall um einen abstrakten Begriff von der Wurzel *k(w)n* handeln müsse, so daß die Idee der "existence" vorliege: "... l'idée sera plutôt celle de l' 'existence' de *'Ilu* ou, peut-être, de sa 'demeure'." [14] Da im biblischen Hebräisch die Wurzel *k(w)n* die Begriffe "base", "fondation" und "disposition" umfasse und die Differenz zwischen der ugaritischen und der hebräischen Sprache nicht so groß sei, um einen ähnlichen Gebrauch auszuschließen, lasse sich daraus eine Rolle Els als "Erbauer" ("bâtisseur") ableiten. [15]

| Doch nun zu dem Parallelismus *'db* ‖ *knt* in KTU 1.23:54: Dieser legt den Gedanken nahe, bei der Deutung von *knt* nicht von der beliebten Wurzel *k*(*w*)*n* auszugehen und mit G. del Olmo Lete die Idee von einer Opferart mit der von *kwn* zu "continuous oblation" [16] zu kombinieren, sondern stattdessen einen Zusammenhang mit der Wurzel *kny* "verehren" [17] (= akk. *kanû* "pflegen" [18] = he. *knh* pi "jmd. e. Ehrennamen geben" [19]) herzustel-

---

[11] G. Del Olmo Lete 1999, 342.

[12] DUL 451: *knt* n. f. "continuity" / "constancy".

[13] D. Pardee 2000, 367.

[14] D. Pardee 2000, 390.

[15] D. Pardee 2000, 380, legt ein philologisch und logisch schwer verständliches Argument zur Rechtfertigung seiner Übersetzung "par la fondation de *'Ilu*" vor. Es lautet folgendermaßen: "En hébreu biblique, la racine K(W)N a engendré plusieurs noms désignant la 'base', la 'fondation', ou la 'disposition'. Si la différence de sens de cette racine dans les deux langues n'est pas trop grande pour envisager un usage similaire en ougaritique, le rapport entre ces usages et le rôle de bâtisseur que cette partie du texte semble prêter à *'Ilu* est évident."

[16] G. Del Olmo Lete 1999, 342.

[17] J. Tropper, UG 2000, 475. 666.

[18] AHw. 44O: *kanû* "pflegen"; CAD K 540-542: *kunnû* "to treat a person kindly, to honor a deity, etc.".

[19] HAL 460: *knh*.

len. Einen Vorschlag in dieser Richtung haben wir unter Hinweis auf akk. *kannūtum* "Bewirtung" (AHw. 438) und *kanû* "pflegen" bereits 1981 vorgelegt. [20] Dieser wurde aber entweder nur teilweise übernommen [21] oder wenig überzeugend abgelehnt. [22]

Die enge Verbindung von akk. *kanû* (*kunnu*) mit dem Totenkult [23] legt den Gedanken nahe, daß auch das ug. *knt* eine Totengabe sein könnte. Für das Bikolon KTU 1.23:54 dürften jedenfalls folgende Transkription und Übersetzung in Betracht zu ziehen sein:

šu ʿdb l špš rbt	12
*w l kbkbm kn*t	10

Hebt hoch eine Gabe für die Herrin Sonne
und für die Sterne eine (Opfer)gabe! (KTU 1.23:54)

| Eine Bestätigung der Etymologie, die für *knt* nahegelegt wird, findet sich *nota bene* im Epitheton der Baal-Töchter *klt knyt* "verehrte / geliebte / gehegte Töchter" (KTU 1.3 I 27 ([*kny*]*t*), IV 53; 1.4 I 15, IV 54). Dieses Epitheton setzt nämlich ein Adjektiv *kny* von der Wurzel *kny* voraus. [24]

Ergebnis

Der hier unterbreitete Streifzug durch die Sekundärliteratur von *knt* in KTU 1.23:54 und 1.67:17, die Festlegung des Parallelismus *ʿdb* ‖ *knt* in KTU 1.23:54 und vor allem der Rekurs auf Fotos und Transkriptionen hinsichtlich des letzten Buchstabens in KTU 1.23:54 haben eine fruchtbare Weiterführung bisher geleisteter lexikographischer, editorischer und philologischer Arbeit geleistet. Dabei ist klar geworden, daß wir es bei *knt* mit einem kultischen Terminus zu tun haben, der am besten mit "(Opfer)gabe" zu übersetzen ist. Die *knt* zugrundegelegte Etymologie legt die Annahme nahe, daß es sich bei diesem Begriff für eine "(Opfer)gabe" um eine mit besonderer Hingabe bereitete handelt, die sowohl Gestirnen als auch dem Hochgott El zugedacht werden konnte.

---

[20] M. Dietrich / O. Loretz 1981, 67; id. TUAT II 1986/91, 319, "Bewirtung Els".

[21] Siehe oben Anm. 16 zu G. Del Olmo Lete.

[22] D. Pardee 2000, 380 Anm. 102.

[23] AHw. 440-441: *kanû* D 3b] "Totengeist versorgen", 5] "Dinge betreuen"; CAD K 540-542: *kunnû* "to treat a person kindly, to honor a deity, etc."; siehe auch J.-M. Durand 1989, 87-88, zu *kunnu* in Emar.

[24] O. Loretz 1989, 239 Anm. 16; siehe ferner J. Tropper, UG 2000, 475. 666; vgl. DUL 451: *knyt*.

Literatur

Del Olmo Lete, 1999: Canaanite Religion: According to the Liturgical Texts from Ugarit, Bethesda, Maryland.

Dietrich, M. / O. Loretz, 1981: Neue Studien zu den Ritualtexten aus Ugarit (1). Ein Forschungsbericht, UF 13, 63-100.

- -, 1996: Analytic Ugaritic Bibliography 1972-1988. AOAT 20/6.

- -, 2002: Die Wurzel *'d/ḏb* und ihre Ableitungen im Ugaritischen. UF 34, 91-92.

Durand, J.-M., 1989: Tombes familiales et culte des Ancêtres à Emar, NABU 3, Nr. 112, 85-88.

Healey, J.F., 1983: Swords and Ploughshares: Some Ugaritic Terminology, UF 13, 47-52.

Loretz, O., 1989: Hexakola im Ugaritischen und Hebräischen, UF 21, 237-340.

Moor, J.C. de / K. Spronk, 1987: A Cuneiform Anthology of Religious Texts from Ugarit, Leiden. (= CARTU).

Pardee, D., 1997: Dawn and Dusk (1.87). (The Birth of the Gracious and Beautiful Gods), in: COS I, 274-283.

- -, 2000: Les Textes Rituels. Fascicule I-II. RSO 12.

Tropper, J., 2000: Ugaritische Grammatik. AOAT 273 (= UG).

Wyatt, N., 1996: Myths of Power. UBL 13.

- -, 1998: Religious Texts from Ugarit. The Words of Ilimilku and his Colleagues. BiSe 53.

Von hebräisch *ʿm* ‖ *lpny* (Ps 72,5) zu ugaritisch *ʿm* "vor" *

P.C. Craigie hat uns seine reifsten Überlegungen zum Verhältnis zwischen Ugaritisch und Hebräisch in seinem Kommentar zu Ps 1-50 aus dem Jahre 1983 hinterlassen.

In der Einleitung zu diesem Werk widmet er einen Abschnitt von neun Seiten (pp. 48-56) dem Thema "The Psalms and Ugaritic Studies".

Er tritt hierin zu Recht für eine kritische Haltung beim Vergleich ugaritischer und biblischer Texte ein. [1] Zugleich plädiert er uneingeschränkt für "legitimate or worthwhile comparative studies" (p. 55).

Wir werden deshalb im folgenden versuchen, die Arbeit, die er selbst allzu früh aufgeben mußte, in seinem Sinne an einem Einzelpunkt fortzusetzen.

Beim Vergleich ugaritischer und biblischer Texte hat man nur im Einzelfall vom Hebräischen her unternommen, Probleme des Ugaritischen aufzuklären. Der Fall einer Textrestitution im Ugaritischen aufgrund von Jer 8,23 dürfte der bekannteste sein. [2] Allgemein wird dagegen die Regel befolgt, daß vom Ugaritischen her philologische *cruces* des Hebräischen aufzuhellen seien. Im folgenden soll gezeigt werden, daß in Einzelfällen vom Hebräischen her sich auch für das Ugaritische neue Perspektiven eröffnen. Wir wenden uns deshalb anhand von Ps 72,5 dem Problem von *ʿm* im
110 Hebräischen und | Ugaritischen zu.

ʿm dient ebenso wie seine verwandten Formen in den anderen semitischen Sprachen im Ugaritischen und Hebräischen zur Angabe der Gesellschaft, Gemeinschaft, Begleitung und dergleichen. [3] C. Brockelmann hebt hierbei besonders hervor, daß *ʿm* auch auf die Lage im Raume übertragen

---

* *Aus:* L. Eslinger, G. Taylor (ed.), Ascribe to the Lord. Biblical & other Studies in Memory of Peter C. CRAIGIE. JSOTS 67 (1988), S. 109-116.

[1] O. Loretz, "Die Ugaritistik in der Psalmeninterpretation (II)", *UF* 17 (1985) 213-17.

[2] Siehe zur Diskussion über den Parallelismus *qr//my* in Jer 8,23 und *KTU* 1.16 I 26-28 u.a. O. Loretz, *Mélanges H. Cazelles* (AOAT 212; Neukirchen-Vluyn: Neukirchener, 1981) 297-99.

[3] Siehe z.B. C. Brockelmann, *Grundriß der vergleichenden Grammatik der semitischen Sprachen* (2 Bde.; Berlin: Reuther, 1908-13) 1.498; 2.415-16; K. Aartun, *Die Partikeln des Ugaritischen II* (AOAT 21/1; Neukirchen-Vluyn: Neukirchener, 1978) 56.

wird. Er verweist auf Gen 25,11 (vgl. 35,4; 1 Sam 10,2; 19,38; 20,8) und auf die Gleichzeitigkeit wie *yyrʾwk ʿm šmš*, "dich wird man fürchten, solange die Sonne am Himmel stehen wird" (Ps 72,5). Auch im Aramäischen wird *ʿim/ʿam* auf räumliche Verhältnisse übertragen. [4]

Das von C. Brockelmann angeführte *ʿm* in Ps 72,5 gilt jedoch in den Lexika und Kommentaren als strittig. In *HALAT*^{3} wird dieser Beleg unter *ʿm* 3 "gleichzeitig mit" eingeordnet und *ʿm šmš* mit "solange die Sonne scheint" unter Hinweis auf *KTU* 1.17 VI 28 und mittelhebräisch *ʿm* wiedergegeben. [5] F. Zorell kennt ein *ʿm* "de aequalitate sortis = aeque ac ... *ʿm šmš* 'tamdiu quam sol' vivat Ps 72,5". [6] Ähnlich wird auch von einem *ʿm* "vergleichbar mit, gleichwie" ...f.) v.d. Zeit: gleich lange als: *yyrʾwk ʿm šmš* dich verehrt man so lange die Sonne am Himmel stehen wird Ps 72,5" gesprochen. [7]

In den Kommentaren wird *ʿm šmš* in gleicher Weise interpretiert, wobei
111 die Parallelität *ʿm//lpny* keine Beachtung | findet. H. Gunkel, der anstelle
von *yyrʾwk* wohl richtig *ʾrk* hif. liest, übersetzt z.B. ein Trikolon

> 'solange' die Sonne scheint,
> solange der Mond leuchtet
> für alle Geschlechter

und begründet seine Übersetzung von *ʿm* und *lpny* mit einem Verweis auf *ʿm* in Dan 3,33 und *lpny* in V. 17. [8] Dagegen beharren C.A. Briggs — E.G. Briggs auf einer mehr am Text bleibenden Wiedergabe: "May he (prolong days) with the sun, and before the moon for generations of generations ... and before the sun may he be established" (Ps 72,5.17). [9] F. Delitzsch weist darauf hin, daß *lpny yrḥ* — ähnlich wie *lpny šmš* Hi 8,16 — "angesichts des Mondes" und *lpny šmš* (V. 17) "angesichts der Sonne" bedeuten. [10]

---

[4] Brockelmann, *Grundriß*, 2.415.

[5] *HALAT*^{3}, 794: *ʿm* 3.

[6] F. Zorell, *Lexicon Hebraicum et Aramaicum Veteris Testamenti* (Roma: Pontificium Institutum Biblicum, 1955) 605: *ʿm* 1b.

[7] W. Gesenius, *Hebräisches und aramäisches Handwörterbuch über das Alte Testament* (17. Auflage; Berlin: Springer, 1915) 595 *ʿm* 1 f.; ebenso BDB, 768, 1 g: "as long as the sun endureth".

[8] H. Gunkel, *Die Psalmen* (HAT II.2; Göttingen: Vandenhoeck & Ruprecht, 1929) 304. 309; ebenso H.-J. Kraus, *Psalmen* (BK XV/2; Neukirchen-Vluyn: Neukirchener, 1978) 654-55.

[9] C.A. Briggs — E.G. Briggs, *Psalms II* (ICC; Edinburgh: Clark, 1907) 131. 134. 137.

[10] F. Delitzsch, *Die Psalmen* (BKAT; Leipzig: Dörflin u. Franke, 1894) 478-79. 481.

In RSV wird das Bikolon folgendermaßen übersetzt:

> May he live while the sun endures,
> and as long as the moon,
> throughout all generations.

Einen radikalen Bruch mit diesen Übersetzungen hat M. Dahood mit Berufung auf das Ugaritische unternommen. Er übersetzt *ʿm* mit Verweis auf ugaritisch *ʿm* in *KTU* 1.17 VI 28-29 mit "like, on a par with, as long as" und *lpny* in V. 5 und 17 mit "be extinguished". Letzteres begründet er folgendermaßen: "Explaining *lpny* as an infinitive construct of *pānāh*, Ar.
112 *faniya,* [11] 'to pass away, come to an end', that | occurs in Ps xc 9; Jer vi
4, *pānāh hayyōm*, 'The daylight is waning.'" [12]

Er gelangt deshalb zu folgender Übersetzung von Ps 72,5 und 17a:

> May he revere you as long as the sun,
> and till the moon be extinguished —
> ages without end!
> ...
> bear offspring till the sun be extinguished. [13]

Die Übersetzung von *ʿm* mit "as long as" begründet M. Dahood mit ugaritisch *ʿm* in der Formulierung *aššprk ʿm bʿl šnt*, die er mit "I will make you count years like Baal" übersetzt. [14] Dagegen gibt z.B. K. Aartun *aššprk ʿm bʿl šnt ʿm bn il tspr yrḫm* mit "ich will dich zählen lassen mit Baʿal Jahre, mit dem Sohne des Il sollst du Monate zählen" wieder. [15]

---

[11] H. Wehr, *Arabisches Wörterbuch für die Schriftsprache der Gegenwart* (Wiesbaden: Harrassowitz, 1985) 983: *faniya* "vergehen, untergehen, zunichte werden; ein Ende nehmen" usw.

[12] M. Dahood, *Psalms II* (AB 17; New York: Doubleday, 1968), 180. 181. 185.

[13] *Ibid.*, 178-79.

[14] *Ibid.*, 180-81; siehe auch *ʿm* "like" M. Dijkstra — J.C. de Moor, "Problematical Passages in the Legend of Aqhatu", *UF* 7 (1975) 187; D. Pardee, "The Preposition in Ugaritic", *UF* 7 (1975) 361, "count like"; derselbe, "The Preposition in Ugaritic", *UF* 8 (1976) 317-18; G. Del Olmo Lete, *Mitos y leyendas de Canaán según la tradición de Ugarit* (Fuentes de la Ciencia Biblica 1; Madrid: Institución San Jerónimo, 1981) 377. 601 (*ʿm* I).

[15] Aartun, *Die Partikeln*, 56, betont zugleich, daß *ʿm* = "wie" unbegründet sei; siehe auch P.J. van Zijl, *Baal. A Study of Texts in Connexion with Baal in the Ugaritic Epics* (AOAT 10; Neukirchen-Vluyn: Neukirchener, 1972) 273-74.

Weder die Übersetzung von *ʿm* mit "like" noch die mit "mit" vermag deutlich zu machen, wie Jahre und Monate auch für Götter ein Zeitmaßstab sein könnten. Das Zeitmaß des von Sonne und Mond bestimmten Jahres gilt wohl kaum für die Götter, sondern nur für die Menschen.[16]

113 | Angesichts der Probleme, die mit *ʿm* in *KTU* 1.17 VI 28-29 und in Ps
72,5a gegeben sind, stellt sich die Frage, ob nicht doch der Parallelismus *ʿm//lpny* in Ps 72,5 ernster genommen und zum Ausgangspunkt weiterer Überlegungen gewählt werden sollte.

In Ps 72,5 umschreiben sowohl *ʿm* als auch *lpny* räumliche Positionen, so daß sich auch hier für *ʿm* die Bedeutung "bei, vor" ergibt, jedoch keine Zeitangabe,[17] und wir zu übersetzen haben:

yyrʾwk[18] *ʿm šmš*	11	'Lange seien deine Tage' vor der Sonne
w lpny[19] *yrḫ dwr dwrym*	16(12)	und vor dem Mond in alle Geschlechter!

(Ps 72,5)

Das *ʿm šmš* in V. 5b ist somit dem *lpny šmš* in V. 17 dieses Liedes gleichzustellen.

Desgleichen umschreibt auch *ʿm* in der Rede Anats an Aqhat ein räumliches Verhältnis zwischen Göttern und Mensch:

ašsprk ʿm bʿl šnt	ich werde dich zählen lassen vor Baal die Jahre,
ʿm bn il tspr yrḫm	vor dem Sohne Els wirst du die Monde zählen!

(*KTU* 1.17 VI 28-29)

Anat verspricht somit Aqhat, daß er, ohne zu sterben, vor, d.h. im Angesicht
114 Baals leben werde,[20] | aber wohl kaum, daß sich sein Leben wie das

---

[16] Zur Diskussion über Els Epitheton *ab šnm* siehe u.a. Del Olmo Lete, *Mitos*, 631 (*šnt* I).

[17] Vgl. Anm. 4.

[18] *wyʾrykw ymyk*; *BHSa*.

[19] Vgl. akk. *maḫar* GN, siehe *CAD M*/I, 106-7: *maḫru* 2.

[20] D. Marcus, Review of J.C. de Moor, *New Year with Canaanites and Israelites*, *JAOS* 93 (1973) 591, übersetzt zwar *KTU* 1.17 VI 28-29 mit "I will make you count years like Baal, like sons of El you will count months", betont aber hierzu folgendes: "But surely the counting of years and months here refers to Anat's promise of immortality for Aqhat that he will live forever, and not that he will take over the alleged duties of Baal to measure the years."

Baals jährlich erneuert [21] oder seine Jahre mit Baal gezählt werden sollten. [22]

Von *ʿm* in *KTU* 1.17 VI 28-29 her ergibt sich auch eine Lösung für *ʿm* in *KTU* 1.6 I 50b-52, wo ein *rẓ ʿm* von D. Pardee mit "laufen wie" übersetzt wird. [23] Die Annahme, daß ein Mensch wie Baal laufe, dürfte jedoch in mehrfacher Hinsicht bedenklich sein.

Für den Abschnitt ergibt sich unter der Voraussetzung, daß folgende Kolometrie vorliegt, ein zweimaliges, parallel angeordnetes *ʿm* GN "vor GN". [24]

dq anm l yrẓ(?)	9	Ein Kraftloser kann nicht laufen,
ʿm bʿl l yʿdb [25] *mrḥ*	13	vor Baal vermag er nicht die Lanze anzuschlagen,
ʿm bn dgn ktmsm [26]	12	vor dem Dagan-Sohn liegt er auf den Knien!

(KTU 1.6 I 50b-51)

Die Formulierungen *ʿm bʿl* und *ʿm bn dgn* sind somit *lpn ẓbl ym* und
115 [*ṯ*]*pṭ nhr* (*KTU* 1.2 III 16) und besonders | dem Wunsch *w urk ym bʿly lpn amn w lpn il mṣrm dt tǵrn npš špš mlk rb bʿly* "Und Länge der Tage für meinen Herrn vor dem Angesicht des Amon und vor dem Angesicht der Götter von Ägypten, die fürwahr das Leben der Sonne, des großen Königs, meines Herrn, behüten mögen!" (*KTU* 2.23:20-24) gleichzustellen.

ʿm šmš in Ps 72,5 ist in Parallele zu *lpny yrḥ* sicher als alte poetische Form anzusehen [27], die auf kanaanäische Tradition zurückgeht, wie z.B. die Formel *l ymt špš w yrḫ w nʿmt šnt il* "für die Tage von Sonne und

---

[21] Vgl. Dijkstra — de Moor, "Problematical Passages", 187.

[22] K. Spronk, *Beatific Afterlife in Ancient Israel and in the Ancient Near East* (AOAT 219; Neukirchen-Vluyn: Neukirchener, 1986) 151, "I will let you count with Baal the years, with the sons of El you will count the months."

[23] Pardee, "Preposition in Ugaritic", *UF* 7 (1975) 369; derselbe, "Preposition in Ugaritic", *UF* 8 (1976) 317-18.

[24] M. Dietrich — O. Loretz, "Ein Spottlied auf ʿAṯtar (KTU 1.6 I 50-52)", *UF* 9 (1977) 330-31.

[25] M. Dietrich — O. Loretz, "ʿdb und ʿḏb im Ugaritischen", *UF* 17 (1985) 106.

[26] *kms* Gt; *AHw*, S. 431: *kamāsu* II Gt; M. Dietrich — O. Loretz, "Ein Spottlied", 331; J. Huehnergard, "A Dt Stem in Ugaritic?", *UF* 17 (1985) 402, zu tD in *KTU* 1.2 II 54.

[27] Zum Parallelpaar *šmš//yrḥ* siehe S.E. Loewenstamm, *Comparative Studies in Biblical and Ancient Oriental Literatures* (AOAT 204; Neukirchen-Vluyn: Neukirchener, 1980) 329; Y. Avishur, *Stylistic Studies of Word-Pairs in Biblical and Ancient Semitic Literatures* (AOAT 210; Neukirchen-Vluyn: Neukirchener, 1984) 547-48.

Mond und das Wohlergehen der Jahre Els" (*KTU* 1.108:26-27) [28] zu erkennen gibt. *ʿm* "vor" in *KTU* 1.6 I 51-52; 1.17 VI 28-29 sowie in *ʿm šmš* "vor der Sonne" in Ps 72,5 sind so in Zusammenhang zu sehen. Es erübrigen sich deshalb bei der Interpretation von Ps 72,5 unbegründbare Beweise mit dem Ugaritischen, Arabischen [29] und Hebräischen. [30]

Der Gedanke, das lange Leben des Königs und die Dauer der Dynastie mit
dem unveränderlichen Gang der Gestirne zu verbinden, ist nicht nur bei den
Hebräern bekannt (Jer 31,34-36; 33,20-21; Ps 89,30. 37-38), [31] sondern
116 auch | bei den Ägyptern, [32] den Bewohnern Mesopotamiens [33] sowie
den Phönikern und Aramäern. [34]

Die mit *ʿm* in Ps 72,5 und in einer Reihe von ugaritischen Stellen gegebenen Schwierigkeiten lassen sich somit beheben, wenn ein *ʿm* "vor, bei" zugelassen wird.

Der Weg vom Hebräischen zum Ugaritischen hat sich hierbei als erfolgreich bewährt.

---

[28] Loewenstamm, *Comparative Studies*. 321. 329.

[29] Siehe zu Anm. 11-12.

[30] Siehe z.B. G. Del Olmo Lete, *Interpretación de la Mitologia Cananea: Estudios de semántica Ugaritica* (Fuentes de la Ciencia Biblica 2; Madrid: Institución San Jerónimo, 1984) 77-78.

[31] S.N. Paul, "Psalm 72:5 — A Traditional Blessing for the Long Life of the King", *JNES* 31 (1972) 352-53.

[32] A. Erman, *Ägypten und ägyptisches Leben im Altertum* (Tübingen: Laupp, 1923) 325.

[33] *CAD B*, 48: balāṭu 1c; Paul, "Psalm 72:5", 353-54.

[34] Paul, "Psalm 72:5", 353-55.

Die 'Hörner' der Neumondsichel

Eine Keilschriftparallele (Ee V 14-18) zu KTU 1.18 IV 9-11 *

Astronomisch-religiöse Probleme hat M. Delcor an mehreren Stellen seines Schrifttums lehrreich behandelt. [1] Er wird es deshalb sicherlich begrüßen, wenn wir als Beitrag zu seiner Festschrift nachfolgend eine ug. Beschreibung des Neumondes und seiner ersten sichtbaren Phase als Sichel zusammen mit dem vom reflektierten Erdlicht erleuchteten Hof des Mondes zu interpretieren versuchen und diese mit einer Parallele aus *Enūma elîš* in Beziehung setzen.

Der Abschnitt KTU 1.18 IV 9-11 aus dem Aqhat-Text ist nur lückenhaft erhalten: ⁹*ik.al.yḥdṯ.yrḫ.bx[...]* ¹⁰*b qrn ymnh.b anšt** *[...]* ¹¹*qdqdh*. Die Kommentatoren stehen in ihren Übersetzungen und Erläuterungen diesen Zeilen ziemlich ratlos gegenüber, was sich auch auf die Sinnermittlung des Textes negativ auswirkt.

A. Caquot - M. Sznycer schlagen als Übersetzung

> À coup sûr, Yarikh renouvellera [..........]
> *de la corne, sa main droite* ......[......]

vor und stellen die Frage, ob *ymnh* nicht als Parallelwort zu *qdqdh* zu sehen sei. Dabei lassen sie *b anšt* unübersetzt. [2]

G. Del Olmo Lete bildet aus dem Text ein Trikolon mit folgenden Parallelismen:

ik al yḥd yrḫ	"Venga!, tan pronto como se renueve *Yarḫu*,
b-[ ] bqrn ymnh	[crezca] en sus cuernos derechos,
banšt[ ] qdqdh	inexorablemente (herirá(s)) su cabeza". [3]

---

* *Aus:* A. Caquot, S. Légasse, M. Tardieu (éd.), Mélanges bibliques et orientaux en l'honneur des M. Mathias DELCOR. AOAT 215 (1985), S. 113-116.

[1] Siehe z.B. FS Cazelles, AOAT 212 (1981), S. 95-104.

[2] A. Caquot - M. Sznycer, TO 1 (1974), S. 438 mit Anm. s.

[3] G. Del Olmo Lete, MLC (1981), S. 383.

Er setzt damit voraus, daß der Mond mehrere rechte Hörner habe. Diese Annahme dürfte jedoch schon aus dem einen und allgemein sichtbaren Grunde auszuschließen sein, daß der Neumond, wenn er wieder sichtbar wird, nur ein linkes und ein rechtes Ende, 'Horn', aufweist. Das umstrittene *anšt* ordnet er unter *anš* II "inexorable, implacable" ein und übersetzt es mit "*inexorablemente*". [4]

114 | Im Gegensatz zu diesen Vorschlägen ordnet C.H. Gordon den Abschnitt als ein Bikolon und ein Monokolon an:

How will Yariḫ not renew
[ ] with its right horn?
Savagely [thou shalt strike] his head. [5]

Die dreimalige Abfolge eines *b* ist für ihn bei der kolometrischen Strukturierung des Abschnittes also ohne Belang. Zudem bleibt es uneinsichtig, wie er ein Monokolon als Abschluß der Rede begründet.

B. Margalit hat schließlich von der parallelen Struktur der Formulierungen her ein Tetrakolon angesetzt:

ik al yḥd yrḫ	As soon as the Moon is 'new'
b[------]	when [..........]
b qrn ymnh	when its right(-side) 'horns'
b anšt [--] qdqdh	when the [...] of its 'head' is favourable. [6]

B. Margalit interpretiert *qrn* als finite Verbalform. Im Gegensatz zu den anderen Vorschlägen kann er für sich eine rigorose Beachtung des inneren Aufbaus des Textes beanspruchen: Denn die Abfolge von dreimaligem *b* unterstützt die von ihm vorgenommene Texteinteilung auf den ersten Blick.

In den bisherigen Interpretationsversuchen des Abschnitts wurde nicht beachtet, daß der neue Mond bei seinem ersten Erscheinen eine Sichelform aufweist. Die altorientalischen Astronomen sprechen in diesem Zusammenhang von 'Hörnern' des Mondes. Sie unterscheiden zwischen einem rechten und einem linken 'Horn' [7] — die von G. Del Olmo Lete vertretene Anschauung von mehreren rechten Hörnern des Mondes dürfte deshalb auszuscheiden sein. Von der babylonischen Astronomie her gesehen, wäre auch

---

[4] G. Del Olmo Lete, MLC (1981), S. 383.516.

[5] C.H. Gordon, Berytus 25 (1977), S. 19.

[6] B. Margalit, UF 8 (1976), S. 179; ders., JNSL 9 (1981), S. 100-101; ders., UF 15 (1983), S. 99, Nr. XXIX.

[7] Siehe z.B. AHw, S. 904: *qarnu* Dc.

für Ugarit die Anschauung zu erwarten, daß der Mond in dieser Phase seines Sichtbarwerdens ein rechtes und ein linkes Horn zeigt. Daß wir mit dieser Vermutung auf dem rechten Weg sind, bestätigt der Text selbst. Denn der nach dem ersten *b* in Z. 9 folgende Rest eines Zeichens dürfte der Anfang eines *q* und somit des Wortes *qrn* sein. [8] In Parallele zum folgenden *b qrn ymnh* "an seinem rechten Horn" haben wir deshalb in Z. 9 wohl *b q**[rn šmalh]* "an seinem linken Horn" zu ergänzen. [9]

115 | Falls die Ergänzung *qrn šmalh* zutrifft, wäre, *nota bene*, im Ug. neben dem bereits belegten Parallelismus *ymn//šmal* [10] ebenso wie im He. auch der mit Umkehrung der Wörter *šmal//ymn* belegt. [11]

Während die Ergänzung *q**[rn šmalh]* in Z. 9 räumlich gut möglich ist, erweist sich das Problem, ob zwischen *anšt* und *qdqdh* in Z. 10-11 noch ein Wort anzusetzen ist, das den Rest von Z. 10 ausfüllt, als nur hypothetisch lösbar. Von der Struktur der poetischen Einheit her gesehen, ist zwischen *anšt* und *qdqdh* weder ein weiteres Element notwendig noch wünschbar. Es ist durchaus verständlich, daß B. Margalit und G. Del Olmo Lete z.B. den Ausfall wenigstens eines Wortes vermuten, [12] aber beweisbar ist dies nicht. Von der Gesamtbeschriftung der Tafel her gesehen, haben wir entweder mit einer Rasur zu rechnen oder mit einem weiteren kurzen Wort nach *anšt* (etwa mit einem Adjektiv?).

Die Parallelität von *anšt* und *qrn* (*šmalh//ymnh*) erfordert, in *anšt* ebenfalls ein Nomen zu sehen, das wohl eine Stelle des Kopfes zwischen den Hörnern konkret oder abstrakt bezeichnet. Ähnlich wie bei den 'Hörnern' des Mondes ist auch bei dieser Formulierung zuerst zu fragen, ob sie auf einen sichtbaren astronomischen Sachverhalt zurückzuführen ist. Wenn ja — kann man beim erstmals sichtbaren Neumond von 'Hörnern' und von einem *qdqd* "Scheitel" sprechen?

Der sichtbar werdende Neumond weist außer den 'Hörnern' auch ganz blaß seinen Gesamtumriß auf. Dieser liegt bei bestimmter Position des Gestirns sozusagen auf den Hörnern auf, so daß sich über den 'Hörnern' der Rest einer Scheibe mit einem noch nicht ausgefüllten Scheitel ergibt.

Von dieser Situation her gesehen, könnte mit *anšt* "Schwäche" [13] dieser obere, blasse, noch nicht ausgefüllte Teil der Mondscheibe bezeichnet

---

[8] Siehe CTA Tf. XXVIII.

[9] Siehe G. Del Olmo Lete, MLC (1981), S. 383, mit Verweis auf H.H.P. Dressler *b[qrn šmal]*.

[10] M. Dahood, in: RSP 1 (1972), S. 206, Nr. II 240.

[11] M. Dahood, in: RSP 1 (1972), S. 206, Nr. II 240.

[12] B. Margalit, UF 8 (1976), S. 179; G. Del Olmo Lete, MLC (1981), S. 383.

[13] Siehe zur Diskussion über *anšt* u.a. G. Del Olmo Lete, MLC (1981), S. 515-516.

sein.

Auf Grund der Parallelität der Aussagen über die 'Hörner' des Neumondes, der dreimaligen Abfolge von *b* und dreier Wörter mit dem Suffix *-h* (*šmalh*, *ymnh* und *qdqdh*) dürfte folgender Text vorzuschlagen sein:

116	| *ik al yḥdṯ yrḫ*	11	Wie [14] — es soll sich nicht mehr erneuern der Mond
	b q[rn šmalh]*	9	an seinem linken 'Horn',
	b qrn ymnh	8	an seinem rechten 'Horn',
	b anšt [...] qdqdh	10+x?	an der ... Schwäche seines Scheitels?!

Eine Parallele zu dieser Beschreibung des Neumondes findet sich in Ee V 14-18, wo gleichfalls das neue Erscheinen der ganzen Mondscheibe verbunden mit einem Aufleuchten der beiden Mond'hörner' dargestellt wird:

14 *ar-ḫi-šam la na-par-ka-a*	*ina a-ge-e ú-muš*
15 *i-na rēš(SAG) arḫī(ITU)-ma*	*na-pa-ḫi e-[l]i ma-a-ti*
16 *qar-ni na-ba-a-ta*	*a-na ud-du-ú VI* u_4*-mu*
17 *i[-n]a UD VII KÁM*	*a-ga-a [maš]-la*
18 *šá-pat-tu lu-ú šu-tam-ḫu-rat*	*mi-šil ar-ḫi-šam*

Monat für Monat brich ohne Unterlaß mit der Scheibe [15] auf!
Um am Monatsanfang, beim Aufgehen über das Land zu leuchten,
mögest du an deinen beiden Hörnern erstrahlen, (die Phase von) sechs Tage(n) zu bestimmen.
Am siebten Tag sei dann die Scheibe halb(voll).
Der *šapattu*-Tag möge die Monatshälften jeweils gleich machen."

Aus der Parallelität von KTU 1.18 IV 9-11 und Ee V 14-18 sowie der Redeweise von einem rechten und linken 'Horn' beim Neumond in der babylonischen Literatur und im Gedicht über Aqhat geht deutlich die Verankerung der ug. Ausdrucksweise in der altorientalischen Denk- und Vorstellungswelt hervor.

---

[14] Vgl. B. Margalit, UF 8 (1976), S. 179.

[15] CAD A/1, S. 153-156: *agû* A 2a.

Baal, Leviathan und der siebenköpfige Drache *Šlyṭ*

in der Rede des Todesgottes Môt (KTU 1.5 I 1-8 ‖ 27a-31) *

Seeschlangen oder Drachen [1] mit einem oder mehreren Köpfen oder Zungen im Kampf gegen jugendliche Helden, die sie töten, gehören zum festen Bestand einer weit verbreiteten Mythologie [2] auch des Alten Orients. Die Drachen ihrerseits scheinen an der levantinischen Küste im Dienst des Meeres oder der Tiamat zu stehen und eine Konzeption widerzuspiegeln, die nach Ansicht einer Reihe von Forschern auch auf die mesopotamische Tiamat-Mythologie eingewirkt hat. Im Rahmen dieses wechselseitigen Geflechts altorientalischer Mythenbildung kommt der ugaritischen Darstellung von Drachen in KTU 1.5 I 1-5a (‖ 27a-31) eine Sonderstellung zu — der Passus KTU 1.3 III 41-42 und die Aussagen über die Tiamat im Māri-Text A.1968 gehören zu demselben Themenkreis und sollen an anderer Stelle in die Betrachtungen aufgenommen werden.

Der Abschnitt über die ugaritischen Drachen ist eingebunden in eine größere Rede des Todesgottes Môt, die er gegenüber Baʿal hält: KTU 1.5 I 1-8. [3] Hier anerkennt und bewundert Môt zwar die Leistung seines Kontrahenten, *Ltn* und *Šlyṭ* vernichtet und damit absolute Macht über den Regen errungen zu haben, droht aber zugleich, daß er diesen Sieg und die mit ihm gegebene Macht in eine Niederlage des Wettergottes umwandeln werde: Er

---

* *Aus:* M. Molina, I. Márquez Rowe, J. Sanmartín (ed.), *Arbor Scientiae*. Estudios del Próximo Oriente Antiguo dedicados a Gregorio DEL OLMO LETE con ocasión de su 65 aniversario. AuOr 17-18 (1999-2000), S. 55-80.

[1] Obwohl das Wort "Drache" im deutschen Sprachgebrauch zumeist ein Fabeltier bezeichnet, ist daran zu erinnern, daß es vom griechischen δράκων "Schlange" abgeleitet wird.

[2] Siehe z.B. A. Jeremias 1930, 70-72, der im Zusammenhang mit dem mesopotamischen und biblischen Drachenkampf auf ebensolche in Iran, China, Indien, Griechenland und Ägypten verweist.

[3] Daß der hier genannte Abschnitt nicht der Beginn der Rede ist, sondern deren Ende, zeigt sich in der folgenden Wiederholung der Rede durch den Götterboten Gupan-und-Ugar: Diese erstreckt umfaßt KTU 1.5 I 14b-31, bricht allerdings kurz vor dem Ende ab. Auf diese Weise ergibt sich eine Parallele KTU 1.5 I 1-5a ‖ 1.5 I 17b-31.

werde ihn verschlingen und ihn demselben Schicksal überantworten werde wie er die gefürchteten Ungeheuer des Meeres bei seinem Sieg.

Da die religions- und mythologiegeschichtlich bedeutende Rede Môts zahlreiche kolometrische und philologische Probleme aufwirft, die in der bisherigen Diskussion zu recht unterschiedlichen Ergebnissen geführt haben, widmen wir ihr die vorliegende Studie. Sie soll dazu beitragen, daß einige bestehende Fragen geklärt und die Rede einem besseren Verständnis zugeführt werden.

In diesem Zusammenhang wird es nicht unsere Aufgabe sein, alle zur Stelle geäußerten Ansichten blindwütend zusammenzuscharren, sondern aus
56 der bisherigen Diskussion jene Stimmen zur Geltung zu | bringen, die am besten veranschaulichen, welche kolometrischen und philologischen Probleme bei einer Diskussion von KTU 1.5 I 1-8 ‖ 27a-31 in den Blick zu nehmen sind.

1. Problemstellung – Anmerkungen zur Forschungsgeschichte der Rede Môts [4]

Zu den Ugarit-Texten, die seit der Entdeckung der keilalphabetischen Tafeln und der Entzifferung ihrer Schrift weit über den engen Kreis der Ugaritisten hinaus bekannt geworden sind, gehören die Worte Môts aus der 5. Tafel des Baʿal-Zyklus, [5] die er am Ende seiner Botschaft an Baʿal als den Vernichter von Meerschlangen richtet, KTU 1.5 I 1-8.

Den Text überliefert die Tafel folgendermaßen — zur kolometrischen Gliederung und Übersetzung siehe unten Punkt 4:

(1) *k tmḫ̮ṣ . ltn . bṯn . brḥ*
(2) *tkly . bṯn . ʿqltn .* [[š]]
(3) *šlyṭ . d . šbʿt . rašm*
(4) *ṯṯkḥ . ttrp . šmm . krs*
(5) *ipdk . ank . ispi . uṭm*
(6) *ḏrqm . amtm . l yrt*
(7) *b npš . bn ilm . mt . b mh*
(8) *mrt . ydd . il . ġzr*

---

[4] Siehe z.B. M.S. Smith I 1994, 4-7; B. Herr 1995, 45-47.

[5] Die Tafel RS 2.[022] + 3.[565] wurde während der 2. und 3. Kampagne 1930 in der Bibliothek des Hohenpriesters zwischen den beiden Haupttempeln für Baʿal und Dagān auf der ‘Akropolis’ ausgegraben.

Der Paralleltext KTU 1.5 I 27-31 lautet:

(27) . . . *k tmḫṣ*
(28) [ltn . bṯn . b]r*ḥ* . *tkly*
(29) [bṯn . ʿqltn .] *šlyṭ*
(30) [d šbʿt . rašm] . *tṯkḥ*
(31) [ttrp . šmm . krs . ipd]k

Im folgenden wird die Problemstellung auf die Frage beschränkt, ob die Wörter *ltn* und *šlyṭ* als je ein Name eines Monsters oder als zwei Namen eines einzigen Monsters des Meeres zu verstehen sind. Weitergehende Fragen, ob z.B. KTU 1.5 - 1.6 als unmittelbare Fortsetzung von KTU 1.1 - 1.4 zu sehen sind [6] oder Probleme, die den ursprünglichen Sitz im Leben des Mythos vom Meereskampf betreffen, werden nur am Rande berührt.

1.1. Bisherige Forschungsergebnisse für KTU 1.5 I 1-8 et par.

Die von Môt in KTU 1.5 I 1-3 (|| I 27b-30a), also am Anfang seiner Rede, erwähnten Seeschlange *ltn* "Leviathan" war bereits aus den biblischen Schrif-
57 ten des Alten (Jes 27,1; Ps 74,14; [7] 104,26; Hi 3,8; 26,13; | 40,25) und Neuen Testaments (Apk 12,3; 13,1; 17,3) [8] und aus außerbiblischen Quellen (Oden Salomons 22,5; Pistis Sophia 66; *Qiddušin* 29b) [9] vertraut.

Die überraschende Identität der Wörter in KTU 1.5 I 1-2 (|| 27a-30a) und Jes 27,1 bei der Charakterisierung Leviathans erschien seit den Anfängen der Parallelisierung ugaritischer und biblischer Texte besonders geeignet, als *missing link* zwischen den beiden Literaturen zu dienen. [10] Der ugariti-

[6] Siehe z.B. hierzu M.S. Smith I 1994, 4-7; B. Herr 1995, 45-47.

[7] Y. Avishur 1994, 207-211.

[8] J. Massyngberde Ford 1975, 190, 217, 278.

[9] A. Jeremias 1930, 73; U. Cassuto 1971, 134; E. Lipiński 1984, 522; M.S. Smith 1990, 53; Y. Avishur 1994, 211.

[10] Zur umfangreichen Literatur über die Beziehungen zwischen KTU 1.5 I 1-3 und Jes 27,1 siehe u.a. U. Cassuto 1971, 49-50, 75; A. Schoors 1972, 33-36, Nr. 25; M. Dahood 1972, 149, Nr. 121; 205, Nr. 237; H. Wildberger II 1978, 1005-1006; A. Cooper 1981, 388-391, Nr. 20; R.E. Whitaker 1981, 216-217, Supp 1; E. Lipiński 1984, 521; J. Day 1985, 4-5, 142-143; B.W. Anderson 1994, 3-15; Y. Avishur 1994, 210 Anm. 10; M. Dietrich/O. Loretz 1996, 1010; C. Uehlinger 1999, 513-514.

sche Text brachte nicht nur in die Deutung von Jes 27,1 mehr Klarheit, [11] sondern erweckte auch den Eindruck, traditionelle Auffassungen über das Chaos zu Beginn der Welt zu bestätigen. Gleichzeitig regte er aber auch ein neues Nachdenken übere die Entwicklung der Mythologie des Chaos(drachen)kampfes im Alten Orient an.

Vor dem Bekanntwerden des ugaritischen Baal-Zyklus KTU 1.1 - 1.6 suchte man die biblischen Stellen über Leviathan und die siebenköpfige Schlange [12] vornehmlich auf den babylonischen Mythos *Enūma eliš* "Als droben" und den darin geschilderten *Chaos(drachen)kampf* bei der Weltschöpfung zurückzuführen. [13] Da das Meer dem Urchaos verwandt sei, sei es auch Sitz chaotischer Ungetüme, des Leviathan, der Tanninim und Behemot. [14] Der Mythos vom Kampf Marduks gegen Tiamat wurde auf diese Weise untrennbar mit der Weltschöpfung und mit Babylonien als seinem Ursprungsland verbunden. Zugleich wurde aber selbst innerhalb der panbabylonistischen Bewegung vor einer allzu engen Sicht der Beziehungen zwischen den mythischen Traditionen gewarnt. [15]

58 | Da Leviathan seit H. Gunkels Werk "*Chaos und Schöpfung*" von 1895 [16] als Symbol des Chaos und des Bösen galt, kommt folglich KTU 1.5 I 1-8 *et par.* in der Diskussion über die Geschichte des *Chaos(drachen)kampfes* oder den *combat myth* in Mesopotamien und im westsemitischen Bereich eine Schlüsselstellung zu. Von den ugaritischen Texten über Baals Kampf mit Yammu und den Drachen her konnte man zur Korrektur der panbabylonistischen Anschauungen und zur These gelangen,

---

[11] Durch KTU 1.5 I 1-2 wird klar, daß auch in Jes 27,1 nur von der einen Schlange Leviathan, nicht von mehreren dieser Art die Rede ist; zu früheren Deutungen von Jes 27,1 als einer Aussage über mehrere Leviathan-Schlangen sieh z.B. zur rabbinischen Tradition die Ausführungen von M. Fishbane 1997, 274; zur vorugaritischen Auslegung von Jes 27,1 siehe u.a. B Duhm 1922, 189, der von zwei Leviathanen spricht; O. Procksch 1930, 331, 333, unterscheidet zwischen der "flüchtigen Schlange" und der "gewundenen Schlange".

[12] Die siebenköpfige Schlange wird gerne als eine Erscheinungsform des Leviathan angesehen; A. Jeremias 1930, 72 Anm. 5.

[13] Siehe zu dieser Diskussion A. Jeremias 1930, 68-74.

[14] A. Jeremias 1930, 44, 67.

[15] A. Jeremias 1930, 74, weist von seinem Verständnis des Panbabylonismus her im Hinblick auf das Thema Drachenkampf und Schöpfung bereits darauf hin, daß angesichts der weiten Verbreitung des Motivs die herrschende Annahme einer literarischen Abhängigkeit der biblischen Weltschöpfungsstoffe von babylonischen Texten hinfällig sei. Zu einem ähnlichen Urteil gelangte auch O. Procksch 1930, 333, der mit Berufung auf H. Gunkel (*Schöpfung und Chaos,* 30ff.) aufführt, daß die in Jes 27,1 erwähnten Schlangen wahrscheinlich Gestaltungen der mythischen Urschlange seien, die sich aus Babylonien oder Phönizien in den alttestamentlichen Mythos gestohlen hätten.

[16] W. Klatt 1969, 54-60, zu H. Gunkel und H. Zimmern.

daß der Kampf zwischen Tiamat und Marduk weniger auf babylonischen als auf amurritischen Einfluß zurückzuführen sei. [17]

Die mythischen Monster *Ltn* (Leviathan) und *Šlyṭ*, der siebenköpfige Drache, konnten aufgrund des Fundes von KTU 1.5 im Jahr 1930 und der Veröffentlichung der Tafel im Jahr 1934 erstmals schlüssig als eine bodenständige westsemitische Tradition des 2. Jt.s v. Chr. nachgewiesen werden.

Die Ugaritistik erbte von der Bibelwissenschaft und vom Panbabylonismus neben dem Problem des Ursprungs des Mythos von der Meeresschlange Leviathan und des Drachens mit sieben Köpfen, für dessen Sitz auch das Meer gehalten wird, auch das der Frage, ob beide Wesen identisch oder zu trennen sind. Da bis zum Jahr 1934 aus dem Alten Testament nur der Name *Ltn* "Leviathan" bekannt war und der des siebenköpfigen Drachens fehlte, war vor diesem Zeitpunkt die Frage nach einer Identifikation der beiden Gestalten nicht akutell. [18] Die aus Keilschrifttexten bekannte siebenköpfige Schlange identifizierte man bis dahin mit der Hydra des Sternenhimmels. [19] Mit dem Bekanntwerden von KTU 1.5 I 1-3 gewann jedoch das Problem, ob Leviathan und die siebenköpfige Schlange als eine Einheit zu sehen sind, an Bedeutung.

Die Diskussion über den Abschnitt KTU 1.5 I 1-3 widmet sich außer der Frage nach *Ltn* auch dem parallel dazu überlieferten Ausdruck *bṯn ʿqltn* "gewundene Schlange" (Z. 1-2). Denn dieser Ausdruck findet sich in KTU 1.3 III 41-42 auch in Parallele zur siebenköpfigen *Šlyṭ*. Auch von daher ergibt sich somit die Frage, ob es sich bei *Šlyṭ* um den Namen eines anderen Monsters als *Ltn* oder, in Zusammenschau mit KTU 1.5 I 1-2, um ein Epitheton des *Ltn*-Leviathan handele.

Im folgenden soll im Anschluß an bisherige Bemühungen die Lösung favorisiert werden, die mit der Möglichkeit rechnet, daß ursprünglich getrennte Traditionen von zwei Schlangen im Verlauf der Zeit in der Weise mit einander kombiniert worden sind, daß der Eindruck entstehen konnte, es handle sich nur um ein Monster.

1.2. Bisherige Forschungsergebnisse für KTU 1.5 I 4-6a et par.

Neben den beiden strittigen Schlangennamen *Ltn* und *Šlyṭ* in KTU 1.5 I 1-3 haben die zur Beschreibung der Tötung der Drachen gehörenden zehn Wör-

---

[17] T. Jacobsen 1968, 104-108; J. Day 1985, 11.

[18] A. Jeremias 1930, 72 Anm. 5.

[19] A. Jeremias 1930, 69 Anm. 1.

ter in Z. 4-6a zu weit auseinander gehenden und größtenteils widersprüchlichen Interpretationen Anlaß gegeben.

Am Anfang der Studien zum ugaritischen Text über *Ltn* und *Šlyṭ* glaubte man, aus den beiden Wörtern *ttrp* und *ipdk* (KTU 1.5 I 4-5) Erkenntnisse über die biblischen Begriffe Teraphim und Ephod gewinnen zu können. [20] W.F. Albright argumentierte daraufhin, daß zwischen *ttrp* und den Teraphim höchstens etymologisch eine Verbindung bestehen könne und daß *ipd* zu dieser Zeit noch ein gewöhnliches Kleidungsstück gewesen sei, so wie das
59 z.B. auf das altassyrische *epâdâtum* [21] zutreffe. [22] | Außerdem wurde angenommen, daß an die fünf Wörter *ṯkḥ ttrp šmm krs ipdk* in KTU 1.5 I 4-5a nicht nur die biblischen Stellen Ps 74,14; Jes 27,1; Hi 26,10; Jes 34,4, [23] sondern auch Jes 51,6; Ps 102,26-27 und Hi 26,11 [24] erinnerten.

Von Anfang an war man überzeugt, daß KTU 1.5 I 1-3 eine Abfolge von drei poetischen Einheiten darstelle und erst mit den beiden finiten Verbformen *ṯkḥ ttrp* zu Beginn von Z. 4 das Problem beginne, eine poetische Gliederung zu erstellen.

2. Bisherige Versuche einer kolometrischen Gliederung und Übersetzung von KTU 1.5 I 1-8 *et par.*

Aus der Geschichte der Übersetzung und Interpretation von KTU 1.5 I 1-8 *et par.* ist, wie unten zu zeigen sein wird, die Erkenntnis zu gewinnen, daß Vorentscheidungen über die kolometrische Gliederung dieses Abschnittes sich entscheidend auf die Behandlung der philologischen Einzelfragen und die Deutung des Textes auswirken. Daraus ergibt sich die Notwendigkeit, der Erforschsung des poetischen Aufbaus der Rede Môts im folgenden die größte Aufmerksamkeit zuzuwenden.

Der Wettergott Baal vernichtet nicht nur seinen Gegner Yammu "Meer", sondern auch dessen zahlreiche Helfer, die in Gestalt von riesigen Schlangen oder Drachen den Ozean bevölkern, wie außer KTU 1.5 I 1-5a *et par.* auch die Textstellen KTU 1.3 III 38b-42; 1.6 VI 51 und 1.83 zu erkennen geben. An erster Stelle richten sich unter den Meeresbewohnern seine Waffen gegen

---

[20] Siehe zu dieser Diskussion u.a. Ch. Virolleaud 1934, 305-336; E. Sellin 1937, 296-298; W.F. Albright 1941a, 39.

[21] AHw. 222: *epattum* ein Gewand; CAD E 183: *epattum* (a costly garment).

[22] W.F. Albright 1941a, 39-42.

[23] F.M. Cross 1973, 119 mit Anm. 24, rechtfertigt diese Parallelisierungen mit biblischen Stellen mit folgender Übersetzung von Z. 4-5a: "(Then) the heavens withered (and) drooped // Like the loops of your garment."

[24] W.F. Albright 1941a, 40 Anm. 7 und 10; 42.

Ltn - *Šlyṭ*.

Über das Aussehen, die körperlichen Formen von *Ltn* - *Šlyṭ* und in der Frage, ob die beiden Namen auch zwei Drachen meinen, bestehen unter den Interpreten erhebliche Unklarheiten. So werden in der Diskussion über das Verhältnis zwischen den Wörtern und Namen *Ltn* und *Šlyṭ* folgende fünf Lösungen angeboten:

1. *Ltn* und *Šlyṭ* sind ein- und dasselbe Wesen: Da in der biblischen Überlieferung nur der Name *Ltn* (Lītānu, Leviathan), der sich bis in die Gegenwart herein dank Thomas Hobbes' "Leviathan" (1651) [25] auch außerhalb der Altorientalistik und Bibelwissenschaft größter Bekanntheit erfreut, sechsmal genannt wird, [26] eine Schlange namens *Šlyṭ* aber unbekannt ist, schlagen mehrere Gelehrte vor, das siebenköpfige Monster *Šlyṭ* von KTU 1.5 I 3 mit Leviathan in Z. 1 zu identifizieren. [27] Diese Schlußfolgerung begründen sie nicht nur mit den Parallelismen *ltn* ‖ *šlyṭ* in KTU 1.5 I 1-3 und *bṯn ʿqltn* ‖ *šlyṭ* in KTU 1.3 III 41-42, sondern auch mit biblischen Belegen [28] und einer Stelle aus dem Talmud, wo jedoch weder *Ltn*, noch *Šlyṭ*, sondern dem Monster *tnyn* sieben Köpfe zugeschrieben werden. [29]

60 | 2. *Ltn* und *Šlyṭ* sind sowohl ein als auch zwei Wesen: Aus KTU 1.5 I 1-3 und 1.3 III 41-42 folgert dagegen C. Uehlinger, daß an erster Stelle *šlyṭ* wohl auf *Ltn* zu beziehen sei, an zweiter aber *šlyṭ* ein weiteres Monster bezeichne. [30]

3. *Ltn* und *Šlyṭ* — die Frage ihrer Verbindung ist nicht zu entscheiden: M.H. Pope geht bei der Interpretation der drei Zeilen KTU 1.5 I 1-3 von der Feststellung aus, daß diese als poetische Einheiten parallel angeord-

---

[25] H. Bredekamp 1999.

[26] Jes 27,1 (2x); Ps 74,14; 104,26; Hi 3,8; 40,25.

[27] Siehe z.B. R. Dussaud 1941, 120; J. Gray 1965, 30-32; F.M. Cross 1973, 118-119, vermerkt hierzu folgendes: "The beast of Revelation 12, the dragon of Canaanite myth, and Tiāmat of *Enūma eliš* all have seven heads. Typhon is many-headed."; S.E. Loewenstamm 1980a, 353; J. Day 1985, 4-5, 13; T. Fenton 1996, 58, argumentiert folgendermaßen: "*Ltn* is the Leviathan of the Hebrew scriptures, the writhing serpent, the tyrant with the seven heads."; N. Wyatt 1998b, 79 Anm. 49.

[28] Ps 74,14 ist ohne Zahlenangabe von den Köpfen des Leviathans (*r'šy lwytn*) die Rede. W.G. Lambert 1985, 444 Anm. 45, argumentiert, daß der Plural auf einer *mater lectionis* beruhe und die Septuaginta einen Hinweis auf den Singular "Kopf" enthalte. Wahrscheinlich liegt eine Vermengung der Traditionen vor.

In Apk 12,3 und 13,1 wird gleichfalls von einer siebenköpfigen Meerschlange gesprochen. Das griechische Wort δράκων (*draco, serpens*) läßt nicht erkennen, ob es als Übersetzung von *ltn* oder *šlyṭ* anzusehen ist.

[29] Siehe z.B. E. Lipiński 1984, 524; Y. Avishur 1994, 210-211, zu *'dmy lyh ktnyn' dšbʿh ryšwwtyh*, Babli Qiddušin 29b.

[30] C. Uehlinger 1999, 512.

net seien und es folglich schwer zu sagen sei, ob *šlyṭ* auf Leviathan oder ein anderes Monster zu beziehen sei. [31]

4. *Ltn* und *Šlyṭ* sind zwei Wesen: W.G. Lambert 1985, 444, leitet aus der Nennung von zwei Namen in KTU 1.5 I 1-3 ab, daß es sich um zwei Schlangen handle.
5. Die Frage der Unterscheidung von *Ltn* und *Šlyṭ* wird umgangen: Eine Reihe von Interpreten erwecken den Eindruck, daß sie das Problem in der Schwebe halten wollen.

Die Differenzen in der Deutung des Verhältnisses zwischen den Namen *ltn* und *šlyṭ* beruhen letztlich alle auf verschiedenen Beurteilungen der poetischen Struktur von KTU 1.5 I 1-8 und der Bewertung der Parallelismen in diesem Abschnitt. Darum wenden wir uns im folgenden zuerst der grundlegenden Frage zu, wie der Abschnitt KTU 1.5 I 1-5a kolometrisch zu gliedern ist und welche Wortpaare aus ihm zu gewinnen sind.

Während die ersten drei Kola des Abschnittes Z. 1-3 nach fast allgemeiner Überzeugung keine kolometrischen und philologischen Probleme bereiten, vermögen sich die Interpreten bei dem Abschnitt Z. 4-8 weder hinsichtlich der poetischen Gliederung noch der Übersetzung einzelner Wörter zu einigen. Sie suchen entweder von einer Gliederung des Textes oder von einzelnen Wörtern her diesen vermeintlichen zweiten Abschnitt zu enträtseln. Im Mittelpunkt der Diskussion und der dabei erfaßten Differenzen stehen die Zeilen 4-6a. Kennzeichnend für die Situation dürfte z.B. sein, daß H.L. Ginsberg, C.H. Gordon und S.E. Loewenstamm darauf verzichten, alle Wörter in diesem Bereich zu übersetzen [32] und T.H. Gaster die Worte Môts zu den rätselhaftesten des Baal-Zyklus zählt. [33]

Eine Durchsicht weniger Übersetzungen von Z. 1-8 vermag bereits zu verdeutlichen, welche Probleme in Z. 4-8 auf einen Interpreten warten, wenn er sich dazu entschließt, Z. 1-3 als ein Trikolon zu interpretieren, oder wenn er insgesamt die Frage zu umgehen versucht, wie Z. 1-8 in poetische Einheiten aufzulösen sind.

Die Auffassung, daß Z. 1-3 als Trikolon zu übersetzen sei, wird entweder so begründet, daß dieses als eine syntaktisch in sich abgeschlossene Einheit oder als Anfang einer solchen zu behandeln ist. Dagegen wird auch

---

[31] M.H. Pope 1973, 329.

[32] H.L. Ginsberg 1969, 138; C.H. Gordon 1977, 104; S.E. Loewenstamm 1980a, 353; H.R. Cohen 1978, 74 Anm. 150, vermerkt hierzu: "However, the entire passage *CTA* 5:1:4-6 is so full of obscurities that a philologically justifiable translation is a virtual impossibility."

[33] T.H. Gaster 1961/1975, 201, vermerkt hierzu folgendes: "This passage is one of the most difficult in the entire poem, and our interpretation is therefore tentative."; D. Sivan 1997, 255, vermerkt zu Z. 4-6 folgendes: "Obscure lines; some suggestions ..."

versucht, aus Z. 1-4 zwei Bikola zu bilden, wobei entweder Z. 1-3 weiterhin als drei Kola verstanden werden, oder Z. 3 um das erste Wort aus Z. 4 (*ṯṯkḥ*) erweitert wird, wie folgende vier Beispiele zeigen:

61 | 1. *Z. 1-3 – Ein Trikolon als abgeschlossene syntaktische Einheit*

J.C.L. Gibson, CML 1978, 68:

for all that you smote Leviathan the slippery serpent
(and) made an end of the wriggling serpent,
the tyrant with seven heads?

2. *Z. 1-3 – Ein Trikolon als erster Teil eines größeren syntaktischen Gefüges*

W.F. Albright 1941a, 39-41:

"When thou (O Anath) dost smite Lôtân, the primeval(?) serpent,
when thou dost destroy the winding serpent,
Shalyaṭ of the seven heads,

The heavens will wear away and will sag
like the fastening of thy garment. [34]

3. *Z. 1-4 – Zwei Bikola: Z. 1-3 + 4*

M. Dietrich/O. Loretz 1997, 1174:

"Du hast wahrlich Lotan, die flüchtige Schlange geschlagen,
du hast vernichtet die gewundene Schlange,
die Mächtige mit sieben Köpfen,
du hast entblößt, losgemacht den Himmel *wie einen Gürtel.*

4. *Z. 1-4 – Zwei Bikola: Z. 1-2 + 3-4a.4b:*

B. Margalit 1980, 88:

[1]*ktmḫṣ ltn bṯn brḥ* 14
[2]*tkly bṯn ʿqltn* 12

---

[3]*šlyṭ d šbʿt rašm* [4]*ṯṯkḥ* 17
ttrp šmm krs 10

"Be crushed, coiled-one, fleet serpent,
Be annihilated, tortuous serpent,

---

[34] W.F. Albright 1968/1994, 201, "The heavens will wither, ‖And will sag like the fastening(?) of thy ephod."

Wither (thou) seven-headed entwiner,
Convulse, (thou of the) sticky venom.

M. Dietrich/O. Loretz 1980, 405-406,
Denn du hast geschlagen Ltn, die flüchtige Schlange,
du hast vernichtet die gewundene Schlange!
Šlyṭ mit den sieben Köpfen hast du in Wut versetzt,
den Himmel mit Eingeweiden überzogen!

Die Übersetzer sind sich somit bis auf zwei Ausnahmen [35] darin einig, daß in den ersten drei Zeilen die poetische Gliederung des Textes mit der des
62 ugaritischen Schreibers übereinstimme, folglich ein | Trikolon vorliege [36] oder die ersten drei Kola als ein Trikolon und Anfang einer größeren poetischen Einheit anzusetzen seien. [37] Sie weichen erst in der Auflösung von Z. 4-8 in poetische Einheiten voneinander ab.

Bei dem Vorschlag, Z. 1-4 in zwei Bikola zu gliedern, wird entweder vorausgesetzt, daß die Wortfolge *ṯkḥ ttrp* innerhalb des zweiten Bikolons chiastisch auf zwei Kola zu verteilen sei, [38] oder daß die beiden finiten Verbformen im zweiten Bikolon das zweite Kolon einleiten. [39] Für diese Gruppe von Gliederungen ist charakteristisch, daß sie das auf *krs* folgende *ipdk* zu Beginn von Z. 5 der folgenden poetischen Einheit zuteilen.

Dagegen plädieren jene Autoren, die *ipd* nicht als finite Verbform, sondern als Nomen (*ipd* "Ephod, garment, robe") übersetzen, dafür, das erste Wort von Z. 5 an die vorangehende Zeile anzuschließen. [40]

Aufgrund der bisherigen Diskussion über die kolometrische Gliederung von KTU 1.5 I 1-8 sind wir mit folgenden sieben Fragen konfrontiert:

---

[35] B. Margalit 1980, 88; M. Dietrich/O. Loretz 1980, 405-406.

[36] Siehe z.B. W.F. Albright 1941a, 39-41; F.M. Cross 1973, 119 Anm. 24; J.C.L. Gibson, CML 1978, 68; S.E. Loewenstamm 1980a, 353; J. Sanmartín 1980, 438; G. Del Olmo Lete, MLC 1981, 213-214; J.C. de Moor 1977, 88; id. 1979, 641-642; id. ARTU 1987, 69; N. Wyatt 1996, 97; id. 1998b, 115 Anm. 4; D. Pardee 1997, 265.

[37] Siehe z.B. zu folgenden Autoren, aus deren Textanordnung nicht mit Sicherheit zu entnehmen ist, welche poetischen Einheiten sie letztlich voraussetzen: G.R. Driver, CML 1956, 103; J. Aistleitner 1959, 14; T.H. Gaster 1961/1975, 201-202; A. Caquot/M. Sznycer, TO I 1974, 239-242; A. van Selms 1975, 482; C.H. Gordon 1977, 104; J.A. Emerton 1978, 73, 77; E. Verreet 1988, 182.

[38] B. Margalit 1980, 88; M. Dietrich/O. Loretz 1980, 405-406.

[39] M. Dietrich/O. Loretz 1997, 1174.

[40] Siehe z.B. W.F. Albright 1941, 39-41; id. 1968/1994, 201; G.R. Driver 1956, 103; T.H. Gaster 1961/1975, 201-202; F.M. Cross 1973, 119; A. Caquot/M. Sznycer, TO I 1974, 239-241; G. Del Olmo Lete, MLC 1981, 213-214; J.C. de Moor, ARTU 1987, 69; M. Dietrich/O. Loretz 1997, 1174; D. Pardee 1997, 265.

1. Ist der Abschnitt Z. 1-3 kolometrisch als ein Trikolon und syntaktisch als eine abgeschlossene Einheit zu übersetzen?
2. Sind Z. 1-3 als ein Trikolon zu verstehen, das syntaktisch mit der folgenden poetischen Einheit verbunden ist?
3. Soll die ungewöhnliche Abfolge der beiden finiten Verbformen *ṯkḥ ttrp* (Z. 4) als ein Hendiadyoin verstanden oder bei einer Gliederung von Z. 1-4 auf zwei Bikola so auf zwei Kola verteilt werden, daß *ṯkḥ* das erste Kolon des zweiten Bikolons abschließt und *ttrp* das zweite Kolon einleitet?
4. Haben wir den ersten Abschnitt der Rede Môts nicht auf Z. 1-3 zu beschränken, sondern auf Z. 1-4 oder gar auf Z. 1-5a (*ipdk*) zu erweitern haben?
5. Haben wir *ipdk*, das erste Wort in Z. 5, noch mit der vorangehenden poetischen Einheit zu verbinden und von einer Konstruktusverbindung *krs ipdk* und einer Wortfolge *krs ipdk ank* auszugehen, oder ist das Wort als Anfang einer neuen Aussage zu verstehen und ein Wortfolge *ipdk ank* anzusetzen?
6. Beginnt die letzte poetische Einheit des Abschnittes Z. 1-8 mit *l yrt* (Z. 6b) oder mit *amtm l yrt*?
7. Endet die Rede Môts mit Z. 8 oder mit Z. 9?

Aufgrund dieser komplexen Problemstellung soll unten mitunter nachgewiesen werden, daß die in TUAT [41] vorgeschlagene Gliederung von KTU 1.5 I 1-5a in zwei Bikola insoweit einer Korrektur bedarf, als *ṯkḥ* (Z. 4) kolometrisch an Z. 3 anzufügen ist und das vierte Kolon erst aufgrund der Lesung {*k*}*rs* oder *k rs* und unter Hinzunahme von *ipdk* (Z. 5a) verständlich wird.

Im folgenden soll zunächst überprüft werden, ob der epigraphische Tatbestand von Z. 1-3 tatsächlich in dem mehrheitlich verstandenen Sinn unmittelbar als poetische Gliederung als ein Trikolon zu interpretieren ist,
63 | oder ob wir Z. 1-3 auf Z. 5a (*ipdk*) zu erweitern und in zwei Bikola aufzulösen haben. Außerdem ist noch zu untersuchen, ob in Z. 4 mit einem Schreibfehler zu rechnen ist.

3. Überlegungen zur Epigraphie von KTU 1.5 I 1-8

Bei dem Bemühen, KTU 1.5 I 1-3 zu gliedern und zu übersetzen, ist den epigraphischen Aspekten dieser Tafel bislang zu wenig Beachtung geschenkt worden:

[41] M. Dietrich/O. Loretz 1997, 1174.

Die Korrektur eines *š* am Ende von Z. 2 zeigt doch wohl an, daß der Schreiber wenigstens im Bereich von Z. 1-2 zwei Kola schreiben wollte, also mit der *scriptio continua* allenfalls in Z. 3 einsetzt. Wenn wir zudem zunächst annehmen, daß die Rede Môts in Z. 6b-8 mit einem Bikolon abgeschlossen wird, ergibt sich die Aufgabe, für Z. 3-6a eine kolometrische Lösung zu finden.

Eine weitere Abgrenzung des poetologisch problematischen Bereichs gewinnt man mit der Gliederung von Z. 5b-6a in ein Bikolon, das sich durch die parallel angeordneten Maßeinheiten *uṭ* und *amt* nachweisen läßt. Unter diesem Aspekt besteht Anlaß zur Vermutung, daß die eigentliche Crux mit den Wörtern in Z. 3-5a gegeben sein könnte.

Gegen dieses Ergebnis scheint jedoch zu sprechen, daß eine fast einhellige Meinung darüber besteht, daß Z. 1-3 drei aufeinander folgende Kola seien, die ein Trikolon [42] oder gar zusammen mit Z. 4a (*tṯkḥ ttrp šmm*) ein Tetrakolon [43] bildeten.

Lehnt man dagegen diese Textgliederungen ab und verbindet die Verbform *tṯkḥ* mit Z. 3, dann wird nicht nur das verdächtige, ungewöhnliche Nacheinander der Verformen *tṯkḥ ttrp* [44] in ein chiastisches Wortpaar aufgelöst, sondern auch die Möglichkeit gewonnen, durch Hinzunahme von *ipdk* (Z. 5a) zwei Bikola zu bilden. Dies bedingt jedoch, daß wir in Z. 1-2 als erste Einheit ein Bikolon erhalten und die beliebte Annahme, daß wir Z. 1-3 als ein Trikolon zu lesen hätten, aufzugeben ist.

Nach Ausweis der Rasur am Ende von Z. 3 und des verfrüht gesetzten Trenners in Z. 14 (*np.š*), der keiner Korrektur unterzogen worden ist, besteht der Verdacht, daß dem Schreiber von KTU 1.5 I auch weitere Versehen unterlaufen sein könnten. Unter diesem Aspekt soll im folgenden die *scriptio continua krs* (Z. 4) in zweifacher Hinsicht hinterfragt werden: ob *krs* als *k rs* oder als {*k*}*rs* zu deuten ist, wobei das Zeichen *k* an sich durch das nachfolgende *r* ersetzt werden sollte, aber eine Tilgung des *k* letztlich unterblieben ist.

---

[42] Siehe W.F. Albright 1941a, 39-41; H.L. Ginsberg 1969, 138; C.H. Gordon 1977, 104; G. Del Olmo Lete, MLC 1981, 213-214; J.C. de Moor, ARTU 1987, 69; D. Pardee1997, 265; N. Wyatt 1998b, 115-116.

[43] J. Sanmartín 1980, 438; M.S. Smith 1997, 141.

[44] So z.B. mit *šmm* als Subjekt und unterschiedlichen Ergebnissen J. Gray 1965, 30 Anm. 3, "The heavens will dry up, yea, languish"; J. Sanmartín 1980, 438, "da *starrte* und *ließ sich der Himmel entmutigen*"; M. Krebernik 1991, 256, "Der Himmel faltet sich (?), er erschlafft wie der Gürtel(?) deines Gewandes."

4. Kolometrie und Übersetzung von KTU 1.5 I 1-8 — kolometrischer und philologischer Kommentar

4.1. Text und Übersetzung

Bei Beachtung der epigraphischen Besonderheit von Z. 1-3 [45] wird es möglich, Z. 1-8 in die vier folgenden symmetrischen Bikola zu gliedern:

64

| [1]*k tmḫṣ ltn bṯn brḥ*	14
[2]*tkly bṯn ʿqltn*	12
[3]*šlyṭ d šbʿt rašm* [4]*tṯkḥ*	17 [46]
ttrp šmm k rs [5]*ipdk*	14
ank ispi uṭm [6]*ḏrqm*	14
. . . *amtm*	x+8
l yrt [7]*b npš bn ilm mt*	15
b mh[8]*mrt ydd il ġzr*	14

"[1]Du hast wahrlich Lītānu geschlagen, [47] die fliehende Schlange,
[2]du hast vernichtet die gewundene Schlange!
[3]Den Mächtigen mit sieben Köpfen [4]hast du gefunden,
du hast den Himmel wahrlich übergossen mit einem Tautropfen [5]deines Gewandes!
Ich aber werde verzehren in doppelten Halbellen [6](Blut-)Besprengtes
. . . von doppelten Ellen!
Wahrlich, du steigst hinab [7]in den Schlund des El-Sohnes Môt,
in die Gr[8]ube des El-Geliebten, des Helden!"

---

[45] Siehe oben Abschnitt 3.

[46] Anakrusis, die durch den Namen *šlyṭ d šbʿt rašm* bewirkt wird.

[47] Zur Frage, ob in Z. 1-5a ein Ereignis in der Vergangenheit oder eine allgemeine Möglichkeit vorausgesetzt wird, siehe unten zu Abschnitt 2.4.1 (*mḫṣ* ‖ *kly*).

4.2. Philologische und kolometrische Anmerkungen zu KTU 1.5 I 1-8

4.2.1. Z. 1-2

[1]k tmḫṣ ltn bṯn brḥ 14
[2]tkly bṯn ʻqltn 12

"[1]Du hast wahrlich Lītānu geschlagen, die fliehende Schlange,
[2]Du hast vernichtet die gewundene Schlange!

Diese poetische Einheit wird von den folgenden drei Wortpaaren bestimmt:

mḫṣ ‖ *kly*
bṯn ‖ *bṯn*
brḥ ‖ *ʻqltn*

k "fürwahr, wahrlich" — Hervorhebende Partikel; K. Aartun, PU I 1974, 31-32; id. II 1978, 92; vgl. dagegen zu temporalen, konditionalen, konzessiven, vergleichenden oder kausalen Deutungen von *k* u.a. E. Verreet 1988, 204-205; vgl. ferner DLU 207: *k* (II) 2 d) temporale Unterordnung: "cuando aplataste a ND"; A. van Selms 1975, 479, *k* als Einleitung der Protasis die bis Z. 4 geht; E. Verreet 1988, 182-183, 204-205, *k* leitet einen Konsekutivsatz ein: *k tmḫṣ ltn . . . krs ipdk ank* "Weil du Ltn . . . soll ich dir den Bauch durchbohren."

65 | Da hier vorausgesetzt wird, daß in Z. 1 die Fortsetzung der Rede Môts von KTU 1.4 VIII vorliegt, ist *k* nicht als ehemalige Einleitung einer Kosmologie zu verstehen; siehe zu dieser Problemstellung u.a. M.S. Smith I 1994, 6, 35.

mḫṣ ‖ ***kly*** "schlagen" ‖ "aufhören" — Siehe zu diesem Wortpaar F. Renfroe 1992, 72 mit Anm. 11; vgl. zu *mḫṣ* ‖ *mḫṣ*, *mḫṣ* + *mḫṣ* und *mḫṣ* ‖ *ṣmt* M. Dahood 1972, 257-258, Nr. 347-348; Y. Avishur 1984, 381, 418-419.

mḫṣ "schlagen, zerschlagen", *tmḫṣ* G PK 2.m.Sg. — AHw. 580: *maḫāṣu* (sem. *mḫd/ṣ*) "schlagen; weben); HAL 541: *mḥṣ* zerschlagen; CDG 337: *maḥaṣa* I; M. Held 1959, 169-176.

kly "aufhören, enden", *tkly* D PK 2.Sg.m. — DLU 216: /*k-l-y*/ D; HAL 454-455: *klh* I pi. 4c) austilgen; DNWSI 510-512: kly_1 pi - 1) to complete, to finish - 2) to destroy, to destruct.

Die finiten Verbformen *tmḫṣ* und *tkly* werden mitunter folgendermaßen übersetzt:

1. Zur Beschreibung eines gegenwärtiges oder mögliches Ereignisses: W.F. Albright 1941a, 39-41; T.H. Gaster 1961/1975, 201-202; H.L. Ginsberg 1969, 138; A. Caquot/M. Sznycer, TO I 1974, 239-241; D.

Pardee 1997, 265.

2. Zur Beschreibung eines Geschehens in der Vergangenheit: G.R. Driver, CML 1956, 103; J. Aistleitner 1959, 14; F.M. Cross 1973, 119; A. van Selms 1975, 482; C.H. Gordon 1977, 104; J.A. Emerton 1978, 73, 77; J.C.L. Gibson, CML 1978, 68; S.E. Loewenstamm 1980a, 353; J. Sanmartín 1980, 438-439; G. Del Olmo Lete, MLC 1981, 213-214; J.C. de Moor, ARTU 1987, 69; E. Verreet 1988, 182; F. Tenton 1996, 58; M. Dietrich/O. Loretz 1997, 1174; M.S. Smith 1997, 141; N. Wyatt 1998b, 115-116.
3. Zur Beschreibung eines Wunsches: B. Margalit 1980, 88.

Diese Übersetzungen gehen notwendigerweise von einem modernen Sprachverständnis aus. Vom Kontext her gesehen, dürfte es jedoch klar sein, daß Môt nicht nur ein Geschehen in der Vergangenheit beschreibt, sondern zugleich auch auf ein immer präsentes, wiederholbares mythisches Ereignis anspielt.

ltn "Lītānu" (biblisch *lwytn* "Leviathan", "Kranztier", HAL 498), GN — Die Schreibung *ltn* dürfte bei Voraussetzung einer Ableitung des Wortes von *lwy* "winden, wenden" (HAL 496: *lwh* I; AHw. 541-542: *lawûm* "umgeben, belagern") folgendermaßen zu verstehen sein: **liwyatānu* > **līyatānu* > **lītānu*; J.A. Emerton 1982, 327-331.

Im Rahmen von Z. 1-3 wird *ltn bn brḥ* ‖ *bṯn ʻqltn* mit dem siebenköpfigen Drachen *šlyṭ* zwar parallelisiert, aber nicht gleichgesetzt.

bṯn "Schlange" (Z. 1-2, 2x) n.m. — AHw. 112: *bašmu* (aram. *paṯnā* > he. *peṯen* Kobra; ar. *baṯan*) "(mythische) Giftschlange"; HAL 930: *ptn* Hornviper.

brḥ "dahineilend, flüchtig, schnell" — HAL 149: *brḥ* - 1. Flüchtling; -2. flüchtig = schnell; Ges.[18] 175: *brḥ*, *bryḥ* 1. Flüchtling; 2. dahineilend, flüchtig, schnell; J. Huehnergard, UVST 114-115; M. Dahood 1972, 149, Nr. 121, "fleeing"; C. Uehlinger 1999, 512, *brḥ* "the Fugitive".

Vgl. dagegen:

1. J. Aistleitner, WUS, Nr. 577: *brḥ* verderblich, vgl. ar. *barḥ*: Unglück, *tabrīḥ*: Tötung.
2. C.H. Gordon, UT, Nr. 515: *brḥ* II ʻevilʼ.
3. R. Renfroe 1988, 226-232, setzt zwar ar., he., ug. *brḥ* "fliehen" an, verbindet aber *brḥ* (KTU 1.5 I 1) wegen der Parallelität mit *ʻqltn* mit "sich drehen, winden, wickeln".

66 | ***ʻqltn*** "gewunden" — J. Aistleitner, WUS Nr. 2088: *ʻqltn* gewunden; syr. *ʻaqālā*: gewundener Weg; ar. *ʻaqila*: einwärts gedrehte Füße haben; C.H. Gordon, UT Nr. 1908: *ʻqltn* ʻcrookedʼ; DLU 86: *ʻqltn* "tortuoso"; HAL 827: *ʻql* pu verdreht; **ʻqlql* krumm; *ʻqltwn* gewunden; F. Renfroe 1988, 227 Anm. 29, betont, daß *brḥ* und *ʻqltn* semantisch nicht auf eine Stufe zu stellen seien.

Vgl. ferner *ṣe-*[*e-ru*] *kit-p*[*u-lu-ti*] entwined snakes; B. Landsberger, WO 1, 368; CAD Ṣ 148: *ṣēru* B; AHw. 494: *kitpulu* "umeinander gewickelt".

Die Kennzeichnung der Schlange mit dem Wortpaar *brḥ* ‖ *'qltn* dürfte beabsichtigen, das Ungeheuer als kaum faßbar, als kaum zu töten vorzustellen.

Aufschlußreich über die Art des Fortwirkens der altsyrischen Tradition über Leviathan in Jes 27,1 ist, daß durch die Wiederholung von *lwytn* versucht wird, trotz des Ausfalls des Wortpaares *mḫ̮ṣ* ‖ *kly* die Symmetrie zu wahren und sicherzustellen, daß nur von dem einen Leviathan die Rede ist. Eine Gegenüberstellung von KTU 1.5 I 1-2 und Jes 27,1c-d veranschaulicht dies am besten:

[1]*k tmḫ̮ṣ ltn bṯn brḥ*	14
[2]*tkly bṯn 'qltn*	12
'l lwytn nḥš brḥ	13
w 'l lwytn nḥš 'qltwn	17 (12 + 5 = *lwytn*)

In Jes 27,1c-d wird auf die Wahrung der Tradition von der Schlange Leviathan ein besonderes Gewicht gelegt.

4.2.2. Z. 3-5a

[3]*šlyṭ d šb't rašm* [4]*tṯkḥ*	17
ttrp šmm k rs [5]*ipdk*	13 {14}

[3]Den Mächtigen mit sieben Köpfen [4]hast du gefunden,
du hast den Himmel übergoßen mit einem Tautropfen [5]deines Gewandes!

Das Wortpaar *ṯkḥ* ‖ *trp* wird im Bikolon von den Elementen *šlyṭ d šb't rašm* und *šmm* {*k*}*rs ipdk* flankiert, so daß die folgende stilistische Figur entsteht:

[3]*šlyṭ d šb't rašm* [4]*tṯkḥ*		AB
	ttrp šmm {*k*}*rs* [5]*ipdk*	BA

Das erste Element *šlyṭ d šb't rašm* dürfte dahingehend zu verstehen sein, daß Baal den siebenköpfigen Drachen trotz aller Hindernisse im Meer findet, aufspürt, und beim zweiten, *šmm* {*k*}*rs ipdk*, wird vorausgesetzt, daß der Wettergott mit Leichtigkeit den Himmel mit Regen übergießt.

Baal wird wegen seiner außerordentlichen Kraft und Weisheit mit Hilfe einer meristischen Aussage "oben - unten" gerühmt: Weder das Ungeheuer mit sieben Köpfen in der Meerestiefe unten kann sich vor ihm verbergen, noch der Himmel oben sich seiner Gewalt entziehen, wie der Regen kundtut.

Die Metapher vom Regen als einem Tropfen vom Gewande des Wettergottes ist vergleichbar mit dem Spruch Jes 40,15, in dem die Völker mit einem Tropfen am Schöpfeimer und einem Staub auf den Waagschalen verglichen werden. [48] Der Regen ist demgemäß ein Phänomen, das Baal ohne Anstrengung nebenher bewirken kann.

67 | Da dies Môt in seiner Rede sagt, lobt er die Macht und Kraft Baals mit kaum noch zu steigernden Ausdrücken. Nach Erreichen dieser Klimax setzt er in Z. 5b mit *ank ispi* (siehe unten Abschnitt 4.2.3) zum Gegenschlag an.

šlyṭ d šb't rašm "Mächtiger mit sieben Köpfen" — Die Verbindung der Seeschlange *Šlyṭ d šb't rašm* mit *Ltn* "Leviathan", der in der vorangehenden poetischen Einheit genannt ist, setzt voraus, daß auch sie sich im Meer befindet — vgl. *b ym arš w tnn* (KTU 1.6 VI 51). Daraus folgt, daß indirekt der Merismus (*b ym*) *šlyṭ d šb't rašm* || *šmm* vorliegt, so daß hier auch die anderen Parallelismen, die Himmel und Meer/Meerestiefe zu einander in Beziehung setzen, [49] zum Verständnis heranzuziehen sind:

šmm 'm arṣ || *thmt 'mn kbkbm* (KTU 1.3 III 24-25); M. Dahood 1972, 356-357: Nr. 555; Y. Avishur 1984, 95, 407, 603-604

šmm || *ym* (KTU 1.23:62-63; 1.83:6-7);

šmm + *thm* (KTU 1.100:1); M. Dahood 1972, 358: Nr. 560; Y. Avishur 1984, 95, 407.

šlyṭ "Mächtiger" — AHw. 1147: *šalāṭu* I (sem. *ś/šlṭ*) "beherrschen; verfügen"; 1151: *šalṭu* I "herrisch, siegreich"; HAL 1411: *šlyṭ* Machthaber; CDG 530: *śallaṭa*; S.E. Loewenstamm 1980a, 353, *šlyṭ* "ruler", lehnt es ab, mit Ch. Virolleaud und U. Cassuto [50] an eine Diminutivform (vgl. arabische Nominalform *qutayl*) zu denken; vielleicht habe das Ugaritische eine Nominalform gekannt, in der *y* nicht diminutive Bedeutung gehabt habe.

Vgl. dagegen J.C. de Moor 1979, 641 Anm. 12, zu Ableitungen des Wortes *šlyṭ* von *lyṭ* (*šqtl*-Bildung, F. Løkkegaard; C.H. Gordon, UT, Nr. 2423, von aram. *lyṭ* 'to curse' oder mit J. Aistleitner von *šlṭ*). J.C. de

---

[48] K. Elliger 1978, 54-55.

[49] J. Krašovec 1977, 25-33.

[50] U. Cassuto 1971, 134, schließt sich vorsichtig Ch. Virolleaud an: "Possibly an example of the diminutive, of the form *qutayl* (Virolleaud)."

Moor selbst zieht auch akk. *lâṭu* "to check (with a bridle), to controll" in Betracht und über setzt *šlyṭ* "the controller, the tyrant". Zur Diskussion über die Nominalform *šlyṭ* siehe ferner J. Tropper 1990a, 88-89.

šlyṭ ist nicht, wie oft angenommen wird (siehe z.B. HAL 1411: *šlyṭ*; J. Day 1985, 13; N. Wyatt 1996, 97; id. 1998b, 115) ein Beiwort der vorher in Z. 1-2 erwähnten Schlange *ltn* "Lītānu", Leviathan, sondern Name eines davon zu unterscheidenden Ungeheuers.

d — S.E. Loewenstamm 1980a, 353 Anm. 13, *d* als Possessivpronomen.

šbʿt rašm "sieben Köpfe" — Siehe ferner KTU 1.3 III 42; *šbʿt* vor Pl.m., vgl. z.B. *šbʿt brqm* (KTU 1.101:4).

riš "Kopf" n.m., Pl. *rašm*, *rašt* (KTU 1.2 I 27.29), *rišt* (KTU 1.2 I 23).

ṯkḥ "finden", *tṯkḥ* G PK 2.p.m.sg. — *ṯkḥ* (KTU 1.5 I 4.30; 1.11:1-2; 1.24:4) = *škḥ* (KTU 2.38:15; 2.73:14.19); die differierende Orthographie erklärt sich aus der Verwendung des Wortes in den Mythen einerseits (*ṯkḥ*) und in den Briefen andererseits (*škḥ*); Ch. Virolleaud 1934, 305-308; J. Aistleitner, WUS, Nr. 2863, syr. *'eškaḥ* finden, *tṯkḥ ttrp* (du würdest getroffen werden u. hinsinken); siehe ferner J.F. Healey 1988, 67.

W.F. Albright (1941b, 40 Anm. 7) lehnt eine Verbindung von *ṯkḥ* "to find, forget, be dark" mit einer Basis, die im Aramäischen ein *š* oder im Arabischen ein *s* enthalte, ab. Die Schreibungen *ṯkḥ* und *škḥ* zeigen jedoch, daß von *škḥ* auszugehen ist.

Das Kolon Z. 3-4a besagt, daß Baal sogar fähig ist, das sich im Meer verbergende Ungeheuer *Šlyṭ* aufzuspüren (und zu vernichten).

68 | Für *ṯkḥ* werden u.a. auch folgende Bedeutungen angesetzt: [51]

1. *ṯkḥ* "to wear away": W.F. Albright 1941a, 40 Anm. 7, argumentiert von he. *bly* (Jes 51,6; Ps 102,26-27) her, daß he. *kḥš* "to waste away, of flesh" bei Annahme einer Metathese mit ug. *ṯkḥ* "to wear away" zu verbinden sei. Diese Argumentation baut auf der Annahme auf, daß sowohl he. *bly* als auch das he.-ug. Synonym *kḥš*> *škḥ* = *ṯkḥ* auf *šmm* "Himmel" zu beziehen seien.

   Die von W.F. Albright gefundene Lösung war im Hinblick auf Ps 137,5b bereits von I. Eitan (1928, 193-195) vorgeschlagen worden; siehe ferner T.H. Gaster 1944, 47-48 Anm. 52, der betont, daß er diese Deutung von *ṯkḥ* unter Berufung auf I. Eitan bereits 1936 vorgelegt habe.
2. *ṯkḥ* G "verdorren, warm werden": G.R. Driver, CML 1956, 151 mit Anm. 15, ‘wilted’, spricht unter Berufung auf Ga(ster). von einer unbekannten Wurzel *ṯkḥ*, die parallel zu *trp*(*y*) ‘drooped’ und he. *škḥ* in Ps 137,5b sei; M.H. Pope 1960, 240, "be hot, ardent, passionate,

[51] M. Dietrich/O. Loretz 1996, 914.

wither (from heat); id. 1994, 124-125, 300; J.A. Emerton 1978, 74, "to be hot"; B. Margalit 1980, 91, "dry out, wither"; E. Verreet 1988, 183-184, *ṯkḥ* G "heiß werden".

3. *ṯkḥ* D "in Vergessenheit geraten lassen": K. Aartun 1967/68, 284-285.
4. *ṯkḥ* D "to set alight, to make burn": A. van Selms 1975, 481; D. Sivan 1997, 155, *ṯkḥ* "to ignite(?)".
5. *ṯkḥ* "s'enflammer": A. Caquot/M. Sznycer, TO I 1974, 239 Anm. f.
6. *ṯkḥ* "starren" he. und jaram. *šgḥ* "(an)starren, direkt schauen, scharf blicken": J. Sanmartín 1980, 438.
7. *ṯkḥ* 'to *shine* (of heavenly bodies)': C.H. Gordon, UT Nr. 2673; id. 1977, 104, "to fail".
8. *ṯkḥ* "to uncover": J.C. de Moor 1979, 641 Anm. 13.
9. *nkḥ* Š "to couple with": F. Løkkegaard 1982, 133-134 mit Anm. 9, ar. *nkḥ*, *ṯ* = *š* Präfix des Kausativs.
10. *ṯkḥ* D "in Wut versetzen": M. Dietrich/O. Loretz 1980, 406, akk. *šegû* "wild sein, rasen".
11. *ṯkḥ* "niederschlagen": J.J.M. Roberts 1975, 797-801; M.B. Dick 1979, 216-221; zur Diskussion siehe u.a. HAL 1381-1382: *škḥ* II ?.

trp "(mit Wasser) überzogen sein", D "übergießen, überziehen", *ttrp* D PK 2.p.m.sg. — AHw. 1325: *tarāpu* (syr. eingetaucht sein, ar., gut leben, äth. übrig sein) "mit Farbe überzogen sein"? D etwa übergießen; CDG 579: *tarfa, tarafa* 'be left, be left behind, be left over, be abandoned, remain, survive, be spared, be in plenty ...'; M. Dietrich/O. Loretz 1980, 406.

Für die Verbform *ttrp* werden Ableitungen von den Basen *trp*, *rpy* und *rpp* vorgeschlagen, wobei die Autoren zwischen finiten Verbformen und Nominalformen unterscheiden:

1. Erklärung als Verbform:

1.1. Ableitung von einer Basis *trp*:

1.1.1. *trp* - vgl. he. *ṭāraf* zerreißen, syr. *ṭeraf* zerschlagen: J. Aistleitner, WUS Nr. 2531, eher als *rpy* in Erwägung zu ziehen?; J. Gray 1965, 30 Anm. 3, entweder ar. *tarafa* "to be softened by luxury" oder *rpy* "to droop"; A. van Selms 1975, 481; C. Kloos 1986, 44, *rpy* oder *trp* jaram. "to be dissolved".

1.1.2. *trp* "schwach werden": W.F. Albright 1941a, 40 Anm. 8, "secondary formation from *rpy*, which means 'sag, slacken'"; M. Dahood 1969, 34; E. Verreet 1988, 183-184.

1.1.3. *trp* "vertreiben": R. Hillmann 1965, 33 mit Anm. 5, nach syr. *trp* und ar. *ṭrd*, *tph*.

69 | 1.2. Ableitung von einer Basis *rpy*:

1.2.1. *rpy* "schwach sein" tD: J. Aistleitner, WUS, Nr. 2531, tD schwach niedersinken? *ṯṯkḥ ttrp* (du würdest getroffen werden u. hinsinken) (oder *trp*, sie oben zu 1.1.); G.R. Driver, CML 1956, 155, *rpy* 'drooped'; J. Gray 1965, 30 Anm. 3, entweder ar. *tarafa* oder *rpy*; J.C.L. Gibson, CML 1978, 158; J.C. de Moor 1979, 641 Anm. 14, tD *rpy* "to bee loosened"; M. Krebernik 1991, tD *rpy* (*titrappū samū-ma ka=RSi 'ipādika* Der Himmel ... erschlafft wie der Gürtel(?) deines Gewandes).

1.2.2. *trp*, Nebenform zu *rpy*: Siehe oben zu 1.2.

1.3. Ableitung von einer Basis *rpp* "shake, flutter": B. Margalit 1980, 92, ar. *raffa/rafrafa*, he. *raprēp*. [52]

2. Erklärung als Nominalform:

2.1. *ttrp* "teraphim(?)": D. Sivan 1997, 255, "'teraphim(?)', plural construct, or from *RPY* 'to be weak' (tD)".

2.2. *ttrp* "das Blinkende": E. Sellin 1937, 297, Ableitung von einer Basis *rp(p)* oder *trp*.

šmm "Himmel" — HAL 1142-1445: *šmym*; AHw. 1160: *šamû* I.

Die Mehrzahl der Interpreten setzt *šmm* "Himmel" an.

Vgl. dagegen folgende Lösungen:

1. *šmmm* II "durchbohren": J. Aistleitner, WUS Nr. 2632, *šmm krs* (deinen) Bauch schlitzend.

2. *šmm* "Gift": B. Margalit 1980, 92-93, "venom", akk. *šammum*, ar. *samm*, *šmm krs* "stick venom". [53]

krs — l. *k rs*, weniger wahrscheinlich {*k*}*rs*, siehe unten.

Für *krs*, eine *scriptio continua*, werden folgende Lesungen und Deutungen vorgeschlagen:

1. *k rs*:

1.1. *k rs*: J.C.L. Gibson, CML 1978, 68, 158, *rs* < *rss* 'breaking, crushing' - "for I myself will crush you in pieces".

1.2. *k rs*: he. *rsys* "Ruine" (Am 6,11), jaram. *r^esīsā* 'structure demolished by breaches': A. van Selms 1975, 481, 'like a ruin' - "the mighty one with seven heads, ‖ set alight, weakend the heavens like a ruin"; J.A. Emerton 1978, 75, *rs* 'pieces' - "the skies will be hot, and will shine, ‖ when I tear thee in pieces".

1.3. *krs* l. *k ks* 'as the covering': J. Gray 1965, 284 mit Anm. 1, ohne Übersetzung des Kolons, vgl. unten 2.3.

2. *krs*:

2.1. *krs* "Bauch, Inneres": J. Aistleitner, WUS Nr. 1386; id. 1959, 14, "Den Bauch schlitzend [5]würde ich dich durchbohren"; M. Dietrich / O. Loretz 1980, 406, "den Himmel mit Eingeweiden überzogen"; J. Sanmartín 1980, 439, "ich jedoch werde dich *im* Magen aufzehren".

---

[52] M. Krebernik 1991, 256, wendet dagegen ein, daß bei einer Basis *rpp* als tD die Form **ttrpp = titrappapū* zu erwarten wäre.

[53] Zur Kritik dieser Etymologie von *šmm* siehe F. Renfroe 1986, 73.

2.2. *krs* "sticky": B. Margalit 1980, 92, "be cohesive, sticky", ar. *karasa* (V) [54] - *ttrp šmm krs* "Convulse, (thou of the) sticky venom".

2.3. *krs* "to pound": J. Gray 1965, 30-31 Anm. 3, ar. *karasa* 'to pound' - *krs ipdk ank ispi* "I shall pound thee, consume thee, and eat thee".

3. *k r<k>s*: G.R. Driver, CML 1956, 103-104, "as the belt(!)" - "the heavens wilted (and) drooped (slack) as the belt(!) of thy robe"; F.M. Cross 1973, 118; J.C. de Moor, ARTU 1987, 69, "you were
70 | uncovered, the heaven came loose like the girdle of your cloak"; id. 1979, 641-642; id. 1997, 88; J.C. de Moor/K. Spronk, CARTU 1987, 31; DLU 224: (*krs*) lg. *k r<k>s*.

4. *rks* "to bind(?)", Metathesis von *krs*: D. Sivan 1997, 255.

k rs (weniger wahrscheinlich: {***k***}***rs***) — Da weder eine Lesung *krs*, noch der Vorschlag *k r<k>s* zu einem annehmbaren Ergebnis führen, schlagen wir vor, die *sciptio continua krs* in die Elemente *k* und *rs* aufzulösen. Dagegen dürfte es weniger wahrscheinlich sein, daß der Buchstabe *k* als Fehlschreibung für *r* anzusehen ist. In letzterem Fall läge ein gut bezeugter Schreibfehler vor, [55] der nachträglich nicht getilgt wurde.

k "fürwahr, wahrlich" — Hervorhebende Partikel; siehe oben 4.2.1. zu Z. 1 *k*.

Da ein paralleles *k* fehlt, liegt entgegen verbreiteter Übersetzungspraxis (W.F. Albright 1941a, 39-41; G.R. Driver, CML 1956, 103; F.M. Cross 1973, 119; A. Caquot/M. Sznycer, TO I 1974, 240; A. van Selms 1975, 482; G. Del Olmo Lete, MLC 1981, 213-214; J.C. de Moor, ARTU 1987, 69; M. Dietrich/O. Loretz 1997, 1174; D. Pardee 1997, 265) kein Vergleich vor.

rs "Tropfen, Spritzer" n.m., **rsym* Pl., *rs ipdk* — Vgl. he. *rsysym* (HAL 1164: **rsys* I Tautropfen; 1165: *rss* I besprengen; AHw. 996: *russû*); R. Hillmann 1965, 33, "tautrophend", vgl. he. *rsys* Hld 5,2; A. Caquot/M. Sznycer, TO I 1974, 240 Anm. h, "comme *une sueur* de ta robe"; C. Kloos 1986, 45.

Vgl. dagegen J.C. de Moor 1979, 642, *rs* "succulent meat", ar. *rašrāš* "(meat) dripping with gravy, akk. *russû* "to moisten", he. *rss*; D. Pardee 1997, 265 Anm. 212, *k rs ipdk* "like the folds (?) of your tunic".

ipd "Gewand, Kleid" — AHw. 222: *epattum* (*epādum*? he. *ēpōd,* syr. *pēdtā* Priestergewand); siehe ferner W.F. Albright 1941a, 39-41; id. 1968/1994, 201; G.R. Driver, CML 1956, 103; T.H. Gaster 1961/1975, 201-202; R. Hillmann 1965, 33 Anm. 7, "Ich schlage vor, unter *ipd* den Schurz zu verstehen, den Baal Zaphon auf seinen Abbildungen trägt."; F.M. Cross 1973, 119; A. Caquot/M. Sznycer, TO I 1974, 239-241; G. Del Olmo

---

[54] Zur Kritik dieser Etymologie siehe F. Renfroe 1986, 73.

[55] Siehe z.B. M. Dietrich/O. Loretz 1994, 48-49, Verwechslung von Buchstaben.

Lete, MLC 1981, 213-214; J.C. de Moor, ARTU 1987, 69; M. Dietrich/O. Loretz 1997, 1174; D. Pardee 1997, 265.

Vgl. dagegen die Deutung von *ipd* als Verbform, Nomen oder Wort in unsicherem Kontext:

1. Verbform:
1.1. *npd* "durchdringen": J. Aistleitner, WUS Nr. 1814, *šmm krs ipdk* (deinen) Buch schlitzend, würde ich dich durchbohren.
1.2. *npd* "aufzehren": J. Gray 1965, 31 Anm. 3, ar. *npd* ‘to consume’; J.C. de Moor 1979, 642, ar. *'anfada* "to spend, to consume", vgl. jedoch id., ARTU 1987, 70, "your cloak"; J. Sanmartín 1980, 439.
1.3. *pdd* G ‘crushed, crumbled’: E.A. Emerton 1978, *pdd* ‘to tear, to wear out’; J.C.L. Gibson, CML 1978, 68, 155, ar. *fatta*.
1.4. *pīd* ‘being swallowed’: A. van Selms 1975, 481.
2. Nomen:
2.1. *ipd* "(poisonous) prick", *iqtl*-Bildung von *npd*: B. Margalit 1980, 88, 93-94, ar. *nafad̲a* "pierce, bore". [56]
3. Unsicherer Kontext: DLU 43-44: *ipd* Vd. en ctx inc. *ipdk*, 1.5 I 5, 31.

71 | 4.2.3. Z. 5b-6a

ank ispi uṭm [6]*d̲rqm*	14 (3+11)
. . . *amtm*	x+4

Ich aber werde verzehren in doppelten Halbellen [6](Blut-)Besprengtes
. . . von doppelten Ellen!

Abgrenzung und Gliederung des Bikolons sind strittig. Ein beträchtlicher Teil der Interpreten geht von der Annahme aus, daß mit *ank ispi* (Z. 5b) eine neue poetische und syntaktische Einheit beginnt, die mit *amtm* (Z. 6a) endet. [57]

Da die vorangehende poetische Einheit mit *ipdk* endet und die folgende durch *l yrt* eingeleitet wird, ergibt sich die Notwendigkeit, Z. 5b-6a als eine selbständige kolometrische Einheit zu behandeln. Da die Zusammenfassung

---

[56] Zur Kritik dieser Etymologie siehe F. Renfroe 1986, 73.

[57] Siehe z.B. W.F. Albright 1941a, 39-41; G.R. Driver, CML 1956, 103; J. Aistleitner 1959, 14; A. van Selms 1975, 482; C.H. Gordon 1977, 104; J.A. Emerton 1978, 73, 77; J.C.L. Gibson, CML 1978, 68; G. Del Olmo Lete, MLC 1981, 213-214; M. Dietrich/O. Loretz 1997, 1174; D. Pardee 1997, 265; N. Wyatt 1998b, 115-116.

der fünf Wörter zu einem Monokolon zu einer Überlänge führt (18), [58] die nicht mit Anakrusis gerechtfertigt werden kann, liegt es nahe, bei diesem Abschnitt gleichfalls ein Bikolon anzusetzen, wobei sich jedoch neue Probleme ergeben.

Wenn man die fünf Wörter so verteilt, daß dem zweiten Kolon nur zwei Wörter zukommen, ergibt sich ein asymmetrisches Bikolon, das man letztlich mit zwei Doppelfunktionen — *ank ispi* und *ḏrqm* — zu belasten hat:

ank ispi uṭm 10
[6]*ḏrqm amtm* 8 [59]

Zu einem gleichfalls asymmetrischen Gebilde führt der Vorschlag, Z. 5b-6a folgendermaßen auf zwei Kola zu verteilen:

ank ispi 7
uṭm [6]*ḏrqm amtm* 11 [60]

Angesichts dieser unbefriedigenden Versuche faßt J.C. de Moor Z. 5b-6 zu einem gleichfalls asymmetrischen Bikolon zusammen. Er ist außerdem gezwungen, durch die Hinzunahme von *l yrt* die Balance des folgenden Bikolons zu stören:

ank ispi uṭm [6]*ḏrqm* 14
amtm l yrt 8 [61]

Während J.C. de Moor aus Z. 4-8 drei Bikola formt, stellt J. Sanmartín Z. 4a (*ṯṯkḥ ttrp šmm*) als letztes Glied eines Tetrakolons zu Z. 1-3 und gliedert Z. 4b-8 in ein Bikolon und in ein Trikolon, die er als eine syntaktische Einheit versteht:

krs [5]*ipdk ank* 10
ispi uṭm [6]*ḏrqm* 11

amtm l yrt 8
72 | [7]*b npš bn ilm mt* 11

[58] So z.B. C.H. Gordon 1977, 104; J.A. Emerton 1978, 73, 77; J.C.L. Gibson, CML 1978, 68; E. Verreet 1988, 182; M.S. Smith 1997, 141.

[59] W.F. Albright 1941a, 39-41; G. Del Olmo Lete, MLC 1981, 213-214; D. Pardee 1997, 265.

[60] N. Wyatt 1998b, 116.

[61] J.C. de Moor, ARTU 1987, 70.

bm h^{8}*mrt ydd il ġzr* 14 [62]

Diese Kolometrie bedingt nicht nur die sachlich und philologisch problematische Übersetzung von *krs ipdk ank* mit "ich jedoch werde dich *im Magen* aufzehren", sondern auch die Forderung eines asymmetrischen Trikolons.

Ausgehend von der plausiblen Annahme, daß die Maßbezeichnungen *uṭ* und *amt* das Wortpaar *uṭ*(*m*) ‖ *amt*(*m*) bilden und ein wesentliches Element der postulierten poetischen Einheit sind, liegt der Schluß nahe, daß zwischen *d̠rqm* und *amtm* mehrere Wörter ausgefallen sind. Folglich wurde oben vorgeschlagen, *amtm* als Rest des zweiten Kolons zu betrachten und die vorangehenden Wörter dem ersten Kolon zuzuordnen.

ank "ich" (d.h. Môt) — *ank* ist nicht dem vorangehenden *ipdk* zuzuordnen, sondern der Verbform *ispi* in betonender Funktion vorangestellt und leitet eine neue poetische Einheit ein.

Vgl. dagegen J. Aistleitner 1959, 14; A. van Selms 1975, 482; J.C.L. Gibson, CML 1978, 68; J. Sanmartín 1980, 439; E. Verreet 1988, 182; M. Dietrich/O. Loretz 1997, 1174; M.S. Smith 1997, 141; N. Wyatt 1998b, 115-116.

sp' "verzehren, auffressen", *ispi* G oder N PK 1.p.sg. — J. Aistleitner, WUS Nr. 1943; J. Tropper 1990b, 389.

uṭ "Halbelle", *uṭm* du.? — AHw. 1447: *ūṭu* "Spanne, Halbelle"; M. Dietrich/O. Loretz 1980, 407; DLU 59-60: *uṭ*.

Vgl. dagegen folgende Übersetzungen: [63]

1. *uṭm* "Bissen": J. Aistleitner, WUS Nr. 158, ar. *'aṭama* beißen; [64] D. Sivan 1997, 255, "bites(?)" oder "demons(?)".
2. *uṭm* "groans": B. Margalit 1980, 94, ar. *'aṭṭa* "moan"; [65] D. Pardee 1997, 265.
3. *uṭm* Adv. "cleft": J. Gray 1965, 31 Anm. 3, ar. *'ṭ* 'to split'.
4. *uṭm* "flanks": A. van Selms 1975, 482, jaram. *'aṭmā* 'flank, thigh'; E.A. Emerton 1978, 75; M.S. Smith 1997, 141.
5. *uṭm* "funeral meats": G.R. Driver, CML 1956, 134 Anm. 13, ar. *waṭmu* 'funeral meat'.
6. *uṭm* "demons(?): D. Sivan 1997, 255, he. *'ṭym* (Jes 19,3) oder "bites(?)"; vgl. dagegen H.R. Cohen 1978, 74 Anm. 150, der folgendes bemerkt: "... Ugaritic *uṭm* must be considered completely obscure in its present context, and no connection with Hebrew *'ṭym* can be

---

[62] J. Sanmartín 1980, 438-439.

[63] Siehe ferner G. Del Olmo Lete 1984, 159 Anm. 383.

[64] Vgl. dagegen F. Renfroe 1992, 85.

[65] Vgl. F. Renfroe 1986, 73.

assumed."
7. *uṭ* "sealed pot": W.G.E. Watson 1995, 222-223, argumentiert folgendermaßen: "Renfroe shows that Arab. *'aṭṭa* means basically 'to enclose' and with reference to meat may denote cooking in a sealed pot."
8. *uṭm* "a stew": J.C. de Moor 1979, 642, *uṭm* = ar. *'aṭīm* "a stew of meat and fat" (Blachère I 148); [66] vgl. id., ARTU 1987, 70, *uṭm ḏrqm* "red lumps of two spans.

73 | ***ḏrq*** (sem. außer äth. *z/ḏrq*) "(mit Blut) besprengt"(?) Adj., Pl. *ḏrqm* — AHw. 1515: *zarāqu* I "(be)sprengen, streuen"; HAL 272: *zrq* I qal 2. sprengen: a) Blut an d. Altar, pu. gesprengt werden; 537: *mzrq* metallene Sprengschale. [67]

Vgl. dagegen folgende andere Vorschläge: [68]

1. *ḏrqm* "dripping lumps": J.C. de Moor 1979, 642.
2. *ḏrq* "Fragment, Stück": DLU 141, *ḏrqm amtm* (te me comeré) los trozos a codos.
3. *ḏrqm* "Leibesinneres": M. Dietrich/O. Loretz 1980, 407, akk. *sarql-katu* "Labmagen (*abomasum*) und Zwölffingerdarm (AHw. 1030); M.S. Smith 1997, 141, "innards"; DLU 36: *amt* II b) *ḏrqm amtm* las entranas codo por codo.
4. *ḏrqm* "diarrhea": B. Margalit 1980, 88, 94-95, ar. *ḏaraqa* "drop excrement". [69]
5. *ḏrqm* "forspent" adv.: J. Gray 1965, 31 Anm. 3, ar. *saraqa* 'to be enervated'.
6. *ḏrq* 'blood-red, raw': G.R. Driver, CML 1956, 149 Anm. 12, he. *śrwq* 'sorrel', ar. *šariqa* 'was blood-red'; J. Aistleitner, WUS Nr. 2724: *ḏrq* frischblutend, roh (Fleisch), *ank ispi uṭm ḏrqm* (fressen würde ich frischblutende Bissen), he. *zārag,* aram. *deraq,* akk. *zarāqu* streuen, sprengen; ar. *z/ḏaraqa* werfen; E.A. Emerton 1978, 75 mit Anm. 4; J.C. de Moor, ARTU 1987, 70, *uṭm ḏrqm* "red lumps of two spans".
7. *ḏrq* 'foot': A. van Selms 1975, 482, Nebenform zu *drq*?
8. *ḏrq* "gekocht", akk. *šarāqu* C "to cook meat": W.G.E. Watson 1995, 223, "... *ḏrq* may have a cognate in Akk. *šarāqu* C, 'to cook meat' (CAD Š/2 57b; not in AHw)."

---

[66] Vgl. dagegen F. Renfroe 1992, 85.

[67] M.S. Smith I 1994, 117, 128, schlägt zurückhaltend vor, in KTU 1.1 V 13 folgendermaßen zu lesen: "[. . . *ḏ*(?)]*rq.gb* [...red st]uff (?), back..." Er gesteht jedoch ein, daß es sich um eine höchst fragliche Rekonstruktion handelt.

[68] Siehe ferner G. Del Olmo Lete 1984, 158-159.

[69] Vgl. dagegen F. Renfroe 1986, 74.

amt "Elle", *amtm* du. — AHw. 44: *ammatu* I "Elle"; CAD A/2 70-75; HAL 57-58: *’mmh* I "Unterarm, Elle, Spanne"; J. Aistleitner, WUS Nr. 272: *amt* II, *uṭm ḏrqm amtm* (frischblutende Bissen, zwei Ellen lang); M. Dietrich/O. Loretz 1980, 407; DLU 36: *amt* II b) *ḏrqm amtm* las entranas codo por codo.

Vgl. dagegen folgende anderen Interpretationen:

1. *m(w)t* "sterben", *amt+m*: K. Aartun, PU I 1974, 57, *amtm* "ich werde sterben"; C.H. Gordon 1977, 104; B. Margalit 1980, 88; D. Pardee 1997, 265 Anm. 213; D. Sivan 1997, 255, *amtm* "I will die".
2. *m(w)t* H/A-Stamm oder *amt<t>* kausativer L-Stamm "I will kill thee": J.A. Emerton 1972, 69-70. [70]
3. *amt* "forearm": A. van Selms 1975, 482; E.A. Emerton 1978, 75; J.A. Emerton 1978, 75; J.C.L. Gibson, CML 1978, 68, ‘forearms’; M.S. Smith 1997, 141.
4. *amtm* adv.: J. Gray 1965, 31 Anm. 3, *amtm* ‘exhausted’, ar. *’amata*;

4.2.4. Z. 6b-8

l yrt [7]*b npš bn ilm mt* 15
b mh[8]*mrt ydd il ġzr* 14

Wahrlich Du steigst hinab in den Schlund des El-Sohnes Môt,
in das Wasserloch des El-Geliebten, des Helden!"

Das letzte Bikolon in der Rede Môts enthält die drei Parallelismen:

74 *b* ‖ *b*
npš ‖ *mhmrt*
bn ilm mt ‖ *ydd il ġzr*

Der Gliederung von Z. 6b-8 in ein Bikolon stimmt die Mehrzahl der Interpreten zu (W.F. Albright 1941, 39-41; G.R. Driver, CML 1956, 103; J. Aistleitner 1959, 14; T.H. Gaster 1961/1975, 201-202; A. Caquot/M. Sznycer, TO I 1974, 239-241; A. van Selms 1975, 482; C.H. Gordon 1977, 104; J.C.L. Gibson, CML 1978, 68; B. Margalit 1980, 88; G. Del Olmo Lete, MLC 1981, 213-214; M. Dietrich/O. Loretz 1997, 265; M.S. Smith 1997, 141; N. Wyatt 1998, 115-116). Nur vereinzelt wird der Anfang des Bikolons (*l yrt*) an das vorangehende *amtm* angeschlossen (J. Sanmartín 1980, 439; J.C. de Moor, ARTU 1987, 70) oder werden gar Z. 7-8 mit 9a verbunden

[70] Zur Kritik siehe J. Tropper 1990a, 147-148; J.A. Emerton 1978, 75, gibt die frühere Deutung von *amtm* auf und übersetzt jetzt *amtm* im Anschluß an A. van Selms mit "forearms".

(H.L. Ginsberg 1969, 138).

l "wahrlich", Bekräftigungspartikel — Vgl. dagegen K. Aartun II 1978, 19, *l* Wunschpartikel; E. Verreet 1988, 119, *l* = *lū*.

yrd "hinabsteigen", *yrt* G SK 2.p.m.sg. — AHw. 1462-1463: (*w*)*arādum* (sem. *w*/*yrd*) "hinab-, herabsteigen, hinuntergehen"; HAL 415-416: *yrd*.

Die Perfektform *yrt*, die oft als Futur, Wunsch (M.S. Smith I 1994, 52, Optativ) oder Präsens übersetzt wird, dürfte als Koinzidenfall (vgl. W. Mayer 1976, 187-191; C.H. Gordon, UT Nr. 13.26, Instantaneous Present) zu verstehen sein. Vgl. dagegen E. Verreet 1988, 119, Perfectum precativum: *l yrt* "Möchtest du hinabsteigen".

b ‖ ***b*(*m*)** "in" — *b* der Lokalisation

npš "Kehle, Gurgel, Schlund" — AHw. 738: *napištu* (sem. *napś*) "Kehle, Leben"; HAL 672-674: *npš* Kehle, Hals, Atem, *npš ḥyh* lebendes Wesen, Mensch(en), Seele.

Zur Diskussion, ob *npš* an dieser Stelle mit "Grab" (H.L. Ginsberg 1969, 138, "*From* the *tomb*; M. Held) zu übersetzen ist, siehe M.H. Pope 1994, 146-150.

mhmrt "(Wasser-)Grube/Loch" — *hmry* (KTU 1.4 VIII 12); HAL 524: **mhmr*, *mhmrwt* Regenlöcher Ps 140,11; M.H. Pope 1994, 142, 148.

Es ist nicht auszuschließen, daß *bm hmrt* zu lesen ist. Hierfür könnte *hmry* (KTU 1.4 VIII 12) sprechen, siehe *brkt*/*brky* (KTU 1.5 I 16; 1.133:6); O. Loretz 1979, 448-451.

Dem Wortpaar *npš* ‖ *mhmrt* entpricht sonst *npš* ‖ *gngn* (KTU 1.4 VII 47-49), in dem *npš* und *gngn* [71] (F. Renfroe 1992, 105) als Synonyma gebraucht werden. Dagegen wird im Parallelismus *npš* ‖ *mhmrt* sowohl der Ausgangspunkt als auch der Endpunkt der Bewegung umschrieben.

bn il+m mt "El-Sohn Môt" — Vgl. M.H. Pope 1994, 148, "divine Mot".

ydd il ġzr "Geliebter Els, des Helden".

ydd "Geliebter" — HAL 373: *ydyd* "Liebling"; AHw. 571: *madādu* II (wsem. *wdd*) "lieben", *namaddu* II; *mūdādu*.

ġzr "Held, Krieger" — DLU 161: *ġzr*; HAL 767: *'zr* II Held, Krieger; CDG 81: *'azara*.

[71] Zur Diskussion über die Etymologie von *gngn* siehe u.a. J. Hoftijzer 1972, 157 Anm. 17; F. Renfroe 1992, 105.

75 | 5. Sind *Ltn* und *Šlyṭ* Meerschlangen?

In den obigen Ausführungen wird die allgemein akzeptierte Anschauung [72] vorausgesetzt, daß sich sowohl *Ltn* als auch *Šlyṭ* im Meer aufhalten und Gehilfen des Yammu "Meeres" in dessen Kampf gegen den Wettergott Baal sind. [73] Das maritime Verständnis der beiden Monster kann sich nicht nur auf die biblische Tradition berufen, derzufolge sowohl Leviathan (Jes 27,1; Ps 74,13-14; 104,26; Hi 3,8; [74] 26,12-13), als auch der siebenköpfige Drache (Apk 13,1) im Meer hausen. Dies wird nun durch die ugaritischen Texte bestätigt, wie vor allem auch KTU 1.3 III 38b-42 zeigt: Innerhalb der Aufzählung der Gegner Baals folgen hier die gewundene Schlange (= *Ltn*) und *Šlyṭ* auf *Ym* "Meer", *Nhr* "Fluß" und den Meeresbewohner *Tnn* "Tunannu". [75]

Somit ist auch von den beiden in KTU 1.5 I 1-5a behandelten Monstern anzunehmen, daß sie im Meer ihre Heimstätte haben: Die Rede Môts setzt unmißverständlich voraus, daß *Ltn* sich im Meer bewegt und der siebenköpfige *Šylṭ* im Meer sein Versteck hat, wo ihn Baal aufgetan und geschlagen hat. [76]

Die Vorstellung, daß es sich bei *Ltn* und *Šlyṭ* um Meeresschlangen handelt, findet ferner eine Bestätigung durch KTU 1.83: Wenn dort nämlich Yammu als drachenartiges Wesen mit gespaltener Zunge und einem Fischschwanz beschrieben wird, [77] dann wäre es erstaunlich, wären seine Helfer ihm nicht ähnlich. [78]

6. Ausblick

Wie einleitend ausgeführt, gehören noch KTU 1.3 III 41-42 und die Aussagen über die Tiamat im Māri-Text A. 1968 in den Kontext von KTU 1.5 I 1-8. Es ist also die Aufgabe eines nächsten Arbeitsschritts, den Fragen nachzugehen, die sich aus der Einbindung dieser Texte in die Ergebnisse

---

[72] Siehe z.B. J. Day 1985, 1-18; C. Uehlinger 1999, 511.

[73] S.E. Loewenstamm 1980a, 353, lehnt die These von A.S. Kapelrud, daß Yammu und Leviathan identisch seien, wohl zu Recht ab; siehe ferner W.G. Lambert 1985, 444.

[74] M.H. Pope 1973, 30.

[75] G.C. Heider 1999, 834-836.

[76] Siehe oben Abschnitt 2.4.1. - 2.4.2. zu Z. 1-5a.

[77] S.E. Loewenstamm 1980a, 356-358; id. 1980b, 468-469; J.C. de Moor, ARTU 1987, 181-182.

[78] Zur Gleichsetzung von Meer und Schlange in der mesopotamischen Tradition siehe M. Bauks 1997, 253 Anm. 750, zu *tam-tu-um-ma ṣi-ru* "Tiamat was the dragon".

über Drachen und Meeresungeheuer ergeben, die auch KTU 1.5 I 1-8 gewonnen werden konnten.

Die oben unterbreitete Deutung von KTU 1.5 I 1-8 dürfte genügend verdeutlichen, daß erst nach einer sorgfältigen Berücksichtigung aller westsemitischen und mesopotamischen Traditionen über den Kampf gegen das Meer (Yammu, Tiamat) und die Meerschlangen es gelingen wird, für die vielen noch offenen Fragen über die Verwandtschaft zwischen den entsprechenden Vorstellungen im Alten Testament, in Ugarit und in Mesopotamien eine Antwort zu finden. In diesem Komplex kommt die Stelle KTU 1.5 I 1-8 zweifelsohne eine Schlüsselstellung zu.

76 **Literatur**

Aartun, K., 1967/68: Beiträge zum ugaritischen Lexikon. WO 4, 278-299.

- -, 1974/78: Die Partikeln des Ugaritischen I-II, AOAT 21/1-2, Neukirchen-Vluyn.

Aistleitner, J., 1959: Die mythologischen und kultischen Texte aus Ras Schamra. BOH 8.

Albright, W.F., 1941a: Are the Ephod and the Teraphim Mentioned in Ugaritic Literature?, BASOR 83, 39-42.

- -, 1941b: Anath and the Dragon, BASOR 84, 14-17.

- -, 1968/1994: Yahweh and the Gods of Canaan. Reprinted by Eisenbrauns, Winona Lake, Indiana 1994, London 1968.

Alster, B., 1999: TIAMAT *thwm*, in: DDD, 867-869.

Anderson, B.W., 1994: The Slaying of the Fleeing, Twisting-Serpent: Isaiah 27:1 in Context, in: L.M. Hopfe, ed., Uncovering Ancient Stones, Winona Lake, 3-15.

Avishur, Y., 1984: Stylistic Studies of Word-Pairs in Biblical and Ancient Semitic Literatures. AOAT 210.

- -, 1994: Studies in Hebrew and Ugaritic Psalms, Jerusalem 1994.

Bauks, M., 1997: Die Welt am Anfang. Zum Verhältnis von Vorwelt und Weltentstehung in Gen 1 und in der altorientalischen Literatur. WMANT 74.

Binger, T., 1992: Fighting the Dragon. Another Look at the Theme in the Ugaritic Texts, SJOT 6, 139-149.

Bisi, A.M., 1964/65: L'idra. Antecedenti figurativi orientali di un mito greco, CByrsa 10, 21-42.

Bordreuil, P./D. Pardee, 1993: Le combat de *Ba'lu* avec *Yammu* d'après les textes ougaritiques, MARI 7, 63-70.

Bredekamp, H., 1999: "Thomas Hobbes". Visuelle Strategien, Berlin.

Caquot, A., 1992: Le Léviathan de Job 40,25 - 41,26, RB 99, 40-69.

Caquot, A./M. Sznycer, 1974: Textes ougaritiques. Tome I Mythes et légendes, Paris. (= TO I).

Cassuto, U., 1971: The Goddess Anath, Jerusalem. (First published in Hebrew, Jerusalem 1951).

Cohen, H.R. (Ch.), 1978: Biblical Hapax Legomena in the Light of Akkadian and Ugaritic. SBLSD 37.

Collon, D., 1986: Rez. von L. Gorelick/E. Williams-Forte, ed., Ancient Seals and the Bible, Malibu 1983, AfO 33, 99-100.

Cooper, A., 1981: Divine Names and Epithets in the Ugaritic Texts, in: RSP III, 333-500.

Cross, F.M., 1973: Canaanite Myth and Hebrew Epic, Cambridge Mass.

Dahood, M., 1969: Ugaritic-Hebrew Syntax and Style, UF 1, 15-36.

- -, 1972: Ugaritic-Hebrew Parallel Pairs, in: RSP I, 71-382.

Day, J., 1985: God's conflict with the dragon and the sea. Echoes of a Canaanite myth in the Old Testament. UCOP 35.

- -, 1992a: Dragon and Sea, God's Conflict with, ABD 2, 228-231.

- -, 1992b: Leviathan, ABD 4, 295-296.

Del Olmo Lete, G., 1978: Notes on Ugaritic Semantics IV. 5) *ḏrq*, 'scatter'; *uṭ*, 'dislocation, smashing' (CTA 5:I.6), UF 10, 44-45.

- -, 1981: Mitos y Leyendas de Canaan según la tradición de Ugarit, Madrid. (= MLC).

- -, 1984: Interpretación de la mitología cananea. Estudios de semántica ugarítica. FCiBi 2.

77 *Dick, M.B.*, 1979: Job xxvii 4: A New Translation, VT 29, 216-222.

Dietrich, M./O. Loretz, 1980: Der Tod Baals als Rache Mots für die Vernichtung Leviathans in KTU 1.5 I 1-8, UF 12, 404-407.

- -, 1982: *šb*, *šbm* und *udn* im Kontext von KTU 1.3 III 35b - IV 4 und KTU 1.83:8, UF 14, 77-81.

- -, 1994: Rasuren und Schreibfehler in den keilalphabetischen Texten aus Ugarit. Anmerkungen zur Neuauflage von KTU, UF 26, 23-61.

- -, 1996: Analytic Ugaritic Bibliography 1972 - 1988. AOAT 20/6.

- -, 1997: Mythen und Epen IV. TUAT III/6.

Donner, H., 1967: Ugaritismen in der Psalmenforschung, ZAW 79, 322-350.

Driver, G.R., 1956: Canaanite Myths and Legends, Edinburgh. (= CML).

Duhm, B., ^{4}1922: Das Buch Jesaja, Göttingen.

Durand, J.-M., 1993: MARI 7, Le mythologème du combat entre le dieu de l'orage et la mer en Mésopotamie, 41-61.

Dussaud, R., ^{2}1941: Les découvertes de Ras Shamra (Ugarit) et l'Ancien Testament, Paris.

Ebach, J., 1984: Leviathan und Behemoth. Philosophische Positionen 2, Paderborn.

Eitan, I., 1928: An Identification of *tiškaḥ yĕmīnī*, Ps. 137^{5}, JBL 47, 193-195.

Elliger, K., 1978: Deuterojesaja. 1. Teilband Jesaja 40,1-45,7. BK XI/1.

Emerton, J.A., 1972: A difficult part of Mot's message to Baal in the Ugaritic texts (CTA 5. i. 4-6), AJBA 2/1, 50-71.

- -, 1978: A Further Note on CTA 5 I 4-6, UF 10, 73-77.

- -, 1982: Leviathan and *LTN*: The Vocalization of the Ugaritic Word for the Dragon, VT 32, 327-331.

Fenton, T., 1996: Baal au foudre: of snakes and mountains, myth and message, in: N. Wyatt/-W.G.E. Watson/J.B. Lloyd, ed., Ugarit, religion and culture. Essays presented in honour of Professor John C.L. Gibson. UBL 12, 49-64.

Fishbane, M., 1997: Rabbinic Mythmaking and Tradition: The Great Dragon Drama in b. Baba Batra 74b-75a, in: M. Cogan/B.L. Eichler/J.H. Tigay, ed., Tehillah le-Moshe. Biblical and Judaic Studies in Honor of Moshe Greenberg, Winona Lake, Indiana, 273-283.

Fuchs, G., 1993: Mythos und Hiobdichtung. Aufnahme und Umdeutung altorientalischer Vorstellungen, Stuttgart/Berlin/Köln.

Gaster, T.H., 1944: Folklore Motifs in Canaanite Myth, JRAS 1944, 30-51.

- -, 1961/1975: Thespis. Reprint of the 1961 ed. published by Anchor Books, New York 1975.

Gibson, J.C.L., 1978: Canaanite Myths and Legends, Edinburgh. (= CML).

Ginsberg, H.L., 1936: The Rebellion and Death of Ba'lu, Or 5, 161-198.

- -, 1941: Did Anath Fight the Dragon?, BASOR 84, 12-14.

- -, ^{3}1969: Ugaritic Myths, Epic, and Legends, in: ANET, 129-155.

Goetze, A., 1941: The Nikkal Poem from Ras Shamra, JBL 60, 353-374.

Graf, F., 1998: Hydra, DNP 5, 773-774.

Gray, J., ^{2}1965: The Legacy of Canaan. SVT 5.

Gordon, C.H., 1977: Poetic Legends and Myths from Ugarit, Ber. 25, 5-133.
Healey, J.F., 1988: Ugaritic Lexicography and other Semitic Languages, UF 20, 61-68.
Heidel, A., [2]1951: The Babylonian Genesis, Chicago.
Heider, G.C., 1999: TANNIN *tnyn*, in: DDD, 834-836.
Held, M., 1959: *mḫṣ/mḫš* in Ugaritic and other Semitic languages (A study in comparative lexicography), JAOS 79, 169-176.
- -, 1973: Pits and Pitfalls in Akkadian and Biblical Hebrew, JANES 5, 173-190.
78 *Herr, B.*, 1995: Die Vorgeschichte des Baal-Mythos. Ein Vorschlag zu KTU 1.1-1.6, UF 27, 41-58.
Hillmann, R., 1965: Wasser und Berg. Kosmische Verbindungslinien zwischen dem kanaanäischen Wettergott und Jahwe, Dissertation Halle (Saale).
Hoftijzer, J., 1972: Two Notes on the Ba'al Cyclus, UF 4, 155-158.
- -, 1979: Une lettre du roi de Tyr, UF 11, 383-388.
Jacobsen, T., 1968: The Battle between Marduk and Tiamat, JAOS 88, 104-108.
Jeremias, A., [4]1930: Das Alte Testament im Lichte des Alten Orients, Leipzig.
Kaiser, O., [2]1962: Die mythische Bedeutung des Meeres in Ägypten, Ugarit und Israel. BZAW 78.
Keel, O., 1992: Das Recht der Bilder, gesehen zu werden. OBO 122.
Klatt, W., 1969: Hermann Gunkel. Zu seiner Theologie der Religionsgeschichte und zur Entstehung der formgeschichtlichen Methode. FRLANT 100.
Kloos, C., 1986: Yhwh's Combat with the Sea. A Canaanite Tradition in the Religion of Ancient Israel, Leiden.
Krašovec, J., 1977: Der Merismus im Biblisch-Hebräischen und Nordwestsemitischen. BibOr 33.
Krebernik, M., 1991: Gt- und tD-Stämme im Ugaritischen, in: W. Groß/H. Irsigler/T. Seidl, eds., Text, Methode und Grammatik. Wolfgang Richter zum 65. Geburtstag, St. Ottilien, 226-270.
Lambert, W.G., 1985: Trees, snakes and gods in ancient Syria and Anatolia, BSOAS 48, 435-451.
- -, 1986: Ninurta Mythology in the Babylonian Epic of Creation, in: K. Hecker/W. Sommerfeld, eds., Keilschriftliche Literaturen. BBVO 6, 55-60.
Landsberger, B., 1949-1952: Assyriologische Notizen. WO 1, 362-376.
Lemaire, A., 1985: La Bible et le Monde nord-ouest sémitique, MARI 4, 549-558.
- -, 1996: Les textes prophétiques de Mari dans leur relations avec l'Ouest, Amurru 1, 427-438.
Lewis, T.J., 1996: *DT* 13.33-34 and Ezekiel 32: lion-dragon myths, JAOS 116, 28-47.
Lipiński, E., 1984: *lwytn*, ThWAT 4, 521-527.
Loewenstamm, S.E., 1980a: The Ugaritic Myth of the Sea and its Biblical Counterparts, in: id., Comparative Studies in Biblical and Ancient Oriental Literatures. AOAT 204, 346-361.
- -, 1980b: Anat's Victory over the Tunnanu, in: id., Comparative Studies in Biblical and Ancient Oriental Literatures. AOAT 204, 465-470.
Løkkegaard, F., 1982: Some Reflexions on Reading F.O. Hvidberg-Hansen's Book La déesse Tnt, une étude sur la religion canaanéo-punique, I-II, Copenhague 1979, UF 14, 129-140.
Loretz, O., 1979: Die Psalmen Teil II. AOAT 207/2.
Malamat, A., 1994: Das Heilige Meer, in: I. Kottsieper u.a., ed., "Wer ist wie du, Herr, unter den Göttern?" Studien zur Theologie und Religionsgeschichte Israels für Otto Kaiser zum 70. Geburtstag, Göttingen, 65-74.
- -, 1998a: Mari and the Bible. SHCANE 12.1998
- -, 1998b: Mari and its Relations with the Eastern Mediterranean, in: M. Lubetski/C. Gottlieb/Sh. Keller, eds., Boundaries of the Ancient Near Eastern World. A Tribute to Cyrus

H. Gordon. JSOTSup 273, 411-418.

Margalit, B., 1980: A Matter of >Life< and >Death<. A Study of the Baal-Mot Epic (CTA 4-5-6). AOAT 206.

Massyngberde Ford, J., 1975: Revelation. AnB 38.

Maul, S.M., 1991: "Wenn der Held (zum Kampfe) auszieht...". Ein Ninurta-Eršemma, Or. 60, 312-334.

Mayer, Werner, 1976: Untersuchungen zur Formensprache der babylonischen "Gebetsbeschwörungen". Studia Pohl, Series Maior 5.

Moor, J.C. de, 1964: Ugaritic *ṯkḥ* and South Arabian *mṯkḥ*, VT 14, 371-372.

- -, 1979: Contribution to the Ugaritic Lexicon. *The Speech of Môt in KTU 1.5 I*, UF 11, 640-642.

79 | - -, 1987: An Anthology of Religious Texts from Ugarit, Leiden. (= ARTU).

- -, ^{2}1997: The Rise of Yahwism. The Roots of Israelite Monotheism. BEThL 91.

Moran, W.L., 1993: An Ancient Prophetic Oracle, in: G. Braulik/W.Groß/S. McEvenue, eds., Biblische Theologie und gesellschaftlicher Wandel. Für Norbert Lohfink SJ, Freiburg, 252-259.

Neu, E., 1974: Der Anitta-Text. StBoT 18.

Pardee, D., 1984: Will the Dragon never be Muzzeld, UF 16, 251-255.

- -, 1997: The Ba'lu Myth, in: COS I, 241-274.

Podella, T., 1993: Der "Chaoskampfmythos" im Alten Testament. Eine Problemanzeige, in: M. Dietrich/O. Loretz, eds., Mesopotamica - Ugaritica - Biblica. Festschrift für Kurt Bergerhof. AOAT 232, 283-329.

Pope, M.H., 1966: Review of J. Gray, The Legacy of Canaan, JSS 11, 228-341.

- -, ^{3}1973: Job. AncB 15.

- -, 1994: Probative Pontificating in Ugaritic and Biblical Literature. Collected Essays. Edited by M.S. Smith. UBL 10.

Procksch, O., 1930: Jesaia I, KAT IX.

Rabe, N., 1995: Des Beters vergessende rechte Hand. Zur Textkritik und Übersetzung von Ps 137,5, UF 27, 429-453.

Renfroe, F., 1986: Methodological Considerations Regarding the Use of Arabic in Ugaritic Philology, UF 18, 33-74.

- -, 1988: Lexikalische Kleinigkeiten, UF 20, 221-232.

- -, 1992: Arabic-Ugaritic Lexical Studies. ALASP 5.

Ringgren, H., 1981: Yahvé et Rahab-Léviatan, in: A. Caquot/M. Delcor, eds., Mélanges bibliques et orientaux en l'honneur de M. Henri Cazelle. AOAT 212, 387-393.

Roberts, J.J.M., 1975: *Niškḥtî . . . millēb*, Ps. XXXI 13, VT 25, 797-801.

Sanmartín, J., 1980: Lexikographisches zu Mt's Spruch KTU 1.5 I 1ff, UF 12, 438-439.

Schmidt, W.H., ^{2}1966: Königtum Gottes in Ugarit und Israel. Zur Herkunft der Königsprädit-kaiton Jahwes. BZAW 80.

Schoors, A., 1972: Literary Phrases, in: RSP I, 1-70.

Sellin, E., 1937: Zu Efod und Terafim, ZAW 55, 296-298.

Sivan, D., 1997: A Grammar of the Ugaritic Language. HdO I,28. (S. 254-255: KTU 1.5 I 1-16).

Smith, M.S., 1990: The Early History of God. Yahweh and the Other Deities in Ancient Israel, San Francisco etc.

- -, 1994: The Ugaritic Baal Cycle I. VT.S 55.

- -, 1997: The Baal Cycle, S.B. Parker, ed., Ugaritic Narrative Poetry. Writings from the Ancient World. Society of Biblical Literature vol. 9. Scholars Press, 81-180.

Tropper, J., 1990a: Der ugaritische Kausativstamm und die Kausativbildungen des Semitischen. AlASP 2.

- -, 1990b: Die ugaritischen Verben *tertiae* ' und ihre Modi, UF 22, 383-396.

Tsumura, D.T., 1989: The Earth and the Waters in Genesis 1 and 2. A Linguistic Investigation. JSOTSup 83.

Udd, 1983: VT 33, 509-510.

Uehlinger, C., 1990: Leviathan und die Schiffe in Ps 104,25-265, Bib. 71, 499-526.

- -, 1995: Drachen und Drachenkämpfe im alten Vorderen Orient und in der Bibel, in: B. Schmelz/R. Vossen, Auf Drachenspuren, Bonn, 55-101.

- -, 1999: Leviathan *lwytn*, DDD, 511-515.

80 | *van Selms, A.*, 1975: A Systematic Approach to CTA 5,I,1-8, UF 7, 477-482.

Verreet, E., 1988: Modi ugaritici. OLA 27.

Virolleaud, Ch., 1934: La mort de Baal, Poème de Ras-Shamra (I* AB), Syr. 15, 305-336.

Wakeman, M.K., 1973: God's Battle with the Monster, Leiden.

Watson, W.G.E., 1995: Ugaritic Lexical Studies in Perspective, SEL 12, 217-228.

Westenholz, A., 1974/77: Old Akkadian School Texts, AfO 25, 95-110.

Whitaker, R.E., 1981: Supplement. Additions to Schoors, "Literary Phrases", RSP I; Chapter 1, in: RSP III, 216-219.

Wiggerman, F.A.M., 1989: Tišpak, his seal, and the dragon *mušḫuššu*, in: O. Haex et al., eds., To the Euphrates and beyond: Archaeological Studies in Honor of Maurits van Loon, Rotterdam, 117-133.

Wildberger, H., 1978: Jesaja. 2. Teilband Jesaja 13-27. BK X/2,

Williams-Forte, E., 1983: The Snake and the Tree in the Iconography and Texts of Syria during the Bronze Age, in: L. Gorelick/E. Williams-Forte, ed., Ancient Seals and the Bible. Occasinal Papers on the Near East 2/1. Malibu, CA, 18-43.

Wyatt, N., 1996: Myths of Power. A study of royal myth and ideology in Ugaritic and biblical tradition. UBL 13.

- -, 1998a: Arms and the King. The earliest allusions to the *Chaoskampf* motif and their implications for the interpretation of the Ugaritic and biblical traditions, in: M. Dietrich/I. Kottsieper, eds., "Und Mose schrieb dieses Lied auf". Studien zum Alten Testament und zum Alten Orient. Festschrift für Oswald Loretz. AOAT 250, 833-882.

- -, 1998b: Religious Texts from Ugarit. BiS 53.

Hunde im *ap* des königlichen 'Mausoleums' nach dem ugaritischen Keret-Epos *

Emil Forrer war durch familiäre Bande und seine wissenschaftlichen Interessen von Anfang an engstens mit den Ausgrabungen in Ras Schamra/Ugarit verbunden. Er hat seinen Namen durch die Identifikation von Ras Schamra mit der antiken Hafenstadt "Ugarit" bereits 1930 in die Annalen der Forschungsgeschichte dieser Stadt eingeschrieben. [1]

Mit den folgenden Anmerkungen zur Verbindung des ugaritischen Wortes *ap* mit hurritisch/hethitisch *ab/pi* tragen wir gern zum Gedenken an den Hethitologen bei.

Bei Ausgrabungen in Tell Mozan/Urkeš, Syrien, hat die Ausgräberin M. Kelly-Buccellati am Königspalast eine mit Steinen gemauerte Anlage einer "Grube", eines "Ganges in die Unterwelt" gefunden. Die Entdeckung ermöglicht und verlangt kritische Überlegungen zur bisherigen Diskussion über das hurritisch-hethitische Wort *ab/pi* [2] als Bezeichnung für eine solche Grube, wie die Ausgräberin zu Recht annimmt, [3] und führt zur Frage, ob das Wort *ab/pi* nicht nur im Hurritischen, [4] Hethitischen, [5] Akkadischen [6] und Hebräischen, [7] sondern auch im Ugaritischen (KTU 1.16 I 3, 17, II 39) belegt ist.

Das Problem, ob das syllabisch-keilschriftliche *abi/apu* auch in den Alphabettexten von Ugarit nachweisbar ist, stellt sich vor allem deshalb, weil

---

* *Aus:* D. Groddek, S. Rößle (Hg.), *Šarnikzel.* Hethitologische Studien zum Gedenken an Emil Orgetorix FORRER (19.02.1894-10.01.1986). DBH 10 (2004), S. 253-262.

1 C.F.A. Schaeffer 1932, 24; O. Loretz 1990, 4.

2 M. Kelly-Buccellati 2002, 136 mit Anm. 8, *ābi.*

3 M. Kelly-Buccellati 2002, 131-148.

4 E. Laroche, GLH 34-35; *abi* "trou, fosse".

5 J. Tischler, HEG I, 47: *api-* "Loch im Boden; Opfergrube"; C. Rabin 1963, 115-116.

6 CAD A/2, 201: *apu* B.

7 Zu he. *ʾwb* (*ʾôb*) und dessen Rückführung auf *abi/apu* siehe u.a. M. Vieyra 1961, 47-55; C. Rabin 1963, 115-116; H.A. Hoffner 1967, 385-401; J. Ebach/U. Rüterswörden 1977, 57-70; id. 1980, 205-220; siehe ferner Ges.[18] 22: *ʾwb* "Bez. f.e. Beschwörungsmittel, das vorwiegend zur Wahrsagerei benutzt wird, Opfergrube, Grube".

diesbezügliche Überlegungen bereits vorliegen. Denn innerhalb der Ugaritistik und alttestamentlichen Wissenschaft fand eine intensive Diskussion darüber statt, ob he. *ʾôb*, das entweder mit "Totengeist" oder "Nekromantiegrube" übersetzt wird, etymologisch mit den ugaritischen Wörtern *a/ib*
254 | "Vater", **ib* "Grube" oder **ub* "revenant" in Zusammenhang gebracht werden kann. Verwirrung besteht vor allem in der Frage, ob das Element *ib* im Wort *ilib* dem Substantiv *ab* "Vater" oder **ib* "Grube" zugehört:

— J. Aistleitner hatte auf Grund einer falschen Textabtrennung aus KTU 1.4 VII 43 ein Wort *ub* "wieder(?)" gewonnen und dieses mit he. *ʾwb* (*ʾôb*) "revenant" in Beziehung gesetzt [8] — ein Lemma *ub* ist folglich nicht in Erwägung zu ziehen und eine Verbindung mit he. *ʾôb* gegenstandslos.

— M. Vieyra und H.A. Hoffner haben ferner aus dem ugaritischen Wort *ilib* ein Element *ib* isoliert, das sie etymologisch mit keilschriftlich *abi/apu* "Grube" verbinden und das es ihnen ermöglicht, für *ilib* die Übersetzung "spirit of/from the pit" zu gewinnen. [9] Die akkadische Entsprechung von *ilib* lautet jedoch DINGIR *a-bi* (RS 20.024, 1; Ug. V N 18,1) und die hurritische *en atn*, [10] die beide mit "Gott des Vaters" oder "göttlicher Vater" übersetzt werden können. Von daher ist es also als gesichert anzusehen, daß das Element *ib* in *ilib* mit ug. *ab* "Vater" zusammengehört und die Etymologie von M. Vieyra und H.A. Hoffner folglich gegenstandslos ist.

— Es wird ferner die These vorgetragen, daß das Element *ib* "Vater" in *ilib* wahrscheinlich mit he. *ʾôb* "Totengeist, ghost" zu verknüpfen sei. [11] Alle Hinweise sprächen für eine Verbindung von he. *ʾôb* mit ug. *ilib*. [12]

— Neben dieser Etymologie wird auch eine auf der Basis des ug. *ġb* versucht. Dabei wird erklärt, daß dieses auch eine Opfergrube bezeichne,

---

[8] Es besteht Einigkeit darüber, daß das Kolon KTU 1.4 VII 43 in die fünf Elemente *u mlk u bl mlk* zu gliedern ist. In DUL (= G. del Olmo Lete/J. Sanmartín, A Dictionary of the Ugaritic Language in the Alphabetic Tradition *Part One - Part Two*. HdO I,67, Leiden 2003) S. 3: *ab* (II) "ghost, spirit (of dead)" wird als Beleg *aṯt ab ṣrry* "necromancer of the heights" (KTU 1.16 I 5) zitiert. Etymologisch wird diese Übersetzung von *ab* teilweise gleichfalls mit arabisch *ʾāba* "to return, come back (at night)" gerechtfertigt. In KTU 1.16 I 5 liegt jedoch *ab* "Vater" vor.

[9] M. Vieyra 1961, 47-55; H.A. Hoffner 1967, 387; id. 1973, 143, "angestammter Geist".

[10] E. Laroche, Ug. V, S. 523.

[11] K. Spronk 1986, 253-254; K. van der Toorn 1996, 319 Anm. 6, *ʾōbôt* "ancestor spirits"; J.C. de Moor 1997, 347.

[12] K. Spronk 1986, 253 Anm. 5.

daß es allerdings ohne Äquivalent im Hebräischen sei. [13]

Es sei nochmals zweierlei hervorgehoben: Das syllabisch-keilschriftliche *abi/apu* "Grube" wurde in der bisherigen Diskussion weder sicher in der Form *ib* in den alphabetischen Texten von Ugarit nachgewiesen, noch wurde
255 die Frage der Etymologie von he. *ʾôb* | zufriedenstellend beantwortet. Im folgenden soll nun gezeigt werden, daß he. *ʾôb* nicht an *ib/ab* "Vater", sondern an *abi/apu* "Grube" anzuschließen ist und daß ug. *ap* in KTU 1.16 I 3, 17, II 39 eine ug. Entsprechung von *abi/apu* "Grube" ist.

Die Verbindung der *ab/pi*-Anlage von Urkeš mit dem Königspalast [14] weist darauf hin, daß auch im syrischen Bereich eine kunstvoll in Stein gearbeitete Grube integraler Bestandteil des königlichen Ahnenkultes und der kultischen Bemühungen um einen Kontakt mit den Toten sein konnte. Neben einfachen Gruben des Typs *ab/pi* gab es in Syrien aber auch eine architektonisch anspruchsvolle Installation dieser Art. Thema der folgenden Ausführungen soll zudem sein, daß die für Mozan/Urkeš nachgewiesene Verbindung zwischen Königspalast und Kultbau literarisch auch im Keret-Epos vorausgesetzt wird.

Erstaunlicherweise wurden in der Kultgrube von Mozan/Urkeš neben Knochen von Ferkeln, Schafen, Ziegen und Eseln in beträchtlicher Anzahl auch Knochen von nicht geschlachteten jungen Hunden gefunden. [15] Dies führt zu der in der Religionsgeschichte gut bezeugten Verbindung von Hunden mit dem Totenkult [16] und wirft im Hinblick auf KTU 1.16 I 2-3a die Frage auf, ob die neuen archäologischen Erkenntnisse aus Mozan/Urkeš nicht dazu beitragen könnten, die Rolle der Hunde in Zusammenhang mit dem *ap* und dem ‘Mausoleum’ (*ḫšt*) in KTU 1.16 I 3 zu klären. Dies ist umso wichtiger, als die Funde von Mozan/Urkeš Licht auf Passagen der ug. Epik (KTU 1.16 I 2-5 ‖ 15b-19, II 39-42) werfen können, die wegen der zentralen Rolle des *ap* und der mit ihm erwähnten Hunde in allen bisherigen Überlegungen zum Keret-Epos strittig sind — das Bikolon KTU 1.16 I 2-3a gehört überhaupt zu jenen ugaritischen Stellen, in denen das Verständnis fast eines jeden Wortes Gegenstand heftigster Kontroverse ist. [17]

Im folgenden sei ein Florilegium weniger Beispiele aus einer großen Zahl von Übersetzungen des Bikolons *k klb b btk nʿtq* ‖ *k inr ap ḫštk* (KTU

---

[13] K. Spronk 1986, 253 Anm. 5. Zur Diskussion über ug. *ġb* "fosse sacrificielle" und mögliche hebräische Entsprechungen (*ʿb*) siehe D. Pardee 2000, 510-512.923 Anm. 22; DUL S. 316: *ġb* (I) "‘(sacrificial) pit’ (?)".

[14] M. Kelly-Buccellati 2002, 131-134.

[15] M. Kelly-Buccellati 2002, 136.

[16] Siehe hierzu K. Aartun 1983, 5; M.H. Pope 1994, 164-168.

[17] Siehe z.B. A. Herdner 1974, 548 Anm. c.

1.16 I 2-3) aus dem Keret-Epos geboten, die das Dilemma aufzeigen können, in dem sich moderne Interpreten befinden:

256 | G.R. Driver, CML 1956, 41:
Thy looks are passed away like a dog's,
thy lustiness too like an hound's (?); ...

J. Aistleitner 1959, 98:
Wie Hunde würden wir aus deinem Hause weichen,
Wie Köter aus deinem Besitz. [18]

J. Gray 1964, 22:
As one confined thine aspect is changed,
As temple servitors the lusty countenance.

H.L. Ginsberg 1969, 147:
Like [a do]g thine aspect is changed,
Like a cur thy joyous countenance.

H. Sauren / G. Kestemont 1971, 209:
Comme s'en est allé le chien de ta maison,
ainsi (sont passées), aussi, tes ardeurs [19] et tes joies.

A. Herdner 1974, 548:
Comme le [ch]ien (qui est) dans ta maison, nous disparaissons,
comme le *molosse* (qui est) devant ta porte.

C.H. Gordon 1977, 51:
Like a [d]og in thy house we *slink off*
Like a *cur*, (in) thy bower.

K. Aartun 1978, 89:
wie ein [Hu]nd gehen wir (wörtlich: rücken wir fort o.ä.) in deinem Haus,
ja (wörtlich: auch) wie ein Köter (in) deinem Heim (wörtlich: Eintritt o.ä.).

---

[18] A. Jirku 1962, 104, übersetzt die Stelle auf ähnliche Weise: "Gleich einem [Hu]nde in deinem Hause gehen wir, wie ein Köter (?) vor deinem Grab."

[19] H. Sauren/G. Kestemont 1971, 209 Anm. 80, *inr* "pluriel brisé de *nr* feu".

257 | J.C.L. Gibson, CML 1978, 94:
Like a dog we pass into your house,
like a cur (through) the entrance to your chamber.

M.I. Gruber I 1980, 361:
Your countenance has been become gloomy like a dog's,
your joyous face like that of a hound.

S.E. Loewenstamm 1980, 381:
Like a dog, who was driven out of your house,
even like a cur is your pitiable state.

J.C. de Moor, ARTU 1987, 211:
Like dogs we prowl through your house.
like puppies — ah! — through your basement.

E.L. Greenstein 1997, 30:
Like a [do]g you pass into your tomb;
Like a cur, even into your grave.

D. Pardee 1997, 339:
Like a dog we grow old in your house,
like a hound in your court.

N. Wyatt 1998:
Like dogs shall we howl at your tomb,
like whelps at the entrance to your burial chamber?

258 | Für das Wort *ap* wurden hauptsächlich folgende sieben Bedeutungen diskutiert: [20] 1 "at", [21] 2. "in", [22] 3. "countenance, face", [23] 4. "chamber", [24] 5. "entrance", [25] 6. "ah! ... ach!" [26] und 7. "im Angesicht, vor,

---

[20] O. Loretz 2001, 381.

[21] W.G.E. Watson 1999, 788, "at your hearth".

[22] D. Pardee 1997, 339.

[23] J. Gray 1964, 22. 64, "thy lusty countenance", H.L. Ginsberg 1969, 147; M.I. Gruber I 1980, 361.

[24] M. Dahood 1969, 28, "your joyfull chambers".

[25] A. van Selms 1954, 126 mit Anm. 7; J.C.L. Gibson, CML 1978, 94, 147; N. Wyatt 1998, 219; DLU 42: *ap* (II) 4); J. Hoftijzer 1999/2000, 103 mit Anm. 43.

[26] J.C. de Moor/K. Spronk 1982, 181; J.C. de Moor, ARTU 1987, 211; M. Dietrich/O. Loretz, TUAT III 1997, 1240-1241.

aus".[27]

Der Struktur des Bikolons KTU 1.16 I 2-3

[2]*k klb b btk nʿtq*	12 [28]
k inr [3]*ap ḫštk*	10

ist mit Sicherheit zu entnehmen, daß das Bikolon die beiden Wortpaare *klb* ‖ *inr* [29] und *bt* ‖ *ap ḫšt* [30] bietet. Diese werden flankiert vom Parallelismus *k* ‖ *k* und den beiden double-duty Paaren *b* ‖ (*b*) und *ʿtq* ‖ (*ʿtq*).

Der Parallelismus *klb* ‖ *inr* "Hund" ‖ "Welpe, junger Hund" [31] zeigt an, daß wir es hier offensichtlich mit einer "hoch"-poetischen Bezeichnung generell für einen Hund oder für eine bestimmte Wachstumsstufe des Tieres zu tun haben. Hinsichtlich *inr* ergibt der Vergleich mit der akkadischen Angabe *ú-ra-nu = mi-ra-nu* (Malku V 43) und anderen Belegen für akkadisch *mī/ērānu* "junger Hund, Welpe", [32] daß es in der poetischen Sprache des Keret-Epos der Bezeichnung eines jungen Hundes dient.

Die Parallelausdrücke *bt* ‖ *ap ḫšt* beschreiben innerhalb von KTU 1.16 I 2-3a eine architektonische Anlage. Unabhängig davon, ob *bt* in dem vor-
259 liegenden Kontext allgemein | den Palast oder speziell das *ḫšt* "Mausoleum, Totenheiligtum" [33] bezeichnet, [34] liegt es nahe, in *ap* eine Sakralgrube im Sinne der Gegebenheiten von Mozan/Urkeš zu sehen.

Unter der Voraussetzung, daß *inr* "junger Hund" und *ap* "Sakralgrube" bedeuten, ergibt sich angesichts der Erkenntnisse für Mozan/Urkeš auch eine Lösung für das Rätsel der heulenden Hunde im *ap ḫšt*: Der Vergleich erinnert an die jungen Hunde, die, ohne geschlachtet worden zu sein, im *ap* des *ḫšt* im Rahmen des Toten- und Ahnenkultes ihr Leben lassen muß-

---

[27] J. Aistleitner, WUS Nr. 346: *ap* III Praep. *ap ḫštk* "aus deinem Besitz".

[28] Die Zählung der Buchstaben in einem Stichos trägt zur Feststellung bei, ob die poetischen Einheiten symmetrisch richtig abgegrenzt sind.

[29] Vgl. dagegen S.E. Loewenstamm 1980, 381, *klb* ‖ *ḫš* "dog" ‖ "pitiable state".

[30] Vgl. dagegen H.L. Ginsberg 1969, 147, *bbt* ‖ *ap* "aspect" ‖ "countenance"; M.I. Gruber I 1980, 361, *bbt* ‖ *ap* "countenance" ‖ "face".

[31] Zum Parallelismus *klb* ‖ *inr* in KTU 1.114: 12-13 siehe u.a. M.H. Pope 1994, 164; M. Dietrich/O. Loretz 2000, 446-447; vgl. dagegen K. Aartun 1983, 2, die Konstruktion eines Parallelismus *klb* ‖ *mgr lb*. — Zur bisherigen Diskussion über *inr* siehe u.a. K. Aartun 1983, 1-5; M. Dietrich/O. Loretz 1996, 575.

[32] AHw 658: *mī/ērānu*; CAD M/2, 105: *mīrānu* "1. young dog, puppy, 2. cub of a wild animal"; siehe ferner K. Aartun 1983, 3-4, zu amharisch *ʾanar* "Panther" und arabisch *ʾarana* "beißen" etc.

[33] D. Groddek 2001, 213-218; O. Loretz 2001, 377-386.

[34] O. Loretz 2001, 377 Anm. 1.

ten. [35] Es ist gut denkbar, daß sie durch ihr klägliches Jaulen in der Grube den Kontakt mit den Toten herstellen oder die Trauer um den Toten darstellen sollten.

Für das umstrittene Bikolon KTU 1.16 I 2-3 schlagen wir auf Grund obiger Überlegungen folgende Übersetzung vor:

[2]*k klb b btk nʿtq* 12
k inr [3]*ap ḫštk* 10

Wie Hunde jaulen wir laut [36] in deinem Palast,
wie Welpen in der Sakralgrube deines Totenheiligtums.

Die bisher für eine Zusammenschau von he. *ʾôb* und syllabisch-keilschriftlichem *abi/apu* "Grube" vorgetragenen Argumente können jetzt durch ug. *ap* "Grube" in KTU 1.16 I 3 auf eine sichere Basis gestellt werden. [37]

Die Zusammenschau der Belege für hurritisch-hethitisches *ab/pi*, akkadisches *apu*, ugaritisches *ap* in KTU 1.16 I 3, 17, II 39 und hebräisches *ʾôb* ergibt, daß den ugaritischen Belegen innerhalb des westsemitisches Raumes eine Brückenfunktion zwischen keilschriftlichem *abi/apu* und biblischem *ʾôb* zuzusprechen ist.

Das Keret-Epos macht uns anhand des Wortes *ap* somit mit einer kultischen Überlieferung Altsyriens bekannt, die bereits in Mozan/Urkeš für die Zeit von etwa 2300 bis 2100 v.Chr. verbreitet war. [38]

260 | Dieser Sachverhalt ist als ein weiteres Indiz dafür anzusehen, daß das Epos alte (amurritische) Traditionen überliefert, die für die Archäologen in den wiederentdeckten Schichten Ugarits nicht mehr nachweisbar sein müssen.

---

[35] Siehe oben zu Anm. 15-16.

[36] Zu *ʿtq* "laut jaulen" siehe O. Loretz 2001a, 303-324.

[37] Die vorgelegte Studie bestätigt das von J. Ebach/U. Rüterswörden 1977, 57-70; id. 1980, 205-220, erreichte Ergebnis, daß alle Belege für he. *ʾôb* ohne Ausnahme etymologisch mit *abi/apu* zu verbinden sind. — In Ergänzung zu ihren Ausführungen ist hinzuzufügen, daß *ʾôb* und *ʾôbôt* auf eine theologisch abwertende masoretische Vokalisierung zurückgehen; vgl. hierzu die Geschichte der Wörter *Rephaim* und *Teraphim*. J.C. de Moor 1997, 347, spricht in diesem Zusammenhang von der Möglichkeit einer Vokalisation nach "*bōšet* ‘shame’".

[38] M. Kelly-Buccellati 2002, 133.

Literatur

Aistleitner, J., 1959: Die mythologischen und kultischen Texte aus Ras Shamra. BOH 8.

Archi, A., 1990: The Names of the Primeval Gods, Or. 59, 114-129.

Aartun, K., 1978: Die Partikeln des Ugaritischen. AOAT 21/2.

—, 1983: Zur Erklärung des ugaritischen Ausdrucks *inr*, UF 15, 1-5.

Collins, B.J., 2002: Necromancy, Fertility and the Dark Earth, in: P. Mirecki/M. Meyer (eds.), Magic and Rituals in the Ancient World, Leiden, 224-241.

Dahood, M., 1969: Ugaritic-Hebrew Syntax and Style, UF 1, 15-36.

Dietrich, M. / Loretz, O., 1996: Analytic Ugaritic Bibliography 1972-1988. AOAT 20/6.

—, 1997: Mythen und Epen IV, in: TUAT III, 1089-1316.

—, 2000: Studien zu den ugaritischen Texten I. AOAT 269/1.

Driver, G.R., 1956: Canaanite Myths and Legends, Edinburgh (= CML).

Ebach, J./Rüterswörden, U., 1977: Unterweltsbeschwörung im Alten Testament. Untersuchungen zur Begriffs- und Religionsgeschichte des *ʾôb*, Teil I, UF 9, 57-70.

—, 1980: Unterweltsbeschwörung im Alten Testament, Teil II, UF 12, 205-220.

Finkel, I.L., 1983/84: Necromancy in Ancient Mesopotamia, AfO 30, 1-17.

Gibson, J.C.L., 1978: Canaanite Myths and Legends, Edinburgh (= CML).

Ginsberg, H.L., ^{3}1969: Ugaritic Myths, Epic, and Legends, in: ANET, 129-155.

Gray, J., ^{2}1964: The KRT Text in the Literature of Ras Shamra. A Social Myth of Ancient Canaan, Leiden.

—, ^{2}1965: The Legacy of Canaan. VT.S 5.

Greenstein, E.L., 1997: Kirta, in: UNP, 9-48.

Groddek, D., 2001: 'Mausoleum' (É.NA$_4$) und 'Totentempel' (^{É}*ḫištā*) im Hethitischen, UF 33, 213-218.

Gruber, M.I., 1980: Aspects of Nonverbal Communication in the Ancient Near East I-II. StP 12/1-2.

Herdner, A., 1974: La légende de Keret, in: TO I, 481-574.

261 | *Hoffner, H.A. Jr.*, 1967: Second Millennium Antecedents to the Hebrew *ʾôb*, JBL 86, 385-401.

—, 1973: *ʾwb*, ThWAT 1, 141-145.

Hoftijzer, J., 1999/2000: The Opening of the Lament over King Keret, AuOr 17/18, 97-104.

Jirku, A., 1962: Kanaanäische Mythen und Epen aus Ras Schamra-Ugarit, Gütersloh.

Kelly-Buccellati, M., 2002: Ein hurritischer Gang in die Unterwelt, MDOG 134, 131-148.

Laroche, E., 1980: Glossaire de la langue hourrite, Paris (= GLH).

Loewenstamm, S.E., 1980: Comparative Studies in Biblical and Ancient Oriental Literatures. AOAT 204.

Loretz, O., 1990: Ugarit und die Bibel. Kanaanäische Götter und Religion im Alten Testament, Darmstadt.

—, 1993: Nekromantie und Totenevokation in Mesopotamien, Ugarit und Israel, in: B. Janowski/K. Koch/G. Wilhelm (eds.), Religionsgeschichtliche Beziehungen zwischen Kleinasien, Nordsyrien und dem Alten Testament. Internationales Symposion Hamburg 17.-21. März 1990, 285-318.

—, 2001: Der ugaritische architektonische Begriff *ḫšt* "Totenheiligtum", UF 33, 377-385.

—, 2001a: Ugaritisch *ʿtq* I-II, *ʿtq* und hebräisch *ʿtq* in Ps 6,8, UF 33, 303-324.

Moor, J.C. de, 1987: An Anthology of Religious Texts from Ugarit, Leiden (= ARTU).

—, ^{2}1997: The Rise of Yahwism. The Roots of Israelite Monotheism. BEThL 91.

Moor, J.C. de/Spronk, K., 1982: Problematical Passages in the Legend of Kirtu (II), UF 14, 173-190.

Pardee, D., 1997: West Semitic Canonical Compositions. B. Royal Focus 1. Epic, COS I, 333-356.

—, 2000: Les textes rituels. Fascicule 1-2. Ras Shamra-Ougarit vol. XII, Paris.

Pope, M.H., 1994: Probative Pontificating in Ugaritic and Biblical Literature. Collected Essays. Edited by Mark S. Smith. UBL 10.

Rabin, C., 1963: Hittite Words in Hebrew, Or. 32, 113-140.

Sauren, H./Kestemont, G., 1971: Keret, roi de Ḫubur, UF 3, 181-221.

Schaeffer, C.F.A., 1932: Note additionelle: A propos du nom ancien de la ville de Ras-Shamra, Syr. 13, 24-27.

Spronk, K., 1986: Beatific Afterlife in Ancient Israel and in the Ancient Near East. AOAT 219.

262 | *Tischler, J.*, 1977: Hethitisches etymologisches Wörterbuch. Innsbrucker Beiträge zur Sprachwissenschaft 20.

Tropper, J., 1989: Nekromantie: Totenbefragung im Alten Orient und im Alten Testament. AOAT 223.

—, ^{2}1999: Spirit of the Dead *ʾwb*, in: DDD, S. 806-809.

van der Toorn, K., 1993: Ilib and the 'God of the Father', UF 25, 379-387.

—, 1996: Family Religion in Babylonia, Syria and Israel, SHCANE 7.

van Selms, A., 1954: Marriage and Family Life in Ugaritic Literature, POS 1.

Vieyra, M., 1961: Les noms du "mundus" en hittite et en assyrien et la pythonisse d'Endor, RHA 69, 47-55.

Watson, W.G.E., 1999: Non-Semitic Words in the Ugaritic Lexicon (4), UF 31, 785-799.

Wyatt, N., 1998: Religious Texts from Ugarit. The Words of Ilimilku and his Colleagues, BiSe 53.

Ḥorōn, der Herr über die Schlangen

Das Verhältnis von Mythos und Beschwörung in KTU 1.100 *

Bei den Ausgrabungen im Bereich südlich der Akropolis fand sich während der 24. Kampagne 1961 im Haus des "hurritischen Priesters" die fast unversehrt erhaltene Tafel RS 24.244 (KTU 1.100), [1] die seit ihrer Publikation durch Ch. Virolleaud 1968 [2] wiederholt als eine Beschwörung [3] gegen giftige Schlangen und Schlangenbiß [4] bezeichnet worden ist. [5]

Die Interpretation des einzigartigen Textes hängt im wesentlichen von strukturalen, kolometrischen und philologischen Vorentscheidungen sowie der Bestimmung des Verhältnisses zwischen göttlicher und menschlicher Sphäre ab, die man bei einem Studium des ersten Teils desselben (Z. 1-60) trifft. Denn es kann keinem Zweifel unterliegen, daß nach KTU 1.100 Schlangengift, das durch einen Biß seitens einer giftigen Schlange übertragen wird, nur dann beseitigt werden kann, wenn auf göttlicher Ebene der hierfür zuständige Gott gefunden und sein Handeln zum Vorbild für menschliches genommen wird. Also setzt der Text voraus, daß zwischen der Tätigkeit eines menschlichen und des göttlichen Vernichters von Schlangengift das Verhältnis von Abbild und Urbild besteht.

---

* *Aus:* P. Marrassini (ed.), Semitic and Assyriological Studies Presented to Pelio FRONZAROLI (Wiesbaden 2003), S. 150-172.

[1] W.H. van Soldt 1991, 642; P. Bordreuil / D. Pardee 1989, 299.

[2] Ch. Virolleaud 1968, 564-572, tituliert den Text: *Šapaš, la déesse du Soleil, et les serpents.*

[3] Wiederholt in den neuesten Publikationen: W.G.E. Watson 1999, 166; K. Spronk 1999, 270; N. Wyatt 1999, 575; J.C.L. Gibson 1999, 202 ("charm"); vgl. N. Wyatt 1998, 378: "A Spell against Snakebite". — D. Pardee 1997, 295, nennt den Text *Ugaritic liturgy against venomous reptiles.*

[4] Zur strittigen Frage, ob es sich bei KTU 1.100 um eine Beschwörung gegen giftige Schlangen oder gegen einen giftigen Schlangenbiß handelt, siehe unten Abschnitt 2.3.2.2. zu *nṯk nḥš* || *šmrr nḥš ʿqšr.*

[5] Vgl. zu diesem Textgenre noch KTU 1.82; 1.107; RS 1992.2014; siehe zu letzterem Text D. Pardee 1997, 327-328.

151 Die Brücke zwischen beiden bildet der | Mythos, der in eine Beschwörung eingebaut [6] oder mit einer solchen verbunden wird. [7]

Der besondere Reiz des mythischen Geschehens in KTU 1.100 liegt darin, daß erst nach einem langwierigen Verfahren feststeht, was jedermann ohnehin schon weiß: Nur Ḥorōn ist für die Beschwörung gegen Schlangen und deren Gift zuständig (Z. 61-76). Der erste Teil von KTU 1.100 (Z. 1-60) stellt uns folglich erstens vor das Problem, wie das Verhältnis zwischen menschlichem und göttlichem Beschwörer zu bestimmen ist, und konfrontiert uns angesichts der zwölfmal an verschiedene Gottheiten wiederholten Bitte zweitens mit der Frage, warum ein langes Vorspiel nötig ist, bis man bei der richtigen Adresse ankommt. Während die erste Frage die Ordnung und Zuständigkeitsbereiche in der göttlichen Welt berührt, führt uns die zweite in die ugaritische Kultgeographie ein.

Die nachfolgenden Ausführungen sollen sich eher mit der Ordnung in der göttlichen Welt als mit der Kultgeographie — diese soll in einem anderen Zusammenhang zur Sprache kommen — befassen und darlegen, daß KTU 1.100 keine Beschwörung gegen Schlangen oder Schlangenbiß abbildhaft auf menschlicher, [8] sondern urbildhaft auf mythischer Ebene ist. Wir haben es mit einer Beschwörung zu tun, in der der göttliche Schlangenbeschwörer Ḥorōn Handlungsträger ist. Somit ist KTU 1.100 als ein mythische Begleittext zu einer Beschwörung einzustufen. Unser Augenmerk legen wir dabei vornehmlich auf den ersten Hauptteil des Textes, Z. 1-60, weil dieser auf Ḥorōn und dessen Tätigkeiten (Z. 61-76) zuführt.

In diesem umfangreichen ersten Abschnitt spielt das Inzipit (Z. 1-7) erwartungsgemäß eine besonders wichtige Rolle. Da dessen Aussagen vielfach oberflächlich und darum fehldeutend behandelt worden sind, werden wir uns seinen epigraphischen, kolometrischen, philologischen und strukturalen Gegebenheiten besonders widmen und uns bemühen, dort, wo dies nötig erscheint, von früheren, voreiligen Ergebnissen zu entlasten (Punkt 2).

Bevor wir uns den Problemen der Analyse von KTU 1.100:1-60 zuwenden, greifen wir einleitend drei Sonderfragen auf (Punkt 1): Epigraphie, die kolometrische Gliederung von KTU 1.100 und das Phantom einer Pferdegöttin.

152 | Zum Schluß werden wir zusammenfassende Bemerkungen zum Thema *Mythos und Realität in KTU 1.100:1-60* unterbreiten (Punkt 3).

---

[6] A. Falkenstein 1931, 74-76, zeigt, daß in einigen sumerischen Beschwörungen z.B. die ursprüngliche Marduk-Ea-Formel durch die Einfügung einer mythologischen Erzählung erweitert wird.

[7] M. Dietrich/O. Loretz 1980, 166.

[8] Siehe M. Tsevat 1979.

1. Einleitende Sonderfragen

1.1. Epigraphie: Schreibfehler, Auslassungen

Die bestens erhaltene und leicht lesbar geschriebene Tafel RS 24.244 weist im Bereich des ersten Hauptteils Z. 1-60 eine Reihe von Schreibfehlern und Auslassungen auf. [9]

Während als Schreibfehler nur *'t* für *'m* (Z. 20) und zwei falsch gesetzte Trenner (*'*{.}[[x]]*ṯtrt*, Z. 20; *'q*{.}*šr*, Z. 39) zu vermerken sind, [10] sind dem Schreiber etliche Auslassungen unterlaufen. Kleinere Auslassungen wie die eines einzelnen Wortes (*nḥš*, Z. 6) oder einzelner Buchstaben (*y*<'>*db*, Z. 12; *u*<*m*>*h*, Z.14; *b*<*l*>, Z. 30) stehen einer größeren gegenüber, die sich auf die Anrufung einer Göttin bezieht und am linken Rand nachgetragen worden ist (Z. 77-79). [11]

Angesichts dieser Schreibfehler und Auslassungen überrascht es nicht, daß der Schreiber(schüler) einmal auch eine ungewöhnliche Pleneschreibung verwendet hat: *mnty*, Z. 9.

1.2. Die kolometrische Gliederung von KTU 1.100 [12]

Der Schreiber hat KTU 1.100:1-60 zwar mittels Trennstrichen in elf Abschnitte gegliedert, innerhalb dieser aber den Text fortlaufend geschrieben und auf eine Anordnung nach poetischen Einheiten verzichtet. Daß dieser erste Teil trotzdem hochpoetisch ist, wurde generell angenommen. [13]

153 | Größere Meinungsverschiedenheiten treten bei der Gliederung des Inzipits erst nach dem Tetrakolon *Einführung Sprecherin* (Z. 1-2a, siehe

---

[9] M. Dietrich/O. Loretz 1980, 163-164.

[10] Zu einem korrigierten Trenner in Z. 47 siehe KTU² S. 115 Anm. 3.

[11] An dieser Stelle ist eine Bemerkung zu dem Abschnitt über die Anrufung des Ḥorōn (Z. 57-60) nötig: Entgegen I. Kottsieper 1984, 99, der annimmt, daß Ḥoron das Bittformular frühzeitig abbreche, haben wir es hier mit einer vom Aufbau des Textes her bedingten Verkürzung des Formulars zu tun, weil Ḥorōn als zuständige Gottheit natürlich anders reagiert als die vor ihm angerufenen Gottheiten und gegen die Schlange aktiv wird. Der Abschnitt Z. 61-76 beschreibt die Vernichtung des Schlangengiftes und die damit zutage tretende Beherrschung der Schlangen durch Ḥorōn.

[12] M. Dietrich/O. Loretz 1980, 164-165.

[13] M. Dijkstra 1999, 152, charakterisiert KTU 1.100:1 als eine Kette von Epitheta, die er als Beleg poetische Prosa ("poetic prose with repetition and even occasional parallelism within a prose context") ansieht. Es dürfte jedoch kaum zulässig sein, Z. 1 isoliert von Z. 2-60 zu interpretieren.

Dagegen wird diskutiert, ob KTU 1.100:61-76 poetische Strukturen aufweise; W.G.E. Watson 1999, 177 — dazu siehe M. Dietrich/O. Loretz, *demnächst*.

unten Punkt 2.3.1) für die Unterabschnitte *Bitte der um "Mutter", eine Botschaft an die Sonne zu übermitteln* (Z. 2a-3, siehe unten Punkt 2.3.2.1) und *Botschaft der um "Mutter" mit anschließendem Ersuchen um Legitimation für die Beschwörung* (Z. 4-6a, siehe unten Punkt 2.3.2.2) auf, wo aus sachlichen Gründen mitunter viel zu lange Kola in Kauf genommen werden. [14]

1.3. Das Phantom einer Pferdegöttin in KTU 1.100:1-7

Ch. Virolleaud beginnt die Erstveröffentlichung von RS 24.244 mit der Bemerkung, daß er es hier nicht nur um einer beachtenswert großen, perfekt erhaltenen Tafel zu tun habe, sondern auch mit einer, die durch ein neues Thema ausgezeichnet werde. Darauf dürfte ihn vor allem sein Verständnis von Z. 1-3 gebracht haben, da er in *Pḥlt* eine mythische Gestalt, eine göttliche "cavale" erkannte. [15] So zog die "göttliche Stute" ("la Cavale", [16] "Mare" [17]) als Mutter des "göttlichen Hengstes" in die Ugaritologie ein, wo nach Ausweis der neueren Übersetzungen [18] beide trotz berechtigter Kritik weiterhin wie wild herumgaloppieren und sich wachsender Beliebtheit erfreuen. Sie sind ohne Untermauerung ihrer Existenz sogar zu Mitgliedern eines Pantheons avanciert, obwohl sie jeglicher Unterstützung durch Parallelbezeugungen entbehren. [19]

154 | Interpreten, die KTU 1.100 als eine Schlangenbeschwörung mit einen Mythos über eine Stute und die Sonne oder Ḥorōn verstehen, finden zwar breite Zustimmung, [20] haben aber mit dem Problem zu kämpfen, die Funk-

---

[14] So bildet M.C. Astour 1968, 13, für Z. 2-3 mit *‘m il mbk nhrm b ‘dt thmtm* ein überlanges Kolon von 29 Konsonanten, und E. Lipiński 1974, 170, springt beispielsweise in Z. 4-5a von 9 auf 18 Konsonanten.

[15] Ch. Virolleaud 1968, 564, 566. — Zur weiteren Diskussion siehe unten, Punkt 7, anläßlich des Wortpaares *pḥl* || *pḥlt* in Z. 1.

[16] P. Xella 1981, 226, "La madre dello stallone, la Giumenta"; P. Bordreuil 1985, 545, "La mère de l'étalon, la Cavale"; D. Pardee 1988, 202, "La mère de l'étalon, la cavale"; A. Caquot 1989, 82, "La mère de l'étalon, la Cavale".

[17] M.C. Astour 1968, 15, "The mother of the Stallion, the Mare"; D. Pardee 1997, 295, "the mare"; S.B. Parker 1997, 219, "The Mare and Horon"; N. Wyatt 1998, 378, "The Myth of Shapsh and the Mare".

[18] Selbst in die repräsentative Textsammlung COS I hat D. Pardee 1997, 295-298, diese Deutung eingebracht.

[19] A. Caquot 1989, 79, sucht diese Schwierigkeit dadurch zu beheben, daß er für die Verbindung von Pferd und Sonne einen hethitischen Ursprung in Erwägung zieht.

[20] D.R. West 1995, 106, "The Greek mare goddess Demeter and the Ugaritic mare goddess *pḥlt*"; D. Pardee 1988, 204-205; id. 1997, 295, umschreibt Z. 1-60 folgendermaßen: "*The Mare Seeks an Ally Capable of Vanquishing Venomous Serpents*"; S.B. Parker 1997, 219, "The Mare and Horon"; N. Wyatt 1998, 378, "*KTU 1.100: The Myth of*

tion der angeblich in Z. 1 angeführten "Mutter" der Pferde, der Stute, im Abschnitt Z. 1-7 und in den parallelen folgenden zwölf Wiederholungen zu erklären.

S.B. Parker, der besonders herausstellt, daß noch keine befriedigende Gesamterklärung des Textes KTU 1.100 vorliege, geht überraschenderweise von der Feststellung aus, daß nur eines sicher sei: Die Mutter der Pferde bitte ihre eigene Mutter, die Sonne, eine Botschaft zu einer Reihe von Gottheiten zu bringen.[21]

Über Verlauf und Inhalt der Aktion finden sich mehrere Interpretationsvarianten:

— N. Wyatt weitet den Gedanken von der Pferdemutter, deren göttlicher Status für ihn nicht ganz sicher ist,[22] dahingehend aus, daß das Fohlen einer Stute von einer Schlange gebissen worden sei. Die Stute wende sich aus diesem Grund an elf Götter(-Paare) und zuletzt an Horon.[23]

— Nach D. Pardee erreichen die ersten elf Götter(-Paare) mit ihren Beschwörungen nur ein partielles Ergebnis. Erst Ḥorōn gelinge es, alles Gift zu vernichten. Mit ihm wolle die Pferdemutter eine Ehe eingehen.[24]

— S.B. Parker deutet die Rede der Stute an die Sonne als eine Bitte um eine Beschwörung, die es einem Exorzisten ermögliche, das Gift zu beseitigen. In den ersten elf Versuchen, werde keine endgültige Beseitigung des Giftes erreicht. Der Exorzist binde nur und füttere die Schlange.[25]

155 | — J.C. de Moor versteht die Botschaft, die Šapaš im Namen der Pferdemutter den einzelnen Gottheiten überbringen soll, als längeren Wortlaut einer Beschwörung, die Z. 4b-7 umfaßt.[26]

— Nach D.R. West besteht die Bitte der Pferdemutter um Beseitigung des Giftes durch einen Beschwörer sogar aus Z. 4-7.[27]

Shapash and the Mare: A Spell against Snakebite"

[21] S.B. Parker 1997, 219, stellt fest: "What is clear is that the mother of horses asks her mother, Shapash, the sun goddess, to take a message to a series of deities."

[22] N. Wyatt 1998, 378 Anm. 1., er zu Mare folgendes: "A mare-goddess?".

[23] N. Wyatt 1998, 378, formuliert das Problem folgendermaßen: "This text ... is in the form of a myth of a mare whose foal has been bitten."

[24] D. Pardee 1997, 295-296.

[25] S.B. Parker 1997, 219.

[26] J.C. de Moor, ARTU 1987, 146-147, übersetzt zwar *pḥl* und *pḥlt* mit "He-ass" bzw. "She-ass" (vgl. auch M.C.A. Korpel 1990, 240; M. Dijkstra 1999, 152), verweist aber zugleich auf die griechische Göttin Demeter als Parallele.

[27] R.D. West 1995, 109.

Falls man von der Annahme ausgehen will, daß in KTU 1.100 eine "Pferdeheroin" als Hauptakteurin auftritt, [28] steht man vor dem Problem, daß es für diese Art von Beschwörung in der altorientalischen Literatur keine Parallele gibt. M.C. Astour und D.R. West finden hier einen Ausweg, indem sie einen Vergleich mit der griechischen Pferdegöttin Demeter anstellen. [29]

2. Das Inzipit (Z. 1-7) und seine Bedeutung für die Interpretation von KTU 1.100:1-60

2.1. Bisherige Vorschläge zur Gliederung des Inzipits Z. 1-7

Während über die kolometrische und syntaktische Gliederung von Z. 1-2a keine Differenzen bestehen, gehen die Meinungen für den Abschnitt Z. 2b-7 auseinander — es sind u.a. folgende Gliederungen unterbreitet worden:

D. Pardee [30]

4-5a	5b-6a	6b-7
Rede der *um*	Botschaft der *um*	Beschwörungsversuch der einzeln Gottheit

A. Caquot [31]

4-6		7
Rede der *um*		Verweigerung einer Antwort

156 | J.C. de Moor [32]

3-4a	4b-7
Rede der *um*	Wortlaut der Beschwörung der *um*

N. Wyatt [33]

2b-7	4-7
Rede der *um*	Botschaft der *um*

---

[28] D. Pardee 1997, 295, formuliert z.B., daß im ersten Hauptabschnitt von zwölf Untergliedern folgendes geschehe: "In these subsections the equine heroine, seeking a vanquisher of venomous serpents, sends a message to twelve deities."

[29] M.C. Astour 1967, 265; R.D. West 1995, 108-113; siehe ferner J.C. de Moor, ARTU 1987, 146 Anm. 1.

[30] D. Pardee 1997, 295-296.

[31] A. Caquot 1989, 79-84.

[32] J.C. de Moor 1987, 146-147.

[33] N. Wyatt 1998, 379-380.

S.B. Parker [34]

2b-6a	6b-7
Rede und Botschaft der *um*	Bericht über die Tätigkeit der Gottheit

Wie dieser Forschungsüberblick zeigt, rühren die bisherigen, zum Teil stark divergierenden Diskussionen über die Deutung des Inzipits Z. 1-7 und infolgedessen auch die über die Gesamtinterpretation des Abschnitts KTU 1.100:1-60 letztlich von unterschiedlichen Auffassungen über die kolometrische Gliederung und die syntaktische wie parallele Position einzelner Wörter her. Darum untersuchen wir im folgenden abschnittweise dezidiert die Kolometrie und die Wortpaare, um von einen wohlbegründeten Zugang zum Text zu finden. [35]

Übersichtshalber bieten wir, unter Vorwegnahme unserer Ergebnisse, zunächst die von uns erarbeitete Interpretation des Inzipits (Punkt 2.2) und begründen sie anschließend (Punkt 2.3).

2.2. Kolometrie und inhaltlicher Aufbau des Inzipits

Den aufgeführten Gliederungsvorschlägen stellen wir für das Inzipit folgende gegenüber und gehen davon aus, dabei den Rahmen für den ersten Hauptteil des Textes, Z. 1-60, inhaltlich abstecken zu können.

I Einführung der Sprecherin (um pḥl etc.) und deren Aufforderung an ihre Mutter, die Sonne.

	[1]*um pḥl pḥlt*	9	Die Mutter von männlichem Zuchttier (und) weiblichem Zuchttier,
	bt ʻn bt abn	9	die Tochter der Quelle (und) Tochter des Steins,
	bt šmm w thm	9	die Tochter des Himmels und der Meerestiefe
157	| [2]*qrit l špš umh*	11	ruft zur Sonne, ihrer Mutter (folgendes):

[34] S.B. Parker 1997, 218-219.

[35] M. Dietrich/O. Loretz 1980, 164-165.

II Rede an die Sonne und Nennung der Bitte, die die Sonne an die einzelnen Gottheiten überbringen soll. [36]

– 1 Der Auftrag [37]*: Bitte an die Sonne, gewissen Göttern und Göttinnen eine Botschaft zu übermitteln.*

špš um ql bl	9	"Sonne, (meine) Mutter, trage die Nachricht
'm [3]*il mbk nhrm*	11	zu El an die Quelle der beiden Ströme,
b 'dt thmtm	9	an den Treffpunkt der beiden Meere:
- - - - - -		- - - - - -

– 2 Inhalt der Botschaft: Bitte um eine effektive Beschwörung von Schlangenbiß und Schlangengift, Ersuchen um Legitimation der Beschwörung des von der Schlange gebissenen Kranken.

[4]*mnt nṯk nḥš*	9	'Meine Rezitation der Beschwörung betrifft den Biß der Schlange,
šmrr nḥš [5]*'qšr*	11	die Vergiftung durch die gehäutete Schlange!
- - - - - -		- - - - - -
lnh mlḫš abd	10	Von ihm der Beschwörer vernichte,
lnh ydy̮ [6]*ḥmt*	9	von ihm entferne er das Gift!'"

III Ablehnendes Verhalten der um Hilfe ersuchten Gottheit.

hlm yṯq nḥš	9	Aber siehe da, er stärkte die Schlange,
yšlḥm <*nḥš*> *'qšr*	<12>	fütterte die gehäutete Schlange.
- - - - - -		- - - - - -
[7]*y'db ksa w yṯb*	11	Er bereitete einen Stuhl und setzte sich.

2.3. Einzelbemerkungen zu Kolometrie, Philologie und Syntax des Inzipits

2.3.1. Z. 1-2a: Einführung der Sprecherin

Über die Gliederung des Abschnitts Z. 1-2a, der die Einleitung zu KTU 1.100 ist, in vier Kola besteht Konsens:

---

[36] I. Kottsieper 1984, 99, spricht von einem Bittformular.

[37] D.W. Young 1979, 840, nennt Z. 2-3 "The Commission".

[1]*um pḥl pḥlt*	9	Die Mutter von männlichem Zuchttier (und) weiblichem Zuchttier,
bt ʻn bt abn	9	die Tochter der Quelle (und) Tochter des Steins,
bt šmm w thm	9	die Tochter des Himmels und der Meerestiefe
[2]*qrit l špš umh*	11	ruft zur Sonne, ihrer Mutter (folgendes):

158 | Die kolometrische Anordnung der ersten drei Kola führt zu vier Wortpaaren, von denen eines vertikal und drei horizontal angeordnet sind:

vertikal: *um* ‖ *bt* ‖ *bt*

horizontal: *pḥl* ‖ *pḥlt, ʻn* ‖ *abn, šmm w thm*

um ‖ *bt* ‖ *bt* "Mutter ‖ Tochter ‖ Tochter" — gleichgültig, ob die Wörter *um* "Mutter" und *bt* "Tochter" hier metaphorisch oder real zu verstehen sind: In Symmetrie zu den drei horizontalen Parallelismen ist hier von einem dreifachen, hier allerdings vertikal angeordneten Parallelismus auszugehen, der eine Totalität umschreibt. Diese ist auf die drei Bereiche *pḥl pḥlt, ʻn abn* und *šmm w thwm* zu beziehen und ohne Namensnennung der göttlichen Gestalt als deren Funktionsbestimmung aufzufassen: Es handelt sich um eine weibliche Figur aus dem Kreis der Sonne, die in besonderer Weise mit den aufgezählten drei Bereichen der Natur verbunden ist, also als Personifikation der jeweiligen Bereiche gelten darf.

Aus Z. 1-7 wurde aufgrund der Position des Wortes *um* "Mutter" gemeinhin gefolgert, daß *um* metaphorisch zu gebraucht sei und eine besondere Theogonie voraussetze: Entgegen der üblichen Vorstellung, daß El Schöpfer und Vater aller Geschöpfe sei, werde hier die Sonnengöttin Šapaš an die Spitze der Götter gestellt — sie sei die Mutter von Himmel und Erde, sie habe Quelle und Stein geboren, sie sei die Mutter der ersten Geschöpfe ("He-ass", "She-ass"). Möglicherweise stamme diese Theogonie, so die weiteren Überlegungen, aus einer hethitisch-hurritischen Quelle. Bemerkenswert sei jedoch, daß damit die Aussage des Inzipits (Z. 1-7) gewissermaßen in Widerspruch zum folgenden Teil des Textes stehe, in dem El die Reihe der Götter anführe. [38]

[38] J.C. de Moor 1987, 146 Anm. 3; M.C.A. Korpel 1990, 240, schließt sich der Anschauung an, daß in KTU 1.100:1-7 *Šapaš* die Mutter der Schöpfung sei: "The Ugaritic sungoddess Schapshu is called the mother of Heaven and Flood who gave birth to Spring and Stone, the parents of the She-ass, the first animated creature. The She-ass called Shapshu her mother ... In this text Shapshu has been placed at the top of the list of gods as the first mother."

Die Vertreter eines realen Verständnisses von *um* "Mutter", die "La mère de l'étalon, la cavale" [39] übersetzen und die die *um* mit der Pferdemutter identifizieren, entheben sich zwar der Mühe, für die namenlose Gestalt eine Identifikation vorzunehmen, haben aber in der Folge das Problem, für *bt* "Tochter" eine plausible Erklärung zu finden. So wird beispielsweise vermutet, daß die postulierte "Mutter des Hengstes"
159 | nach Maßgabe von *bt ʿn bt abn* in der Steppe wohne, und daß *bt šmm w thm* auf ihre himmlische Abkunft als Tochter der Sonne anspiele. [40]

um "Mutter" — metaphorisch gebrauchter Ehrenname:

um wird hier auf eine Göttin oder eine weibliche Figur aus dem göttlichen Bereich der Sonne angewendet. [41]

bt "Tochter" — metaphorisch auch als Anrede einer Höhergestellten. [42]

pḥl ‖ *pḥlt* "männliches Zuchttier" ‖ "weibliches Zuchttier":

Daraus, daß *p/bḥl* an allen ug. Belegstellen (KTU 1.4 IV 5.9.15; 1.19 II 4.9.11; 4.377:24 [43]) für den jungen Eselhengst gebraucht wird, muß man für KTU 1.100:1 nicht schließen, daß *pḥl* auch hier "junger Eselhengst" bedeutet. [44] Die Beiordnung des Wortpaares *pḥl* ‖ *pḥlt* zu den Parallelismen *ʿn* ‖ *abn* und *šmm w thm* zeigt vielmehr an, daß dem *pḥl* nur eine allgemeinere Bedeutung wie "männliches Zuchttier" [45] zugrundeliegt. [46]

Aus den Belegen für *pḥl* wurde schon früher zu Recht geschlossen, daß *pḥl* in KTU 1.100:1 aufgrund der Verbindung der "Mutter" ganz

---

[39] D. Pardee 1988, 204; id. 1997, 295.

[40] D. Pardee 1988, 204-205, sucht für die Rechtfertigung seiner Erklärung schließlich bei der Originalität des Autors von KTU 1.100 seine Zuflucht.

[41] Vgl. hierzu akk. *ummu* für Göttinnen (AHw. 1417: *ummu* I "Mutter" 8 von Göttinnen) sowie den metaphorischen Gebrauch des Wortes in akkadischen und hebräischen Quellen (AHw. 1416: *ummu* I "Mutter" 5 bildl.; HAL 59: *ʾm* Mutter - 2. metaph.; Ehrenname für eine Frau: Ri 5,7).

[42] Fürs Hebr. siehe Ges.^{18} 185: bt_1 - 7. Anrede des Lehrers od. Höhergestellten.

[43] M. Dietrich/O. Loretz 1985, 103, leiten aus dem Nebeneinander von *bḥ[lm]* und *ḥmrm* in KTU 4.377:24.25.30 ab, daß es sich bei *pḥl* in diesem Text um einen Pferdehengst handle und folglich ug. *pḥl* eine Bezeichnung für den Zuchthengst von Pferd und Esel sei. Diese Schlußfolgerung ist nicht zwingend. Wir belassen es auch in KTU 4.377:24 bei *pḥl* "männliches Zuchttier; Hengst (v. Esel)".

[44] Vgl. dagegen oben die in Anm. 26 erwähnten Autoren.

[45] Vgl. AHw. 875: *puḫālu*, Am. *puḫīlu* (ar. *faḥl* Hengst) "Zuchtwidder, -stier, -hengst"; M. Dietrich/O. Loretz 1985, 101-103.

[46] Vgl. auch den Parallelismus *ʿr* ‖ *pḥl* in KTU 1.4 V 14-15; 1.19 II 8-9.10-11 (zu *ʿr* siehe AHw. 328: *ḫârum, ajarum* "Eselhengst" aB, Māri; HAL 778: *ʿr* "Hengst [v. Esel]"); in KTU 4.377 geht *bḥ[lm]* (Z. 24) einem *ḥ[mrm]* "Esel" (Z. 25) voran; zu *bḥl* siehe G. Del Olmo Lete 1979, 194 (: "stallion"); M. Dietrich/O. Loretz 1985, 101-103; DLU 106: *bḥl*.

allgemein ein fruchtbares, zeugungs- bzw. tragfähiges männliches oder weibliches Tier meine und daß die Übersetzungen "Hengst" für *pḥl* und
160 "Stute" für *pḥlt*, die sich letztlich auf das ar. *faḥl* [47] | stützt, die Gefahr einer irreführenden semantischen Einengung der Wörter auf das Pferd in sich berge. [48]

An dieser Stelle ist ein Rekurs auf das Thema *Das Phantom einer Pferdegöttin in KTU 1.100:1-7* (siehe oben Punkt 1.3) nötig: Da es im Alten Orient eine Reihe von Hinweisen gibt, die eine Verbindung zwischen Pferd und Sonne nahelegen, [49] schloß M.C. Astour schon bald nach dem Bekanntwerden von KTU 1.100, daß hier ein Zeugnis für diese Tradition vorliege. Er folgte im Verständnis von KTU 100:1, wie oben schon angedeutet, Ch. Virolleaud und interpretierte das Wort *pḥlt* wie dieser als "mare" und dachte dabei an einen Namen der Tochter der Sonne. [50] Ch. Virolleaud faßte seinerseits sowohl *pḥl* als auch *pḥlt* aber auch als Namen zweier unterschiedlicher göttlicher Wesen auf, so daß er Z. 1a folgendermaßen übersetzte: "La mère de *Pḥl* (à savoir) *Pḥlt*". [51] Dagegen stellte M. Tsevat überzeugend fest, daß *pḥl pḥlt* eine asyndetische Beiordnung zweier Substantive sei und wohl einen Merismus meine: "Mutter aller Pferde". [52] Diese Deutung einer Beziehung zwischen *pḥl* und *pḥlt* findet jedoch nur begrenzt Zustimmung. [53]

Aus der poetischen Position des Wortpaares *um* ‖ *bt* ergibt sich jedoch zwingend, daß nur der mit *um* - *bt* bezeichneten namenlosen Gestalt ein göttlicher oder quasigöttlicher Status eigen sein kann. Demgegenüber kommt den Parallelpaaren *pḥl* ‖ *pḥlt* "männliches Zuchttier" ‖ "weibliches Zuchttier" und *‘n* ‖ *abn* "Quelle" ‖ "Stein" aus dem Blickpunkt der Kosmologie allenfalls eine untergeordnete göttliche Stellung zu.

‘n abn "Quelle (und) Stein":

Das Wortpaar *‘n abn*, das den Parallelismus *‘n* ‖ *abn* voraussetzt, ist in Symmetrie zu den vorangehenden und nachfolgenden Parallelismen auch merismisch zu deuten. Denn es beschreibt den Gegensatz zwischen

---

[47] F. Renfroe 1985, 410-411.

[48] M. Dietrich/O. Loretz 1985, 103; vgl. dagegen D. Pardee 1979, 405.

[49] Siehe z.B. M.J. Mulder 1972, 89-90 mit Anm. 71; A. Caquot 1989, 79, und E. Lipiński 1999, 765, zu 2 Kön 23,11-12.

[50] M.C. Astour 1967, 265.

[51] Ch. Virolleaud 1968, 566; A. Caquot 1989, 82, "La mère de l'étalon, la Cavale"; N. Wyatt 1998, 378, "The Mother of the stallion, Mare".

[52] M. Tsevat 1979, 760-761.

[53] Siehe z.B. J.C. de Moor, ARTU 1987, 146; D.R. West 1995, 109; D. Pardee 1997, 295; S.B. Parker 1997, 219, 223, entscheidet sich zwar für "The mother of stallion and mare", erwägt aber auch "the stallion's mother, the mare".

161 Wasser und wasserlosem Gestein und | könnte vielleicht jenen vertikalen Parallelismen gleichgestellt werden, die beispielsweise Tal und Berg zusammensehen. [54]

šmm w thm "Himmel und Meer(estiefe)":
Dieser Ausdruck [55] sieht merismisch die höchsten Höhen und die tiefsten Tiefen zusammen und ist *ġrm w thmt* "Berge und Meer" (KTU 1.148:6.43; RS 1992.2004:29) an die Seite zu stellen.

qrit "sie ist rufend" (G Part.f.Sg.: *qāri't-* [56]) — in den Wiederholungsabschnitten (Z. 8 et par.), in denen die *um* "Mutter" die Sonne um die Übermittelung ihrer Worte an weitere Gottheiten bittet, steht das narrative *tqru* "sie rief" (G PK 3.f.Sg.: *tiqra'u*) für die konkrete Durchführung.

2.3.2. Z. 2b-6a: Rede der *um* "Mutter" an Špš, die Sonne

Die *Rede der um "Mutter" an Špš, die Sonne*, die El zum Ziel hat, wird im gesamten Text zehnmal wiederholt (Z. 8-9, 14-15, 19-20, 25-26, 30-31, 35-36, 40-41, 45-46, 51-52, 57-58 [57]) und richtet sich jeweils an eine andere Gottheit mit Nennung des Ortes ihrer Verehrung. Dabei beschreibt der Text in beeindruckender Weise den kultgeographischen Horizont Ugarits — im folgenden analysieren jedoch nicht alle Abschnitte mit ihren unterschiedlichen Gottheiten und Kultorten, sondern lediglich den ersten Abschnitt aus dem Inzipit mit El als intendiertem Ansprechpartner.

Die Rede läßt sich in zwei Abschnitte gliedern: Der erste (Z. 2b-3) enthält die Bitte, eine Botschaft an die Sonne zu übermitteln, und der zweite (Z. 4-6a) bietet den Wortlaut der Botschaft mit anschließendem Ersuchen um Legitimation für die Beschwörung.

---

[54] J. Krašovec 1977, 94-96, *hr* || *'pq, bq'h, gy', 'mq, śdh*; O. Loretz 1998, 229, zu ug. *ġr - arṣ* || *gb' - šdm*.

[55] B. Alster 1999, 868-869; he. *šmym + thwm* und *šmym* || *thwm* siehe J. Krašovec 1977, 154, Nr. 257p-t; M. Dahood, RSP I 1972, 358-359, Nr. 560, *šmm + thm*.

[56] Vgl. dagegen E. Lipiński 1974, 171: *qrit* Stativ (*qari'ta*) zur Beschreibung eines dauernden Zustandes; I. Kottsieper 1984, 99, deutet die Form als berichtendes *tqṭl*.

[57] Impliziert ist diese Rede auch für den Nachtrag auf dem linken Rand der Tafel (KTU 1.100:77-79): Der Schreiber hat stichwortartig die aus Versehen ausgelassene Ansprechpartnerin *'ṯtrt* von Māri ins Gespräch gebracht, siehe M. Dietrich/O. Loretz/J. Sanmartín 1975, 124.

2.3.2.1. Z. 2b-3: Bitte der *um* "Mutter", eine Botschaft an die Sonne zu übermitteln

	špš um ql bl	9	"Sonne, (meine) Mutter, trage die Nachricht
162	| *‘m* [3]*il mbk nhrm*	11	zu El an die Quelle der beiden Ströme,
	b ‘dt thmtm	9	an den Treffpunkt der beiden Meere:
	- - - - - -		- - - - - -

Sachlich ist bemerkenswert, daß die in Z. 1 als *um* "Mutter" eingeführte Sprecherin *Špš*, die Sonne, als "(ihre) Mutter" anspricht und sie als Übermittlerin ihres Anliegens wünscht.

Da innerhalb des Trikolons sowohl *‘m il* "zu El" als auch *b* "in" Doppelfunktionen wahrnehmen, ergeben sich die beiden Wortpaare *mbk* || *‘dt* und *nhrm* || *thmtm*. Beide Parallelismen dienen dazu, den Wohnsitz des Hochgotts El zu umschreiben. [58]

Dem Bild von den beiden Strömen und Meeren als Sitz des Schöpfergottes liegen altmesopotamische [59] und antike Anschauungen zugrunde, daß der Erdboden, die bewohnte Welt von diesen Wassermassen umgeben ist. [60]

2.3.2.2. Z. 4-6a: Botschaft der *um* "Mutter" mit anschließendem Ersuchen um Legitimation für die Beschwörung

In Z. 4-6a folgt die Botschaft, die die Sonne im Auftrag der *um* "Mutter" an El — der Wortlaut der Botschaft wird zehnmal wiederholt und hat jeweils eine andere Gottheit im Blick (Z. 9-11, 15-17, 20-22, 26-28, 31-33, 36-38, 41-43, 46-48, 52-54, 58-60 [61]) — übermitteln soll. Das Ersuchen hat zum Ziel, die Legitimation für die Beschwörung am Kranken zu gewinnen. Denn der Beschwörungspriester braucht nach altorientalischer Anschauung eine göttliche Legitimation, die ihn befähigt, eine Beschwörung erfolgreich durchzuführen. Dabei muß ihm die für die Beschwörung zuständige Gottheit

[58] Siehe M. Dietrich/O. Loretz 1997, 136-139; zur den Quellwassern (*mê nagbi*) in der akk. Kosmologie siehe W. Horowitz 1998, 314-315.

[59] Zum Wohnort Enki/Eas im Wasser siehe H.D. Galter 1981, 52-84; M. Dietrich/O.Loretz 1997.1998, 136-139; W. Horowitz 1998, 315. — Zum Thema der Rezeption des mesopotamischen Schöpfergottes Enki/Ea im Westen mit den ältesten Zeugnissen aus Ebla siehe F. Pomponio/P. Xella 1997, 164-169.

[60] W. Horowitz 1998, 40-42, 325-326 zur babylonischen bzw. griechischen Weltkarte. — Es versteht sich, daß dann, wenn eine andere Gottheit als Ansprechpartner auftritt, der Kultort wechselt.

[61] Zum Nachtrag Z. 79 siehe Anm. 57.

die Beschwörungsformel in den Mund und die beschwörungsgemäßen Mittel in die Hand legen. So berufen sich beispielsweise die Beschwörungen auf die Götter der "weißen Magie", in deren Auftrag sie die Beschwörungshandlung an Kranken vornehmen. Dadurch, daß hier die Götter des Ea-Kreises mit
163 ihrer Macht hinter dem Beschwörungs|priester stehen, wird dessen Kraft in dem Maße erhöht, wie sie für die Beschwörung erforderlich ist. Da er nun auf höheren, göttlichen Befehl die Beschwörung am Kranken vollzieht, ist er vor Dämonen geschützt, die sich durch seine Beschwörungshandlung angegriffen fühlen könnten. [62]

Botschaft und Ersuchen um Legitimation haben folgenden Wortlaut:

[4]*mnt nṯk nḥš*	9	‘Meine Rezitation der Beschwörung betrifft den Biß der Schlange,
šmrr nḥš [5]*‘qšr*	11	die Vergiftung durch die gehäutete Schlange!
- - - - - -		- - - - - -
lnh mlḫš abd	10	Von ihm der Beschwörer vernichte,
lnh ydy [6]*ḥmt*	9	von ihm entferne er das Gift!’"

Bevor wir auf Einzelheiten dieses Redeabschnitts zu sprechen kommen, unterbreiten wir ein Florilegium bisheriger Übersetzungen und Deutungen:

— A. Caquot 1989, 83-84:

(4) "(Voici) ma conjuration:
Un serpent a mordu
un serpent (5) venant de muer *a craché* son poison.
De son fait l’incatateur *a péri*,
(car) sur lui il a lancé (6) le venin.

Der Interpret [63] gelangt zu dieser Übersetzung, weil er wie J.C. de Moor (siehe unten) davon ausgeht, daß *mnt* "meine Beschwörung" wegen der Pleneschreibung *mnty* in Z. 9 nur einen Nominalsatz meinen kann. Gleichzeitig betont er, daß Übersetzungen, die eine Determination des *mnt* durch das nachfolgende *nṯk* "Biß" voraussetzen, [64] abzulehnen sind.

[62] A. Falkenstein 1931, 20-27.

[63] 1989, 83-84: Anm. 253.

[64] C.H Bowman/R.B. Coote 1980, 136, "By the recitation for the bite of the snake"; P. Xella 1981, 227, "Incantesimo per il morso del serpente"; D. Pardee 1997, 295, "My incantation for serpent bite"; S.B. Parker 1997, 220, "For a spell for a viper’s bite"; N. Wyatt 1998, 379, "A spell against the bite of a snake".

— S.B. Parker (1997, 220) bindet Z. 4-5 snytaktisch an die Rede an die Sonne in Z. 2-3 an und faßt Z. 5-6 als letzten Teil dieser Rede auf:

"Shapsh, mother, carry my cry
To El at the source of the Rivers,
At the confluence of the Deeps,

For a spell for a viper's bite,
For a sloughing viper's venom.

164 | Let the exorcist banish the bane
Expel from it the poison."

— D. Pardee (1997, 295) deutet Z. 4-6a als Botschaft der *um* "Mutter" (Z. 1) durch die Sonne an die einzelnen Götter. Innerhalb derselben interpretiert er Z. 5b-6a als die Beschwörung seitens der *um* "Mutter":

My incantation for serpent bite,
  for the scaly serpent's poison:
From it, O charmer, destroy,
  from it cast out the venom.

— J.C. de Moor (1987, 147) schließlich erkennt in Z. 4-6a einen Teil der Beschwörung, die er bis Z. 7 ausdehnt:

"Shapshu, my mother, carry my voice,
  . . .
My incantation is:
'A poisonous serpent has bitten,
  a serpent which has sloughed its skin!
Is there someone to charm for its destructive venom?
  is there someone to expel its poison?
Look! Let him bind the serpent,
  let him feed the serpent which has sloughed its skin,
    let him place a chair and sit down!'"

Entgegen diesen Interpretationen, die sehr unterschiedliche Positionen hinsichtlich der Kolometrie einnehmen, dürfte daran festzuhalten sein, daß die Botschaft, die die Sonne im Auftrag der *um* "Mutter" an die einzelnen Götter zu überbringen hat, weder eine Beschwörungsformel enthält, noch mit einer solchen identisch ist. [65] Die Botschaft bringt vielmehr den Wunsch zum Ausdruck, daß die jeweils angesprochene Gottheit der Beschwörung der Bittstellerin Kraft verleihe, das Schlangengift unschädlich zu machen, damit

---

[65] I. Kottsieper 1984, 104, scheint *ql* und *mnt* (Z. 2b-4) innerhalb einer syntaktischen Einheit gleichzusetzen.

ein Schlangenbeschwörer mit ihr sein Ziel erreiche, das Gift des Schlangenbisses zu tilgen.

Um Klarheit zu gewinnen, halten wir zunächst fest: Die beiden Bikola weisen folgende, für die Definition des Wunsches der *um* "Mutter" (Z. 1) an El und die anderen Gottheiten wichtigen Wortpaare auf: *nṯk nḥš* ‖ *šmrr nḥš ‘qšr; nṯk* ‖ *šmrr, nḥš* ‖ *nḥš, lnh* ‖ *lnh* und *abd* ‖ *ydy*.

165 | Diesen Wortpaaren lassen sich bei einer sorgfältigen Analyse u.a. folgende Aussagen entnehmen:

mnt "Rezitation einer Beschwörung, Beschwörung": [66]

Wie die Pleneschreibung in Z. 9 (*mnty*: |minût-ī|) zeigt, ist bei *mnt* ein Suff.1.Sg. zu implizieren und auf die Auftraggeberin *um* "Mutter" (Z. 1) zu beziehen.

nṯk nḥš ‖ *šmrr nḥš ‘qšr* "Biß der Schlange" ‖ "Vergiftung der gehäuteten Schlange": [67]

Die Formulierung dieses Begriffspaars dürfte zu erkennen geben, daß es sich bei KTU 1.100 nicht um eine prophylaktische Beschwörung gegen bissige und giftige Schlangen handelt, [68] sondern um die Beschwörung gegen das in einem konkreten Fall durch einen Schlangenbiß in einen Menschen oder ein Tier eingedrungene Gift. [69]

---

[66] *mnt(y)* ist wohl dem Akk. entlehnt, vgl. AHw. 657: *minûtu* I 3 Rezitation einer Beschwörung; CAD M/2 98-99: *minûtu* 3. recitation (of an incantation). — I. Kottsieper 1984, 100-101, weist zu Recht darauf hin, daß an einigen der in den Lexika zitierten Stellen weniger "Rezitation einer Beschwörung" als "Beschwörung" in Frage kommt.

Das *bhtm/bt mnt* "Haus der Beschwörung" in Z. 70-71 ist mit *bt ḥrš* "Haus des Zauberers" von KTU 1.12 II 61 vergleichbar.

[67] Zu anderen Kolagliederungen vgl. beispielsweise J. Tropper 1990, 89, der *šmrr* "sehr giftig" mit dem vorangehenden *nḥš* verbindet und dabei ein wenig symmetrisches Bikolon in Kauf nimmt: *nṯk nḥš šmrr* ‖ *nḥš ‘qšr* (10 ‖ 7). — Oder: A. Caquot 1989, 83, der nach T.H. Gaster einen asymmetrischen Parallelismus bildet: *nšk nḥš* ‖ *šmrr nḥš ‘qšr* (6 ‖ 11) "Un serpent a mordu ‖ un serpent venant de muer *a craché* [= *šmrr* Š G SK) son poison." — Oder: E. Lipiński 1974, 169, 171-172, postuliert folgendes Bikolon: *šmrr* [= *šu-um-r*[*i-ir*], EA 185:74] *nḥš* [5]*‘qšr lnh mlḫš* ‖ *abd lnh ydy* [6]*ḥmt* (18 ‖ 12) "‘Chasse le serpent, l’ophidien qui siffle contre lui, ‖ fais périr celui qui, sur lui, crache du venin!.’"; auch gegen diese Lösung sprechen die asymmetrischen Überlängen.

[68] Vgl. dagegen Ch. Virolleaud 1968, 569, der betont, daß die Beschwörung nicht den Zweck habe, eine Schlangenbiß zu heilen, sondern einen solchen zu verhindern; siehe ferner D. Pardee 1988, 223, "La cavale, mère de l’étalon, demande à sa mère, le Soleil, de transmettre un message à *’Ilu* ... Dans le message est rapportée la conjuration de la cavale contre les serpents: celle-ci consiste en une invitation adressée à un charmeur en vue d’extirper le venin du serpent."; id. 1997, 295, "Ugaritic liturgy against venomous reptiles".

[69] C.H. Bowman/R.B. Coote 1980, 135; S.B. Parker 1997, 219; N. Wyatt 1998, 378, "A Spell against Snakebite".

nṯk ‖ *šmrr* "Biß" [70] ‖ "Vergiftung". [71]

166 | *lnh* ‖ *lnh* "von ihm" ‖ "von ihm":

Das Bezugsobjekt von *lnh* "von ihm" ist, wie der Fortgang der Rede in Z. 6b-7 zu erkennen gibt, der (oder die) vom Schlangenbiß Betroffene, in dem/der sich das Gift nun befindet. [72]

mlḫš "Flüsterer, Beschwörer". [73]

’bd ‖ *ydy* D "vernichten" ‖ G "vertreiben".

2.3.2.3. Z. 6b-7: Das ablehnende Verhalten der um Hilfe ersuchten Gottheit

hlm yṯq nḥš	9	Aber siehe da, er stärkte die Schlange,
yšlḥm <*nḥš*> *‘qšr*	<12>	fütterte die gehäutete Schlange.
- - - - - -		- - - - - -
[7]*y‘db ksa w yṯb*	11	Er bereitete einen Stuhl und setzte sich.

In diesem letzten Abschnitt des Inzipits, der drei Kola umfaßt und aus einem Bikolon und einem abschließenden Monokolon zusammengesetzt ist, [74] finden sich nur die beiden Wortpaare: *yṯq* ‖ *lḥm* Š und *nḥš* ‖ *nḥš*.

Bei einer Interpretation dieses Abschnitts ist im Blick zu halten, daß hier der Bericht über das Verhalten der um Legitimation ersuchten Gottheit steht. Alle Gottheiten, die vor Ḥoron (Z. 57-60) angesprochen worden sind, gehen ebensowenig gegen das Schlangengift vor wie an dieser Stelle El und behandeln

---

[70] Die Interpreten, die in *mnt*(*y*) einen selbständigen Nominalsatz erkennen, betrachten *nṯk* als finite Verbform (SK 3.Sg.): J.C. de Moor 1987, 147; A. Caquot 1989, 85.

[71] Zur Diskussion dieses Nomen actionis vom Š-Stamm siehe D. Pardee 1978, 257; I. Kottsieper 1984, 106: *mrr* Š Inf. cstr. "das Vergiften"; vgl. dagegen J.C. de Moor 1987, 147; J.C. de Moor/K. Spronk 1987, 171, die *šmrr* als Adj. auffassen: "poisonous"; ähnlich J. Tropper 1990, 89: Š-Verbaladjektiv des Typs *šuqtul* mit elativischer Bedeutung: "überaus giftig".

[72] Vgl. dagegen E. Verreet/J. Tropper 1988, 342, "Von ihr (der Schlange), oh Beschwörer, vernichte, von ihr treibe aus das Gift!". — Anders auch Ch. Virolleaud 1968, 569, der *‘qšr* mit *lnh* verbindet und hierzu vermerkt: "*‘qšr lnh*, c’est-à-dire d’un serpent doué d’*‘qšr*, littéralement à qui appartient le *‘qšr*."; E. Lipiński 1974, 169, *‘qšr lnh mlḫš* ... *lnh ydy ḥmt* "l’ophidien que siffle contre lui ... celui que, sur lui, crache du venin"; C.H. Bowman/R.B. Coote 1980, 136, *šmrr nḥš* ... *lnh mlḫš abd* "For the pain of the snake ... For it let the charm destroy".

[73] Vgl. hebr. HAL 501: *lḥš* pi. Ptz. Beschwörer (zu den vergleichbaren Stellen des Alten Testaments Jer 8,17; Ps 58,5 und Qoh 10,11 siehe u.a. M.C. Astour 1968, 17; S.D. Sperling 1993, 226 Anm. 16.); Akk. *mulaḫḫišu* "Flüsterer": AHw. 670; CAD M/2 188: *mulaḫḫišu* whisperer (as a name of a god).

[74] P. Xella 1981, 227; A. Caquot 1989, 84-85; S.B. Parker 1997, 220; vgl. dagegen Autoren, die ein asymmetrisches Trikolon ansetzen: D. Pardee 1997, 295; N. Wyatt 1998, 380.

die Schlange eher freundlich: Sie pflegen sie und vermehren damit sogar ihr gefährliches Gift. [75]

167 | Die Tatsache, daß die Gottheiten sich zum Schluß auf einen Stuhl setzen und die fressende Schlange beobachten, gibt unmißverständlich zu verstehen, daß sie sich voll mit deren Aktion identifizieren [76] und eine Legitimierung des Beschwörungspriesters ablehnen. [77]

wṯq || *lḥm* Š "stärken" || "füttern":

A. Caquot (1989, 84 Anm. 261) versucht, die finiten Verbformen, die auch bei einem femininen Subjekt (Z. 20; siehe Z. 77-79) masculin bleiben, dadurch zu erklären, daß er in *nḥš* als Subjekt sieht und die Verbformen passivisch deutet. Dieses Problem ergibt sich für A. Caquot von der Annahme her, daß in Z. 6b die Gottheit um ein Eingreifen gebeten werde. Stattdessen läßt sich die fehlende Kongruenz in Z. 23 damit erklären, daß das Schema von Z. 6b-7 als formelhaft angesehen wurde und deswegen darauf verzichtet werden konnte, den Text im Einzelfall umzuformulieren.

Der Bedeutungsansatz von *wṯq* "stärken" [78] war lange umstritten, [79] liegt aber aufgrund des parallelen *lḥm* Š "zu essen geben, füttern" [80] nahe.

---

[75] Vgl. dagegen z.B. D. Pardee 1997, 295 mit Anm. 8, der den Text auf die einzelnen angerufenen Gottheiten bezieht, von denen jede nur fähig sei, eine limitierte Anzahl von Schlangen zu beschwören. Dagegen erfülle Ḥoron schließelich alle in ihn gesetzten Erwartungen und zerstöre das ganze Gift; ähnlich S.B. Parker 1997, 219-220.

[76] M.C. Astour 1968, 19, zieht dafür zwei Erklärungsmöglichkeiten in Betracht: erstens, Füttern der Schlange, um ihr das Gift durch eine andere Ernährung zu entziehen; zweitens, Füttern der Schlange, um zu demonstrieren, daß sie letztlich zahm ist — das Füttern von Schlangen mit kleinen Tieren werde selbst in modernen Vivarien als Spektakel durchgeführt.

[77] M. Tsevat 1979, 759, 763, bezieht Z. 6b-7 lediglich auf El, der nicht daran denke, sich von der Schlange zu trennen. Die Szene schließe damit, daß er sich einen Stuhl heranhole und sich setze - ein Bild der Zufriedenheit; D.W. Young 1979, 840, "The Response"; C.H. Bowman/R.B. Coote 1980, 138; A. Caquot 1989, 85, "(Mais le dieu) dispose un trône et s'assied."

[78] *yṯq* "er stärkte", G PK 3.m.Sg.; vgl. ar. *waṯiqa* vertrauen, fest sein, II fest, solid machen, stärken (Wehr 1374a); C.H. Bowman/R.B. Coote 1980, 136.

[79] Ch. Virolleaud 1968, 569, hatte ar. *wṯq* "ligoter" zur Diskussion gestellt, an das sich M.C. Astour 1968, 18, anschloss, gleichzeitig aber betont, daß hier "binden" im Sinn von akk. *kaṣāru* vorliege, folglich ein Binden durch Beschwörung. Die weniger wahrscheinliche Ableitung von *šqy* "trinken, zu trinken geben" erwog Ch. Virolleaud 1968, 569, auch: "Mais peut-être le scribe a-t-il écrit *yṯq* pour *yšq* "il donne à boire").

Vgl. dagegen M.J. Mulder 1972, 90 Anm. 75, *ṯwq* "einengen", he. *šwq*, akk. *sâqu* D "'einengen'(?)"; M. Tsevat 1979, 759, 762-763, ar. *waṯiqa* "vertrauen" u.ä., "Doch dieser steht mit der Schlange gut"; D.W. Young 1979, 843, 845, *ṯqq* "to forage", he. *šqq* (Prov 28,15; Jl 2,9; Jes 33,4); M. Dietrich/O. Loretz 1980, 160, *ṯqy* D "erhöhen".

[80] *yšlḥm* "er fütterte" Š PK 3.m.Sg. — Vgl. dagegen E. Lipiński 1974, 169, 172, *yšlḥm* "il combat"; C.H. Bowman/ R.B. Coote 1980, 136, *yšlḥ+m* "He ... Sends off (<the snake>)".

168 | 3. Mythos und Realität in KTU 1.100:1-60 — Sitz im Leben von KTU 1.100 als mythischem Begleittext zur Beschwörung

Die Bitte an die einzelnen Götter hat den Zweck, dem Beschwörer (*mlḫš*, Z. 5b) Kraft und Legitimation zu verleihen, die Rezitation einer Beschwörung gegen das tödliche Gift eines Schlangenbisses erfolgreich einzusetzen. Denn der Beschwörer kann die Beschwörung der *um* "Mutter" erst dann wirksam umsetzen, wenn die Gottheit zustimmt, die für Schlangen- und Schlangengiftbeschwörung zuständig ist. [81] Ihre Tätigkeit wird als Nachahmung eines mythischen Urbildes gedeutet, wie der zweite Teil, KTU 1.100:61-76, verdeutlicht.

Während die Besuche bei den ersten elf Gottheiten in ihren Heiligtümern (Z. 3-55.77-78) offensichtlich ergebnislos verlaufen, bringt der zwölfte bei Ḥorōn den gewünschten Erfolg: Seine Macht über Schlangen und Schlangengift verhilft der nach der Macht der Beschwörung rufenden *um* "Mutter" (Z. 1) dazu, in der Welt der Menschen eine Beschwörung gegen Schlangengift durchführen zu lassen. Hinsichtlich des Sitzes im Leben von KTU 1.100 läßt sich daraus ableiten, daß er als Mythos während der Durchführung einer Beschwörung vorgetragen wurde und der Beschwörung ihre mythologische Rechtfertigung lieferte. Dies ist letztendlich der wichtigste Grund dafür, KTU 1.100 nicht als eine Beschwörung einzustufen.

Das ablehnende Verhalten der angerufenen Gottheiten im Rahmen von KTU 1.100:1-56 und das eingreifende des Ḥorōn in Z. 61-76 führen zum Schluß, daß Ḥoron als der alleinige Herr über die Schlangen [82] und deren Gift angesehen war. Nur er ist befugt und imstande, Vergiftungen durch Schlangenbiß zuzulassen oder deren Beseitigung zu bewirken. [83] Im Rahmen der magischen Medizin ist eine Beseitigung nur mittels Rezitation einer Beschwörung durch einen göttlich legitimierten Beschwörungspriester möglich.

---

[81] Vgl. z.B. das Verhältnis zwischen Asarluḫi und Enki in der Beschwörung VS 10, 193, und die diesbezüglichen Ausführungen von N. Veldhuis 1993, 161-168.

[82] Siehe O. Keel 1992, 224-226, zu Herr und Herrin der Schlangen in Vorderasien, allerdings ohne Bezugnahme auf Ḥoron.

[83] O. Keel 1992, 229, deutet Schlangenappliken aus Ton auf Gefäßdeckeln oder an Gefäßausgüssen, -rändern und -schultern nach dem Prinzip *similia similibus curantur*. Sie hätten die Funktion gehabt, den Inhalt der Gefäße vor Verlust und Vergiftung zu schützen, gleichzeitig aber auch ihn mit der Vitalität der Schlange anzureichern.

169 | **Literatur:** [84]

Aartun, K., 1974: Die Partikeln des Ugaritischen. AOAT 21/1.

Alster, B., 1999: Tiamat, in: DDD, 867-869.

Astour, M., ²1967: Hellenosemitica, Leiden.

- -, 1968: Two Ugaritic Serpent Charms, JNES 27, 13-28.

Bordreuil, P., 1983: "Venin de printemps, venin foudroyant": A propos de RS 24.244 l. 5, UF 15, 299-300.

- -, 1985: Ashtart de Mari et les dieu d'Ugarit, Mari 4, 545-548.

Bordreuil, P./D. Pardee, 1989: La trouvaille épigraphique de l'Ougarit. 1. Concordance. RSOu 5.

Bowman, C.H./R.B. Coote, 1980: A Narrative Incantation for Snake Bite, UF 12, 135-139.

Caquot, A., 1989: KTU 1.100, TO II, 79-94.

Dahood, M., 1972: Ugaritic-Hebrew Parallel Pairs, RSP I, 71-382.

- -, 1989: Ugaritic-Hebrew Philology. Second Reprint (With Minor Corrections).BibOr 17.

Del Olmo Lete, G., 1979: Quantity Precision in Ugaritic Administrative Texts (*ṣmd*, *ḥrs*, *aḥd*), UF 11, 179-186.

Dietrich, M./O. Loretz, 1975: Untersuchungen zur Schrift- und Lautlehre des Ugaritischen (III): Formen und ugaritisch-hurritische Lautwert(e) des keilalphabetischen Zeichens "ẓ". UF 7, 103-108.

Dietrich, M./O. Loretz, 1980: Die Bannung von Schlangengift (KTU 1.100 und KTU 1.107:7b-13a.19b-20), UF 12, 153-170.

- -, 1985: Die akkadischen Tierbezeichnungen *immeru, puḫādu* und *puḫālu* im Ugaritischen und Hebräischen, UF 17, 99-103.

- -, 1993: Ein "hurritisches" Zusatzzeichen des Keilalphabets? UF 25, 137-142.

- -, 1996: Analytic Ugaritic Bibliography 1972-1988. AOAT 20/6.

- -, 1997.1998: Wohnorte Els nach Ugarit- und Bibeltexten. Eine Studie zu ug. *ġr ll* || *hr m'd* und he. *hr mw'd* || *yrkty ṣpwn* (KTU 1.2 I 20; Jes 14,13), UF 29, 123-149.

170 | *Dietrich, M./O. Loretz/J. Sanmartín*, 1973: Die ugaritischen Verben *MRR* I, *MRR* II, und *MRR* III, UF 5, 119-122.

- -, 1975: Bemerkungen zur Schlangenbeschwörung RS 24.244 = Ug. 5, S. 564ff. Nr. 7, UF 7, 121-125.

Dijkstra, M., 1999: Ugaritic Prose, in: W.G.E. Watson/N. Wyatt, Handbook of Ugaritic Studies, HdO 39, 140-164.

Falkenstein, A., 1931: Die Haupttypen der sumerischen Beschwörung literarisch untersucht. LSS NF 1.

Galter, H.D., 1981: Der Gott Ea/Enki in der akkadischen Überlieferung. Eine Bestandsaufnahme des vorhandenen Materials. Dissertationen der Karl-Franzens-Universität Graz 58.

Gibson, J.C.L., 1999: The Ugaritic Literary Texts, in: W.G.E. Wastson/N. Wyatt, Handbook of Ugaritic Studies, HdO 39, S. 193-202.

Hendel, R.S., 1999: Serpent *nḥš*, DDD, 744-747.

Horowitz, W., 1998: Mesopotamian Cosmic Geography. MC 8.

Keel, O., 1992: Das Recht der Bilder gesehen zu werden. Drei Fallstudien zur Methode der Interpretation altorientalischer Bilder. OBO 122.

Korpel, M.C.A., 1990: A Rift in the Clouds. Ugaritic and Hebrew Descriptions of the Divine. UBL 8.

---

[84] Siehe ferner M. Dietrich/O. Loretz 1980, 153 Anm. 1; id. 1996, 480-483; D. Pardee 1988, 194.

Kottsieper, I., 1984: KTU 1.100 — Versuch einer Deutung, UF 16, 97-11
Krašovec, J., 1977: Der Merismus im Biblisch-Hebräischen und Nordwestsemitischen. BibOr 33.
Kutler, L., 1984: A 'Strong' Case for Hebrew *mar*, UF 16, 111-118.
Lipiński, E., 1974: La légende sacrée de la conjuration des morsures de serpents, UF 6, 169-174.
- -, 1999: Shemesh *šmš*, in: DDD 764-768.
Loretz, O., 1998: Akkadisch-ugaritisch *ḫalbu/ḥlb* — hebräisch *ḥlb* (Ps 81,17), in: M. Dietrich/O. Loretz, ed., d u b s a r a n t a - m e n. Studien zur Altorientalistik. Festschrift für Willem H.Ph. Römer. AOAT 253, 223-244.
Moor, J.C. de, 1987: Myth and Ritual VI (KTU 1.100), ARTU, 146-156.
Moor, J.C. de/K. Spronk, 1987: A Cuneiform Anthology of Religious Texts from Ugarit. Autographed Texts and Glossary, Leiden.
Mulder, M.J., 1972: Hat man in Ugarit die Sonnenwende begangen?, UF 4, 79-96.
171 | *Pardee, D.*, 1978: The Semitic Root *mrr* and the etymology of Ugaritic *mr(r) // brk*, UF 10, 249-288.
- -, 1979: *m^{e}rôrăt-p^{e}tanîm*, 'Venom', in Job 20,14, ZAW 91, 401-416.
- -, 1988: Ḥôrānu et les serpents, RSO 4, 193-226.
- -, 1997: Ugaritic liturgy against venomous reptiles (1.94), in: COS I, 295-298.
Parker, S.B., 1997: The Mare and Horon. 25. *CAT* 1.100, in: UNP, 219-223.
Pomponio, F./P. Xella, 1997: Les dieux d'Ebla. Étude analytique des divinités éblaïtes à l'époque des archives royales du IIIe millénaire. AOAT 245.
Renfroe, F., 1985: Arabic Evidence for Ugaritic *pḥl* 'Stallion', UF 17, 410-411.
- -, 1992: Arabic-Ugaritic Lexical Studies. ALASP 5.
Sasson, J.M., 1972: Flora, Fauna and Minerals, RSP I, 383-452.
Sperling, S.D., 1993: Ḥbr and Friends, in: M.E. Cohen/D.C. Snell/D.B. Weisberg (eds.), The Tablett and the Scroll. Near Eastern Studies in Honor of William W. Hallo, Bethesda, 225-229.
Spronk, K., 1999: The Incantations, in: W.G.E. Watson/N. Wyatt, Handbook of Ugaritic Studies, HdO 39, S. 270-286.
Tropper, J., 1990: Der ugaritische Kausativstamm und die Kausativbildungen des Semitischen. ALASP 2.
Tropper, J./E. Verreet, 1988: Ugaritisch *ndy*, *ydy*, *hdy*, *ndd* und *d(w)d*, UF 20, 339-355.
Tsevat, M., 1979: Der Schlangentext von Ugarit. UT 607 - KTU 1.100 - Ug V, 564ff. - RS 24.244, UF 11, 759-778.
Xella, P., 1981: KTU 1.100, TRU I, 224-240.
van Soldt, W.H., 1991: Studies in the Akkadian of Ugarit. Dating and Grammar. AOAT 40.
Veldhuis, N., 1993: An UR III Incantation against the Bite of a Snake, a Scorpion, or a Dog (VS 10, 193), ZA 83, 161-169.
Verreet, E., 1988: Modi ugaritici. OLA 27.
Virolleaud, Ch., 1968: Nouveaux textes mythologiques et liturgiques de Ras Shamra (XXIVe Campagne, 1961), 7. — RS 24.244, Ugar. 5, 564-572.
Ward, W.A., 1980: Egypto-Semitic *MR*, 'Be Bitter, Strong', UF 12, 357-360.
Watson, W.G.E., 1999: Ugaritic Poetry, in: W.G.E. Watson/N. Wyatt, Handbook of Ugaritic Studies, HdO 39, 165-192.
173 | *West, D.R.*, 1995: Some Cults of Greek Goddesses and Female Daemons of Oriental Origin. AOAT 233.
Wyatt, N., 1999: The Religion of Ugarit: An Overwiew, in: W.G.E. Watson/N. Wyatt, Handbook of Ugaritic Studies, HdO 39, S. 529-585.
Wyatt, N., 1998: KTU 1.100 - The Myth of Shapsh and the Mare: A Spell against Snakebite, RTU, 378-387.

Young, D.W., 1979: The Ugaritic myth of the god Ḥōrān and the mare, UF 11, 839-848.

"Siehe, da war er (wieder) munter!"

Die mythologische Begründung für eine medikamentöse Behandlung in KTU 1.114 (RS 24.258) *

1. Vorbemerkungen

Während der Grabungskampagne im Frühjahr 1961 stieß C.F.A. Schaeffer im Bereich südlich von der Akropolis auf einen Gebäudekomplex, [1] der in mehreren Räumen zahlreiche Tontafeln fast ausschließlich religiösen Inhalts aus der Endzeit der Stadt enthielt. Da diese Tafeln in den drei damals gängigen Sprachen Ugaritisch, Hurritisch und Babylonisch abgefaßt sind, war dies ein kulturgeschichtlich höchst bedeutender Fund, der geeignet war, das geistig-religiöse Leben der Stadt weiter zu erfassen.

Im Mittelpunkt dieses Gebäudekomplexes liegt das Haus eines Priesters, der sich in seinen Ritualen und Beschwörungen häufig des Hurritischen bediente, weswegen es auch "Maison du prêtre hourrite" genannt worden ist. In dessen "Cella", Raum 10, fanden sich jene mythologischen und liturgischen Texte, [2] die den Priester, seine Kollegen und Schüler heute als herausragende Träger der ausgehenden ugaritischen religiösen Kultur erscheinen lassen. [3]

Die Texte des Archivs sind mit nur wenigen Ausnahmen in der einheimischen Alphabetschrift geschrieben. Da diese einen geradezu typischen groben Duktus aufweist, bereiten Lesung und Deutung der Tafeln dem modernen Entzifferer im Detail mitunter unüberwindliche Schwierigkeiten.
175 Ein weiteres formales Hindernis für ein Verständnis | der Texte ist die Mehrsprachigkeit der Priester, die, zumal in den Ritualen, einen hurro-ugari-

---

* *Aus:* M. Lubetzki, C. Gottlieb, Sh. Keller (ed.), Boundaries of the Ancient Near Eastern World. A Tribute to Cyrus H. GORDON. JSOTSS 273 (1998), S. 174-198.

[1] Zur Lage siehe den Plan Bordreuil - Pardee 1989, 313, zur Gliederung des Komplexes Bordreuil - Pardee 1989, 298.

[2] Zum Plan des "Maison" siehe Bordreuil - Pardee 1989, 298, zur "Cella" mit den Fundstellen der Tontafeln Pardee 1988, 4.

[3] Pardee 1988, 12.

tischen Mischtext hervorgebracht hat. [4] Darum nimmt es nicht wunder, daß Texte aus diesem Archiv häufiger als andere Gegenstand erneuter Studien geworden sind.

Als ein weiteres Merkmal der Texte aus dem "Maison du prêtre hourrite" kann die Tatsache gelten, daß, nach dem gegenwärtigen Kenntnisstand, drei von ihnen auf Tafeln stehen, die schon einmal beschriftet waren und nach einer Ummantelung wiederverwendet wurden: KTU 1.114, [5] 1.116 [6] und 1.131. [6] Bei allen drei Tafeln finden sich einzelne Keile und Zeichenreste — ob auf dem nicht mehr beschrifteten oder auch auf dem wiederbeschrifteten Tafelabschnitt —, die zu einem früheren Text gehören und nicht zu dem neuen, mit dem wir es zu tun haben. Bei diesen drei Tafeln können wir also feststellen, daß der Schreiber für Texte aktueller Anlässe 'Palimpseste' bevorzugte. Über Gründe dafür kann man nur spekulieren: Bestand etwa Tonknappheit, so daß bei weniger wichtigen Texten Ton eingespart werden mußte? Oder handelt es sich bei den drei genannten Texten um Schülerübungen, für die bei Tonknappheit eine bereits gebrauchte Tafel verwendet werden konnte?

Im folgenden wenden wir uns dem zuerst genannten Text über das *marzihu*-Gastmahl Els, KTU 1.114 (RS 24.258), zu und halten es für angebracht, unsere Beobachtungen zu diesem wichtigen Text nach 15 Jahren [7] erneut zu unterbreiten. Dafür gibt es vornehmlich zwei Gründe: Zum einen ist 1988 die detaillierte Studie von D. Pardee [8] mit einer sorgfältigen Autographie (S. 15) und guten Fotos (S. 16) erschienen, die eine Stellungnahme erfordert, und zum anderen haben wir unlängst erkannt, daß wir es bei der Tafel RS 24.258 mit einem 'Palimpsest' zu tun haben. [9] Das bedeutet, daß die noch

---

[4] KTU 1.111 (Orakelbescheid für ein königliches Sühneopfer), 1.116 (Opfer am Astarte-Fest), 1.132 (Festritual für die Palastgöttin Pidray), 1.148 (Palastopfer aus einem Festritual für Astarte).

[5] Dietrich/Loretz 1993b.

[6] Dietrich/Mayer 1996.

[7] Dietrich/Loretz 1981, 88-9; unserer TUAT-Übersetzung (Dietrich/Loretz 1988, 342-345) liegen zwar neuere Erkenntnisse zugrunde, bietet jedoch keine Diskussion.

[8] Pardee 1988, 13-74: *'Ilu* s'enivre.

[9] Zeichenspuren von zwei Zeilenanfängen nach dem Trennstrich am Ende des beschrifteten Abschnitts der Rückseite und verschiedentlich zwischen den Zeilen, wie beispielsweise in dem mittleren Bereich der Zeilen 36-38 — der schlechte Erhaltungszustand der Vorderseite verwehrt entsprechende Beobachtungen dort — von KTU 1.24, einer Geburtsbeschwörung mit mythologischer Einleitung, könnten darauf hinweisen, daß der Text auch dieser Beschwörung auf einem Tafelkern geschrieben worden ist, der vorher für einen anderen verwendet worden war. Da KTU 1.24, wie die etwas vagen Angaben über den Fundort (TÉO 1, 36) zu erkennen geben, aus dem Bereich der Akropolis nahe dem 'Dagan-Tempel', also aus dem weiteren Bereich des "Maison du Grand Prêtre" stammt,

176 lesbaren Wörter des | 'Palimpsestes' nicht in den Text einbezogen werden dürfen [10] und daß wir vor der Notwendigkeit stehen, die in Diskussion befindliche kolometrische Gliederung und die Übersetzungen zu überprüfen. Einen ganz anderen Versuch, die Verwerfungen des Gedichtes im ersten Teil von KTU 1.114 zu erklären, schlagen jene ein, die diese nicht auf den Schreiber, sondern implizit oder explizit auf dessen Dichter zurückführen. [11]

Da KTU 1.114 mit Sicherheit eine schriftliche Wiedergabe einer wie auch immer überlieferten medizinischen Anwendung mit mythologischer Begründung für eine medikamentösen Behandlung vorliegt, sind wir in erster Linie auf eine epigraphische und kolometrische Untersuchung der Tafel angewiesen. Mutmaßungen darüber, ob dieselbe von einem guten oder weniger guten Schreiber stammt, [12] müssen wir hintanstellen. Wir haben uns folglich in jedem Fall und zuerst mit der schreibtechnischen Qualität der Tafel auseinanderzusetzen und die Frage, ob dieser Text zugleich als Erstschrift eines zweitrangigen Dichters zu betrachten ist, vom Anfang der Untersuchung auf eine spätere Phase derselben zu verlagern.

Da der hochverehrte Jubilar, dem wir diese Studie widmen, sich vielfach mit dem *marziḫu*-Gastmahl Els, KTU 1.114, beschäftigt und wesentliche Impulse zu seinem Verständnis gegeben hat, weiß er selbst am besten, daß die Diskussion über diesen Text noch lange nicht abgeschlossen ist. So betrachten auch wir unser hier mitgeteiltes Ergebnis als einen weiteren bescheidenen Schritt in Richtung Verständnis dieses einmaligen Schriftstücks.

In unserer Studie stellen wir Probleme der Epigraphie und der kolomet-
177 rischen Gliederung an den Anfang. Dabei bieten wir, unter | Zugrundelegung der Ausgabe KTU^2, eine neue Umschrift in kolometrischer Gliederung an und stellen ihr eine ebenso gegliederte Übersetzung gegenüber. In daran anschließenden Bemerkungen begründen wir den von uns erstellten Text und legen ein besonderes Augenmerk auf den Gebrauch der Tempora.

---

könnte sie einen Hinweis darauf geben, daß in diesem "Maison" ebenso wie in dem des "Prêtre Hourrite" die Tradition der Wiederverwendung von Tontafeln gepflegt wurde.

[10] Dietrich/Loretz 1993, 133-136.

[11] Siehe z.B. Pardee 1988, 24, der von der These ausgeht, daß der Verfasser von KTU 1.114 eine zweitrangiger Poet ("un poète de second plan") gewesen sei.

[12] Dietrich/Loretz 1981, 97-98.

2. Text und Übersetzung von KTU 1.114 mit kolometrischer Gliederung [13]

[1]il dbḥ . <dbḥ> b bth .	El hatte geschlachtet <ein Gemeinschaftsopfer> in seinem Haus,
mṣd . ṣd . b qrb [2]hklh .	eine Verköstigung bereitet inmitten seines Palastes.

ṣḥ . l qṣ . ilm .	Er hatte zu den (Fleisch-)Schnitten die Götter gerufen:

tlḥmn [3]ilm . w tštn .	Die Götter essen und trinken,
tštn y<n> ʿd šbʿ	sie trinken ‘Wein’ bis zur Sättigung,
[4]trṯ . ʿd . škr	Weinmost bis zur Trunkenheit.

yʿdb . yrḫ [5]gbh . km . k[l]b .	Yariḫu richtet sein Rückenstück wie ein Hund her,
yqṯqṯ . tḥt [6]ṯlḥnt .	zerreißt es unter den Tischen.

il . d ydʿnn [7]yʿdb .	Der Gott, der auf ihn kennt, gibt ihm
lḥm . lh . <tḥt . ṯlḥnt>	Brot <unter den Tischen>.

w d l ydʿnn [8]y.lmn	Aber der, der ihn nicht kennt, schlägt ihn
ḫtm . tḥt . ṯlḥnt	mit dem Stock unter den Tischen.

[9]ʿṯtrt . w ʿnt . ymġy	Zu ʿAṯtarte und ʿAnat kommt er:

[10]ʿṯtrt . tʿdb . nšb lh	ʿAṯtarte gibt ihm ein Fleischstück
[11]w ʿnt . <tʿdb> ktp [[x]]	und ʿAnat <gibt> ihm ein Schulterstück.

[13] Die im poetischen Abschnitt Z. 1-24 eingetragenen Trennlinien dienen der Hervorhebung der poetischen Struktur und entsprechen nicht denen auf der Tafel. Diese hat nur eine einzige, und zwar die auf der Rückseite, die den mythologischen Teil von der medikamentösen Behandlung abgrenzt.

bhm . ygʿr . ṯġr [12]bt . il .	Mit ihnen grollt der Torwächter vom Haus des El:
178 |	
pn . lm . rlb . tʿdbn [13]nšb .	"Gebt nicht einem 'Hund' ein Fleischstück,
l inr . tʿdbn . ktp	einem Köter gebt (nicht) ein Schulterstück!"
[14]b il . abh . gʿr .	Mit El, seinem Vater, grollte er zugleich:
yṯb . il . w l [15]ašk[r] .	"El sitzt da, und zwar wahrlich volltrunken!"
il . yṯb b mrzḥh [16]yšt . [y]n . ʿd šbʿ . trṯ . ʿd škr	El sitzt beim seinem *marzīḥu*-Mahl, trinkt Wein bis zur Sättigung, Most bis zur Trunkenheit.
[17]il . hlk . l bth . yštql . [18]l ḥẓrh .	El ging zu seinem Haus, er brach auf zu seinem Hof.
yʿmsn.nn . ṯkmn [19]w šnm .	Es stützen/tragen ihn Šukamuna-und-Šunama —
w ngšnn . ḥby .	und da überwältigte ihn Ḥby:
[20]bʿl . qrnm . w ḏnb . ylšn	Der mit Hörnern und Schwanz knetet ihn
[21]b ḫrih . w ṯnth .	in seinem Kot und in seinem Urin.
ql . il . km mt [22]il . k yrdm . arṣ .	El war gefallen wie ein Toter, El wie einer, der zur Unterwelt hinabsteigt.

	ʿnt 23w ʿṯtrt . tṣdn . šxxd/lt	ʿAnat und ʿAṯtart streiften herum in den . . .
	24qdš . bʿl[ ]	des Heiligtums. Herr [ ]
	(*Rest der Vs. weggebrochen*)	
Rs.	(*Anfang der Rs. weggebrochen*)	
	25[xxxx]xn . d[ ]	[. . .]. . .[. . .]
	26[ʿṯ]trt . w ʿnt[ ]x[ ]	ʿAṯtart und ʿAnat . . .
	27w bhm . tṯṯb · ⸢l⸣ mdh	Und dadurch brachte sie sein gewohntes Verhalten zurück.
	28km . trpa . hn nʿr	Nachdem sie geheilt hatte, war er, siehe da, (wieder) munter!
179	| 29d yšt . l lṣbh ḫš ʿrk lb	Einer, der an seine Schläfe zubereiteten Thymian(?) streicht,
	30w riš . pqq . w šrh	soll gleichzeitig Leib und Kopf, Brustbein(?) und seinen Unterleib
	31yšt aḥdh . dm zt . ḫrpnt	mit dem Saft von frühreifen Oliven einreiben.
	(*Rest der Rs. nicht beschriftet*)	

3. Bemerkungen zum Text

1-2a Die erste kolometrische Einheit begrenzt S.E. Loewenstamm mit Hinweis auf das die Kola abschließende Wortpaar *bt* ‖ *hkl* zu Recht auf Z. 1-2a. [14] Da er es ablehnt, den zutreffenden Vorschlag von M. Held aufzunehmen, im ersten Kolon eine Haplographie anzusetzen und *dbḥ* <*dbḥ*> zu lesen, [15] gelingt ihm keine überzeugende Lösung für dieses Bikolon. Wenn wir jedoch die Überlegung M. Helds übernehmen, gelangen wir zu einem Bikolon mit ausgewogenen Kolalängen — 12 ‖ 13 nach der Anzahl der Konsonanten — und zu folgenden Wortpaaren: *dbḥ* ‖ *mṣd*, [16] <*dbḥ*> ‖ *ṣyd*, [17] *b* ‖ *b qrb*, *bt* ‖ *hkl*. [18] Für die

[14] Loewenstamm 1980, 371-372, 419-422; Spronk 1986, 198; ARTU 135; Hvidberg-Hansen I 1990, 163; vgl. dagegen Pardee 1988, 23-24, der ebenso wie Caquot (1989, 73) weiterhin an der von Ch. Virolleaud eingeführten Gliederung *il dbḥ b bth mṣd* ‖ *ṣd b qrb hklh* festhält.

[15] Loewenstamm 1980, 421 Anm. 10, zu M. Held, in Greenstein 1974, 92 Anm. 27.

[16] Von *mṣd ṣd* her wird nicht nur klar, daß im vorangehenden Parallelkolon der Symmetrie wegen *dbḥ* <*dbḥ*> zu lesen ist, sondern auch, daß im Keret-Epos (KTU 1.14 II 25-26, IV 7-8) zweimal das nominale Wortpaar *dbḥ* ‖ *mṣd* (nicht *bm ṣd*!) anzusetzen ist.

postulierte Figura etymologica *dbḥ dbḥ* "ein Opfer schlachten" spricht nicht nur das Ugaritische selbst (*dbḥn ndbḥ*, KTU 1.40:15. 23. 32.
180 40-41), | sondern auch die hebräische Parallele *zbḥ zbḥ* "für ein Gemeinschaftsopfer schlachten". [19]

Hinsichtlich der Frage, ob in der Figura etymologica das Nomen oder das Prädikat vorne steht, sei auf das folgende *mṣd ṣd* [20] verwiesen, wo es klar ist, daß das Nomen betont vorangestellt ist.

Bei einer Verteilung der Figura etymologica *mṣd ṣd* auf das erste und zweite Kolon, wie dies verschiedentlich geschieht, [21] bleibt unerklärt, warum der Dichter zwei verschiedene Nomina der einen Wurzel *ṣyd* "jagen" genommen haben soll, wo doch das Keret-Epos (siehe Anm. 14) das Wortpaar *dbḥ* || *mṣd* bezeugt. Die Vertreter dieser Interpretation sind zudem genötigt, mit dem unklaren punischen Ausdruck *dbḥ zd* zu argumentieren. [22]

2b Wenn das erste Bikolon mit dem Wortpaar *bt* || *hkl* abschließt, entfällt eine Möglichkeit, das folgende Kolon *ṣḥ l qṣ ilm* (2b) mit der vorangehenden Einheit zu einem Trikolon zu vereinen. [23] Da zugleich eine Verbindung mit dem folgenden Trikolon nicht zur Debatte stehen kann, liegt in 2b ein Monokolon vor. [24]

Die Deutung von *qṣ* als "Abgeschnittenes, Abgetrenntes, Stück" (Fleisch von einem Tier)", "Filet(s)" [25] stützt sich auf Ableitung von

---

[17] Loewenstamm 1980, 422, läßt offen, ob ein *ṣyd* II, Homonym zu *ṣyd* "jagen", oder ein hypothetisches protosemitisches *ḏyd* vorliegt; Spronk 1986, 198 Anm. 5, *ṣdy* "to give a banquet". Es ist jedoch nicht auszuschließen, daß *mṣd* mit *ṣyd* "verpflegen" (HAL 956: *ṣyd* hitp "sich als Wegzehrung mitnehmen"; AHw. 1074: *ṣadû* "als Verpflegung erhalten") zusammenzubringen ist. Das Opfer wird in dieser Perspektive als eine "Verpflegung", eine Versorgung mit Nahrung verstanden.

[18] Zum Wortpaar *bt* || *hkl* siehe Dahood, RSP I,1972, 153, Nr. 130; Avishur 1984, 284-285, 310, 579, 581-583.

[19] HAL 251: *zbḥ* qal 2.

[20] Loewenstamm 1980, 372, zu *mṣd* als inneres Objekt zu *ṣd*.

[21] So z.B. Pardee 1988, 23, *mṣd* "gibier" || *ṣd* "proie"; Caquot 1989, 73, "gibier" || "venaison".

[22] Siehe z.B. Pardee 1988, 29, *zbḥ ṣd* "sacrifice de gibier"; vgl. dagegen DNWSI 959: $ṣd_1$ - "subst. word of uncert. meaning in the com. *zbḥ ṣd*".

[23] Vgl. dagegen Pardee 1988, 33, der seine Argumentation zu Gunsten eines Trikolons mit den angeblichen Parallelismen *mṣd* || *ṣd* || *qṣ* und *il* || *ilm* begründet.

[24] Spronk 1986, 198; ARTU 135; Caquot 1989, 73.

[25] Vgl. Lloyd 1990, 175, *qṣ mri* "cutlets of fatling". Zu Diskussion über die Bedeutung von *qṣ* siehe ausführlich u.a. Pardee 1988, 34-35; McLaughlin 1991, 277.

der Wurzel *qṣṣ* [26] "abschneiden", wozu *mrġṯm ṯd* ‖ *qṣ mri* "Säugende der Brust" ‖ "Abgeschnittenes, Filets vom Masttier" (KTU 1.4 III 41-43, VI 56-58; 1.5 IV 13-14; 1.17 VI 4-5 — entgegen Lloyd 1990, 177, dürfte in KTU 1.3 I 6-8 doch *<mrġṯm> ṯd* ‖ *qṣ mri* zu lesen sein [27]) zu vergleichen wäre.

181 | **2c-4a** Die Gliederung des Aschnitts 2c-4a in ein Trikolon ist *opinio communis*.

Differenzen entstehen erst bei der Übersetzung des Trikolons, wenn teils gesagt wird, daß hier eine Beschreibung des Mahles und teils eine Einladung zum Mahl gemeint sei.

Unter dem Aspekt der Epigraphie ist hierzu festzuhalten, daß in Z. 3 eine Auslassung zu notieren ist: *y<n>*.

4b-8 Hinsichtlich der kolometrischen Gliederung des Abschnittes 4b-8 bestimmen erhebliche Differenzen die Diskussion:

— Pardee 1988, 21-22, 35, 44: Trikolon + Pentakolon (Bikolon + Trikolon);

— Spronk 1987, 198-199; ARTU 135; Hvidberg-Hansen I 1990, 163: drei Bikola;

— Caquot 1989, 74: drei ungegliederte syntaktische Einheiten der Prosa(?).

Eine Lösung der kolometrischen Probleme in diesem Abschnitt hängt wesentlich von einer Einordnung des zweimal wiederkehrenden Ausdrucks *tḥt ṯlḥnt* "unter dem Tisch" ab. Aus kolometrischer Sicht besteht die Frage, ob dieser Ausdruck einmal redundant geschrieben oder gar einmal ausgelassen wurde, so daß wir mit seinem dreifachen Auftreten zu rechnen hätten. Wenn wir uns für letzteres entscheiden, ergibt sich die oben vorgeschlagene Gliederung des Textes in drei symmetrische Bikola.

Es dürfte strittig bleiben, ob im ersten Bikolon *km klb* (5), das hier am Ende des Kolons zu stehen kommt, in Janus-Position richtig steht oder ob es eher an den Anfang des zweiten, folgenden Kolons gehört.

4 *ʿdb* "geben, nieder/hinlegen, zubereiten", siehe Dietrich/Loretz 1985, 105-116; Renfroe 1992, 20-21: *ʿdb* "put, place, prepare, make".

5 Für *gb* in der Bedeutung "Rücken(stück)" vgl. HAL 163: *gb* I -

---

[26] HAL 1019: *qwṣ* II; 1046: *qṣh* I; 1050: *qṣṣ*; AHw. 457: *kaṣāṣu* I.

[27] Zur Frage, ob in KTU 1.1 IV 2 *qṣ*[zu lesen ist, vgl. u.a. Smith 1994, 134, 139, der *ṣḥ l qb*[*ṣ ilm* vorschlägt.

l. "Rücken"; zur Diskussion siehe u.a. Pardee 1988, 36-38, 42-42; Caquot 1989, 74.

yqṯqṯ: Deutung und etymologischer Anschluß von QṮ(Ṯ) sind umstritten. Üblicherweise wird es an arab. *qaṯṯa* "ausreißen, entwurzeln"
(Wehr 1002) angeschlossen, vgl. Dietrich/Loretz 1981, 92-93; 1985a,
118-119: "wegziehen"; Pardee 1988, 35-43, übersetzt *gbh . . . yqṯqṯ* mit
182 "sa coupe . . . il (la) remplit" und stützt sich hierbei auf | P. Bordreuil/A. Caquot; A. Caquot (1989, 74) hat diese Übersetzung inzwischen jedoch aufgegeben: *gbh . . . yqṯqṯ* "un (morceau d') échine . . . il le traîne". In KTU 1.2 IV 27 übersetzt Smith 1994, 323, 351: *yqṯ bʿl* "Baal drags".

6 Zum Hund, der sich unter dem Tisch von Brosamen ernährt, vgl. Ri 1,7; Mk 7,28. [28]

Es ist unklar, welche Symbolik dem beizumessen ist, daß an dieser Stelle der Hund unter dem Tisch zur Sprache kommt. Sicher dürfte sein, daß der Hund nicht zur vornehmen Tischgesellschaft gehört und seinen Platz unter dem Tische hat, wo er Abfälle von Fleisch und Brot erhält. So wurde angesichts dessen, daß in Z. 15 vom *marzīḫu*-Mahl Els die Rede ist, auch schon gefragt, ob der Hund hier mit dem Totenkult in Verbindung steht — zur Diskussion siehe u.a. Pardee 1988, 43; McLaughlin 1991, 278-279.

ydʿ (auch Z. 7) in der Bedeutung "kennen, acht geben auf etw., sich darum kümmern" ist gut belegt: AHw. 188: *edû* III B 7 Am. *e. ana* "sich kümmern um"; Ges.[17] 287: *ydʿ* qal 3 acht geben auf etw., sich darum kümmern, m.d. *acc.*; zur Diskussion siehe u.a. Pardee 1988, 44-45.

8 Der Trenner in *y.lmn* ist sicher fehlerhaft gesetzt. — Zu *hlm* "schlagen" vgl. HAL 239: *hlm* "schlagen".

Die Form *ḫṭm* ist gewiß als Nomen *ḫṭ* "Stock" im Sing. + angehängtem adverbialen *-m* zu analysieren.

9 Als Monokolon leitet diese Zeile, deren Subjekt Yariḫu ist, zu einer neuen Handlung über. [29]

10 *nšb* meint hier wahrscheinlich ein bestimmtes Fleischstück von einem geschlachteten Haustier oder Wild, vgl. etwa KTU 4.247:18: *ṯn nšbm* "zwei Fleischstücke (vom gemästeten Rind); zur weiteren Diskussion siehe Pardee 1988, 50; Smith 1994, 126.

---

[28] Pardee 1988, 43.

[29] Spronk 1986, 199; ARTU 135; Caquot 1989, 74; vgl. dagegen Pardee 1988, 22, 48, der Z. 9-11a zu einem Trikolon verbindet.

10-11a In dem Bikolon Z. 10-11a stört das Mißverhältnis 13 ‖ 7 der Kola-
183 längen. Falls es zutrifft, daß der Schreiber am Ende des zweiten | Kolons ein *l* getilgt hat, liegt die Vermutung nahe, daß er versucht war, das *lh* vom Ende des ersten Kolons überflüssigerweise zu wiederholen. Ein Vergleich des Bikolons mit dem von 12b-13 suggeriert, daß der Schreiber die Wiederholung des *tʿdb* im zweiten Kolon - parallel zum Wortpaar *tʿdbn* ‖ *tʿdbn* im folgenden Bikolon 12b-13 - vergessen hat:

ʿṯtrt tʿdb nšb lh	14 (5 + 9) [30]
w ʿnt <tʿdb> ktp [[*l*]]	7 <11> (3 + 8)

11 *ktp* "Schulter" beschreibt den Körperteil, von dem das Fleischstück des Schlachttiers stammt: "Schulterteil, Schulterstück", siehe HAL 481: *ktp*; AHw. 465: *katappātu* "ein Teil der Brust beim Tier?"; CAD K 303: *katappātu* sternum or part of the ribs.

Die Rasur am Ende des Kolons, die ein zuerst durchkreuztes und dann mit dem umgekehrten Griffelstiel geblocktes *l* zeigt, deutet an, daß der Schreiber dem *lh* des vorangehenden Kolons (Ende Z. 10) eine Doppelfunktion beigemessen hat.

Zu *gʿr b* "schelten, zurechtweisen" siehe HAL 192: *gʿr*; Smith 1994, 356 Anm. 247.

11b-12a leitet als Monokolon in Parallele zu Z. 2b und 9 eine neue Handlung ein. Der neue Sprecher wird vorgestellt.

12 *bt il* "Haus des El" meint den Tempel oder den Palast des El. Der Torwächter übt das Amt eines *arbiter elegantiarum* aus — vorläufig fehlt die Möglichkeit zur Identifikation dieser Gestalt, zumal sie nicht mit den später genannten Helfergottheiten Šukamuna und Šunama in Verbindung gebracht werden müssen. [31] Es wäre auf jeden Fall abwegig, aufgrund der Notiz von der Gegenwart des *bt il*-Wächters darauf zu schließen, daß der Ort des hier beschriebenen mythologischen Gelages konkret im Königspalast oder im El-Tempel von Ugarit stattgefunden haben könnte, oder daß der Wächter als Teilnehmer am Fest anzusehen und seine Tätigkeit als die von einer gehobenen Position aus einzustufen ist.

rlb ist, allgemein akzeptiert, ein Schreibfehler für *klb*.

184 **14-18a** Bei der Deutung des Abschnittes Z. 14-18a geht die Meinung | der Interpreten weit auseinander: Die einen sehen in ihm eine direkte Rede

[30] Die Ziffern beziehen sich auf die Anzahl der zu einem Kolon gehörenden Konsonanten.

[31] Pardee 1988, 52-53.

des Torhüters mit der Aufforderung an El, nach Hause zu gehen, [32] und die anderen betrachten ihn als Bericht über das weitere Verhalten des Gottes. [33] Es ist anzunehmen, daß die Rede des Torhüters mit Z. 15a abschließt, so daß der anschließende Teil (15b-17) das Betragen Els im *marziḥu*-Haus und seinen Aufbruch nach Hause berichtet.

14 Die Bezeichnung Els als Vater (*abh* "seinem Vater") durch den Torwächter — der Schreiber verzichtet auf die Wiederholung des Subjekts *ṯġr bt il* (siehe Z. 11b-12a) — ist eher ein Hinweis darauf, daß El der Schöpfer auch seines Torwächters ist, als darauf, daß hier eine Genealogie angedeutet ist.

Am Ende der Zeile stehen, etwas auf den rechten Rand gezogen, die Buchstaben *w* und *l*, die syntaktisch zu Z. 15 gehören.

14-15a Dieser Abschnitt zerfällt in zwei Monokola, in denen Einführung und Rede jeweils auf ein Kolon beschränkt sind.

15 Die Lücke am Zeilenanfang nach *ašk* ist in KTU^2 zu lang angesetzt. Der Platz nach einem etwas breiter geschriebenem *k* bis zum Worttrenner vor *il*, dessen 'Kopf' noch sichtbar ist, reicht gerade für ein *r*, das in diesem Text eine ungewöhnliche Länge hat. Das damit ermittelte *aškr* ist ein Steigerungsadjektiv (Elativ) in der Bedeutung "sehr betrunken". [34]

14-16 Die neuen Lesungen im Kolon 14b-15a bedingen eine Neuinterpretation des Abschnitts 14b-15, der bisher als Bikolon gedeutet worden ist:
- de Moor 1984, 356, *il yṯb k b ašk[rr]* ‖ *il yṯb b mrzḥh* "Ilu is sitting as if he is on the henbane drug ‖ Ilu is sitting with his society"
- Pardee 1988, 54, *yṯb il kr ašk[rh]* ‖ *il yṯb b mrzḥh* "Ilu s'assoit, il rassemble [sa] beuve[rie] ‖ Ilu s'assoit das son festin-*mrzḥ*"
- Margalit 1989, 276-277, *yṯb il {w} l aṯr[h!]* ‖ *il yṯb b mrzḥh* "El sat at/in [his] AṮR ‖ El sat at/in his MRZḤ".

185 | Ein Bikolon 14b-15 ist nicht mehr vertretbar. Stattdessen ist der Abschnitt 14b-15a als Monokolon zu verstehen, auf den ein Trikolon (Z. 15b-16) folgt. In diesem Trikolon variiert der Dichter den Topos des Trikolons Z. 2b-4a. [35]

---

[32] Spronk 1986, 199; ARTU 136.

[33] Pardee 1988, 22; Caquot 1989, 76.

[34] Vgl. BGUL 43.26, Patterns with prefixes, mit dem Beispiel *aliy* "very strong".

[35] Vgl. dagegen Pardee 1988, 22, 54, stellt Z. 15b zu Z. 14-15a und behandelt Z. 16 als ein Bikolon; ähnlich Spronk 1986, 199; ARTU 136; Hvidberg-Hansen I 1990, 164, die Z. 14b-16 auf zwei Bikola verteilen, wobei sie letzteres von diesen auf Z. 16 beschränken: *yšt yn ʿd šbʿ* ‖ *trṯ ʿd škr*.

15 *mrzḥ* bezeichnet einen/eine "*marzīḫu*-Raum/Halle"; [36] angesichts der Verbindung mit *yṯb b* "sitzen, thronen in" könnte auch an eine Örtlichkeit gedacht werden, in der das hier beschriebene "*marzīḫu*-Mahl" stattfand; vgl. Smith 1994, 144; zu der parallelen Wendung *il yṯb b m*[*rzḥh*(?)] in KTU 1.1 IV 4 siehe Smith 1994, 131, 134, 140, 144.

17-22a Da mit dem Bikolon 17-18a die Beschreibung der Heimkehr des betrunkenen El [37] beginnt, gehen wir bei einer kolometrischen Gliederung des ganzen Abschnitts 17-22a am besten von der Beobachtung aus, daß die Bikola Z. 17-18a und Z. 21b-22a den Rahmen der Beschreibung bilden. Der Mittelteil 18b-21a verteilt sich dann von selbst auf zwei Bikola. Dadurch gewinnen wir die vorgetragene Kolometrie.

17 Dem Parallelismus *hlk* ‖ *šql* ist der des *mġy* ‖ *šql* (KTU 1.100:67-68) an die Seite zu stellen, siehe Watson 1994, 323.

Für den Ansatz eines Gt-Stammes von *šql* siehe Tropper 1990, 78-80.

18b-22a Für die kolometrische Gliederung des Abschnitts 18b-22a, dessen Deutung äußerst umstritten ist, liegen u.a. folgende Lösungen vor:
— Bikolon + Monokolon + Trikolon: Spronk 1986, 199; ARTU 136
— Bikolon + Trikolon + Bikolon: Pardee 1988, 22-23
— Bikolon + Bikolon + Monokolon + Bikolon: Caquot 1989, 76-77, zu Z. 17-22a
186 | — Bikolon + Bikolon + Trikolon: Hvidberg-Hansen I 1990, 164.

18 Die Verbform *yʿmsn.nn*, der die Wurzel *ʿms* "tragen" [38] zugrundeliegt und bei der das Obj.-Suff. durch einen Trenner abgesetzt ist, wird entsprechend der Deutung der beiden Namen entweder als zwei durch *w* "und" gereihte Namen von zwei einzelnen Gottheiten (Šukamuna und Šunama) oder als Doppelnamen für eine einzige Gottheit (Šukamuna-und-Šunama) als G Imperfekt 3.m.Sg. bzw. als G Imperfekt 3.m.Du. bestimmt. [39]

Für den Namen Šukamuna vgl. Becking 1995, 1631-1634.

19 Zu šunama vgl. Becking 1995, 1467-1469.

Die von der Helfersgottheit geleistete Tätigkeit wird durch ein adver-

---

[36] Vgl. Aboud 1994, 165-172, für die Belege der Einrichtung eines *marzīḫu*-Klubs.

[37] Caquot 1989, 76, faßt Z. 17-19a zu einem Bikolon zusammen.

[38] *ʿms* "tragen"; Stamm 1980, 137-143; Jackson 1983, 515; Heltzer 1986, 239-247.

[39] Verreet 1988, 93.

satives *w* "aber" eingeleitet. [40]

Hinsichtlich des *ngš* "(be)drängen, auf-, antreiben, über jmd. Kontrolle gewinnen" besteht entgegen Pardee 1988, 60, keineswegs eine allgemeine Übereinkunft darüber, daß es "s'approcher" bedeutet. Es werden dafür im vorliegenden Kontext immerhin zwei Deutungen vorgetragen:

1. Eine Reihe von Forschern geht von hebräisch *ngš* "herzutreten, sich nähern" (HAL 633-634: *ngš*; AHw. 710: *nagāšu* "hingehen") aus: Xella 1986, 17, 23 Anm. 5, lehnt die Korrektur *w* <y>*ngšnn* ab und übersetzt *w ngšnn ḥby bʿl qrnm w ḏnb* mit "e gli si avvicina *Ḥby*, il signore dalle due corna e dalla coda"; CARTU 154, *ngš* G "approach", D "bring near" (KTU 114:19); Verreet 1988, 96-97, bezieht *ngš* gleichfalls auf Ḥby und bestimmt *ngšnn* als G Inf. abs. energ. + Sf. 3. m. Sg.: *w ngšnn ḥby bʿl qrnm w ḏnb* "Und Ḥby, der mit den Hörnern und dem Schwanz, nähert sich ihm gewiß"; Pardee 1988, 22, 60, "Alors Ḥby s'approche de lui,..."; Caquot 1989, 76, "Ḥabay s'approche de lui"; Smith 1994, 124 Anm. 14, "The root **ngš* probably refers in 1.114.19 to Hby's 'approaching' and not 'attacking' El.. and **ngš* in 1.23.68 describes the approach of the 'beautiful gods' to the watchman of the sown."

   Hier ist auch die These zu erwähnen, daß *ngš* "sich nähern" eine
   187 | Nebenform zu *ngṯ* "sich wohin begeben, sich nähern" sei (WUS 1749-1750; vgl. Gordon, UT, der zwischen *ngš* "to meet" [Nr. 1611] und *ngṯ* "to seek" [Nr. 1612] unterscheidet).

2. Ugaritisch *ngš* = hebräisch *ngś* (HAL 633: *ngś* (Wild) aufjagen, (Abgaben) eintreiben, (Menschen) zur Arbeit treiben, (den Schuldner) drängen": van Zijl 1972, 199-200, 259; Ullendorff 1977, 120, "I was overpowering Aliyn Baʿal"; Dietrich/Loretz 1986, 451-452, "aber es jagt ihn auf Ḥby"; Grottanelli 1988, 178, 183-184, "e lo sospinge *ḥby*".

Zur Klärung des Bedeutungsansatzes seien nachfolgend die Belege an zwei anderen aufschlußreichen Stellen erörtert:

— In KTU 1.6 II 21-23 liegt ein Trikolon mit den Parallelismen *ngš* ‖ *ʿdb k imr* ‖ *k lli ḫtʾ* vor. Die poetische Einheit wird chiastisch von *ngš* - *ḫtʾ* umschlossen. Hierzu vergleichbar ist in KTU 1.4 VIII 17b-20 der parallele Chiasmus *ʿdb k imr* - *k lli ḫtʾ*. Aus diesen Parallelen ergibt sich, daß *ngš* eine gewaltsame Tätigkeit gegenüber jemandem, kaum aber ein Herangehen an jemanden oder an etwas bedeutet. Für das Trikolon KTU 1.6 II 21-23 ist folgende Kolometrie und Übersetzung vorzuschlagen:

---

[40] Vgl. HAL 248: 15; BDB 252: *w* 1e.

ngš ank aliyn bʿl 14 [41]
ʿdbnn ank <k> *imr b py* 14 <15>
k lli b ṯbrn q<n>*y ḫtu hw* 16 <17>

Ich überwältigte Aliyan Baal,
ich machte in <wie> ein Lamm in meinem Mund,
wie ein Zicklein im Zermalmer meiner Röhre wurde er zerschmettert.

(KTU 1.6 II 21-23)

Aus der Parallelität *py* "meine Mund" ‖ *ṯbrn qny* "Zermalmer meiner Röhre" geht hervor, daß letzterer Ausdruck wohl den Rachen bezeichnet und das ganze Bild auf einen Löwen zu beziehen ist.

— In KTU 1.23:68-69 ist nicht davon die Rede, daß die lieblichen Götter auf den Wächter der Saaten treffen, an ihn herantreten (WUS 1749; ARTU 126), sondern daß der Wächter diese bei seinem Wachdienst aufspürt und aufjagd, vor sich hertreibt (*ngš*; Grottanelli 1988, 184 Anm. 22).

Wir gelangen folglich zum Ergebnis, daß ugaritisch *ngš* etymologisch mit hebräisch *ngś*, arabisch *nǧš* (Lane 2771; SD 93: *ngs*^{2} "gain control
188 of *town*, trespass over *boundaries*"), äthiopisch *nagśa* "become | king, become ruler, rule, reign" (CDG 392-393) zu verbinden ist. Ugaritisch *ngṯ* "herantreten, sich nähern" ist dagegen an hebräisch *ngš* "herzutreten, sich nähern" (HAL 633-634: *ngš*, 1 Sam 9,18; 30,21 mit *ʾt* konstruiert), arabisch *nǧṯ* (Lane 2765-2766) und akkadisch *nagāšu* "hingehen" (AHw. 710, wird zu *nagāšu* ohne Differenzierung zwischen *ngš* und *ngṯ* folgendes vermerkt: "ug., he. hinzutreten"; 1577; CAD N/1 108) anzuschließen. *ngṯ* "herantreten an, hinzutreten, sich nähern" ist an den Stellen KTU 1.1 V 4.17; 1.6 II 6.27; 1.12 I 40 (WUS 1750) einem *ngṯ* "suchen" (CARTU 154, *ngṯ* G scrutinize, D seek; Smith 1994, 124-125) vorzuziehen. Während die vorgeschlagene Lösung in KTU 1.1 V 4.17 wegen der starken Zerstörung der Stellen als wahrscheinlich anzusehen ist, ermöglicht sie besonders in KTU 1.12 I 40 eine überzeugende Übersetzung. In KTU 1.6 II 6.27 wird nicht so sehr von einem Suchen der Göttin Anat nach Baal gesprochen (so z.B. Caquot/Sznycer, TO I [1974], 258, 260; ARTU 86, 88), sondern von der Tatsache, daß Anat erst nach Verlauf einer längeren Zeit an Baal herantritt:

ym ymm yʿtqn	Ein Tag, zwei Tage waren vergangen,
l ymm l yrḫm	Tage wurden zu Monaten,
rḥm ʿnt tngṯh	da trat Anat an ihn heran.

(KTU 1.6 II 26-27)

[41] Die Ziffern beziehen sich auf die Anzahl der zu einem Kolon gehörenden Konsonanten.

Für ein "Suchen" nach Baal lassen sich folglich kaum die Stellen KTU 1.6 II 4b-6a.26-27, VI 4-5 anführen. Auch das auf KTU 1.6 II 4b-6a.26-27 folgende Trikolon (KTU 1.6 II 6b-9a.28-30a) spricht nicht vom "Suchen", sondern von der Liebe der Muttertiere zu ihren Jungen.

Explizit ist von einem "Suchen" (*bqṯ*) nach Baal nur KTU 1.6 IV 20 die Rede. Die Verba *ngṯ* und *bqṯ* sind folglich nicht als Synonyma zu behandeln. [42]

20 Ḥabay wird als ein "Stiermensch" dargestellt, vgl. Xella 1986, 18; *id.* 1995, 715-716.

Die Verbform *ylšn* leiten wir von *l(w)š* "kneten" ab, vgl. HAL 499: *lwš* "kneten"; AHw. 540: *lâšu* I "(zu Teig) kneten"; Xella 1986, 23 Anm. 6; anders Pardee 1988, 62-64, arabisch *lšy*?; Spronk 1986, 199, *lšn* "to scold"; ARTU 136.

22a Es besteht keine Notwendigkeit, in *yrdm* einen Pl. zu sehen; [43] zudem
189 ist es unproblematischer, eine Genitiv-Verbindung durch ein | hervorhebendes Enklitikum *-m* aufzubrechen. [44]

Inhaltlich hat der mythologische Teil des Textes hier seinen Höhepunkt erreicht: Der Herr des Pantheons wurde dem Menschen in seinem schwächsten Zustand, im Tod, ähnlich.

22b-23a Mit der Angabe *ʿnt w ʿṯtrt tṣdn* beginnt ein neuer Abschnitt. Der schlechte Erhaltungszustand von Z. 23b-27 erlaubt keine weitere poetologische Gliederung. Es muß folglich offen bleiben, ob Z. 22b-23a als Monokolon zu verstehen ist oder mit dem folgenden *š*xx*d/lt qdš*, das nicht mehr sicher zu deuten ist, ein Bikolon bildet — dieses setzen wir in unserer Textgliederung versuchsweise an —; möglich ist es auch, daß hier der Prosaabschnitt beginnt. Dafür könnten die Formulierungen der medizinischen Behandlung durch die Göttinnen ʿAṯtart und ʿAnat in Z. 27 und 28 sprechen.

Von daher ist die Frage berechtigt, ob die poetische Textstruktur überhaupt über den mythologischen Abschnitt 1-22a hinausging. Denn danach gehen die Göttinnen auf die Suche nach Heilkräutern, was offensichtlich einen neuen Textabschnitt darstellt. Auf jeden Fall schlagen wir ab hier keine kolometrische Gliederung mehr vor und geben den Text entsprechend der Zeilenwiedergabe auf der Tafel wieder.

---

[42] Vgl. Gordon 1986, 129-132; Grottanelli 1988, 183-186; Xella 1995, 715-716.

[43] Vgl. Dietrich/Loretz 1988, 344; Pardee 1988, 65.

[44] Pardee 1988, 65.

Sachlich wird mit *tṣdn* "sie jagten, streiften herum" [45] offenbar mitgeteilt, daß die beiden Göttinnen auf der Suche nach Heilkräutern in der Natur, hier offensichtlich ein mit *š* beginnendes Nomen, das durch *qdš* "heilig; Heiligtum" näher bestimmt ist — vielleicht war hier in irgendeiner Weise von 'heiligen Gefilden' die Rede —, unterwegs sind.

24 Da die Tafel mit Z. 24 abbricht, ist nicht mehr sicher auszumachen, wie die Textstruktur weiterzuführen ist.

Die Frage ist auch kaum mehr zu beantworten, wie viele Textzeilen weggebrochen sind. [46] Tafelkrümmung und Kontext — dort, wo der Text auf der Rückseite wieder erfaßt werden kann (Z. 26), sind wiederum ʿAnat und ʿAṯtart die Handlungsträgerinnen — legen es nahe, daß nicht viele verlorengegangen sind.

27 Die Göttinnen *ʿnt w ʿṯtrt* sind bei ihrer Suche nach einem Heilkraut
190 offenbar fündig geworden: Sie dürften, wie *bhm* "mit deren Hilfe" | anzeigt, mehrere Kräuter gemischt haben, um ihre Heilwirkung zu erhöhen.

Da die Verbform *tṯb*, wie die in Z. 28 folgende, *trpa*, 3.f.Sg. sein dürfte, [47] scheint der Text die Tätigkeit der Göttinnen ʿAṯtart und ʿAnat ([*ʿṯ*]*trt w ʿnt*) *ad deam* konstruiert zu haben, so daß Überlegungen überflüssig sind, welcher Art die kurze Form ist. [48]

Mit den Heilkräutern haben ʿAṯtart und ʿAnat das *lmd* "gewohnte Verhalten" [49] des El bewirkt — an der Lesung von *lmdh* können, wie die Zeichenreste nach dem Worttrenner zu erkennen geben, kaum Zweifel bestehen.

28 Für die Deutung von *nʿr* als Perfekt 3.Sg.m. des N der Wurzel *ʿwr* "aufwachen; wach, munter sein" schließen wir uns J.C. de Moor [50] und D. Pardee [51] an.

29-31 Nach Z. 28 verläuft eine horizontale Trennlinie als einzige vom Schreiber vorgenommene Untergliederung des Textes quer über die Tafel. Das besagt, daß der Schlußabschnitt 29-31, formal und inhaltlich

---

[45] Siehe oben zu Z. 1 (Anm. 16).

[46] Vgl. die Erörterungen bei Pardee 1988, 66.

[47] Für andere Vorschläge (3.c.Du., 2.Sg.) siehe Verreet 1988, 224, mit Literaturhinweisen.

[48] Vgl. Verreet 1988, 224; Pardee 1988, 67.

[49] Vgl. nhebr. *limmûd* "Gewohnheit" (Dalman 218).

[50] de Moor 1984, 356 Anm. 12.

[51] Pardee 1988, 68.

von dem vorangehenden Text abgesetzt, eigenständig zu verstehen ist: Der mythologische Teil des Textes ist abgeschlossen, und es beginnt eine medizinische Behandlung eines Patienten mit Heilkräutern nach der Art, wie ʿAṯtart und ʿAnat sie bei El angewandt haben. Diese vom Schreiber gewollte Abtrennung des letzten Abschnitts bedingt auf jeden Fall, daß mit Z. 29 syntaktisch ebenso wie sachlich etwas Neues beginnt und die nun folgende Aussage — zumindest formal — nichts mit dem vorangehenden *nʿr* zu tun hat.

Hinsichtlich der Struktur des Textes steht fest, daß ab hier auf jeden Fall keine kolometrische Gliederung mehr möglich ist.

Für den Therapie-Abschnitt gibt es zahlreiche Interpretationsvorschläge, die zumeist erheblich voneinander abweichen. Der Grund dafür sind divergierende Auffassungen über Länge und Art des durch das Determinativpronomen *d* abhängigen Relativsatzes; also steht es auch zur Diskussion, wo der Hauptsatz beginnt.

191 | Zuerst muß festgehalten werden, daß *d* normalerweise [52] persönlich und nicht sächlich, wie häufig angenommen, [53] ist. Demnach beginnt der Abschnitt über die Therapieanweisung mit dem Therapeuten als Subjekt und nicht mit Angaben zur Medizin. Daraus folgt, daß *yšt* (Z. 31) die Tätigkeit des Behandelnden ausdrückt und die — indirekten — Bezugsobjekte, zwei durch *w* "und" paarweise aufgeführte Körperteile, [54] vorangestellt sind.

29a Der Therapeut "legt" an die "Schläfe" (*lṣb* [55]) des Patienten etwas, das *ḫš ʿrk* heißt. Da trotz der Bedenken von D. Pardee [56] eindeutig ein *ḫ* vor dem *š* steht, handelt es sich um ein Nomen *ḫš*, das mit *ʿrk* "zubereitet, bereitstellt" verbunden werden kann. Denkbar ist, daß es sich hier um den Namen des Heilkrautes handelt, das die Göttinnen ʿAṯtart und ʿAnat für El gesucht und mit dem sie ihn wieder zu Kräften gebracht haben. Trifft dies zu, dann liegt es nahe, *ḫš* mit dem in der babyloni-

---

[52] Vgl. UT § 6.23-27 — § 6.27 auch Fälle aufgeführt werden, in denen *d* möglicherweise auch anstelle von *dt* stehen kann —; BGUL 51.3 — ohne Angabe von Ausnahmen.

[53] Siehe Pardee 1988, 68f.

[54] Siehe Dietrich/Loretz 1981, 96.

[55] Dietrich/Loretz 1990, 145-147.

[56] Pardee 1988, 20: Das Ergebnis der 'Lupenlesung' spricht gemäß Kopie (S. 15) übrigens weitaus eher für ein *ḫ* als für einen Trenner, weil dieser Trenner einerseits viel tiefer stünde als die anderen und über dem 'Trenner' eindeutig ein weiterer Keil zu sehen ist; das besagt, daß der Einstich des vermeintlichen 'Trenners' nichts mit einem 'Trenner' zu tun hat, sondern der untere Unterteilungskeil eines Senkrechten ist.

schen Medizin gebräuchlichen *ḫašû* "Thymian(?)" [57] zu verbinden. In Parallele zu den Angaben der babylonisch medizinischen Texte müßte *ʿrk* dann konkret "(durch Pulverisierung) zubereitet" heißen.

29b-30 Paarweise werden hier Körperteile aufgeführt, die gleichzeitig mit dem Einreiben der Schläfe behandelt werden sollen. Bemerkenswert ist, daß die Körperteile in chiastischer Stellung zu einander genannt werden — unten/ oben :: oben/ unten:

192 |— *lb w riš* "Leib und Kopf": Da "Herz" bei der hier angesprochenen äußeren Anwendung nur dann sinnvoll wäre, wenn damit die "Herzgegend", als die "Brust" gemeint ist, scheint *lb*, wie auch sonst belegbar, den "Leib" zu bezeichnen.

— *pqq w šrh* "Brustbein(?) und seinen Unterleib": Für die Deutung von *pqq* geht man bisweilen von der These aus, daß es sich um den Namen einer Pflanze handele. [58] Das würde aber in keiner Weise zu vorgetragenen symmetrischen Struktur der therapeutischen Anweisung passen. Von daher ist den wiederholt vorgebrachten Versuchen der Vorrang einzuräumen, die *pqq* mit dem mhebr. *pqq* verbinden und mit "Knorpel, Knochen", o.ä., übersetzen. [59] Da es sich, im Blick auf die chiastische Stellung, im Gegensatz zu *šr* "Nabel, Unterleib" um ein Teil des Oberkörpers handeln dürfte, schlagen wir die Übersetzung "Brustbein" vor.

31 Die Verbform *yšt* wird verschiedentlich von der Wurzel *šty* "trinken" abgeleitet. [60] Dem ist zum einen entgegenzuhalten, daß eine innere Anwendung von Olivenöl frühreifer Früchte als eine überaus 'harte Droge' hier kaum in Frage kommen dürfte, und daß, zum anderen, die Körperteilpaare als indirekte Objekte keine syntaktische Einbindung hätten.

In der Anweisung liegt ein Beispiel für die in der Antike weit verbreiteten Öltherapie vor, die bei Mensch und Tier äußerlich angewendet wurde. [61]

---

[57] AHw. 335a; CAD Ḫ 144-145: a plant yielding seeds used as a spice; vgl. auch *ḫaši/uānum, ḫašânu* AHw. 334a: eine Pflanze; CAD Ḫ 138a: a plant, lit.: the *ḫašû*-like plant. Diese Pflanze diente in pulverisierter Form als Droge, die mit Flüssigkeit eingenommen werden konnte.

[58] Pardee 1988, 71-72.

[59] Dietrich/Loretz 1981, 96; de Moor 1984, 356.

[60] Pardee 1988, 72.

[61] Mit Angaben zur Feinöl-Feiung bei Pferden vgl. z.B. V. Horn, Das Pferd im Alten Orient. Das Streitwagenpferd der Frühzeit in seiner Umwelt, im Training und im Vergleich zum neuzeitlichen Distanz-, Reit- und Fahrpferd. *Documenta Hippologica* (Hil-

4. Ergebnisse

4.1. Aufbau und sprachliche Strukturen von KTU 1.114

I. Mythologischer Abschnitt: 1-28
  I.1. Mythologische Entstehung der Krankheit (1-22a)
    I.1.1. Göttermahl: 1-4a
    I.1.2. Verunglimpfung des Yariḫu als Hund, Zuwendung seitens der Göttinnen ʿAṯtart und ʿAnat: 1-13
    I.1.3. Fehlverhalten des gastgebenden El: 14-22a
  I.2. Mythologische Begründung für die Therapie: 22b-28
II. Medikamentöse Behandlung: 29-31

193 | Wie dargelegt, ist nur der Abschnitt I.1, der die mythologische Entstehung der Krankheit zum Thema hat, poetisch abgefaßt worden. Hier läßt sich dementsprechend eine kolometrische Gliederung nachzeichnen.

Für den Abschnitt I.2, der die mythologische Begründung für eine Therapie der mythologisch aufgezeigten Krankheit formuliert, läßt sich nach dem heutigen Zustand des Textes keine poetische Struktur mehr nachweisen.

Dasselbe gilt für Abschnitt III, der mittels eines Trennstrichs darauf aufmerksam macht, daß die mythologischen Ausführungen abgeschlossen sind und die Anweisung für die praktische Therapie eines Patienten per äußerer Anwendung enthält. In diesem Abschnitt fällt zudem der sehr spärliche Gebrauch von Worttrennern auf.

4.2. Beobachtungen zum Tempussystem

In der von uns vorgeschlagenen kolometrischen Gliederung des Gedichtes treten bemerkenswerte Hinweise auf den Verlauf der Handlung und den Gebrauch der Tempora an den Tag. Dabei erweist es sich, daß das Erzähltempus bei Handlungen durch Verbformen der Präfixkonjugation (PK) geschieht, [62] wogegen die Formen der Suffixkonjugation (SK) — sofern eindeutig feststeht, daß es fientische und nicht nominale Formen sind — entweder Resultate [63] oder, das sei hier besonders hervorgehogen, die Gleichzeitigkeit ("dabei, zugleich, indem") einer Handlung mit der durch ein prallelgeordnetes Verb der PK ausgedrückten aufzeigt:

---

desheim, etc., 1995).

[62] Tropper 1995a.

[63] Tropper 1995b, 510-512

Die Suffixkonjugationsformen (SK: Perfecta) <*dbḥ*>, *ṣd* und *ṣḥ* in Z. 1-2a sind resultativ zu verstehen und geben zu erkennen, daß El die Vorbereitungen zum Mahl abgeschlossen hatte und zur Einladung bereit war; [64] sie beschreiben zugleich den Zustand, in dem sich der Gastgeber anläßlich des bevorstehenden Empfangs seiner Genossen zum Mahl befindet.

In dem anschließenden Trikolon 2b-4a folgt die Beschreibung des Mahles mit Hilfe der Präfixkounjugationsformen (PK: Imperfecta) *tlḥmn, tštn*
194 ‖ *tštn.* [65] Das Verhalten der Götter beim Mahl wird im | Abschnitt 4b-8
mit den PK-Formen *yʿdb* (zweimal), *yqṯqṭ*, *ydʿnn* (zweimal) und *ylmn* weitergeführt. [66] Den Gang der Handlung setzt in Z. 9 *ymġy* "er (Yariḫu) kommt" [67] ebenso fort wie *tʿdb,* <*tʿdb*>, *ygʿr* und zweimal *tʿdbn* im Abschnitt 10-13.

Die Kette der PK-Formen zur Schilderung des Geschehens wird in Z. 14 durch *gʿr* unterbrochen, das, sofern es sich nicht um einen Schreibfehler handelt, auf zweierlei Weise erklärt werden kann: zu einen als ein Nomen, ein extratemporales Partizip und zum anderen als eine SK-Form, die gegenüber der vorangehenden PK-Form eine Gleichzeitigkeit ("zugleich") ausdrückt.

In 14b-16 wird die Handlung mit den PK-Formen *yṯb* (zweimal) und *yšt* (einmal) fortgesetzt.

Des Stilmittels vom parallelen Gebrauch der SK- und PK-Formen, [68] in der die erstere eine Gleichzeitigkeit mit der letzteren beschreibt ("indem") bedient sich der Dichter im Bikolon 17-18a: *hlk* ‖ *yštql* — in der Übersetzung läßt sich diese Consecutio nur schlecht wiedergeben. Mit dieser Variation unterbricht er die Abfolge der PK-Formen und leitet so eine neue Phase des Geschehens ein.

Einen symptomatischen Formenwechsel bietet der Abschnitt 18b-21a, bei dem zwischen den PK-Formen *yʿmsnn* und *ylšn* die SK-Form *ngšnn* steht. Vom Inhalt her könnte man meinen, daß alle drei Verben eine forschreitende Handlung aufzeigen. Also wirkt die SK-Form *ngšnn* geradezu störend, weil sie aus der Reihe fällt. Auf der Suche nach einem Grund dafür fällt der Subjektwechsel auf, so daß die Annahme nahe liegt, in *ngšnn* eine SK-Form der Gleichzeitigkeit ("dabei") zu sehen. Die mit *ngšnn* eingeleitete neue Handlung wird dann durch das folgende *ylšn* weitergeführt, das formal an

---

[64] Vgl. Tropper 1995b, 510-512; Verreet 1988, 42-43.

[65] Pardee 1988, 22; Verreet 1988, 42-43; vgl. dagegen die Deutung der Imperfecta als Jussivformen und des Trikolons als Aufforderung Els u.a. Spronk 1986, 198; ARTU 135; Caquot 1989, 74; Hvidberg-Hansen I 1990, 163.

[66] Pardee 1988, 22; Verreet 1988, 86, 144.

[67] Spronk 1986, 199; ARTU 135; Pardee 1988, 22; Verreet 1988, 48.

[68] Vgl. Held 1962, 281-290, zu *yqtl-qtl* (*qtl-yqtl*) bei identischen Verben im Hebräischen und Ugaritischen.

*y*ʿ*msnn* anschließt.

Den Abschluß der Erzählung über Els Abenteuer im *marzīḥu*-Haus (Z. 21b-22a) leitet das SK-Verbum *ql* mit resultativer Bedeutung [69] ein.

4.3. Inkompetenz des Schreibers

D. Pardee geht in seiner Beurteilung des Textes KTU 1.114 von der These
195 aus, daß dessen Verfasser ein zweitrangiger Poet gewesen sei: | "un poète
de second plan". [70] Diese Auffassung könnte eine Stütze darin finden, daß im Abschnitt 1-22a ein poetisch gestalteter Text vorliegt, bei dessen Wiedergabe dem Schreiber entsprechend dem von uns vorgeschlagenen Text allerlei Fehler unterlaufen sind: Z. 1 *dbḥ* <dbḥ>; Z. 3 *y*<n>; Z. 7 <tḥt ṯlḥnt>; Z. 8 *y.lmn*; Z. 11 <tʿdb>; [[*l*?]]; Z. 12 *rlb* = *klb*.

Diese Fehler sind eine Verwechslung von *r* und *k* in Z. 12, ein falsch gesetzter Trenner in Z. 8 und eine Rasur in Z. 11 sowie vier Auslassungen. Es drängt sich folglich der Schluß auf, daß wir hier eher mit der Arbeit eines nachlässigen Schreibers als mit der eines zweitrangigen Poeten konfrontiert sind. Das ermöglicht die Bejahung unserer anfangs gestellten Frage, ob KTU 1.114 nicht das Produkt eines Schülers sein könnte, der vom Meister die Aufgabe gestellt bekommen hat, aus gegebenem Anlaß eine Krankheitsbeschwörung mit einer üblichen mythologischen Einleitung niederzuschreiben.

Literatur: [71]

Aboud, J., 1994: Die Rolle des Königs und seiner Familie nach den Texten von Ugarit. FARG 27.1994.

Avishur, Y., 1984: Stylistic Studies of Word-Pairs in Biblical and Ancient Semitic Literatures. AOAT 210.1984.

Becking, B., 1995: Šukamuna, DDD (1995), 1631-1634.

- -, 1995: Šunama, DDD (1995), 1467-1469.

Bordreuil, P./A. Caquot, 1979: Les Textes en cunéiformes alphabétiques découvertes en 1977 à Ibn Hani, Syria 56 (1979) 296-297.

Bordreuil, P. / D. Pardee, 1989: La trouvaille épigraphique de l'Ougarit, 1. Concordance, RSOu 5

Caquot, A., 1979: L'ivresse du dieu El, SDB IX (1979), 1391.

- -, 1989: TO II (1989) 71-78.

---

[69] Tropper 1995b, 510.

[70] Pardee 1988, 24.

[71] Weitere Literaturangaben siehe bei Pardee 1988, 13; Caquot 1989, 72-73; Hvidberg-Hansen 1990, 221-222.

196 | *Cooper, A.*, 1991: Review of D. Pardee, Les textes para-mythologiques de la 24ᵉ campagne (1961), JAOS 111 (1991) 833-836.

Dietrich, M./O. Loretz, 1981: Neue Studien zu den Ritualtexten aus Ugarit (I). 3. Kolometrie und Aussage in KTU 1.114, UF 13 (1981) 88-98.

- -, 1985: Baal vernichet Jammu (KTU 1.2 IV 23-30) UF 17 (1985) 117-121.

- -, 1986: Ug. *ngš* und *ngṯ, mgṯ*, UF 18 (1986) 451-452.

- -, 1988: Ugaritische Rituale und Beschwörungen, TUAT 3/2 (1988) 299-357.

- -, 1990: Mantik in Ugarit. Keilalphabetische Texte der Opferschau - Omensammlungen - Nekromantie, mit Beiträgen von H.W. Duerbeck, J.-W. Meyer, W.C. Seitter. ALASP 3.1990.

- -, 1993a: Zur Debatte über die Lautentwicklung *z* → *d* im Ugaritischen, UF 25 (1993) 123-132.

- -, 1993b: KTU 1.114, ein 'Palimpsest', UF 25 (1993) 133-136.

Dietrich, M./W. Mayer, 1996: The Pantheon of the Hurritic Sacrificial Lists from Ugarit, Subartu 4 (1996 - im Druck).

Gordon, C.H., 1986: Ḥby, Possessor of Horns and Tail, UF 18 (1986) 129-132.

Grottanelli, C., 1981: L'ideologia del banchetto e l'ospite ambiguo, Dialoghi di Archeologia NS 3 (1981) 122-154.

- -, 1982: La prova del buon figlio, Religione e Civiltà 3 (1982) 217-234.

- -, 1988: Ancora sull'ebrezza del dio El (KTU 1.114), VO 7 (1988) 177-188.

Greenstein, E.L., 1974: Two Variations of Grammatical Parallelism in Canaanite Poetry and their Psycholinguistic Background, JANES 6 (1974) 87-105.

Held, M., 1962: The *yqtl-qtl* (*qtl-yqtl*) Sequence of Identical Verbs in Biblical Hebrew and in Ugaritic. Studies and Essays in honor of A.A. Neuman. Leiden 1962, 281-290.

Heltzer, M., 1986: Phoenician Theophorous Names with the Root *ʿms*, StPh 4 (1986) 239-247.

Hvidberg-Hansen, F.O., 1990: Kanaʿanaeiske myter og legender I-II. Aarhus 1990. (I 159-164: Els festmaltid; II 131-138: Noter; 221-222: Bibliografier).

Jackson, K.P., 1983: Ammonite Personal Names in the Context of the West Semitic Onomasticon: in: Essays in Honour of D.N. Freedman. Winona Lake 1983, 507-521.

197 | *Liverani, M.*, 1969: Rez. zu: Ugaritica V, OA 8 (1969) 338-340.

Lloyd, J.B., 1990: The Banquet Theme in Ugaritic Narrative, UF 22 (1990) 169-193.

Loewenstamm, S.E., 1980: Comparative Studies in Biblical and Ancient Oriental Literature. AOAT 204.1980.

- -, 1984: *yštql*, UF 16 (1984) 357-358 = id., From Babylon to Canaan. Studies in the Bible and its Oriental Background. Jerusalem 1992, 313-314.

Margalit, B., 1989: The Ugaritic Poem of AQHT. BZAW 182.1989.

McLaughlin, J.L., 1991: The *marzeaḥ* at Ugarit. A Textual and Contextual Study, UF 23 (1991) 265-281.

Milano, L., 1988: Codici alimentari, carne e commensalità nella Siria-Palestina di età preclassica, in: C. Grottanelli/ N.F. Parise, eds., Sacrificio e società nel mondo antico. Bari 1988, 55-86.

Moor, J.C. de, 1969: Studies in the New Alphabetic Texts from Ras Shamra I, UF 1 (1969) 167-188. (167-175: KTU 1.114).

- -, 1984: Hebane and KTU 1.114, UF 16 (1984) 355-356.

Pardee, D., 1988: Les textes para-mythologiques de la 24ᵉ campagne (1961). RSO 4. 1988.

Pope, M.H., 1994: A Divine Banquet at Ugarit, in: id., Probative Pontificating in Ugaritic and Biblical Literature. Collected Essays. UBL 10.1994, 153-180

Renfroe, F., 1992: Arabic-Ugaritic Lexical Studies. ALASP 5.1992

Smith, M.S., 1994: The Ugaritic Baal Cycle I. SVT 55.1994.

Spronk, K., 1986: Beatific Afterlife in Ancient Israel and in the Ancient Near East. AOAT 219.1986. (198-201: KTU 1.114).

Stamm, J.J., 1980: Der Name des Propheten Amos und sein sprachlicher Hintergrund: in: J.A. Emerton, ed., Prophecy. Essays presented to G. Fohrer. BZAW 150.1980, 137-143.

Tropper, J., 1990: Der ugaritische Kausativstamm und die Kausativbildungen des Semitischen. ALASP 2.1990.

- -, 1995a: Das altkanaanäische und ugaritische Verbalsystem. ALASP 7/1. 1995, 159-170.

198 | - -, 1995b: Die semitische "Suffixkonjugation" im Wandel - von der Prädikativform zum Perfekt. AOAT 240.1995, 491-516.

Ullendorff, E., 1977: Is Biblical Hebrew a Language? Studies in Semitic Language and Civilizations. Wiesbaden 1977.

van Zijl, P.J., 1972: Baal. A Study of Texts in Connexion with Baal in the Ugaritic Epics. AOAT 10.1972.

Verreet, E., 1988: Modi Ugaritici. Eine morpho-syntaktische Abhandlung über das Modalsystem im Ugaritischen. Leuven 1985.

Watson, W.G.E., 1994: Traditional Techniques in Classical Hebrew Verse. JSOTSS 170.1994.

Xella, P., 1986: Un antecedente eblaita del "demone" ugaritico *ḥby*?, SEL 3 (1986) 17-25.

- -, 1995: Haby, DDD (1995), 715-716.

Hunde in Leben und Mythos der Ugariter *

In seinen Beiträgen zu den Beziehungen zwischen Ägypten und Syrien-Palästina hat W. Helck auf einen regen Austausch von Waren zwischen diesen Ländern hinweisen können [1] — es fehlen jedoch jegliche Anhaltspunkte für einen Handel mit Hunden. So wissen wir zwar, daß die Ägypter Hunde aus Libyen, Nubien und Punt eingeführt haben, [2] aber für eine Belieferung Ägyptens mit syrisch-palästinensischen Hunden konnten bisher keine Belege gefunden werden. [3] Das Schweigen der ägyptischen Quellen wird von dem der syrisch-palästinensischen flankiert: Auch sie berichten nichts über eine Ausfuhr von Hunden nach Ägypten.

Da die Ägypter Hunde geschätzt und geliebt haben, [4] dürften sie auf ihren Reisen und Kriegszügen durch Palästina und Syrien sicher auch den
632 dortigen Hunden ihre Aufmerksamkeit geschenkt haben. Ob sie da|bei die syrischen Hunde den für sie barbarischen Aspekten dieses Landes zurechneten, [5] bleibt für uns wegen fehlender Ausführungen unbekannt. Aus den Amarnabriefen geht jedenfalls hervor, daß der syrische Hund zumindest in Redewendungen — etwa in Vergleichen der Ergebenheit gegenüber dem Pharao [6] oder des Zorns über die Gegner [7] — den Weg nach Ägypten gefunden hat.

---

* *Aus:* H. Altenmüller, D. Wildung (Hg.), Studien zur altägyptischen Kultur. Festschrift W. HELCK (Hamburg 1984), S. 631-642.

[1] Helck, Beziehungen Ägyptens zu Vorderasien[2], 370-427. Zur Übernahme des Motivs vom Hund, der sich im Flug umdreht, siehe W. Helck, Die Beziehungen Ägyptens und Vorderasiens zur Ägäis bis ins 7. Jahrhundert v. Chr., Darmstadt 1979, 81.

[2] H.G. Fischer, Hunde, in: LÄ III,77.

[3] W. Heimpel, Hund, in: RlA 4, 1972/75, 494-497, kennt z.B. keine Hinweise.

[4] Grapow, Bildl. Ausdrücke, 75-76; Fischer, in: LÄ III,78-79.

[5] Helck, Die Ägypter und die Fremden, in: Saeculum 15, 1964, 103-114, zur Fremdheit Syrien-Palästinas in den Augen der Ägypter.

[6] Zu diesen Stellen aus den Amarnabriefen siehe AHw., 424: kalbu 5aα; CAD K, 72: kalbu 1j.

[7] AHw., 424: kalbu 5aα; CAD K, 72: kalbu 1k. Zum Vergleich der Feinde mit den Hunden im Ägyptischen siehe Grapow, Bildl. Ausdrücke, 75-76.

Die ugaritischen Texte erlauben eine Präzisierung des bisherigen Bildes über die Hunde in Altsyrien und lassen somit auf einem kleinen Gebiet jene Welt besser verstehen, der sich die Ägypter in Syrien gegenübergestellt gesehen haben. [8] Es würde uns freuen, wenn der Jubilar, der stets auch den Problemen Ugarits seine Aufmerksamkeit geschenkt hat, an den folgenden Beobachtungen zur Rolle von Hunden in den Texten von Ugarit Freude finden wird.

klb "Hund" [9] und *klbt* "Hündin" begegnen in den verschiedenen Gattungen der ugaritischen Literatur mehrfach. Der Hund wird sowohl dem Bereich der Götter als auch dem der Menschen zugeordnet. Entsprechend seiner offensichtlichen Bedeutung für den Ugariter im täglichen Leben fand er Eingang in die Kunst und möglicherweise auch in den Totenkult.

Nachfolgend soll zunächst eine Analyse aller Textstellen vorgenommen werden, in denen Hunde auftreten. Anschließend kann ein Bild entworfen werden, das seine Bedeutung für den Ugariter umreißt.

1. Hunde im Keret-Epos

Im Keret-Epos [10] werden Hunde an bedeutsamen Stellen erwähnt. Zuerst ist hier jener Abschnitt zu nennen, in dem beschrieben wird, wie in der von Keret und seinem Heer bedrohten Stadt Udm die Tiere nachts unruhig werden: Nachdem Keret mit seinem Heer die Stadt von ihrem Umland und
633 den Wasserquellen abgeschnitten hat (KTU 1.14 III 14-19, | V 6-12), können die Tiere nicht mehr mit dem Nötigsten versorgt werden. Sie sind deshalb am Abend zur Futterzeit unruhig und stören die Nachtruhe des Königs Pbl. Die Reihe der Tiere, die durch ihre Laute die Stille der Nacht stören, wird durch den Hund abgeschlossen:

[8] Siehe zum Hund in Syrien-Palästina auch Galling, Hund, in: BRL^2, 1977, 149-150; J.M. Sasson, in: RSP 1, 1972, 421-422, Nr. 67: *klb/klbt*.

[9] Zur Herkunft und Verbreitung dieses Worts siehe Diakonoff, in: AoF 8, 1981, 33-34. 64; siehe auch A. Salonen, Jagd und Jagdtiere im alten Mesopotamien, Helsinki 1976, 68-74; Aartun, in: UF 15, 1983, 1-5.

[10] Zur Diskussion über die Vokalisierung des Königsnamens *krt* und die Frage, inwieweit der Keret-Text als Epos zu bezeichnen ist, siehe u.a. G. Del Olmo Lete, Mitos y leyendas de Canaan, Madrid 1981, 240 Anm. 6; 273-285.

w hn špšm [11] *b šbʿ* [12]	Siehe, nach Sonnenuntergang am siebten Tag,
w l yšn pbl mlk	da wird König Pbl nicht schlafen (können)
l qr ṯigt ibrh	beim Gebrüll seiner Stiere,
l ql nhqt ḥmrh	beim Gebrüll seiner Esel,
l gʿt alp ḥrṯ	beim Gebrüll (seiner) Pflugochsen,
zǵt klb ṣpr	(beim) Gebell des Hundes (seines) Gesindes.

(KTU 1.14 III 14a-19b, V 6-12)

Der Ausdruck *klb ṣpr* wird äußerst unterschiedlich übersetzt und interpretiert: J. Aistleitner analysierte *ṣpr* als Pluralis fractus und leitete das Wort von arab. *ṣafira* "hungrig" ab; damit gelangte er hinsichtlich des Stichos *zǵt klb ṣpr* zur Übersetzung "das Gekläff der hungrigen Hunde". [13] Sachlich ist an dieser Interpretation sicher richtig, daß sich hungrige Hunde durch Wimmern und Gebell melden.

Die Mehrzahl der Ugaritologen hat dagegen *ṣpr* auf eine Tätigkeit der Hunde bei Jagd oder Wache bei Menschen und Herden zu beziehen versucht. Zu dieser Erklärung gelangte man wiederum über den Weg vergleichender Etymologie: C.H. Gordon hat so z.B. eine Ableitung des *ṣpr* von hebr. *ṣpwr* "bird" oder *ṣpyr* "buck" erwogen [14] und den Ausdruck *klb ṣpr* folglich mit "hunting dogs" übersetzt. [15] Er scheint sich mit der Bemerkung "probably *klb ṣpr* 'dogs of the buck' = 'hunting dogs'" und dem Hinweis, daß nach
634 bildlichen Darstellungen Hunde in | Ugarit für die Jagd verwendet worden
seien, [16] letztlich doch für *ṣpr* (= hebr. *ṣpyr*) "buck" entschieden zu haben.

Im Gegensatz zu C.H. Gordon sind L. Badre, u.a., dem Vorschlag von J. Pedersen und I. Engnell [17] gefolgt und übersetzen *klb ṣpr* mit "Vorstehhund" ("chien d'arrêt"). Dabei setzen sie *ṣpr* "Vogel" an und definieren *klb ṣpr* präzise mit "le chien utilisé à la chasse aux oiseaux, en d'autres

---

[11] Zu *špšm* = *aḫr špš* siehe de Moor – Spronk, in: UF 14, 1982, 165.

[12] Zum Topos vom "siebten Tag" siehe S.E. Loewenstamm, AOAT 204, 1980, 192-209.

[13] Aistleitner, WUS Nr. 2346; G.R. Driver, Canaanite Myths and Legends, 1956, 34-35. 150 mit Anm. 26, *ṣpr* "was hungry or 'whined'" mit Verweis auf ar. *ṣafira* "'was empty' or *ṣafara* 'whistled'"; die Erwägung mit *ṣafara* "whistled" wurde dann von J.C.L. Gibson (siehe Anm. 26) und M. Weippert, in: ZAW 73, 1961, 98 Anm. 14 aufgenommen. M. Weippert hat diese Erklärung dann in: ZDMG Supplement 1/1, 1969, 215 Anm. 117, wieder aufgegeben.

[14] C.H. Gordon, UT Nr. 2186; CAD Ṣ, 253-254, wurde ein *ṣupru* B (a domestic animal) angesetzt. Diese Deutung wurde CAD A/2, 218, 3a 2, wieder aufgegeben, siehe K.R. Veenhof, Aspects of Old Assyrian Trade and Its Terminology, Leiden 1972, 391.

[15] Gordon, in: Berytus 25, 1977, 41.

[16] Gordon, a.a.O., 41 Anm. 44.

[17] Pedersen – Engnell, in: Berytus 6, 1941, 96.

termes: un chien d'arrêt". [18] Die altorientalische Literatur kennt zwar den Topos, daß Vögel vor Hunden auffliegen, [19] aber ein für die Jagd ausgerichteter Vorstehhund muß nicht nur auf Vögel dressiert sein. Eine Übersetzung des *klb ṣpr* mit "Vogel-Hund" = "Vorstehhund" geht deshalb ohne Unterscheidung zwischen etymologischen und sachlichen Argumenten vor — es sei denn, daß man annehmen wollte, der König von Udm habe Vorstehhunde für Vögel gehalten.

Da auch in Ugarit die Vögel am ehesten vom *yqš* "Vogelfänger" [20] besorgt worden sind, könnte man auf Grund der künstlerischen Darstellung von Jagdhunden [21] am ehesten annehmen, daß *klb ṣpr* den Jagdhund bezeichne. Wenn wir aber dann für *klb ṣpr* entweder "Vogelhund" oder "Hund des *ṣpr*-Bokkes" [22] ansetzen, kommen wir kaum zum verallgemeinernden Begriff "Jagdhund". Gegen einen *klb ṣpr* "Vogelhund" spricht etymologisch ferner, daß im Ugaritischen für "Vogel" das Wort *ʿṣr* gebraucht wird; [23] so erscheint es auch kaum möglich, für *ṣpr* in KTU 1.14 II 19 et par. einen "Spatz" zu fordern. [24]

Einen eigenen Weg geht J.C.L. Gibson, der in teilweisem Anschluß an G.R. Driver [25] für *klb ṣpr* über die Wurzel *ṢPR* G "whistled" zur Übersetzung "hunting dog(s)" kommt. [26]

635 Verbreitet ist schließlich eine Übersetzung "Wachhund" für *klb ṣpr*: | Sie wird von H.L. Ginsberg, [27] A. Jirku, [28] A. Herdner, [29] M.

---

[18] Badre, u.a., in: Syria 53, 1976, 113.

[19] Vgl. lu *ip-pár-ša iṣ-ṣu-ru* "fürwahr, die Vögel fliegen auf" (BWL 192, 24a).

[20] Zum Beruf des Vogelfängers in Ugarit (KTU 4.99:6; 4.126:25; PRU 6.136:12) siehe A. Salonen, Vögel und Vogelfang im Alten Mesopotamien, Helsinki 1973, 23-48, zu Vogler und Vogelfang in Mesopotamien.

[21] Siehe die Darstellung von Hunden auf der Goldschale aus Ugarit: Syria 15, 1934, Tf. 16; BRL^2, 151, Abb. 40,1; siehe zum Gebrauch von Jagdhunden in Mesopotamien A. Salonen, Jagd und Jagdtiere im Alten Mesopotamien, Helsinki 1976, 68-74.

[22] Siehe zu Anm. 13: Auch A. Herdner, in: A. Caquot – M. Sznycer, Textes ougaritiques I, Paris 1974, 523 w.

[23] Siehe KTU 1.3 IV 1; 1.14 II 17*; 1.23:38; 1.46:8; 4.14:5.

[24] G. Del Olmo Lete, Mitos y leyendas de Canaan, Madrid 1981, 615: *ṣpr* I "pájaro".

[25] Siehe Anm. 13.

[26] J.C.L. Gibson, Canaan Myths and Legends, ^{2}1978, 88. 156.

[27] Ginsberg, in: BASOR 2/3, 1946, 16. 39, der Ableitung von *ṣpw* "to watch" als fraglich bezeichnet: "Is *ṣpr* akin to *ṣpw* ('to watch')?"; ders., ANET, 1969^3, 144.

[28] A. Jirku, Kanaanäische Mythen und Epen aus Ras Schamra – Ugarit, Gütersloh 1962, 91.

[29] Siehe Anm. 22.

Dahood, [30] M. Weippert [31] und J.C. de Moor – K. Spronk [32] vertreten. K. Aartun argumentiert folgendermaßen: *klb ṣpr* "der Hund des Herzens, der Intelligenz oder des Palastes bzw. der plötzlich ausbrechenden Wut = '(Wach-)Hund'". [33]

All diese Lösungsversuche vermochten weder in philologischer, etymologischer, noch in sachlicher Hinsicht zu überzeugen. Denn weder *ṣpr* "Vogel", *ṣpr* "Ziegenbock" [34] noch *ṢPR* "hungrig sein", "zwitschern", scheinen die Deutung von *klb ṣpr* entscheidend zu fördern. Auch der Vorschlag von M. Dahood, von einer Wurzel *ṢPR* "to watch, guard" abzuleiten, leidet an der Unsicherheit, die mit *ṣpr* in Jdc 7,3 gegeben ist. [35] Also gilt es, nach weiteren Wurzeln mit der *ṣ-p-r*-Formation Ausschau zu halten. Da dürften von vorneherein jene ausscheiden, von denen die Substantive hebr. *ṣpr* "Nagel (am Finger)", [36] akk. *ṣupru* "Finger-, Zehennagel, Kralle, Huf" [37] oder die Feldbezeichnung *ṣbr*, [38] *ṣibb/ppirru* [39] abzuleiten sind.

Neue Möglichkeiten der Diskussion ergeben sich allerdings, wenn wir ug. *ṣbrt* "Gruppe" [40] sowie akk. *ṣubrum* "Gesinde", "Sklaven" [41] und *ṣub/parum* [42] in die Betrachtung einbeziehen und ein Nomen *ṣb/pr* "Gesin-
636 de, Sklave" ansetzen. Für *klb ṣpr* erhielten wir dann die Überset|zung "Hunde des Gesindes": Neben den großen Tieren, Rindern und Eseln, trägt

---

[30] Dahood, in: Or 29, 1960, 348, setzt eine Verbalwurzel *ṣpr* "to watch, guard" mit Hinweis auf *ṣpr* in Jdc 7,3 und *ṣ^{e}pîrah* "guard, sentinel, body-guard" (Mischna) an; Weippert, in: ZDMG Supplement 1/1, 1969, 215 Anm. 117, und de Moor – Spronk, in: UF 14, 1982, 168, "probably 'watch-dog'", haben sich dieser Erklärung angeschlossen.

[31] Weippert, in: ZAW 73, 1961, 98 Anm. 14; ders., Elemente phönikischer und kilikischer Religion in den Inschriften von Karatepe. Exkurs II: Ugaritisch **ṢPR* und Verwandtes, in: ZDMG Supplement 1/1, 1969, 215-216, leitet mit M. Dahood (Or. 29, 1960, 348) *ṣpr* von der Verbalwurzel **ṢPR* "(be)wachen" ab.

[32] De Moor – Spronk, in: UF 14, 1982, 168.

[33] Aartun, in: UF 15, 1983, 2 mit Anm. 4.

[34] Weippert, in: ZDMG Supplement 1/1, 1969, 215.

[35] Siehe zu Jdc 7,3 die Lexika und Kommentare.

[36] Gesenius, 693.

[37] AHw., 1113: *ṣupru*; CAD Ṣ, 250 ff.

[38] KTU 4. 375: 1.3.5.7.9.11.

[39] AHw., 1104; CAD Ṣ, 203f.: *ṣippiri*.

[40] Siehe KTU 1.3 V 37; 1.4 I 8, II 25, IV 49, 1.6 I 40f.

[41] AHw., 1108; siehe ferner zur Diskussion über *ṣ/subrum* P. Garelli, RA 60, 1966, 135-138; K.R. Veenhof, Aspects of Old Assyrian Trade and Its Terminology, Leiden 1972, 100 Anm. 168; 391.

[42] AHw., 1107: *ṣub/parum* "Sklave" oder PN?

also auch das Gebelle der — sicher weniger reinrassigen — Hunde des königlichen Gesindes zur nächtlichen Unruhe bei, weil diese zuerst unter Hunger gelitten haben dürften.

Abgesehen von den hiermit postulierten "Hunden des (königlichen) Gesindes" hat es nach KTU 1.16 I 2-3 et par [43] an den Höfen in Syrien offenbar auch rassige Tiere gegeben: Denn es ist gelegentlich von Hunden (*klb // inr* [44]) die Rede, die sich im Palast selbst befanden — daß Welpen in altorientalischen Palästen aufgezogen wurden, geht aus etlichen Texten hervor. [45]

In KTU 1.16 I 2-3 et par. werden offenbar Hunde mit der Totenklage über Keret in Verbindung gebracht:

[2]*k klb b btk nʿtq*	Wie Hunde heulen wir in deinem Palast,
k inr [3]*ap ḫštk* [46]	wie Welpen am Eingang deines Grabbaus!

Es wird offen bleiben müssen, ob man aus dieser Stelle mehr entnehmen darf, als daß die Hunde des Königs — wohl seine Lieblingstiere — um den Herrn getrauert haben. Alleine von dieser Stelle ausgehend, scheint jedenfalls kein tragfähiges Fundament für die Ansicht gewonnen werden zu können, daß Hunde auch im Totenkult von Ugarit eine Rolle gespielt haben. [47]

2. Hunde im Aqht-Epos

Das Wort *klb* "Hund" wird auch zweimal innerhalb des höchst umstrittenen Abschnittes KTU 1.19 I 7-16 genannt. [48] Für diesen Text schlagen wir folgende Einteilung und Übersetzung vor: [49]

637	| ...... *ydh*	...... seine Hände,
	k šr [8]*knr uṣbʿh*	wie die eines Leiersängers (sind) seine Finger!

[43] KTU 1.16 I 15-17. II 38-39.

[44] AHw., 658: *mīlērānu* I "junger Hund, Welpe"; CAD M/2, 105-106; AHw., 1427: *urânu*; A. Salonen, Jagd und Jagdtiere im Alten Mesopotamien, Helsinki 1976, 87; K. Aartun, Zur Erklärung des ugaritischen Ausdruckes *inr*, in: UF 15, 1983, 1-5.

[45] Zu Sanherib 54,54; 57,13, siehe AHw., 658; CAD M/2, 106: *mīrānu* 1.

[46] Dietrich – Loretz, in: UF 12, 1980, 189; vgl. de Moor – Spronk, in: UF 14, 1982, 181.

[47] M.H. Pope, Song of Songs, Garden City, N.Y. 1977, 211-215.

[48] Siehe z.B. die völlig divergierenden kolometrischen Einteilungen und Übersetzungen bei Dijkstra – de Moor, in: UF 7, 1975, 197; Gordon, in: Berytus 25, 1977, 20f.; G. Del Olmo Lete, Mitos y leyendas de Canaan, Madrid 1981, 387.

[49] Dietrich – Loretz, in: UF 11, 1979, 196.

k ḥrṣ abn ^{9}*ph*	Wie ein Schneideinstrument die Steine seines Mundes,
tiḫd šnth	greifen seine Zähne!
w akl b qmm ^{10}*tšt*	Und doch: den ‘Fresser’ setzte man in die Ähren,
ḥrṣ klb ilnm	den Biß des Hundes der Toten!
^{11}*w ṯn gprm mn*	Und die beiden Heroen singen,
gprh šr ^{12}*aqht*	ihre beiden Helden besingen Aqht,
yʿn k mr k mrm	sie rufen: "Wie bitter! Wie bitter!"
^{13}*k apʿ il b gdrt*	Wie eine herrliche Viper in der Mauer,
klb l ^{14}*ḫṭ<i>h imḫṣh*	(wie) einen Hund wegen seiner Vergehen schlug ich ihn!
kd ʿl qšth ^{15}*imḫṣh*	Wegen seines Bogens schlug ich ihn,
ʿl qṣʿth hwt ^{16}*l aḥw*	wegen seiner Pfeile ließ ich ihn nicht am Leben!

Die hier vorgeschlagene Interpretation läßt den Hund in zweierlei Hinsicht auftreten: Einmal scheinen die Ugariter den Mythos vom Hund gekannt zu haben, der den Weg in die Unterwelt bewacht (Z. 10).[50] Zum anderen geht aus Z. 13-14 hervor, daß man Hunde als Haustiere für schwere Vergehen erschlagen hat.

3. Der Hund beim Trinkgelage Els (KTU 1.114)

Die westsemitischen *mrzḥ*-Gelage stehen in Beziehung zum Totenkult.[51]
638 Ein solches Gelage wird in KTU 1.114 geschildert: Es findet in der | Götterwelt statt und wird von El einberufen — dem Mondgott wird die Rolle des Hundes zugeteilt:

---

[50] Siehe auch A. Caquot – M. Sznycer, Textes ougaritiques I, Paris 1974, 442 k.

[51] Siehe z.B. M. Pope, The Cult of the Dead at Ugarit, in: Ugarit in Retrospect. Fifty Years of Ugarit and Ugaritic. G.D. Young, Ed., Winona Lake, Indiana, 1981, 176-179.

	*[1]il db*ḥ* b bth*	El schlachtet ein Opfer in seinem Haus,
	*mṣdṣd b qrb [2]hklh**	er verköstigt inmitten seines Palastes.
	ṣḥ l qṣ ilm*	Er ruft zum (Fleisch-)Zerschneiden die Götter:
	*tlḥmn [3]ilm w tš*tn*	"Esset, o Götter, und trinkt,
	tštn yn ʿd šbʿ	Trinkt Wein bis zur Sättigung
	[4]trṯ ʿd š*kr*	Neuwein bis zur Trunkenheit!"
	*yʿdb yrḫ [5]gbh km k*l*b*	Yariḫ richtete sein Rückenstück wie ein Hund zu,
	yqṯqṯ tḥt [6]ṯlḥnt	er zerreißt es unter den Tischen.
	il d ydʿnn [7]yʿdb*	und der ihm nicht wohlgesinnt war, hielt ihm
	lḥm d mṣd lh	Speise vom Opfermahl bereit.
	w d l ydʿnn [8]ylmn	und der ihm nicht wohlgesinnt war, schlug ihn
	ḫtm b qr tḥt ṯlḥn	mit der Rute beim Verbleib unter dem Tisch.
	[9]ʿṯtrt w ʿnt ymǵy	Er(: *Yrḫ*) kam zu *ʿṯtrt* und *ʿnt*:
	[10]ʿṯtrt tʿdb nšb lh	*ʿṯtrt* hielt ihm ein Fleischstück bereit
	[11]w ʿnt ktp (Rasur)	und *ʿnt* ein Schulter(stück) ...
	bhm ygʿr ṯǵr [12]bt il	Da tadelte sie der Türhüter des Palastes von El:
	*h!n lm k!lb tʿdbn [13]nš*b*	"Seht, einem Hund haltet ihr ein Fleischstück hin,
	l inr tʿdbn ktp	einem Köter haltet ihr ein Schulterstück bereit!"
639	| *[14]b il* a*b*h gʿr*	Er tadelte auch El, seinen Vater:
	*yṯb i*l* w*l* [15]aṯ*r* bnh*	"El sitzt da und wacht nicht über seine Söhne!"

il yṯb b mrzḥh*	El sitzt in seinem Symposion,
[16]*yš*t* y n* ʿd š*bʿ*	er trinkt Wein bis zur Sättigung,
trṯ ʿd škr	Neuwein bis zur Trunkenheit.
[17]*il hl*k l bth*	El geht zu seinem Palast,
yštql [18]*l ḥẓrh*	er kommt in seinen Hof.
yʿmsnn ṯkmn [19]*w šnm*	Es stützen ihn (dabei) *Ṯkmn* und *Šnm*.
w ngšnn ḥby [20]*bʿl qrnm w ḏnb*	Nähert sich ihm *Ḥby*, der mit den Hörnern und dem Schwanz,
*ylš*n* [21]*b ḫrih w ṯnth*	besudelt ihn mit seinem Kot und Urin.
ql il km m*t**	El stürzte wie ein Toter,
il [22]*k yrdm arṣ*	El gleicht nun denen, die zur Unterwelt hinabsteigen.
ʿnt [23]*w ʿṯtrt tṣd*n**	*ʿnt* und *ʿṯtrt* jagen umher,
[24]...	...

(KTU 114:1-24) [52]

Bei der Projektion eines *mrzḥ*-Gelages in die Welt der Götter wird beschrieben, welche Auswirkungen der überreichliche Alkoholgenuß während eines solchen Gelages haben konnte. Die Rolle des Hundes, der die Abfälle der Speisenden zu beseitigen hatte, übernahm der Mondgott und sollte vielleicht doch eher humoristisch aufgefaßt und als ein Moment des tatsächlichen Ablaufs ohne tiefere Bedeutung angesehen werden. [53]

640 | 4. Die göttliche Hündin *Išt*

In KTU 1.3 III 45 rühmt sich Anat, die Hündin Els [54] *Išt* "Feuer" (*k*{.}*lbt ilm išt*) vernichtet zu haben. Diese Hündin wurde als "some Semitic counter-

[52] Dietrich – Loretz, in: UF 13, 1981, 90; de Moor – Spronk, in: UF 14, 1982, 162.

[53] Vgl. dagegen M. Pope, The Cult of the Dead at Ugarit, 1981, 178.

[54] *ilm* wird auch mit "Götter" übersetzt, siehe A. Caquot – M. Sznycer, Textes ougaritiques I, Paris 1974, 168; Gordon, in: Berytus 25, 1977, 79; Cooper, in: RSP 3, 1981, 364.

part of Cerberus" interpretiert.[55]

In Mesopotamien waren mehreren Gottheiten Hunde zugeteilt. Die berühmtesten sind das Tier der Heilgöttin und die vier Hunde Marduks.[56]

5. *klb* "Hund" als Drogenbezeichnung?

Die Beschreibung des von El veranstalteten *mrzḥ*-Gelages in KTU 1.114:1-23 (siehe oben unter 3) diente als Vorspann für eine medizinische Anweisung zur Heilung der Folgen überreichen Alkoholgenusses, die in Z. 25-31 folgt.[57] H.M. Barstad hat vorgeschlagen, in KTU 1.114:29 *ḫšʿr klb* zu lesen, diese beiden Wörter mit "Hundeapfel" zu übersetzen und darin eine Droge zu sehen.[58] Es ist jedoch umstritten, ob mit H.M. Barstad in Z. 29 *klb* zu lesen ist.[59]

6. Hunde in den Wirtschaftstexten

In der Liste KTU 4.54:1-4 wird vermerkt, daß zwei Wachsoldaten des Heiligtums der "Herrin der Königsherrschaft" drei Hunde zugeteilt sind:

[1]*mḏrǵlm d bt bʿlt mlk*	Die beiden Wachsoldaten des Tempels der Herrin über die Königsherrschaft (sind):
[2]*arsw*	*Arsw* und
[3]*dqn*	*Dqn* —
[4]*ṯlṯ klbm*	drei Hunde (gehören dazu).

641 | Aus der Angabe ist nicht ersichtlich, ob die Hunde zur Bewachung gebraucht wurden oder Tiere der Göttin waren.

---

[55] T.H. Gaster, Thespis. New York 1975^2, 239; N.J. Tromp, Primitive Conceptions of Death and the Nether World in the Old Testament, Rome 1969, 164-165 Anm. 29, verweist auf die Differenzen in den Übersetzungen.

[56] A. Salonen, Jagd und Jagdtiere im alten Mesopotamien. Helsinki 1976, 97-98 (Hunde der Götter).

[57] Siehe u.a. H.M. Barstad, Festmahl und Übersättigung, Der "Sitz im Leben" von RS 24.258, in: AcOr 39, 1978, 23-20; Dietrich – Loretz, in: UF 13, 1981, 96.

[58] Barstad, in: AcOr 39, 1978, 25 mit Anm. 6.

[59] Vgl. z.B. KTU, wo die Lesung *-k lb* vorgeschlagen ist. Zu *kalbānu* (AHw., 424: *kalbānu* 'Hundsstrauch') wird CAD K, 67, vermerkt: "A connection with *kalbu* is doubtful; a foreign origin seems preferable".

7. Die Personennamen *Klby* und *Klbyn*

Wie die zahlreichen Belege der PNN *klby* (KTU 2.10:6; 4.63 II 19; 4.69 I 24. II 8; 4.75 III 5. V 18; 4.76:9; 4.103:36; 4.232:44; 4.277:5; 4.357:17; 4.364:1; 4.366:7; 4.609:26.29; 4.690:2) und *klbyn* (KTU 4.370:20) zeigen, war der Hund auch im Onomastikum von Ugarit verbreitet. [60]

* * *

Wenn die ug. Texte auch nur mangelhaft über die Hunde in Mythos und Leben der Ugariter berichten, so geht aus diesen wenigen Zeugnissen doch zur Genüge hervor, daß das alltägliche und religiöse Leben der Ugariter ohne diesen ältesten Freund des Menschen unter den Tieren unvorstellbar ist. In ihrem Denken und Fühlen haben sie sich hierin grundsätzlich nicht von den Ägyptern unterschieden. Obwohl uns bis zur Stunde noch keine Namen von einzelnen Hunden wie aus Ägypten in Ugarit bekannt geworden sind, dürfte der Gedanke nicht von der Hand zu weisen sein, daß auch in dieser syrischen Hafenstadt und an deren Hofe alle Hundearten vom streunenden Tier bis zum Schoßhündchen (?) gefürchtet und beliebt waren.

---

[60] Zu *klb* "Hund" im altorientalischen Onomastikon siehe AHw., 424: *kalbu* 1,5b; CAD K, 69-72: *kalbu* 1a,i.

Die ugaritische El-Dämonologie

Untersuchungen zu den Wortpaaren *tkm* || *il šiy* und *aklm* || *ʿqqm* *

0. Vorbemerkungen

Die ugaritische Dämonologie [1] konnte in ihren Grundzügen und Verzweigungen bisher nur ungenügend erforscht werden. Wertvolle Arbeiten, die dazu beigesteuert wurden, [2] gelangten wegen der schmalen Textgrundlage und der besonderen philologischen Probleme, die eine vokallose Schrift bereitet, zu keiner befriedigenden oder gar endgültigen Beantwortung der gestellten Fragen. Bevor es möglich sein wird, auch nur in Umrissen das Bild einer ugaritischen Dämonologie und ihrer Verquickung mit der El-Theologie zu entwerfen, dürften sowohl anstrengende Arbeit an den bereits veröffentlichten Texten, als auch neues Material vonnöten sein.

Unter den seit langem publizierten Texten, die für eine ugaritische Dämonologie in Betracht kommen, nimmt KTU 1.12 in mehrfacher Hinsicht eine Sonderstellung ein. Denn die in diesem Text vorgestellten Wesen *aklm* und *ʿqqm* haben seit jeher Geist und Phantasie der Interpreten mit Beschlag belegt. Trotz der seit dem Jahr der Erstpublikation (1935) [3] unternommenen Interpretationsversuche vermochten die Autoren über das Wesen und Aussehen dieser Ungeheuer, mit denen sich der Wettergott Baal mit einem für ihn tödlichen Ausgang auseinanderzusetzen hatte, keine Einigung zu erzielen. In gleicher Weise haben sich die Interpreten und Übersetzer von KTU 1.12 auch besonders mit der Beschreibung der Geburt der *aklm* und *ʿqqm* in der
128 Wüste, dem Aufenthaltsort von Dämonen par excellence [4] nach KTU |
1.12 I 14-27) unter mehreren philologischen Aspekten zu befassen. In diesem

---

* *Aus:* Y. Avishur, R. Deutsch (ed.), *Michael.* Historical, Epigraphical and Biblical Studies in Honor of Prof. Michael HELTZER (Tel Aviv 1999), S. 127-144.

[1] Zu Ursprung und Bedeutung des Wortes "Dämon" siehe u.a. G.J. Riley 1995, 445-455.

[2] Zu *dbr* siehe u.a. G. Del Olmo Lete 1995, 438-439; zu *ḥrn* "Horon" U. Rüterswörden 1995, 805-808; zu *ltn* "Leviathan" C. Uehlinger 1995, 957-958; zu *ḥby* P. Xella 1995, 715-716; zu *qṭ/ẓb* J.C. de Moor 1988, 100-107; N. Wyatt 1995, 1269; zu *ršp* P. Xella 1995, 1325; S.A. Meier 1995, 457, *ršp* = Nergal in Ugarit; siehe ferner M. Dietrich/O. Loretz 1993, 103-104.

[3] Ch. Virolleaud 1935, 247-266, Tf. XLV.

[4] A. Haldar 1950, 36-39; G.J. Riley 1995, 447-448, z.B. zu Rābiṣu und Azazel.

zentralen Abschnitt von KTU 1.12 I nimmt das Bikolon Z. 19b-22 eine Schlüsselstellung ein, wobei das Wortpaar *tkm* ‖ *il šiy* im Mittelpunkt der philologischen und inhaltlichen Auseinandersetzungen steht.

Nachfolgend sollen im Anschluß an die vorangehende Forschung zwei Problemkreise im Vordergrund der Untersuchung stehen:

1. Klärung der kolometrischen und philologischen Fragen des Abschnittes KTU 1.12 I 19b-22, und
2. Versuch einer Anbindung der dämonischen Gestalten *aklm* ‖ *ʿqqm* von KTU 1.12 I 26-27, 36-37, II 35 an die altorientalische Tradition vom Stiermenschen.
3. Abschließend sollen damit verbundene Aspekte der ugaritischen El-Dämonologie zur Sprache kommen.

1. Zur Kolometrie von KTU 1.12 I 19b-22

Die kolometrische Abgrenzung von KTU 1.12 I 19b-22 nach oben und unten wird auf unterschiedliche Weise vorgenommen. Von dieser Vorarbeit zu einer Übersetzung leiten die Autoren zum Teil widersprüchliche Ergebnisse ab.

1.1. Ein Florilegium der Übersetzungen von KTU 1.12 I 19b-22

Unter den Interpreten und Übersetzern von KTU 1.12 sind sowohl kolometrische Gliederung von KTU 1.12 I 19-22 als auch Verständnis des Wortpaares *tkm* ‖ *il šiy* höchst strittig:

R. Dussaud 1936, 10:

> et sors [20]vers le chêne de TKM (?)
> [21]au milieu du désert [22]d'Aloush

H.L. Ginsberg 1936, 142:

> . . . and go forth
> [20]into the plain of *Tkm*(?),
> into the midst of the steppe
> of *ʾIlšʾiy*(?).

J.A. Montgomery 1936, 227:

> and go [20]- - [21]Amidst the desert of [22]El burrow, . . .

T.H. Gaster 1937, 11:
And get thee forth; couch thyself upon stones
In the midst of the desert!
129 |. . .

T.H. Gaster 1938, 45:
And go forth, [20]couch thee upon stones
[21]In the midst of the wilderness
[22]Fearsome, waste
. . .

F. Løkkegaard 1955, 11:
and go out [20]into the grove, and in the midst of [21-22] your tent raise a devil's noise;. . .

G.R. Driver, CML (1956), 71: [5]
. . ., and go forth;
rest quietly by an oak(!),
amid the vast
wilderness, wasted

J. Aistleitner 1959, 55:
Und geh [20]von der Eiche *Tkm* aus
[21]In die Mitte der Steppe [22]*Ilšiy*;

U. Oldenburg 1969, 199-200:
. . . and go out
amidst the oaks of *Tkm*
in the midst of the wilderness
of ʾIlšʾiy.

J. Gray 1971, 62-63:
And go out, couch by the oak
In the midst of the awful, desolate desert.

A. Caquot/M. Sznycer, TO I (1974), 338-339:
et pars auprès du grand arbre ...
au milieu de la steppe d'Ilshiya.

---

[5] J.C.L. Gibson, CML (1978), 134-135, verzichtet auf eine Übersetzung von KTU 1.12, führt aber im Glossar (S. 141-160) weiterhin den Text an.

C.H. Gordon 1977, 123:
And go out into Aln in the midst
In the midst of the wilderness of Ilšiy.

K. Aartun II 1978, 18:
und geh hinaus in den Hain!

130 | R. Du Mesnil du Buisson 1978, 59-60:
[19]ton alèse, et sors.
[20]"Dans la plaine de Tekem,
[21]au milieu de désert
[22]d'Ilashiya,
. . .

G. Del Olmo Lete, MLC (1981), 482:
y vete al encinar de *Takamu*
al medio del divino desierto de *Šaiyu*.

J.C. de Moor, ARTU (1987), 130:
and got out into the plain of the demons,
into the desert of the murderous god.

J.D. Schloen 1993, 215:
and go forth from our household (?).
Be oppressed in the midst of the wilderness
of the god of desolation (?).

M.H. Pope 1994, 116:
And go forth from Aln to the midst,
To the midst of the desert Ilšy.

G. Del Olmo Lete/J. Sanmartín, DLU (1996), 29: *aln* (I):
vete al encinar (de) NL

N. Wyatt 1996, 221-222:
and go out from the tree in the centre
towards the vast and awful desert.

Aus diesen Übersetzungen und anderen Quellen ergibt sich bezüglich der kolometrischen Anordnung des Textes und der Übersetzung der Wörter *aln*, *tkm*, *il* und *šiy* folgendes:

1.2. Kolometrie von KTU 1.12 I 19b-22

Nach wie vor bleibt es strittig, ob Z. 19b-22 als eine selbständige kolometrische Einheit abzutrennen sind. [6] Die in Z. 19b-22 belegbaren Wortpaare kennzeichnen diesen Teil jedenfalls als ein Bikolon, das den ersten Abschnitt
131 der Rede Els von Z. 14-27 zu einem vorläufigen | Höhepunkt führt. [7] Es ist folglich jenen Autoren zuzustimmen, [8] die Z. 19b-22 als ein eigenständiges Bikolon folgendermaßen gliedern.

w ẓi [20]*b aln tkm*	10 [9]
[21]*b tk mlbr* [22]*il šiy*	12

In diesem symmetrischen Bikolon wird die Doppelfunktion des Elementes *w ẓi* im ersten Kolon durch *tk* im zweiten Kolon ausbalanciert.

1.3. Wortpaare in KTU 1.12 I 19b-22

Das Bikolon Z. 19b-22 enthält die folgenden drei Wortpaare:

b ‖ *b tk* [10]
aln ‖ *mlbr* [11]
tkm ‖ *il šiy*

Aus diesen Parallelismen geht hervor, daß das erweiterte Wortpaar *aln tkm* ‖ *mlbr il šiy* den Kern des Bikolons darstellt.

---

[6] J.D. Schloen 1993, 215, zerteilt z.B. in die Satzteile Z. 19b-20a und 20b-22. Dies zwingt in dazu, aus Z. 20b-22 ein Monokolon zu bilden.

[7] So z.B. mit G. Del Olmo Lete, MLC (1981), 482; J.C. de Moor, ARTU (1987), 130.

[8] Siehe oben Abschntt 1.1 zu R. Dussaud, J. Aistleitner, J. Gray, A. Caquot/M. Sznycer, C.H. Gordon, G. Del Olmo Lete, J.C. de Moor.

[9] Anzahl der Konsonanten in einem Kolon. Es wird vorausgesetzt, daß in der ugaritischen Poesie ein Kolon nur eine bestimmte Zahl von Kononanten enthält. Das Mittel bewegt sich von 7/9 bis 12/14 Konsonanten.

[10] M. Dahood, RSP I (1972), 138-139, Nr. 97.

[11] M. Dahood, RSP III (1981), 100, Nr. 183, ordnet *šiy* auf folgende Weise dem Wort *mlbr* zu: *mdbr* (*mlbr*) + *šiy*. Er vermerkt hierzu: "Translating *btk mlbr il šiy*: 'in the midst of the limitless devastating desert,' with *il* parsed as the superlative and *šiy* as an adjective from the root witnessed in *šʾh*, 'devastation'."

1.4. Die Übersetzung der Parallelismen *aln tkm* || *mlbr il šiy*

Wenn wir das komposite Wortpaar *aln tkm* || *mlbr il šiy* in seine Elemente *aln* || *mlbr* und *tkm* || *il šiy* aufgliedern, erhalten wir eine tragfähige Basis für deren Interpretation.

1.4.1. Der Parallelismus *aln* || *mlbr*

Nachdem die Lesung *abn* "Stein" [12] epigraphisch auszuschließen ist, [13] geht es um die Deutung von *aln*. Für dieses Wort werden folgende Übersetzungen diskutiert:

1.4.1.1. *aln* "Eiche" [14]

— ON: M.C. Astour, RSP II (1975), 258-259, Nr. 4: *Aln*, "A place or landmark"; C.H. Gordon 1977, 123, Aln; E.J. Hoch 1994, 23-24, Nr. 11; M.H. Pope 1994, 116, Aln.

132 | — "plain": H.L. Ginsberg 1936, 142, nach F. Stummer *ʾlwn* "convallis" (vgl. dagegen T.H. Gaster 1938, 45 Anm. 11); R. Du Mesnil du Buisson 1978, 59-60; J.C. de Moor, ARTU (1987), 130, "plain".

— "Eiche": R. Dussaud 1936, 10; G.R. Driver, CML (1956), 71, "oak(!)"; J. Aistleitner 1959, 55; id. WUS, Nr. 232: "Eiche?" (geh von der Eiche T. aus); U. Oldenburg 1969, 199-200, "oaks"; J. Gray 1971, 62-63; G. Del Olmo Lete, MLC (1981), 482, "encinar"; G. Del Olmo Lete/J. Sanmartín, DLU (1996), 19: *aln* (I): "encinar"; hier dürften auch A. Caquot/M. Sznycer, TO I (1974), 338-339, "grand arbre"; N. Wyatt 1996, 221-222, "tree" angeschlossen werden.

— "our household (?)": J.D. Schloen 1993, 215 mit Anm. 41, Ableitung aus *ahl > al + n*.

— "grove": F. Løkkegaard 1955, 11 mit Anm. 9; K. Aartun II 1978, 18, "Hain".

— "pain": A.S. Kappelrud 1969, 320 mit Anm. 11, nach arabisch *ʾln*.

Von den Vorschlägen zu *aln* dürften wegen mangelnder philologischer Begründung die Übersetzungen "plain", "our household", "grove", "Hain" und "pain" abzulehnen sein, so daß nur noch *aln* ON und *aln* "Eiche" in Betracht kommen. Da erstere Deutung auf der fragwürdigen Lesung *ilšiy* (Z. 22) anstelle von *il šiy* beruht, ist auch ein *aln* ON aus der Diskussion auszu-

---

[12] T.H. Gaster 1937, 11; id. 1938, 45 mit Anm. 11.

[13] Die Lesung *aln* hat von Anfang an keine Schwierigkeiten bereitet; siehe CTA.

[14] M. Dietrich/O. Loretz 1996, 556.

scheiden, so daß nur noch *aln* "Eiche" [15] zur Debatte steht.

Bei einer Übersetzung des ugaritischen *aln* mit "Eiche" ist zu berücksichtigen, daß im Hebräischen nach dem MT zwischen *ʾallōn*, *ʾēlōn* und *ʾēlāh* zwar unterschieden wird, aber über die Kriterien zu deren Unterscheidung keine Sicherheit besteht. [16] In diesem Zusammenhang ist ferner zu erwähnen, daß grundlos ein ugaritisches *il* "großer, mächtiger Baum" (KTU 1.17 VI 23) postuliert worden ist. [17]

133 | 1.4.1.2. *mlbr* [18]

Die in KTU 1.12 I 21 und 35 vorliegende Schreibung *mlbr* wird entweder als Schreibfehler für *mdbr*, [19] als ein gesondertes Wort [20] oder als eine phonetische Variante zu *mdbr* [21] angesehen.

---

[15] Siehe auch J. Huehnergard 1987, 107; J.E. Hoch 1994, 23-24, Nr. 11.

[16] Ges.^{17}, S. 41: *ʾlwn* II "großer Baum (vgl. zu *lh* I)"; Ges.^{18}, S. 62: *ʾēlōn*$_1$ urspr. großer Baum, Terebinthe, id. m. → *ʾēlāh*$_1$; *ʾallōn*$_1$ urspr. großer Baum, Eiche, *Quercus* ..., nicht id. m. → *ʾēlāh*$_1$.; LHVT, S. 55: *ʾallōn* - *ʾēlōn* utrumque est *magna arbor*; quomodo et quo iure a TM distinguantur, nescitur ... dicamus '*quercus*'; HAL, S. 52: *ʾēlōn* I wie *ēlāh* zunächst großer Baum, 'Gottesbaum'; *ʾallōn* I urspr. jeder stattliche Baum (ar. *el-elāl*, Hess ZAW 35, 214f), dann spezifiziert.

Zu hebräisch *ʾēlāh* vermerken die Lexikographen: Ges.^{17}, S. 39: *ʾēlāh* I großer Baum wie Eiche, Terebinthe u. ä. ... Es wird Jes 6 13. Hos 4 13 v. *ʾallōn* unterschieden, aber d. wirkliche Unterschied läßt sich nicht sicher angeben."; Ges.^{18}, S. 60: *ʾēlāh*$_1$ - 1. "urspr. großer Baum, Terebinthe, *Istacea palaestina* od. *P. atlantica*". - 2. T. als heiliger Baum; LHVT, S. 53: *ʾēlāh* arbor magna indeterminatae speciei, ... Vg *quercus, terebinthus*; HAL, S. 50: *ʾēlāh* I mächtiger Baum.

J. Huehnergard 1987, 107, lehnt es ab, *aln* /*ʾallānu*/ mit hebräisch *ʾēlōn* zu verbinden, da in diesem Fall ein alphabetisches **iln* vorauszusetzen wäre.

[17] K. Aartun I 1991, 7, der KTU 1.17 VI 23 *adr b ġl il qnm* mit "Starkes/Kräftiges bzw. starke/kräftige (Äste) im Wald/Dickicht der mächtigen Bäume d.h. das/die im Wald/-Dickicht der mächtigen Bäume zu finden ist/sind, (geeignete) Hölzer (zurAnfertigung von Bogen)" übersetzt. Die fragliche Stelle ist in Übereinstimmung mit den vorangehenden Z. 20b-23a vielmehr folgendermaßen zu lesen und zu übersetzen: *adr qnm b ġl il* "die herrlichsten Rohre aus dem größten Dickicht". Denn der Schreiber dürfte das ausgelassene *qnm* am Zeilenende nachgetragen haben.

[18] M. Dietrich/O. Loretz 1996, 741.

[19] A. Herdner, CTA, S. 54 mit Anm. 3; siehe ferner H.L. Ginsberg 1936, 142; T.H. Gaster 1938, 45, liest *mdbr*; J.D. Schloen 1993, 215;

[20] J. Aistleitner, WUS, Nr. 1443: *mlbr* "Trümmerstätte, Ruine (oder fehlerhaft für *mdbr*: Steppe?)"; A.S. Kappelrud 1969, 320: "ruins"; F. Løkkegaard 1955, 11 mit Anm. 11: *mlbr* "noise", *mlbr* < *blbr* (*b-m*-Wechsel) < *blbl* oder *brbr*, "(common roots for inarticulate talking)".

[21] A. Caquot/M. Sznycer, TO I (1974), 339 Anm. b, führen als Beweis für ihre These die punische Schreibung *ṣdmbʿl* für *ṣlmbʿl* (CIS, I, 132, 1. 2) an.

An der Gleichsetzung von *mlbr* mit *mdbr* "Trift, Steppe, Wüste" [22] wird von der Mehrzahl der Autoren wohl zu Recht als sicher festgehalten.

1.4.2. Das Parallelpaar *tkm* ‖ *il šiy*

Für das Wortpaar *tkm* ‖ *il šiy* liegen widersprüchliche Erklärungen vor.

1.4.2.1. *tkm*

Das Wort *tkm* wird entweder als Nomen oder als finite Verbform übersetzt. Zuweilen wird auch auf eine Wiedergabe des Wortes verzichtet, [23] so daß sich zusammengefaßt folgendes Bild der Deutungen ergibt:

— *tkm* - Nomen:

ON: H.L. Ginsberg 1936, 142, *Tkm* ?; U. Oldenburg 1969, 199-200; R. Du Mesnil du Buisson 1978, 59-60; G. Del Olmo Lete, MLC (1981), 482; DLU, S. 29: *aln* (I)

Name einer Eiche: J. Aistleitner, WUS, Nr. 2758: N. e. Eiche?

"Dämonen": J.C. de Moor, ARTU (1987), 130, "demons" von *utukku.*

tk + m: F. Løkkegaard 1955, 11; J. Gray 1971, 63; C.H. Gordon 1977, 123, "in the midst"; M.H. Pope 1994, 116; N. Wyatt 1996, 221, "in the centre".

– *tkm* - finite Verbform:

tk + m sg. ipf. fem. - *wky*, arabisch *wky* "recline": T.H. Gaster 1938, 45 mit Anm. 12, "couch thee"; A.S. Kapelrud 1969, 320; J. Gray 1971, 62 mit Anm. 13.

tk + m, *twk*, syrisch *tāk* "stayed, was quiet": G.R. Driver, CML (1956), 153 mit Anm. 3.

tk + m D pass. impt. *tukkī-mi* "be oppressed": D.J. Schloen 1993, 215 mit Anm. 42, cfr. hebräisch *tōk* "injury, oppression".

1.4.2.2. *il šiy* oder *ilšiy*, Nomen, ON etc.?

Die Lesung der Zeile KTU 1.12 I 22 war von Anfang an mit Problemen behaftet. Die Kopie in CTA, Fig. 22, wird von A. Herdner in ihrer Tran-
134 skription wohl zutreffend mit *ˀilšˀiy* | wiedergegeben. Sie sah sich jedoch gleichzeitig zur Anmerkung veranlaßt, daß von T.H. Gaster und J. Gray *il šiy* gelesen werde. [24] In der Folge haben sich die Interpreten von KTU 1.12

---

[22] HAL, S. 518-519: *mdbr* I "Trift, Steppe, Wüste".

[23] J.A. Montgomery 1936, 227; A. Caquot/M. Sznycer, TO I (1974), 338 mit Anm. a.

[24] A. Herdner, CTA, S. 54 mit Anm. 4.

entweder für *ilšiy* oder *il šiy* und entschieden.

— Lesung *ilšiy* und zugleich Deutung als ON: R. Dussaud 1936, 10; H.L. Ginsberg 1936, 142; J. Aistleitner 1959, 55; id. WUS, Nr. 255; A.S. Kapelrud 1969, 320; U. Oldenburg 1969, 200; A. Caquot/M. Sznycer, TO I (1974), 339; C.H. Gordon 1977, 123; R. Du Mesnil du Buisson 1978, 60; M.H. Pope 1994, 116, Ilšy, Name der Wüste.

— Lesung *il šiy*: T.H. Gaster 1938, 45, Zerlegung in *mlbr il* "wilderness fearsome" und *šiy* "waste"; G.R. Driver 1956, 70, *mlbr il* "vast wilderness" und *šiy* "wasted"; J. Gray 1971, 63 mit Anm. 15, *mdbr il* + *šiy* "awful, desolate desert" = *il* Superlativ "vast, awful" + *šiy* "ruin, desolate";[25] M. Dahood, RSP III [1981], 100, Nr. 183, *mlbr il* (Superlativ) + *šiy* (Adjektiv) "limitless devastating desert"; G. Del Olmo Lete, MLC (1981), 482, *mlbr il šiy* "divino desierto de *Šaiyu*"; J.C. de Moor, ARTU (1987), 130, *mlbr il šiy* "the desert of the murderous god"; J.D. Schloen 1993, 215, *mlbr il šiy* "the wilderness of the god of desolation".

— Lesung *il . šiy*: KTU[1-2]; G. Del Olmo Lete, MLC (1981), 482; J.C. de Moor/K. Spronk, CARTU (1987), 54.

Hinsichtlich der Setzung von Trennern in KTU 1.12 I ist festzuhalten, daß ihre problemlose Erkennung und folglich die Abgrenzung von Wörtern nicht immer eindeutig ist. Diese sind durch die Wiederverwendung der Tafel (Palimpsest) und den unregelmäßigen Gebrauch der Trenner bedingt. Wie die Form der anderen Trenner zu erkennen gibt, ist vor *š* k e i n Trenner gesetzt. Es liegt eher eine Spur eines darunter liegenden Zeichens vor oder eine Beschädigung der Tafeloberfläche. Folglich besteht die Frage, ob hier die zwei Zeichengruppen *il* und *šiy* vorliegen oder nicht. Im Blick auf die folgende Z. 23 sind sich alle Interpreten darin einig, daß die Zeichenfolge trotz eines fehlenden Trenners in die Wörter *kry* und *amt* aufzugliedern ist. Auch andere Stellen zeigen (z.B. II 27), daß der Schreiber die Trenner nicht konsequent eingetragen hat.

Der Abstand zwischen den Zeichen *l* und *š* läßt auch keine eindeutige Entscheidung zu. Denn der Abstand zwischen *l* und *b* im Wort *mlbr* der vorangehenden Z. 21 läßt sich gut mit dem zwischen *l* und *š* in Z. 22 zur Deckung bringen. Streng genommen, sollten folglich nur inhaltliche Gründe für die Lesungen *ilšiy* oder *il šiy* geltend gemacht werden. Eine Lösung wird nur durch Klärung der Bedeutung des parallelen Wortes *tkm* zu erreichen sein.

---

[25] Vgl. dagegen J. Gray 1965, 77: "And stoop, couch (*tkm, wkm*), in pain (*b aln*) || In the midst of the awful desert (*mdbr il*). || Bear (*šiy*)..."

135 | 1.4.2.3. Versuch einer Deutung von *tkm* || *ilšiy/il šiy*

Die Annahme, daß *aln tkm* und *mlbr ilšiy/il šiy* innerhalb des Bikolons Z. 19b-22 als ein Wortpaar zu bestimmen sind, führt jedenfalls zum Ergebnis, daß alle Interpretationen von *tkm* (*tk* + *m*) als finite Verbform (2.2.1.2) die Struktur desselben verfehlen. Dies trifft wohl auch für alle jene Vorschläge zu, die *tkm* entweder als einen sonst unbekannten ON oder als Namen einer Eiche deuten. Aus Gründen der Parallelität kommt auch ein *twk* "Mitte" als Ausgangspunkt für ernsthafte Überlegungen kaum in Frage (2.2.1.1). Die Schreibung *tkm* wird folglich in *tk* + *m* zu zergliedern und als ein Plural von *tk* oder als Plurale tantum *tkm* zu lesen sein.

Trotz der Ablehnung einer Deutung von *tkm* als finite Verbform bleibt zu untersuchen, ob das Wort nach J.D. Schloen (2.2.1.2) nicht doch mit hebräisch *twk* "injury, oppression" [26] in Verbindung zu bringen ist. Ferner ist daran zu erinnern, daß M. Dijkstra/J.C. de Moor schon 1975 dazu vorgeschlagen haben, im ugaritischen *tk* ein Äquivalent des babylonischen *utukku* [27] zu sehen und von *tkk* "to oppress" auszugehen. [28] Die beiden Autoren nehmen an, daß in *utukku* mit dem Vorschlagvokal *u-* die ursprüngliche semitische Wortform (vgl. ugaritisch *uṣbʿ[t]*, *udmʿt*) erhalten geblieben sei.

Zusammenfassend ist vorläufig festzuhalten, daß eine Ableitung des Nomens *tk*(*m*/ + *m*) von *tkk* "bedrücken" gut begründet zu sein scheint. Offen bleibt nur, ob wir "Bedrückung" (*tk* + *m*) oder "Dämonen" (*tkm*) übersetzen sollen. Diese Frage wird erst nach einer Entscheidung über die Deutung von *ilšiy/il šiy* zu beanworten sein.

Wenn wir von *tkm* "Bedrücker, (bedrückende) Dämonen" oder "Bedrückung" ausgehen, liegt es nahe, im Parallelwort gleichfalls eine Bezeichnung von Dämonen zu erkennen und folglich der Lesung *il šiy* den Vorrang zu geben. [29] Eine Bestätigung hierfür könnte in KTU 1.18 IV 23b-24a, 34b-35a mit dem Wortpaar *šiy* || *šḫṭ* "Krimineller" [30] || "Mörder" [31] vorlie-

---

[26] HAL, S. 1592-1593: *tk, twk* "Bedrückung, Gewalttätigkeit"; AHw, S. 1304: *takāku* "(be)drücken"; S. 1367: *tukku* II "Bedrückung(sakt)"; W. von Soden, BZAW 162.1985, 204. Sowohl AHw als auch HAL verweisen ohne Stellenangabe auf "ug. *tk*?".

[27] AHw, S. 1445; *utukku* I (sum. Lw.) "ein böser Dämon od Totengeist".

[28] M. Dijkstra/J.C. de Moor 1975, 195-196; J.C. de Moor 1987: *aln tkm* "plain of the demons".

[29] M. Dijkstra/J.C. de Moor 1975, 196.

[30] F. Renfroe 1992, 143-144, zu arabisch *swʾ*, hebräisch *šʾh*, epigraphisch südarabisch s^1*wʾ*, aethiopisch *sayʾa*, *šeʾa*; HAL, S. 1276: *šʾyh* "Verödung", mit Verweis auf *ši*, KTU 1.1 V 26; CDG, S. 521: *sayʾa* "commit a disgracful or depraved act, be given to fornication" mit Verweis auf ugaritisch *šiy* "criminal", KTU 1.18 IV 23, 35; M. Dijkstra/J.C. de

gen. [32]

Für das strittige Wortpaar erhalten wir folglich die Lesung *aln tkm* ‖ *mlbr il šiy* und zur Wahl die Übersetzungen "Eiche der Unterdrückung (= der Unterdrücker?)" ‖ "Steppe des mörderischen Gottes/Dämons" [33] oder
136 "Eiche der Dämonen" [34] ‖ "Steppe der mörderischen | Götter (= Götter des Mordens)". Wahrscheinlich verdient die erste Übersetzung den Vorzug. Also schlagen wir für KTU 1.12 I 19b-22 folgende Übersetzung vor:

> [19]Und ziehe aus [20]unter die Eiche der Dämonen,
> [21]in die Steppe [22]des mörderischen Gottes!

2. Die dämonischen Kreaturen *aklm* ‖ *ʿqqm*

Die in der Steppe geborenen dämonischen Wesen *aklm* [35] ‖ *ʿqqm* [36] "Fresser" ‖ "Reißer" (KTU 1.12 I 26-27, 36-37, II 35) treten als Mischwesen mit Tierkörper und göttlich-menschlichem Antlitz auf:

[30]*b hm qrnm* [31]*km ṯrm*	12 [37]
w gbṯt [32]*km ibrm*	11
———————	
[33]*w b hm pn bʿl*	9

Moor 1975, 196; M.S. Smith 1994, 118, leitet KTU 1.1 V 26 *ši* von *nšʾ* ab. Siehe ferner M. Dietrich/O. Loretz 1996, 877.

[31] M. Dijkstra/J.C. de Moor 1975, 195 mit Anm. 211.

[32] Vgl. dagegen W.G.E. Watson 1991, 359 Anm. 2, der ohne Begründung im Hinblick auf *šiy* in KTU 1.18 IV 23b-24a.34b-35a statuiert: "The homonym in 1.12 i 22 is not connected." Er lehnt es zudem ab, *šiy* mit "Wasser" (hurritisch, S.E. Loewenstamm, B. Margalit) zu übersetzen, und sieht in *šiy* die Bezeichnung eines Raubvogels.

[33] J.C. de Moor 1987, 130, hält es für möglich, daß der mörderische Gott der Gott des Todes, Mot, ist.

[34] Siehe oben zu *utukku*.

[35] M. Dietrich/O. Loretz 1996, 554.

[36] F. Renfroe 1992, 24-26, *ʿqq* "rip, tear", arabisch *ʿqq* "to split, sever, cut, rip"; M. Dietrich/O. Loretz 1996, 810.

[37] Siehe Anm. 9.

Sie [38] hatten [39] Hörner [40] wie Stiere
und eine Körperfülle wie Bullen.

Und sie hatten [41] das Antlitz [42] Baals.
(KTU 1.12 I 30-33)

137 | **2.1. Das Wortpaar *ṯr* || *ibr***

Die Beschreibung der Ungeheuer baut auf dem Wortpaar *ṯr* || *ibr* auf. Während sich die Autoren bei der Übersetzung von *ṯr* wohl ohne Ausnahme auf "Stier" geeinigt haben, [43] werden für *ibr* in Zusammenhang mit *ṯr* u.a. folgende Übersetzungen angeboten:

bulls || oxen [44]
Stiere || Wildrinder [45]

---

[38] Mehrere Autoren bilden aus Z. 30-33 ein Trikolon. Dies hat zur Folge, daß Z. 33 als Fortführung der Beschreibung und als Aussage über das Baal-Gesicht der Ungeheuer gedeutet wird; siehe z.B. J. Gray 1971, 63; C.H. Gordon 1977, 123; J.C. de Moor, ARTU (1987), 131; M.S. Smith 1994, 124. Da jedoch Z. 30-32 mit den Wortpaaren *qrn* || *gbṯt* und *ṯr* || *ibr* ein in sich geschlossenes Bikolon bilden, dürfte Z. 33 als eine abgekürzte, wohl besser abschließende Fortsetzung der Beschreibung der beiden Mischwesen zu verstehen sein.

A. Caquot/M. Sznycer, TO I (1974), 341, verstehen dagegen Z. 33 als Einleitung zur folgenden Begegnung zwischen Baal und den Ungeheuern.

[39] Zu *b hm* (Z. 31, 33) siehe u.a. K. Aartun II 1978, 3, 29, 65, 76.

[40] *qrn* || *gbṯt* "Horn; Kraft" || "Masse; Stolz"; zu *qrn* siehe AHw, S. 904: *qarnu* B 4, übertragen von Kraft; HAL, S. 1068: *qrn* 6. Horn als Sinnbild von Kraft und Macht; zu *gbṯt* siehe AHw, S. 281: *gapāšu* "massig sein, werden"; *gapšu* "massig; stolz", 3) stolz. a) Tiere b) von Menschen; *gapšūtu* "Masse"; S. 290-291: *gipšu, gipšūtu* "Masse" — entsprechend CAD G, *s.vv.*

Das Wortpaar *qrn* || *gbṯt* setzt sich aus einem Konkretum (*qrn*), das übertragen verstanden wird, und einem Abstraktum (*gbṯt*) zusammen.

[41] *b hm* ist in Parallele zu *b hm* in Z. 30 zu übersetzen.

[42] Siehe unten Abschnitt 2.2.

[43] J. Aistleitner, WUS Nr. 2932: *ṯr* I "Stier, Rind"; C.H. Gordon, UT Nr. 2664: *ṯr* "a bull".

[44] J.C. de Moor, ARTU (1987), 131 mit Anm. 22: ". . . horns like bulls, || and humps like oxen", "So they looked after their father, the Bull Ilu."

[45] J. Aistleitner, WUS, Nr. 34: *ibr* "junger Stier", *w gbṯt km ibrm* "und Buckel wie Wildrinder"; Nr. 2932: *ṯr* "Stier, Rind"; J.P. Brown 1978, 172: "wild ox".

taureaux ‖ buffles [46]
bulls ‖ buffalo [47]
bulls ‖ steers [48]

Aus der Parallelisierung von *ibr* mit *ṯr* "Stier" ergibt sich in diesem Fall höchst wahrscheinlich, daß *ibr* gleichfalls ein Tier aus der Familie der Boviden, nicht aber der Equiden, bezeichnet. Da jedoch auch letzteres sowohl für ugaritisches *ibr* [49] als auch für das Hebräische *ʾbyr* angenommen [50] und im Ägyptischen das semitische Wort **ʾabira*, *ʾabirāya* mit "Hengst" übersetzt wird, [51] ergibt sich nicht nur die Frage nach der Zuordnung von *ibr* zu den Boviden oder Equiden, sondern auch die nach einer möglichen Einordnung unter die Boviden selbst.

Außer dem Wortpaar *ṯr* ‖ *ibr* (KTU 1.12 I 31-32, II 54-55) ist auch *ibr* ‖ *rum* (KTU 1.10 III 20-21, [52] 35-36) [53] belegt. Aus letzterem ergibt sich jedenfalls eine Zuordnung von *ibr* zu den Boviden *ri/um*.

Aus der Abfolge von *ibr* ‖ *dkr* (KTU 1.119:29-31) folgt, daß ein *ibr* auch als Opfertier dienen konnte. [54] Da Pferdeopfer bei den Ugaritern und den Westsemiten sonst nicht bekannt sind, [55] nimmt KTU 1.119 auf ein Stieropfer Bezug, so daß *ibr* auch hier einen Boviden meint.

138 | In der Wortkette *ibr* ‖ *ḥmr* ‖ *alp ḥrṯ* ‖ *klb ṣpr* (KTU 1.14 III 14-19,

---

[46] A. Caquot/M. Sznycer, TO I (1974), 342 Anm. n, bemerken hierzu folgendes: "*ʾibr* désigne à Ougarit un 'taurillon' ou un 'buffle', de même que l'hébreu *ʾabîr* peut désigner un taureau ou un étalon."; R. Du Mesnil du Buisson 1978, 62.

[47] M. Dahood, RSP I (1972), 229, Nr. 289; C.H. Gordon 1977, 123; J.C.L. Gibson, CML (1978), 142: *ʾibr*; 160: *ṯr*; J.C. Schloen 1993, 216.

[48] T.H. Gaster 1938, 45-46.

[49] DLU, S. 5: *ibr* (II) 2) Caballo (KTU 1.14 III 16).

[50] C.H. Gordon, UT Nr. 39: *ibr* bull, (humped) buffalo ... *ʾbyr* in Canaan could also designate 'horse' [e.g. Jer. 8:16]; J.M. Sasson, RSP I (1972), 389, Nr. 5; HAL, S. 6: **ʾbyr* stark, gewaltig; *ʾbyr* stark, gewaltig ... Hengst Ri 5,22; Jer 8,16; 47,3; 50,11; Ges.[18], S. 7: *ʾbyr* 3. Stier — 4. Hengst Ri 5,22 (‖ *sws*).

[51] J.E. Hoch 1994, 18-19, Nr. 3.

[52] [20]*ibr tld [l bʿl]* [21]*w rum l r[kb ʿrpt]*.

[53] Y. Avishur 1984, 341-342; zur Form der Geburtsanzeige siehe S.B. Parker 1989, 66.

[54] G. Del Olmo Lete 1992, 204.

[55] V. Haas 1994, 87, vermerkt, daß Pferdeopfer im hethitischen Opferwesen so gut wie unbekannt sind. Nur in einem nach Südanatolien weisenden Festritual ist ein außergewöhnliches Pferdebrandopfer erwähnt. Zu Pferdeopfern in Rom, in Nordeuropa, bei den Iren und den eurasischen Völkern siehe u.a. St. Zimmer 1994, 31; E.C. Polomé 1994, 45-48.

V 9-12) wird *ibr* in den Übersetzungen teils mit "Stier, Bulle" [56] und teils mit "Pferd, Hengst" [57] übersetzt. Da in KTU 1.14 III 14-19, V 9-12 vom Kontext her keine eindeutige Festlegung von *ibr* auf einen Boviden erfolgt, ist für diese Stellen in Anlehnung an die hebräischen [58] und ägyptischen Texte [59] mit *ibr* "Hengst" zu rechnen. [60]

Unklar bleibt, ob in KTU 1.9:11.16 das Nomen *ibr* "Bulle" oder "Hengst" meint.

Zusammenfassend ergibt sich, daß *ibr* im Ugaritischen das junge kräftige männliche Tier sowohl der Boviden als auch der Equiden bezeichnet. Für *ibrm* in KTU 1.12 I 30-32 folgt daraus, daß die Wiedergabe "Wildrinder" ebenso einer Grundlage entbehrt wie die Übersetzung "(Wildrind-)Buckel" für *gbṯt* mit "(Wildrind-)Buckel". [61]

2.2. pn bʿl "Angesicht Baals"

Die vorgeschlagene Übersetzung von *pn bʿl* mit "Angesicht Baals" [62] setzt voraus, daß eine Wiedergabe von **pnm* mit "Zorn" [63] oder eine Wendung *pnm b* "jemandem das Gesicht zuwenden" mit Begierde [64] oder als Ablehnung [65] voreilig sind.

Erstaunlicherweise tragen die dämonischen Wesen ein Baal-Gesicht. Sie

---

[56] A. Herdner, TO I (1974), 522: "taureaux"; C.H. Gordon 1977, 41: "bulls"; J.C.L. Gibson, CML (1978), 85: "bull(s)"; J.C. de Moor, ARTU (1987), 197: "bull".

[57] H.L. Ginsberg 1969, 144: "stallion"; G. Del Olmo Lete, MLC (1981), 295: "caballos"; DLU, S. 5: *ibr* (I) 2) Caballo; J. Sanmartín 1978, 349-350, hat unter Hinweis auf *pḥl* "Hengst" geschlossen, daß das Ugaritische nur *ibr* "Bulle, Zuchtstier" kenne.

[58] Siehe oben Anm. 50.

[59] Siehe oben Anm. 51.

[60] Vgl. dagegen J. Gray 1964, 14, 49, der von *qr* und *ṯʾg* her folgert, daß *ibr* mit "bull" zu übersetzen sei: *lqr ṯigt ibrh* "For the rumbling of the bellowing of his bull ...".

[61] K. Aartun II 1978, 65: "sie haben Hörner wie Stiere und Buckel wie Wildrinder"; R. Du Mesnil du Buisson 1978, 62.

[62] So z.B. J. Gray 1971, 63; P.J. van Zijl 1972, 257; C.H. Gordon 1977, 123: "And on them the face of Baal."; G. Del Olmo Lete, MLC (1981), 482; J.C. de Moor, ARTU [1987], 131 Anm. 23; M.H. Pope 1994, 117.

[63] M. Dahood I 1966, 133: "And with them was the fury of Baal."; zur Kritik siehe A. Schoors, RSP I (1972), 44, Nr. 33; P.J. van Zijl 1972, 256-257. M. Dahood, RSP I (1972), 331, Nr. 500α, ersetzt die frühere Wiedergabe jetzt durch *pnm* "face".

[64] A. Schoors, RSP I (1972), 44, Nr. 33: "'Baal looks at them,' i.e., with desire".

[65] J. Gray 1965, 78: "And against them Baal will set his face"; id. 1971, 63, aufgegeben: "And on them the face of Baal"; A. Caquot/M. Sznycer, TO I (1974), 341 mit Anm. o: "Et Baʿal se tournera contre eux."

sollten auf diese Weise wahrscheinlich die Neugierde und das Begehren Baals erwecken. [66]

2.3. Der "Stiermensch" [67]

Die Verbindung von Stierkörper und einem menschlich-göttlichen Antlitz in KTU 1.12 I 30-33 schließt an die altorientalische Tradition vom Stiermenschen in seiner gefährlichen Form an. [68]

139 | 3. Baals Vernichtung im Kampf gegen die Stiermenschen-Zwillinge Els: Aspekte der Dämonie Els

Während Baal in KTU 1.1-1.6 gegen Môt und Yammu und dessen Anhang kämpft, finden wir in KTU 1.12 einen Streit mit den Stiermenschen vor. Die offensichtlich mit einer Niederlage für Baal endende Auseinandersetzung wird abgeschlossen mit der Bemerkung:

kn npl bˁl km ṯr 12 [69]
w tkms [70] *hd km ibr* 12
b tk mšmš 7

So ist Baal gefallen wie ein Stier
und in die Knie gegangen Haddu wie ein Bulle
inmitten des Gemenges.

(KTU 1.12 II 53b-55a)

Die sich hieran anschließende Wassermagie (KTU 1.12 II 55b-61) gibt zu erkennen, daß Trockenheit als Niederlage Baals verstanden wird und damit die Hoffnung verbindet, daß beim Wiedererstehen Baals das vermißte Wasser

---

[66] Gilg. I ii 50; J.C. de Moor, ARTU (1987), 131 mit Anm. 23.

[67] Die Ungeheuer werden als Stiermenschen vorgestellt R. Du Mesnil du Buisson 1978, 62; J.C. de Moor, ARTU (1987), 131 Anm. 23.

[68] G. Contenau 1922, Nr. 14, 22, 30, 40-45; D. Homès-Frédericq 1982, Nr. 13, 14, 20, 21; F.A.M. Wiggermann 1992, 174-179 (*kusarikku*, human-faced bison, bull-man, bison-man), 187, zu Nr. 11g, Human-faced Bison. Zum kämpfenden Bison-Mann siehe Amiet GMA^2 147; F.A.M. Wiggermann 1992, 175 mit Anm. 16.

[69] Siehe Anm. 9.

[70] M. Krebernik 1991, 233, 246-247, *kms* tD.

wieder fließt. Die Wiedererstehung des Wettergottes bildet die Grundlage für zukünftige Fruchtbarkeit.

Die Stiermenschen-Zwillinge "Fresser - Reisser" sind auf Veranlassung Els entstanden und müssen so als seine Kreaturen angesehen werden. El gibt ihnen Namen und Wirkungsbereich (KTU 1.12 I 12-29). Er läßt es zu, daß Baal ihnen unterliegt. Dennoch scheint er diesen dämonischen Gestalten letztlich so wenig die Macht über Baal zu überlassen wie etwa Môt im Baal-Zyklus (KTU 1.1 - 1.6).

KTU 1.12 eröffnet uns folglich einen unerwarteten Einblick in die dämonischen Aspekte Els. Nach Aussage von KTU 1.12 genügt es somit nicht, nur die väterliche Seite Els [71] ohne Berüchsichtigung oder gar zu Lasten seiner dämonischen hervorzuheben. Auch von El gilt, daß er Gutes und Böses zugleich bewirkt. El unterstehen damit auch die von Dämonen bevölkerte Wüste (KTU 1.12 I 20-22) und die hier wirkenden beiden bösen Stiermenschen.

Aus KTU 1.12 ersehen wir ein komplexes altorientalisches Weltbild, in dem
nicht nur die großen, oberen Götter mit einander sozusagen von Mann zu
Mann handeln und streiten, sondern auch die Dämonen eine gewichtige
Rolle spielen. Sie stehen im Dienst der großen Götter. Dieses Neben- und
149 Miteinander von Göttern und Dämonen bedingt zugleich eine | unlösbare
Verbindung von Kult und Magie. KTU 1.12 führt uns nach allem in eine
Seite der ugaritischen religiösen Wirklichkeit ein, die sonst kaum so deutlich
hervortritt und allzu oft übersehen wird.

Literatur: [72]

Aartun, K., 1974/78: Die Partikeln des Ugaritischen I-II. AOAT 21/1-2.1974/78.

- -, 1991: Studien zur ugaritischen Lexikographie. Mit kultur- und religionsgeschichtlichen Parallelen. Teil I: Bäume, Tiere, Gerüche, Götterepitheta, Götternamen, Verbalbegriffe, Wiesbaden 1991.

Aistleitner, J., 1954: Untersuchungen zur Grammatik des Ugaritischen, Berlin 1954.

- -, 1959: Die mythologischen und kultischen Texte aus Ras Schamra, Budapest 1959. (S. 55-57: BH = KTU 1.12).

Astour, M.C., 1975: Place Names, in: RSP II (1975), 249-369.

Caquot, A./M. Sznycer, 1974: Baʿal et les voraces (BH), TO I (1974), 315-351.

Contenau, G., 1922: La glyptique syro-hittite, Paris 1922.

Dahood, M., 1972: Ugaritic-Hebrew Parallel Pairs, RSP I (1972), 71-382.

- -, 1981: Ugaritic-Hebrew Parallel Pairs, RSP III (1981), 1-178.

[71] Siehe z.B. M.H. Pope 1955, 82-104; W. Herrmann, DDD (1995), 523-526, zeichnet z.B. ein in allen Punkten positives Bild Els. Zur Entwicklung der El-Theologie siehe u.a. S.E. Loewenstamm 1979, 505-514.

[72] Siehe ferner M. Dietrich/O. Loretz 1996, 433-434.

Del Olmo Lete, G., 1981: Mitema del "Combate de *Baʿlu* y los dioses del desierto" (KTU 1.12), MLC (1981), 475-486.
- -, 1995: DEBER *dbr*, in: DDD (1995), 438-439.
Del Olmo Lete, G./J. Sanmartín, 1996: DLU (1996).
Dietrich, M./O. Loretz, 1993: Der biblische Azazel und AIT *126, UF 25 (1993) 99-122.
- -, 1996: Analytic Ugaritic Bibliography. AOAT 20/6.1996.
Dijkstra, M./J.C. de Moor, 1975: Problematical Passages in the Legend of Aqhâtu, UF 7 (1975) 171-215.
Driver, G.R., 1956: CML (1956), 70-73.
Du Mesnil du Buisson, R., 1978: L'explication mythique des saisons en Phénicie. Baʿal tue ses frères taureaux de la chaleur, Berytus 26 (1978) 87-97.
Dussaud, R., 1936: Le vrai nom de Baʿal, RHR 113 (1936) 5-20.
Garr, W.R., 1985: Dialect Geography of Syria-Palestine, 1000-586 B.C.E., Philadelphia 1985.
- -, 1986: On Voicing and Devoicing in Ugaritic, JNES 45 (1986) 45-52.
Gaster, T.H., 1937: New Light on Early Palestinian Religion. More Texts from Ras Shamra, Religions 18 (1937) 7-36. (S. 11-13: KTU 1.12).
- -, 1938: The Harrowing of Baal. A Poem from Ras Shamra, AcOr 16 (1938) 41-48.
- -, 1950: Thespis. Ritual, Myth and Drama in the Ancient Near East. New York 1950. (S. 217-222, 450-451: KTU 1.12 [73]).
141 | *Gibson, J.C.L.*, 1978: CML (^{2}1978), 32.
Ginsberg, H.L., 1936: Baʿlu and His Brethren, JPOS 16 (1936) 138-149.
Gordon, C.H., 1949: Ugaritic Literature. A Comprehensive Translation of the Poetic and Prose Texts. Roma 1949. (S. 4, 53-55: KTU 1.12).
- -, 1977: Poetic Legends and Myths from Ugarit, Berytus 25 (1977) 5-133. (S. 121-125: Baal and the Devourers).
Gray, J., 1951: The Hunting of Baʿal: Fratricide and Atonement in the Mythology of Ras Shamra, JNES 10 (1951) 146-155.
- -, 1964: The KRT Text in the Literature of Ras Shamra. A Social Myth of Ancient Canaan, Leiden ^{2}1964.
- -, 1965: The Legacy of Canaan. SVT .^{2}1965. (S. 75-81: KTU 1.12).
- -, 1971: Baʿal's Atonement, UF 3 (1971) 61-70.
Haas, V., 1994: Das Pferd in der hethitischen religiösen Überlieferung, in: FS Schlerath (1994), 77-90.
Haldar, A., 1950: The Notion of the Desert in Sumero-accadian and West-semitic Religions, Uppsala 1950. (S. 36-39: KTU 1.12).
Herdner, A., 1963: CTA, S. 52-55, Nr. 12; fig. 34; pl. XVII.
- -, 1974: La légende de Keret, in: TO I (1974), 481-574.
Herrmann, W., 1995: EL *ʾl*, DDD (1995), 522-533.
Hoch, J.E., 1994: Semitic Words in Egyptian Texts of the New Kingdom and Third Intermediate Period, Princeton, New Jersey 1994.
Homès-Fredericq, D., 1982: Catalogue des sceaux-cylindres de Syrie, Bruxelles [1982].
Huehnergard, J., 1987: Ugaritic Vocabulary in Syllabic Transcription. HSS 32.1987.
Kapelrud, A.S., 1969: Baʿal and the Devourers, Ugaritica VI (1969), 319-333.
Krebernik, M., 1991: Gt- und tD-Stämme im Ugaritischen, in: FS Richter (1991), 227-270.
Loewenstamm, S.E., 1979: Zur Götterlehre des Epos von Keret, UF 11 (1979) 505-514 = id., On the Theology of the Keret-Epic, From Babylon to Canaan, Jerusalem 1992, 185-200.
Løkkegaard, F., 1955: The House of Baʿal, AcOr 22 (1955) 10-27.
Meier, S.A., 1995: DESTROYER *mšḥyt*, DDD (1995), 456-463.

73 In späteren Auflagen wird auf eine Wiedergabe von KTU 1.12 verzichtet.

Montgomery, J.A., 1936: Ras Shamra Notes V. A Myth of a Spring, JAOS 56 (1936) 226-231.

Moor, J.C. de, 1980: El, the Creator, in: G. Rendsburg et al., eds., The Bible World. Essays in Honor of Cyrus H. Gordon. New York 1980, 171-187. (S. 177-179: KTU 1.12).

- -, 1987: ARTU (1987), 128-134.

- -, 1988: 'O Death, Where is They Sting', JSOTS 67.1988, 100-107.

Oldenburg, U., 1969: The Conflict between El and Baʿal in Canaanite Religion, Leiden 1969. (S. 110-111, 119, 199-200: KTU 1.12).

Parker, S.B., 1989: The Pre-Biblical Narrative Tradition. RSB 24.1989.

Polomé, E.C., 1994: Das Pferd in der Religion der eurasischen Völker, in: FS Schlerath (1994), 43-51.

Pope, M.H., 1955: El in the Ugaritic Texts. SVT 2.1955.

142 | - -, 1994: Probative Pontificating un Ugaritic and Biblical Literature. Collected Essays. UBL 10.1994. (S. 116-117: KTU 1.12 I 12-41).

Renfroe, F., 1992: Arabic-Ugaritic Lexical Studies. ALASP 5.1992.

Riley, G.J., 1995: DEMON, DDD (1995), 445-455.

Rüterswörden, U., 1995: HORON *ḥrn*, DDD (1995), 805-808.

Sanmartín, J., 1978: Glossen zum ugaritischen Lexikon (II) 1. *ibr* "Bulle, Zuchtstier", UF 10 (1978) 349-350.

Schloen, J.D., 1993: The Exile of Disinherited Kin in *KTU 1.12* and *KTU 1.23*, JNES 52 (1993) 209-220.

Schoors, A., 1972: Literary Phrases, RSP I (1972), 1-70.

Smith, M.S., 1994: The Ugaritic Baal Cycle I. SVT 55.1994.

Soden, W. von, 1985: Zum hebräischen Wörterbuch, in: id., Bibel und Alter Orient. BZAW 162.1985, 195-205 = UF 13 (1982) 157-164.

Uehlinger, C., 1995: LEVIATHAN *lwytn*, DDD (1995), 956-964.

van Zijl, P.J., 1972: Baal. A Study of Texts in Connexion with Baal in the Ugaritic Epics. AOAT 10.1972. (S. 255-264: KTU 1.12).

Verreet, E., 1988: Modi ugaritici. Leuven 1988.

Virolleaud, Ch., 1935: Les Chasses de Baal. Poème de Ras-Shamra (BH), Syria 16 (1935) 247-266.

- -, 1949: Légendes de Babylone et de Canaan, Paris 1949. (S. 95-96: KTU 1.12).

Watson, W.G.E., 1991: Two Similes in *Aqht*, UF 23 (1991) 359-360.

Wiggermann, F.A.M., 1992: Mesopotamian Protective Spirits. The ritual Texts. CM 1.1992.

Wyatt, N., 1976: Atonement Theology in Ugarit and Israel, UF 8 (1976) 415-430. (S. 415-422: KTU 1.12).

- -, 1995: QETEB *qṭb*, DDD (1995), 1269-1272.

- -, 1996: Myths of Power. A study of royal myth and ideology in Ugaritic and biblical traditon. UBL 13.1996. (S. 220-224: The Ugaritic Theogony KTU 1.12 i).

Xella, P., 1995a: HABY *ḥby*, DDD (1995), 715-716.

- -, 1995b: RESHEPH *ršp*, DDD (1995), 1324-1330.

Zimmer, St., 1994: Die Indogermanen und das Pferd — Befunde und Probleme, in: FS Schlerath (1994), 29-35.

Übereignung von Personen in den Texten von Alalaḫ VII ATaB 21.07 und 24.01 *

1. Vorbemerkungen

Die Gruppierung der Textfunde aus den Palast-Archiven von Alalaḫ – sowohl der Schicht VII aus dem 17. Jh. v. Chr. als auch der Schicht IV aus dem 15. Jh. v. Chr. – erfolgt in der Regel unter Zuhilfenahme der formalen gattungskritischen Methode. Damit will man erreichen, die Texte nach ihrer Funktion und ihrem „Sitz im Leben" zu systematisieren. [1] Voraussetzung für die Anwendung der gattungskritischen Methode „ist die Beobachtung, daß sich die menschliche Sprache bei gleichem Anlaß und gleicher Abzweckung der jeweils gleichen sprachlichen Ausdrucksmittel bedient." [2]

Die gattungskritische Methode zur Einordnung von Texten aufgrund ihrer formalen Gestaltung sollte immer jene im Blick halten, die auf ihren Inhalt und auf ihre individuelle Art, einen Sachverhalt auszudrücken, Bezug nimmt. Ein solche zweiseitige Betrachtungsweise ist am ehesten geeignet, die inhaltliche und formale Breite, die einem Text eigen ist, deutlicher darzustellen. Zur Illustration dessen seien die beiden juridischen Dokumente ATaB 21.07 und ATaB 24.01 näher betrachtet, die die „Übereignung einer Person" thematisieren, diese formal jedoch völlig unterschiedlich vornehmen: einmal über eine testamentarische Verfügung und einmal über einen beurkundeten Kauf. Die Überführung einer Person in die Verfügung eines neuen Dienstherrn geschieht also zum einen über Erbregelung und zum anderen über Kauf.

Nachfolgend seien zunächst die beiden Texte ATaB 21.07 (Punkt 2) und ATaB 24.01 (Punkt 3) in Kopie, Umschrift und Übersetzung mit einem knappen philologischen Kommentar vorgestellt. Abschließend soll ihre gattungsspezifische Gestaltung des Themas „Übereignung einer Person"

---

* *Aus:* M. Köhlbach, S. Procházka, G.J. Selz, R. Lohlker (Hg.), Festschrift für Hermann HUNGER zum 65. Geburtstag gewidmet von seinen Freunden, Kollegen und Schülern. WZKM 97 (2007), S. 137-146.

[1] Vgl. F. Zeeb 2001, 27-29; Chr. Niedorf 2006, 22-23.

[2] Chr. Niedorf 2006, 22.

erörtert werden (Punkt 4).

Eine Abhandlung über die Texte von Alalaḫ möge den Jubilar an jene Zeit vor mehr als vierzig Jahren erinnern, als er in Münster studiert und aus nächster Nähe miterlebt hat, wie steinig der Weg war, den die Alalaḫ-Forschung in ihren Anfängen gehen mußte.

138 2. ATaB 21.07: Testamentarische Verfügung über die Übereignung eines Sklaven [3]

2.1. Vorbemerkung

Bei der Durchsicht der zahlreichen nicht veröffentlichten Tafeln von Alalaḫ VII im Archäologischen Museum zu Antakya hat sich unter der Registrationsnummer ATT 39/185 ein Dokument gefunden, das einen Personentransfer per testamentarischer Verfügung zum Thema hat. Die Tafel ist ihrem Umfang nach zwar fast vollständig erhalten (Länge: 4,4 cm; Breite: 2,7 cm; Tiefe: 1,5 cm), weist aber starke Schäden an der Oberfläche auf, so daß eine über jeden Zweifel erhabene Erfassung des Textes nicht mehr möglich ist. Erschwert wird eine solche zudem durch die unregelmäßigen Keilschriftzeichen und die Zeilenführung, die wiederholt auf die Tafelränder führt und dadurch zur Verzerrung der Keilschriftzeichen beiträgt.

Nachfolgend sei die mit Hilfe von Fotos erstellte Autographie (2.2.1), eine Umschrift mit Übersetzung (2.2.2) und anschließend philologische Bemerkungen (2.2.3) unterbreitet; ein Zwischenergebnis schließt den Abschnitt ab (2.3).

---

[3] = ATT 39/185: M. Dietrich / O. Loretz 2005, i.D.

2.2. Autographie, Umschrift, Übersetzung

2.2.1. Autographie (M. Dietrich)

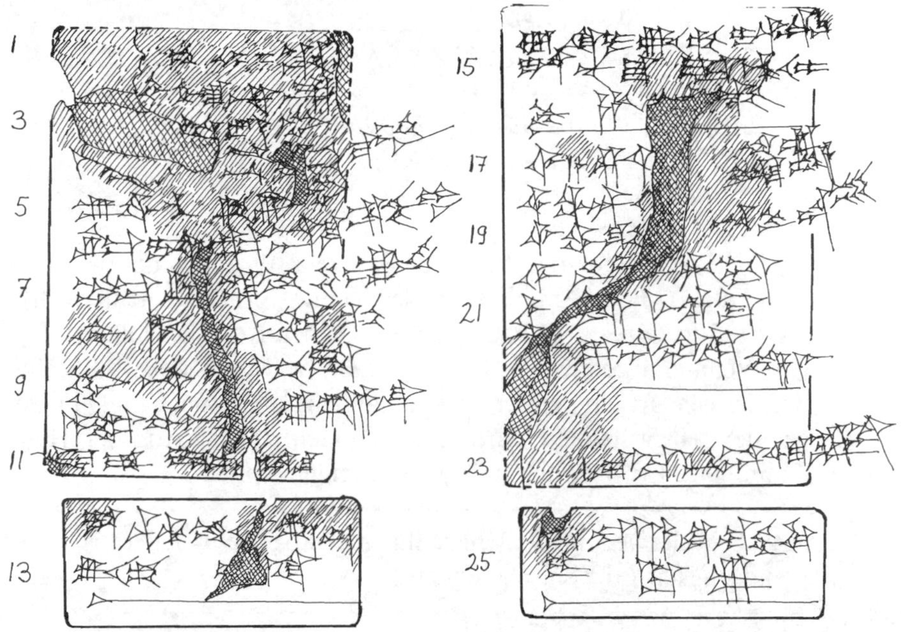

139 | 2.2.2. Umschrift und Übersetzung

1) [x x] ⌜*Am-mi*⌝ *-ṭa[-ba]*
2) [ARAD$^{?}$] ⌜^{f}DAM⌝ *-ḫu-ra-ṣ[í]*
3) [x x x] ⌞*a-na*⌟ É-*tim*
4) ^{m}⌜*Am-mi-ta*⌝ *-kum-ma* LUGAL
5) *ú-we-d[ì s]é-er-dim*
6) Ì.GIŠ *i-na* SAĜ.DU-*šu iš-pu-uk*
7) *šum-ma ur-ra-am še-ra-am*
8) *iḫ-ḫa-al-li-iq*
9) *in-na-a[b]-bi-it*
10) *a-šar wa-aš-b[u] ú-ta-a-šu*
11) *ù ša i-ka-*⌜*ša*⌝ *-du-šu*

u.Rd. 12) *i-na qa-ti Am-*⌜*mi-ṭá-ba*⌝
13) *ú-ul* ⌜*al*⌝ *-qí*

Rs. 14) *ù ki-i ú-ul i-ka$_4$-du-šu*
15) *i-na nu-ku-ra-ti-mi*
16) *iḫ-ḫa-* ⌞*li-iq*⌟

----

17) IGI ⌜*A*⌝ *-ri[-a-du*$^{?}$] ⌜ARAD$^{?}$⌝ .SANGA
18) IGI *Wa-an-d[i-*x] ⌜LÚ⌝ .QA.ŠU.DU$_8$.A

19) IGI *Wi-ik*[*-ke-*]⸢*en*⸣ LÚ.RÁ.GABA
20) IGI LÚ.⸢SANGA⸣.^{d}*Iš*$_{8}$*-tár*
21) IGI ⸢*Iš*⸣*-me-e-ku*
22) I[G]I *Ib-du-uk-ka* GU.ZA.LÁ
[------]------------------
23) [*lu-*]⸢*ú*⸣ *ip-pá-qá-du ù pá-aq-du*
o.Rd. 24) ⸢*a-na*⸣ URU.*A-la-la-aḫ*.KI
25) *i-lu-ú*

(1) [. . .] Ammiṭaba hat (2) [einen Sklaven(?)] der Damḫurāṣi, (3) [. . .] dem Palast (4) des Ammitakum, des Königs, (5) (testamentarisch) übereignet. Von Oliven (6) hat er Öl über seinen Kopf geschüttet.
(7) Wenn er irgendwann in Zukunft (8) verschwindet, (9) flieht, (10) wird er den Ort, an dem er sich aufhält, ausfindig machen. (11) Derjenige, der seiner habhaft wird (, wird sagen:) (12) „Aus der Hand des Ammiṭaba (13) habe ich nichts entgegengenommen!

----

(14) Und deswegen, weil man ihn nicht bewacht hat, (15) ist er aus Feindseligkeit (16) entschwunden!“

----

(17) Zeuge: Ari-[addu$^{?}$], der Diener des Priester;
(18) Zeuge: Wand[i-. . .], der Mundschenk;
140 | (19) Zeuge: Wikken, der Wagenfahrer;
(20) Zeuge: der Priester der Ištar;
(21) Zeuge: Išmēku;
(22) Zeuge: Ibdukka, der Thronträger.

----

(23) Er muß sorgsam betreut werden und sich gut betreut (24) in Alalaḫ (25) einfinden!

2.2.3. Philologische Bemerkungen

1: Die Zeichenreste lassen sich in Anlehnung an *Am-*⸢*mi-ṭá-ba*⸣ in Z. 12 zu ⸢*Am-mi*⸣*-ṭa*[*-ba*] restaurieren. Die Rolle, die ihm Z. 1 zuschreibt, kann wegen des schlechten Erhaltungszustands der Zeile nicht mehr sicher ausgemacht werden: Ist er der Treuhänder eines Sklaven, dessen Name nicht genannt oder weggebrochen ist, oder ist er gar selbst derjenige, der aus der Obhut der Dam-ḫurāṣi in den Palast wechselt?

Da Ammiṭaba im Corpus der Alalaḫ-Texte nur hier bezeugt ist, lassen sich über seine Person keine näheren Angaben machen.

2: Die Zeichenspuren lassen eindeutig auf ⸢^{f}DAM⸣*-ḫu-ra-ṣ*[*í*] schließen, den Namen einer Dame, die in der Schreibweise ^{d}DAM-KÙ.GI aus der

Erbschaftsurkunde ATaB 20.02 [4] bekannt ist. Dort wird sie „Tochter der Ṭabsimtum" (ATaB 20.02:4) genannt und tritt an der Seite des Königs Ammitakum auf. Da der Name dieses Königs auch in ATaB 21.07:4 genannt wird, sind beide Texte in dieselbe Zeit zu datieren.

Die Person der Transaktion dürfte entweder Ammiṭaba oder jemand anders sein, dessen Name mit dem Anfang der Urkunde weggebrochen ist. Die Ergänhung von ARAD (= *wardu*) „Diener, Sklave" vor dem Namen der Dame Damḫurāṣi ist eine Vermutung; es könnte hier auch GÉME (= *amtu*) „Magd" gestanden haben, wenn der Schreiber bei der Formulierung der folgenden finiten Verbformen nach den üblichen Regeln die 3.Sg.com. eingehalten hat, und nicht, wie aus den Texten aus Alalaḫ bekannt, für eine GÉME die Formen der 3.Sg.fem. verwendet hat.

4: Ammitakum war König von Alalaḫ gegen Mitte des 17. Jh. v. Chr. [5]

5-6: Die Formulierung [*s*]*é-er-dim* Ì.GIŠ bietet Interpretationsprobleme, da sie eine Genitiv-Verbindung der beiden Nomina *serdum* „Olive" und Ì.GIŠ (= *šamnu*) „Öl" zu sein scheint, die nach den üblichen Regeln der Grammatik in umgekehrter Abfolge stehen müßte: Ì.GIŠ [*s*]*é-er-dim* (regens + rectum: *šaman serdim*) „Öl aus Oliven". Da hier nichts anderes gemeint sein kann, stellt sich die Frage, was den Schreiber zu dieser
141 Wortfolge veranlaßt haben könnte. Als Erklärung | bieten sich folgende Überlegungen an: Zum einen könnte ein schlichtes Schreiberversehen vorliegen, in dem der Schreiber das Ì.GIŠ vergessen und dann nachgetragen hat. Es wäre allerdings auch denkbar, daß der Schreiber einer hurritischen Wortfolge den Vorzug gegeben hat, in der das Bezugsnomen mit dem Genitiv vorangestellt wird – diese Erklärung brächte allerdings eine für Alalaḫ VII nur schwer vertretbare syntaxbestimmende Rolle des Hurritischen ins Spiel.

6: Zum juristischen Akt der Salbung mit Öl anläßlich eines Vertragsabschlusses siehe die Wörterbücher *sub šapāku* (AHw. 1168; CAD Š/1, 412-422). [6]

13-16: Bemerkenswert ist der abrupte Übergang zu der direkten Rede desjenigen, der des Flüchtigen habhaft wird, der einerseits bestätigen muß, daß Ammiṭaba nicht bei der Flucht behilflich war, sondern daß sich der Entwichene aus eigenem, von Feindschaft geprägtem Antrieb entlaufen ist. Nur die nicht ganz erhaltene Verbform ⌜*al*⌝*-qí* „ich habe entgegengenommen" (Z. 13) und das Enklitikum *-mi* am Nomen *nu-ku-ra-ti-mi* (Z. 15) geben die – eindeutigen – Anhaltspunkte für eine direkte Rede.

---

[4] = AlT 8, siehe Chr. Niedorf / F. Zeeb 2004, 132; M. Dietrich / O. Loretz 2004, 62-64.

[5] Siehe zuletzt F. Zeeb 2001, 101-124.

[6] Vgl. auch M. Malul 1988, 161-179, für Salbung einer Braut: *šamna(m) ana qaqqadi(m) tabāku(m)* „to pour oil on the (bride's) head".

17: Eine Ergänzung des zweiten Namensbestandteils von ⌜*A*⌝-*ri*[-x x], der offenbar der Diener eines Priesters (⌜ARAD?⌝.SANGA) ist, ist problematisch. Wenn es sich hier erwartungsgemäß um den Diener eines Ištar-Priesters handelt, dann könnte er mit Ari-Addu von ATaB 41.02:13 (1 ⌜*A*⌝-*ri-a-du* LÚ.^{d}*Iš*$_{8}$-*tár*), dem Empfänger einer Futterration für Amurru-Pferde, [7] identisch sein. Der zweite Namensbestandteil in Z. 17 wäre dann -[^{d}*Iš*$_{8}$-*tár*]. Diese Restauration scheint die Zeugenschaft eines Ištar-Priesters in Z. 20 zu bestätigen.

20: Auffällig ist, daß der namentlich nicht genannte Ištar-Priester auch in der Personenkaufurkunde ATaB 24.01:11 als Zeuge auftritt [8] – ein weiterer namentlich nicht genannter Ištar-Priester ist auch in ATaB 22.09:23 bzw. 22.09A:23 Zeuge. Diesen ‘namenlosen’ Ištar-Priestern steht der namentlich genannte Zeuge Eḫli-Ištar, ebenfalls Ištar-Priester, in ATaB 22.04:35 gegenüber: IGI *Eḫ-li-aš-tar* SANGA.*Iš*$_{8}$-*tár*. Wie diese Belege für Ištar-Priester als Urkunden-Zeugen zu verstehen geben, hat der Ištar-Tempel von Alalaḫ etliche Priester unterhalten. Dies zeigt gleichzeitig an, daß die Diskussion über eine prosopographische Identität zwischen diesen und jenen Belegen voreilig wäre.

142 **21**: Der Zeuge Išmēku, der auch in ATaB 22.09A:24 als Zeuge auftritt, | folgt hier direkt auf den Ištar-Priester, in ATaB 22.09A:24 dagegen erst einen Eintrag später.

23-25: Da die Verbformen *ip-pá-qá-du* Z. 23 (Präsens) und *i-lu-ú* Z. 25 (formal ein Präteritum, aber doch wohl als ein ‚defektiv’ geschriebenes Präsens zu deuten) offensichtlich Subjunktive sind – Pluralformen wären nicht erklärbar –, stellt sich die Frage nach deren syntaktischer Begründung. Diese muß in dem ersten Wort von Z. 23 zu suchen sein, das zwar nicht vollständig erhalten ist, das aber aus zwei Zeichen bestehen könnte und dessen letztes Zeichen ein Senkrechter abschließt. Dies spricht für die Ergänzung von *lu-ú*, das an dieser Stelle einen positiv assertorischen Eid (GAG § 185b) einleitet.

2.3. Zwischenergebnis

Das Dokument bekundet testamentarisch (*ú-we-d*[*ì*, Z. 5), daß ein offenbar männlicher Sklave aus dem Gesinde der Dam-ḫurāṣi in den Palast des Königs Ammitakum überführt wird. Da es sich hier um eine besondere Transaktion handelt, wird sie mit dem Akt der Salbung besiegelt (Z. 1-6).

Bemerkenswert sind die Ausführungen über das Verhalten des alten

---

[7] Siehe F. Zeeb 2001, 412.

[8] Zu dieser Urkunde (= AlT 65; M. Dietrich / O. Loretz 2004, 138) siehe unten.

Besitzers im Falle einer Flucht des Übereigneten. Hier muß nach der Erfassung des Flüchtlings feststehen, daß der alte Besitzer nichts zur Flucht beigetragen, sondern daß der/die Übereignete den Hausstand des Palastes aus eigenem Antrieb verlassen hat (Z. 7-16). Wenn der Flüchtling wieder gefaßt wird, dann solle ihn der Finder gut bewacht in Alalaḫ abliefern (Z. 23-25).

3. ATaB 24.01: Urkunde über den Kauf der Uriya

3.1. Vorbemerkung

Über Personenkauf ist in den Archiven von Alalaḫ VII bisher nur die Urkunde ATaB 24.01 [9] bekannt geworden – für die jüngere Epoche Alalaḫ IV (15. Jh. v. Chr.) lassen sich gegenwärtig immerhin s i e b e n nachweisen. [10] Nach ihrer Erstveröffentlichung durch D.J. Wiseman 1953 [11] wurde für sie 2004 durch M. Dietrich / O. Loretz eine neue Kopie mit vollständiger Umschrift mitgeteilt. [12] Inhaltlich beurkundet ATaB 24.01 den Zukauf einer Frau namens Uriya durch die Dame Sumunnabi zur Erweiterung ihres Gesindes.

143 Im Folgenden werden die 1964 erstellte Autographie (3.2.1), eine Um-|schrift mit Übersetzung (3.2.2) und philologische Bemerkungen (3.2.3) vorgelegt. Auch diesen Abschnitt der Studie schließt ein Zwischenergebnis ab (3.3).

---

[9] = AlT 65: F. Zeeb 2001, 48, 229-230; M. Dietrich / O. Loretz 2004, 138.

[10] Siehe Chr. Niedorf 2006, 94, 131-144 (341.1-7).

[11] AlT 65: Kopie: Tf. XVIII; S. 50: knappe Inhaltsbeschreibung und Bezeichnung als „Sale".

[12] M. Dietrich / O. Loretz 2004, 138. – Zu früheren Bearbeitungen und Übersetzungen siehe F. Zeeb 2001, 229 Anm. 55; F. Zeeb 2001, 229-230, bietet unter Auslassung der Zeugenliste und Datierung eine neue Umschrift und kommentiert die wichtigsten Begriffe eingehend.

3.2. Autographie, Umschrift, Übersetzung

3.2.1. Autographie (O. Loretz)

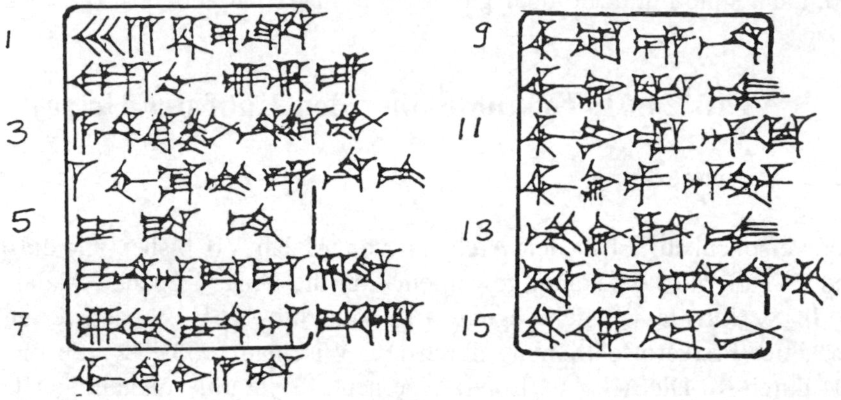

3.2.2. Umschrift und Übersetzung

1) 33 1/3 GÍN KÙ.BABBAR
2) UGU ^{mf}*Ú-ri-ia*
3) *a-na ki-in-na-tu-tim*
4) ^{mf}*Su-mu-un-na-bi*
5) *i-ša-am*
6) *i-na an-da-ra-ri-im*
7) *ú-ul i-na-an-da-ar*
u.Rd. 8) IGI *Di-ni-a-du*
Rs. 9) IGI *Zu-un-na*
10) IGI *Ir-kab-tum*
11) IGI LÚ.SANGA ^{d}*Iš*$_{8}$*-tár*
12) IGI *Ir-pa-*^{d}IM
13) MU *Ir-kab-tum*
14) ITI.*At-ta-na-ti*
15) UD 18 BA.ZAL

(1) 33 $^{1}/_{2}$ Sekel Silber (2) (stehen) zu Lasten von Uriya. (3) Fürs Gesinde (4) hat Sumunnabi (5) (sie) gekauft.
(6) Bei Freistellung (7) wird sie nicht freikommen.
(8) Zeuge: Dīni-addu;
144 | (9) Zeuge: Zunna;
(10) Zeuge: Irkabtum;

(11) Zeuge: Priester der Ištar;
(12) Zeuge: Irpa-addu;
(13) Im Jahr des Irkabtum, (14) im Monat Attanati, (15) am 18. Tag.

3.2.3. Philologische Bemerkungen

2: UGU (= *eli*) „zu Lasten von" [13] zeigt an, daß Uriya eine Schuld trägt. *Ú-ri-ia*: Die Lesung des Namens ist wegen der polyphonen RI nicht eindeutig. F. Zeeb schlägt neuerding vor, [14] RI in Anlehnung an den ugaritischen Namen *utly*, mit *tal* wiederzugeben.

3: Die Schreibweise *ki-in-na-tu-tim* für das erwartete *kinattūtim* läßt sich nach F. Zeeb [15] am besten phonetisch mit einem Nebenton auf der ersten Silbe erklären: /kínnattūtim/.

4: Sumun(n)a/ābi [16] fungiert in den Urkunden als eine hochstehende, finanzkräftige Dame: Gemäß ATaB 21.04 [17] erhielt sie den Ort A'irraše im Tausch für Išiḫa, erwarb nach ATaB 22.07 [18] ein Anwesen in Alalaḫ und nach ATaB 22.12 [19] ein Grundstück in A'irraše, übernahm nach ATaB der vorliegenden Urkunde die Uriya in ihr Gesinde, verlieh nach ATaB 30.05 [20] Darlehen an Einwohner von A'irraše und nach ATaB 30.06 [21] an die von Kubiya und erhielt nach ATaB 41.53 [22] anläßlich einer Reise wohl von Alalaḫ nach Aleppo im Sommermonat Ḫiyari eine Futterration für ihre Pferde.

Vier der Urkunden enthalten grobe Zeitangaben: ATaB 21.04 sind nach der Regierungszeit von König Niqmi-epuḫ von Aleppo und ATaB 22.12, die vorliegende Urkunde und ATaB 30.05 nach der seines Sohnes Irkabtum datiert. [23] Diese Angaben geben zweierlei zu erkennen: Zum

---

[13] F. Zeeb 1991, 409; ders. 2001, 229.

[14] F. Zeeb 2001, 229.

[15] F. Zeeb 2001, 229.

[16] *Su-mu-un-na-bi*: ATaB 21.04:4,11,15; 24.01:4; 30.05:3; 30.06:2; *Su-mu-un-na-a-bi*: ATaB 22.12:7; *Su-mu-na-bi*: ATaB 22.07:8; *Su-mu-na-a-bi*: ATaB 41.53:5. An der zuletzt genannten Stelle steht nach Foto und Kopie *Su-mu-na-a-bi* und nicht *Šu-mu-na-a-bi*, wie bei F. Zeeb 2001, 581, wiedergibt. Also verwenden alle Stellen für die erste Silbe des Namens einheitlich das Zeichen SU.

[17] M. Dietrich / O. Loretz 2004, 94-95.

[18] M. Dietrich / O. Loretz 2004, 109-110.

[19] M. Dietrich / O. Loretz 2004, 119-120.

[20] F. Zeeb 1991, 414-419 (AlT 34); M. Dietrich / O. Loretz 2005 (i.D.).

[21] F. Zeeb 1991, 419-421 (AlT 35); M. Dietrich / O. Loretz 2005 (i.D.).

[22] F. Zeeb 2001, 580-581.

[23] Siehe F. Zeeb 2001, 100.

145 | einen hat Sumun(n)a/ābi während der Regierungszeit des Königs Ammitakum in Alalaḫ gewirkt und gehörte zum anderen, weil die Urkunden nach den Königen von Aleppo datiert sind, möglicherweise in die Familie des Abban und Jarimlim II. von Aleppo.

6-7: Die Figura etymologica *i-na an-da-ra-ri-im* [24] *ú-ul i-na-an-da-ar* „in Freistellung wird sie nicht frei ausgehen" hat zu allerlei Interpretationsversuchen geführt, soll aber sicher nur betonen, daß Uriya auf immer in das Gesinde der Sumunnabi übernommen ist: „In Freiheit [25] wird sie nicht niemals ausgehen". [26]

10: Der Zeuge *Ir-kab-tum* dürfte mit dem Sohn des Königs Ammitakum identisch sein, der auch in dem Testament ATaB 21.04:22 aus der Zeit des Königs Niqmi-epuḫ von Aleppo als erster Zeuge auftritt.

11: Zu dem 'namenlosen' Ištar-Priester (LÚ.SANGA ^{d}*Iš*$_{8}$*-tár*) siehe oben zu ATaB 21.07:20.

3.3. Zwischenergebnis

Die Personenkaufurkunde ATaB 24.01 stellt fest, daß die Dame Sumunnabi aus Aleppo in Alalaḫ die überschuldete Uriya in ihr Gesinde aufgenommen hat, nachdem sie offenbar deren Schulden an einen nicht genannten Gläubiger abgeführt hatte. Bemerkenswert ist die Klausel, die die Urkunde mit der Übernahme der Uriya verbindet: Dieser steht das sonst bestehende Recht nicht zu, bei einer Freistellung aus ihrer Verpflichtung gegenüber Sumunnabi freizukommen (*i-na an-da-ra-ri-im ú-ul i-na-an-da-ar*).

4. Gattungsspezifische Gestaltung des Themas „Übereignung einer Person" in ATaB 21.07 und 24.01

Thematisch befassen sich die beiden Dokumente ATaB 21.07 und 24.01 mit dem juridischen Akt der „Übereignung einer Person". Sie verwenden aber dafür nicht dieselbe Textgattung: ATaB 21.07 formuliert für die Übereignung einer Person als Testament, ATaB 24.01 dagegen als Schuldschein. Das hat seinen Grund in der Ausgangsposition, in der sich die jeweils übereignete Person im Moment der Übereignung befindet: Der Sklave von ATaB 21.07 wird dem König Ammitakum gewissermaßen als Erbe der Dam-ḫurāṣi

---

[24] Es ist durchaus vorstellbar, daß die 'Nebenform' *an-da-ra-ri-im*, dessen DA epigraphische klar ist, auf einen Schreibfehler (DA *pro* DU) beruht.

[25] Wörtl.: „Bewegungsfreiheit", siehe M. Dietrich 1993, 50-54.

[26] Vgl. M. Dietrich / O. Loretz 1983, 212; F. Zeeb 2001, 229-230.

übertragen, Uriya wird nach ATaB 24.01 wegen einer hohen Schuldenlast als 'ewige', d.h. nicht auslösbare Sklavin ins Gesinde der Summunnabi integriert.

Die Konsequenz ist für beide Personen letztlich dieselbe: Sie wechseln unwiderruflich aus dem Dienstverhältnis des einen in das des anderen.

146 | Literatur

Dietrich, M., 1993: Die Frage nach der persönlichen Freiheit im Alten Orient, in: M. Dietrich / O. Loretz, Hg., Mesopotamica – Ugaritica – Biblica. Festschrift für Kurt Bergerhof zur Vollendung seines 70. Lebensjahres am 7. Mai 1992. AOAT 232, 45-58.

Dietrich, M. / O. Loretz, 1983: Dokumente aus Alalach und Ugarit, in: O. Kaiser, Hg., Dokumente zum Rechts- und Wirtschaftsleben. TUAT I/3, 210-219.

--- 2004: Alalaḫ-Texte der Schicht VII (I). Historische und juristische Dokumente. UF 36, 43-150.

--- 2005: Alalaḫ-Texte der Schicht VII (II). Schuldtexte, Vermerke und Sonstiges. UF 37 (i.D.)

Malul, M., 1988: Studies in Mesopotamian Legal Symbolism. AOAT 221 (Kevelaer/Neukirchen-Vluyn).

Niedorf, Chr., 2006: Die Rechtsurkunden im Rahmen des Gesamtkorpus der mittelbabylonischen Texte aus Alalaḫ (Schicht IV). Diss. (unv.)

Niedorf, Chr. / F. Zeeb 2004: Texte aus Alalaḫ, in: B. Janowski / G. Wilhelm, Hg., TUAT.NF 1, Texte zum Rechts- und Wirtschaftsleben (Gütersloh), 129-145.

Zeeb, F., 1991: Studien zu den altbabylonischen Texten aus Alalaḫ. I: Schuldscheine. UF 23, 405-438.

--- 2001: Die Palastwirtschaft in Altsyrien nach den spätaltbabylonischen Getreidelieferlisten aus Alalaḫ (Schicht VII). AOAT 282.

šmn (*arṣ*) "wohlriechende(s) Öl/Fett/Salbe (der Erde)" als Metonymie für "Regen"

Die ugaritisch-hebräischen Parallelismen
ṭl ‖ *šmn* , *šmn* ‖ *nbt* und das biblische Binom "Milch und Honig" *

Ugaritische und biblische Poesie zeichnen sich durch ihr Bemühen aus, das im westsemitischen Regenbaugebiet lebenswichtige Wasser, das Regenfälle (z.B. *mṭr*, *yr*, *rbb*) und Tau (*ṭl*) spenden, [1] mit mehreren Wörtern, besonderen Parallelismen, Merismen [2] und poetischen Figuren wie Vergleich [3] oder z.B. Metonymie [4] zu beschreiben. Der Regen im Frühjahr zaubert eine zwar kurze, dafür aber besonders intensive Zeit der Blüte und der Düfte hervor, was die Poeten von selbst dazu anregte, den Regen mit wohlduftenden Essenzen und Pflanzen nicht nur zu vergleichen (KTU 1.16 III 10-11),
47 sondern auch metonymisch zu | benennen. In diesem Zusammenhang kommt den beiden Wörtern *šmn* und *šmn arṣ* eine ausschlaggebende Bedeutung zu. Denn es ist strittig, ob *šmn* z.B. in Parallele zu *ṭl* "Tau" und *rbb* "Regenguß" mit "Wasser", "(Oliven-)Öl", "Fett", "mit duftenden Essenzen vermischtes Fett/Öl" oder "duftende Salbe" [5] wiederzugeben ist. Strittig ist auch besonders, welchen Zustand der Natur im Frühling die altsyrisch-kanaanäische und in der Folge auch die hebräische Poesie mit den Begriffen *šmn* und *šmn arṣ* des näheren zu vergegenwärtigen unternehmen.

---

* *Aus:* J. Luchsinger, H.-P. Mathys, M. Saur (Hg.), «... der seine Lust hat am Wort des Herrn!» Festschrift für Ernst JENNI zum 80. Geburtstag. AOAT 336 (2007), S. 46-59.

[1] Wenn in Dtn 8,7 den Israeliten Palästina als ein Land mit "Wasserbächen, Quellen und Fluten, die in den Tälern und an den Bergen hervorströmen" verheißen wird, handelt es sich um Wasser, das gleichfalls vom Regen abhängt, wie KTU 1.19 I 42-46 zu erkennen gibt.

[2] Siehe J. Krašovec 1977, 103, Nr. 100, *ṭl* ‖ *rbb* etc.; 119, Nr. 143, *mṭr* ‖ *ṭl*; 154, Nr. 258, *šmn h 'rṣ* ‖ *ṭl h šmm*.

[3] Siehe z.B. S.B. Parker 2004, 359, zum Vergleich vormarschierender Truppen mit Regen (*ḫdd* ‖ *yr* "downpour" ‖ "first rain") in KTU 1.14 II 39-40, IV 17-18.

[4] Die Metonymie (*denominatio*) setzt an die Stelle des eigentlichen Substantivs ein anderes. Metonymisch kann das Bewirkende mit dem Bewirkten vertauscht werden, z.B. *Mars* für *bellum*, *Ceres* für *frumentum*; H. Menge 1960, 378-379.

[5] Die Übersetzung von *šmn* mit "Parfum, Parfüm" wird im folgenden vermieden, da moderne Parfüme keine Fette zur Grundlage haben.

1. *šmn arṣ* in KTU 1.3 II 38-41, IV 42-44

Eine Klärung der mit *šmn* und *šmn arṣ* gegebenen Probleme hängt wesentlich von der Ermittlung der Parallelismen ab, in denen beide Wörter üblich sind. Auf diesem Weg ist am ehesten zu ermitteln, in welcher Weise poetische Schilderungen über himmlische Herkunft und irdische Wirkung von Tau- und Regenwasser zur Herbst- und Frühjahrszeit in Syrien-Palästina berichten.

Aus der Parallelität der beiden Stellen KTU 1.3 II 38-41 und 1.3 IV 42-44 ersieht man ohne größere Bemühungen, daß offensichtlich in KTU 1.3 IV 42-44 das Kolon *rbb rkb ʻrpt* durch Versehen des Schreibers ausgefallen ist. [6] Ein Vergleich der beiden Stellen veranschaulicht die Auslassung am besten:

tḥspn mh w trḥṣ 12
ṭl šmm šmn arṣ 11
rbb rkb ʻrpt 10
ṭl šmm tskh 9
rbb nskh kbkbm 12

Sie schöpfte Wasser und wusch sich
mit dem Tau des Himmels, dem *Öl/Fett* der Erde,
dem Regenguß des Wolkenfahrers,
mit dem Tau, den der Himmel über sie ausgegossen hatte,
dem Regenguß, den die Sterne über sie ausgegossen hatten.
(KTU 1.3 II 38-41)

tḥspn mh w trḥṣ 12
ṭl šmm šmn arṣ 11
ṭl šmm tskh 9
rbb nskh kbkbm 12

Sie schöpfte Wasser und wusch sich
mit dem Tau des Himmels, dem *Öl/Fett* der Erde,
48 mit dem Tau, den der Himmel über sie ausgegossen hatte,
dem Regenguß, den die Sterne über sie ausgegossen hatten.
(KTU 1.3 IV 42-44)

[6] J. Tropper, UG 2000, 63, registriert als Belege für den Schreibfehler "Ausfall eines Kolons" nur die drei Stellen KTU 1.6 V 6f.; 1.17 II 17; 1.40:33f.

Während in der Überlieferung von KTU 1.3 II 38-41 der Schreiber zwei Bikola mit dem Parallelismus *ṭl šmm* ‖ *rbb* [7] aufeinander folgen läßt, ergibt sich durch die Auslassung in KTU 1.3 IV 42-44 die sonst nicht mehr bezeugte dreifache Abfolge *ṭl šmm* ‖ *ṭl šmm* ‖ *rbb* (*kbkbm*).

In beiden poetischen Einheiten treffen wir den Parallelismus *ṭl šmm* ‖ *šmn arṣ* an, der seinerseits aus dem Merismus *šmm* ‖ *arṣ* "Himmel" ‖ "Erde" [8] und dem überraschenden Wortpaar *ṭl* ‖ *šmn arṣ* "Tau" ‖ "*Öl/Fett* der Erde / des Ackerlandes" besteht. Aus letzterem Element des Parallelismus leitet man ab, daß der "Tau des Himmels" für das Ackerland "Öl" [9] oder "Fett, fatness" [10] sei. Es wird auch argumentiert, daß *šmn* "Öl" metaphorisch, bildlich sowohl "Tau" als auch "Regen(wasser)" [11] und "gut bewässerter Boden" [12] bedeute.

šmn arṣ hat man ferner als eine besondere Art der (metaphorischen) Beschreibung von Wasser verstanden: das Wasser mache das Land fruchtbar und glücklich [13] und verschönere es als kosmetisches Mittel (*šmn*

---

[7] Siehe ferner *bl ṭl bl rbb* KTU 1.19 I 44; Mic 5,6; vgl. Dtn 32,2 (*mṭr* ‖ *ṭl - ś'yrm* ‖ *rbybym*; P. Sanders 1996, 138-140.356); M. Dahood, RSP I 1972, 189, Nr. 205; Y. Avishur 1984, 363, *ṭl/rbyb(ym)*.

[8] J. Krašovec 1977, 11-25, zu "Erde" ‖ "Himmel" und "Himmel" ‖ "Erde"; M. Dahood, RSP I 1972, 356, Nr. 554;

[9] Es fällt im einzelnen schwer, den Sinn der folgenden Übersetzungen von *šmn arṣ* zu ermitteln: M. Dahood, RSP I 1972, 190, Nr. 208, "the oil of earth"; J.C. de Moor, ARTU 1987, 7, "oil of earth"; D. Pardee 1997, 252, "oil of earth"; M.S. Smith 1997, 109, "Oil of Earth"; N. Wyatt 1998, 76, "oil of earth"; W.G.E. Watson 1994, 104.265, wählt für *šmn arṣ* die Übersetzungen "terrestrial oil" und "earth-oil".

[10] U. Cassuto 1971, 121, interpretiert das Kolon *ṭl šmm šmn arṣ* folgendermaßen: "Dew of heaven, which is the fatness of the earth, that is, which fructifies the earth."; J. Krašovec 1977, 24, stimmt dieser Erklärung zu: ""'Fett der Erde' wäre also nur eine Näherbestimmung von 'Tau des Himmels', wobei sie nicht gegensätzlich strukturiert werden können. Dieses Verständnis empfiehlt sich besonders im Blick auf die nachfolgenden Verse, wo bloss vom Regen, bzw. vom Tau die Rede ist."; siehe ferner im Anschluß an diese Tradition Y. Avishur 1984, 363, "fatness of the earth".

[11] J. Aistleitner, WUS Nr. 2637: *šmn* 1) "Öl, Fette"; 2) "Fette der Erde (Regen)"; J. Gray 1965, 44 Anm. 3, "The conception of dew as 'fatness of the earth'", mit Verweis auf Dtn 27,28; H.-J. Zobel 1970, 216, *šmn* "als bildlicher Ausdruck für den Regen"; HAL 1450: *šmn* b) "als bildlicher Ausdruck für Regen"; M.C.A. Korpel 1990, 425, "This water is called the oil of the earth [*šmn arṣ*]."; vgl. ferner ohne nähere Bestimmung DUL 828: *šmn* (I) 1. "Oil" a) "symbolic use".

[12] J.C. de Moor, ARTU 1987, 91 Anm. 440, "*šmn* 'oil' in the sense of well-watered (soil): Gen. 27:28; 49:25; Num. 13:20; Isa. 5:1; 28:1, 4; Ez. 34:14; Neh. 9:25: 1 Chron 4:40. Also Ps. 65:11f."

[13] M.S. Tarazi 2004, 483, schreibt: "Furthermore, the water is termed 'the oil of the earth' (*šmn arṣ*), such that the text depicts Baal's rainwater as a beatification agent for the earth, a means to fertilize the land."

49 "Öl").[14] Bei *šmn* | *arṣ* spiele man mit der Bedeutung von *šmn* "oil" als einem menschlichen Kosmetikum[15] und mit der von *arṣ* als einer Metapher, die die Erde als Frau repräsentiere.[16]

Die Parallelisierung von *šmn arṣ* mit dem *ṭl šmm* "Tau des Himmels" und dem *rbb* "Regenguß" des *rkb ʿrpt* "Wolkenfahrers" und der *kbkbm* "Sterne" sowie der Gebrauch des *šmn arṣ* beim Waschen als Wasser im Rahmen von KTU 1.3 II 38-41, IV 42-44 zeigen zur Genüge an, daß auch *šmn arṣ* eine Bezeichnung des von Baal gespendeten Regenwassers sein muß. Die Frage bleibt jedoch, in welchem Sinn das Regenwasser oder der Tau ein "*Öl/Fett*" der *arṣ* "Erde" sein kann. Wir gelangen so zu folgender Frage: Besagt *šmn arṣ*, daß das Naß des Himmels oder der Sterne so genannt wird, weil es die Erde fruchtbar macht oder weil der Regen etwas hervorbringt, das man als *šmn arṣ* wahrnimmt?[17]

Nach verbreiteter Anschauung gebraucht die Dichtung *šmn arṣ* "bildlich" oder metaphorisch als ein Wort für Regen, folglich als ein Wort für den bewirkenden Regen. Dagegen ist festzustellen, daß *šmn arṣ* metonymisch für den Namen des Produkts, das Tau und Regen bewirken, steht: *šmn arṣ* "wohlduftendes Fett/Öl/Salbe/Kosmetikum des (fruchtbaren) Landes". Der Regen Baals ruft den Zustand *šmn* oder *šmn arṣ* hervor, so daß das Land wie ein mit Essenzen angereichertes Öl/Fett, wie eine kosmetische Salbe duftet. Tau und Regen haben das fruchtbare Land in eine "duftende Salbe" (*šmn*) verwandelt.

Das Verhältnis zwischen dem Regen des Wettergottes und seiner Auswirkung auf die Pflanzenwelt im Frühjahr bringt nach obiger Darstellung die westsemitische Poesie folgendermaßen zur Darstellung: Das Wort für den *Bewirker* "Regen" (z.B. *mṭr*, *rbb*, *yr*) oder *ṭl* "Tau" ersetzt im Parallelismus ein Begriff für den vom Regen *bewirkten Zustand* in der Natur, der darin besteht, daß die Felder, Täler und Berge im Frühjahr auf das Naß von oben her zum Blühen und zum Duften gebracht werden und ihr Zustand nun dem eines süß duftenden Kosmetikums (*šmn*)[18] gleichkommt.

---

[14] S.M. Tarazi 2004, 483 Anm. 90.

[15] S.M. Tarazi 2004, 491 Anm. 96, führt hierzu folgendes aus: "I believe the use of *šmn* in *šmn arṣ* is related to the underlying metaphor that presents the earth as a woman ..., such that oil, which is normally used to beautify ladies, can aptly be used to denote Baal's rainwater, which is used to beautify the earth."

[16] S.M. Tarazi 2004, 491 Anm. 96.

[17] M. Dahood 1970, 251, "*ṭl šmm šmn arṣ*, 'the dew of heaven, the oil of earth' (= the rain)"; U. Cassuto 1971, 121, definiert prägnant: "Dew of heaven, which is the fatness of the earth, that is, which fructifies the earth."

[18] Zum "süßen" Duft von kosmetischen "Ölen/Salben" siehe Cant 1,2-3; O. Loretz 2004, 286.

Die stilistische *Figur* Metonymie ("Regen" [= Bewirker] = "wohlduftendes Kosmetikum" *šmn arṣ* [= Bewirktes]) in der Beschreibung eines vom Frühjahrsregen zum Blühen gebrachten Landes findet eine ausführliche
50 inhalt|liche Parallele in folgendem Bericht über die Auswirkungen der Tätgkeit Baals:

l arṣ mṭr b'l	10
w l šd mṭr 'ly	10
n'm l arṣ mṭr b'l	13
w lšd mṭr 'ly	10
n'm l ḥṭt b 'n	10
bm nrt k smm	9
'l tlm k 'ṭrṭrt	12

Auf dem Ackerland war der Regen Baals,
und auf dem Feld der Regen des Höchsten:
Süß (duftend) war auf dem Ackerland der Regen Baals,
und auf dem Feld der Regen des Höchsten.
Süß (duftend) war er auf dem Getreide in der Furche,
auf dem Gepflügten wie Kräuter, [19]
auf den Schollen wie Heilkräuter. [20]
(KTU 1.16 III 5-11)

In Ergänzung zu den Vergleichen *k smm* und *k 'ṭrṭrt* (KTU 1.16 III 10-11) wählt der Poet in KTU 1.3 II 39, IV 43 metonymisch *šmn arṣ* "wohlduftendes Öl/Fett/Salbe/Kosmetikum des Ackerlandes" an Stelle von *mṭr* etc. "Regen" und *ṯl* "Tau".

Der schnell vergängliche Duft der Blumen, Gewächse, Bäume und besonders der Gärten im Frühjahr erfreute die Menschen in Altsyrien-Kanaan-Palästina, [21] wie besonders aus der Sammlung der Liebeslieder im *Canticum canticorum* hervorgeht:

Ein Myrrhenbeutelchen ist mir mein Geliebter,
das zwischen meinen Brüsten ruht.

---

[19] HAL 716: **sm* "wohlriechendes Räucherwerk"; J.C de Moor 1979, 646, "perfume"; wahrscheinlich ein Lehnwort, vgl. akk. *šammu* "Pflanze, Krauf; Droge" (AHw. 1156-1157).

[20] J.C. de Moor 1979, 646, "fragrant herbs"; vgl. vielleicht akk. *ṭūru* "etwa 'Opopanax'" (AHw. 1397).

[21] Siehe ferner H. Lichtenberger 2004, . zu Pflanzen und Düften in frühjüdischen Schriften.

Eine Hennablütentraube [22] ist mir mein Geliebter,
aus den Weinbergen von En-Gedi.
(Cant 1,13-14)

Denn siehe der Winter ist vorbei,
der Regen hat sich davongemacht.
Die Blütentrauben zeigen sich im Land,
die Zeit des Singens ist da.
Das Gurren der Turteltaube
hört man in unserem Land.
51 | Der Feigenbaum setzt seine Frühfrucht an
und die knospenden Weinstöcke duften.
(Cant 2,11-13)

Zum Nußbaumgarten bin ich hinabgestiegen,
um die Triebe am Bach zu sehen,
um zu sehen, ob der Weinstock sproßt,
ob die Granatapfelbäume blühen.
(Cant 6,11) [23]

2. *šmn* ‖ *nbt* in KTU 1.6 III 6-7.12-13

Aus dem Bikolon

šmm šmn tmṯrn 11
nḫlm tlk nbtm 11

Die Himmel sollen *wohlduftendes Öl/Fett* regnen, [24]
die Bäche von Honig fließen.

entnehmen wir im Anschluß an die oben interpretierte Formel *ṯl šmm šmn arṣ* "Tau des Himmels, Duftsalbe/-Öl der Erde" (KTU 1.3 II 39, IV 43) [25] mit Recht, daß die Himmel zwar nicht "(Oliven/Sesam-)Öl" regnen, sondern Wasser oder Regenwasser, daß *šmn* folglich metonymisch ein "wohlduftendes Öl/Fett/ Kosmetikum" bezeichnet, das vom beregneten fruchtbaren Land

---

[22] Vgl. *kpr šbʿ bnt* "Henna sättigt die Töchter", KTU 1.3 II 2; M.H. Pope 1977, 353.

[23] Siehe ferner Cant 7,12-13.

[24] A. Schoors 1972, 10-11, Nr. 6, zu Ez 32,14; Joel 4,18, zur Interpretationsgeschichte dieses Kolons.

[25] Siehe oben Abschnitt 1.

hervorgebracht wird und von diesem ausströmt. In Parallele hierzu zeigt auch der *nbt* "Honig" in den Bächen an, daß Regen die Flüsse mit Wasser versorgt und dieses Ereignis gleichfalls ein Zeichen für den Reichtum an Vegetation ist, den das Wassers von oben hervorruft. Das Wasser vom Himmel läßt in Form von Regen und als Bachwasser ein blühendes Land mit süßem, lieblichem (*n'm*) Duft (KTU 1.16 III 7.9) von Honig entstehen.

Der Parallelismus *šmn* ‖ *nbt* "Kosmetikum, duftende Salbe, wohlriechendes Öl/Fett" ‖ "süß duftender Honig" [26] dient in Prov 5,3 und Cant 4,10-11 zur Umschreibung des Wohlgeruches, der von den Lippen und vom Mund von Frauen mit verführerischer (Prov 5,3) oder erotischer (Cant 4,10-11) Wirkung ausgehen kann:

ky npt tṭpnh śpty ẓrh 17
    w ḥlq m šmn ḥkh 11

52 | Denn Honig träufeln die Lippen der Fremden,
    glatter als duftendes Öl/Salbe ist ihr Gaumen.
(Prov 5,3)

Da in der nachfolgenden poetischen Einheit Prov 5,4 von der Bitternis ("bitter wie Wermut" ‖ "scharf wie ein doppelschneidiges Schwert") die Rede ist, die eine Verführerin am Ende dem naiv vertrauenden jungen Mann bereitet, handeln "Honig" und "Duft/Parfüm-Öl" zuerst von der täuschenden "Süße" ihrer Erscheinung.

Im Vergleich hierzu verströmt die Geliebte Salomos im Hohenlied nur den "süßen" Duft ihrer Salben, der ihre wahre Liebe anzeigt:

mh ṭbw ddyk m yyn 13
    w ryḥ šmnyk m kl bśmym 17
npt tṭpnh śptwtyk klh 15 + 3
    dbš w ḥlb tḥt lšwnk 15

Wie ist doch deine Liebe süßer als Wein
    und der Duft deiner *Salben* [27] als jeder Balsam!
Honig triefen deine Lippen, o Braut,
    Honig und Milch sind unter deiner Zunge!
(Cant 4,10b.c-11a.b)

---

[26] Y. Avishur 1984, 408.441, "*fat*" ‖ "honey".

[27] O. Keel 1992, 154, *šmn* "Salbe", für das mit verschiedenen Sorten von Duftstoffen vermischte und verstrichene Öl bzw. Fett, "Parfüm".

3. *tl h šmym* || *šmny h ’rṣ* "Tau des Himmels" || "Salbenduft der Erde" in Gen 27,28.39

Das Wohnen in einem Gebiet, das von oben *ṯl* "Tau" und *šmny h ’rs* "Öl/Fett der (Acker-)Erde" empfängt (Gen 27,28.39), stellt ein erstrebenswertes Gut dar. Es ist ein Land, das seine Bewohner von *dgn* "Getreide" und *tyrš* "Traubensaft, Wein" (Gen 27,28) [28] leben läßt, sie folglich nicht zu Raubzügen (Gen 27,40) zwingt.

Das Wortpaar *ṯl* || *šmny h ’rṣ* deutet man zumeist als Zusammenfassung der Gaben, die sowohl vom Himmel als auch von der Erde her die Bewohner eines Landes erfreuen sollen. Dem vom Himmel herabfallenden Tau stellt man die fruchtbare Erde gegenüber, so daß man *šmny h ’rṣ* die Bedeutungen "fruchtbares Land", "vom Regen befruchtetes Land" oder "Öl der Erde" = "Regen" beimißt. Diese Interpretationen des Parallelismus geben eine Reihe von Übersetzungen klar zu erkennen.

53 | 3.1. Deutungen des Parallelismus *ṯl h šmym* || *šmny h ’rṣ* in Gen 27,28.39

Die offenkundige Fortführung altsyrisch-kanaanäischer Tradition durch das Wortpaar *ṯl h šmym* || *šmny h ’rs* in Gen 27.28.39 deutet man als eine bildliche oder metaphorische Rede. Diese Interpretationsversuche zeitigten besonders zwei im folgenden illustrierte Übersetzungen.

3.1.1. Ug. *šmn arṣ* und he. *šmny h ’rṣ* - *ṯl* "Tau" = *šmn arṣ/šmny h ’rṣ* "Fettigkeit der Erde" - Fett/Öl, das die Erde fruchtbar macht?

Aus der Parallelität von ugaritisch *ṯl* und *šmn* im Kolon *ṯl šmmm šmn arṣ* (KTU 1.3 II 39, IV 43) wurde abgeleitet, daß der Tau als Fett der Erde das Land fruchtbar mache: [29]

U. Cassuto 1971, 89.121-122:

She draws water and bathes,
dew of heaven, fatness of the earth,

---

[28] Y. Avishur 1984, 330.458-459; zu *dgn/tyrš*; vgl. M. Dahood, RSP I 1972, 164, Nr. 151, zu *dgn*|| *lḥm*.

[29] U. Cassuto 1971, 121, interpretiert das Kolon unmißverständlich folgendermaßen: "Dew of heaven, which is the fatness of the earth, that is, which fructifies the earth."

shower of the Rider of Clouds,
. . .

(KTU 1.3 II 38-40)

"of the dew of heaven and of the fatness of the earth" (Gen 27,28)
"of the fatness of the earth ... and of the dew of Heaven" (Gen 27,39)

J. Krašovec 1977, 23-24: [30]

Sie schöpfte Wasser und wusch sich,
mit dem *Tau des Himmels*, mit dem *Fett der Erde*,
mit dem Regen des Wolkenreiters.
Den Tau des Himmels schüttete sie auf sich,
den Regen der Sterne goss sie auf sich.

(KTU 1.3 II 38-41)

Und Gott gebe dir
vom *Tau des Himmels*
und vom *Fett der Erde*,
und Korn und Wein die Fülle!

(Gen 27,28)

Siehe, fern vom *Fett der Erde* soll deine Wohnung sein
und vom *Tau des Himmels* droben.

(Gen 27,39)

54 | Y. Avishur 1984, 608:

she draws water and bathes
dew of heaven, fatness of the earth (KTU 1.3 II 38-39)

may god grant you
from the dew of the heaven and from the fatness of the earth
and plenty of corn and wine

(Gen 27,28)

Behold the dwelling place shall be the fatness of the earth
and from the dew of heavens, from above

(Gen 27,39)

---

[30] J. Krašovec 1977, 25, unterscheidet zwischen ug. *šmn* "Öl" = "Regen" und he. *šmny h ’rṣ* "*Fett*" in einem realistischeren Sinn.

3.1.2. Zur Interpretation der biblischen Formulierung *šmny h ʼrṣ* als Beschreibung eines "fruchtbaren, fetten Landes" in Gen 27,28

Die Tradition, *šmn* in Gen 27,28.39 mit "fette Gegenden, Fettgebilde" zu übersetzen, [31] findet große Zustimmung:

H. Gunkel 1964, 312:

> *So gebe dir Gott*
> *vom Tau des Himmels*
> *und von den Fettgebilden der Erde.*
> *und Korn und Wein die Fülle!* [32]

H. Junker 1949, 82:

> Gott möge dir Anteil geben am Tau des Himmels und an den fruchtbaren Gefilden der Erde, nämlich Getreide und Wein in Menge. [33]

R. de Vaux 1962, 129:

> Que Dieu te donne
> la rosée du ciel
> et les gras terroirs,
> froment et moût en abondance! [34]

55 | E.A. Speiser 1964, 206:

> May God give you
> Of the heaven's dew
> And of the earth's riches.

---

[31] HAL 1449: **šmn* "fette Gegenden, Fettgebilde" Gen 27,28.39, Ablehnung der von H.-J. Zobel befürworteten Interpretation.

[32] H. Gunkel 1964, 312, vermerkt hierzu folgendes: "Himmel und Erde sollen ihm ihr Bestes geben."

[33] H. Junker 1949, 82.

[34] R. de Vaux 1962, 129, mit dem Hinweis S. 129 Anm. c, daß Israel ein fruchtbares Palästina ("la terre riche de Palestine") besitzen werde.

C. Westermann 1981, 527:

> Gott gebe dir vom Tau des Himmels und vom Fett der Erde
> und Korn und Wein die Fülle. [35]

G. Plaut / A. Böckler 1999, 257.

> Gott gebe dir vom Tau des Himmels und von der Erde Fettigkeit,
> Getreide und Most die Fülle.

3.1.3. *šmn* "Öl" = "Regen"

Einen Schritt in Richtung der Gleichung he. *šmn* "Öl" = "Regen" wagt M. Dahood. Er leitet aus dem ugaritischen Parallelismus *ṭl šmm* ‖ *šmn arṣ* [36] ab, daß *šmmny h 'rṣ* Regen bedeute: "'earth's oil' (= rain)". [37]

M. Dahood vermag jedoch nicht zu erklären, welche Bedeutung in diesem Kontext *šmn* "Öl" hat und warum man das Naß von oben "Öl für die Erde" nennt. Obwohl er ugaritisch-hebräisch *šmn arṣ* in Verbindung mit dem Gebrauch von kosmetischem *šmn* "Öl" in Ps 133,2 erklärt, übergeht er das kosmetische Element, das in Zusammenhang mit Gen 27,28.39 zu beachten wäre.

3.2. He. *ṭl h šmym* ‖ *šmny h 'rṣ* "Tau des Himmels" ‖ "Kosmetikum / Duftsalbe des Landes" (Gen 27,28.39)

Da kaum zu bezweifeln ist, daß im hebräischen Parallelismus *ṭl h šmym* ‖ *šmny h 'rṣ* (Gen 27,28.39) die altsyrisch-kanaanäische Tradition der ugaritischen Wortpaare *ṭl šmm* ‖ *šmn arṣ* [38] und *šmn* ‖ *nbt* [39] fortlebt, [40] gelangen wir zur Frage, ob innerhalb dieser Überlieferung ein Wandel der Bedeu-

---

[35] C. Westermann 1981, 537, "Fett der Erde", "fette = fruchtbare Erde".

[36] Siehe oben Abschnitt 1.

[37] M. Dahood 1970, 251; id., RSP I 1972, 190-191, Nr. 208.

[38] Siehe oben Abschnitt 1.

[39] Siehe oben Abschnitt 2.

[40] J. Krašovec 1977, 25, verweist in diesem Zusammenhang auch auf die Vergleiche mit *šmn* und *ṭl* in Ps 133,2-3.

tung beim Wort *šmn* stattgefunden haben könnte. [41]

56 | Für das Wort *ṭl* "Tau" kommt eine solche Weiterentwicklung oder Umformung sicher nicht in Betracht. Sie dürfte in gleicher Weise auch für den Begriff *šmny h 'rṣ* abzulehnen sein. Denn diese Formulierung bezeichnet in gleicher Weise wie im Ugaritischen in Gen 27,28.39 metonymisch den Duft, den Wohlgeruch der Pflanzen und Blüten, der das Ergebnis von Tau und Regen ist (KTU 1.16 III 5-11). [42] Mit anderen Worten ausgedrückt, besagt *šmny h 'rṣ* "Duftsalbe/süßes Kosmetikum der Erde" metonymisch dasselbe wie der Begriff *ryḥ h śdh* "Duft des Feldes" (Gen 27,27), eine Beschreibung des Wohlgeruchs von Blumen, Pflanzen und blühenden Bäumen, der von sorgfältig aufbewahrten Kleidern ausgeht. [43]

4. Die ugaritischen Parallelismen *ṭl* || *šmn arṣ* und *šmn* || *nbt* im Vergleich zur biblischen Formel *'rṣ zbt ḥlb w dbš* "ein Land, das von Milch und Honig fließt"

Die biblische Formulierung *'rṣ zbt ḥlb w dbš* "ein Land, das von Milch und Honig fließt/überströmt" [44] bringt man entweder ohne nähere Erklärung lose mit dem Bild aus dem Baal-Mythos zusammmen, daß der Wettergott den Himmel *šmn* "Öl" regnen lasse und die Täler von *nbt* "Honig" fließen (KTU 1.6 III 12-13) [45] oder sie wird als eine Metapher für gut bewässertes und fruchtbares Land [46] bzw. für die vorzüglichen Früchte des den Israeli-

---

[41] J. Krašovec 1977, 25, nimmt an, daß das Wort *šmn* nicht immer dieselbe Bedeutung habe. Während es im Ugaritischen den Regen meine, könne man es in den angeführten biblischen Stellen (Gen 27,28.39) kaum anders als "Fett" in einem realistischeren Sinn verstehen.

[42] Siehe oben Abschnitt 1.

[43] Kleider wurden in Verbindung mit kostbaren Duftkräutern und Duftstoffen aufbewahrt, so daß sie deren Wohlgeruch annahmen, siehe z.B. Ps 45,9; ein Bett für Liebende besprengte man mit Myrrhe, Aloe und Zimt, Prov 7,17. Das Binom *šmn - qṭrt* "Öl" - "Weihrauch" in Prov 27,9 setzt eine Kombination von "Duftöl, Duftsalbe" und Weihrauch voraus; vgl. dagegen O. Plöger 1984, 322; W. Zwickel 1990, 299, die "Öl" wörtlich verstehen.

[44] Ex 3,8.17; 13,5; 33,3; Lev 20,24; Num 13,27; 14,8; 16,13.14; Dtn 6,3; 11,9; 26,9.15; 27,3; 31,20; Jer 11,5; 32,22; Ez 20,6.15; Sir 46,8; vgl. Bar 1,20; Hi 20,17; siehe zur Diskussion I. Guidi 1903, 241-244; E. Power 1922, 52-58; F.C. Fensham 1966, 160-161; A. van den Born 1968, 1154-1155.

[45] J.C. de Moor, ARTU 1987, 91 Anm. 441, "Compare the biblical expression ... as a metaphorical description of the fertile, well-watered land of Israel"; T. Veijola 2004, 248 Anm. 742.

[46] J.C. de Moor, ARTU 1987, 91 Anm. 441, "a metaphorical description of the fertile, well-watered land of Israel".

ten versprochenen Landes [47] verstanden. Die Redeweise deutet man auch als eine Hyperbel, die Kanaan als ein mit natürlicher Fruchtbarkeit gesegnetes Land darstelle. [48] Es wurde auch der Vorschlag unterbreitet, daß das Dictum nicht metaphorisch, sondern wörtlich auszulegen sei. Die Formel
57 stelle das Tun Jahwes dem Werk | Baals gegenüber: Baal lasse den Himmel zwar "Fett/Öl" regnen und die Wadis "Honig" führen (KTU 1.6 III 12-13), aber Jahwe gewähre den Israeliten die höher als Pflanzenfett geschätzten Produkte Milch und Honig. [49]

Im Anschluß an die ugaritischen Beschreibungen eines bewässerten und fruchtbaren Landes mittels der Wörter *šmn* "Öl/Duftsalbe, Kosmetikum" und *nbt* "Honig" (KTU 1.6 III 12-13) dürfte anzunehmen sein, daß auch die biblische Redeweise *’rṣ zbt ḥlb w dbš* "ein Land, das von Milch und Honig fließt" [50] es unternimmt, die Auswirkungen von Tau und Regen metonymisch mit "Milch und Honig" zu bezeichnen und daß sie auf abgewandelte Art die altsyrisch-kanaanäische Tradition über ein fruchtbares Land fortsetzt: Die Israeliten werden von ihrem Gott ein Land erhalten, das der Regen zum Duften und reichen Ertrag [51] bringt.

* * *

Die drei Parallelismen *ṭl* "Tau" ‖ *rbb* "Regenguß", *ṭl* "Tau" ‖ *šmn* "duftendes Öl/Fett/duftende Salbe", *šmn* "Öl/Fett/duftende Salbe" ‖ *nbt* "Honig" und die mit dieser literarischen Tradition zu verbindende biblische Formel *’rṣ zbt ḥlb w dbš* "ein Land, das von Milch und Honig fließt" erklären den Regen zum Spender, zum Verursacher einer blühenden, duftenden Natur im Frühling. Die drei Wörter *šmn* "mit duftenden Essenzen vermischtes Öl/Fett", *šmn arṣ* "duftende Salbe/Kosmetikum des/aus dem fruchtbaren Landes" und *nbt* "(süß duftender) Honig" heben metonymisch den süßen Duft hervor, den das Land in Syrien-Palästina nach dem Regen im Frühjahr nur für kurze Zeit, dafür aber umso reichlicher und intensiver verströmt. [52] Der Regen verschafft

---

[47] J. Milgrom 2000, 1760, bemerkt: "This figure is generally taken as a metaphor for fruits as pure as milk and sweet as honey."

[48] A. van den Born 1968, 1155.

[49] J. Milgrom 2000, 1760, zu Stern 1992, 555.

[50] HAL 255: *zwb* qal 2. "c. acc. fliessen, von etw. triefen".

[51] Siehe z.B. zu den hydrologischen Vorteilen Palästinas die Schilderung in Dtn 11, 9-15; T. Veijola 2004, 249.

[52] Das Motiv "Regen - Duft der Pflanzen und Blumen" kennt auch die moderne Poesie, siehe z.B. Ludwig Greve ("*Sie lacht und andere Gedichte*", Frankfurt am Main 1991) im Gedicht "Nach dem Regen", in dessen zweiter und dritter Strophe die Geliebte "Erde" und der Geliebte "Regen" auftreten:

58 den Bewoh | nern des westsemitischen Regenbaugebietes - poetisch und prosaisch gesprochen - "ein Land, das von Milch und Honig fließt", das vom Regen des Himmels Wasser trinkt, das den Frühregen und den Spätregen zur rechten Zeit bekommt, so daß man das Korn, den Most und das Öl einbringen kann und auch Vieh und Feld Gras bekommen werden und Essen bis zur Sättigung vorhanden sein wird (Dtn 11,9-15).

Literatur

Aistleitner, J., 1963: Wörterbuch der ugaritischen Sprache. BVSAW.PH 1006,3. (= WUS)

Avishur, Y., 1984: Stylistic Studies of Word-Pairs in Biblical and Ancient Semitic Literatures. AOAT 210.

Carrez, M., 1992: Odor, in: ABD 5, 8-9.

Cassuto, U., 1971: The Goddess Anath, Jerusalem.

Dahood, M., 1970: Psalms III 101 - 150. AncB 17A.

- -, 1972: Ugaritic-Hebrew Parallel Pairs, in: L.R. Fisher, (ed.), Ras Shamra Parallels I. AnOr 49, 71-382.

Fensham, F.C., 1966: An Ancient Tradition of the Fertility of Palestine, PEQ 98, 166-167.

Gray, J., ^{2}1965: The Legacy of Canaan. VT.S 5.

Guidi, I., 1903: Une terre coulant du lait avec du miel, RB 12, 241-244.

Gunkel, H., ^{6}1964: Genesis, Göttingen.

Janowski, B., 1980: Erwägungen zur Vorgeschichte des israelitischen *š^{e}lamîm*-Opfers, UF 12, 231-259. 238

Junker, H., 1949: Genesis. EB.

Keel, O., ^{2}1992: Das Hohelied. ZBK.AT 18.

Korpel, M.C.A., 1990: A Rift in the Clouds. UBL 8.

Krašovec, J., 1977: Der Merismus im Biblisch-Hebräischen und Nordwestsemitischen. BiOr 33.

Lichtenberger, H., 2006: Von Pflanzen und Düften - Pflanzenmetaphorik in frühjüdischen Schriften, in: U. Mell, (ed.), Pflanzen und Pflanzensprache der Bibel. Erträge des Hohenheimer Symposions vom 26. Mai 2004,.....

Loretz, O., 2004: Die ugaritisch-hebräische Gefäßbezeichnung *trq/twrq* in Canticum 1,3, UF 36, 283-289.

Erde, Geliebte
mit weichen, quellenden Brüsten,
ruht nach dem Kampf
leichten Körpers wie Schwimmer
und huldigt mit Farben dunklerer Lust
dem Unerschöpflichen,
der sie zitternd durchdrang,

überaus zärtlicher Regen!
Sie stillte ihn
und schöpft aus der Tiefe atmend Sturm,
in Mohn und Salbei gebadet,
er duftet in ihrem Hauch.

Matthews, V.H., 1992: Perfumes and Spices, in: ABD 5, 226-228.
Menge, H., [13]1960: Repetitorium der lateinischen Syntax und Stilistik, München.
Milgrom, J., 2000: Leviticus 17-22. AncB 3A.
Moor, J.C. de, 1979: Contributions to the Ugaritic Lexicon, UF 11, 639-653.
- -, 1987: An Anthology of Religious Texts from Ugarit, Leiden. (= ARTU)
59 | *Pardee, D.*, 1997: The Ba'lu Myth, in: W.W. Hallo, (ed.), The Context of Scripture I, Leiden, 241-274.
Parker, S.B., 2005: The Use of Similes in Ugaritic Literature, UF 36, 357-369.
Plaut, W.G. / A. Böckler, 1999: Die Tora in jüdischer Auslegung. Bd. I Bereschit, Gütersloh.
Plöger, O., 1984: Sprüche Salomos (Proverbia). BK.AT XVII.
Pope, M.H., 1977: Song of Songs. AncB 7C.
Power, E., 1922: Terra lac et mel manans, VD 2, 52-58-
Sanders, P., 1996: The Provenance of Deuteronomy 32. OTS 37.
Schoors, A., 1972: Literary Phrases, in: L.R. Fisher, (ed.), Ras Shamra Parallels I. AnOr 49, 1-70.
Smith, M.S., 1997: The Baal Cycle, in: S.B. Parker, (ed.), Ugaritic Narrative Poetry. SBL Writings from the Ancient World Series vol. 9, 81-180.
Speiser, E.A., [2]1964: Genesis. AncB 1.
Tarazi, M.S., 2004: A Cloud Roams and Beautifies by Spitting Out Her Brother. KTU 1.96 and its Relation to the Baal Cycle, UF 36, 445-519.
Tropper, J., 2000: Ugaritische Grammatik. AOAT 273. (= UG)
van den Born, A., [2]1968: Milch und Honig, in: H. Haag, Bibel-Lexikon, Einsiedeln, 1154-1155.
Vaux, R. de, [2]1962: La Genèse. SB(J).
Veijola, T., 2004: Das 5. Buch Mose. Deuteronomium Kapitel 1,1-16,17. ATD 8,1.
Watson, W.G.E., 1994: Traditional Techniques in Classical Hebrew Verse. JSOT.S 170.
Westermann, C., 1981: Genesis. 2. Teilband Genesis 12-36. BK.AT I/2.
Wyatt, N., 1998: Religious Texts from Ugarit. The Words of Ilimilki and his Colleagues. BiSe 53.
Zobel, H.-J., 1970: Der bildliche Gebrauch von *šmn* im Ugaritischen und Hebräischen, ZAW 82, 209-216.
Zwickel, W., 1990: Räucherkult und Räuchergeräte. OBO 97.

Ugaritisch *ʿšr, āširūma* und äthiopisch *ʿaššara* *

In der ugaritischen Lexikographie gehört der Vergleich des Verbums *ʿšr* und des Nomens *ʿšrt* mit äthiopisch *ʿaššara* "eine Versammlung laden" und *ʿašūr* "Gastmahl" seit dem ersten Vorschlag von T.H. Gaster [1] zum festen und unbestrittenen Bestand der Lexikographie. [2] Deshalb finden wir wohl auch im großen lexikographischen Werk von W. Leslau zu *ʿaśśara* I "invite, call a meeting, inaugurate" und *ʿaśur* "feast, banquet" folgenden Verweis auf diese Parallele: "Ug. *ʿšr* 'serve drinks at a banquet'". [3] Vom Ugaritischen *ʿšr* her wurde ferner der Versuch unternommen, *Ps* 65,10 zu erklären und das hebräische Lexikon durch ein *ʿšr* II zu bereichern. [4] Auch das biblische Nomen *mʿśr* suchte man, von ugaritisch *ʿšr* her semantisch neu zu bestimmen. [5]

310 | Ugaritisch *ʿšr* wurde auch mit arabisch *ʿašara* "sich mit jemandem unterhalten" [6] und dem Zahlwort "zehn" [7] sowie mit akkadisch *ašāru*

---

* *Aus:* A.S. Kaye (ed.), Semitic Studies. In honor of Wolf LESLAU. On the occasion of his eighty-fifth birthday November 14th, 1991 (Wiesbaden 1991), S. 309-327.

[1] T.H. Gaster, 'Baʿal is Risen ...' An Ancient Hebrew Passion-Play from Ras Shamra-Ugarit, Iraq 6 (1939) 131 Anm. 90, vermerkt zu *ʿšr* folgendes: "Cf. perhaps Eth. *ʿ-ś-r* 'invite to a repast'?"; W.F. Albright, BASOR 94 (1944) 33 Anm. 10.

[2] J. Aistleitner, WUS Nr. 2111; C.H. Gordon, UT Nr. 1932; S. Segert, BGUL (1984), 197; siehe ferner J.C. de Moor, SP (1971), 71-72.

[3] W. Leslau, CDG 73.

[4] HAL 850: *ʿšr* II ?; J. Gray, LC (1965), 270-271; S. Rin – Shifra Rin, BZ 11 (1967) 183, fordern ein ugaritisch-hebräisches *ʿšr* "to water"; siehe ferner T.H. Gaster, Thespis (1975), 133 Anm. 35.

[5] H. Cazelles, La dîme israélite et les textes de Ras Shamra, VI 1 (1951) 131 Anm. 1; M. Dahood, Bib 50 (1969) 78, "(the king) has poured out a libation"; ders., in: RSP 1 (1972), 163; N. Airoldi, La cosidetta "decima" israelitica, Bib 55 (1974) 179-210. Siehe zu dieser Diskussion ferner HAL 583-584: *mʿśr*; R. North, TWAT VI (1989), 434.438.

[6] J. Aistleitner, WUS Nr. 2111; W.F. Albright, BASOR 94 (1944) 33 Anm. 10, verweist auf arabisch *ʿâšara* "associate with socially"; E. Lipinski, UF 2 (1970) 79, verweist auf arabisch *ʿāšara* "avoir des rapports intimes", *ʿašīra* "clan" und *muʿāšara*, *ʿišra* "intimité, communauté" und den semitischen Terminus für "zehn". Die semantische Beziehung zwischen diesen Wörtern sei leicht verständlich, da "dizaine" und "clan" ursprünglich identische Begriffe gewesen seien und die Einladung zu einem Fest zur

"ordnend überwachen; betreuen" in Beziehung gesetzt. [8] C.H. Gordon hat die Berufsbezeichnung *aširu*/*ʿšr* anfangs als westsemitisches Wort gedeutet, [9] diese These aber später in seinem Lexikon UT insoweit wieder modifiziert, als er das Nomen *ʿšr* teils mit "butler" (*ʿšr* II) und teils mit "service men, corporals" (*ʿšr* I) übersetzt. [10] Dagegen wird in den akkadischen Lexika zwischen den Belegen für die Standesbezeichnung *aširūma* und ugaritisch *ʿšr* keine Verbindung hergestellt. CAD beschränkt sich auf die Bemerkung "WSem. word" und den Hinweis, daß die Schreibungen *a-sir-ru* (EA 287:54) und *a-sí-ri* (PRU 3,8,24.27) vielleicht nicht unter *asīru*, [11] sondern unter *aširūma* einzuordnen seien. [12] W. von Soden kennt zwar ein Nomen *āširu* "Betreuer", setzt dies aber nicht für die westlichen Texte,
311 sondern nur für aA und | jB an und leitet es von *ašāru* I "etwa ‘ordnend überwachen; betreuen’" ab, [13] äußert sich jedoch nicht zu einer Verbindung von *ašāru* I mit ugaritisch *ʿšr*. [14]

Bildung eines "clan" geführt habe. Desgleichen stellt auch J.C.L. Gibson, CML (1978), 155, in der etymologischen Begründung arabisch *ʿašara* "was tenth member of a party" und äthiopisch *ʿaššara* "invited to a feast" zusammen. J.C. de Moor, SP (1971), 71, hält eine Verbindung zwischen ugaritisch *ʿšr* und arabisch *ʿāšara* "to associate with" für möglich.

[7] K. Aartun, UF 17 (1986) 13.

[8] A.F. Rainey, *Āširu* and *asīru* in Ugarit and the Land of Canaan, JNES 26 (1976) 296-301, suchte entgegen dem Vorschlag von E. Weidner, AfO 16 (1953) 355, *āširu* von *ʿšr*(*m*) zu trennen und von *ʾṯr* "to march" auszugehen. Er gelangte (S. 301) zu folgendem vorsichtigen Schluß: "The Ugaritic reflex of the former [= *āširu*] may turn out to be *ʿšrm*, though the present writer is skeptical and would prefer to see a participle of **ʾṯr* = Akkadian *ašāru*."

[9] C.H. Gordon, JKF 2 (1952/53) 56, bemerkt zu *aširu*: "I am inclined to connect it with Ugar. *ʿšr* (UH par. 18.1545) ‘to provide (e.g., drinks/libations)’".

[10] C.H. Gordon, UT Nr. 1932; N. Airoldi, La cosidetta "decima" israelitica antica, Bib 55 (1974) 182, stellt den Sachverhalt doch viel zu einfach dar, wenn er festhält, daß ugaritisch *ʿšr* mit akkadisch *ašāru* "provedere" in Beziehung gesetzt werde (C.H. Gordon), und dann als Beleg noch CAD A/2 420-422: *ašāru* A, 1. "to provide with food rations" anführt. Er übergeht dabei, daß die volle Angabe zu *ašāru* A 1 lautet: "to muster, organize, marshal (forces), to provide with food rations, to check, control, instruct".

[11] So z.B. AHw 74: *asīru* "(Kriegs-)Gefangener" 3b.

[12] CAD A/2 440.

[13] AHw 79-80.

[14] AHw 79: *ašāru*(*um*) I (ʾ$_1$?*šr*). Von hebräisch *ʾšr* I (HAL 94; N. Niehr, UF 17 [1986] 231-235) her liegt jedoch nahe, an eine Basis *ʾšr* oder *ʾṯr* zu denken. M.C. Astour, Merchant Class (1972), 15 Anm. 61, schließt eine Beziehung zwischen akkadisch *ašāru* und ugaritisch *ʿšr* aus.

Trotz der vorgeschlagenen etymologischen Verbindung zwischen dem Ugaritischen und Äthiopischen bleibt strittig, welche Bedeutung genau für ugaritisch *ʿšr*, das in der Poesie auch parallel zu *šqy* "trinken" gebraucht wird, [15] anzusetzen ist. Denn es werden ganz unterschiedliche Übersetzungen für *ʿšr* angeboten: 1. "ein Gastmahl geben, bewirten"; [16] 2. "to pour out or to serve drinks"; [17] 3. "régaler"; [18] 4. "to supply, to issue"; [19] 5. "to invite", [20] "butlers, service men" oder "ten" ("officer in charge of ten men"). [21] Ferner steht zur Debatte, ob auch die Berufsbezeichnung *ʿšr* = *ʿašīru* oder *ʿāširu* hier eingeordnet werden kann. [22] Da außerdem das zweimalige Vorkommen von *ʿšr* in KTU 1.17 VI 30-31, eine der bedeutsamsten und zugleich am meisten diskutierten Aussagen der ugaritischen Literatur ist und zur Unsicherheit über eine zureichende Bedeutungsbestimmung von *ʿšr* weiterhin beiträgt, erlauben wir uns, zu Ehren von W. Leslau die Verheißung ewigen Lebens der Göttin ʿAnat an Aqhat in KTU 1.17 VI 26b-33a und die anderen Belegstellen für *ʿšr*, *ʿšrt* und *ʿšrm* erneut zu behandeln.

312 | Da die Rede der ʿAnat im Gebrauch von *ʿšr* bei den Interpreten besondere Verlegenheit hervorzurufen pflegt, empfiehlt es sich, die anderen Belege zuerst zu besprechen.

In der Diskussion über das Verbum *ʿšr* und das Nomen *ʿšrt* [23] kommt dem Parallelismus *ʿšr // šqy* eine zentrale Bedeutung zu. Es wurde daraus geschlossen, daß es *šqy* semantisch gleichzustellen und das Nomen

---

[15] J. Tropper, Ugaritisch *šqy*: "trinken" oder "tränken"?, Or 58 (1989) 238.

[16] J. Aistleitner, WUS Nr. 2111; N. Airoldi, Bib 55 (1974) 182, "convitare, imbandire"; A. Caquot – M. Sznycer, TO I (1974), 154.432.554.556; J.C.L. Gibson, MLC (1978), 155, D "prepared a banquet, held a feast for"; G. Del Olmo Lete, MLC (1981), 605 D "invitar, convidar, dar un banquete"; J.C. de Moor – K. Spronk, CARTU (1987), 160, G "prepare a banquet", N "be served a banquet"; B. Margalit, AQHT (1989), 311-313.311, "serve (a meal)"; J. Tropper, Or 58 (1989) 238, "zu Tische laden, bewirten".

[17] C.H. Gordon, UT Nr. 1932; H. Cazelles, VT 1 (1951) 131-134; A.F. Rainey, JNES 26 (1967) 297; U. Oldenburg, The Conflict between El and Baʿal in Canaanite Religion. Leiden 1969, 197 mit Anm. 1; H.L. Ginsberg, ANET 136a, "*serves liquor*", jedoch S. 151b, "to give a feast" und *ʿšr ʿšrt* S. 147b "to prepare a banquet".

[18] E. Lipinski, UF 2 (1970) 79-80.

[19] B. Cutler – J. Macdonald, UF 9 (1977) 24.

[20] W.F. Albright, BASOR 94 (1944) 33 mit Anm. 10; W.G.E. Watson, UF 6 (1974) 498; G. Del Olmo Lete, MLC (1981), 605, "invitar, convidar, dar un banquete".

[21] W.G.E. Watson, UF 6 (1974) 498.

[22] Siehe zur Diskussion u.a. J.C. de Moor, SP (1971), 71-72; J. Huehnergard, UVST (1987), 163.

[23] Hiervon ist *ʿšrt* in der Berufsbezeichnung *rb ʿšrt* "Anführer einer Zehnerschaft" (siehe M.C. Astour, Merchant Class [1972], 16-18) zu unterscheiden.

ʿšrt mit "Libation" zu übersetzen sei. [24]

Aus dem gebräuchlichen Parallelismus *šty* // *šqy* und dem Nebeneinander der Formulierungen

qm yt̠ʿr yšlḥmnh	Er stand auf, richtete her und speiste ihn. (KTU 1.3 I 3-4)
ndd yʿšr w yšqynh	Er stellte sich hin, ... und gab ihm zu trinken. (KTU 1.3 I 8-9)

dürfte jedenfalls zu entnehmen sein, daß sowohl *t̠ʿr* [25] als auch *ʿšr* Tätigkeiten beschreiben, die einer Verabreichung von Speise oder Trank unmittelbar vorangehen. Grundsätzlich dürfte folglich in Anlehnung an äthiopisch *ʿaśśara* I "invite, call a meeting, inaugurate" für ugaritisch *ʿšr* auch eine Übersetzung wie "einladen, rufen (zu einem Mahl bzw. Bankett)" in Betracht zu ziehen sein. Das Trikolon KTU 1.3 I 9-11 ist deshalb wie folgt zu übersetzen:

ndd yʿšr w yšqynh	Er stellte sich hin, lud ein/rief und gab ihm zu trinken,
ytn ks bdh	er gab einen Becher in seine Hand,
krpnm b klat ydh	einen Krug in seine beiden Hände. (KTU 1.3 I 9-11)

313 | In einer Einladung findet Keret folgende Worte:

krtn dbḥ dbḥ	Keret hat ein Opfer geschlachtet,
mlk ʿšr ʿšrt	der König hat ein Mahl ausgerufen! (KTU 1.16 I 39-41.62) [26]

Hier tritt besonders deutlich hervor, daß *ʿšr* die Ausrufung eines Mahles, eines Festes (*ʿšrt*) beschreibt. In KTU 1.114:2 wird anstellte von *ʿšr* das Verbum *ṣwḥ* "rufen, einladen" [27] gebraucht.

Die *figura etymologica* *ʿšr ʿšrt* finden wir in Zusammenhang mit einem Opfer auch in KTU 1.119:32-33 zur Umschreibung eines vorbereiteten Mahles:

---

[24] Siehe z.B. C.H. Gordon, UT Nr. 1932; H. Cazelles, VT 1 (1951) 132.

[25] J.C. de Moor – K. Spronk, CARTU (1987), *t̠ʿr* G "arrange, stack".

[26] M. Dahood, in: RSP I (1972), 163, Nr. 163, fordert mit H. Cazelles, VT 1 (1951) 131-134, für das Wortpaar *dbḥ* // *ʿšrt* die Übersetzung "sacrifice" // "libation"; vgl. dagegen z.B. J.C. de Moor, ARTU (1987), 213 "(the king) has served a banquet".

[27] J. Aistleitner, WUS Nr. 2313.

ḥtp bšl nmlu Das *ḥtp-Opfer* für Baal werden wir einlösen,
ʿšrt bʿl [nʿ]šr ein Mahl für Baal werden wir ausrufen! [28]
(KTU 1.119:32-33)

Es liegt demnach keine Notwendigkeit vor, sowohl *ʿšr* als auch *ʿšrt* in KTU 1.119 mit dem Gedanken der Ableistung eines Zehnten in Verbindung zu bringen. [29]

Im Ritual KTU 1.43:2 hat die Formulierung *ʿšr ʿšr* besonders stark abweichende Deutungen erfahren: "to serve a banquet", [30] "zehn (und) zehn" [31] oder "eine Libation, [32] ein Bankett offerieren". [33]

Da in KTU 1.43:2 ein *ʿšr* "zehn" kaum einen Sinn ergibt, dürfte auch hier von *ʿšr* "rufen, einladen" auszugehen und das zweite *ʿšr* als ein Nomen (Infinitiv?) mit der Bedeutung "Ruf, Einladung" zu deuten sein. Demnach
314 wird KTU 1.43:1-2 | angeordnet, daß, während die Göttin in den Kultraum des Palastes eintritt, im Heiligtum für die Gestirne eine Einladung bzw. ein Ruf erfolgen soll.

Auch in den Ritualtexten KTU 1.46:11 und 109:5 weisen bereits die Angaben über die geschlachteten Tiere darauf hin, daß *ʿšrt* keine Libation, [34] sondern ein Bankett mit Fleischverzehr anzeigt. Dies ist jedoch für KTU 1.46:11 und teilweise auch für 109:5 mit dem Argument bestritten worden, daß hier die Formel *yrḫ ʿšrt* als Zeitangabe anzusetzen, [35] als Angabe für die Abgabe des Zehnten [36] oder *yrḫ* als Gottesname zu deuten sei. [37] In

---

[28] P. Xella, TRU I (1981), 27, übersetzt: "Libagioni, Baal (ti) [offri]remo"; J.-M. de Tarragon, TO II (1989), 211, "le repas (à) Baʿal [nous of]frirons".

[29] Siehe z.B. M. Dijkstra, UF 16 (1984) 74, "We shall give Baʿal the tithe"; J.C. de Moor, ARTU (1987), 174, "the tithe of Baʿlu we shall pay"; J. Tropper, Kausativstamm (1990), 159, "Den Zehnten für Baal werden wir zahlen".

[30] J.C. de Moor, UF 17 (1986) 408; K. Spronk, BA (1986), 157.

[31] E. Dhorme, RB 40 (1931) 42, "dix et dix"; M. Weippert, ZDPV 85 (1969) 42 Anm. 49, Distributivzahl "je zehn"; J.-M. de Tarragon, TO II (1989), 162 mit Anm. 71.

[32] M. Dietrich – O. Loretz – J. Sanmartín, UF 7 (1975) 526, "dann erfolge eine Trankspende".

[33] P. Xella, TRU I (1981), 87.

[34] P. Xella, TRU I (1981), 27.50.56, bietet für *ʿšrt* sowohl die Übersetzung "libagioni" (KTU 109:32) als auch "pasto sacrificale" an.

[35] J.C. de Moor, UF 2 (1970) 324, Bezeichnung einer Stunde der Nachtwache, "one tenth"; J.-M. de Tarragon, TO II (1989), 166.189, "Le mois (= la lune) (à son) dixième".

[36] M. Dijkstra, UF 16 (1984) 72.74, "month of the tithe".

[37] B.A. Levine, The Descriptive Ritual Texts from Ugarit: Some Formal and Functional Features of the *Genre*, in: C.L. Meyers – M. O'Connor (Eds.), The Word of the Lord Shall Go Forth. Essays in Honor of David Noel Freedman in Celebration of His Sixtieth Birthday. Winona Lake, Indiana 1983, 469-470, sieht das Wort *ʿšrt* in KTU 1.46:11 und

Übereinstimmung mit den anderen Belegen für *ʿšrt* dürfte jedoch [*b ym ml*]*at y*[*qln*(?)] *ṯn alp yrḫ ʿšrt* [*l bʿl ṣ*]*pn* (KTU 1.46:11-12; parallel auch 109:3-5) folgendermaßen zu übersetzen sein: "[Am Tage des Voll]mondes: Man schlachte zwei Ochsen, Mond des Banketts [für] Baal Ṣaphon."

Von den behandelten Stellen her ergibt sich die Frage, ob das bisher erzielte Ergebnis sich auch im Falle von *ʿšr* im Abschnitt

> *k bʿl k yḥwy yʿšr ḥwy*
> *yʿšr w yšqynh*
> *ybd w yšr ʿlh nʿmn*
> *w tʿnynn*
> (KTU 1.17 VI 30-32b)

bewährt.

Die Rede ʿAnats (KTU 1.17 VI 26b-33b) bereitet den Interpreten wegen der ungewohnten poetischen Struktur in Z. 30-32b erhebliche Schwierigkeiten. Dies führte zu sehr unterschiedlichen kolometrischen Lösungen. Der Abschnitt wird z.B. in sechs Bikola, [38] in ein Trikolon und vier Bikola [39]
315 oder in zwei Trikola mit zwei | Bikola und einem Monokolon [40] gegliedert. Diese Differenzen in der poetischen Aufteilung begründen notgedrungen auch inhaltliche Lösungen, die stark voneinander abweichen. Es wurde deshalb der Vorschlag gemacht, mit Fehlern in der Textüberlieferung zu rechnen und *ḥwy yʿšr* als Dittographie auszuscheiden. [41]

Im folgenden schlagen wir vor, mit der Möglichkeit zu rechnen, daß der Text wegen seiner brisanten Aussage bereits in einem frühen Stadium der Überlieferung zur Kommentierung Anlaß gab. Dies würde grundsätzlich bedeuten, daß der uns vorliegende Aqhat-Text eine Abschrift darstellt und nicht ohne weiteres etwa als ein Originalwerk des Schreibers Ilimilku, wie

---

1.109:5, das er mit "zehn" übersetzt, als Fehler eines Schreibers an. Das *ʿšrt* sei aus der Datenformel in KTU 1.46:10 in die Z. 11 übernommen worden und von hier bei der Herstellung von KTU 1.109 kopiert worden.

[38] K. Spronk, BA (1986), 151-152, unter Hinzunahme von Z. 25b-26a.

[39] G. Del Olmo Lete, MLC (1981), 377-378; J.C. de Moor, ARTU (1987), 238-239.

[40] B. Margalit, AQHT (1989), 125.151.

[41] Siehe zu dieser Diskussion J. Aistleitner, WUS Nr. 2111; siehe ferner T.H. Gaster, The story of Aqhat, SMSR 12 (1936) 147 Anm. 2, er führt *yʿšr ḥwy* auf eine Konfusion zurück und fährt dann fort: "It is evident that the words printed in capitals are but due to dittography. They have ousted the word *ylḥmnh*, which can be supplied from numerous parallel passages"; S. Segert, BZAW 77 (1958), 197; ders., BGUL (1984), 197; J.C. de Moor, SP (1971), 42 Anm. 36; M. Dahood, Or 41 (1972) 137-138; M. Dietrich – O. Loretz, UF 5 (1973) 292; G. Del Olmo Lete, MLC (1981), 377-378; B. Margalit, AQHT (1989), 108. Gegen eine Streichung von *yʿšr ḥwy* haben sich u.a. M. Dahood, Or 41 (1972) 137-138; D. Marcus, JSS 17 (1972) 80, ausgesprochen.

dies z.B. im Falle des Keret-Exemplars durch das Kolophon feststeht, angesehen werden könnte. [42]

Die Rede der Göttin wird durch das jeweilige *aqht ġzr* im ersten und letzten Kolon eingerahmt und besonders durch die finiten Verbformen in der ersten Person Singular (*atnk*, *ašlḥk*, *ašsprk* und *ank aḥwy*) charakterisiert.

Das einleitende Trikolon Z. 25b-28a bereitet den Interpreten nur insoweit Sorgen, als die Frage zu klären ist, welche Art von Leben die Göttin verspricht. K. Spronk lehnt z.B. die verbreitete Anschauung, daß ein göttergleiches ewiges Leben verheißen werde, mit dem Hinweis ab, daß hier und im Keret-Epos dem König eine Existenz nach dem Tode im Jenseits angesagt werde. Die monatlichen und jährlichen Feiern des Ahnenkultes hätten den Toten vor der totalen Auslöschung bewahrt. [43] Er schreibt deshalb: "The 'non-death' (*blmt*) she refers to means a regular return to real life. The dead who profit from these rituals are freed from death and the netherworld." [44]

316 | Gegen diese Deutung dürfte aber entschieden der weitere Verlauf der Diskussion sprechen. Denn in Z. 34-38 lehnt es Aqhat ab, an eine Sonderexistenz unter Menschen ohne Tod zu denken. Deshalb liegt es doch nahe, mit der Mehrzahl der Interpreten das Wort der ʿAnat auf ein irdisches Leben ohne Tod zu beziehen.

Im Bikolon Z. 28b-29 liegen in der jetzigen Fassung die Parallelglieder *spr* Š // *spr* G, *ʿm* // *ʿm*, *bʿl* // *bn il* und *šnt* // *yrḫm* vor. Befremdlich wirkt das Nebeneinander von erster und zweiter Person Singular bei den finiten Verbformen von *spr*. Da sonst in der Rede die Göttin ihr eigenes Tun hervorhebt, erscheint das *tspr* als wenig motiviert. Es dürfte deshalb die Frage zu stellen sein, ob hier ein sekundärer Eingriff vorliegt. Während das Wortpaar *šnt* // *yrḫm* auch sonst belegt ist [45] und bezüglich seiner Deutung keine Fragen aufwirft, werden für *ʿm* // *ʿm* und *bʿl* // *bn il* mehrere Lösungen angeboten.

Nach H. Cazelles verspricht die Göttin ein Leben, das zyklisch mit der jährlichen Wiederkehr Baals und der Erscheinung des Mondes beim Herbstfest erneuert werden soll. [46] K. Spronk interpretiert *ʿm* im Sinne von "with" und verbindet dies mit der Aussage, daß Aqhat angesagt werde, daß er jährlich mit dem wiederkehrenden Baal und monatlich mit den *bn il*

---

[42] J.C. de Moor, The Seasonal Pattern in the Legend of Aqhatu, SEL 5 (1988) 61-78, nimmt z.B. an, daß Ilimilku den Aqhat-Text verfaßt hat.

[43] K. Spronk, BA (1986), 152-154.

[44] K. Spronk, BA (1986), 154.

[45] Y. Avishur, Stylistic Studies of Word-Pairs in Biblical and Ancient Semitic Literatures. AOAT 210.1984, 16.547-548.577.

[46] H. Cazelles, Quelle vie la déesse Anat proposait-elle au jeune chasseur Aqhat?, AAAS 29/30 (1979/80) 181-183, bezieht *bn il* auf den Mondgott.

"Söhnen des El", nach K. Spronk den verstorbenen königlichen Ahnen, durch den Totenkult im Totenreich am Leben erhalten bleibe.[47] Dagegen wird auch postuliert, daß Aqhat so viele Jahre und Monate zählen werde wie die Götter.[48] Da jedoch ʿAnat von einem ununterbrochenen irdischen Leben für Aqhat spricht, ist hier *ʿm* mit "vor" zu übersetzen.[49] Aqhat wird also "vor", d.h. im Angesicht der Götter,[50] ohne Unterbrechung durch den Tod, weiterleben.

317 | Die Göttin ʿAnat kündet demnach Aqhat weder ein glückliches ewiges Leben,[51] noch eine fortdauernde Existenz in der Unterwelt, sondern ein vom Tod befreites Weiterleben in dieser Welt an.[52] Mit diesen Worten will sie Aqhat zu einem allzu menschlichen Wunsch verlocken und letztlich schnell und billig an ihr Ziel gelangen.

In der Auslegung der Rede ʿAnats beginnen die eigentlichen kolometrischen und inhaltlichen Hindernisse erst mit den Z. 30-32a. B. Margalit gliedert z.B. den Text in ein Trikolon und ein Bikolon und legt hierfür folgende Übersetzung vor:

k bʿl k yḥwy	Whosoever lives as Baal (lives),
yʿšr ḥwy	Life is served (him),
yʿšr w yšqynh	It is served (him) and he drinks of it.
ybd w yšr ʿlh	He is celebrated in poem and chant,
nʿm[*y*? *y*/*t*]*ʿnynn*	Beautiful (songs) are sung about him.[53]

Im Abschnitt der Rede deute die Göttin an, daß der mit einem unbegrenzten menschlichen Leben beschenkte Aqhat eine heroische Gestalt des Epos werde und sein Name durch Sänger Ruhm erlange und dies die einzige Art von Unsterblichkeit sei, die der Mensch erreichen könne.[54] Sowohl *ʿšr* als

[47] K. Spronk, BA (1986), 152-154.

[48] A. Caquot – M. Sznycer, TO I (1974), 432, "Je te ferai compter autant d'années que Baʿal, tu compteras autant de mois que les fils d'El."

[49] M. Dietrich – O. Loretz, Von Hebräisch *ʿm//lpny* (Ps 72,5) zu ugaritisch *ʿm* "vor", in: L. Eslinger – G. Taylor (Eds.), Ascribe to the Lord. Biblical & other studies in memory of P.C. Craigie. JSOTSS 67.1988, 113-114.

[50] Es wird auch diskutiert, ob *bn il* auf die El- bzw. Göttersöhne oder auf Baal als Sohn des El zu beziehen sei; siehe zur Diskussion K. Spronk, BA (1986), 153.

[51] Zu dieser These M. Dahoods und deren Kritik siehe u.a. K. Spronk, BA (1986), 77-79.

[52] H. Cazelles, AAAS 29/30 (1979/80) 181-183, sieht den Sachverhalt grundsätzlich richtig.

[53] B. Margalit, AQHAT (1989), 125.151.

[54] B. Margalit, AQHT (1989), 305.

auch *šqy* seien metaphorisch zu verstehen: Wer mit Baal die Jahre zähle und wer wie Baal lebe, trinke vom Leben, als ob es ein ihm vorgesetztes Getränk sei. [55]

Gegen diese Konstruktion wird einzuwenden sein, daß weder das Trikolon noch das Bikolon eine plausible symmetrische innere Struktur aufweisen. In dieser Interpretation wird außerdem übersehen, daß ein *šqy* D "zu trinken geben" und *ʿšr* "rufen, einladen" anzusetzen sind und das zweimalige *-h* (*yšqynh* und *ʿlh*) wohl nicht unterschiedlich zu deuten ist.

Dagegen ordnet J.C. de Moor z.B. den Abschnitt in zwei Bikola folgendermaßen an:

318	| *k bʿl k yḥwy yʿšr*	Just as when Baʿlu brings to life, he is served—
	ḥwy yʿšr w yšqynh	(when) he has brought to life, then one serves and gives him to drink,
	ybd w yšr ʿlh	a gracious lad who answers his (wishes)
	nʿmn [d y]ʿnynn	improvises and sings before him —. [56]

Dieser Interpretation zufolge verweist die Rede der Göttin auf die Wiederbelebung der königlichen und heroischen Totengeister bei der Wiederkehr Baals beim Neujahrsfest und die damit verbundene Bewirtung Baals, wie sie in KTU 1.3 I beschrieben wird. [57] In dieser Übersetzung wird vor allem der Eindruck vermieden, daß Baal der Bedienende sein könnte. [58]

Gegen diese Auslegung der Rede ʿAnats spricht, daß ein *ʿšr* "to serve" angesetzt wird. Dadurch ergibt sich auch die besondere Schwierigkeit, Baal nicht als Bedienenden vorzuführen.

J.C.L. Gibson bezieht sowohl *yḥwy* als auch *ḥwy* auf Baal und übersetzt:

As if he were Baal when he comes alive,
(when) men feast the living one,
feast and give him drink,
(and) the minstrel chants and sings over him
— and she answered him —. [59]

---

[55] B. Margalit, AQHT (1989), 312-313.

[56] J.C. de Moor, ARTU (1987), 238-239; siehe auch M. Dijkstra – J.C. de Moor, UF 7 (1975) 187-189; K. Spronk, BA (1986), 151.

[57] J.C. de Moor, ARTU (1987), 238-239; K. Spronk, BA (1986), 155-156.

[58] Vgl. z.B. dagegen A. Caquot – M. Sznycer, TO I (1974), 432, die für Z. 30-32a ein wohl zu überladenes und höchst asymmetrisches Trikolon ansetzen.

[59] J.C.L. Gibson, CML (1978), 109.146, scheint zwar in der Übersetzung G anzusetzen, gibt aber im Glossar D an. Ähnlich dürfte auch G. Del Olmo Lete, MLC (1981), 377, den Text interpretieren: "Como *Baʿlu* de cierto da la vida // al que le invita [ ] y le

Im Gegensatz hierzu tritt in der folgenden Übersetzung Baal als der auf, der seine Gäste selbst bewirtet:

> Quand Baʿal donne la vie, il *sert* à manger à celui celui qu'il fait vivre,
> il lui *sert* à manger et à boire,
> 319 | Noʿam improvise et chante en son honneur,
> [et on] lui répond. [60]

Im Banne von *ʿšr* "zehn" hat L. Delekat eine wohl zu konsequente Übersetzung für *ʿšr* gefunden: "wie Baal, dem man, wenn er wieder auflebt, zehntägigen (Wein) serviert (?) und ihn damit tränkt". [61]

Entgegen diesen Interpretationen hat W.F. Albright, ausgehend von *ʿšr* "to invite", eine Übersetzung vorgelegt, derzufolge Baal Leben gibt und zu einem Bankett einlädt. [62]

Dagegen wurde *yḥwy* von J. Aistleitner G zugeordnet [63] und die Aussage auf Baals Auferstehung und das Mahl danach bezogen:

> Gleich wie Baal, nachdem er auferstanden,
> Schmaust, (fröhlich) lebend schmaust, seinen Wein trinkt,
> Spielt und dazu schöne Lieder singt,
> [Und man] seinen Gesang erwidert ... [64]

Angesichts dieser Differenzen ergibt sich so die Frage, ob wir einen sicheren Anhaltspunkt zu finden vermögen, auf dem sich eine zuverlässige Bestimmung der Formen *yḥwy*, *ḥwy* und *aḥwy* aufbauen läßt.

Aus dem letzten Kolon *ap ank aḥwy aqht ġzr* (Z. 32b-33a) dürfte doch mit genügender Evidenz abzuleiten sein, daß zwischen den vorangehenden Belegen *yḥwy* und *ḥwy* und dem selbstbewußten abschließenden *ank aḥwy* ein Zusammenhang bestehen muß. Unter Auslassung von Z. 31b-32a hat deshalb z.B. E. Verreet Z. 30-31a und 32b-33a zu einer Sinneinheit zusammengezogen und folgendermaßen übersetzt:

---

ofrece a beber".

[60] A. Caquot – M. Sznycer, TO I (1974), 432; ähnlich H.L. Ginsberg, ANET (1969), 151b, "And Baal when he gives life gives a feast, // Gives a feast to the life-given and bids him drink; // Sings and chants over him, // Sweetly serenad[es] him: ..."; der Übersetzung von H.L. Ginsberg haben sich auch M. Dahood, Or 41 (1972) 138; D. Marcus, JSS 17 (1972) 79; J. Tropper, Or 58 (1989) 239, grundsätzlich angeschlossen.

[61] L. Delekat, UF 4 (1972) 21.

[62] W.F. Albright, BASOR 94 (1944) 33.

[63] J. Aistleitner, WUS Nr. 911.

[64] J. Aistleitner, Die mythologischen und kultischen Texte aus Ras Schamra. Budapest 1959, 72; ders., WUS Nr. 2111.

320 | Wie Baʿal, wenn er Leben verschafft,
den Lebenden bewirtet,
bewirtet und ihm sogar zu trinken gibt,
so werde auch ich dem Helden Aqht Leben verschaffen. [65]

Problematisch an diesem Verfahren bleibt die stillschweigende Einfügung eines "so" vor dem letzten Kolon, das im Text keine Grundlage hat, sondern wohl von der vorausgesetzten Annahme her in die Übersetzung eingeschoben wird, daß der vorangehende Text zum ursprünglichen Grundbestand der Rede gehöre. Außerdem wird in diesem Zusammenhang keine Lösung für Z. 31b-32a angeboten.

Die großen Divergenzen in den vorgeschlagenen Textanordnungen und Übersetzungen beruhen wohl alle auf dem Bemühen, zwischen dem letzten Kolon *ap ank aḥwy aqht ġzr* und dem vorangehenden Abschnitt Z. 30-32a einen verständlichen, glatten Zusammenhang herzustellen und ersteres als logisch letzte Folge der ganzen Rede auszuweisen. Dieses Verfahren vermag jedoch nicht die Schwierigkeit zu beheben, daß in diesem Abschnitt keine poetischen Einheiten mit klarer Struktur und Abgrenzung erkennbar sind. Die Aussage über Baals belebende Tätigkeit bildet im engeren und weiteren Kontext deshalb, kolometrisch gesehen, einen Fremdkörper, und die Aussage dieser Zeilen scheint sich gleichfalls nur mit Mühe in die Rede der Göttin einzufügen.

Dagegen erhalten wir ein vollkommen anderes Bild, wenn Z. 30-32a als vorangestellte Erläuterung, als Kommentar zu *ap ank aḥwy aqht ġzr* angesehen werden. Von diesem Standpunkt aus betrachtet, versucht der Kommentator durch teilweises Zitat einer Stelle aus den Baal-Mythen das Wort der ʿAnat durch einen Vergleich zu erhellen und mittels einer Analogie als möglich hinzustellen. So bliebe dann nur noch die in den behandelten Übersetzungen gestellte Frage zu klären, ob der wohl begründete Einwand, daß Baal sonst nicht bediene, sondern bedient werde, [66] zu bestätigen oder zu entkräften ist.

Nach den Baal-Texten und anderen Zeugnissen wurde die Wiederkunft Baals mit einem Bankett groß gefeiert. Der Wettergott und die Ahnen wurden hierbei reichlich bewirtet. [67] Eine Reihe von Autoren setzt voraus, daß
321 Baal selbst bei | dieser Gelegenheit seine Gäste bediente. [68] Andere lehnen

[65] E. Verreet, MU (1988), 54-55.209.

[66] M. Dijkstra – J.C. de Moor, UF 7 (1975) 187-188.

[67] Siehe hierzu u.a. K. Spronk, BA (1986), 154-156.

[68] So z.B. H.L. Ginsberg, ANET (1969), 151; A. Caquot – M. Sznycer, TO I (1974), 432; N. Airoldi, Bib 55 (1974) 184; E. Verreet, MU (1988), 209.

diesen Gedanken strikt ab. [69]

Diese Diskussion geht von der falschen Voraussetzung aus, daß *ʿšr* mit "bewirten" usw. zu übersetzen sei. Wenn jedoch *ʿšr* nur den Akt des Ausrufens bzw. der Einladung bezeichnet, fallen diese Hindernisse weg. Denn wie z.B. aus KTU 1.114:1-3 hervorgeht, haben auch Götter wie El zu einem Bankett eingeladen. Die Formulierungen in KTU 1.17 VI 30-31 besagen deshalb nur, daß Baal seine Gäste durch seine Diener rufen und dann bewirten ließ. Der von Baal belebte *rpu* nimmt an dem Mahl teil, das der Wettergott zur Feier seiner eigenen Wiederbelebung und Rückkehr aus dem Totenreich ausgerufen hat.

Der Kommentator hat auf diese Weise die Worte der Göttin mit einem mythologischen Beweis versehen: Die Verheißung ʿAnats kann als gut begründet und wahr angesehen werden, da auch Baal die Fähigkeit besitzt, seiner Gefolgschaft, den Heroen (*rpum*), Leben zu schenken und dieses zusammen mit ihnen im Gastmahl zu genießen.

Die Göttin ʿAnat versucht in KTU 1.17 VI 26b-33a durch die Verheißung ewigen Lebens, von Aqhat den begehrten zusammengesetzten Bogen [70] mit folgenden vielversprechenden Worten zu erhalten:

irš ḥym l aqht ġzr 14
irš ḥym w atnk 11
bl mt w ašlḥk 10

ašsprk ʿm bʿl šnt 14
ʿm bn il [tspr] yrḫm 10 [14]
[k bʿl k yḥwy yʿšr ḥwy [16]
yʿšr w yšqynh [11]
ybd w yšr ʿlh nʿmn [14]
[[w tʿnynn] [71]*]* [[7]]

ap ank aḥwy aqht ġzr 16

322 | Wünsche [72] Leben, oh Held Aqhat,
wünsche Leben und ich werde es dir geben,

[69] M. Dijkstra – J.C. de Moor, UF 7 (1975) 187-188; K. Spronk, BA (1986), 151.155.

[70] Siehe zum "composite bow" u.a. U. Rüterswörden, UF 20 (1988) 252-255.

[71] Dieser redaktionelle Zusatz war als Verbindungsstück nötig.

[72] H. Cazelles, AAAS 29/30 (1979/80) 182, hebt besonders hervor, daß die Göttin *ʾrš*, nicht aber *šʾl* gebrauche.

Unsterblichkeit und ich werde sie dir senden!

Ich lasse dich zählen vor Baal die Jahre,
vor den El-Söhnen [zählst du] die Monate,
[Wie Baal, wenn er belebt, [73] einlädt den Lebenden, [74]
einlädt und ihm zu trinken gibt [75] —
es improvisiert und singt vor ihm der Liebliche!
[Und sie antwortete ihm]]

Wahrlich, ich werde mit Leben beschenken den Helden Aqhat!
(KTU 1.17 VI 26b-33a)

Der Ansatz von *ʿšr* "rufen, einladen" hat sich folglich auch innerhalb von KTU 1.17 VI 26b-33a bewährt. Das Wortfeld von *ʿšr*, der Zusammenhang mit einem Bankett, ist auch hier gegeben.

Die Autoren ordnen die finiten Verbformen von *ʿšr* entweder G [76] oder D [77] zu. Die Nominalform *ʿšrt* spricht vielleicht für G.

Wenden wir uns nach dieser Besprechung der Belege für das Verbum *ʿšr* "rufen, einladen" zuletzt noch der Berufsbezeichnung *ʿšr* zu und stellen wir die Frage, ob es von der gewonnenen Lösung her möglich ist, auch für die
323 mit dem Nomen *ʿšr*/ | *ʿašīru* bzw. *ʿāširu* [78] verbundenen Probleme eine befriedigende Antwort zu finden. [79]

Auf Grund des Vorkommens von *ʿšrm* und *ʿāširūma* in Berufslisten

---

[73] *yḥwy* und *aḥwy* sind als D-Formen von *ḥwy* "leben" zu erklären, siehe D. Marcus, JSS 17 (1972) 79; ders., JAOS 93 (1973) 591 Anm. 6; K. Spronk, BA (1986), 155; E. Verreet, MU (1988), 54-55.209.224. T.H. Gaster, SMSR 12 (1936) 147, hatte ein *ḥwy* "to declare" angesetzt.

[74] D. Marcus, JSS 17 (1972) 80, deutet *ḥwy* als Nominalform (qattūl / quttūl = ḥawwūyu "lifegiven one"); K. Spronk, BA (1986), 155; ein Partizip G dürfte jedoch nicht auszuschließen sein.

[75] Zu *šqy* D "zu trinken geben" siehe J. Tropper, Or 58 (1989) 238-239.

[76] J. Aistleitner, WUS Nr. 2111; C.H. Gordon, UT Nr. 1932; J.C. de Moor – K. Spronk, CARTU (1987), 161.

[77] J.C.L. Gibson, CML (1978), 155; G. Del Olmo Lete, MLC (1981), 605; J. Tropper, Or 58 (1989) 238.

[78] Hiervon ist die von W.L. Moran, A Note on igi-kár, "provisions, supplies", ASJ 5 (1983) 175-177, behandelte Frage, ob das Logogramm LÚ.IGI.KÀR in den Amarna-Briefen akkadisch *āširu* oder *pāqidu* entspricht, zu unterscheiden.

[79] Siehe hierzu Anm. 8.

mit vergleichbarem Aufbau wird fast allgemein als sicher angenommen, daß die syllabische und die keilalphabetische Schreibung einander entsprechen. [80] Der Einwurf von A.F. Rainey, daß syllabisch für das /ʿ/ ein *ḫa* zu erwarten sei, [81] wird zu Recht abgelehnt. [82] Die Frage, ob *ʿšr*(*m*) von *ʿšr* "to serve, pour (drinks)" [83] oder von *ʿšr* "zehn" [84] abzuleiten sei, wird weiterhin als offen bezeichnet. [85] In der Diskussion sind ferner Vorschläge, das Nomen von *ʿšr* "to supply, to issue" her zu erklären [86] oder diese Gruppe mit Bezug auf *ʿšr* "zehn" den Kaufleuten zuzuordnen. [87] Gegen diese Deutungsversuche wird geltend gemacht, daß es nicht möglich sei, über den Charakter dieser Gruppe aus ihrer Stellung in den Listen etwas Sicheres zu entnehmen. [88]

324 | Umstritten ist auch, ob dieses Wort in den Amarna-Briefen belegt ist. [89] Der Vorschlag, für *āširu* in diesem Briefkorpus die Übersetzung "Kaufmann" einzuführen, [90] wird als zu wenig fundiert kritisiert. [91]

In den Listen werden die *ʿšrm* in ganz unterschiedlichen Verbindungen mit anderen Berufs- und Menschengruppen erwähnt: 4.68:68; 4.99:22; 4.103:30; 4.412 III 15; 4.116:3; 4.126:3; 4.392:3; [92] 4.625:3; 4.707:14;

---

[80] C.H. Gordon, JKF 2 (1952/53) 56; E. Weidner, AfO 16 (1953) 355; M.C. Astour, Merchant Class (1972), 15.

[81] A.F. Rainey, JNES 26 (1967) 297.

[82] J. Huehnergard, UVST (1987), 163.

[83] C.H. Gordon, UT Nr. 1932, "butlers" und in militärischem Kontext entweder "service men" (*ʿšr* II) oder "corporals" (*ʿšr* II); J. Aistleitner, WUS Nr. 2111, *ʿšr* I, "e. Beruf (Gastwirt o. Kellner?)"; J. Nougayrol, PRU 6, 150 mit Anm. 2, übersetzt *aširuma* (*ʿšrm*) mit "maître d'hôtel"(?), wobei er die Bedeutung "dizenier" für einige Stellen nicht ausschließt.

[84] M.C. Astour, Merchant Class (1972), 15-24, leitet das Wort von *ʿšr* "zehn" mit folgender Begründung ab: "They are a class of merchants who owed their name to the mode of their association for professional purposes into groups of ten men, often consisting of two subgroups of five." (S. 24); K. Aartun, UF 17 (1986) 12-13, "Einsammler des Zehnten, Zehntpächter".

[85] J. Huehnergard, UVST (1987), 163.

[86] B. Cutler – J. Macdonald, UF 9 (1977) 24, "victuallers" (Verkäufer von Lebensmitteln, fournisseur de vivres), besonders Lieferanten von Wein; eine Bezeichnung weniger generell wie *tmkr* "Kaufmann".

[87] Siehe Anm. 84 zu M.C. Astour.

[88] W. Thiel, UF 12 (1980) 352 mit Anm. 26.

[89] Siehe z.B. CAD A/2 440: *aširūma*.

[90] Siehe Anm. 84.

[91] W.L. Moran, Les lettres d'El Amarna. Paris 1987, 413 Anm. 1; 493 Anm. 5.

[92] G. Del Olmo Lete, Interpretación de la mitología cananea. Valencia 1984, 189, setzt hier die Zahl zwanzig an.

4.712:1; 4.745:2; 4.752:4. An diese Stellen sind aus den syllabischen Listen PRU 3,140:9; 164:12; 231 III 1.30; 6,93:4; 116:4; 131:3 anzufügen.

Wenn wir das Nomen *ʿšr* von *ʿšr* "rufen, einladen" ableiten, wird es möglich, den Tätigkeitsbereich dieser Berufsgruppe etwas enger einzugrenzen. Es dürfte sich um Männer handeln, die mit Auf- und Ausrufen bzw. Einladen beschäftigt waren. Es ist demnach anzunehmen, daß sie Boten- und Aufsichtspflichten erfüllten.[93] Deshalb dürfte das Nomen *ʿšr* am besten mit "Ausrufer, Aufrufer, Einlader, Kontrolleur, Befehlender"[94] zu umschreiben sein.

Zusammenfassend ergibt sich, daß äthiopisch *ʿaśśara* I "invite, call a meeting, inaugurate" und *ʿaśur* "feast, banquet" zu Recht zur Bedeutungsbestimmung von ugaritisch *ʿšr* und *ʿšrt* herangezogen werden. Bisher wurde jedoch dieser Zusammenhang zu wenig deutlich gesehen, weil *ʿšr* zu sehr von *šqy* "trinken" her verstanden wurde. Als gesichertes Ergebnis der Untersuchung dürfte folglich festzuhalten sein, daß im Ugaritischen zwischen *ʿšr* "rufen, einladen" und *ʿšr* "zehn" zu unterscheiden ist und wir hierfür weder im Akkadischen, Arabischen noch im Hebräischen, sondern allein im Äthiopischen eine sichere und in jeder Hinsicht befriedigende Parallele finden.

[93] E. Weidner, AfO 16 (1953) 355, hatte bereits "Wächter(?)" vorgeschlagen.

[94] N. Naʾaman, Economic Aspects of the Egyptian Occupation of Canaan, IEJ 31 (1981) 177, sieht in ihnen eine Art militärischen Personals: "The *aširū(ma)* may well be a kind of warriors, perhaps even bodyguards of the rulers."

"Vokalbuchstaben" im Keilalphabet von Ugarit und im griechischen Alphabet in historischer Betrachtung

Zu neueren Beiträgen in der Alphabetforschung *

1. Vorbemerkung

Darstellungen der ugaritischen Sprache, Orthographie und Lexikographie hängen zu einem wesentlichen Teil von Auffassungen und praktischen Vorentscheidungen über die Leistungsfähigkeit des keilalphabetischen Schriftsystems als reiner Konsonantenschrift oder einer Schrift mit Konsonaten plus mehreren Zeichen ab, die primär oder auch sekundär als Vokal-Zeichen verwendet werden. Grammatiken der ugaritischen Sprache enthalten folglich ausführliche Darstellungen des keilalphabetischen Zeichensystems, wobei die Möglichkeiten, mit Hilfe drei Aleph-Zeichen – des ersten (*'a*), dritt- (*'i*) und zweitletzten Zeichens (*'u*) –, des Laryngals *h* und der Halbvokale *w* und *y* des ugaritischen Keilalphabets Vokale zu notieren, im Mittelpunkt der Diskussion stehen. [1]

Unsere Ausführungen sollen das Problemfeld "Vokalbuchstaben im Ugaritischen" schlaglichtartig beleuchten und Vorschläge zum Verständnis orthographischer Besonderheiten unterbreiten, die diese unterschiedlich gebrauchten Buchstaben suggerieren. Sie wollen das kontrovers diskutierte Thema auf keinen Fall abschließend behandeln, sondern ein Fenster zum Blick in eine Landschaft öffnen, in der nur wenig Ordnung zu herrschen
54 scheint. Da es eine große Anzahl von Wör|tern gibt, deren auffällige Orthographie auf eine besondere Gebrauchsweise schließen lassen könnte, haben wir uns vornehmlich auf jene konzentriert, die im Zentrum der kontroversen Diskussion stehen – als Ausgangspunkt haben wir die von

---

* *Aus:* L. Kogan (ed.), Studia Semitica. Orientalia: Papers of the Oriental Institute (Alexander Yu. MILITAREV LX), Issue III. Russian State University for the Humanities (Moscow 2003), S. 53-78.

[1] Siehe z.B. J. Aistleitner 1954, 7-10; C.H. Gordon 1965, 18-19; S. Segert 1984, 22-23; D. Sivan 1997, 13-19; J. Tropper, UG 2000, 33-39.

J. Tropper in seiner umfangreichen *Ugaritischen Grammatik* [2] zusammengetragenen Beispiele gewählt und dort, wo es uns nötig erschien, die Belegsammlung erweitert.

Wir hoffen, dem Jubilar und führenden Semito-Hamitisten Alexander MILITAREV bei der Bestimmung des ugaritischen Beitrags zur Etymologisierung semitischer Wurzeln und Wörter behilflich zu sein.

2. Aspekte der Forschungs- und Mentalitätsgeschichte

Im Rahmen der UGARIT-FORSCHUNGEN haben J. Blau / S.E. Loewenstamm in ihrem Artikel "Zur Frage der *scriptio plena* im Ugaritischen und Verwandtes" (1970) sich ausführlich zum Problem des Alephs, zu *y* als *mater lectionis*, zur Frage, ob Anzeichen für *w*, ʿ und *h* als Vokalbuchstaben sprechen, geäußert [3] und die breite Diskussion, die vor ihnen über die vier Buchstaben geführt wurde, zusammenfassend darzustellen und weiterzuführen versucht. [4]

In unserem Beitrag "Untersuchungen zur Schrift- und Lautlehre des Ugaritischen (II). Lesehilfen in der ugaritischen Orthographie" (1973) haben wir das Thema gleichfalls behandelt und vorgeschlagen, das Verhältnis zwischen den Gewohnheiten der ugaritischen Schreiber und denen der Masoreten als verwandte historische Phänomene auf einander zu beziehen. [5]

Terminologie, Argumentation und Resultate der beiden Arbeiten von 1970 und 1973 und der früherer Arbeiten zeigen, daß die Traditionen der Masoreten und die der modernen Hebraistik erwartungsgemäß den Ausgangs-
55 punkt für Überlegungen zu den ugaritischen Texten bilden. | Denn der Brauch der Tradenten des hebräischen Bibeltextes, vor der Einführung der supra- und infralinearen Punktationen zur Kennzeichnung von Vokalen, die vier Buchstaben *ʿ, h, w* und *y* zu verwenden, schien trotz des großen zeitlichen Abstandes von der Wirkungszeit der ugaritischen Schreiber der historisch zuverlässige Ansatzpunkt für das Verständnis zahlreicher Besonderheiten der ugaritischen Orthographie zu sein. [6]

---

[2] J. Tropper UG 2000 in Abstimmung mit J. Tropper 2002.

[3] Diese Problemstellung sollte S. Segert 1983, 201-215; id. 1984, 22, mit der These erweitern, daß das letzte Zeichen des Keilalphabets die Kombination /s+u/ darstelle; siehe hierzu J. Tropper, UG 2000, 42-50.

[4] J. Blau / S.E. Loewenstamm 1970, 19-33.

[5] M. Dietrich / O. Loretz 1973, 71-77.

[6] M. Dietrich / O. Loretz 1973, 72.

Der Fortgang der Diskussion über die Plene-Schreibungen im Ugaritischen sollte jedoch zeigen, daß die historisch berechtigt erscheinende Zusammenschau der ugaritischen und masoretischen Schreibertraditionen auf paradoxe Weise die Weiterentwicklung der Auseinandersetzungen über die ugaritischen Vokal-Buchstaben eher hemmt als fördert. Für diesen Tatbestand dürften in erster Linie zwei Gründe namhaft zu machen sein: Zum einen der große zeitliche Abstand zwischen den ugaritischen Texten und den biblischen Schreiberpraktiken und zum anderen die Sorge, daß die als allgemeingültig erachtete These unterminiert werden könnte, daß die Griechen als erste Vokalbuchstaben eingeführt hätten.

In diesem Zusammenhang ist vielleicht noch ein dritter Grund zu nennen, der entsprechende Überlegungen zum Keilalphabet negativ bestimmt: Die geradezu fixe Vorstellung, daß im Gegensatz zum Griechischen eine semitische Sprache mit einem reinen Konsonantenalphabet in genügender Weise wiedergegeben werden könne.[7]

In den neuesten Darstellungen der Geschichte das Alphabetes gilt es als eine feststehende Erkenntnis, daß das griechische Alphabet seine Vollkommenheit und den damit verbundenen historischen Erfolg seinen Vokalbuchstaben verdanke. R. Wachter bringt diese weit verbreitete und auch wissenschaftlich allgemein akzeptierte Anschauung treffend zum Ausdruck, wenn er ausführt, daß das griechische Alphabet gegenüber den semitischen Alphabeten einen großen typologischen Fortschritt darstelle, weil es nicht nur konsonantische, sondern auch vokalische Phoneme schreiben könne und dadurch die erste echte Lautschrift der Welt sei.

56 | Die Schaffung der Vokalbuchstaben habe im Griechischen vor allem zwei Gründe, nämlich einen passiven und einen aktiven. Der passive Grund sei die Tatsache, daß die Zeichen Nr. 1 *'Alep*, 5 *He*, 10 *Yod* und 16 *'Ayin* semitische Konsonanten bezeichneten, die die Griechen gar nicht als solche wahrnehmen konnten, weil sie in ihrer Sprache nicht existierten. Die betreffenden Zeichen drohten folglich, zu "toten" zu werden, und konnten, unter dem Drang, vokalische Phoneme auszudrücken, deshalb auch für Vokale verwendet und dadurch "am Leben" erhalten werden; dabei seien für den Vokal jeweils die Buchstaben gewählt worden, deren Name (bei 1, 5, 16) oder deren konsonantischer Wert (bei 6 [für 23] und 10) Anlaß dazu gaben. Der aktive Grund sei die Tatsache, daß eine Schrift, die nur Konsonanten ausdrücke, für eine indogermanische Sprache wie das Griechische völlig nutzlos sei. Der Sprachbau der semitischen Sprachen sei dagegen so, daß man hier eher mit einer reinen Konsonantenschrift auskommen könne.[8] R. Wach-

---

[7] Vgl. unten zu Anm. 9.

[8] R. Wachter 1998, 349-350.

ter geht in seiner Argumentation von der Annahme aus, daß man in den semitischen Alphabeten noch keine "vokalischen Phoneme" geschrieben habe. Dies zeichne eben das griechische Alphabet aus und habe schließlich auch dessen historischen Erfolg gewährleistet.

Im folgenden soll dagegen der Nachweis erbracht werden, daß bereits in ugaritischen Texten und in keilalphatischen Transkriptionen akkadischer Texte, die im sogenannten langen Keilalphabet von Ugarit überliefert sind, "vokalische Phoneme" geschrieben werden. Damit sei nicht angedeutet, daß die Griechen das Langalphabet von Ugarit angenommen oder weitergeführt hätten, sondern es soll nur aufgezeigt werden, daß die späteren griechischen Probleme mit dem semitischen Konsonantenalphabet bereits in Ugarit da waren und daß man auch dort an Lösungen gearbeitet habe. Es wird auf diese Weise zur Sprache gebracht werden, daß die praktischen Möglichkeiten der Alphabetschrift nur langsam und an verschiedenen Orten entdeckt und angewandt worden sind und die griechische Leistung nicht als eine *creatio ex nihilo*, sondern als – unabhängige – Vollendung bereits früher erkannter Möglichkeiten der Alphabetschrift zu verstehen ist.

Die Entwicklung des Alphabets läßt sich so mit anderen großen
Entdeckungen der Menschheit vergleichen – z.B. die Entwicklung von der
57 Entdeckung der "Mendelschen Gesetze" (1855) bis zur Vorstellung | einer
detaillierten Karte des menschlichen Erbgutes (12.02.2001) –, deren Potenzen
nur im Laufe einer langen Entwicklung und Weiterarbeit ans Licht kommen.

3. Die moderne "gräzistische" und "hebraistische" Sicht in der Beurteilung des ugaritischen Konsonantenalphabets

Die traditionelle Anschauung über die vollendete Qualität des griechischen Alphabetes und die Unvollkommenheit des semitischen Konsonantenalphabets hat von Anfang an die Deutung des langen Keilalphabets von Ugarit nicht nur beeinflußt, sondern sogar in einem großen Ausmaß bestimmt. Hinzu kommt, daß die zum Vergleich herangezogenen phönizischen und hebräischen Alphabete hinsichtlich des Alephs keine "vokalischen Phoneme" kennen, sondern nur einen konsonantischen. Von diesen Voraussetzungen her folgte notwendig, daß man die drei ugaritischen Aleph-Zeichen *a*, *i* und *u* – *i* und *u* sind später an ein überliefertes Alphabet angehängt worden – und deren praktische Anwendung vor allem unter dem Gesichtspunkt ihres konsonantischen Charakters betrachtet hat, so daß man alles, was nicht mit dieser Sicht in Übereinstimmung zu bringen war, als Ausnahme von der Regel zu erklären versuchte. Man ging sogar so weit, die Dreizahl der Aleph-Zeichen als Widerspruch zum Prinzip eines konsonantischen Alphabets zu deklarieren.[9] Die Ergänzung des Alphabets durch die Zeichen *i* und *u* läßt jedoch erkennen, daß die Benützer des langen Keilalphabets dasselbe jedenfalls als erweiterungsbedürftig und -fähig erachtet haben. Die Mängel des ihnen vorliegenden Keilalphabets müssen ihnen somit wenigstens zum Teil bewußt gewesen sein.

58 | Als Kernproblem der praktischen Anwendung des langen Keilalphabets erscheint in den spezifischen traditionellen Untersuchungen das sogenannte "vokallose Aleph",[10] nicht aber das *"Vokal"*-Aleph, das man unter der Rubrik *Mater lectionis* (*'mwt hqry'h*) oder als quieszierendes Aleph[11] behandelt und so nicht ohne Konsequenzen letztlich von einem traditionellen hebraistischen Standpunkt aus betrachtet.

Die Bewertung der Belege für ein *"Vokal"*-Aleph erfolgt in der Ugaritistik nach keiner festliegenden Norm. So ordnet z.B. D. Sivan die Belege *mria*, *ṣbia* und *yraun* der Rubrik "*aleph as Mater lectionis*" zu,[12] J. Tropper dagegen dem Paragraphen "Doppelsetzung von Aleph-Zeichen".[13] Während D. Sivan bei *mria* und *ṣbia* sowohl mit einem Schreibfehler rechnet als auch die Möglichkeit erwägt, daß das Zeichen Aleph-*i* den Vokal vor dem Wurzelkonsonanten /'/ anzeige,[14] spricht J. Tropper von einer morpho-phonologisch nicht erklärbaren Doppelsetzung von aufeinander folgenden Aleph-Zeichen. Den Formen *ṣbia*, *mria* und *yraun* liegen nach J. Tropper kombinierte Schreibungen zugrunde, wobei das erste Aleph-Zeichen an sich jeweils einen silbenschließenden oder quieszierenden, das zweite jeweils einen silbenöffnenden Stimmabsatz wiedergebe. Der (nicht geminierte) Stimmabsatz sei somit doppelt geschrieben.[15] Die korrekten

---

[9] J. Tropper, UG 2000, 38, stellt z.B. folgendes fest: "Die Dreizahl der Alephzeichen widerspricht dem Prinzip eines konsonantischen Alphabets, das Silben wie */ba/*, */bi/* und */bu/* bei der Verschriftung auf das silbeneinleitende konsonantische Element reduziert." – S. Segert 1984, 22, hatte bezüglich der beiden Aleph-Zeichen *i* und *u* bereits folgendermaßen argumentiert: "The principle of indicating one phoneme by one sign was violated by the introduction of three signs expressing combinations of two phonemes, of a glottal stop (phonetically a zero) followed—or preceded—by a wovel: *a* /'+a/, *i* /'+i/, *u* /'+u/. By this device the principle of expressing only consonants was also violated."

[10] Siehe z.B. E. Verreet 1981, "Het vocaaloze Alef in Het Ugaritisch"; D. Sivan 1997, 15-19;

[11] P. Joüon 1947, 27-29.

[12] D. Sivan 1997, 13.

[13] J. Tropper, UG 2000, 38.

[14] D. Sivan 1997, 13.

[15] Siehe hierzu bereits J. Aistleitner 1954, 9, der die Schreibung *ṣbia* folgendermaßen erklärt: "Das erste Alephzeichen meint *i'*, das zweite *'a*. Der einmal gesprochene Konsonant erscheint zweimal bezeichnet, gleichermaßen schriftlich zerdehnt."

Schreibungen müßten, so lautet die These, **ṣba*, **mra* und **yrun* lauten. Die betreffenden orthographischen Fehlleistungen könnten durch (falsche) Analogie bedingt sein und daraus resultieren, daß gewöhnlich auch nicht artikuliertes (quieszierendes) Aleph etymologisch mit einem Aleph-Zeichen geschrieben worden sei. Diese Argumentation setzt J. Tropper am Ende mit folgender kurzer Erwägung praktisch wieder außer Kraft: "Sie könnten aber
59 auch durch die in Eigennamen und Fremdwörtern | gebräuchliche Notierung von Langvokalen durch Alephzeichen motiviert sein (par. 21.341.13)." [16]

Die rigide Übernahme einer Terminologie, die in Grammatiken des Hebräischen der Bibel üblich ist, führt bei J. Tropper dazu, unter der Rubrik "Sichere Pleneschreibungen von Vokalen" auch die "{'}-Grapheme als *matres lectionis*" zu besprechen. [17] Sollte, so lautet sein Argument, im Ugaritischen mit dem Phänomen eines quieszierenden (ehemals silbenschließenden) Aleph zu rechnen sein, würde Aleph nach dem Prinzip einer etymologischen Orthographie auch dann noch geschrieben werden, wenn es nicht mehr konsonantisch artikuliert wurde. Die Wahl des Aleph-Zeichens würde sich in diesen Fällen nach der Qualität des (sekundär gelängten) Vokals der betreffenden Silbe richten. Belege dafür, daß etymologisches Aleph in der Orthographie nicht berücksichtigt werde, seien selten, wie folgende Beispiele zeigten: Gent. *mḫdy* neben *miḫdy* (3x) und *maḫdy* (3x); ON *mdḫ* neben *midḫ*; *mšmn* "Siegel" neben *mišmn* und *mašmn*.

Vokale, die kein (quieszierendes) Aleph enthielten, würden dagegen in der Regel nicht mit einem Aleph-Zeichen geschrieben. Es scheine jedoch einige Ausnahmen zu geben (*nblat*, *nbluh*, *mlki*, ?*prša*). Ein Sonderproblem stelle die Orthographie von Fremdwörtern und Eigennamen dar. Hier hätten die Aleph-Zeichen offenbar häufiger vokalische Funktion. [18]

In diesem Zusammenhang sei auch auf die Schreibung *rpim* (KTU 1.6 VI 46; 1.161:8) zu verweisen, die als Nominative zu verstehen sind. J. Tropper erwägt, diese orthographische Besonderheit entweder darauf zurückzuführen, daß dem /'/ sehr wahrscheinlich ein /*i*/-Vokal vorausgehe (**rapī'*) – dieser könnte für die Orthographie *rpim* mitverantwortlich gewesen sein (Vokalharmonie oder Kontraktion) –, oder auf den bereits im Ugaritischen einsetzenden Prozeß der Verdrängung der Nominativendung durch die Obliquusendung im maskulinen Plural. [19]

---

[16] J. Tropper, UG 2000, 38.

[17] J. Tropper, UG 2000, 50-51.

[18] J. Tropper, UG 2000, 51.

[19] J. Tropper, UG 2000, 307; siehe hierzu ferner E. Verreet 1981, 101, der den Vorschlag von E. Hammershaimb, *rpim* als *rapa'îma* und Nominativ zu lesen, verwirft.

60 | In der Diskussion über die drei Aleph-Zeichen trübt die Konzentration der Wissenschaftler auf die möglichen Verbindungen von Vokal und Konsonant (*a'* oder *'a*, *i'* oder *'i* und *u'* oder *'u*) die Sicht auf den möglichen Gebrauch der drei Zeichen *a*, *i* und *u* auch für die Vokale *a/ā/â*, *i/ī/î* und *u/ū/û*. [20] Ob die drei Gleichungen *A*-Zeichen = *a/ā/â*, *I*-Zeichen = *i/ī/î* und *U*-Zeichen = *u/ū/û* tatsächlich zu belegen sind, sollte man nicht einseitig theoretisch, sondern vor allem praktisch angehen. Die These, daß die drei ugaritischen Aleph-Zeichen grundsätzlich als Silbenzeichen des Typs "Konsonant + Vokal" für */'a/*, */'i/* und */'u/* zu verstehen seien, [21] erweist sich angesichts der Praxis der ugaritischen Schreiber wahrscheinlich als eine zu realitätsfremde Annahme und als Fixierung auf die Idee, daß das Keilalphabet von Ugarit ein streng auf Konsonanten beschränktes Alphabet sei.

Zusammengefaßt dürfte festzuhalten sein, daß die Übernahme von Begriffen aus der Hebraistik, die nur ein Aleph-Zeichen kennt, historisch betrachtet, keineswegs das am besten geeignete Mittel sein muß, um den Gebrauch der drei Aleph-Zeichen des ugaritischen Langalphabets zu beschreiben. Außerdem werden aus der Tatsache, daß die drei Aleph-Zeichen in Ugarit aus der Kenntnis der syllabischen Keilschrift und ihrer Vokalbuchstaben heraus erwachsen sein dürften und eine Nachahmung der syllabischen Vokalbuchstaben darstellen, die notwendigen theoretischen und praktischen Folgerungen zu ziehen sein. Ehe wir jedoch zu Einzelheiten in der Praxis der Wiedergabe von Vokalen mittels Buchstaben in den keilalphabetischen Texten übergehen, lohnt es sich, auf die keilalphabetischen Transkriptionen akkadischer Dokumente und die Orthographie von Eigennamen, Fremd- und Lehnwörtern zu blicken.

61 | 4. Die Wiedergabe von Vokalen akkadischer Texte in keilalphabetischen Transkriptionen

Die akkadischen Texte von Ras Schamra sind normalerweise in der syllabischen Keilschrift verfaßt worden. Eine Ausnahme bilden die vier Tafeln KTU 1.67; 1.69; 1.70 und 1.73:1-8, in denen akkadische Texte mit der ugaritischen Alphabetschrift umschrieben sind. Diese Texte wurden während der fünften Kampagne im Frühjahr 1933 zusammen mit anderen Keil-

---

[20] C.H. Gordon, UT 1965, 18, hat die Schreibung *mria* mit erfrischender Eindeutigkeit bereits folgendermaßen interpretiert: "However, there are sporadic examples of vocalic representations; i.e., where an aleph-sign is used as a vowel letter without designating consonantal aleph. Thus the *i* of *mria* (acc.) is vocalic ... Note the 'normal' spelling *mra* (51: V: 107)."

[21] J. Tropper, UG 2000, 39.

schrifttafeln südwestlich von der Priester-Bibliothek [22] gefunden [23] und gelten wegen ihrer unbeholfenen Schrift und ihrer schwankenden Wiedergabe akkadischer Wörter als Produkt eines Schülers. Es handelt sich offenbar um Beschwörungen, die dem Maqlû-Typ nahe stehen. Gelegenthlich finden sich glossenartig eingestreute Instruktionen auf Ugaritisch. [24]

Das Langalphabet von Ugarit vermochte, wie S. Segert in seiner gründlichen Studie festgestellt hat, [25] die konsonantischen Phoneme des Akkadischen durchaus adäquat auszudrücken. Bemerkenswert ist dabei allerdings die Behandlung der Doppelkonsonanz: Die Texte haben dafür das Prinzip der in der ugaritischen Orthographie auch sonst nicht gänzlich fremden Wiederholung der Konsonantenbuchstaben angewendet. [26]

Bei der Wiedergabe der Vokale hatte das Langalphabet dagegen mehr Schwierigkeiten, was sich darin ausdrückt, daß die Texte die in der alphabetischen Schrift dafür vorgegebenen Möglichkeiten, die drei vokalhaltigen Aleph-Zeigen *a, i* und *u* sowie die Halbvokale *w* und *y*, nicht konsequent angewandt haben. [27]

Im einzelnen lassen sich hier folgende Anwendungsbereiche feststellen:

62 | 4.1. Die Aleph-Buchstaben *a, i, u*: [28] Unter Aufgabe der ursprünglichen Funktion zur Kennzeichnung eines Stimmabsatzes konnten diese zur Wiedergabe der korrespondierenden Vokale des Akkadischen eingesetzt werden. Dabei ist es gleichgültig, ob der entsprechende Vokal am Wortanfang, in der Wortmitte oder am Wortende stand.

Hervorzuheben ist in diesem Zusammenhang die Tatsache, daß ein langes */ā/*, sei es im Wortinneren oder im Wortauslaut, durch das *a*-Aleph wiedergegeben wurde: *umam* (*/umām/*) "Getier" (KTU 1.69:9); *lṯba* (*/lušbâ/*) "ich möge satt werden" (KTU 1.70:8). [29]

4.2. Der Halbvokal *w* [30]

– konnte für den langen Anfangsvokal */ū/* stehen: *wm* (*/ūma/*) "Tag" (KTU 1.67:20);

---

[22] W.H. van Soldt 1991, 225 mit Anm. 350.

[23] P. Bordreuil / D. Pardee 1989, RSO 5, 36-39; W.H. van Soldt 1991, 225. 296-301 (*The orthography of the alphabetically written Akkadian texts.*). 541-542.

[24] W.H. van Soldt 1991, 225 Anm. 350; 296-299.

[25] S. Segert 1988.

[26] Vgl. S. Segert 1988, 192-193, der hier allerdings von einer "Neuerung" spricht.

[27] S. Segert 1988, 194-199.

[28] S. Segert 1988, 198-199.

[29] S. Segert 1988, 196, vergleicht hiermit *mlki* (*/malki/*) in KTU 6.66:5-6.

[30] S. Segert 1988, 194-198.

- dann aber auch für einen langen oder kurzen Endvokal: *lw* (*/lū/*) "sei es" (KTU 1.67:19), *anw* (*/anu/*) "Anu" (KTU 1.67:7). [31]

4.3. Der Halbvokal *y* [32] – sowohl für */ī/* als auch für */ē/* [33]

- beispielsweise für den langen Anfangsvokal */ī/*: *ymr* (*/īmur/*) "er hat gesehen" (KTU 1.70:1),
- für die lange Genitivendung */-ī/* bzw. */-ē/*: *kly* (*/kalī/*) "des *kalû*-Priesters" (KTU 1.67:8), *šmy* (*/šamê/*) "des Himmels" (kTU 1.70:4),
- für die kurze Genitivendung */-i/*: *mṯty* (*/mušīti/*) "der Nacht" (KTU 1.69:2 3),
- für den *i*-Auslaut der suffigierten Pronomen der 2.p.fem.sg. (*/-ki/* > *-ky*): *lḏmrky* (*/luzmurki/*) "ich will dich besingen" (KTU 1.69:7)
- für ein kurzes oder ein langes */-i-, -ī-/* im Wortinneren: *ryb* (*/rība/*) "Gestirnsuntergang" (KTU 1.69:3. 7), *lyṯlym* (*/lišlim/*) "er sei gesund" (KTU 1.70:2).

63 | S. Segert zieht aus der keilalphabetischen Wiedergabe akkadischer Texte den Schluß, daß die hier greifbaren Neuerungen für die Alphabetschrift im Prinzip den in der syllabischen Keilschrift verbreiteten Ausdrucksmitteln folgen, die es beispielsweise auch vorsahen, Vokallängen in der Wortmitte durch die Einfügung einer Vokalsilbe auszudrücken. [34]

Für die divergent diskutierte Frage, ob die ugaritische Alphabetschrift *matres lectionis* kannte, ergibt sich aus den transkribierten akkadischen Wörtern das folgende wichtige Ergebnis: Der Alphabetschrift wohnte die Struktur inne, Vokale auszudrücken. Sonst hätte der priesterliche Schreiber, den der Schriftduktus der Texte als einen weniger erfahrenen erkennen lassen, nicht die Aleph-Zeichen oder die Zeichen der Halbvokale für die Bezeichnung von Vokalen verwendet – oder sollte gar ein unerfahrener Schreiber eine schriftgeschichtlich derart weitreichende Innovation auf den Weg gebracht haben?

Daß der Laryngal *h* in diesen Texten nicht als Vokalbuchstabe zu belegen ist, erklärt sich doch wohl daraus, daß die Texte alphabetische Umschriften von akkadischen Vorlagen sind und diesen der Laryngal *h* fremd war: Alle greifbaren Belege für ein *h* lassen sich als Poss.-Suff. 3. Sg. an ugaritischen Wörtern erklären, die als Glossen in den akkadischen Kontext eingestreut sind.

---

[31] S. Segert 1988, 202 Anm. 39, geht davon aus, daß in den ugaritischen Texten *w* zur Andeutung eines Vokals sonst nicht belegt sei.

[32] S. Segert 1988, 194-198.

[33] S. Segert 1988, 202 Anm. 39.

[34] S. Segert 1988, 198: z.B. CV-V-VC *ka-a-nu* für */kānu/*.

Aus dem Vorhandensein der Transkriptionstexte ist weiterhin zu schließen, daß der Brauch, Vokale mit entsprechenden Buchstaben des Langalphabets wiederzugeben, in Ugarit bekannt war und somit auch sonst nachweisbar sein muß: Da ist allererst an die Eigennamen und Lehnwörter zu denken, die ihren Weg aus der syllabischen Keilschriftliteratur in die alphabetische gefunden haben. [35]

Wenn es im Bereich des Möglichen war, in Fremdtexten, Fremd- und Lehnwörtern Vokalbuchstaben zu verwenden, dann ist dieser Brauch auch bei der Wiedergabe genuin ugaritischer Wörter zu erwarten.

64 | 5. Orthographie von Eigennamen, Fremdwörtern und Lehnwörtern

J. Tropper stellt die Orthographie von Fremdwörtern und Eigennamen, in denen die Aleph-Zeichen auch nach seinem Verständnis als Vokalbuchstaben verwendet werden konnten, als ein Sonderproblem dar. [36] Diese Charakterisierung der Schreiberpraxis ist jedoch irreführend, wenn man von der Erkenntnis ausgeht, daß die drei Aleph-Zeichen und die Halbvokale im ugaritischen Alphabet offenbar von Anfang an auch als Vokalbuchstaben, also als Lesehilfen einsetztbar waren. Den ugaritischen Schreibern war es mit derartigen Lesehilfen jedenfalls möglich, die richtige Aussprache eines weniger geläufigen Wortes wie die eines Eigennamens oder eines Fremd- und Lehnwortes zu vermitteln.

Im folgenden seien einige typische Beispiele aufgeführt, die auch J. Tropper zur Illustration seiner für die Orthographie aufgestellten Regeln gedient haben.

5.1. Eigennamen

Hier sei auf folgende Beispiele verwiesen:

- die Personennamen *anna* im Akkusativ (KTU 2.75:9) und *anny* im Genitiv (KTU 4.760:4; 4.769:55); *ṯgmi* im Genitiv (KTU 4.192:4); *bn aġli* im Genitiv (KTU 4.204:8; vgl. 4.260:7; 4.769:40); *tlmu* im Nominativ (KTU 4.85:4; 4.678:4), *tlmi* im Genitiv (KTU 4.343:7)
- die Ortsnamen *nnu* im Nominativ (KTU 4.68:23), *nni* im Genitiv (KTU

---

[35] Eine weitere wichtige Quelle für den Gebrauch von Vokalbuchstaben sind die im ugaritischen Langalphabet überlieferten hurritischen Texte; hier sind dieselben Phänomene greifbar wie in den Transkriptionstexten akkadischer Provenienz, vgl. z.B. M. Dietrich / W. Mayer 1994, 107.

[36] J. Tropper, UG 2000, 51: 21.341.13.

4.355:18); *slḫu* im Nominativ (KTU 1.48:19'). [37]

5.2. Fremd- und Lehnwörter [38]

In Fremd- und Lehnwörtern kann der auslautende Vokal mit Hilfe des entsprechenden Vokalbuchstabens notiert sein, wie folgende wenige Beispiele aus einer größeren Anzahl zeigen: [39]

65 | – *ḫlu* ein Wollkleid: Sg. Nom. *ḫlu*, /*ḫalû*/: KTU 1.91:12;
– *ks/s̀u* "Thron, Sessel": Sg. Nom. *ks̀u*, /*kus̀s̀i'u*/: KTU 1.50:[2]; 1.53:7; 1.57:4; [40] Sg. Gen.: *ks̀i*, /*kus̀s̀i'i*/: 1.161:13.20 (*ks<i>h*); 2.31:15 (*ksiy*); Sg. Akk.: *ks̀a*, /*kus̀s̀i'a*/ 1.57.5; Pl.: *ksat*, /*kus̀s̀i'āt*/ (KTU 1.151:3);
– *krs̀u* ein Flüssigkeitsmaß für Öl: [41] Sg. Nom./Lok. *krs̀u* KTU 4.225:16; Sg. Gen. *krs̀i* KTU 4.225:17; Pl. *krs̀at* (RS94.2392+:12);
– *nkš* in *rb nkšy* "Chef des Finanzwesens": [42] Sg. Gen. *nkšy* (KTU 6.66:3-4).

6. Die Wiedergabe von Vokalen durch Buchstaben des ugaritischen Langalphabets [43]

Wie in den Abschnitten über die Transkription akkadischer Beschwörungen mit dem ugaritischen Langalphabet (4.) und dem über die Orthographie von Eigennamen, Fremd- und Lehnwörtern (5.) festgestellt, konnten im Langalphabet die drei Aleph-Zeichen und die Halbvokale-Zeichen offenbar von Anfang an auch als Vokalbuchstaben, also als Lesehilfen, eingesetzt werden. Sie widerlegen die Anschauung, daß ein Text rein konsonantisch zu deuten sei, und hatten in diesem Fall keine wurzelhafte Funktion. Im folgenden sollen einige Belege zur Sprache gebracht werden, deren Orthographie unerwartet ist, weil sie *matres lectionis* haben.

Die *matres lectionis* behandeln wir in alphabetischer Abfolge: 1. die *a-/i-/u*-Alephs, 2. der Laryngal *h*, 3. der Halbvokal *w* und 4. der Halbvokal *y*.

---

[37] Es ist nicht sicher, ob wir es hier mit einem ON und seinem Gentilicium *slḫy* im Genitiv (KTU 4.44:31) zu tun haben.

[38] J. Tropper, UG 2000, 44-47.

[39] Die Auflistung weiterer Beispiele übersteigt den hier gesetzten Rahmen.

[40] J. Tropper, UG 2000, 45.

[41] J. Tropper, UG 2000, 46.

[42] J. Tropper, UF 2000, 54.

[43] Vgl. hierzu J. Tropper, UG 2000, 50-56: § 21.341; ders. 2002, 13-15: § 71.7.

6.1. Die *a-/i-/u-*Alephs als *matres lectionis*

Nach Aufgabe ihrer konsonantischen Funktion als Stimmabsatz konnten die Aleph-Zeichen zur Wiedergabe der korrespondierenden Vokale verwendet
66 werden – dies wurde besonders klar bei der Um | schrift akkadischer Wörter durch das Langalphabet. Derselbe Vorgang war bei den Eigennamen und Lehnwörtern zu verfolgen. Dabei war es gleichgültig, ob die Vokale am Wortanfang, in der Wortmitte oder am Wortende standen.

Nachfolgend seien aus der großen Anzahl von Problemfeldern einige herausgegriffen: 1. *Sonderfälle von Vokalschreibungen*, 2. eine Gruppe von Wörtern mit *Aleph-Doppelschreibungen*, 3. Der Vokativ *rpim* "Rephaim!", 4. die Ableitungen der Wurzel M'D "viel sein", 5. Schreibweisen des Nomens *r'š* "Kopf" und 6. der Ortsname *midḫ / mdḫ* und die Bezeichnungen für "Hafen" *miḫd / maḫd / mḫdy*.

Andere mindestens ebenso aufschlußreiche und richtungweisende Themen wie beispielsweise das silbenschließende Aleph im Wortinneren von Verbformen oder das silbenschließende Aleph im Wortauslaut von Verbformen seien für eine spätere Studie zurückgestellt.

6.1.1. Sonderfälle von Vokalschreibungen

Im folgenden sei eine Reihe von Sonderfällen erörtert, die J. Tropper u.a. in dem Absatz "{'}-Grapheme als *matres lectionis*" bespricht. [44] Hier hebt er hervor, daß die Schreibung an mehreren Stellen nahelegt, ein Aleph nach dem Prinzip einer etymologischen Orthographie, nicht aber einer tatsächlich noch existierenden Artikulation zu beurteilen. Die Wahl eines solchen, auf einer historischen Reminiszenz beruhenden Aleph-Zeichens richte sich in diesen Fällen nach der Qualität des sekundär gelängten Vokals der betreffenden Silbe. Hier kommen zunächst folgende Lexeme in Betracht:

mašmn (KTU 6.17:1; *mašm*x[, 4.318:1), *mišmn* (KTU 2.19:6; 6.23:1; 6.75:1), *mšmn* (KTU 6.66:1; 6.69:1-2). Da es sich um kein genuin ugaritisches, Aleph-haltiges Wort, sondern um ein Lehnwort wohl aus dem Hurritischen – oder über das Hurritische – handelt, ist die Suche nach einer semitischen Wurzel überflüssig. Die Schreiber das zugrundeliegende *mišmunnu* "gesiegelte Bulle" [45] lediglich mit variierender Orthographie, entweder mit oder ohne Aleph-Zeichen wieder.

Aus dieser Praxis läßt sich ableiten, daß die ugaritischen Schreiber
67 versucht haben, das Fremdwort unter Angabe des ersten Vokals leich | ter

---

[44] J. Tropper, UG 2000, 50-51.

[45] AHw. 661; CAD M/2, 129; DLU 254: *m(a/i)šmn* "sello".

lesbar zu machen. Folglich haben sie sowohl das *i-* als auch das *a*-Aleph-Zeichen als reine Vokalbuchstaben verwendet. Es erübrigt sich, von der Nominalform einer I-'-Wurzel auszugehen [46] oder einen doppelgipfligen Vokal [47] anzusetzen. [48]

argmn (KTU 1.87:5), *irgmn* (KTU 4.181:1) – Der Aleph-Anlaut der keilalphabetischen Wiedergabe des wohl hethitischen Lehnwortes *argamannu* "Purpur, Tribut" [49] ist ebenfalls vokalisch zu deuten. Es dürfte keine Orthographie mit einem reguläeren Aleph [50] vorliegen.

nblat "Flammen" (KTU 1.4 VI 23. 25. 28. 30. 33) – Angesicht des akkadischen *nablu* [51] und des äthiopischen *nabal* "flame" [52] deutet die Schreibung *nblat* darauf hin, daß das *a*-Aleph-Zeichen hier als ein Vokalbuchstaben zur Kennzeichnung des Plurals benützt wurde. [53]

nblu-h (KTU 1.45:4) – Es wird diskutiert, ob das Substantiv mit *nblu* "Flamme", [54] *nbl* "Harfe" oder *nbl* "dumm, töricht sein" zu verbinden ist. [55] Es besteht jedoch keine Möglichkeit, an ein quieszierendes etymologisches Aleph zu denken, so daß in diesem Fall das *u*-Zeichen vokalisch zu lesen ist. [56]

D.M. Clemens bezieht *nblu-h* zusammen mit anderen Autoren wohl zurecht auf das folgende Wort *špš* "Sonne". [57]

68 | *mlki* "des Königs" (KTU 6.66:5-6) – Die vokalische Verwendung des Aleph-Zeichens [58] dient offensichtlich der Verdeutlichung der Genitivverbindung *mru mlki* /*mur'ū malki*/ und ist kaum als höchst heterodoxe Schreibung [59] oder als analogische Fehlleistung [60] anzusehen.

---

[46] J. Tropper, UG 2000, 36.

[47] W. von Soden 1967, 294.

[48] J. Sanmartín 1995, 458 mit Anm. 14, lehnt es wie M. Dietrich / O. Loretz 1987, 24, ab, *m(a/i)šmn* mit akk. *mišmunnu* in Verbindung zu bringen. Zugleich spricht er im Hinblick auf die Schreibungen *ma/išmn* von einem rein vokalischen Phonem /*ā*/ (< */*a'*/).

[49] AHw. 67; CAD A/2, 253.

[50] J. Tropper, UG 2000, 33.

[51] AHw. 698: *nablu* I "Brandpfeil; Feuerstrahl, Flamme".

[52] CDG 383.

[53] Vgl. zur Diskussion J. Tropper, UG 2000, 50.

[54] DLU 317: *nblu*.

[55] Vgl. J. Tropper, UG 2000, 50; D.M. Clemens 2001.

[56] D.M. Clemens 2001, dürfte in seiner Argumentation zu *-u* kaum zu folgen sein.

[57] D.M. Clemens 2001.

[58] So bereits S. Segert 1988, 196.

[59] J. Sanmartín 1995, 462.

[60] J. Tropper, UG 2000, 51.

pirša "reichlich ausgestattet" (KTU 1.4 I 35) [61] – Nachdem J. Tropper die Stelle KTU 1.4 I 35 als unklar betrachtet hat und dem *pirša* keine Bedeutung abgewinnen konnte, [62] ist hier eine kurze Stellungnahme erforderlich: Das auslautende *-a* ist entgegen seiner Vermutung [63] kein Vokalzeichen, sondern das Zeichen für den Akkusativ *pirša* des Adjektivs *piršu*, das von der Wurzel PRŠ' "überreichlich machen" abzuleiten ist. [64]

6.1.2. Die Aleph-Doppelschreibungen in *ṣbia*, *mria*, und *yraun*

Die Doppelung der Aleph-Zeichen in *ṣbia* (KTU 1.15 V 19), *mria* (KTU 1.3 IV 4; 1.4 VI 41-42) und *yraun* (KTU 1.5 II 6) [65] – eine ebensolche Schreibung bietet *muid* "Menge", siehe unten Absatz 6.1.4 – findet durch die Annahme eine befriedigende Erklärung, daß sowohl das *i*-Zeichen in *mria* "den gemästeten" (*/marī'a/*) und *ṣbia* "den Aufgang (der Sonne)" (*/ṣabī'a/*) als auch das *a*-Zeichen in *yraun* "er fürchtete ihn" (*/yarā'unnV/*) der Angabe eines Vokals dienen. [66] Hier ist es also nicht nötig, auf die Theorie von einem quieszierenden Aleph oder auf irgendeine andere Erklärung [67] zurückzugreifen.

69 | 6.1.3. Der Vokativ *rpim* "Rephaim!"

Angesichts der Beobachtungen zur besonderen Orthographie, die im Rahmen der drei Wörter mit doppelt geschriebenen Aleph-Zeichen zur Sprache gekommen ist, kommt der Gedanke auf, daß in den beiden Belegen KTU 1.6 VI 45 und 1.161:8 für *rpim* k e i n e besondere orthographische Problematik vorliegt. [68] Es dürfte sich hier vielmehr um Darstellungen eines Vokativs handeln: In KTU 1.6 VI 45 ein vom vorausgehenden Wort *špš* bedingter irrtümlicher Vokativ [69] und in KTU 1.161:8 ein von Kontext her gestütz-

---

[61] M. Dietrich / O. Loretz 2000b, 211.

[62] Vgl. dagegen J. Tropper, UG 2000, 51.

[63] J. Tropper UG 2000, 51.

[64] Vgl. akk. *šub/parzuḫu* "überreichlich machen", AHw. 1279a; CAD Š/3 318 b: "to make abundant, to provide abundantly".

[65] J. Tropper 2000, 38.

[66] C.H. Gordon, UT 1965, 18, par. 4. 5; M. Dietrich / O. Loretz 1973, 76; E. Verreet 1981, 91.

[67] J. Aistleitner 1945, 9, spricht von orthographischer Zerdehnung.

[68] J. Tropper 2000, 38. 306.

[69] Vgl. dagegen J. Tropper, UG 2000, 307.

ter. [70] Als die diese beiden Belege für *rpim* an die Seite von *rpim* in KTU 1.21 II 9 und von *rpi arṣ* in KTU 1.161:9 zu stellen. [71]

6.1.4. Die Ableitungen der Wurzel M'D "viel sein"

Die nominalen Ableitungen der Wurztel M'D "viel sein" haben unterschiedliche Schreibweisen des Alephs: *madt*, *mad*, *mid*, *mud* und *muid*. Diese lassen sich insofern erklären, als die Formen mit dem *a*-Aleph den Vokal /*ā*/ (< *a'*) wiedergeben, die mit dem *i*-Aleph ein silbenschließendes Aleph und die mit dem *u*-Aleph den Vokal /*u*/: [72]

Die Schreibweise mit silbenschließendem Aleph, *mid*, ist doppeldeutig: Zum einen geht sie auf adverbial gebrauchte /*ma'd*/ "in hohem Maße; sehr" – auch um das Enkliticum -*m*(*a*) erweitert: *midm* (< *ma'da-ma*) [73] – und zum anderen auf das Abstractum /*mu'd*/ "Menge, Fülle" (KTU 1.4 V 15) [74]
70 – siehe auch unten zu *mud* – zurück; die|ses Abstractum liegt auch in *muid* (KTU 1.5 III 24) mit einer hybriden Orthographie vor: Zusätzlich zum silbenschließenden Aleph (-*i*-) wird der Vokal /*u*/, der der Nominalform zugrundeliegt, durch das *u*-Aleph hervorgehoben.

Die Wiedergabe mit dem *a*-Aleph zeigt, daß der mittlere Radikal seinen konsonantischen Wert verloren hat und das nun in offener Silbe stehende /*a*/ gedehnt und durch das *a*-Aleph als Vokalbuchstaben wiedergegeben wurde (/*a'*/ > /*ā*/): Hierher gehört das Adjektiv *mad* "viel" (KTU 1.14 II 35; [75] *mad*! KTU 2.16:11 [76]) und das davon abgeleitete Abstractum *madt* (/*mādū/ātu* < *ma'dū/ātu*/) "Menge, Quantität" (KTU 1.103+:1) – das Prädikat *tqln* zeigt, daß das abstrakte Nomen mit einer *constructio ad sensum* konstruiert worden ist.

Das *u*-Aleph in *mud* "Menge" (KTU 1.5 III 16) hat eine rein vokalische Funktion: /*mūd*/. Es weist also darauf hin, daß das Aleph des Abstractums /*mu'd*/ seinen konsonantischen Wert verloren hat.

---

[70] *qru rpim qdmym* "Sie wurden / seien gerufen (Gp 3.m.Pl.), oh uralte Rāpi'īma!". Der Schreiber hat offensichtlich unter Beeinflussung des vorangehenden viermaligen *qra* noch nicht zu dem erforderlichen *qritm* (Z. 2. 9) gefunden; vgl. dagegen J. Tropper, UG 2000, 307, "gerufen sind die uralten Rephaim"; D. Pardee 2000, 818, übersetzt ganz im Gegensatz zu seiner Wiedergabe des Kontextes die Zeile folgendermaßen: "Ils ont appelé les *rapa'ūma* antiques".

[71] J. Tropper, UG 2000, 316, zu *rāpi'īma* (KTU 1.21 II 9) und *rāpi'ī* (KTU 1.161:2. 9) als Vokativen.

[72] Vgl. J. Tropper, UG 2000, 34. 36. 748-749.

[73] J. Tropper, UG 2000, 312. 749.

[74] J. Tropper, UG 2000, 295; er erwägt eine *qutl*-Bildung: /*mV'adāt-*/*?* "Massen".

[75] J. Tropper, UG 2000, 36.

[76] J. Tropper, UG 2000, 748.

6.1.5. Schreibweisen des Nomens *r'š* "Kopf"

Ein besonders instruktives Beispiel für den Wechsel von traditionell-konsonantischer und vokalischer Schreibweise bieten die Belege für das Nomen *r'š* "Kopf". [77]

Die der Norm entsprechende Orthographie ist *riš* im Sg. und *rišt* im Pl., in der das *i*-Aleph silbenschließend sein dürfte: */ra'š/*, */ra'šāt/* – sie begegnet in mehr als 50 Textstellen.

An vier Stellen der mythischen Texte (KTU 1.2 I 27.29; 1.3 III 42, 1.5 I 3) findet sich eine Pl.-Form, zweimal als *rašm* "Köpfe" (KTU 1.3 III 42, 1.5 I 3) und zweimal als *rašt* in Verbindung mit Pron.-Suff. (KTU 1.2 I 27.29). Da das *a*-Aleph üblicherweise nicht für ein silbenschließendes Aleph verwendet wurde, scheint das Aleph seinen konsonantischen Wert hier verloren zu haben und das *a*-Aleph vokalisch für */ā/* zu stehen: */rāšū/īma/*, */rāšāt/*.

In der Briefliteratur (KTU 2.63:9) ist einmal *ruš* belegt. Das *u*-Aleph ist hier ein Buchstabe für den Vokal */ū/*, dessen Entstehung folgendermaßen zu
71 erklären ist: Nachdem das Aleph seinen Konsonanten|wert verloren hat, kam das */a/* in offener Silbe zu stehen, wurde gedehnt und dann eingetrübt: */a' > ā > ū/ō/*.

6.1.6. Der Ortsname *midḫ / mdḫ* und die Bezeichnungen für "Hafen" *miḫd / maḫd / mḫdy* [78]

midḫ = *Ma'duḫu* ON (KTU 4.68:37; 4.302:7; 4.589:5; 4.610:22; 4.621:12; 4.622:3; 4.643:16; 4.693:50 [79]), *midḫy* = *Ma'duḫīyu* Gent. (KTU 4.33:4; 4.645:9); *mdḫ* (KTU 4.783:7) ist entweder als fehlerhafte Vernachlässigung des Alephs oder als Defektivschreibung einzustufen.

Die Gleichung *midḫ* = *Ma'duḫu* wird mit dem syllabischen ^{uru}*ma-ad-duḫ* begründet. [80]

miḫd = *Ma'ḫadu* "Hafen (von Ugarit)" [81] (KTU 4.81:1; *mi{l}ḫ<d>*, [82] 4.166:1; 4.172:6; 4.266:5), *miḫdy* = *Ma'ḫadīyu* Gent. (KTU 4.124:12;

[77] Vgl. J. Tropper 2000, 36. 182. 295. 299.

[78] Siehe M. Dietrich / O. Loretz 2000a, 195-201.

[79] W.H. van Soldt 1996, 675 Anm. 172.

[80] W.H. van Soldt 1996, 675.

[81] W.H. van Soldt 1996, 675-676.

[82] Vgl. dagegen W.H. van Soldt 1996, 675, *midḫ*; J. Tropper 2000, 57.

4.383:1; 4.611:1; [83] 4.778:3); vgl. *snr miḫd* = *Sinaru Ma'ḫadu* "Sinaru Hafen" (KTU 4.355:26). [84]

Die Wiedergaben *maḫd* (KTU 4.149:5), *maḫdy* (KTU 4.181:3; 4.742:2?; 4.782:4) und *maḫdym* (KTU 4.623:5) geben zu verstehen, daß der konsonantische Wert des Alephs verloren gegangen ist und der nun in offener Silbe stehende Vokal */ā/* (< */a'/*) mit einem Vokalbuchstaben wiedergegeben werden konnte.

mḫdy (KTU 4.635:17) kann entweder als eine fehlerhafte Schreibweise von *maḫd* oder als eine defektive angesehen werden – vgl. W.H. van Soldt, der die Schreibung *mḫdy* entweder als Schreibfehler oder als Beleg für die Entwicklung von *a'* > *ā* ansetzt. [85]

72 | **6.2. Der Laryngal *h* als *mater lectionis***

Für die Verwendung des Buchstabens *h* als Vokalbuchstaben stehen mehrere Beispiele zur Diskussion. [86] J. Tropper jedoch bestreitet, daß es überhaupt einen einzigen sicheren Anhaltspunkt für den Gebrauch von *h* als *mater lectionis* im Ugaritischen gebe. [87]

Die Erklärung der unterschiedlichen Pluralformen *bhtm, bwtm* und *btm* für *bt* "Haus" unter Hinweis auf die mediae infirme Wurzel sowie der Pluralformen *bnwt* "Geschöpfe", *ḥmyt* "Mauern" und *qrht* "Städte" unter dem auf die jeweils tertiae infirme dürfte sich einer allgemeinen Zustimmung erfreuen. [88] Sie hilft jedoch nicht weiter bei der Erklärung des infigierten *h* der Pluralformen *amht* "Mägde", *ilht* "Göttinnen" und *umht* "Mütter", [89] das dem *a*-Aleph von *nblat* "Flammen" vergleichbar ist (siehe dazu oben 6.1.1).

Für das Nebeneinander der Schreibungen *bhtm*, *bwtm* und *btm* werden aber auch andere Lösungen vorgeschlagen. So deutet beispielsweise J.C. de Moor das *w* in *bwtm* als *mater lectionis* für den Vokal *ô*. [90] Da jedoch das

---

[83] W.H. van Soldt 1996, 675 mit Anm. 175; vgl. dagegen DLU 254: *miḫd* n. m. *spr npṣm d yṣ{.}a b miḫ*(!)*d*(!) (graf. err. *milḫ*) *bd NP* lista de prendas de vestir que ha(n) sido entregada(s) mediante pago de aranceles (...) a manos de NP.

[84] W.H. van Soldt 1996, 681.

[85] W.H. van Soldt 1996, 674 Anm. 177; J. Tropper, UG 2000, 36. 50, nimmt an, daß etymologisches Aleph irrtümlich unberücksichtigt blieb.

[86] J. Blau / S.E. Loewenstamm 1970, 31-33; M. Dietrich / O. Loretz 1973, 72-73.

[87] J. Tropper, UG 2000, 55.

[88] J. Aistleitner 1954, 38; J. Tropper, UG 2000, 296.

[89] J. Aistleitner 1954, 38; J. Tropper, UG 2000, 296.

[90] J.C. de Moor 1970, 321 mit Anm. 111; M. Dietrich / O. Loretz / J. Sanmartín 1975, entweder *mater lectionis* oder mit R. Degen *w* als Schreibfehler für *h*.

einmalige *bwtm* (KTU 1.105:9) höchst wahrscheinlich als ein Schreibfehler für *bht* ist, [91] steht hier nur noch die Entwicklung *bhtm* > *btm* zur Debatte.

Die Probleme lösen sich jedoch von alleine, wenn wir davon ausgehen, daß das infigierte *h* in allen genannten Wörtern eine *mater lectionis* für die langen Vokale */ā, â/* ist und die Wörter beispielsweise */bātuma/*, */amātu/*, */ilātu/* bzw. */ummātu/*. [92]

73 | Eine wichtige Stütze für die Ansetzung einer *mater lectionis h* für */a, ā, â/* ist der Terminativ *-h*, das *he locale* der Hebraistik. [93] Während die Erklärung des *-h* als *mater lectionis* ohne Schwierigkeiten z.B. das Nebeneinander der Schreibungen *šmmh* und *šmm* (KTU 1.14 IV 4-5, II 22-23) und verwandter Fälle zu erklären vermag, [94] gingen J. Blau / S.E. Loewenstamm von der Annahme aus, daß im Ugaritischen und Hebräischen ein Nebeneinander vom Akkusativ der Richtung und *he locale* aufweise - *šmm* (*/šamīma/*) neben *šmmh* (*/šamīmah/*) – festzustellen sei. [95]

J. Tropper ist der Meinung, daß die Endung des Terminativ-Adverbialis *-h* ohne jeden Zweifel einen konsonantischen Wert habe, [96] schwächt dieses Ergebnis am Ende jedoch mit der Bemerkung ab, daß die Endung in der alphabetischen Orthographie in gewissen Fällen konsonantisch mittels *-h* notiert werde, in anderen Fällen aber unberücksichtigt zu bleiben scheine. Seine Interpretation der Belege lautet: "Die bevorzugte konsonantische Notierung der TE in der Pausa und die defektive Orthographie der TE im St.cs. weisen darauf hin, daß für diese Schreibvarianten zumindest teilweise konkrete phonetische Gründe verantwortlich sind: Das wortauslautende */h/* der TE wurde im Ug. nur noch in der Pausa konsonantisch artikuliert. Sonst insbesondere im St.cs. wurde es wohl nicht mehr konsonantisch gesprochen (par. 33.142.4)." [97] Er folgt damit wenigstens teilweise E.L. Greenstein, der auch das ugaritische *-h* als historische Schreibung erklärt. [98]

Zusammengefaßt dürfte festzuhalten sein, daß die Argumente, die in Bezug

---

[91] KTU^2.

[92] Wenn dies auch für *qrht* "Städte" (*/qarātu/*) zutrifft, dann stellt sich die Frage, ob die *mater lectionis h* nicht auch fürs Phön. vorauszusetzen ist, vgl. J. Tropper 2000, 296.

[93] J. Blau / S.E. Loewenstamm 1970, 32-33; M. Dietrich / O. Loretz 1973, 72-73.

[94] M. Dietrich / O. Loretz 1973, 72.

[95] J. Blau / S.E. Loewenstamm 1970, 32.

[96] J. Tropper, UG 2000, 55; auch D. Sivan 1997, 178-179, und J. Hoftijzer 1981, 220, gehen von einem gesprochenen Morphem *-h* aus.

[97] J. Tropper, UG 2000, 323.

[98] E.L. Greenstein 1998, 413, gelangt entgegen D. Sivan zur Schlußfolgerung: "Consequently, the *h* is most likely a historical spelling already in Ugaritic, which make it all the less likely that the *h* of direction was ever pronounced in Biblical Hebrew (contra Sivan, p. 178)."

auf das *h locale* gegen *-h* als *mater lectionis* vorgetragen worden sind, keine
74 wirkliche Überzeugungskraft besitzen. Weiter kommt | man auf jeden Fall mit der Annahme, daß wir es hier mit einem Vokalbuchstaben *-h* (*/-a/*) zu tun haben, der den adverbialen Akkusativ der Richtung kennzeichnet – dies ermöglicht auch die Erklärung anderer, nicht-terminativischer *h*-Endungen eines adverbialen Akkusativs wie beispielsweise in *aḥdh* "zusammen" oder *yḥdh* "(in eins) zusammen. [99]

6.3. Der Halbvokal *w* als *mater lectionis*

Zur Frage, ob das ugaritische Langalphabet auch *w* als Vokalbuchstabe benützt hat, stellten J. Blau / S.E. Loewenstamm kategorisch folgendes fest: "Es finden sich keine Anzeichen für *w* oder ʻ als Vokal-Buchstaben." [100] Zur gleichen Zeit erkannte J.C. de Moor in der Schreibung *bwtm* "Häuser" einen Beweis für *w* als *mater lectionis*: *w* = *ô*. [101] Wenig später haben wir die These vorgetragen, daß *w* in *bwtm* und *kwt* "ein großer Kanne" als *mater lectionis* zu werten sei. [102] Umstritten ist schließlich die Interpretation von *btw* (KTU 3.9:4). [103]

J. Tropper diskutiert und anerkennt das *w* als *mater lectionis* in folgenden Fällen: 1. möglicherweise im Wortauslaut: *trǵnw* (KTU 1.100:61), *iṯrhw* (KTU 2.15:6), 2. im Wortinneren: *kwt* (KTU 4.691:6), *tgwln* (KTU 1.82:4) und 3. in dem Gottesnamen *anw* = Anu (KTU 1.67:7). [104] Damit unterstützt er die Feststellung, daß das *w* der keilalphabetischen Schrifttradition gelegentlich eine *mater lectionis* für den Vokal */ū/* ist.

6.4. Der Halbvokal *y* als *mater lectionis*

Die Diskussion der Belege, in denen der Halbvokal *y* des ugaritischen Langalphabets als *mater lectionis* einzustufen ist, nimmt in der Ugaritistik seit jeher einen breiten Raum ein. Dementsprechend hat auch J. Tropper seine diesbezüglichen Ausführungen breit angelegt und zahlreiche Belege für das *y* als *mater lectionis* sowohl im Wortauslaut als auch im Wortinneren zusammengetragen. [105]

---

[99] Vgl. J. Tropper 2000, 344, wo *aḥdh* als Terminativ gedeutet wird.

[100] J. Blau / S.E. Loewenstamm 1970, 30.

[101] J.C. de Moor 1970, 321 mit Anm. 111.

[102] M. Dietrich / O. Loretz / J. Sanmartín 1975, 559-560.

[103] KTU^2; W.H. van Soldt 1991, 299 Anm. 103.

[104] J. Tropper, UG 2000, 54-55.

[105] J. Tropper 2000, 51-54.

75 | 7. Zusammenfassung

Die Transkriptionen akkadischer – und hurritischer kultischer – Texte durch die ugaritische Buchstabenschrift des Langalphabets zeigen, daß akkadische Vokale teils durch Aleph-Zeichen und teils durch Halbvokalzeichen umschrieben worden sind.

Bei den Aleph-Zeichen wurde der konsonantische Wert fallen gelassen, so daß sie als Vokalbuchstaben mit dem ihnen inherenten Vokal verwendet werden konnten: */'a/, /'i/, /'u/* > */a,ā,â/, /i,ī,î/, /u,ū,û/*. Es ist also evident, daß die Reihe der Aleph-Zeichen im ugaritischen Langalphabet um *'i* und *'u* erweitert worden ist, um auch die Aufgaben der Vokalangabe erfüllen zu können. Dieses Vokalisierungssystem dürfte für Ugarit typisch gewesen sein, weil es Vorgaben der syllabischen Keilschrift beinhaltet.

Die Tatsache, daß neben den Aleph-Zeichen auch die Halbvokale *w* und *y* zur Kennzeichnung von Vokalen herangezogen werden konnten, weist auf ein zweites Vokalisierungssystem. Hier wurden, wie auch in anderen Regionen mit Alphabetschrift nachweisbar, Konsonanten zu *matres lectionis*, die bestimmten Vokalen nahestanden: *w* > */u/ū/û/* und *y* > */i/ī/î/*. Die bei dieser Aufstellung fehlenden */a/ā/â/*-Laute wurden in den Transkriptionstexten durch das *a*-Aleph wiedergegeben – der sonst für die */a/ā/â/*-Laute verwendete Laryngal *h* konnte hier nicht in Betracht kommen, weil dieser Laut für die syllabische Keilschrifttradition nicht existiert hat.

Bei einer Ausweitung der Studien auf andere Texte als die Transkriptionen akkadischer durch das ugaritische Langalphabet verfestigte und erweiterte sich der gewonnene Eindruck: Die Eigennamen, Fremd- und Lehnwörter, die aus der Keilschriftkultur in die Alphabetkultur Ugarits Eingang gefunden haben, haben dieselben Phänomene der Vokalbezeichnungen an den Tag gelegt. Hier ist lediglich der Laryngal *h* zur Kennzeichnung der */a/ā/â/*-Laute hinzugekommen.

Wenn es in Ugarit möglich und gängig war, fremde Wörter bei ihrer Übernahme in das ugaritische Sprachgut mit Vokalen besser lesbar zu machen, dann liegt für uns der Schluß auf der Hand, daß diese beiden Vokalisierungssysteme auch den Weg in die genuine literarische Tradition gefunden hat. Das bestätigte sich beim Studium orthographisch schwer deutbarer Schreibweisen von Wörtern und Wortformen in der Epik. Wir
76 haben hier nur einige Schlaglichter auf den Textkor|pus geworfen und anhand typischer Erscheinungen und Musterbeispielen aufzuzeigen versucht, wie intensiv die Texte von Vokalisierungsversuchen durchdrungen sind und wie stark die Etymologisierungsarbeiten damit rechnun müssen, daß Buchstaben nicht wurzelhaft sind und den Konsonantenbestand als Vokalbuchstaben verändern.

Unsere Recherchen legen den Schluß nahe, daß dem ugaritischen Langalphabet – das sogenannte Kurzalphabet ist schwieriger zu beurteilen, weil wir nur wenige Texte von ihm haben – von Anbeginn das Bedürfnis eigen war, Vokale zu schreiben. Damit ist die Frage zu verneinen, ob es die Griechen waren, die dem Alphabet zur Vollkommenheit verholfen hätten. Die Ugariter haben auf jeden Fall zwei Systeme verwendet, um einen Text durch Vokalbuchstaben besser lesbar zu machen, das der Aleph-Zeichen als *matres lectionis* und das des Laryngals *h* und der Halbvokale *w* und *y*.

Nun stellt sich natürlich die weiterführende Frage, ob das vor-ugaritische Alphabet oder eine seiner Traditionsstränge schon einen Weg kannte, Vokale auszudrücken. Daß es den Herren und Gelehrten Ugarit als besonders wichtig erscheinen mußte, angesichts der vielsprachigen Kultur in ihre Heimat und Hafenstadt ihre Texte so eindeutig wie möglich abzufassen, ist klar – sie haben sicher dafür gesorgt, daß die drei unterschiedlichen Aleph-Zeichen eingeführt worden sind. Wie es den Anschein hat, dürfte aber das nach Ugarit importierte Alphabet, das in Verbindung mit dem hier bereits bekannten levantinischen das sogenannte Langalphabet ergeben hat, [106] schon das System der Laryngal- und Halbvokal-Vokalbuchstaben vertreten haben.

Literatur

Aistleitner, J., 1954: Untersuchungen zur Grammatik des Ugaritischen. BVSAW.PH Bd. 100, Heft 6.

Blau, J. / S.E. Loewenstamm, 1970: Zur Frage der *scriptio plena* im Ugaritischen und Verwandtes, UF 2, 19-33.

Bordreuil, P., 1988: Variations vocaliques et notations sporadiques du genitif dans les textes alphabétiques de l'Ougarit, SEL 5, 25-30.

Bordreuil, P. / D. Pardee, 1989: La trouvaille épigraphique de l'Ougarit. 1 Concordance. RSO 5.

Cassuto, U., 1971: The Goddess Anath, Jerusalem.

77 *Clemens, D.M.*, 2001: KTU 1.45 and 1.6.I:8-18, 161, 1.101, UF 33 (im Druck).

Dietrich, M. / O. Loretz, 1973: Untersuchungen zur Schrift- und Lautlehre des Ugaritischen (II). Lesehilfen in der ugaritischen Orthographie, UF 5, 71-77.

- -, 1978: Die sieben Kunstwerke des Schmiedegottes in KTU 1.4 I 23-43, UF 10, 57-63.

- -, 1987: Das Siegel des Königs *'Ammī-yiḏtamar*, UF 19, 23-25.

- -, 1988: Die Keilalphabete. Die phönizisch-kanaanäischen und altarabischen Alphabete in Ugarit. ALASP 1, Münster.

- -, 1994: Rasuren und Schreibfehler in den keilalphabetischen Texten aus Ugarit. Anmerkungen zur Neuauflage von KTU, UF 26, 23-61.

- -, 2000a: Ugaritisch *mi/aḫd* "Hafen" und *m(i/a)ḫdy* "Hafenbewohner", UF 32, 195-201.

- -, 2000b: Das Mobiliar für El. Kunstwerke aus Metall und Stein in KTU 1.4 I 29-37, UF 32, 203-214.

Dietrich, M. / O. Loretz / J. Sanmartín, 1975: Untersuchungen zur Schrift und Lautlehre des Ugaritischen (III). *w* als *Mater lectionis* in *bwtm* und *kwt*, UF 7, 559-560.

Dietrich, M. / W. Mayer, 1994: Hurritische Weihrauchbeschwörungen in ugaritischer Alphabetschrift, UF 26, 73-112.

---

[106] M. Dietrich / O. Loretz 1988.

Gordon, C.H., 1965: Ugaritic Textbook. AnOr 38. (= UT).

Greenstein, E.L., 1998: On a New Grammar of Ugaritic, IOS 18, 397-420.

Hoftijzer, J., 1981: A Search for Method. A Study in the Syntactic Use of the *H*-Locale in Classical Hebrew Studies. SStLL 12.

Joüon, P., ^{2}1947: Grammaire de l'Hébreu biblique, Rome.

Loretz, O., 1998: Die prägriechische Vokalisierung des Alphabets in Ugarit, in: Die Geschichte der hellenischen Sprache und Schrift. Vom 2. zum 1. Jahrtausend v.Chr. Bruch oder Kontinuität? Tagung 03.-0.6. Okt. 1996. "Verein zur Förderung der Aufarbeitung der Hellenischen Geschichte" e.V. Weilheim i.OB, Altenburg, 387-402.

Millard, A., 1998: Books in the Late Bronze Age in the Levant, IOS 18, 171-181.

Moor, J.C. de, 1970: Studies in the New Alphabetic Texts from Ras Shamra II, UF 2, 303-327.

Röllig, W., 1998: Das Alphabet und sein Weg zu den Griechen, in: Die Geschichte der hellenischen Sprache und Schrift. Vom 2. zum 1. Jahrtausend v.Chr. Bruch oder Kontinuität? Tagung 03.-0.6. Okt. 1996. "Verein zur Förderung der Aufarbeitung der Hellenischen Geschichte" e.V. Weilheim i.OB, Altenburg, 359-384.

- -, 1998a: Nordsemitisch - Südsemitisch? Zur Geschichte des Alphabets im 2. Jt. v.Chr., IOS 18, 79-88.

Sanmartín, J., 1971: Notizen zur ugaritischen Orthographie, UF 3, 172-180.

- -, 1995: Zur Schreiberpraxis der ugaritischen Siegelschreiber: die Siegellegende KTU 6.66, UF 27, 455-465.

78 | - -, 1995a: Wirtschaft und Handel in Ugarit: Kulturgrammatische Aspekte, in: M. Dietrich / O. Loretz, (eds.), Ugarit. Ein ostmediterranes Kulturzentrum im Alten Orient. ALASP 7, 131-158.

Segert, S., 1983: The Last Sign of the Ugaritic Alphabet, UF 15, 201-218.

- -, 1984: A Basic Grammar of the Ugaritic Language. Berkeley etc.

- -, 1988: Die Orthographie der alphabetischen Keilschrifttafeln in akkadischer Sprache aus Ugarit, SEL 5, 189-205.

Singer, I., 2000: Cuneiform, Linear, Alphabetic: The Contest between Writing Systems in the Eastern Mediterranean, in: A. Ovadiah (ed.), Mediterranean Cultural Interaction. The Howard Gilman International Conferences II, Tel Aviv, 23-32.

Sivan, D., 1984: Grammatical Analysis and Glossary of the Northwest Semitic Vocabls in Akkadian Texts of the 15th-13th C.B.C. from Canaan and Syria. AOAT 214.

- -, 1997: A Grammar of the Ugaritic Language. HdO I/28.

Soden, W. von, 1967: Kleine Beiträge zum Ugaritischen und Hebräischen, VT.S 16, 291-300.

van Soldt, W.H., 1991: Studies in the Akkadian of Ugarit. Dating and Grammar. AOAT 40.

- -, 1996: Studies in the Topography of Ugarit (I). The Spelling of the Ugaritic Toponyms, UF 28, 653-692.

Verreet, E., 1981: "De vocaaloze Alef in Het Ugaritisch. Thesis, Leuven.

- -, 1988: Modi ugaritici. OLA 27.

Wachter, R., 1996: Alphabet II. Das griechische Alphabet, in: DNP 1, 537-547.

- -, 1998: Die Übernahme des Alphabets durch die Griechen: wie, wann, wo, durch wen und wozu? Eine aktuelle Abwägung der Standpunkte, Argumente und methodischen Ansätze, in: Die Geschichte der hellenischen Sprache und Schrift. Vom 2. zum 1. Jahrtausend v.Chr. Bruch oder Kontinuität? Tagung 03.-0.6. Okt. 1996. "Verein zur Förderung der Aufarbeitung der Hellenischen Geschichte" e.V. Weilheim i.OB, Altenburg, 345-353.

- -, 2001: Die Troia-Geschichte wird schriftlich. Homers Ilias wird zum Buch, in: Troia - Traum und Wirklichkeit. Katalog zur Ausstellung. Lizenzausgabe für die Wissenschaftliche Buchgesellschaft, Darmstadt, 77-80.

Amurru, Yaman und die Ägäischen Inseln nach den ugaritischen Texten *

Die Präsenz der mykenischen Welt und folglich der frühen Griechen in Ugarit wird durch archäologische Funde nachgewiesen (J.-C. Courtois 1987, 201-217). Man kann auf Grund von Materialfunden und von schriftlichen Zeugnissen in syllabischer Keilschrift als sicher annehmen, daß bereits Minoer in Ugarit Handel mit Metall und anderen Waren getrieben haben [1] und später Mykener in Ras Schamra und in Minet-el-Beida wahrscheinlich gleichberechtigt neben den diplomatischen Vertretern und z.B. den hethitischen Kaufleuten aus der hethitischen Hauptstadt, aus Karkemisch und aus Ura in Kilikien [2] lebten. [3] Die große Fülle an bemalten mykenischen Vasen, die in Ugarit ausgegraben wurden, läßt sich auf ihre Qualität und die Vielfältigkeit ihrer Verzierung sowie wahrscheinlich auf den flüssigen Inhalt zurückführen, den sie enthielten und den die Syrer aller sozialer Schichten des zweiten Jahrtausends zu schätzen wußten. Denn die schönen Gefäße, wie die großen Wagenkratere, sind in Ras Schamra ebenso in bescheidenen Wohnungen gefunden worden wie in den Prachtbauten. [4]

Während die mykenische Ware aus Minet-el-Beida und Ugarit archäolo-
336 gisch keine Zweifel an ihrer westlichen Herkunft oder | Beeinflussung

---

* *Aus:* Sh. Isreel, I. Singer, R. Zadok (ed.), Past Links. Studies in the Languages and Cultures of the Ancient Near East. This volume of Israel Oriental Studies is dedicated to Professor Anson F. RAINEY. IOS 18 (1998), S. 335-363.

[1] M.C. Astour 1973, 17-23, zu Verbindungen zwischen Ugarit und dem minoischen Kreta.

[2] Zu Ura — ägyptisch *iwʾi* (J.F. Quack 1996, 79) — als Handelstadt siehe A. Lemaire 1993, 227-236.

[3] M.C. Astour 1973, 25, nimmt auf Grund fehlender ugaritischer Dokumente an, daß in Ugarit keine mykenischen Kaufleute residierten. Seine Erklärung hierzu lautet: "For some reason, perhaps political, Mycenaean sailors did not land on the Ugaritian coast. One is compelled to think that the bulk of Mycenaean wares imported to Ugarit came there through the intermediary of Cyprus, one of its chief trade partners, and a certain amount was carried by Ugaritian ships directly from the Aegean."

[4] J.-C. Courtois 1987, 217; zu den Beziehungen zwischen dem mykenischen Kreta und Ugarit siehe ferner M.C. Astour 1973, 23-27; zu Funden mykenischer Objekte in Syrien-Palästina siehe die bei C. Lambrou-Phillipson 1990, 80 Anm. 124, angegebene Literatur.

zuläßt, ist es strittig, ob die ugaritischen Texte Hinweise auf mykenische Griechen bieten. Während Beziehungen Ugarits zu Zypern (Alašia[5]) und Kreta (Kaphtor[6]) in den keilalphabetischen und keilschriftlichen Quellen aus Ugarit gut belegt sind, wird beispielsweise von M.C. Astour angenommen, daß Achäer, die nach dem Šauškamuwa-Vertrag mit Amurru in Verbindung gestanden seien, in Ugarit nicht nachweisbar seien.[7]

Forschungsgeschichtlich betrachtet, ist die Frage, ob in ugaritischen Texten sprachliche Hinweise auf mykenische Griechen und/oder Achäer enthalten sind — minoische Sprache ist bisher nicht in Betracht gezogen worden —, engstens an die Deutung des Wortes *yman* (KTU 1.4 I 43; vgl. 1.40:27; 1.84:2) und das Verständnis des Ausdrucks *iht np šmm* (KTU 1.3 VI 8-9) gebunden. Falls nachgewiesen oder wahrscheinlich gemacht werden könnte, daß *Yman* mit "Jonien" zu übersetzen ist und *iht np šmm* die ägäischen Inseln bezeichnet, dann wäre auch von dieser Seite her offenkundig, daß die Ugariter mit den "Achäern" und/oder mit Gruppen mykenischer Griechen Handelsbeziehungen hatten — oder wenigstens von deren Existenz wußten — und kommerzielle Verbindungen mit dem minoischen und mykenischen Westen ihre Spuren auch in ugaritischen Mythen hinterlassen haben.

Die Frage des Seeverkehrs zwischen Ugarit und der Ägäis im 2. Jt. v. Chr. verlangt gleichzeitig eine Berücksichtigung der Routen zur See, die Vorderasien, Zypern, die Ägäis und Kreta mit Ägypten verbinden. Diese Problemstellung wird auch von den ugaritischen Texten her gefordert, die von einer Herkunft des Schmiedegottes Koṯar-wa-Ḫasīs aus Ägypten und Kreta berichten.[8]

Im folgenden widmen wir uns zunächst der Deutung des Wortpaars *amr*
337 || *yman* und gehen anschließend zur Frage über, ob die Ugariter die | For-

---

[5] J.F. Quack 1996, 79, zum Nachweis, daß Alašia (Zypern) in ägyptischen Quellen mit *iꜣśy* wiedergegeben wird.

[6] C. Lambrou-Phillipson 1990, 121-123, 152; zu ägyptisch *kftꜣw* "Kreta" siehe J.F. Quack 1996, 79.

[7] M.C. Astour 1981, 29, vermerkt hierzu: "But, strangely enough, there is no trace in the Ras Shamra texts of anything resembling Aḫḫiyawa, nor can there be discerned any personal name or ethnic pointing to Mycenaean Greece as its place of origin. The only mention of Crete (Caphtor) at Ras Shamra outside mythological poems tells about a ship of one of the richest men in Ugarit returning from a voyage ot Kapturi (^{KUR}DUGUD^{ri}) at the time of Ammištamru. So there were, after all, cases of direct sailings from Ugarit to Crete—and yet so little of these ventures found its way into written records."

[8] M.C. Astour 1973, 21, betont, daß der Name des Schmiedegottes rein westsemitisch ist, aber wegen der Berühmtheit ägyptischer und kretischer Kunst mit diesen Zentren verbunden wurde. Diesen Vorgang erklärt er z.B. bezüglich Kreta folgendermaßen: "Such a high esteem of Crete was due to direct acquaintance with the island rather than to mere admiration of imports. There is no reason to believe that only Minoans sailed to Syria, but no Syrians dared to sail to Crete."

mel *iht np šmm* zur Bezeichnung der Ägäis gekannt haben und ob sich darin vielleicht eine ägyptische Bezeichnung der Ägäis erkennen läßt. Abschließend versuchen wir, Übersetzungen der für die vorliegende Fragestellung zentralen Texte KTU 1.4 I 41-43 und 1.3 VI 4-16 vorzulegen.

1. *Amr* "Amurru" und *Yman* "Jonien"?

Die Parallele *k amr* || *k ḥwt yman* (KTU 1.4 I 42-43) zeigt mittels des Wortes *ḥwt* "Land", das in der poetischen Einheit eine Doppelfunktion ausübt, wohl klar genug an, daß sowohl *amr* als auch *yman* Bezeichnungen von Ländern oder Gebieten sind. Problematisch ist die Zuordnung von *yman* in KTU 1.40:27 und 1.84:2, das dort in Verbindung mit *ʿrmt* steht.

Während sich die meisten Autoren hinsichtlich KTU 1.4 I 42-43 über die Identifikation von *amr* mit dem Land Amurru — vorläufig soll allerdings noch offen bleiben, ob es sich um das Siedlungsgebiet der Amurriter oder etwa den Amurru-Staat der Dynastie des Aziru (H. Klengel 2, 1969, 178-325; id. 1992, 160 ff.) handelt; mit Ausnahme jener, die ein *amr* "Lamm" ansetzen [9] —, recht einig sind, [10] bestehen über die Lokalisierung von *yman* aller drei genannter Stellen große Differenzen:

1. So wird ugaritisch *yman* wiederholt mit "Jonien" gleichgesetzt (E. Dhorme 1931, 32-56; R. Dussaud 1931, 75; B. Hrozny 1932, 176; E. Cavaignac 1932, 83-89; F. Cassola 1957, 42-43; M. Dietrich/O. Loretz 1978, 68), ein Vorschlag, der aber auch energische Ablehnung erfuhr (M. Liverani 1962, 52-54; H. Klengel 1967, 458 mit Anm. 1; E. Masson 1986, 189). Es wird auch betont, daß *yman* nicht mit hebräisch *ywn* "Jāwān (d. kleinasiat. Griechenland)" verbunden werden könne (HAL, S. 384, *s.v. ywn*).

338 | 2. Nur vereinzelte Gefolgschaft hat J. Aistleitner mit seiner Angabe "e.

[9] Eine Gleichsetzung von *amr* "Amurru" mit *imr* "Lamm, Schaf" (M. Dietrich/O. Loretz 1986, 99-100; DLU, S. 35: *imr* [I]) findet sich bei J.A. Emerton 1965, 441; E. Lipiński 1973, 202, *amr* "un agneau"; A. Caquot/M. Sznycer 1974, 196, "*un agneau*"; K. Aartun 1984, 3, *amr* "Lamm" (Kollektivbegriff); E. Masson 1986, 189, *amr* "un agneau"; siehe ferner B. Margalit 1980, 13, 23, nach hebräisch *ʾmyr* "Zweig, Ast" (HAL, S. 61) mit der Bedeutung "antler": *dqt k amr* "delicate as an (antler-)branch".

[10] Siehe z.B. H.L. Ginsberg 1969, 132; T.H. Gaster 1975, 174; A. von Selms 1975, 475; C.H. Gordon 1977, 90; M. Dietrich/O. Loretz 1978, 58; J.C.L. Gibson, CML (1978), 56; G. Del Olmo Lete, MLC (1981), 194; I. Kottsieper 1986, 220; J.C. de Moor, ARTU (1987), 46; DLU, S. 35: *amr* (III); vgl. dagegen kritisch M.C. Astour 1975, 260, Nr. 7, der hierzu folgendes bemerkt: "Whether *amr* refers here to the land of Amurru (|| *Yman*, almost certainly a GN)... is questionable because of the general obscurity of the passage."

Teil des ug. Staates" gefunden. [11]

3. C.H. Gordon hat sich demgegenüber mit der Angabe "place n." begnügt (C.H. Gordon, UT, Nr. 1102). Ähnlich übersetzen A. Caquot/M. Sznycer *amr* ‖ *ḥwt yman* mit "*un agneaux*" ‖ "pays de Ymʾan", nehmen aber keine Identifikation des Toponmys *Yman* vor. [12] Das Land *Yman* wurde nicht nur in der Nähe von Amurru (M. Dietrich/O. Loretz/J. Sanmartín 1975, 152) und in Kanaan, [13] sondern auch in der Nachbarschaft von Ugarit [14] gesucht.
4. *Yman* wurde auch schon, *pars pro toto*, mit der Ägäis gleichgesetzt (M. Dietrich/O. Loretz 1978, 63; G. Del Olmo Lete, MLC, 559). Man hat in dieser Beziehung Zypern in Betracht gezogen und *Yman* als einen Ort oder eine Gegend auf dieser Insel lokalisiert. [15]
5. *Yman* hat man außerdem hypothetisch als Bezeichnung einer Bevölkerungsgruppe angesehen (J. Sapin 1983, 182) oder gar mit Jemen(?) [16] identifiziert.
6. Aus KTU 1.40:27 wurde schließlich abgeleitet, daß es sich bei *yman* und *ʿrmt* mehr oder weniger um mythische Toponyme handle. [17]

Da in KTU 1.4 IV 41-43 eine besonders kunstvoll getriebene Schale beschrieben wird, liegt es nahe, bei diesem Werk des Handwerkergottes Koṯar-wa-Ḫasīs sowohl bei *amr* als auch bei *yman* an auswärtige Vorbilder zu denken, zumal der Künstler selbst als in Ägypten und Kreta beheimatet vorgestellt wird. Der Gedanke, folglich bei *Amr* das Land Amurru und bei *Yman*

---

[11] J. Aistleitner, WUS, Nr. 1175; A. van Selms 1971, 243, "region which forms part of the Ugaritic realm", Ableitung vielleicht von einer Wurzel *ymʾ* "schwören" (aramäisch); J.-M. de Tarragon 1989, 147 Anm. 37, vermerkt zu KTU 1.40:27 folgendes: "*yman, ʿrmt*: districts ou territoires d'Ougarit, à la localisation incertaine cf. M.C. Astour, *UF* 13, 1981, p. 11."

[12] A. Caquot/M. Sznyer 1974, 196-197 mit Anm. *u*; so auch J.C.L. Gibson 1978, mit Anm. 6, übersetzt zwar "as (in) Amurru", vermerkt aber "Less likely in view of the parallelism 'like a lamb'"; 142, *amr* lamb; 148, *yman* name of a country.

[13] J.C. de Moor, ARTU (1987), 46 Anm. 205, "Apparently Amurru and Yamʾanu were regions of Canaan which from the poet's viewpoint were foreign countries."

[14] P. Xella 1981, 266, "*yman* ... deve designare un territorio assai prossimo al regno di Ugarit."

[15] E. Masson 1986, 188-191, folgert aus ihrer Lesung *i-le-mi i-ya-mi-me-ti* "au/le dieu du (pays/ville) de Iyamin(e)", daß die Lesung *i-ya-mi-ne-ti* mit Ausnahme eines Phonems der keilalphabetischen Schreibung *yman* entspreche und daß die ugaritische Lesung "le pays de Ymʾan" die Identification mit Zypern oder wenigstens mit einem Teil der Insel erlaube.

[16] G.R. Driver 1956, 166, zur Lesung *ymnn* als Korrektur von *yman*.

[17] G. Del Olmo Lete 1992, 105 Anm. 183, zerlegt *ʿrmt* versuchtsweise in die Elemente *ʿr-mt* "ciudad de la muerte/Môtu".

die Ägäis, eingeschlossen Kreta, in Betracht zu ziehen, erscheint auf den ersten Blick verführerisch, vielleicht sogar Erfolg versprechend zu sein.

339 | Falls wir *Yman* vorläufig hypothetisch mit der Ägäis oder einem Teil derselben gleichsetzen, ergibt sich die Frage, ob die Parallelisierung von *yman* mit *amr* "Amurru" verständlich zu machen ist. Dies führt uns neben der Frage der geographischen Abgrenzung von *amr* "Amurru" wegen der bereits anfangs erwähnten mykenischen Funde in Ugarit und des Fehlens von ugaritischen Zeugnissen über Achäer auch zum Problem der Beziehungen Syriens und der levantinischen Küste zu Aḫḫijawa — gleichgültig, ob Aḫḫijawa in Kleinasien oder in der Ägäis anzusiedeln ist [18] — und folglich zum Thema der Schiffe von Aḫḫijawa, die nach einer Reihe von Autoren im Vertrag erwähnt werden, den der hethitische König Tutḫalija IV. um 1230 v. Chr. mit seinem Vasallen Šauškamuwa von Amurru schloß. [19] Wir stehen folglich vor der Frage, ob sich auf Grund schriftlicher Zeugnisse eine Ost-West-Achse zwischen Amurru und einem Land Aḫḫijawa in der Ägäis oder in einem Gebiet angrenzend an sie rekonstruieren läßt und ob wir darin ein Vorbild für das ugaritische Wortpaar *amr* ‖ *ḥwt yman* erblicken können.

Nach F. Sommer versucht der hethitische Herrscher Tutḫalija IV., eine Seeverbindung zwischen Aḫḫijawa und Amurru zu unterbinden und damit den Herrscher von Assyrien zu isolieren. F. Sommer hat die betreffende Stelle des Vertrages folgendermaßen ergänzt und übersetzt:

> [*ŠA* KUR *aḫ-ḫ*]*i-ia-u-wa-aš-ši* GIŠ.MÁ *pa-a-u-wa-an-zi l*[*e-e*]
> "Vom Land Aḫḫijawā darf kein Schiff zu ihm fahren." (F. Sommer 1932, 322-323, 325-326)

Dieser Satz wird als Verbot der Anlandung von Schiffen aus Aḫḫijawa in Amurru und somit des Handelsverkehrs zwischen Aḫḫijawa und Assyrien verstanden, mit dem Tutḫalija IV. Krieg führte. Die Ergänzung [*ŠA* KUR *aḫ-ḫ*]*i-ia-u-wa-aš-ši* stützte F. Sommer auf die zu Beginn des Vertrages getilgte Nennung eines Königs von Aḫḫijawa: LUGAL KUR *aḫ-ḫi-ia-u-wa-ia* "und der König des Landes Aḫḫijawa".

W. Helck kam bei seiner Interpretation des Vertrages zwischen dem hethitischen König und seinem Vasallen in Amurru zum Ergebnis, daß Aḫḫijawa entgegen F. Sommer ein Land sein müsse, das nicht nahe bei Amurru

---

[18] Siehe zu dieser Debatte u.a. G. Lehmann 1991, 112, der einer Lokalisierung von Aḫḫijawa in Kleinasien widerspricht und für die vordorisch-mykenische Zeit den Machtkern des ägäischen Reiches von Aḫḫijawa im inselmykenischen Raum, nahe der eigentlichen hethitischen Herrschaftssphäre, in der südlichen bzw. südöstlichen Ägäis lokalisiert; id. 1996, 4-6.

[19] Siehe H. Klengel 1995, 172, zur Frage, ob es sich um einen Vertrag oder um eine *ad-hoc*-Abmachung bzw. ein Memorandum handelt.

liege. Denkbar sei z.B. Kilikien. Da aber Kilikien damals fest in der Hand
340 des hethitischen Königs gewesen sei, komme diese Gegend nicht | in Be-
tracht. Dem Befehl Tutḫalijas IV. zufolge sei Aḫḫijawa der einzige bedeutende Seehandelspartner Amurrus gewesen. Da zu dieser Zeit die Keramikeinfuhr aus der Ägäis an die Küsten des östlichen Mittelmeeres sprunghaft angestiegen sei, liege eine Lokalisierung Aḫḫijawas in der Ägäis nahe. Die genaue Lage müsse jedoch offen bleiben. W. Helck schließt nicht aus, daß Aḫḫijawa die damals in Ḫatti verwendete Bezeichnung der Achäerherrschaft in Kreta gewesen sein könnte (W. Helck 1987, 224-226; id. 1995, 112).

G. Steiner geht bei seiner Erklärung der betreffenden Passage des Šauškamuwa-Vertrages von der Beobachtung aus, daß nach der Tilgung des Namens des Königs von Aḫḫijawa keine weitere Nennung von Aḫḫijawa zu erwarten sei (G. Steiner 1989, 399). Er schlägt daher als Lesung und Deutung der strittigen Stelle vor:

> *[la-aḫ-ḫ]i-ia-u-wa-aš-ši GIŠ.MÁ pa-a-u-wa-an-zi l[e-e]*
> *[tar-na-]ú*
> "Ein Schiff des [Krieg(fü]hren)s soll/muß er zu ihm (d.h. zu 'meiner Sonne') ni[cht] gehen [lassen!] (G. Steiner 1989, 401)

Nach G. Steiner bezieht sich diese Bestimmung einerseits nicht auf Handelsschiffe, sondern auf Schiffe für die Kriegsführung, und andererseits nicht auf Schiffe von Aḫḫijawa, sondern auf Schiffe von Amurru.[20] Šauškamuwa soll dem König von Ḫatti zwar Fußtruppen und Wagenkämpfer für den Krieg gegen Assyrien stellen, müsse oder solle aber kein Schiff für die Kriegführung zu ihm senden. Demnach müsse dieser Paragraph gar nicht einmal speziell die Situation des Feldzugs gegen Assyrien voraussetzen, sondern könne eine selbständige, ganz allgemein geltende Bestimmung enthalten (G. Steiner 1989, 402). Damit entfalle der einzige Beleg für eine Präsenz von Leuten aus Aḫḫijawa nicht nur in Amurru selber, sondern im östlichen Mittelmeer überhaupt; ganz und gar könne dann keine Rede mehr sein von einem wie auch immer gearteten Kontakt zwischen Aḫḫijawa und Assyrien. Eine derartige Rolle von Aḫḫijawa im Fernhandel und in der internationalen Politik dieser Zeit sei ohnehin problematisch gewesen, da Aḫḫijawa auf jeden Fall im Raum des westlichen Anatolien und der Ägäis zu lokalisieren sei und sonst niemals im Zusammenhang mit Ereignissen im Gebiet des östlichen Mittelmeers erwähnt werde. Auch der Befund, daß alle Texte, die das Land Aḫḫijawa nennen, hethitisch abgefaßt seien, spreche dafür, daß es außerhalb der Bereiches gelegen sei, in dem das Babylonische als internationale Schrift- und Verkehrssprache gebraucht wurde (G. Steiner

---

[20] Zu seegängigen Schiffen in Zusammenhang mit Amurru siehe G. Steiner 1989, 402-409.

1989, 409). Damit entfalle nicht nur der einzige Beleg für weitreichende
341 Beziehungen von Aḫḫijawa bis in das östliche Mittelmeer, sondern auch | für seine Rolle als bedeutende See- und Handelsmacht, da die noch verbleibenden Indizien für maritime Beziehungen von Aḫḫijawa allenfalls noch für die Lage dieses Landes an einer Küste sprächen, und nicht mehr. Diese negativen Konsequenzen seien zu berücksichtigen, wenn Aḫḫijawa als "Land der Achäer" aufgefaßt werden soll. Denn als wichtiges archäologisches Argument für diese Gleichsetzung seien vor allem die Funde von mykenischen Objekten in der Levante angesehen worden, also gerade in dem Raum, in dem zur gleichen Zeit vermeintlich auch die "Schiffe von Aḫḫijawa" auftraten. Nach G. Steiner hätte dabei bedacht werden müssen, daß trotz der angeblich intensiven Handelsbeziehungen, die die Achäer mit Orten an der syrischen Küste unterhielten, nicht einmal in Ugarit dokumentarische Spuren von ihnen, insbesondere 'achäische' Namen, nachzuweisen seien. Aber auch dieser negative Befund sei kein Argument für die Identität von Aḫḫijawa mit einem "Land der Achäer" (G. Steiner 1989, 410-411).

Falls man der Argumentation G. Steiners zustimmen möchte, [21] bleibt zu beachten, daß er Verbindungen zwischen Amurru und Aḫḫijawa nur für den von ihm behandelten Einzelfall auszuschliessen vermag. Enge Kontakte zwischen Amurru und Aḫḫijawa kann es schließlich auch sonst gegeben haben. [22]

W. Mayer, der die Deutung des Šauškamuwa-Vertrages von F. Sommer übernimmt, geht bei der Darstellung der kriegerischen Auseinandersetzungen zwischen den Hethitern und Assyrern unter Tukulti-Ninurta I. (1243-1207) von der Annahme aus, daß Tutḫalija IV. im Vertrag mit Šauškamuwa von Amurru verhindern wollte, daß die Assyrer gegen ihn vielleicht eine zweite Front mit Zielrichtung Westen errichten wollten. Nach hethitischem Befehl hatte Šauškamuwa dafür zu sorgen, daß zwischen Assyrern und Aḫḫijawa

---

[21] G.A. Lehmann 1991, 111 Anm. 11, sieht die von G. Steiner vorgeschlagene Ergäzung in RS IV Zl. 3 als mit großen sprachlich-gedanklichen wie sachlichen Schwierigkeiten verbunden an. Der von G. Steiner ergänzte Ausdruck stelle nicht nur ein *hapax legomenon* dar, sondern mach auch ienen ganz abrupten, in sich widersprüchlichen Personenwechsel (der die Vertragsanforderungen diktierende Hethiterkönig müßte an die Stelle des feindlichen Assyrerkönigs rücken!) notwendig. G.A. Lehmann betont außerdem, daß ein vom Großkönig konzedierter Erlaß einer aktuellen "Kriegsschiff"-Gestellung seitens des amurritischen Vasallenkönigs nach dem erfolgten Ausbruch eines allgemeinen Krieges zwischen Ḫatti und Assyrien doch wohl eine andere Formulierung verlangen dürfte. H. Klengel 1995, 171, führt aus, daß die von G. Steiner vorgeschlagene Ergänzung "Kriegesschiff" statt "(Handels)schiff des Landes Aḫḫijawa" sich würde auch mit der politischen Situation in Einklang bringen lassen, sich aber noch nicht sichern lasse.

[22] H. Klengel II 1969, 316; G.A. Lehmann 1991, 111 Anm. 12, machen darauf aufmerksam, daß die eigentliche Handelsroute vom Mittelmeer nach Mesopotamien durch Amurru (via Tadmor/Palmyra) und keineswegs über Ugarit verlief.

keinerlei Verbindung über See zustande komme. Dieser letzte Passus erhalte
342 eine besondere Nuance durch | die Auffindung von einer Mine Lapislazuli
in Gestalt von geschnittenen Siegeln — größtenteils kassitischer Provenienz — und Rohlingen auf dem Gebiet des "Neuen Palastes" in Theben/Böotien.[23] Auch wenn es sich, da inschriftliche Zeugnisse fehlten, nur um eine Vermutung handeln könne, sei es doch zumindest denkbar, daß Tukulti-Ninurta durch diplomatische Geschenke — 1 Mine Lapislazuli sei nach dem Verständnis der damaligen Zeit durchaus ein königliches Geschenk — versucht habe, westliche Nachbarn der Hethiter für die Errichtung einer zweiten Front zu gewinnen. Es erscheine daher auch nur als folgerichtig, wenn Tutḫalija IV. alles daransetzte, solche für ihn äußerst gefährlichen Kontakte zu unterbinden (W. Mayer 1995, 212).

Abgesehen von der Deutung der strittigen Passage über die Schiffe im Šauškamuwa-Vertrag ist den Funden mykenischer Tonware in Syrien-Palästina (C. Lambrou-Phillipson 1990, 80) sicher zu entnehmen, daß zwischen dem mykenischen Bereich und Amurru/MAR.TU sowie dem Fürstentum Amurru Handelsbeziehungen bestanden haben. Selbst wenn man annähme, daß der Austausch der Waren einseitig von Kaufleuten und Schiffen aus dem Fürstentum Amurru dominiert gewesen sei, so wäre ein Handel nur möglich gewesen, wenn auch die Bewohner von Amurru/MAR.TU Kenntnisse über die geographische Lage ihrer indirekten Handelspartner aus dem Land Aḫḫijawa oder der Ägäis gehabt hätten. Da aber weder für Ugarit noch für Amurru sichere sprachliche Zeugnisse für eine Verbindung mit Aḫḫijawa vorliegen, sind in dieser Hinsicht keine genügend abgesicherten Schlußfolgerungen über eine Verbindung von Ugarit und Amurru mit Aḫḫijawa möglich. Ein Vorschlag, *Yman* mit dem Land Aḫḫijawa gleichzusetzen, müßte gegenwärtig folglich als unbegründbar oder höchst riskant angesehen werden.

Obwohl Aḫḫijawa für eine Gleichsetzung mit *Yman* ausscheidet, bleibt auch weiterhin möglich, im Wortpaar *Amr* "Amurru" ‖ *Yman* die Beschreibung eines Verhältnisses zwischen dem festländischen Amurru und
343 irgendeinem noch näher zu bestimmenden Handelspartner in der | Ägäis

---

[23] E. Porada 1981/82, 1-70; zur historischen Bedeutung dieses Fundes siehe u.a. G. Lehmann 1991, 111, der die These von E. Porada (1981/82, 68-69, 77) übernimmt, daß mehrere Indizien für die Hypothese sprächen, diesen wertvollen Fundkomplex als Niederschlag eines spektakulären Versuchs des Assyrerkönigs Tukulti-Ninurta I. anzusehen, mit Hilfe der in Babylonien (besonders im Marduk-Tempel!) gemachten Beute - und gegen die vom Großkönig von Ḫatti verfügte Blockade der Levanteküste - sich bedeutende Zentren der fernen mykenisch-ägäischen Welt unmittelbar zu verpflichten; siehe ferner C. Lambrou-Phillipson 1990, 77-79, Bericht über die unterschiedlichen Interpretationen des Fundes.

M.C. Astour 1973, 26, nimmt an, daß die Siegel in einer syrisch-hurritischen Werkstätte für den Export hergestellt und direkt von Ugarit aus oder über Kreta nach Theben verschickt worden sind.

oder der Küste Kleinasiens zu sehen. Auch der Vergleich eines Kunstwerkes mit Schmiedearbeiten aus Amurru und *Yman* in KTU 1.4 I 41-43 könnte durchaus auf Beziehungen der Bewohner von Amurru/MAR.TU und Ugarit zu den Aḫḫäern, den mykenischen Griechen nahelegen. Was die Ugariter betrifft, so könnten sie demnach zumindest über die Amurriter, die Hethiter oder durch eigene Beziehungen von einem im Westen gelegenen Land *Yman* gewußt haben. Da aber das Wort *Yman* in der ugaritischen Mythologie belegt ist und wir als Grundlage der gegenseitigen Beziehungen eine intensive Seefahrt anzunehmen haben, könnten sie auch selbst einen direkten Kontakt mit *Yman* gehabt haben, indem sie dieses Land mit eigenen Schiffen angefahren haben oder dessen Schiffe bei ihnen angelandet sind. Dies führt uns, wie im folgenden zu zeigen ist, zur Frage nach der möglichen Herkunft des Wortes *Yman* und dessen etwaigem Bezug zum Wort Aḫḫija und Aḫḫijawa zurück.

O. Carruba legt seinem Beitrag zur Achäer-Frage die Erkenntnis zugrunde, daß zwischen *Aḫḫijā* und *Aḫḫijawā* zu unterscheiden sei. Da *Aḫḫijawā* das anatolische Suffix *-wā* enthalte, das ein Territorium um eine Stadt, seine Region oder/und vielleicht seine Bevölkerung anzeige, sei von einem ursprünglichen *Aḫḫiyā* auszugehen (O. Carruba 1995, 11). Dieses *Aḫḫiyā* gehe auf ein **Ahhya* > **Aihha* zurück und sei mit *Αιγα anzusetzen. Mit diesem Terminus hätten die Griechen der Küsten und der Inseln wahrscheinlich das von ihnen besiedelte Land bezeichnet. Der Name des ägäischen Meeres Αιγαιον sei folglich von *Aḫḫijā* abgeleitet (O. Carruba 1995, 13-14).

Nach O. Carruba wird *-ḫḫ-*, abhängig von der Betonung, entweder mit -γ- oder mit -χ- wiedergegeben, so daß sich auf diese Weise Αιγα und Αχαια erklären ließen (O. Carruba 1995, 13-14). Direkt von *Aḫḫía* seien auch kleinasiatisches Ιας, Ιαδος "Jonien" abzuleiten (O. Carruba 1995, 14). Hier sei auch Ιαονες "Jonier" anzuschließen und es lasse sich so die Notiz Herodots über die Jonier verstehen (O. Carruba 1995, 15). Auf jeden Fall seien auch die Namen der Völker und Städte an der kleinasiatischen Küste, Αιολεες, Ιαονες und Ιασος, Ableitungen von den Toponymen *Aḫḫijā* und *Aḫḫijawā* (O. Carruba 1995, 17). Auf diese Weise gelangt er zum Schluß, daß *Aḫḫiya* besser als andere Vorschläge die Entwicklung Ιαονες < **(A)ija-unni* < **Aḫḫiya-wanni* erkläre (O. Carruba 1995, 21). Sein Ergebnis ist, daß die evidente linguistische Identifikation der Namen *Aḫḫijā* und Αιγαιον, *Aḫḫijawā* und Αχαιοι, vor allem aber die Verbindung zwischen Ländern, Völkern und dem sie verbindenden Meer positiv und definitiv die Frage der Präsenz von Griechen an der kleinasiatischen Küste zur Zeit der Hethiter löse (O. Carruba 1995, 19).

Wenn wir von O. Carruba den Vorschlag übernehmen, den Namen
344 Jonier auf Ιαονες < **(A)ija-unni* < **Aḫḫiya-wanni* zurückzuführen, | gelangen wir unter vorläufiger Ausklammerung von historischen Daten zu einer guten linguistischen Basis für die Erklärung des ugaritischen Ländernamens

Yman: Ausgehend von *(*Aḫḫ*)*iya-wanni* erhalten wir bei Annahme, daß *w* im Ugaritischen durch *m* wiedergegeben wurde [24] und *a* möglicherweise als Vokalbuchstabe zur Erleichterung der Aussprache des fremden Wortes diente, [25] auf einem geraden, aber hypothetisch arg beschatteten Weg endlich zu *Yman* "Jonien".

Die hier vorgetragene Deutung für *yman* wird durch das auf dem Henkel eines Pithos aus Kumidi verzeichnete *ymn* (KTU 6.67:1) geradezu bestätigt: Wahrscheinlich gibt der Vermerk, der in Zypern geschrieben worden sein dürfte, die Herkunft der Ware aus "Jonien" an (zur früheren Diskussion siehe M. Dietrich / O. Loretz 1988, 227-231).

Gegen eine Zusammenschau von *Yman* und "Jonien" wurde geltend gemacht, daß in den Linear B Texten "Jonien" bisher nicht nachgewiesen wurde und nach der griechischen Tradition die Jonier einem nach-mykenischen Stadium der Entwicklung angehören, folglich in ugaritischen Texten kaum vorstellbar seien. [26] Es mag aber trotzdem voreilig sein, aus einem Schweigen der Linear B Texte über Jonier den Schluß zu ziehen, daß in den ugaritischen Texten *Yman* nicht zur Bezeichnung von "Jonien" bezeugt sein könne.

Der Name *Yman* erscheint auch in dem Ritualtext KTU 1.40:27 und 1.84:2.[13]. Da in diesem Ritual auch andere ausländische Größen wie z.B. Ḫatti (KTU 1.40:29) erwähnt werden, dürfte *Yman* auch die Bezeichnung für ein Land außerhalb des ugaritischen Herrschaftsgebietes sein. Es bleibt allerdings zu fragen, ob zwischen *Yman* und dem folgenden *ʿrmt* (KTU 1.40:27; 1.84:2-[3]. [13]-14) ein engerer geographischer Zusammenhang besteht. Hinsichtlich *ʿrmt* ist außerdem zu fragen, ob zwischen dem *ʿrmt* der Ritualtexte und dem in einer Wirtschaftsurkunde (KTU 4.355:36) aufgeführten *ʿrmt* im Gebiet von Ugarit [27] zu trennen ist (W.H. van Soldt 1994, 373; er läßt z.B. die Frage offen).

Kehren wir nun zu der anfangs gestellten Frage zurück, welches geographische Weltbild die Parallelisierung der Ländernamen *amr* und *yman* voraussetzt.

---

[24] Für den hier postulierten *m-w*-Wechsel sei auf die Austauschbarkeit der beiden Laute in Lehnwörtern aus Mesopotamien (z.B. ug. *hmlt* "Menschen, lärmende Volksmenge" < akk. *amīlūtu*; ug. *hwt* "Wort" < akk. *aw/mātu*) verwiesen, der die aus sonst in der ersten Hälfte des 2. Jt.s v.Chr. erkennbare Unsicherheit in der Abgrenzung der Laute |m| und |w| in den keilschriftlichen Quellen widerspiegelt.

[25] Es besteht kein zwingender Grund, etwa mit J.C. de Moor/P. Sanders 1991, 286, 290, *Ymʾan* anzusetzen.

[26] Siehe zu dieser Argumentation bereits M. Liverani 1962, 52-54; siehe auch H. Klengel 1962, 458 Anm. 1.

[27] M.C. Astour 1975, 311, Nr. 81, ʿAramteh, nordöstlich von Siyannu; so auch J.C. de Moor/P. Sanders 1991, 290.

345 | Mit *amr* "Amurru" könnte nicht das Fürstentum der Dynastie des Aziru von "Amurru" gemeint sein, sondern auch die geographisch determinierte Bezeichnung Amurru/MAR.TU [28] für den mittel- und nordsyrischen Raum. Denn neben dem Namen für das Fürstentum, das sich von der mittelsyrischen Ebene bis zur Mittelmeerküste auf der Höhe von Tripoli und nördlich davon erstreckte, ist die offensichtlich auch weiter gefaßte Bedeutung von "Amurru" erhalten geblieben (I. Singer 1991a, 69 ff.; id. 1991b, 134; H. Klengel 1995, 161-162). Es ist deshalb anzunehmen, daß in KTU 1.4 I 41 mit *amr* "Amurru" auf das östlich und südlich von Ugarit gelegene "Amurru" (: Amurru/MAR.TU) angespielt wird, in diesem Fall für Amurru/-MAR.TU also nicht die für einen Mesopotamier Bedeutung "Westen", [29] sondern eher "(Süd-)Osten" anzusetzen ist. Selbst wenn wir uns für Amurru/-MAR.TU entscheiden, bleibt zu beachten, daß auch in diesem Fall konkret ein Gebiet an der Küste gemeint sein könnte, das zum späteren Fürstentum Amurru gehörte. [30]

Wenn wir vorläufig offenlassen, ob wir *amr* mit Amurru/MAR.TU, dem Fürstentum Amurru oder konkret etwa mit Byblos gleichsetzen sollen, so haben wir noch zu untersuchen, in welchem Verhältnis *Yman* innerhalb des Parallelismus zum vorangehenden *Amr* steht. Der Parallelismus selbst läßt ja mehrere Bedeutungen zu, so daß folgende Fragen zu stellen sind: Werden hier zwei an sich weit auseinander gelegene Länder zusammengesehen, das große Gebiet von Amurru mit einem Teilgebiet desselben, Amurru mit einer Landschaft in nächster Nachbarschaft parallelisiert?

Wählt man die formal vom Parallelismus her gebene Möglichkeit, *Yman* als Teilgebiet des größeren *Amr* "Amurru" zu verstehen, aus dem die gerühmten Metallarbeiten kommen, so könnte man zur Rechtfertigung dieser Lösung z.B. auf die spätere Tradition der phönikischen Metallschalen verweisen (Siehe z.B. Ilias XXIII 740-745; S. Moscati 1988, 436-447). Die phönikischen Werkstätten könnten frühere "amurritische" Traditionen fortführen. Da jedoch sonst *Yman* im Bereich von Amurru und im restlichen syrischen Gebiet nicht nachweisbar ist, dürfte es am nächsten liegen, *Yman* als eine selbständige geographische Größe außerhalb von Syrien-Palästina zu verstehen. Auch von der Sache her liegt es am nächsten, an ein Land im Be-
346 reich der kunstsinnigen Minoer | oder der mykenischen Griechen zu denken, mit dem sowohl Amurru als auch Ugarit regen Güteraustausch pflegten. Folglich ist auch von dieser Seite her an ein Land *Yman* "Jonien" zu denken.

---

[28] AHw, S. 46: *amurru(m)* 2) LN: etwa Westmesopotamien mit Syrischer Wüste, später auch = Syrien; zu *Amurru(m)* siehe ferner CAD A/II, S. 94b-95a. Zu dem strittigen *kaspum A-mu-ru-um* "Amorite silver" (CAD A/II, S. 94b) siehe jetzt Th. Sturm 1995, 487-503, *kaspum ammurum* "(im Feuer) geprüftes Silber".

[29] AHw, S. 46: *amurru(m)* 4) "Westwind, Westen"; G. Del Olmo Lete 1992, 105 Anm. 183, "*amr/Amurru* ('Occidente')".

[30] Hier ist vor allem an die Rolle der Stadt Byblos zu denken; M.C. Astour 1973, 17-18.

2. Wie nannten die Ugariter die Ägäis?

Nach KTU 1.3 VI 7-16 führt die Reiseroute des Boten der Göttin Aṯiratu über *gbl*, *qʿl* und *iht np šmm* nach Memphis in Ägypten. Es ist jedoch strittig, ob er die Reise nach Ägypten zu Land, zur See oder zur See und zu Land gemacht hat. Je nach Voraussetzung ergeben sich so ganz verschiedenen Reiserouten.

Eine Fahrt nach Ägypten zu Lande scheinen H.L. Ginsberg, F. Løkkegaard und A. Caquot/M. Sznycer vorauszusetzen: [31]

[Tra]verse Gabal, traverse Qaʿal,
Traverse Ihat-nop-shamem. (KTU 1.3 VI 7-9a) [32]

[Go ov]er the cliff *(gbl)*, go over the mountain ridge *(qʿl)*, go over the curve(?) [33] of the zenith.
(KTU 1.3 VI 7-9a: F. Løkkegaard 1955, 18)

[Pas]se par la montagne, passe par la hauteur,
passe par les *plages du zénith*.
(KTU 1.3 VI 7-9a A. Caquot/M. Sznycer, TO I (1974), 177-178)

J.C. de Moor erwägt, ob die mythische Reiseroute dem Vorbild der Vogelroute folge. Er nimmt nämlich an, daß der Bote erst das Meer zwischen der Wohnung Els und dem Land überquere und dann von Norden nach Süden über Kanaan und die Inseln von Noph (= Memphis) fliege:

[And pass] over a thousand [acres of] sea,
ten thousand [square mile]s of the two Rivers.

Pass Byblos,
pass Qaʿilu,
pass the islands of Noph.
(KTU 1.3 VI 5-9a: J.C. de Moor, ARTU (1987), 19;
J.C.L. Gibson, CML (1978), 54)

---

[31] Für eine Landreise entscheiden sich z.B. auch J. Aistleitner 1959, 31; F. Renfroe 1992, 140.

[32] H.L. Ginsberg, ANET (1969), 138; dieser Deutung schließt sich z.B. auch F. Renfroe 1992, 140, mit folgenden Worten an: "The equation of *gbl* with a Phoenician locale, of *qʿl* with a town in Philistia, and of *iht np šmm* with the Nile delta at least has the fact to recommend it that this route is manageable with conventional means of land transport."

[33] F. Løkkegaard 1955, 18 Anm. 7, "*iht*, related to Ar. *ʾahtaʾ*, curved?".

347 | Für eine Seereise votiert M. Dijkstra. Er führt die Route längs der Küste über *Gbl* "Byblos", *Qʿl* "Cape (?)" (M. Dijkstra 1991, 128 Anm. 11, erwägt den Berg Karmel) und die Küsteninseln von Noph (= Memphis, Nildelta: M. Dijkstra 1991, 128-129).

Dagegen dürfte C.H. Gordon eine Land- und Seereise voraussetzen:

[Cro]ss the mountain
Cross the summit
Cross the isles of the *height* of heaven!
(KTU 1.3 VI 5-9a: C.H. Gordon 1977, 84)

J. Sanmartín spricht von einer Fahrt über Land und Inseln:

Fahre über *Gbl*,
fahre über *Qʿl*,
fahre über die *Np*-Inseln.
(KTU 1.3 VI 5-9a) [34]

Aufgrund von *mšr* "(mit dem Wagen) umherfahren" denkt J. Tropper gleichfalls an eine Wagenfahrt zu Land (und auf dem Meer?):

[Fahre über] 1000 [Morgen auf] dem Meer,
(über) 10000 [Hektar] auf den Flüssen!

Fahre vorbei an Berg (und) Gipfel,
fahre vorbei an den "Inseln" der Himmelshöhe!"
(KTU 1.3 VI 5-9a: J. Tropper 1990, 40)

Eine Reihe von Autoren setzt voraus, daß die Formulierung *iht np šmm* [35] oder *iht np* auf *np* "Memphis" und die Inseln dieser Stadt im Nildelta zu beziehen sei (J. Sanmartín 1978, 352-353; J.C. de Moor, ARTU (1987), 19; J.C.L. Gibson, CML (1978), 54; M. Dijkstra 1991, 128-129; F. Renfroe 1992, 140). Bei dieser Argumentation wird nicht nur angenommen, daß die Ugariter neben *ḥkpt* für Memphis (KTU 1.1 III 19; 1.3 VI 13 (*ḥ{q}pt*).15; 1.17 V 21.31; 4.247:26) gleichzeitig auch *np* benützt hätten, [36] sondern

[34] J. Sanmartín 1978, 352-353, gliedert *iht np šmm* in *iht np* und *šmm* auf, das er zur nachfolgenden poetischen Einheit stellt. In *Gbl* und *Qʿl* vermutet er die Namen bestimmter Städte oder Landschaften. In *iht np* "Inseln von Memphis" sieht er eine Bezeichnung für die im Innern des Nildeltas zwischen den Flußarmen gelegenen Landstriche.

[35] F. Renfroe 1992, 140, übersetzt *iht np šmm* versuchsweise mit "the Isles of heavenly Noph".

[36] Zu *m/np* "Memphis" in biblischen Texten siehe HAL, S. 584: *mp*; 669: *np*.

auch, daß man von "Inseln" im Nildelta sprechen könne. Da weder die hebräischen noch die ägyptischen Texte solche Inseln von Memphis kennen, dürfte eine Übersetzung von *iht np* mit "Inseln von Memphis" kaum zu rechtfertigen sein. Auch eine Übersetzung von *np šmm* mit "Zenith" (F.
348 Løkkegaard 1953, 230 Anm. 115, ohne Erklärung; | A. Caquot/M. Sznycer, TO I, 1974, 178) oder "Himmelshöhe" (C.H. Gordon 1977, 84; F.O. Hvidberg-Hansen I 1990, 80; J. Tropper 1990, 40) führt ohne nähere geographische Festlegung zu keinem Ergebnis. Es wurde auch in Erwägung gezogen, in *iht np šmm* eine Parallele zur ägyptischen Formulierung *iww ḥryw-ib Wꜥḏ-Wꜥr* "Inseln inmitten des *Wꜥḏ-Wꜥr*" als Bezeichnung der Inseln der Ägäis zu sehen (M. Dietrich/O. Loretz 1990, 72).

O. Carruba erkennt in der ägyptischen Formulierung *iww ḥryw-ib nw Wꜥḏ-wr* "die Inseln inmitten des Großen Grünen/Meeres" einen Namen für die Ägäis und quasi eine Übersetzung des lokalen *Aḫḫija*, das die Inseln bezeichnet habe, während Αιγαιον das "Meer der Inseln" sei (O. Carruba 1995, 18). Er befindet sich mit dieser Interpretation der ägyptischen Bezeichnung eines Teils des Mittelmeeres in Widerspruch zu W. Helck, der darin nicht so sehr eine geographische, als vielmehr eine mythische Angabe sieht (H. Helck 1987, 220-221, 224).

Folgen wir der von O. Carruba unterbreiteten Überlegung, so wäre es nicht ausgeschlossen, daß wir in der Formel *iht np šmm* "Inseln an der Höhe des Himmels" [37] eine ugaritische Wiedergabe der mykenischen und ägyptischen Terminologie für die Ägäis und die ägäischen Inseln erkennen könnten.

Gegen eine Identifikation von *iht np šmm* mit der ägyptischen Bezeichnung *iww ḥryw-ib Wꜥḏ-Wr* und eine Deutung der letzteren als Beschreibung der Inselwelt der Ägäis spricht jedoch, daß eine Übersetzung von *Wꜥḏ-Wr* mit "Meer" fraglich ist (Cl. Vandersleyen 1988, 75-80; id. 1991, 345-352; id. 1996, 107-115; O. Goelet 1992, 205-214). Wenn wir folglich keine Möglichkeit haben, *iht np šmm* vom Ägyptischen her zu verstehen, [38] so bleibt doch die Möglichkeit bestehen, darin eine Bezeichnung der Ägäis vom ugaritischen Standpunkt aus zu sehen.

Da der Bote der Aṯiratu auf seiner Reise zum Handwerkergott Koṯar-wa-Ḫasīs auf Kreta und in Ägypten übers Meer, an Bergen, Höhen und an den "Inseln an der Höhe des Himmels" dahinfahren soll (KTU 1.3 VI 1-23), wird mit *iht np šmm* ganz allgemein angezeigt, daß seine Fahrt übers Meer und an

---

[37] F. Renfroe 1992, 140, vergleicht die Bezeichnung von Memphis als "überaus göttlich" (*ḥqkpt il klh,* KTU 1.3 VI 13-14) mit der Formel *iht np šmm* und übersetzt *šmm* mit "himmlisch": "'the Isles of heavenly Noph'?". Für *šmm* "himmlisch, göttlich" im Sinne von *il* als Superlativ liegen im Ugaritischen allerdings keine Belege vor.

[38] Es dürfte kaum zu erwägen sein, *ḥwt yman* mit "Land des Amun (**Jamán.vw*)" zu übersetzen.

Inseln vorbei gehen soll, wobei die Formulierung "Inseln an der Höhe des Himmels/im Westen" (M. Dietrich/O. Loretz 1990, 72), die Ägäis, oder, noch genereller, das Gebiet vor Kreta und Ägypten anzeigen dürfte.

349 | 3. Interpretation von KTU 1.4 I 41-43 und 1.3 VI 4-16

Wenn wir von dem in den vorhergenden Abschnitten 1-2 erreichten Ergebnis ausgehen, *Yman* versuchsweise mit "Jonien" zu übersetzen und in *iht mp šmm* eine Bezeichnung der ägäischen Inselwelt zu sehen, besitzen wir eine Grundlage für eine intensive philologische und inhaltliche Auseinandersetzung mit KTU 1.4 I 41-43 und 1.3 VI 4-16.

3.1. KTU 1.4 I 41-43

Für die strittige Passage aus dem Baal-Mythos sind die widersprüchlichsten Übersetzungen vorgeschlagen worden. Die Autoren differieren nicht nur in der Deutung von *il* in Verbindung mit *ṣʿ*, von *ḥwt,* der Ländernamen *Amr* und *Yman*, von *k* || *k* sondern auch in denen von *dqt* oder *qt* und dessen inhaltlichem und formalem Verhältnis zu parallelem *sknt*. Nachfolgend seien aus Gründen der Wissenschaftsehrlichkeit u.a. folgende Übersetzungen mitgeteilt:

G.R. Driver CML (1956), 93:
bowls for a god whereon the like of Syrian(?) small cattle
(and) the like of wild beasts of the Yemen(?)
(and) wild oxen up to ten thousands (are) the decoration.

J.A. Emerton 1965, 441:
A bowl for a god, of which the handle is like a lamb (?),
The decoration like the beasts of *Yman*,
On which are wild oxen in myriads.

H.L. Ginsberg 1969, 132:
Gorgeous bowls shaped like small beasts like those of Amurru,
Stelae shaped like the wild beasts of Yamʾan,
Wherein are wild oxen by the myriads.

E. Lipiński 1973, 202:
Vase divin, dont l'anse est comme un agneau
(et) l'aspect comme celui d'une bête de Yamʾan.

A. Caquot/M. Sznycer, TO I (1974), 196-197:
un vase divin dont l'*anse* ressemble à *un agneau*,
(*et*) *la base* au pays de Yma'an,
où les boeufs sauvages (se comptent) par milliers.

T.H. Gaster 1975, 174:
dishes fit for a god,
(made of metals dug) from the foundations of the earth,
| (shaped like) the small cattle of Amurru;
steles (shaped) like the wild beasts of Yam'an,
wherein are wild oxen by the myriads.

A. van Selms 1975, 475:
the bowl of Ilu (with a capacity of) a goatskin like in Amurru,
a tended (goat) like in the country of Ym'an,
whereon were innumerable buffaloes.

C.H. Gordon 1977, 90:
A glorious bowl, fine (work) like Amurru (craft)
A stela like the *craft* of the realm of Yman
In which there are buffaloes by myriads.

M. Dietrich/O. Loretz 1978, 58:
einen El-Becher mit Kleintieren nach Amurru-Art,
mit einer Figuration nach Art des Yman-Landes,
in dem Wildstiere zu Zehntausenden sind.

J.C.L. Gibson, CML (1978), 56:
a divine bowl whose handle was (shaped) as (in) Amurru,
(and whose) appearance was as the land of Ym'an,
where are wild-oxen by the ten thousands.

B. Margalit 1980, 13:
A huge vase, delicate as an (antler-)branch,
A chest like the plains of Yman,
Where buffalo (roam) by the myriads.

G. Del Olmo Lete, MLC (1981), 194:
una fuente divina de elaboración al estilo de *Amurru*,
der forma al estilo de la tierra de *Yamānu*,
en la que había toros salvajes a miriadas.

K. Aartun 1984, 17:
ein göttlicher Becher, (Klein-/Jung-)Vieh gleich Lämmern die Verzierung,
gleich Tieren von Yman, wo (es) Wildstiere (gibt) zu Zehntausenden.

I. Kottsieper 1986, 220:
Ein El-Becher mit einer Hämmerung nach Amurru-Art,
mit einer Gravur nach der Art des Landes Yman,
mit dem Wildstiere zu Zehntausenden sind.

E. Masson 1986, 189:
Un vase divin dont l'anse ressemble à un agneau
(et) la partie dressée (i.e. "corps") au pays de Ym'an.

351 | J.C. de Moor, ARTU (1987), 46:
a tremendous bowl,
as delicate as one from Amurru,
shaped like one from the Yam'anu country,
with ten thousand wild oxen within.

Bei einer Übersetzung des strittigen Trikolons dürfte von der Tatsache auszugehen sein, daß *ṣʿ il* im ersten und zweiten Kolon durch je ein Adjektiv und im dritten durch das mit *d* eingeleitete Kolon beschrieben wird. Die poetische Einheit wird demnach von den folgenden Wortpaaren bestimmt: *dqt* || *sknt*, *k* || *k*, (*ḥwt*) *amr* || *ḥwt yman*. Die drei Wortpaare sind zusammen mit dem dritten Kolon alle auf *ṣʿ il* zu beziehen, so daß das dritte Kolon keine Ergänzung zum ersten und zweiten Kolon darstellt (anders z.B. M.C.A. Korpel / J.C. de Moor 1986, 190).

Für eine nähere Charakterisierung Amurrus und des Landes *Yman* ist auch die letzte Zeile des Trikolons *d bh rumm l rbbt* "in/auf der zu zehntausenden Wildstiere sind" (KTU 1.4 I 43) herangezogen worden. Darin wird eine Beschreibung des Landes *Yman* gesehen, das reich an Wildstieren sei.[39] Von der Struktur des Trikolons her gesehen ist das letzte Kolon jedoch auf das erste Wort *ṣʿ il*, nicht aber auf das vorangehende *Yman* zu beziehen. Folglich entfällt die Möglichkeit, in *Yman* ein Land mit zahlreichen Wildstieren zu sehen. Die Werkstatt, in der die Schale hergestellt worden ist, folgte einer vorgegebenen Tradition, setzte also kaum ihre Umwelt in künstlerische Motive um. Aus dem Kolon KTU 1.4 I 43 ist nur zu

---

[39] So z.B. A. Caquot/M. Sznycer, TO I (1974), 196-197; T.H. Gaster 1975, 174; C.H. Gordon 1977, 90; M. Dietrich/O. Loretz 1978, 58; J.C.L. Gibson, CML (1978), 56; B. Margalit 1980, 13; G. Del Olmo Lete, MLC (1981), 194; K. Aartun 1986, 220; I. Kottsieper 1986, 220; J.C. de Moor, ARTU (1987), 46.

entnehmen, daß die Schale ein in Amurru und "Jonien" beliebtes Motiv — Wildstiere in verschiedenen Positionen — zur Schau stellt.

Von den Wortpaaren und der Symmetrie des Trikolons er ergeben sich folgende poetologische Gliederung und Übersetzung:

ṣʿ il dqt k amr 11
sknt k ḥwt yman 12
d bh rumm l rbbt 12 [40]

Ein herrlicher dünner Becher wie aus Amurru,
hergestellt wie aus dem Gebiet *Yman* "Jonien",
auf/in dem zu Zehntausenden Wildstiere sind. (KTU 1.4 I 41-43)

352 | Die einzelnen Wörter des Trikolons haben zu weit differierenden Übersetzungen und Deutungen geführt. Eine eingehende Auseinandersetzung mit ihnen verdeutlicht am besten die Vielzahl der philologischen und sachlichen Probleme, die mit diesem Trikolon aufgeworfen werden.

ṣʿ il "herrliche Trinkschale"

ṣʿ "(Trink-)Schale" f.; KTU 1.3 II 32; 1.5 I 21, *ṣʿ* ‖ *ks*; 1.15 IV 24, *ṣʿ* ‖ *bšr*, V 7, *ṣʿ* ‖ *bšr*; 1.16 III 1; 1.101:14; 1.112:4, *ṣʿ rgbt*; 1.133:11, *ks* ‖ *ṣʿ*; 1.170:8; 4.48:5; 4.68:4; 4.346:4; 4.380:14; siehe ferner 4.685:3; 1.139:1; 1.22 I 28; Brockelmann 624; aramäisch-syrisch *ṣāʿā* 'bowl'; CDG, S. 566: *ṣewwāʿ* 'cup, goblet, chalice used in service of the Eucharist'; AHw, S. 1087: *ṣāʾu* eine Art Feld; J. Huehnergard, UVST, S. 170, 246; M. Dietrich/O. Loretz 1996, 843.

Der Parallelismus *ṣʿ* ‖ *ks* oder *ks* ‖ *ṣʿ* spricht dafür, vielleicht in *ṣʿ* mehr eine flache Schale als einen höheren Becher (*ks*), der auch weniger Durchmesser als eine Schale hat, zu sehen. [41] So erklärte sich auch besser die Verwendung des Wortes zur topographischen Kennzeichnung einer Senke im Gelände. Zu Bechern, Schalen (*ks*) aus Gold und Silber als Tributgeschenken siehe KTU 3.1:27.29.31.

Trinkbecher in Ebla weisen größtenteils ein Fassungsvermögen von 0,285 bis zu 0,450/500 Liter auf (S. Mazzoni 1994, 250; siehe ferner F. Baffi Guardata 1994, 280-283).

Das Trinkgefäß *ks* wird auch mit *qbʿt* (HAL, S. 994: *qbʿt "Becher"; AHw, S. 890: *qabūtu* "Becher, Kelch"; Salonen, Hausgeräte

---

[40] Vgl. dagegen M.C.A. Korpel/J.C. de Moor 1986, 190, die ein asymmetrisches Tetrakolon mit den Längen 4 ‖ 7 ‖ 12 ‖ 12 ansetzen.

[41] Zur Differenz zwischen Becher und Schale siehe u.a. K. Karsten 1994, 39, 45; P. Pfälzner 1995, 59-60.

120ff.; M.G. Amadasi Guzzo 1990, 20-21, phönizisch *qbʿ* "coupe") parallelisiert (1.19 IV 54-56). *qbʿt* bezeichnet zusammen mit *ks*, wie in diesem Fall der Parallelismus zu erkennen gibt, eine (Trink-)Schale (siehe auch M.G. Amadasi Guzzo 1990, 24).

Es liegt nahe, den Parallelismus *ks* ‖ *ṣʿ* mit dem der Trinkgefäße *ks* ‖ *krpn* "Becher" ‖ "Krug" (KTU 1.1 IV 9-10; 1.3 I 10-11; 1.4 III 43-44, IV 37, VI 58-59; 1.5 IV 15-16.17-18; 1.15 II 16-17; 1.16 V 39-40?) zu vergleichen. Dabei dürfte es sich beim *krpn* (AHw, S. 449-450: *karpatu* "[Ton-]Gefäß") um ein größeres Gefäß handeln, aus dem entweder ein *ks* (AHw, S. 454-455: *kāsu* "Becher"; DNWS, S. 521: ks_1; M.G. Amadasi Guzzo 1990, 16-17, 25, phönizisch *ks* "coupe à boire"; E.J. Hoch
353 1994, 338-339, Nr. 502, **kōša* "cup; goblet") oder ein *ṣʿ* eingefüllt | wurde. Es könnte auch sein, daß man aus einem *krpn* mit Röhren getrunken hat. [42]

Auf den *krpn* dürfte der *mmskn* "Mischkrug", "Krater" (KTU 4.123:18: G. Lehmann 1996, Tf. 32-37; O. Loretz 1993, 249) folgen. Das größte Volumen wird dem *kd* "Krug, Vorratskrug" (HAL, S. 439: *kd* "großer Krug"; AHw, S. 436: *kandu* II [aram. Lw.] "Krug"; DNWS, S. 487-488: kd_1 "pitcher, jar"; M.G. Amadasi Guzzo 1990, 17-20, phönizisch *kd*, "un récipient à vin, utilisé cependant aussi pour puiser l'eau d'un puits"), aus dem man einen *mmskn* "Mischkrug" gefüllt hat (KTU 1.3 I 15-17), zuzuordnen sein. Es liegt wahrscheinlich folgende Rangfolge der Gefäße nach Größe des Inhalts vor: *kd* "Krug, Vorratskrug, Amphore", *mmskn* "Mischkrug, Krater", *krpn* "Krug, Oenochoe", *ks* "Becher, Trinkbecher" und *ṣʿ* "Schale, Trinkschale". [43]

Ein weiteres Wort für "(Trink-)Schale" scheint in *gl* (*gl ḥtṯ* ‖ *gl ḫrṣ*, KTU 1.14 IV 1-2; DLU, S. 145: *gl* (II) copa; Ges.^{18}, S. 217: *glh* "Schale, Becken"; HAL, S. 184-185: *glh* "Becken, Schale, Wasserbecken"; AHw, S. 297: *gullu* "Schale, Becken") vorzuliegen.

il "Gott", superlativisch, elativisch "göttlich"; *ṣʿ il* "ein herrlicher Becher, eine herrliche Schale"; H.L. Ginsberg 1969, 93, "gorgeous bowls"; C.H. Gordon 1977, 90, "a glorious bowl". Im Rahmen von KTU 1.4 I 30-41 entsprechen *ṣʿ il* die parallelen Formulierungen Z. 30-31 *kt il*, Z. 33 *kḥṯ*

---

[42] G. Selz I 1983, 14, 551, unterscheidet bei mesopotamischen Bankettszenen zwischen dem Trinken mittels Röhren aus einem großen Standgefäß und dem Trinken mittels Bechern oder Schalen; F. Pinnock 1994, 21-25, kennt für Syrien nur Bankettszenen mit Bechern, Schalen.

[43] Eine weitere Frage ist, ob in dieser Reihenfolge das Gefäß *agn* (KTU 1.23:15.31.36; 6.70:1; Ges.^{18}, S. 12: **ʾgn* "große Tonschale, Krater, metallene Sprengschale"; HAL, S. 11: *ʾgn* "große u. tiefe Schale"; AHw, S. 15: *agannu* "Schale") nach *mmskn* oder *kd* einzuordnen ist; siehe zur Diskussion u.a. M.G. Amadasi Guzzo 1990, 21-23; J.E. Hoch 1994, 42-43, Nr. 36.

il, Z. 34 *hdm il*, Z. 36 *nʿl il* und Z. 38 *ṯlḥn il*; *il* zeigt in allen diesen Fällen in seiner superlativischen Funktion wohl nicht die Größe, auch nicht die Zugehörigkeit zu El oder die Göttlichkeit des Gerätes, sondern die überragende Qualität der Schmiedearbeiten an. Zu *il* als Angabe des Superlativs (vgl. u.a. HAL, S. 48: *ʾl* V 5h, S. 52: *ʾlhym* 3e superlativisch; Ges.[18], S. 57: *ʾl*$_2$ I 4, S. 62: *ʾlwh* II C 3; LHVT, S. 52: *ʾl*[3] 1d, S. 54: *ʾlwh* B II 1c). Da es sich um ein äußerst dünnes (*dq*) und kunstvoll gearbeitetes (*skn*) Metallgefäß handelt, kann dieses nicht sehr groß gewe-
354 sen sein | — die Goldschale aus Ugarit hat z.B. einen Durchmesser von 17 cm. (C.F.-A. Schaeffer 1949, 23) —, so daß sich eine Übersetzung von *il* mit "huge" (B. Margalit 1980, 13) oder "tremendous" (J.C. de Moor, ARTU [1987], 46) schon aus technischen Gründen verbieten dürfte.

dq "dünn, fein"; vgl. *dq* als Materialbezeichnung in KTU 4.4:3; 4,411:3; 4.765:4; HAL, S. 220: *dq* 2. fein; dünner Belag Ex 16,14.14; Jes 40,15; Ges.[18], S. 257: *dq* 2. dünn Lv 13,30; *dq* scheint stellenweise *rq* "dünn, fein" (KTU 4.205:2.5; HAL, S. 1199: **rq* I; AHw, S. 957: *raqāqu* "dünn, schmal sein, werden" mit Ableitungen) gleichzustellen zu sein; J. Huehnergard, UVST, S. 119, setzt ein "/*daqqu*/? adj. 'small(?).'" an; vgl. dagegen J. Aistleitner, WUS, Nr. 781: *dq* "gehämmert, getrieben"; I. Kottsieper 1986, 220; DLU, S. 136: *dqt* "elaboración, moldeado" (< /*d-q-q*/); A. van Selms 1975, 474-475, behauptet wohl kaum zu Recht, daß eine Ableitung von *dqq* "zermalmen, fein zermahlen" (HAL, S. 220: *dqq*; AHw, S. 162: *daqāqu* "winzig, fein sein", **D** "zerkleinern") dem Kontext nicht entspreche. Sein Vorschlag, von *dqt* "kleines Vieh" auszugehen und mit "a goatskin" als Maßangabe für das Fassungsvermögen der Schale zu deuten, vermag nicht zu überzeugen; zu *dqt* "Kleinvieh" an dieser Stelle siehe ferner z.B. K. Aartun 1984, 17, mit T.H. Gaster, H.L. Ginsberg, G.R. Driver, A. Jirku. Aus der Parallelität von *dq* ‖ *skn* und dem Fehlen von *-h* nach *dqt* und *sknt* — siehe *d bh* im dritten Kolon — folgt, daß *dqt* nicht in *d qt* (J.A. Emerton 1965, 440, *qt* [< **qnt*], Mishnaic Hebrew *qnt*, Aramaic *qntʾ*, *qtʾ*, Syriac *qota*); E. Lipiński 1973, 202; A. Caquot/M. Sznycer 1974, 196; J.C. L. Gibson 1978, 56) aufzulösen ist.

k "wie"; Die Vergleichspartikel *k* im ersten und zweiten Kolon ist auf *ṣʿ*, nicht auf vorangehendes *dqt* und *sknt* zu beziehen und lokativ zu deuten; zum lokativen Gebrauch von *k* im Hebräischen siehe u.a. A. van Selms 1975, 474; E. Jenni 1994, 33-34, 116. Ein lokative Übersetzung des *k* findet sich bei J.C. de Moor, ARTU (1987), 46, "from Amurru ... from the Yamʾanu country"; vgl. dagegen DLU, S. 35: *amr* (III), *ṣʿ il dqt k amr* una fuente divina de elaboración al estilo de NL".

amr "Amurru"; das Gebiet Amurru/MAR.TU oder das Fürstentum Amurru.

skn "sorgen für, besorgen, herstellen", Ptz. passiv; *skn* Š, KTU 1.4 I 20;

unklar *tskn*, KTU 1.73:9; AHw, S. 1011: *sakānu* Am. sorgen für; LHVT, S. 553: [1]*skn**; vgl. dagegen I. Kottsieper 1986, 220-221, *sknt* "Gravur",
355 von *skn* "schneiden"; J. | Aistleitner, WUS, Nr. 1908, *skn* "formen, bilden; Š herstellen", denominativ von "Denkmal, Figur, Statue", akkadisch *šiknu*; ein Nomen *sknt* "stela(e)" setzen H.L. Ginsberg 1969, 132, T.H. Gaster 1975, 174; C.H. Gordon 1977, 90, und E. Masson 1986, 189 mit Anm. 30, an; M.J. Mulder 1972, 48-49, läßt offen, ob *sknt* mit J. Aistleitner als Part. pass. fem., mit akkadisch *šukuttu* "Dekoration" (G.R. Driver, J. Emerton) oder als Plural von *skn* "Denkmal" zu verstehen ist.

ḥwt "Gebiet, Gegend, Land"; DLU, S. 185: *ḥwt* b) referido a un NL: *sknt k ḥwt yman* de forma al estilo de la tierra/ país de NL; vgl. dagegen *ḥwt* "Tier(e)" J. Aistleitner, WUS, Nr. 911; G.R. Driver 1956, 93; H.L. Ginsberg 1969, 132; E. Lipiński 1973, 202; T.H. Gaster 1975, 174; K. Aartun 1984, 17.

d — Indeklinables *d* (C.H. Gordon, UT, par. 6.27), das auf *ṣʿ* f. zu beziehen ist, nicht auf unmittelbar vorangehendes *ḥwt yman*. Denn es wird nicht das Land *Yman* beschrieben, sondern der Gegenstand aus Metall.

b "in, auf"; die Präposition *b* scheint zunächst offen zu lassen, ob die Darstellung der Wildstiere von außen oder von innen zu betrachtet ist. Nimmt man an, daß *ṣʿ* mit "Schale" zu übersetzen ist, so kann sowohl ein Innen- als auch ein Außenbild gemeint sein, wie z.B. die Goldschale aus Ugarit (Ug. II, S. 21, fig. 7, Pl. II-V) ein Außenbild zeigt, die Opferschale aus Gold dagegen ein Innenbild (Ug. II, Pl. I). Eine sichere Entscheidung zu Gunsten eines Innen- (J.C. de Moor, ARTU [1987], 46 Anm. 206) oder eines Außenbildes ist kaum möglich.

rum "Wildstier"; AHw, S. 986: *rīmu* I "Wildstier"; HAL, S. 1085: *rʾm*. Die Schreibung *rum* wird entweder als Zeugnis für *u* = vokalloses Aliph = *riʾmu* (J. Blau/S.E. Loewenstamm 1970, 23 Anm. 27) oder für *ruʾmu* gewertet.

l rbbt "zu Zehntausenden", d.h. wohl unzählige, vgl. *bl spr* ‖ *bl hg* (KTU 1.14 II 37-38). Die Wildstiere sind auf/in der Schale so angeordnet, daß sie den Eindruck einer endlosen Reihe erwecken.

Der Dichter von KTU 1.4 I 41-43 vergleicht das Werk des Schmiedegottes Koṯar-wa-Ḫasīs mit vorzüglicher Importware aus Amurru - *Yman* "Jonien" oder mit Kunstwerken, die er in diesen Ländern gesehen hat. Er hat wahrscheinlich eine Schale vor Augen, die mit Motiven der ägyptischen und der kretisch-minoischen und/oder kretisch-mykenischen Tradition verziert ist. [44]

---

[44] Hierfür könnte die Herkunft des Schmiedegottes aus Ägypten und Kreta sprechen, siehe folgenden Abschnitt 3.2. Zu den Verbindungen von Zypern und Ugarit mit Ägypten siehe u.a. J. Phillips 1991, 319-333; V. Karageorghis 1995, 73-79; siehe ferner G.

356 | **3.2. KTU 1.3 VI 4-16**

Folgt man dem Kontext der Formel *iht np šmm* in KTU 1.3 VI 4-16, so liegt es nahe, an eine Seereise des Boten über die Ägäis nach Kreta und von dort nach Ägypten zu denken. Wenn man ausschließlich eine Landreise erwägt, bleibt unklar, warum auch Kreta erwähnt wird. Die Befürworter einer Landreise haben außerdem mit der Schwierigkeit zu kämpfen, daß neben dem bekannten *gbl* "Byblos" eine nicht identifizierbare Lokalität *qʿl* genannt sein soll. Es bleibt ferner unklar, warum die postulierten, aber geographisch nicht nachweisbaren und der ägyptischen Tradition unbekannten Inseln des Deltas die "Inseln von Noph (= Memphis)" sein sollen. [45] Außerdem ist nicht zu erwarten, daß der Diener der Göttin, der expressis verbis als ein Wesen des Meeres vorgestellt wird, einer Vogelfluglinie oder einem Landweg folgen soll. Für den "Fischer der Aschirat", einen "Triton" (T. Yamashita 1975; DLU, S. 130), kommt eine Reise auf dem Meer zu Schiff am ehesten in Frage. Vom ugaritischen Blickpunkt her ist es gut möglich, die ägäischen Inseln als ein Gebiet am fernen Horizont anzusehen, über das man nach Kreta und von dort auf dem nächsten Weg an die libysche Küste und nach Ägypten gelangt. [46]

Der Befehl der Göttin an ihren Boten dürfte folgendermaßen zu übersetzen und als eine lebendige Beschreibung einer Seereise über die Ägäis und Kreta via Libyen nach Ägypten zu verstehen sein:

> [Und fahre/segle [47]] tausend [Morgen im] Meer,
> zehntausend [Mor]gen in den beiden Strömen.

Lehmann 1996, 4 Anm. 4, zu Geschenken von Silbergefäßen im Stil von Kafta (Kreta) an Thutmosis III. durch den Fürsten von *Danaia.

B. Teissier 1996, 1-11, zu ägyptischem Einfluß auf die Kunst Syriens und der Levante in der Mittleren Bronzezeit. Die Autorin (a.a.O., S. 10 Anm. 34) unterscheidet einen zweifachen ägyptischen Einfluß: 1. Direkte Nachahmung ägyptischer Prototypen; 2. Integration derselben in ein anderes Medium und deren Adaption. Zu den Beziehungen zwischen Ägypten und Ugarit siehe a.a.O., S. 1-2 mit Anm. 2; 6, 8.

[45] Aus kolometrischen Gründen ist eine Zertrennung von *iht np šmm* in die Elemente *iht np* und *šmm* und deren Zuordnung zu verschiedenen poetischen Einheiten abzulehnen.

[46] Zur dieser kürzesten Verbindung zwischen Kreta und Ägypten siehe u.a. C. Lambrou-Phillipson 1990, 152; W. Helck 1995, 31-33; J. Phillips 1991, 332 mit Anm. 56.

[47] *ʿbr* "fahren, zur See fahren"; *ʿbr* wird auch ugaritisch sowohl für Bewegung auf dem Land (KTU 1.4 VII 7) als auch zur See (hebräisch Jes 23,2; Schiff, 33,21; LHVT, S. 567: *ʿbr* G 2) gebraucht; vgl. dagegen DLU, S. 71: */ʿ-b-r/*.

[Fahre/segle vorbei] an Bergen, [48] fahre/segle vorbei an großen Bergen,
fahre/segle vorbei an den Inseln am Horizont des Himmels.

357 | Lass dahinfahren, [49] oh Fischer der Aschirat,
komme an, oh Qidsch-und-Amrur!

Dann wende dich doch
nach dem göttlichen Memphis [50] in seiner Gesamtheit,
nach Kaphtor, seinem Thronsitz,
nach Memphis, seinem Erbland! (KTU 1.3 VI 4-16) [51]

In KTU 1.3 IV 4-16 finden wir nach den obigen Ausführungen eine ins Mythische transponierte Beschreibung des Seeweges über die Ägäis, Kreta und die libysche Küste nach Ägypten vor.

* * *

Zusammenfassend halten wir fest, daß sowohl der Name *Yman* "Jonien" in der Beschreibung der Goldschale als auch die Formulierung *iht np šmm* "Inseln am fernen Horizont" als Bezeichnung der ägäischen Inselwelt zu erkennen geben, auf welche Weise der westsemitische Handwerkergott Koṯar-wa-Ḫasīs mit der minoischen Kultur und der "mykenischen Koine" (ca. 1400-1200 v. Chr.: S. Deger-Jalkotzy 1996, 150-154), Kreta und Ägypten als Zentren der Kunst in Beziehung gesetzt wurde. Beide Passagen aus dem Baal-Zyklus zeigen uns auf mythische Art und Weise, daß wohl nicht nur

---

48 *gbl* - *qʿl* "Berg" - "großer Berg"; zu *gbl* siehe AHw, S. 1555: *gablu* "Hügel"; HAL, S. 164: *gbwl* "Berg, Grenze, Gebiet"; zu *qʿl* "großer Berg" siehe M. Dietrich/O. Loretz 1990, 71 Anm. 34; F. Renfroe 1992, 139-140.

49 *mšr* Š "fahren lassen"; AHw, S. 624: *mašāru* "(auf dem Boden) schleifen", 5) Wagen fahren; CAD M/1, S. 359: *mašāru* 4. to drive around. Das Verbum *mšr* "fahren" besagt wohl nur eine Bewegung mit einem näher zu bestimmenden Mittel/Fahrzeug, das nicht unbedingt ein Wagen sein muß (M. Dietrich/O. Loretz 1990, 73; J. Tropper 1990, 39-42), so daß hier, ohne daß das Fahrzeug expressis verbis genannt wird, vom Kontext her an eine Fahrt mit dem Boot zu denken ist. Auch der Parallelismus *mšr* Š || *mġy* "fahren lassen, in Bewegung setzen" || "ankommen, anlanden" setzt nicht notwendig eine Wagenfahrt voraus. Es ist strittig, ob *ymtšr* (PN, KTU 4.313:3) als Gt von *mšr* zu verstehen ist.

Zur Interpretationsgeschichte von *šmšr*, siehe u.a. F. Løkkegaard 1955, 18; J. Sanmartín 1978, 352 Anm. 25; J. Tropper 1990, 39.

50 Zu *ḫkpt* "Memphis" siehe Ch.M. Zivie, LA 4 (1982), 25-26. Zur Identifikation des Koṯar(-wa-Ḫasīs) mit Ptah in Ugarit und bei Philo von Byblos siehe M.C. Astour 1973, 21 mit Anm. 53.

51 Zu Einzelheiten dieses Abschnittes siehe ferner M. Dietrich/O. Loretz 1990, 69-73.

Reisen nach Kreta (und Ägypten?), sondern auch Importe aus diesen Gebieten und eigene Nachahmungen derselben in Ugarit höchstes Gefallen fanden.

358 Literatur

Aartun, K., 1985: Neue Beiträge zum ugaritischen Lexikon I, UF 16, 1-52.
Aistleitner, J., 1959: Die mythologischen und kultischen Texte aus Ras Schamra, Budapest.
Amadasi Guzzo, M.G., 1990: Noms de vases en phéncien, Semitica 38, 15-25.
Astour, M.C., 1973: Ugarit and the Aegean: A Brief Summary of Archaeological and Epigraphic Evidence, in: H.A. Hoffner, Jr., ed.,. Orient and Occident. Essays presented to Cyrus H. Gordon on the Occasion of his Sixty-fifth Birthday. AOAT 22, 17-27.
--, 1975: Place Names, in: RSP II, 249-369.
--, 1981a: Les frontières et les districts du royaume d'Ugarit, UF 13, 1-12.
--, 1981b: Ugarit and the Great Powers, in: G.D. Young, ed., Ugarit in Retrospect. Fifty Years of Ugarit and Ugaritic, Winona Lake, Indiana, 3-29.
Baffi Guardata, F., 1994: Recipienti per bevande in Siria: La documentazione ceramica nel Bronzo Medio, in: L. Milano, ed., Drinking in Ancient Societies. HANES VI, 277-294.
Bass, G.F., 1973: Cape Gelidonya and Bronze Age Maritime Trade, in: H.A. Hoffner, Jr., ed.,. Orient and Occident. Essays presented to Cyrus H. Gordon on the Occasion of his Sixty-fifth Birthday. AOAT 22.1973, 29-38.
Blau, J./S.E. Loewenstamm, 1970: Zur Frage der *scriptio plena* im Ugaritischen und Verwandtes, UF 2, 19-33.
Carruba, O., 1995: Aḫḫiyā e Aḫḫiyawā, la Grecia e l'Egeo, in: Th.P.J. van den Hout/J. de Roos, Studio historiae ardens. Ancient Near Eastern Studies Presented to Philo H.J. Houwink ten Cate on the Occasion of his 65th Birthday. UNHAII 74, 7-21.
Cassola, F., 1957: La Jonia nel mondo miceneo, Napoli.
Collini, P., 1987: Studi sul lessico della metallurgia nell'ebraico biblico e nelle lingue siropalestinesi del II e I millenio a.C., SEL 4, 9-43.
Courtois, J.-C., 1987: Enkomi und Ras Schamra, zwei Außenposten der mykenischen Kultur, in: H.-G. Buchholz, ed., Ägäische Bronzezeit, Darmstadt, 182-217.
Deger-Jalkotzy, S. 1996: Ägäische Koine B. 4 Die mykenische Koine, DNP I, 150-154.
Del Olmo Lete, G., 1992: La religión cananea según la litúrgia de Ugarit. AuOrS 3.
Dhorme, E., 1931: Première traduction des textes phéniciens de Ras Shamra, RB 40, 32-56.
359 *Dietrich, M./O. Loretz*, 1972: Zur ugaritischen Lexikographie (V), C) Beschreibung der Götterschale *ṣʿ il* (CTA 4 I 42-44), UF 4, 30-31.
--, 1978: Die sieben Kunstwerke des Schmiedegottes in KTU 1.4 I 23-43, UF 10, 57-63.
--, 1986: Die akkadischen Tierbezeichnungen *immeru, puḫādu* und *puḫālu* im Ugaritischen und Hebräischen, UF 17, 99-103.
--, 1990: Die Wurzel *NŪP* "hoch sein" im Ugaritischen, UF 22, 67-74.
Dietrich, M./O. Loretz/J. Sanmartín, 1975: Lexikalische und literarische Probleme in RS 1.2 = CTA 32 und RS 17.100 = CTA Appendice I, UF 7, 147-155.
Dijkstra, M., 1991: The Weather-God on Two Mountains, UF 23, 127-140.
Dussaud, R., 1931: Brèves remarques sur les tablettes de Ras Shamra, Syria 12, 75.
Emerton, J.A., 1965: Ugaritic notes, JThS 16, 439-441.
Ginsberg, H.L., 1969: Ugaritic Myths, Epics, and Legends, in: ANET^3 (1969), 129-155.
Gjerstad, E., 1946: Decorated Metal Bowls form Cyprus, Opuscula Archaeologica 4, 1-18.
Goelet, O., 1992: Wʿḏ-wr and Lexicographical Method, StAeg 14, 205-214.
Gordon, C.H., 1977: Poetic Legends and Myths from Ugarit, Berytus 25, 5-133.

Helck, W., 1987: Zur Keftiu-, Alašia- und Aḫḫijawa-Frage, in: H.-G. Buchholz, ed., Ägäische Bronzezeit, Darmstadt, 218-226.

--, 1995: Die Beziehungen Ägyptens und Vorderasiens zur Ägäis bis ins 7. Jahrhunder v. Chr. Von Rosemarie Drenkhahn durchgesehene und bearbeitete Neuauflage, Darmstadt.

Heltzer, M., 1989: Some Questions of the Ugaritic Metrology and its Parallels in Judah, Phoenicia, Mesopotamia and Greece, UF 21, 195-208.

Hoch, J.E., 1994: Semitic Words in Egyptian Texts fo the New Kingdom and Third Intermediate Period, Princeton.

Holmes, Y.L., 1973: Egypt and Cyprus: Late Bronze Age Trade and Diplomacy, in: H.A. Hoffner, Jr., ed.,. Orient and Occident. Essays presented to Cyrus H. Gordon on the Occasion of his Sixty-fifth Birthday. AOAT 22, 91-98.

Hrozny, B., 1932: Les Ioniens à Ras-Šamra, ArOr 4, 169-178.

Jenni, E., 1994: Die hebräischen Präpositionen. Band 2: Die Präposition Kaph, Stuttgart.

Karageorghis, V., 1995: Relations between Cyprus and Egypt - Second Intermediate Period and XIIIth Dynasty, ÄuL 5, 73-79.

Karstens, K., 1994: Allgemeine Systematik der einfachen Gefäßformen, München/Wien.

Klengel, H., 1962: Zur Geschichte von Ugarit, OLZ 57, 453-462. 458 Anm. 1.

360 --, 1969: Geschichte Syriens im 2. Jahrtausend v. U.Z. Teil 2: Mittel- und Südsyrien, Berlin 1969.

--, 1992: Syria 3000 to 300 B.C.. A Handbook of Political History, Berlin.

--, 1995: Historischer Kommentar zum Šaušgamuwa-Vertrag, in: Th.P.J. van den Hout/J. de Roos, Studio historiae ardens. Ancient Near Eastern Studies Presented to Philo H.J. Houwink ten Cate on the Occasion of his 65th Birthday. UNHAII 74, 159-172.

Korpel, M.C.A./J.C. de Moor, 1986: Fundamentals of Ugaritic and Hebrew Poetry, UF 18, 173-212.

Kottsieper, I., 1986: Die Bedeutung der Wz. *ᶜṢB* und *SKN* in Koh 10,9. Ein Beitrag zum hebr. Lexikon, UF 18, 213-222.

Kühne, C./H. Otten, 1971: Der Šaušgamuwa-Vertrag. StBoT 16.

Lafond, Y., 1996: Achaioi, Achaia, DNP I, 62-69.

Lambrou-Phillipson, C., 1990: Hellenorientalia. The Near Eastern Presence in the Bronze Age Aegean, ca. 3000-1100 B.C. Interconnections based on the material record and the written evidence plus ORIENTALIA: A Catalogue of Egyptian, Mesopotamian, Mitannian, Syro-Palestinian, Cypriot and Asia Minor Objects from the Bronze Age Aegean, Göteborg.

Lehmann, G., 1996: Untersuchungen zur späten Eisenzeit in Syrien und Libanon. Stratigraphie und Keramikformen zwischen ca. 720 bis 300 v. Chr. AVO 5.

Lehmann, G.A., 1991: Die 'politisch-historischen' Beziehungen der Ägäis-Welt des 15.-13. Jh.s v. Chr. zu Ägypten und Vorderasien: einige Hinweise, in: J. Latacz, Zweihundert Jahre Homer-Forschung. Collquium Rauricum Band 2, Stuttgart/Leizig, 105-125.

--, 1996: Umbrüche und Zäsuren im östlichen Mittelmeerraum und Vorderasien zur Zeit der "Seevölker"-Invasionen um und nach 1200 v. Chr. Neue Quellenzeugnisse und Befunde, HZ 262 (1996) 1-38.

Lemaire, A., 1993: Ougarit, Oura et la Cilicie vers la fin de XIIIe s. av. J.-C., UF 25, 227-236.

Lipiński, E., 1973: *skn* et *sgn* dans le sémitique occidental du nord, UF 5, 191-207.

Liverani, M., 1962: La storia di Ugarit nell'etá degli archivi politici, Roma.

Løkkegaard, F., 1955: The House of Baal, AcOr 22, 10-27.

Loretz, O., 1993: Ugaritisch-hebräisch *ḫmr/ḥmr* und *msk(/mzg)*. Neu- und Mischwein in der Ägäis und in Syrien-Palästina, UF 25, 247-258.

Marazzi, M., 1997: Mykener in Vorderasien, RlA 8, 528-534.

Margalit, B., 1980: A Matter of >Life< and >Death<. A Study of the Baal-Mot Epic (CTA 4-5-6). AOAT 206.

Markoe, G., 1985: Phoenician Bronze and Silver Bowls from Cyprus and the Mediterranean, Berkeley 1985.

361 | *Masson, E.*, 1986: Les écritures Chypro-Minoennes: Reflet fidèle du brassage des civilisations sur l'île pendant le Bronze Récent, in: V. Karagheorgis, ed., Acts of the International Archaeological Symposium 'Cyprus Between the Orient and the Occident', Nicosia, 8-14 September 1985, Nicosia, 180-200.

Mayer, W., 1995: Politik und Kriegskunst der Assyrer. ALASPM 9.

Mazzoni, S., 1994: Drinking Vessels in Syria: Ebla and the Early Bronze Age, in: L. Milano, ed., Drinking in Ancient Societies. HANES VI, 245-276.

Moor, J.C. de/P. Sanders, 1991: An Ugaritic Expiation Ritual and its Old Testament Parallels, UF 23, 283-300.

Moscati, S., 1988: Metal Bowls, in: the Phoenicians, Milan 1988, 436-447.

Mulder, M.J., 1972: Versuch zur Deutung von *sokènèt* in 1. Kön. I 2,4, VT 22 (1972) 43-54.

Pfälzner, P., 1995: Mittanische und mittelassyrische Keramik, Berlin.

Phillips, J., 1991: Egypt in the Aegean During the Middle Kingdom, SAKB 4, 319-333.

Porada, E., 1981/82: The Cylinder Seals Found at Thebes in Boeotia, AfO 28, 1-70.

Quack, J.F., 1996: *kftʾw* und *iʾśy*, ÄuL 6, 75-81.

Renfroe, F., 1992: Arabic-Ugaritic Lexical Studies. ALASP 5.

Sanmartín, J., 1978: Glossen zum ugaritischen Lexikon (II), UF 10, 349-356.

Sapin, J., 1983: Quelques systèmes socio-politiques en Syrie au 2^0 millénaire avant J.-C. et leur evolution historique d'après des documents religieux (Légendes, rituel, sanctuaires), UF 15, 157-190.

Schaeffer, C.F.-A., 1949: La patère et la coupe en or de Ras Shamra, Ug. II, 1-48.

Selz, G., 1983: Die Bankettszene. Entwicklung eines "überzeitlichen" Bildmotifs in Mesopotamien von der frühdynastischen bis zur Akkad-Zeit, Wiesbaden.

Singer, I., 1991a: Iraq 53 (1991) 69 ff.

--, 1991b: in: Sh. Izreʾel, ed., Amurru Akkadian: A Linguistic Study II, Atlanta,

Sommer, F., 1932: Die Aḫḫijava-Urkunden. ABAW.PH 6.

Steiner, G., 1989: "Schiffe von Aḫḫijawa" oder "Kriegsschiffe" von Amurru im šauškamuwa-Vertrag?, UF 21, 393-411.

Sturm, Th., 1995: *kaspum ammurum* ein Begriff der Silbermetallurgie in den Kültepe-Texten, UF 27, 487-503.

Teissier, B., 1996: Egyptian Iconography on Syro-Palestinian Cylinder Seals of the Middle Bronze Age. OBOSA 11.

Tropper, J., 1990: Der ugaritische Kausativstamm und die Kausativbildungen des Semitischen. ALASP 2.

362 | *Uchitel, A.*, 1988: The Archives of Mycenaean Greece and the Ancient Near East, OLA 23, 19-30.

van Selms, A., 1971: CTA 32: A Prophetic Liturgy, UF 3, 235-248.

--, 1975: A Guest-Room for Ilu and Its Furniture. An intepretation of CTA 4, II, lines 30-44 (Gordon, 51,I,30-44), UF 7, 469-476.

van Soldt, W.H., 1994: The Topography and the Geographical Horizon of the City-State of Ugarit, in: Ugarit and the Bible. UBL 11, 363-382.

Vandersleyen, Cl., 1988: Ouadj-Our ne signifie pas "mer", GM 103, 75-80.

--, 1991: Le sens de Ouadj-Our (Wʾḏ-Wr), SAKB 4, 345-352.

--, 1996: Les monuments de l'Oudi Gaouasis et la possibilité d'aller au pays de Pount par la mer Rouge, RdÉ 47, 107-115.

Watson, W.G.E., 1986: Review of: G. Del Olmo Lete, Mitos y Leyendas de Canaan según la tradición des Ugart (1986), Or 55, 194-197.

Woudhuizen, F.C., 1994: Tablet RS 20.25 from Ugarit. Evidence of Maritime Trade in the Final Years of the Bronze Age, UF 26, 509-538.

Xella, P., 1981: I testi rituali di Ugarit - I, Roma.

Die sozialen Gruppen der *bidalūma* und *mhrm* in Ugarit *

Studien über die Schichtung der Gesellschaft von Ugarit erfordern wesentliche Vorarbeiten über einzelne Berufsgruppen, außerdem Untersuchungen über die Verteilung von landwirtschaftlich nutzbaren Flächen an Personen in königlichen Diensten und Erkenntnisse über die Organisation der militärischen und maritimen Kräfte der Hafenstadt. Im folgenden wenden wir uns den bisher nur unvollkommen erfaßten beiden Gesellschaftsgruppen der *bidalūm/na* und **maharūma* zu und fragen nach ihren gegenseitigen Beziehungen.

0. Einleitung

In der Personenliste KTU 4.214 I 4-5 zählt der Schreiber eine Gruppe von *bdlm* eines Ortes *Ar* [1] auf, "die kein(en) *mhr* haben". Diese Besonderheit einer kleinen Einheit von vierzehn *bdlm* (KTU 4.214 I 6-19) wird durch eine zweite Notierung von *bdlm* aus *Ar* in dieser Liste (KTU 4.214 III 1-22) unterstrichen, die, von KTU 4.214 I 4-5 her gesehen, mit einem oder mehreren *mhr* ausgestattet sein könnten oder ohne einen solchen zu denken sind, obwohl darüber keine Auskunft vorliegt. Es stellt sich folglich die Frage nach dem besonderen Verhältnis zwischen der Gruppe der *mhrm* und den *bdlm*, und es besteht das Problem, ob die *bdlm* oder die *mhrm* innerhalb der Gesellschaft von Ugarit einen höheren Rang einnehmen und welche Tätigkeiten beide Berufe ausüben.

Da in den Diskussionen über den Aufbau der Gesellschaft von Ugarit die *bidalūma* ein noch ungeklärtes Problem darstellen [2] und auch über die Tätigkeit der *mhrm* in Ugarit noch Unklarheiten bestehen, [3] werfen wir im

---

* *Aus:* A.-S. Dalix (éd.), Volume d'hommage dédié à la memoire de G. SAADÉ (i.D.).

[1] W.H. van Soldt 1996, 660, zum ON *'Aru, ar.*

[2] M. Heltzer 1999, 433, bemerkt in seiner Darstellung der neueren Diskussion zu den Differenzen über die *bdlm* folgendes: "We mention this discussion here to demonstrate that not all questions of interpretation of Ugaritic terms have been definitely settled."

[3] Siehe z.B. W.T. Pitard 1999, 261, zu KTU 1.22 I 8-9.

folgenden die Frage auf, ob eine Zusammenschau der Belege für die *bdlm* und die *mhrm* unter besonderer Berücksichtigung von KTU 4.214 I 4-5 zur wechselseitigen Aufhellung der sozialen, ökonomischen und vielleicht auch militärischen Bedeutung beider Gruppen beitragen könnte.

1. Die *bidalūma* / *bdlm*

Die in Texten aus Ugarit vermerkten *bidalūma* / *bdlm* stehen zwar in enger Beziehung zur königlichen Verwaltung, aber der Charakter ihrer dienstlichen Verpflichtung und zeitweiligen oder unbefristeten Bindung an den Hof sind an Hand der Wirtschaftstexte nur unzureichend zu erfassen. Man hat deshalb mit großer Anstrengung versucht, die bestehenden Hürden vor allem mit etymologischen Erwägungen zu überwinden.

1.1. Forschungsgeschichtliche Aspekte zu ug. *bdl*

In der ugaritistischen Lexikographie beruhen Überlegungen zur sozialen Stellung der *bdlm* zu einem wesentlichen Teil auf der Interpretation der Glosse *bi-da-lu-ma* zum Logogramm $^{\text{lú.meš}}$DAM.GÀR^{meš} (PRU 3, 200, A II 12).

Am Anfang der Auseinandersetzungen über PRU 3, 200, A II 12 steht die Entscheidung J. Nougayrols, die Glossenkeile als ein Gleichheitszeichen zu interpretieren: "*tamkâru*: 'marchand' (15.63, 6; 12; 19), 'agent commercial ou financier' (= oug. *bidaluma* (16.257... II, 12)". [4] Der Lösung J. Nougayrols folgt auch J. Huehnergard, der für *bdl* die Übersetzung "merchant" vorschlägt. [5]

J. Aistleitner beläßt es bezüglich der Glosse bei der vorsichtigen Bemerkung, daß *bi-da-lu-ma* bei *tamkāru* stehe, gibt als Übersetzung "Handelsagent (?), Stellvertreter (?)" an und verweist bezüglich der Etymologie auf ar. *badala* "vertauschen". [6] C.H. Gordon spricht unter dem Lemma *bdl* 'merchant' von der "equation" ^{lú}*tamkârū* = *bi-da-lu-ma* 'merchants' und bemerkt zur Etymologie folgendes: "if related to [ar.] *baddala* 'to exchange', the

---

[4] J. Nougayrol PRU 3, 1955, S. 236.

[5] J. Huehnergard, UVST 112: BDL. Die Interpretation der Glossenkeile als Gleichheitszeichen setzen ferner folgende Autoren voraus: O. Eißfeldt 1954, 84 Anm. 29; id. 1960, 35-36; M.C. Astour 1972, 11-12; A.F. Rainey 1975, 101.

Dagegen ist E. Weidner 1953, 355, nicht zu dieser Gruppe zu zählen. Er berichtet ohne Wertung von dieser Glosse.

[6] J. Aistleitner, WUS Nr. 501.

word is semitic". [7] In DUL finden wir ohne Kommentierung der Glossenkeile zu *bdl* die Übersetzung "substitute, reserve personnel" und den etymologischen Verweis auf ar. *badal.* [8]

Die Frage nach der Rolle der *bidalūma / bdlm* sucht man nicht nur durch Deutung der Glossenkeile von PRU 3, 200, A II 12 und eine arabische Etymologie, sondern auch mit Hilfe einer Rückführung des Wortes auf ein hurritisches Verbum zu erreichen. Dem eingebürgerten Vergleich von ug. *bdl* mit ar. *badala* setzt man eine Ableitung des Wortes aus dem Hurritischen entgegen und postuliert als Ausgangspunkt für ug. *bidalūma / bidalūna* (PRU 3, 200, A II 12; 205, 14) ein in seiner Bedeutung gleichfalls unsicheres *biddallenni.* [9]

Da sowohl die semitischen als auch die hurritischen Interpretationen von *bidaluma / bidaluna* eine der Verständnismöglichkeiten der Glossenkeile in PRU 5, 200, A II 12 voraussetzen, legen wir einer weiteren Diskussion von ug. *bdl* am besten eine erneute Betrachtung der strittigen Glossenkeile zugrunde.

1.2. Widersprüchliche Argumente für eine untergeordnete bzw. höhergestellte soziale Funktion der *bidaluma / bdlm*

C. Kühne kommt in seiner Darstellung des Gebrauchs der Glossenkeile in der westsemitischen Koine auch auf den Einzelfall $^{\text{lú.meš}}$DAM.GÀR^{meš} : *bi-da-lu-ma* zu sprechen. Er befürwortet eine differenzierte Sicht des Problems. Denn er ordnet die fraglichen Glossenkeile von PRU 3, 200, A II 12 seiner Glossenkeilgruppe A 2 zu, folglich Glossenkeilen zwischen einem Sumerogramm und seiner örtlichen Speziallesung bzw. seiner mehr oder weniger genauen westsemitischen (etwa ugaritischen), jedenfalls nichtakkadischen Entsprechung. Er schließt jedoch nicht aus, daß eine Mehrung des Materials eine exaktere Wortbedeutung ergeben könnte, so daß das Beispiel unter Fall B 4 (Glossenkeil vor einem ugaritischen Wort, das nicht als Erklärung des Logogramms, sondern als nähere Bestimmung desselben dient) einzuordnen wäre. [10]

Weniger umsichtig als C. Kühne beurteilt J. Huehnergard die Glosse als Qualifizierung des Logogramms, als Beschreibung der besonderen Art eines

---

[7] C.H. Gordon, UT Nr. 448.

[8] DUL 217.

[9] Siehe hierzu J.D. Schloen 2001, 227.

[10] C. Kühne 1974, 158-159 mit Anm. 9; J.-P. Vita 1995, 114 Anm. 3, ordnet C. Kühne jenen Autoren zu, die *bidalu* mit *tamkāru* identifizieren. Er erliegt damit offensichtlich einem Mißverständnis.

Kaufmanns. [11] Man dachte auch daran, *bi-da-lu-ma* als Korrektur einer Fehlschreibung [12] oder als sekundären Eintrag [13] zu erklären.

Wenn wir C. Kühne in der Sicht von $^{\text{lú.meš}}$DAM.GÀR^{meš} : *bi-da-lu-ma* grundsätzlich folgen, kann man auch mit der Möglichkeit zu rechnen, daß die ugaritische Glosse das Ziel verfolgt, *bidalūma* in Zusammenhang mit $^{\text{lú.meš}}$DAM. GÀR^{meš} anzuzeigen, daß folglich Logogramm und Glosse zusammen für ug. *bdl mkrm* "*bdlm* der Kaufleute" stehen. Die Glossenkeile wären in diesem Fall nicht als Gleichheitszeichen (=) zu lesen.

Für diese Erklärung sprechen die als parallel anzusehenden Formulierungen *bdl mrynm* (KTU 4.69 II 6; vgl. *bdlm*, 4.232:42, auf *mrynm* in Z. 33 zu beziehen?) und *bdl mḏrġlm* "*bdlm* der 'Wächter'" (KTU 4.69 VI 17).

Von den drei Formulierungen **bdl mkrm*, *bdl mrynm* und *bdl mḏrġlm* her ergibt sich bereits die Frage, ob die *bdlm* jeweils als ein Teil der erwähnten Berufsgruppen anzusehen sind oder als eine besondere Schicht der Bevölkerung oder eine Berufsgruppe, die in mehrfacher Funktion aufzutreten vermag. Für letztere Annahme könnte sprechen, daß die *bdlm* gesondert innerhalb einer Liste (KTU 4.232:42) oder allein auf einer solchen (KTU 4.134:1, *spr bdlm*) vermerkt sind und daß sie wie andere Berufsgruppen auch auf Ortschaften verteilt wohnen (KTU 4.85:6, wenn nicht PN?; 4.86:21.29; 4.314 I 4, III 4, *bul* [l. *bdl*] *ar*) oder zu einem *gt* [14] gehören (KTU 4.96:1). Wenig läßt sich über die *bdlm* den Belegen mit stark zerstörtem Kontext in KTU 4.312:4 (]x *bhtm bdlm*[).7 (] *bhtm bdlm*[) entnehmen.

Eine besondere Beachtung verdient die Angabe *bdl* ON (*ar*) *dt inn mhr lhm*$^{!}$ "*bdlm* von *Ar*, die keine(n) *mhr*(-Soldaten [15] / -Experten) haben" (KTU 4.214 I 4-5). [16]

Da unmittelbare Hinweise dafür fehlen, daß die *bdlm* von *Ar* keine militärische Einheit zur Verfügung haben, ist durchaus mit der Möglichkeit zu rechnen, daß einer der dort wohnenden Gruppen von *bdlm* ein besonderer Experte (*mhr*) und damit führender Mann, Kommandeur in militärischen oder

---

[11] J. Huehnergard 1989, 93 mit Anm. 205; so auch J.-P. Vita 1995, 118 mit Anm. 2.
A. Alt 1957, 341, paraphrasiert $^{\text{lú.meš}}$DAM.GÀR^{meš} : *bi-da-lu-ma* folgendermaßen: "Kaufleute - und zwar diejenigen unter ihnen, die *bidalūma* sind."

[12] F. Renfroe 1988, 223-224, zu J. Sanmartín 1988, 172.

[13] F. Renfroe 1988, 224 mit Anm. 13, zu W. Thiel 1980, 349-356.

[14] Zur Diskussion über *gt* als wirtschaftlicher Einheit siehe u.a. D. Michaux-Colombot 1997, 579-598; M. Heltzer 1999a, 193-197; J.D. Schloen 2001, 223-224.232.235.238-239.

[15] Zu *mhr* siehe unten Abschnitte 2-3.

[16] Für die strittige Stelle werden u.a. folgende Interpretationen angeboten: A.F. Rainey 1975, 101, "Merchants of Ari who do not have a soldier"; F. Renfroe 1988, 225, "die keine Truppen haben"; J. Tropper, UG 2000, 822.899, "Reservisten aus ON, die kein *mhr* besitzen"; DUL 536: *mhr* (I) b) "reserve personnel from TN with no troop assigned to them".

z.B. logistischen Fragen fehlt. [17] Damit ist wahrscheinlich nicht gemeint, daß die in KTU 4.214 III 1 erwähnten *bd!l ar* mit einem oder mehreren Leuten der *mhr*-Gruppe(n) versehen waren.

Insgesamt sprechen auch die beiden Belege KTU 4.214 I 4-5, III 1 für die Annahme, daß die *bdlm* nur in einzelnen Fällen an eine Berufsgruppe wie die *mkrm* "Kaufleute" [18] gebunden waren und in mehrfacher Funktion z.B. auch den *mrynm* und den *mḏrġlm* zu Diensten sein konnten.

Da in der Liste KTU 4.214 auch *ġmr mkrm* "*ġmr*-Leute [19] der Kaufleute" (KTU 4.214: IV 1-2) verzeichnet sind, liegt der Gedanke nahe, daß die *bdlm* von *Ar* (KTU 1.214 I 4, III 1) de facto sogar *bdl mkrm* sein könnten.

Vorentscheidungen in der Frage der Etymologie des Wortes *bdl* bestimmen wesentlich die soziale und ökonomische Verortung dieser Gruppe. Den größten Zuspruch hatte bisher der Vorschlag, von ar. *badal* auszugehen. [20] Dieses Vorgehen zwingt zur Unterscheidung zwischen militärischer, kommerzieller und anderer Bestimmung der Funktion des Ersatzmannes oder "Stellvertreters". [21]

Von ar. *badal* her hat man auch versucht, die Bedeutung des eblaitischen Wortes *badalum* zu bestimmen. [22] Da die Schreiber von Ebla *badalum* mit sum. ugula (75.1252 obv. V 3-8, ARET I, 222) gleichsetzen, dürfte das Wort die Bedeutung "Aufseher" ("overseer") über eine Gruppe von Leuten oder

---

[17] Zur Diskussion über ug. *mhr* und äg. **mahar* siehe B. Couroyer 1964, 443-453; J. Zorn 1991, 129-138; J.E. Hoch 1994, 147-149, Nr. 190, **mahīra* "Military Officer commanding troops and handling logistics"; A.F. Rainey 1998, 441-442, *mahar* "warrior".

[18] DUL 544: *mkr* wird neben "merchant, commercial agent" für KTU 2.21:8 ohne ersichtlichen Grund die Bedeutung "runner" eingesetzt (*mkry rgm l skn gt ugrt* "my runner will inform the prefect of the 'Farm of the Queen of TN'").

E. Ullendorff 1956, 194, zeigt, daß für *mkr* "to sell" im Äthiopischen und im Hebräischen (Gen 49,5) auch die Bedeutung "to counsel" (CDG 340: *mkr* I) belegt ist.

[19] J. Huehnergard, UVST 165: ĠMR "apprentice"; DUL 322: *ġmr* "Members of a class or of a supplementary or subordinate social duty".

[20] J. Aistleitner, WUS Nr. 501: *bdl* "Handelsagent (?), Stellvertreter", ar. *badala* "vertauschen"; F. Renfroe 1988, 224, *badal* (Nomen), nicht "Reservist", sondern "Stellvertreter", entspricht *lieu tenant*, d.h. ein Stellvertreter höherer Art; DUL 217: *bdl* "substitute, reserver personnel" ar. *badal*.

[21] F. Renfroe 1988, 225, spricht von einem *bdl* "lieu tenant" bei den *mrynm* und den *mḏrġlm*, von einem "Agenten" bei den Kaufleuten, "Agent" oder Stellvertreter des Hofes auf einem Gut (*gt*, KTU 4.96).

[22] A. Archi 1988, 2-3 mit Anm. 14; J. Sanmartín 1991, 184, "'Sustituto, (personal de) reserva'; tecnicismo de difusión sirio- levantina. Vd. ar. *badal*, AEL 168."; J.D. Schloen 2001, 227-228, bezweifelt, daß man für die Zeit von Ebla für *baddālum* die semitische Wurzel *bdl* anzusetzen habe.

eine Stadt haben, die zum Königreich von Ebla gehören. [23]

J.D. Schloen übernimmt in seine Darstellung der sozialen Verhältnisse von Ugarit die ältere These, daß der *bidalu* von Ugarit in RS 16.257+ dem *muškēnu* der syllabischen Keilschriftquellen entspreche. [24] Der *bdl* sei ein Mensch ohne Landbesitz, der sich als Sklave oder Söldner verdinge bzw. sich einem Landbesitzer als abhängiger Klient oder Zeitarbeiter anschließe. Der Landbesitzer habe durch Stellung solch eines Substituten [25] seiner Verpflichtung dem König gegenüber nachkommen können. [26] Bezüglich der Etymologie sei es vorzuziehen, nicht von der schlecht bezeugten semitischen Wurzel *b-d-l*, sondern mit I. Márquez Rowe [27] und C. Girbal [28] eher von hurr. **p/bid(d)-* "to help" auszugehen. [29] J.D. Schloen gelangt zum Ergebnis, daß die *bidallenni* von Alalaḫ IV ein Synonym für die besser bekannten *ḫaniaḫḫēna* oder eine Subgruppe derselben seien. Eine Person dieser Art habe man im zweiten Jahrtausend v. Chr. in Mesopotamien *muškēnu* genannt. [30] Gegen die Argumentation J.D. Schloens spricht jedoch, daß die Funktion der *pittallenni* in Alalaḫ IV noch nicht bestimmbar ist, [31] auch eine hurritische Etymologie des Wortes weiterhin Gegenstand der Diskussion bleibt und die Argumentation mit der Analogie im Hinblick auf RS 16.257+ keinen Sinn ergibt. [32]

Die Auflösung des Wortes *bdl* in die Elemente *bd* + *l* "into the hands of" [33] findet als etymologische Erklärung zu Recht wenig Anklang. [34]

Unsicherheit besteht auch darüber, ob *bi-da-lu-ma* dem Nominaltypus

---

[23] A. Archi 1988, 3.

[24] W. Thiel 1980, 355-356; M. Heltzer 1999, 433, erschliessen dies per analogiam aus dem Nacheinander von *tamkārū*, *bidalūma*, *muškenūtum* und *aširūma* (PRU 3, 200-203, A II 12, B III 30, B IV 7.17).

[25] J.D. Schloen 2001, *bidalu* "'substitute' or 'assistant'".

[26] J.D. Schloen 2001, 226.

[27] I. Márquez Rowe 1997/98, 372.

[28] C. Girbal 1992, 164-169.

[29] J.D. Schloen 2001, 227 Anm. 19-20, zur Vorgeschichte des Vergleiches von ug. *bidalūma* mit hurr. *bidallenni* bei A. Draffkorn Kilmer, M. Dietrich / O. Loretz; siehe hierzu bereits A. Alt 1957, 342, auf Grund der Schreibung *bidalūna* eine Herkunft aus dem Hurritischen in Betracht gezogen hat.

[30] J.D. Schloen 2001, 227-229.

[31] E. von Dassow 2002, 873-674.886 mit Anm. 30; 895.

[32] Siehe zur Kritik der Argumentation mit RS 16.257+ ausführlich F. Renfroe 1988, 223.

[33] M. Heltzer 1999, 433, zieht aus dieser Etymologie die Folgerung: "Thus, they must have been the auxiliary personnel of the *maryannu*, *tamkāru* etc.".

[34] F. Renfroe 1988, 222 Anm. 7, bemerkt zu dieser These von A.F. Rainey, M.C. Astour und M. Heltzer, daß sie höchst unwahrscheinlich sei und folglich keiner Widerlegung bedürfe.

qattāl oder *qitāl* zuzuordnen ist. [35]

Zusammengefaßt ist festzuhalten, daß die Versuche, ug. *bidalūma* etymologisch auf ar. *badal* "Reservist, Ersatzmann, Stellvertreter" oder hurr. **p/bid(d)-* "to help" zurückzuführen, zu keinen wirklich befriedigenden Ergebnissen führen. Man wird folglich zu fragen haben, ob Ch. Virolleaud nicht doch auf dem richtigen Weg war, als er versuchte, ug. *bdl* etymologisch von he. *bdl* "(sich) aussondern, unterscheiden" her zu erklären. [36] Außerdem ist fraglich, ob man die Erkenntnisse über den *badalum* von Ebla ohne Einschränkungen auf die ug. *bdlm* übertragen kann.

1.3. Die Belege für *bidalūma* und *bdl* - vorläufiges Ergebnis

In den Auseinandersetzungen über die gesellschaftliche und ökonomische Position der *bdlm* sind die für ihre niedere, untergeordnete Stellung im obigen Abschnitt 1.2 diskutierten etymologischen und philologischen Argumente keineswegs in allem überzeugend. Dies trifft hinsichtlich einer arabischen Etymologie (*badal*) in besonderem Maß für die Belege aus Ebla zu. [37] Man wird folglich nicht von vorneherein die von Ch. Virolleaud erörterte Möglichkeit ausschließen können, etymologisch auch he. *bdl* "(sich) aussondern, unterscheiden" in Betracht zu ziehen. [38] Falls man demgemäß in den *bdlm* "Ausgesonderte" zu erkennen gewillt wäre, eröffnete sich z.B. ein Weg, in ihnen eine Gruppe von Männern zu sehen, die zu besonderen, speziellen Diensten bestimmt sind und wahrscheinlich Funktionen der Kontrolle ausführen: *bdl* "Spezialist, Anführer, Kontrolleur".

Methodisch gesehen, sind wir folglich mit der Aufgabe konfrontiert, die Belege für die Gruppe der *bdlm* ohne etymologisches Vorurteil an ihrem Aussagewert zu prüfen.

Die Belege für die *bidalūm/na* und *bdlm* sind insgesamt folgendermaßen zu präsentieren:

1. Überschrift einer Liste: *spr bdlm* 4.134:1.
2. Überschrift eines Abschnittes innerhalb einer Liste: 4.232:42 (auf *mrynm* Z. 33 zu beziehen(?); 4.116:20 (eher PN?); vgl. *bidalūna* PRU 3, 205, 14.

---

[35] J. Tropper, UG 2000, 181.

[36] Ch. Virolleaud 1940, 41, "Le mot *bdl* appartient sans doute à la rac. (hébr.) **bdl* 'séparer'; il s'agirait d'un groupe de *mrynm* mis a part, ou en réserve."

In der hebräischen Lexikographie wird diskutiert, ob he. *bdl* mit ar. *badala* "ersetzen" oder ar. *batala* "absondern" zu verbinden ist; Ges.[17] 84: *bdl*; B. Otzen 1973, 518

[37] Siehe oben zu Anm. 22-23.

[38] Siehe oben zu Anm. 36.

3. *bdlm*, die einer Berufsgruppe zwar zugeordnet, zugleich von ihr unterschieden sind, ohne Beschreibung ihrer speziellen Funktion: a) *mrynm*: *bdl mrynm* 4.69 III 6 (siehe oben 2 zu 4.232:33.42); b) *mdṟġlm*: *bdl mdṟġlm* 4.69 VI 17; c) (*mkrm*): $^{kú.meš}$DAM.GÀR^{meš}: *bi-da-lu-ma* PRU 3, 200, A II 12, für *bdl mkrm*(?).
4. *bdlm* in ON: *bdl qrty* 4.85:6; *bdlm dt*[*yṯb b* 4.86.21; *bdlm dt yṯb b*[4.86.29; *bul* (l *bdl*) *ar* 4.214 III 1.
5. *bdlm* in Verbindung mit ON plus *mhr*: *bdl ar dt inn mhr lhm*$^{!}$ 4.214 I 4-5.
6. *bdlm* eines *gt*: *bdl gt* PN 4.96:1.
7. *bhtm bdlm* "Häuser der *bdlm*": in zerstörtem Kontext 4.312:4.7. [39]

Zu 1-2: *bdlm* / *bidalūna* in Listen:

Aus der Liste KTU 4.134 geht nicht hervor, zu welchem Zweck das Verzeichnis von der königlichen Verwaltung angelegt wurde; vgl. hiermit z.B. *spr ytnm* mit Angabe des ausgeteilten Weines in KTU 4.93:1.42. Über das Dienstverhältnis zum König kann man dem Verzeichnis nichts entnehmen.

Am Ende der Liste KTU 4.232 werden in den Abschnitten Z. 33-41 *mrynm* aufgeführt und in Z. 42-49 *bdlm*. Es liegen keine Hinweise vor, die erlaubten, in den *bdlm* in Anlehnung an KTU 4.69 III 6 Untergeordnete der *mrynm* (Z. 33-41) zu sehen.

Der Eintrag *bdlm* in KTU 4.116:20 dürfte als PN einzustufen sein. Wäre *bdlm* als Plural von *bdl* zu verstehen, erwartet man vor der Z. 20 einen Trennstrich.

Die *bidalūna* [40] in der Liste RS 15.172 (PRU 3, 205, 14) führen eine Reihe von Berufsangaben (z.B. Weber, Töpfer) fort. Dieser Eintrag ist mit KTU 4.232:42-49 zu vergleichen.

Zu 3: Einer Berufsgruppe zugeordnete *bdlm* / *bidalūma*:

Die Zuordnung von *bdlm* zu den Berufsgruppen der Kaufleute (*tamkārū*), Mariyannu (*mrynm*) und Wächter (*mdṟġlm*) und ihre weitere gesonderte Nennung nach diesen Berufsgruppen legt man allgemein als einen Hinweis auf ihre Unterordnung, ihre zweitrangige Stellung in ihrem Verhältnis zu den *tamkārū* usw. aus. Man wird sich jedoch auf die Erkenntnis zu beschränken haben, daß *bdlm* nach diesen Listen der königlichen Verwaltung im Zusammenhang mit Berufsgruppen eingesetzt werden konnten. Ob dies zur Verrichtung untergeordneter Dienste, zum Schutz, zur Kontrolle oder zu einem anderen Zweck erfolgte, ist diesen

---

[39] Siehe ferner den PN *bdlm* (KTU 4.116:20).

[40] Zur Endung -*ūna* siehe u.a. J. Tropper, UG 2000, 294, der von Nunation neben Mimation spricht; J. Sanmartín 1991, 183 Anm. 94, führt die Endung -*ūna* auf Dialekteinflüsse zurück, die dem Ugaritischen fremd sind.

Listen leider nicht zu entlocken.

Zu 4: *bdlm* in ON:
Die *bdlm* mußten als Bedienstete des Königs nicht am Hof oder in Ugarit wohnen.

Zu 5: *bdlm* in Verbindung mit ON plus *mhr*: Die Notiz über die *bdlm* von *Ar*, die kein *mhr* haben, gibt nur äußerst knapp formuliert über das Verhältnis zwischen den beiden Gruppen Auskunft. Es bleibt folglich unsicher, ob *mhr* auf alle im Abschnitt KTU 4.214 I 6-19 aufgeführten Personen zu beziehen ist, ob jedes Mitglied dieses Personenkreises einen *mhr* hatte oder ob *mhr* als Kollektiv aufzufassen ist. Siehe zu diesen Fragen unten die Abschnitte 2 und 3.

Zu 6: *bdlm* eines *gt*:
Die Liste gibt keine Auskunft über den Zweck des Aufenthalts von *bdlm* in einem *gt* "Gut(shof)". Es könnte z.B. sein, daß die *bdlm* dort nur wohnen und von dort abrufbar sind.

Zu 7: *bhtm bdlm* "Häuser der *bdlm*":
Die Zuweisung von Häusern an die *bdlm* dürfte besagen, daß sie von der zentralen königlichen Verwaltung mit Aufmerksamkeit bedacht wurden und man ihre Dienste benötigte.

Zusammengefaßt ist vorläufig festzuhalten, daß die *bidalūma / bdlm* bislang nur in Wirtschaftstexten belegt sind. In mythischen, kultischen und juridischen Texten scheinen sie keine Rolle zu spielen.

Ihre teilweise Verwendung im Zusammenhang mit den Tätigkeiten anderer Berufsgruppen weist auf ihre Multifunktionalität hin. Es bleibt jedoch offen, ob sie andere Berufe in ihrer speziellen Tätigkeit zu unterstützen hatten, etwa ihre Handlanger waren, ob sie zu ihrem Schutz abgeordnet und ihnen gleichrangig beigegeben waren, oder ob sie diesen Berufen gegenüber z.B. die Interessen der Königs zu vertreten hatten. Es dürfte jedenfalls riskant sein, ihre Tätigkeit allein von etymologischen Erwägungen her zu bestimmen. Zugleich haben wir mit einem Wandel der Stellung der *bdlm* im Verlauf langer Zeiträume zu rechnen. Es ist folglich möglich, daß z.B. ihre Stellung in den Königreichen von Ebla und Ugarit verschieden war.

2. Die *mhrm* (**maharūma*) "Krieger, Bogenschützen, Jäger"

In Abweichung von den Nachrichten über die *bidalūna / bdlm* in ugaritischen syllabischen und keilalphabetischen Wirtschaftstexten berichten neben ökonomischen Dokumenten sowohl mythische als auch epische Texte von den *mhrm*. Der Darstellung des Aqhat-Epos zufolge ist der wertvolle Bogen des Jägers Aqhat das besondere Begehren der Göttin ʻAnat. Nach KTU 4.214

I 4-5 wiederum können *bdlm* und *mhrm* einander zugeordnet sein. In epischer Erzählung erscheinen die *mhrm* dagegen in Verbindung mit anderen Gruppen von Soldaten oder Kämpfern (*ġzrm*, *ṣbu*).

Es ergeben sich bezüglich des gegenseitigen Verhältnisses der verschiedenen Männergruppen zu den *mhrm* mehrere Fragen, die die soziale und militärische Position der *mhrm* und ihre Zuordnung zur königlichen Verwaltung betreffen.

2.1. *mhr* und *mpr* in der ugaritistischen Lexikographie - Ist in KTU 1.18 IV 26 *mhr* oder *mpr* belegt?

Für eine Diskussion über ug. *mhr* ist von erheblicher Bedeutung die Klärung der Streitfrage, ob in KTU 1.18 IV 26 epigraphische Argumente für eine Lesung *mhr* oder *mpr* sprechen. Erst nach Lösung dieses Problems kann entschieden werden, ob im Ugaritischen die Lexeme *mhr* I-III oder nur *mhr* I-II plus *mpr* anzusetzen sind.

J. Aistleitner unterscheidet zwischen *mhr* I "eine Frau durch Kauf erwerben", *mhr* II "Dienstmann, Junker, Soldat" und *mhr* III "flüchtig (?)" (WUS Nr. 1531-1533). Dagegen trennt C.H. Gordon zwischen *mhr* I "serviceman, soldier" und *mhr* II "marriage price" (UT Nr. 1441-1442). Die Lexikographen des DUL schlagen folgende Dreiteilung vor: *mhr* (I) "warrior (trained expert), soldier, combatant, hero; troop(s)", *mhr* (II) "warrior strength" und *mhr* (III) "dowry, price / pride-price" (DUL, S. 536-537).

Da im Rahmen von KTU 4.214 I 4-5 kaum von *mhr* "Brautpreis" die Rede sein dürfte, bleibt im folgenden noch zu untersuchen, ob die in DUL aufgestellte Forderung zu Recht besteht, in KTU 1.18 IV 26 und 38 ein *mhr* (II) "warrior strength" neben *mhr* (I) als Bezeichnung eines Kriegers oder einer kämpferischen Männergruppe anzusetzen.

Die Autoren von DUL stützen sich bei ihrer Entscheidung für ein Lemma *mhr* (II) "warrior strength" auf eine besondere kolometrische und epigraphische Deutung von KTU 1.18 IV 26.38. Denn sie fassen *ap mh*(?)*rh ank l aḥwy* (KTU 1.18 IV 26-27) als eine kolometrische Einheit auf, die sie folgendermaßen übersetzen: "and I shall not leave his warrior strength alive". [41] Analog hierzu übersetzen sie die ihnen parallel erscheinende Stelle *'nt b ṣmt mhrh* (KTU 1.18 IV 38) mit den Worten: "DN [saw(?)] the destruction of his warrior strength".

Innerhalb des Abschnittes KTU 1.18 IV 24b-39a ist in erster Linie zu klären,

---

[41] Diese kolometrische Vorentscheidung setzt voraus, daß in DUL als vorangehendes Kolon *km qṭr b aph* "like smoke from his nostrils" (DUL 720: *qṭr* "smoke") abgegrenzt wird.

ob in Z. 24b-26a und Z. 36-37 die Gliederung des Textes in ein Trikolon und die Lesung *mprh* zutreffend sind. Außerdem haben wir zu eruieren, welche Beziehung zwischen Z. 36-37 und Z. 38-39a vorliegt.

Für die beiden Abschnittte KTU 1.18 IV 24b-26a.36-39a dürfte folgender Text zu rekonstruieren sein:

tṣi km [25]*rḥ npšh*	11
km iṯl brlth	10
km [26]*qṭr {b* [42] *aph} b ap mprh*	12 [16]
. . .	
[36]*yṣat km rḥ npš[h]*	12
[km iṯl] [37]*brlth*	10
km qṭr b[ap mprh]	12
[38]*'nt b ṣmt mhrh*	3+8
[b mḥṣ ġzr] [39]*aqht*	7+4
w tbk yl[d bn dnil]	6+7

Es gehe hinaus wie Wind seine Seele,
wie Speichel [43] sein Lebensgeist,

---

[42] J.C. de Moor / K. Spronk, CARTU 1987, 109; D. Pardee 1997, 350 Anm. 75; S.B. Parker 1997, 66, lesen *u*.

J. Aistleitner, WUS Nr. 911 und 1533, setzt die Lesung *d(?) ap mhrh* und ein Lemma *mhr* III "flüchtig (?)" an.

[43] Das Wort *iṯl* ist sowohl bezüglich seiner Bedeutung als auch seiner Etymologie heftig umstritten, siehe zur neueren Diskussion ("breath", "essenza", "essence", "exhalación[?]", "glory", "some kind of tree", "tamarisk[?]", "spittle") u.a. M. Dietrich / O. Loretz 1996, 579. Für die Etymologie werden Wörter aus dem Akkadischen, Hethitischen und sogar Ägyptischen herangezogen. Eine hethitische Etymologie verdient jedoch, wie noch zu zeigen ist, gegenüber allen anderen Versuchen den Vorzug.

Aus der Parallelität von *iṯl* mit *rḥ* und *qṭr* dürfte zu entnehmen sein, daß *iṯl* in ähnlicher Weise wie *rḥ* und *qṭr* die besondere Seinsweise des Lebensgeistes / der Seele des Menschen (*npš* ‖ *brlt* ‖ *mpr*) beschreibt. Während man im westsemitischen Bereich die menschliche Lebenskraft mit Wind und Rauch vergleicht, sehen die Hethiter die menschliche Seele der ugaritischen Poesie zufolge als etwas Flüssiges an (zur Vorstellung, daß die Seele - *ištanzan-* - flüssig ist und tröpfeln kann, siehe KUB 30,10 Rs. 14-15), das wie Speichel (siehe KUB 29,10 I 9-11; HED I/2, 380-381: *issalli-* "spittle") aus dem Mund tropfen oder entfliehen kann.

Es ist folglich anzunehmen, daß die Formulierung *km iṯl brlth* wenigstens teilweise auf hethitische Traditionen zurückgeht und zugleich westsemitischer Mentalität anverwandelt ist; für eine heth. Etymologie votieren J.C. de Moor 1965, 363-364; M. Dijkstra / J.C. de Moor 1975, 196, heth./hurr. *iššalli* "spittle"; A. Caquot / M. Sznycer, TO I 1974,

wie Rauch [44] {aus seiner Nase} aus der Nase sein Gemüt!
. . .

Da ging hinaus wie Wind seine Seele,
wie Speichel sein Lebensgeist,
wie Rauch aus der [Nase sein Gemüt]!

'Anat beim Schlagen [45] ihres Kriegers,
[beim Niederschlagen] des Aqhat
beweinte sie den Jun[gen, den Sohn des Danil].
(KTU 1.18 IV 24b-26a.36-39a)

Für das Verständnis der parallelen poetischen Einheiten Z. 24b-26a und 36-37a benötigen wir in erster Linie eine klare epigraphische und kolometrische Erklärung der folgenden fünf Wörter *b aph b ap mprh* in Z. 26 und von *mhrh* in Z. 38.

In Z. 26 nimmt der Schreiber durch *b aph* irrtümlich - *aberratio oculi* - das nachfolgende *mprh* vorweg [46], das er durch nachfolgendes *b ap* ohne Tilgung von *b aph* korrigiert. Der Schreiber gibt aber zur Genüge zu erkennen, daß er an die beiden dreifachen Parallelismen *km* ‖ *km* ‖ *km* und *rḥ* ‖ *iṯl* ‖ *qṭr* des Trikolons die Wortkette *npš* ‖ *brlt* ‖ *mpr* anschließt. Aufteilungen des Textes in ein Trikolon, das mit *b aph* endet [47], oder gar eine Glie-

---

439 Anm. *d*; W.G.E. Watson 1990, 422, "saliva"; N. Wyatt 1998, 285; J. Tropper, UG 2000, 111; DUL 125: *iṯl* "saliva, phlegm, spittle", akk. *ušultu*, heth. *iššalli*.

Der Beleg für *iṯl* in KTU 1.1 II 9 scheint sich dem hethitisch-ugaritischen Kontext einzuordnen; A. Caquot / M. Sznycer, TO I 1973, 302 mit Anm. *g*; J.C. de Moor, ARTU 1987, 21, übersetzt folgendermaßen: "[*Let his soul go forth like wind*], ‖ [*his life*] *like spittle*!";

Vgl. dagegen die wenig überzeugenden etymologischen Versuche bei J. Aistleitner, WUS Nr. 473: *iṯl*: "Bienenschwarm?", ar. *ṯawl* "Bienenschwarm"; C.H. Gordon, UT Nr. 421: *iṯl* "breath, gust"; B. Margalit 1983a, 114-115; id. 1989, 130.156.342-343, "like (the) *IṮL*(-flower)"; F. Renfroe 1992, 84, kritisch zu J. Aistleitner, WUS Nr. 473: *iṯl* "Bienenschwarm", ar. *ṯawl*.

W.G.E. Watson 1996, 706, erwägt neben akk. *ušultu* (AHw. 1443: *ušultu* II "Schlein, dünner Schlamm") und heth. *išalli* auch äg. *iš* "saliva" als mögliche Etymologie.

[44] Zu *k qṭr* "wie Rauch" vgl. KTU 1.169:3 (*k qṭr urbtm*); J.N. Ford 2002, 161-162.

[45] Vgl. dagegen DUL 787: *ṣmt* "destruction",] *'nt b ṣmt mhrh* "DN [saw(?)] the destruction of his warrior strength".

[46] Vgl. dagegen M. Dijkstra / J.C. de Moor 1975, 196, die mit H.L. Ginsberg und A. Herdner, CTA S. 86 Anm. 2, *b ap* als Dittographie ausklammern; J. Tropper, UG 2000, 57, liest ohne Berücksichtigung des Problems von *baph bap* versuchsweise *mh'rh* und zählt den "Fehler" zu den "unfertigen" Zeichen.

[47] So z.B. J.C. de Moor, ARTU 1987, 246; M.H. Pope 1994, 23.229; S.B. Parker 1997, 66; D. Pardee 1997, 350; J. Tropper, UG 2000, 708.

derung desselben in ein Tetrakolon [48] dürften folglich nicht in Betracht zu ziehen sein.

Die Lesung *b*[*ap mprh*] ist auch für die Lücke am Zeilenende in KTU 1.18 IV 37 anzusetzen.

Während bezüglich des dreifachen Parallelismus *npš*, *i<u>t</u>l* und *brlt* [49] keine epigraphischen Probleme bestehen, werden für die vielerseits als Parallelen angesehenen Lesungen *mprh* (KTU 1.18 IV 26) und *mhrh* (KTU 1.18 IV 38) widersprüchliche epigraphische Lösungen vorgeschlagen. In DUL wird für beide Stellen die Lesung *mhrh* [50], in KTU^2 (S. 54-55) dagegen *mprh* bevorzugt [51]. Man duldet nebeneinander auch *mprh* und *mhrh.* [52]

Da nach CTA Fig. 58 die Lesungen *baph.bap.mprh* (Z. 26) und *mhrh* (Z. 38) als sicher anzusehen sind, besteht zumindest epigraphisch kein Grund, entweder *mprh* an *mhrh* oder *mhrh* an *mprh* anzugleichen. Es liegt folglich auch keine Notwendigkeit vor, mit DUL für KTU 1.18 IV 26.38 ein Substantiv *mhr* (II) "warrior strength" zu postulieren. In der strittigen Z. 38 ist wahrscheinlich -der arg zerstörte Kontext von Z. 37b-38 läßt keine absolut sichere Entscheidung zu - vom *mhr* Aqhat, dem "Kämpfer, Bogenschützen, Jäger" der Göttin ʻAnat die Rede.

Das bezüglich *mhrh* und *mprh* erreichte Ergebnis wird auch durch die Aufnahme von KTU 1.18 IV 24b-26a.36-37 in die Berichte der Boten über die schreckliche Tat der ʻAnat indirekt bestätigt. Obwohl in KTU 1.19 II 38b-39 und in Z. 42b-44a das Kolon *k qṭr b ap mprh*(*m*) nicht mehr erhalten oder ausgefallen ist, so dürfte doch an beiden Stellen folgender Text vorauszusetzen sein:

[*š*]*ṣat k rḥ npšhm* [53]	12
[39]*k i<u>t</u>l brlthm*	10

---

[48] N. Wyatt 1998, 285-286.

[49] Zu *brlt* "Seele, Lebenskraft" siehe unten Anm. 63.

[50] DUL 536: *mhr* (II); so z.B. auch M. Dijkstra / J.C. de Moor 1975, *mhrh "his vigour"*; D. Pardee 1997, 350 mit Anm. 75, liest *'ū 'apa muhrahu lā 'aḥawwiyu* "And moreover I'll not allow his soldiership (i.e., the abstract expression of the qualities making him a soldier) to continue living."; J. Tropper, UG 2000, 57, schlägt zu KTU 1.18 IV 26 die Lesung "(?) *mh'rh* vor.

[51] So auch J.C. de Moor / K. Spronk, CARTU 1987, 109-110; B. Margalit 1989, 130.212; R.M. Wright 1994, 539; W.G.E. Watson 1995, 546; id. 1996, 707; N. Wyatt 1998, 287 mit Anm. 161.

[52] S.B. Parker 1997, 66, gliedert den Text folgendermaßen: *uap mprh*]/ʻ*nt bṣmt mhrh*["[ ] Anat in the slaying, Her warrior [".

[53] *npšh* + enklitisches *-m*; M.H. Pope 1994, 328-334;

[*k qṭr b ap mprhm*] [54]	[12]
. . .	
[*šṣat*] [43]*btlt ʻnt k r*[*ḥ npšh*]	11+7 (18) [55]
[44][[*k*]] *k iṯ brlth*	9
<*k qṭr b ap mprh*> [56]	<11>

[S]ie ließ hinausgehen wie Wind seine Seele,
wie Speichel [57] seinen Lebensgeist,
[wie Rauch aus der Nase sein Gemüt]!
. . .
[Es ließ hinausgehen] die Jungfrau ʻAnat wie Wi[nd seine Seele],
wie Speichel seinen Lebensgeist,
<wie Rauch aus der Nase sein Gemüt>!
(KTU 1.19 II 38b-39.42b-44a)

Zusammengefaßt ist festzuhalten, daß die in DUL (S. 536) für KTU 1.18 IV 26.38 erhobene Forderung nach einem Lemma *mhr* (II) "warrior strength" für KTU 1.18 IV 26 auf einem Mißverständnis der poetischen Struktur des Trikolons Z. 24b-26a [58] und einer epigraphischen Fehldeutung der Schreibung *mprh* in Z. 26 beruht.

In Z. 38 ist *mhrh* auf Aqhat zu beziehen. Dies geht aus dem Parallelismus *mhr* ‖ *aqht* hervor, so daß hier nicht etwa von *Ytpn*, dem *mhr št* "Krieger der Herrin", [59] oder von Dienern Aqhats [60] die Rede ist. Das *mhrh* in KTU 1.18 IV 38 findet in KTU 1.22 I 9 eine Bestätigung. Denn dort wird der mythische *Ṯmq* als *mhr ʻnt* "Krieger der ʻAnat" eingeführt. [61]

---

[54] Zur Diskussion über die Lesung von Z. 38b-39 siehe u.a. A. Herdner, CTA, S. 88 Anm. 17; J.C. de Moor / K. Spronk, CARTU 1987, 113.

[55] Anakrusis durch *btlt ʻnt*.

[56] Die Zerstörung der Tafel erlaubt keine sichere Entscheidung in der Frage, ob die dritte Zeile des Trikolons in Z. 44 geschrieben war (so z.B. J.C. de Moor / K. Spronk, CARTU 1987, 113, die [*k qṭr.b aph. bh.pʻnm*] lesen) oder ausgelassen wurde (so z.B. A. Herdner, CTA, S. 89 Anm. 3).

[57] Siehe oben Anm. 43.

[58] Diese Deutung der Stelle liegt bereits bei G.R. Driver, CML 1956, 58.159, *mhr* "readiness, courage" vor.

[59] Siehe unten Abschnitt 2.2.6.

[60] J.C.L. Gibson, CML 1978, 112 mit Anm. 9, "Servants of Aqhat who escape and later inform his father (19 77ff.)."

[61] Siehe unten Abschnitt 2.2.3.

offensichtlich in gleicher Weise wie *npš* [62] und *brlt* [63] einen Teil, eine Funktion oder ein von außen leicht erkennbares Phänomen des menschlichen Lebens, das bei einem Toten fehlt.

J. Aistleitner (WUS Nr. 2259) erklärt *mpr* "entfahrender Odem (?)" von *pr* I (*prr*) "fliehen" (ar. *farra* "fliehen") her. B. Margalit [64] verbindet *mpr* etymologisch mit *prr* (ar. *farfara*, he. *pr*(*pr*) "flutter, shake") und gibt als Übersetzung "convulsions" an. [65] G. Del Olmo Lete gelangt im Rahmen einer irrtümlichen kolometrischen Gliederung zu *mpr* "postración, destrucción". [66] J.C. de Moor / K. Spronk fordern für KTU 1.18 IV 26 ein Substantiv *mpr* "heart", [67] das an akk. *nupāru*(*m*) II "Herz, Gemüt" [68] erinnert.

Summa summarum dürfte festzuhalten sein, daß entgegen DUL (S. 536) kein Grund ausfindig zu machen ist, der den Ansatz eines Wortes *mhr* (II) "warrior strength" und die gleichzeitige Tilgung eines Lemmas *mpr* rechtfertigen könnte. Vorläufig trennen wir am besten zwischen *mpr* I "Gemüt, Lebensgeist" (KTU 1.18 IV 26.[37]) und einem wegen des zerstörten Kontextes noch nicht bestimmbaren *mpr* II (KTU 6.40:1). [69]

2.2. Die Belege für *mhr* I [70] "Krieger, Bogenschütze, Jäger"

Die Verteilung der *mhr*(I)-Belege auf mythische, kultische und ökonomische Texte führt zur Frage, ob alle Textsorten nur von einer einzigen Art von *mhrm* berichten.

---

[62] Es ist offensichtlich, daß *npš* im vorliegenden Kontext nicht die Kehle (siehe z.B. SED I, S. 178, Nr. 200) bezeichnet, sondern das an ihrer Bewegung abzulesende Lebensprinzip, die Seele, den Lebenshauch.

[63] Zur Diskussion über *brlt* siehe u.a. A. Rendsburg 1987, 626-627, msa. *brt* + *l*, "desire to weep"; F. Renfroe 1989, 164-169; id. 1992, 84, "life/breath"; M.H. Pope 1994, 365-367.370-371, "soul", "appetite"; DUL 238: *brlt* "1) "hunger, appetite, relis+h"; 2) "spirit, life force".

[64] B. Margalit 1989, 212.

[65] B. Margalit 1976, 168-169; id. 1989, 156; es folgen ihm mit ägyptischer Etymologie R.M. Wright 1994, 539; W.G.E. Watson 1995, 546; id. 1996, 707.

[66] G. Del Olmo Lete 1981, 385.581.

[67] J.C. de Moor / K. Spronk, CARTU 1987, 152.

[68] AHw. 804; M. Dietrich / O. Loretz 1978, 68 Anm. 43.

[69] DUL 566: *mpr* "a pot (?)" verweist auf akk. *maprû* "ein Silbergefäß"; AHw. 605; CAD M/1, 239.

[70] Vgl. *mhr* II "Brautgeld".

2.2.1. Die *mhrm* im Baal-Mythos - KTU 1.3 II 9-35

Im Rahmen der Schilderung des Kampfes der Göttin ‘Anat gegen ihre Feinde erscheint der *mhr* und die *mhrm* in Parallele zum *ḏmr*, den *ġzrm* und dem *ṣbu*:

^{9}*tḥth k kdrt riš*	12
^{10}*‘lh k irbym kp <ḏmr>*	11<14>
k qṣm ^{11}*ġrmn kp mhr*	13
‘tkt ^{12}*rišt l bmth*	12
šnst ^{13}*kpt b ḥbšh*	12
brkm tġll ^{14}*b dm ḏmr*	14
ḥlqm b mm‘ ^{15}*mhrm*	12
. . .	
tṯ‘r ^{21}*ksat l mhr*	12
<t>ṯ‘r ṯlḥnt ^{22}*l ṣbim*	13<14>
hdmm l ġzrm	9
. . .	
k brkm tġll b dm ^{28}*ḏmr*	15
ḥlqm b mm‘ mhrm	12
^{29}*‘d šb‘ tmtḥṣ b bt*	13
^{30}*tḥtṣb bn ṯlḥnm*	12
ymḥ ^{31}*b bt dm ḏmr*	11
<b ṯlḥnm mm‘ mhrm> [71]	<13>
yṣq šmn ^{32}*šlm b ṣ‘*	12
. . . [72]	
trḥṣ ydh bt^{33}*lt ‘nt*	14
uṣb‘th ybmt limm	14
^{34}*trḥṣ ydh b dm ḏmr*	13
^{35}*uṣb‘th b mm‘ mhrm*	14

[71] Die Parallelzeilen zu Z. 30b-31a und 31b-32a fehlen. Es liegt die Vermutung nahe, daß der Schreiber sich hier mit der Angabe von Stichkola begnügt, die vom Vortragenden zu ergänzen waren.

[72] Vgl. oben Anm. 71.

Unter ihr [73] waren wie Bälle [74] Köpfe,
über ihr wie Heuschrecken Hände <der Helden [75]>, [76]
wie Heuhüpfer [77] Haufen [78] von Kriegerhänden. [79]
Sie band Köpfe an ihren Brustkorb,
sie befestigte Hände an ihrem Gürtel. [80]
Sie tauchte die beiden Knie ins Blut der Helden,
die Hüften [81] ins Gedärme [82] der Krieger.
. . .
Sie stellte Stühle für die Krieger hin,
stellte Tische für das Heer hin,
Fußschemel für die Kämpfer!

---

[73] *tḥt* || *ʿl* "unten" || "oben, auf", bezogen auf die Göttin ʿAnat: unter ihre Füße waren die abgehauenen Köpfe der Feinde gefallen, auf ihr selbst häuften sich die abgeschlagenen Hände.

[74] *kdrt* "Bälle, Klumpen, Häufen"; J.C. de Moor 1971, 90, ar. *kadarah* "lump of earth", he. *kaddūr* "lump, ball"; DUL 432: *kdrt* "ball" (?); vgl. dagegen *kdrt* "Geier, Adler"; syr. *kudrā* (Brockelmann 319); C.H. Gordon, UT Nr. 1201; K. Aartun II 1978, 28; siehe zur Diskussion J.M. Sasson, RSP I 1972, 421, Nr. 66; J. Tropper, UG 2000, 264.

Aus den beiden Parallelenketten *kdrt* || *irbym* || *qṣm* und *riš* || *kp* || *ġrmn kp* ergibt sich, daß sowohl *kdrt* als auch *irbym* und *qṣm* als Angaben großer Mengen zu verstehen sind.

[75] *ḏmr* "Beschützer, Krieger, Held"; M.P. Streck 2000, 407, amurritisch *ḏamārt* "Schutz", *ḏammār* "Beschützer", *ḏamūr* "beschützt", *ḏimir/ḏimr* "Schutz", *ḏmr* "schützen"; R. Pruzsinszky 2003, 178.198; Ges.[18] 305: $zmrh_2$ "Schutz"; vgl. M.A. Shatnawi 2002, 689, thamudisch *Ḏamār* "tapfer (als Beschützer), kühn".

[76] Auch hier ist der Parallelismus *ḏmr* || *mhr* vorauszusetzen; vgl. Z. 14-15.28.34-35.

[77] *qṣm*, ar. *qaṣām* (Dozy, SDA 368); J.C. de Moor 1971, 90-91. Die Autoren von DUL 716: *qṣm* "grasshopper(s)" verbinden *qṣm* folgendermaßen mit *ġrmn*: *k qṣm ġrmn kp mhr* "like grasshoppers in a swarm (were) the palms of the warriors". Es dürfte dagegen vorzuziehen sein, von *ġrmn kp mhr* "Haufe von *mhr*-Händen" auszugehen.

[78] He. *ʿrmh* "Getreidehaufen, Haufen" (HAL 839).

[79] Dem Trikolon liegt als tertium comparationis die Vorstellung von Schwärmen fliegender Adler und Heuschrecken zugrunde.

[80] O. Loretz 2001, 351.

[81] *ḥlq* "Hüfte, Lende"; he. *ḥlṣ* Du. "Lenden, Hüften" (Ges.[18] 359: **ḥlṣ*; SED I 107, Nr. 118); M. Dietrich / O. Loretz 2003.

Vgl. dagegen SED I 107, Nr. 117, **ḥlq-* "Adam's apple, throat"; 167, Nr. 184, *ḥlqm b mmʿ mhrm* "the throat(?) into the brain of the soldiers".

[82] *mmʿ(m)* "Eingeweide, Gedärm"; HAL 576: **mʿh*; M. Dietrich / O. Loretz 2003.

J.C. de Moor 1971, 92; id. 2003, 124.145, gibt den Parallelismus *dmm* || *mmʿm* folgendermaßen wieder: "blood" || "bowels, gore" (KTU 1.3 V 2-3; 1.18 I 11-12).

Vgl. dagegen SED I, 167 Nr. 184: ug. *mmʿ* "brain"; vgl. jedoch SED I, 169: Nr. 185: **maʿay/w(-at)-* "intestines, entrails".

. . .
Ja, die beiden Knie tauchte sie ein ins Blut der Helden,
die Hüften ins Gedärme der Krieger.

Bis zur Sättigung kämpft sie im Palast,
schlägt sich zwischen den Tischen.
Man wischte ab im Palast das Blut der Helden,
<von den Tischen das Gedärme der Krieger>.
Man goß bestes Öl in eine Schale,
. . .
Es wusch ihre Hände die Jungfrau ʻAnat,
ihre Finger die Schwägerin der Stämme.
Sie wusch von ihren Händen das Blut der Helden,
von ihren Fingern das Gedärme der Krieger.
(KTU 1.3 II 9-15a.20b-22.27b-35)

Aus den drei Parallelismen

kp <*d̲mr* [83]> ‖ *kp mhr* - KTU 1.3 II 10-11,
dm d̲mr ‖ *mmʻ mhrm* - KTU 1.3 II 14-15.27-28.31.34-35,
mhr ‖ *ṣbim* ‖ *ġzrm* - KTU 1.3 II 21-22

geht eindeutig hervor, daß im Baal-Mythos die Klasse der *mhrm* den kampffähigen Gruppen *d̲mr*, *ġzr* und *ṣbu* gleichgestellt wird. Es bleibt offen, inwieweit diese poetisch-epische Tradition erlaubt, Rückschlüsse auf die damals in Ugarit wirklich herrschenden militärischen Verhältnisse zu ziehen.

2.2.2. *mhr* - KTU 1.13:5-7

Die Darstellung des kriegerischen Ereignisses in KTU 1.13:5-7 weist einen engen thematischen Zusammenhang mit KTU 1.3 II 9-35 und KTU 1.7 I 2-10 auf. Dies wird auch durch das Vorkommen des Wortes *mhr* in Z. 7 bestätigt. Die poetische Zuordnung des Wortes *mhr* erfolgt entweder zum vorangehenden [84] oder zum nachfolgenden [85] Text.

Vom vorangehenden Wortpaar *t̲lt̲ ymm* ‖ *ar*[*bʻ*] *ymm* "drei Tage" ‖ "vier Tage" (Z. 4-5) her ergibt sich, daß in Z. 6-7 ein Bikolon zu lesen ist:

---

[83] *d̲mr* und *mhr* sind wahrscheinlich in allen Parallelismen als Kollektive zu verstehen.

[84] J.C. de Moor, ARTU 1987, 138, Bikolon Z. 6-7; F. Renfroe 1992, 26, bildet ein Trikolon Z. 5-7; N. Wyatt 1998, 160-170, Trikolon.

[85] DUL 536: *mhr* (I) b, *l mhrk w ʻp* "yes, your warriors, fly!".

[6]*kp šsk [dm] l ḥbšk* 10 [12]
[7]*'tk riš[t] l mhrk* 12

Laß die Hände 'Blut' ausgiessen auf deinen Gürtel,
befestige Köpfe an deinen Kriegern! (KTU 1.13:5-7)

In KTU 1.13:5-7 ist eine aufschlußreiche Variante zu den verwandten Stellen in KTU 1.3 II und KTU 1.7 I 2-10 in der Weise überliefert, daß sich auf seiten der Göttin 'Anat sowohl *mhrm* (Z. 7) als auch *nšrm* "Adler" (Z. 8) [86] befinden. [87] Von einer *mhr*-Gruppe der 'Anat wird auch in KTU 1.22 I 9 berichtet. [88]

2.2.3. *mhr* - KTU 1.22 I 8-9, II 7-8

König Danil lädt zur Feier in seinen Palast auch die Totengeister ein, die den Hof Baals und 'Anats bilden. Unter diesen befindet sich die mythische Gestalt *Ṯmq*:

[8]*ṯm ṯmq rpu b'l* 11
[9]*mhr b'l w mhr 'nt* 13

Dort ist *Ṯmq*, der *rāpi'u* (Heiler) [89] Baals, [90]
der Krieger Baals und der Krieger der 'Anat.

Von diesem oder anderen Totengeistern, Kriegern Baals und 'Anats, ist auch noch innerhalb eines zerstörten Kontextes in KTU 1.22 II 7 (*mhr b'l*[) und 1.22 II 7-8 (*mhr*] [8]*'nt*) die Rede.

---

[86] Vgl. *kdrt* "Geier" in KTU 1.3 II 9.

[87] Es besteht keine Möglichkeit, die Wendung *rišt l mhrk* als Genitivkonstruktion zu verstehen; vgl. dagegen J.C. de Moor, ARTU 1987, 138, "the heads of your warriors"; F. Renfroe 1992, 26, "(the) heads to/of your soldier"; N, Wyatt 1989, 170, "the heads of your warriors"; vgl. A. Caquot, TO II 1989, 22, "pour tes guerriers".

[88] Siehe unten Abschnitt 2.2.3.

[89] Der Parallelismus *rpu b'l* ‖ *mhr b'l* ‖ *mhr 'nt* ergibt sich nur bei der Annahme, daß es sich insgesamt um Benennungen eines Totengeistes namens *Ṯmq* handelt; M. Dijkstra 1988, 47.

[90] Vgl. dagegen J.C. de Moor, ARTU 1987, 272, "There rose up Ba'lu the Saviour"; vgl. dagegen T.J. Lewis 1997, 203, "There the shades of Baal... ‖ Warriors of Baal, ‖ Warriors of Anat."; siehe zur Diskussion ferner W.T. Pitard 1999, 262.

2.2.4. *mhr* - KTU 1.10 I 11

Die Erwähnung eines oder mehrerer *mhr* erfolgt in KTU 1.10 I 11 in einem stark zerstörten Kontext. Es ist auch nicht möglich, von *mtm* "Toten" in der vorangehenden Z. 10 her Rückschlüsse auf die Situation des/r *mhr* in Z. 11 zu ziehen.

Vielleicht setzt KTU 1.10 I 11 eine den Verhältnissen in KTU 1.22 I 8-9, II 7-8 vergleichbare Situation voraus. [91]

2.2.5. *mhr* - KTU 1.17 VI 40

Der Königssohn Aqhat stellt in seiner Auseinandersetzung mit ʻAnat klar, daß ein Bogen für die Göttin kein passendes Gerät sei. Denn ein Bogen gehört zur Ausrüstung der Kriegerkaste der *mhrm.* Ein Bogen ist folglich kein Jagdgerät für Frauen:

qštm [40]*[kl] mhrm* [92] 8[10]
ht tṣdn tinṯt [41]*[bhm?]* 14

Der Bogen ist ein [Gerät] der Krieger(/ Jäger)!
Sollte jetzt das Weibervolk [damit] jagen?
(KTU 1.17 VI 39b-41a)

Im Streit zwischen ʻAnat und Aqhat strebt die Göttin in erster Linie nach dem kunstvollen Bogen des Königssohnes und Jägers. Aqhat erscheint in diesem Zusammenhang als Bogenschütze und Jäger; siehe auch oben Abschnitt 2.1 zu *mhrh* in KTU 1.18 IV 38. Die damit bekundete enge Verbindung zwischen einem *mhr* und einem Bogenschützen führt zur Frage, ob die *mhrm* wenigstens teilweise mit den *šannānū* (Alalaḫ IV) (= ug. *ṯnn*) "Bogenschützen" [93] zu vergleichen sind und auf ihrer Kunst, mit dem Bogen umzugehen, auch ihre Verbindung mit den Besatzungen von Streitwagen in ägyptischen Quellen [94] beruht.

---

[91] Siehe oben zu 2.2.3.

[92] *mhr + m* oder Pl. *mhrm*; J.C. de Moor 2003, 144, "a warrior's [weapon]².
Kriegerische Göttinnen - z.B. ʻAnat, Astarte, Tinnit - wünschen naturgemäß Waffen, besonders Pfeil und Bogen, wie das Beispiel der Qudšu-Astarte-ʻAnat, *Asiti* genannt, zeigt; H.-P. Müller 2004, 148*-149*.

[93] E. von Dassow 2002, 883-891.

[94] A.F. Rainey 1998, 441, vermerkt hierzu folgendes: "... *mahar* in Papyrus Anastasi I alternates with the well known *maryannu* ʻchariot warrior' as a synonym for it."

2.2.6. *mhr št* - KTU 1.18 IV 6.11.38; 1.19 IV 52-53.56-57

In KTU 1.18 IV 6.11.38; 1.19 IV 52-53.56-57 versieht die Dichtung *Yṯpn* mit dem Epitheton *mhr št*.

B. Margalit lehnt sowohl für *yṯpn mhr št* die Übersetzung "Yaṭpan, le soldat buveur" [95] als auch ein Lemma *št* "lady", das mit ar. *sitt* "Herrin, Dame" begründet wird, [96] ab. [97] Er selbst übersetzt *mhr št* mit "warrior of the Sutū", "Sutean warrior" und begründet dies mit äg. *šwtw*, he. *bny šṭ* (Num 24,17) und akk. *sutū*. [98]

Die Autoren von DUL (S. 851) setzen dagegen ein Lemma *št* (III) "tearing apart, separation, desolation" (ar. *šatta*, *šatt*, Lane 1501) an und führen für *mhr št* die Übersetzung "the destructive warrior" oder "destructive warrior" [99] ein.

B. Grdselof vermutet hinter *št* den Namen des ägyptischen Gottes Seth. [100]

Die Göttin ʻAnat bedient sich in ihrem Kampf gegen Aqhat der kriegerischen Fähigkeiten eines Kriegers namens *Yṯpn*. Ihn charakterisiert man des näheren mit dem Epitheton *št*. Er führt als "ihr" *mhr* (*mhrh*, KTU 1.18 IV 38) den Mord an Aqhat aus.

Eine Deutung der Formel *mhr št* hat von der Tatsache auszugehen, daß die beiden Wörter nur im Aqhat-Epos belegt sind und das Verhältnis zwischen *Yṯpn* und seiner Herrin ʻAnat näher bestimmen. In diesem Rahmen nimmt der Abschnitt KTU 1.19 IV 56b-59a eine Schlüsselstellung ein. [101] In ihm tritt *Yṯpn* als Untergebener und Diener der Göttin ʻAnat auf. Sowohl hier als auch an den anderen Stellen, die von ihm als *mhr št* handeln, spielen die Sutū keine Rolle. Es ist folglich nicht einzusehen, warum sich *Yṯpn* rühmen sollte, die Feinde der Sutäer zu tausenden schlagen zu wollen. [102] Es liegt näher, ihn von seinen vergangenen und zukünftigen Leistungen für ʻAnat prahlen zu hören:

---

[95] A. Caquot / M. Sznycer, TO I 1974, 437 mit Anm. p, folgen H.L. Ginsberg und P. Fronzaroli.

[96] C.H. Gordon, UT Nr. 2500: *št* II; J. Aistleitner, WUS Nr. 2704: *št* III "Herrin", "J., der Junker der Herrin"; M. Dijkstra / J.C. de Moor 1975, 213.

[97] B. Margalit 1983, 96-98; id. 1989, 337.

[98] B. Margalit 1989 338 mit Anm. 4, beruft sich auf W.F. Albright; S.B. Parker 1997, 78, "Sutean warrior".

[99] DUL 536: *mhr* (I) a.

[100] B. Grdseloff 1942, 27, "champion of St".

[101] So auch B. Margalit 1989, 337.

[102] B. Margalit 1989, 166, übersetzt KTU 1.19 IV 58b-59a folgendermaßen: "*May the hand that smote Hero-Aqhat* ‖ *Smite the enemy of the Suteans by the thousands!*".

yd mḥṣt aq[h]t ġ[59]*zr* 13
tmḫ̣ṣ alpm ib št [103] 12

"Die Hand, die den Helden Aqhat geschlagen hat,
wird tausend Feinde der Herrin schlagen!"
(KTU 1.19 IV 58b-59a) [104]

Aus dieser Rede geht klar hervor, daß *Ytpn* im Aqhat-Epos als ein *mhr* seiner Herrin (*št*) 'Anat handelt. Er steht in ihrem Dienst.

2.2.7. *mhr* und *mhrm* in Wirtschaftstexten - KTU 4.176:7; 4.214 I 5
2.2.7.1. KTU 4.176:7

Die wenigen erhaltenen Wörter am rechten Rand der Tafel KTU 4.176 lassen keine Bestimmung der Bedeutung von *mhr* in KTU 4.176:7 zu,

2.2.7.2. KTU 4.214 I 5

Im Vermerk *bdl* ON *dt inn mhr lhm* (KTU 4.214 I 4-5) [105] ist entweder von einem einzelnen *mhr* oder von einer *mhr*-Gruppe die Rede. Wenn wir annehmen, daß es sich um einen einzelnen *mhr* handelt, scheint der *mhr* den *bdlm* von *Ar* aus einem ungenannten Grund nicht zur Verfügung zu stehen. Dies würde vor allem besagen, daß der *mhr* den *bdlm* von *Ar* untergeordnet zu denken wäre. Man könnte in diesem Fall z.B. folgern, daß *mhr*-Soldaten zur normalen Ausrüstung von Karawanen oder Kaufleuten gehörten.

Nehmen wir dagegen an, daß man einen *mhr* als gut ausgebildeten, hochgestellten Militär oder etwa als Kommandeur und Logistiker [106] bei den *bdlm* eingesetzt hat, [107] hielte die königliche Verwaltung von Ugarit in KTU 4.214 I 4-5 fest, daß der betreffenden Gruppe von *bdlm* die übliche personale Ausstattung mit einem Spezialisten (samt seinen Untergebenen *mhr*-Sodaten?) fehlt.

---

[103] Für eine Versetzung von *št* an den Anfang der folgenden poetischen Einheit (S.B. Parker 1997, 78; DUL 4: *ib* [I]) besteht kein Grund.

[104] M. Dijkstra / J.C. de Moor 1975, 213; J.C. de Moor, ARTU 1987, 265; N. Wyatt 1998, 313.

[105] Siehe oben zu Anm. 16-19.

[106] Vgl. zu äg. **mahar* "warrior" siehe J. Zorn 1991, 129-138; J.E. Hoch 1994, 147-149, Nr. 190, **mahīra* "Military Officer commanding troops and handling logistics"; A.F. Rainey 1998, 441-443.

[107] Siehe unten Abschnitt 2.2.8. zu den PNN *ilmhr* und *'bdmhr* mit *mhr* als Epitheton Baals.

Die mit KTU 4.214 I 4-5 gegebene Problemstellung konfrontiert uns mit der Frage, ob von der Etymologie her eine Klärung der Aussagen über die *mhrm* möglich ist. [108]

2.2.8. Personennamen mit dem Element *mhr*

Neben dem PN *mhrn* (KTU 4.727:8) enthalten auch folgende PNN das Element *mhr*:

ilmhr [109] - KTU 4.63 I 9; 4.631:18; 4.755:10,
'bdmhr [110] - KTU 4.769:14.

Beide Namen bezeugen das kriegerische Element im Auftreten des Wettergottes Baal.

2.3. *mhr* - Probleme der Etymologie

Das ugaritische Wort *mhr* verbindet man etymologisch allgemein mit ar. *mahara* "be skillful", asa. *tmhrt* "contingent of *bedouin* mercenaries", [111] he. *mhyr*, äth. *mahara* [112] und äg. *mahar* "jeune champion; [113] warrior". [114]

---

[108] Siehe unten Abschnitt 2.3.

[109] Zu *ilmhr* vgl. DINGIR.UR.SAG, PRU 3, 169, 5.10; 194, 21; PRU 6, 53 rev. 9'; A.F. Rainey 1973, 39; J. Huehnergard, AkkUg 348.410.

F. Gröndahl, PTU 81.95.156, vermutet, daß *il* in diesem Namen eher auf Baal denn auf El zu beziehen ist; siehe auch J. Zorn 1991, 133 mit Anm. 31.

Siehe ferner zu *mhrb'l* in ägyptischen Texten (M. Burchardt II 1910, 26, Nr. 486-487; W. Helck 1962, 369, Nr. 4, *b(a)-'-al-m(a)-h()-r* "Baal eilt"; 374, Nr. 7, *m()-ha-r-ja-ba'al* "Es eilt Baal", vgl. II Sam 23,28; 376, Nr. 19, *m()-h-r-b-'-l*; T. Schneider 1992, 86, N 163; 131, N 281-284; P.-M. Chevereau 1994, 149, Nr. 18144-181.45; PTU 156) und zu *b'lmhr* in Amarna-Briefen: ^{m}*Ba-lu-mé-er* (EA 260:2), ^{md}IM-*me-ḫír* (EA 245:44; 258:2), ^{md}IM-*mé-ḫi-ir* (EA 257:3); J. Zorn 1991, 132; A.F. Rainey 1998, 442.

Vgl. H.B. Huffmon 1965, 229-230, *Ma-aḫ-ri-el*? (Māri).

Es wird außerdem diskutiert, ob he. *mhr* "Krieger, Soldat" in Jes 8,1.3 (A. Jirku 1950, 118, *mhr šll* "Krieger der Beute"; vgl. Kommentare) und im PN *Mhry*, ein Recke Davids (II Sam 23,28; I Chr 11,30; 27,13; HAL 525: *mhry*; J. Zorn 1991, 132; T. Schneider 1992, 86, N 163) belegt ist.

[110] ÌR.UR.SAG (PRU 3, 200, II 41); A.F. Rainey 1998, 442, "Servant of the Warrior (God)"; R.S. Hess 1993, 208, *mhr* "fighter, to fight".

[111] SD 84: *MHR*.

[112] CDG 334: *mahara* "teach, instruct, educate, train, discipline"; E. Ullendorff 1965, 195, betont, daß äth. *mhr* "to teach" und reflexiv "to be skilled" auch für Prov 22,29 ("a man skilled in his work") anzunehmen ist.

[113] B. Couroyer 1964, 452, "Le *mhr* serait un jeune champion, la jeunesse ajoutant à l'èclat de son courage et à son habileté à manier les armes, à pied ou en char."

Die Schreibung *UR.SAG* (= *qarrādu*) "Krieger, Held" für *mhr* im PN ÌR.UR.SAG (PRU 3, 200, II 41) = *ʻbdmhr* [115] hebt in gleicher Weise wie der auf den kriegerischen Baal zu beziehende PN *ilmhr* [116] das soldatische Element in *mhr* hervor.

Die Etymologie bietet nur für eine allgemeine Umschreibung der Tätigkeit des ugaritischen *mhr*-Kriegers eine ausreichende Grundlage. Bezüglich einer näheren Beschreibung des *mhr* sind wir jedoch auf die knappen und folglich für uns immer noch rätselhaften inhaltlichen Informationen der Texte aus Ugarit angewiesen.

2.4. Zusammenfassung und Auswertung der *mhr*-Belege

Die keilalphabetischen Belege für *mhr* I sind auf folgende Gruppen zu verteilen:

1. *mhr(m)* "Krieger" im Baal-Mythos: *k qṣm ġrmn kp mhr* "wie Heuhüpfer Haufen von Kriegerhänden" (‖ *kp <ḏmr>*) 1.3 II 11; *tġll* ... *ḫlqm b mmʻ mhrm* "sie tauchte ... die Hüften ins Gedärme der Krieger" (‖ *dm ḏmr*) 1.3 II 15.28; *tṯʻr ksat l mhr* "sie stellt Stühle für die Krieger hin" (‖ *ṣbim, ġzrm*) 1.3 II 21; *ymḥ <b ṯlḥnm mmʻ mhrm>* "man wischte <von den Tischen das Gedärme der Krieger> (‖ *dm ḏmr*) 1.3 II 31; *trḥṣ* ... *uṣbʻth b mmʻ mhrm* "sie wusch von ihren Fingern das Gedärme der Krieger ab" (‖ *dm ḏmr*).
2. *mhr(m)* in mythischen, kultischen Texten: *ʻtk riš*[*t*] *l mhrk* "befestige (ʻAnat) Köpfe an deinen Kriegern" 1.13:7.

3a-d. *mhr(m)* im Aqhat-Epos und in den *rāpiʼūma*-Texten: a) *mhr* "Krieger, kämpfende, jagende Männer": *qštm* [*kl*] *mhrm* "der Bogen ist ein [Gerät] der Krieger" (‖ *tinṯt*) 1.17 VI 40; b) *mhr* "Krieger, Jäger": *ʻnt b ṣmt mhrh* "ʻAnat beim Schlagen ihres Kriegers" (‖ *aqht*) 1.18 IV 38; c) *Ytpn* als *mhr* der ʻAnat: *ytpn mhr št* "*Ytpn*, der Krieger der Herrin" 1.18 IV 6.11; 1.19 IV 52-53.56-57; d) *Ṯmq* als *mhr* der ʻAnat: *ṯm ṯmq* ... *mhr bʻl w mhr ʻnt* "dort war *Ṯmq* ... der Krieger Baal und der Krieger der ʻAnat" (‖ *rpu bʻl*) 1.22 I 9.

4. *mhr(m)* in Wirtschaftstexten: *bdl* ON *dt inn mhr lhm* "*bidalūma* von ON, die keinen "*mhr*-Krieger / Experten" haben" 4.214 I 5.
5. *mhr* in PNN: *mhrn* 4.727:8; *ilmhr* 4.63 I 9; 4.631:18; 4.755:10; *ʻbdmhr* (= ÌR.UR.SAG, PRU 3, 200, II 41) 4.769:14.

---

[114] A.F. Rainey 1998, 441-442.

[115] Siehe oben Anm. 110.

[116] Siehe oben Anm. 109.

6. *mhr* in zerstörtem Kontext: *mhr* 1.10 I 11; *mhr b'l*[1.22 II 7; [*mhr*?]*'nt* 1.22 II 7-8;]*l mhr* 4.176:7

In den syllabischen Keilschrifttexten aus Ugarit ist das Wort *mhr* bislang nur durch das Sumerogramm UR.SAG im PN ÌR.UR.SAG (= *'bdmhr*) [117] bezeugt.

Insgesamt sind keine wirklich überzeugenden Gründe für ein *mhr* II "warrior strength" mit den Belegen KTU 1.18 IV 26.[38] beizubringen. In beiden Fällen haben wir ein Substantiv *mpr* I "Gemüt, Lebenskraft" anzusetzen, so daß neben *mhr* I nur noch ein *mhr* II "Brautpreis, Brautgeschenk" (KTU 1.24:19; 1.100:74-75) verbleibt.

3. Die *bidalūma* / *bdlm* und *mhrm* von Ugarit - ihre soziale, militärische und ökonomische Bedeutung im Vergleich

Im Gegensatz zu den *mhrm* sind die *bidalūma* / *bdlm* nur in Wirtschaftstexten anzutreffen. Sie scheinen aber nach dem Zeugnis der Texte aus Ebla im westsemitischen Raum eine lange Vorgeschichte zu haben. Ihre soziale und ökonomische Stellung dürfte weder ganz oben, noch im unteren Bereich zu suchen sein. Ihre dauerhaften oder wahrscheinlich nur zeitweiligen Bindungen an verschiedene Berufsgruppen sind anhand ihrer spärlichen Erwähnungen kaum mit der nötigen Sicherheit zu deuten. Es wird folglich offen bleiben, ob sie z.B. zu den Kaufleuten (*mkrm*, *tamkārū*) in einem untergeordneten, gleichrangigen oder gar übergeordneten Verhältnis standen.

Es bleibt auch unklar, welche Bindungen zwischen dem König von Ugarit und den *bidalūma* bestanden, ob sie z.B. von der zentralen Verwaltung mit landwirtschaftlich nutzbaren Flächen versorgt wurden und wie ihre Dienste begründet und belohnt worden sind.

Den Belegen für das Substantiv *mhr* in mythischen und epischen keilalphabetischen Texten ist zu entnehmen, daß es im westlichen Bereich bereits seit langem beheimatet war. [118] Die Gruppe der *mhrm* gehörte offensichtlich zu den besten militärischen Kräften. Inwieweit die *mhrm* in Ugarit in dieser oder einer damit eng verbundenen Tätigkeit zur Zeit der Niederschrift der ökonomischen Listen noch aktiv waren, ist aus den wenigen überlieferten Nachrichten nur noch äußerst beschränkt zu erkennen. Das Wort dürfte sich

---

[117] Siehe oben Anm. 110 und 115.

[118] J. Zorn 1991, 137, nimmt an, daß das Wort gegen Ende des 14. Jh.s v. Chr. nach Ägypten gekommen ist.

in Ugarit jedoch noch nicht zu einem Synonym für *mryn* (*mari[j]annu*) [119] entwickelt haben. [120] Ihre speziellen Tätigkeiten als Krieger, Schreiber und Informationsbeschaffer, über die aus Ägypten berichtet wird, [121] könnten möglicherweise auch den Hintergrund der Notiz in KTU 4.214 I 4-5 bilden.

Einer Beantwortung bedarf auch noch, wie bei den *bidalūma*, die Frage, wie die Beziehungen zwischen dem König und den *mhrm* geregelt wurden.

Am Ende der obiger Darlegungen und Vermutungen zu den ugaritischen *biladūma* und *mhrm* haben wir folgendes zu registrieren: Eine weitere Aufhellung der mit den beiden Wörtern *bdl* und *mhr* in Ugarit gestellten Probleme dürfte nur durch neue substantielle Erweiterungen des heute zur Verfügung stehenden Quellenmaterials zu erreichen sein.

Literatur:

Aartun, K., 1974/78: Die Partikeln des Ugaritischen. AOAT 21/1-2.

Alt, A., 1957: Bemerkungen zu den Verwaltungs- und Rechtsurkunden von Ugarit und Alalach, WO 2/4, 338-342.

Archi, A., 1988: Ḫarran in the III Millennium B.C., UF 20, 1-8.

Astour, M.C., 1972: The Merchant Class of Ugarit, in: D.O. Edzard, (ed.), Gesellschaftsklassen im Alten Zweistromland und in den angrenzenden Gebieten - XVIII. Rencontre Assyriologique Internationale, München 29. Juni bis 3. Juli 1970. Bayerische Akademie der Wissenschaften. Philologisch-historische Klasse. Abhandlungen, Neue Folge Heft 75. München, 11-26.

Burchardt, M., 1910: Die altkanaanäischen Fremdwörter und Eigennamen im Aegyptischen. Zweiter Teil: Listen der syllabisch geschriebenen Worte sowie der altkanaanäischen Fremdworte und Eigennamen, Leipzig.

Caquot, A. / M. Sznycer, 1974: Mythes et légendes, TO I.

Chevereau, P.-M., 1994: Prosopographie des cadres militaires egyptiens du Nouvel Empire, Antony.

Couroyer, B., 1964: Trois épithètes de Ramsès II, Or. 33, 443-460.

Del Olmo Lete, G., 1981: Mitos y leyéndas de Canaán según la tradición de Ugarit. EMISJ 1. (= MLC).

- -, 1999: Canaanite Religion: According to the Liturgical Texts of Ugarit, Bethesda, Maryland.

Dietrich, M. / O. Loretz, 1996: Analytic Ugaritic Blbliography 1972-1988. AOAT 20/6.

- -, 2003: Die ugaritischen Wortpaare *dm* ‖ *mm'* und *brk* ‖ *ḥlq* im Kontext westsemitischer anatomischer Terminologie, UF 35 (im Druck).

Dijkstra, M., 1988: The Legend of Danel and the Rephaim, UF 20, 35-52.

---

[119] A.F. Rainey 1998, 441, zu *mahar* als Synonym für *maryannu* "chariot warrior" im Papyrus Anastasi I.

[120] Vgl. dagegen J.-P. Vita 1995, 105 Anm. 2, der diese Entwicklung auch für Ugarit anzunehmen scheint.

[121] J. Zorn 1991, 135.

Dijkstra, M. / J.C. de Moor, 1975: Problematical Passages in the Legend of Aqhâtu, UF 7, 171-215.

Driver, G.R., 1956: Canaanite Myths and Legends. OTSt 3. (= CML)

Duke, R.K., 1992: MAHARAI, in: ABD 4, 474.

Eißfeldt, O., 1954: Ugarit und Alalach, FuF 28, 80-85.

- -, 1960: The Alphabetical Cuneiform Texts from Ras Shamra Published in *Le Palais Royal d'Ugarit* Vol. II, 1957, JSS 5, 1-49.

Ford, J.N., 2002: The Ugaritic Incantation against Sorcery RIH 78/20 (KTU[2] 1.169), UF 34, 153-211.

Gibson, J.C.L., 1978: Canaanite Myths and Legends, Edinburgh. (= CML)

Girbal, C., 1992: Zum hurritischen Vokabular, SMEA 29, 159-169.

Grdseloff, B., 1942: Les Débuts du culte de rechef en Egypte, Caire.

Helck, W., 1962: Die Beziehungen Ägyptens zu Vorderasien im 3. und 2. Jahrtausend v. Chr. ÄA 5.

- -, 1979: Die Beziehungen Ägyptens und Vorderasiens zur Ägäis bis ins 7. Jahrhundert v. Chr. EdF 120.

Heltzer, M., 1982: The Internal Organization of the Kingdom of Ugarit. (Royal service-system, taxes economy, army and administration), Wiesbaden.

- -, 1988: The Late Bronze Age Service System and Its Decline, in: M. Heltzer / E. Lipinski, (eds.), Society and Economy in the Eastern Mediterranean (c. 1500-1000 B.C.). OLA 23, 7-18.

- -, 1996: The Symbiosis of the Public and Private Sectors in Ugarit, Phoenicia, and Palestine, in: M. Hudson / B.A. Levine, (eds.), Privatization in the Ancient Near East and Classical World. Peabody Museum of Archaeology and Ethnology, Harvard University, Cambridge, Mass., 177-196.

- -, 1999: The Economy of Ugarit, in: W.G.E. Watson / N. Wyatt, (eds.), Handbook of Ugaritic Studies. HdO I/39, 423-454.

- -, 1999a: Again about the *gt* in Ugarit and to the article of D. Michaux-Colombot in *UF* 29, UF 31, 193-197.

Hess, R.S., 1993: Amarna Personal Names. ASOR.DS 9.

Hoch, J.E., 1994: Semitic Words in Egyptian Texts of the New Kingdom and Third Intermediate Period, Princeton, New Jersey.

Huehnergard, J., 1987: Ugaritic Vocabulary in Syllabic Transcription. HSSt 32. (= UVST).

- -, 1989: The Akkadian of Ugarit. HSSt 34. (= AkkUg.)

Huffmon, H.B., 1965: Amorite Personal Names in the Mari Texts: A Structural and Lexical Study, Baltimore, MD.

Jirku, A., 1950: Zu "Eilebeute" in Jes 8,1.3, ThLZ 75, 118.

Kühne, C., 1974: Mit Glossenkeilen markierte fremde Wörter in akkadischen Ugarittexten, UF 6, 157-167.

Lewis, T.J., 1997: The Rapiuma, in: UNP, S. 196-205.

Loretz, O., 2001: Literarische Quellen zur Stele des "Baal au foudre" (RS 4.427). Ug. *bmt* I, *bmt* II, akkadische und hebräische Parallelen, UF 33, 325-376.

Margalit, B., 1976: Studia ugaritica II: "Studies in *Krt* and *Aqht*", UF 8, 137-192.

- -, 1983: Lexicographical Notes on the *AQHT* Epic (Part I: KTU 1.17-18), UF 15, 65-103.

- -, 1983a: The Messengers of Woe to Dan'el. A Reconstruction and Interpretation of KTU 1.19:II:27-48, UF 15, 105-117.

- -, 1989: The Ugaritic Poem of AQHT. BZAW 182.

Márquez Rowe, I., 1997/98: Rez. zu: J.-P. Vita, El ejército de Ugarit (Madrid 1995), AfO 44/45, 369-376.

Michaux-Colombot, D., 1997: La *gat* de Gédéon, pressoir ou fief?, UF 29, 579-598.

Militarev, A. / L. Kogan, 2000: Semitic Etymological Dictionary. Vol. I: Anatomy of Man and Animals. AOAT 278/1. (= SED I)

Moor, J.C. de, 1965: Frustula ugaritica, JNES 24, 355-364.

- -, 1971: The Seasonal Pattern in the Ugaritic Myth of Ba'lu. According to the Version of Ilimilku. AOAT 16.

- -, 1987: An Anthology of Religious Texts from Ugarit, Leiden. (= ARTU).

- -, [2]1997: The Rise of Yahwism. The Roots of Israelite Monotheism. BEThL 91.

- -, 2003: Theodicy in the Texts of Ugarit, in: A. Laato / J.C. de Moor, (eds.), Theodicy in the World of the Bible, Leiden - Boston, 108-150.

Moor, J.C. de / K. Spronk, 1984: More on Demons in Ugarit (KTU 1.82), UF 16, 237-250.

Müller, H.-P., 2004: Beobachtungen zur Göttin Tinnit und der Funktion ihrer Verehrung, in: M. Heltzer / M. Malul, (eds.), T^eshûrôt LaAvishur. Studies in the Bible and the Ancient Near East, in Hebrew and Semitic Languages. Festschrift Presented to Prof. Yithhak Avishur on the Occasion of his 65th Birthday, Tel Aviv-Jaffa, 141*-151*.

Nougayrol, J., 1955: Le Palais Royal d'Ugarit III. MRS 6.

Otzen, B., 1973: *bdl*, in: ThWAT 1, 518-520.

Pardee, D., 1997: The 'Aqhatu Legend, in: COS I, 343-356.

Parker, S.B. 1997: Aqhat, in: UNP, S. 49-80.

Pitard, W.T., 1999: The *Rpum* Texts, in: HUS, S. 259-269.

Pope, M.H., 1994: Probative Pontificating in Ugaritic and Biblical Literature. Collected Essays. Edited by Mark S. Smith. UBL 10.

Rainey, A.F., 1965: The Military Personnel of Ugarit, JNES 24, 17-27.

- -, 1973: Gleanings from Ugarit, IOS 3, 34-62.

- -, 1975: Institutions: Family, Civil, and Military, in: RSP II, 69-107.

- -, 1998: Egyptian Evidence for Semitic Linguistics, IOS 18, 431-459.

Rendsburg, G.A., 1987: Modern South Arabian as a Source for Ugaritic Etymologies, JAOS 107, 623-628.

Renfroe, F., 1988: Lexikalische Kleinigkeiten, UF 20, 221-232.

- -, 1989: Arabic and Ugaritic Lexicography. A Dissertation Presented to the Faculty of the Graduate School of Yale University, May 1989.

- -, 1992: Arabic-Ugaritic Lexical Studies. ALASP 5.

Ringgren, H., 1984: *mhr*, in: ThWAT 4, 713-717.

Sanmartín, J., 1988: Glossen zum ugaritischen Lexikon (V), SEL 5, 171-180.

- -, 1991: Isoglosas morfoléxicas eblaítico-ugaríticas: la trampa lexicográfica, AuOr 9, 165-217.

Schloen, J.D., 2001: The House of the Father as Fact and Symbol. Patrimonialism in Ugarit and the Ancient Near East. SAHL 2.

Schneider, T., 1992: Asiatische Personennamen in ägyptischen Quellen des Neuen Reiches. OBO 114.

Thiel, W., 1980: Zur gesellschaftlichen Stellung des *mudu* in Ugarit, UF 12, 349-356.

Tropper, J., 2000: Ugaritische Grammatik. AOAT 273. (= UG).

Ullendorff, E., 1965: The Contribution of South Semitics to Hebrew Lexicography, VT 6, 190-198.

van Soldt, W.H., 1996: Studies in the Topography of Ugarit (1). The Spelling of the Ugaritic Toponyms, UF 28, 653-692.

Virolleaud, Ch., 1940: Un état de solde provenant d'Ugarit (Ras-Shamra), in: Mémorial Langrange, Paris, 39-49.

Vita, J.-P., 1995: El ejército de Ugarit. BDFSN.M 1.

- -, 1999: The Society of Ugarit, in: HUS, S. 455-498.

Vogt, E., 1967: Einige hebräische Wortbedeutungen II. "Eilig tun" als adverbielles Verb und der Name des Sohnes Isaias' in Is 8,1, Bib 48, 63-69.

von Dassow, E., 2002: Lists of People from the Alalaḫ IV Administrative Archives, UF 34, 835-911.

Watson, W.G.E., 1987: Spitting Imagery Again, UF 19, 411-412.

- -, 1990: Sundry Ugaritic Notes, UF 22, 421-423.

- -, 1993: Ugaritic Onomastics (3), AuOr 11, 213-222.

- -, 1995: Non-Semitic Words in the Ugaritic Lexicon, UF 27, 533-558.

- -, 1996: Non-Semitic Words in the Ugaritic Lexicon (2), UF 28, 701-719.

Weidner, E., 1953: Neue Entdeckungen im Königspalast von Ugarit, AfO 16, 353-357.

Wright, R.M., 1994: Egyptian *np'p'*: a cognate for Ugaritic *mpr* "convulsion", UF 26, 539-541.

Wyatt, N., 1998: Religious Texts from Ugarit. The Words of Ilimilku and his Colleagues. BiSe 53.

Zorn, J., 1991: LÚ.*pa-ma-ḫa-a* in EA 162:74 and the role of the *Mhr* in Egypt and Ugarit, JNES 50, 129-138.

Ugar. *arbdd* / altaram. *'rmwddt* „Erhaltung (der Ordnung), Stabilität“

Erwägungen zu einem Begriff für Stablilisierung der Ordnung im Nordwestsemitischen der Späten Bronzezeit und Eisenzeit *

1. Einführung

Seit der Publikation der 1930 und 1931 aus der Bibliothek des Grand Prêtre auf der Akropolis geborgenen Tafeln [1] des Baal-Zyklus durch Ch. Virolleaud 1938 [2] spielt das fünfkonsonantige Wort *arbdd* eine große Rolle in der Ugaritologie und gilt in der Sekundärliteratur als *Crux interpretum*. Die Interpreten haben *arbdd*, das vom Schreiber ohne Einfügung eines Trenners stets als ein einziges Wort überliefert ist, bei ihren Etymologierungs- und Deutungsversuchen mitunter sogar in zwei oder drei Bestandteile aufgelöst. [3]

Auch der verehrte Jubilar hat sich 1976 intensiv um das Verständnis von *arbdd* bemüht und dieses Wort, allerdings ohne eine allgemeine Zustimmung dafür erfahren zu haben, als ein Lehnwort aus dem kultischen Sprachgut der Hurriter analysiert: **ar=a/i/u[o]=b=* + *tad=ā*. Er gab ihm die „ungefähre
184 | Bedeutung "das - liebenswürdigerweise - Gegebene" → "Liebes-Opfer"“. [4] Angesichts seiner Bemühungen um *arbdd* sei ihm diese Studie gewidmet, die von der Voraussetzung ausgeht, daß *arbdd* als ein Wort der literarischen Sprache von Ugarit mehrere Jahrhunderte überlebt hat und als *'rmwddt* auch im Altaramäischen begegnet.

Die nachfolgende Studie soll sich zuerst dem Thema *Ugar. arbdd und seine Deutungsversuche* (Punkt 2) zuwenden, anschließend dem *Altaramäischen 'rmwddt in der Statueninschrift des Hadda-yis'ī von Guzāna* (Punkt 3). Den

---

* *Aus:* G. del Olmo Lete, L. Feliu, A. Millet Albà (ed.), *Šapal tibnim mû illakū*. Studies Presented to Joaquín SANMARTÍN on the Occasion of His 65th Birthday. AuOrS 22 (2006), S. 183-193.

[1] P. Bordreuil / D. Pardee 1989, 25-33.

[2] Ch. Virolleaud 1938.

[3] Einen Überblick bieten u.a. M. Dietrich / O. Loretz 1996, 558a; DLU 98.

[4] J. Sanmartín 1976.

Schluß bildet eine Synthese: *arbdd / 'rmwddt „Erhaltung (der Ordnung), Stabilität“* (Punkt 4).

2. Ugar. *arbdd* und seine Deutungsvorschläge

2.1. Kontext

Der strittige Begriff *arbdd* findet sich fünfmal in gleichbleibendem Kontext, der das Wohlergehen und Erhaltung der lebensnotwendigen Ordnung auf Erden zum Thema hat. Der Abschnitt besteht aus zwei Bikola, die eine thematische Einheit bilden, die vor allem im parallelen Aufbau der beiden poetischen Einheiten zum Ausdruck kommt. Das erste Bikolon beschreibt konkrete magische Handlungen, ohne deren Ziel direkt anzugeben; das zweite Bikolon spricht indirekt gleichfalls von einer magischen Tätigkeit, fügt jedoch die Nennung der erhofften Wirkungen hinzu.

Das erste Bikolon nennt konkrete Opfergaben, die eine Neuorientierung auf der von Krisen heimgesuchten Welt herbeiführen sollen, und wird von folgenden vier Parallelismen geprägt:

> *qry* ‖ *šyt* „darbringen“ [5] ‖ „legen“,
> *b* ‖ *b* „auf, in“ ‖ „auf, in“,
> *arṣ* ‖ *'pr* „Erde, Erinneres“ ‖ „Staub, Erde“, [6]
> *mlḥmt* ‖ *ddy* „Brot, Gebäck“ [7] ‖ „Mandragore, [8] Liebesfrucht“. [9]

Also bezweckt die Opferhandlung offensichtlich eine Befriedung der Erde und ihre zukünftige Fruchtbarkeit.

Dieselbe Thematik wird im zweiten Bikolon mittels Abstrakta fortgesetzt und verwendet dabei folgende Parallelismen:

> *nsk* ‖ (*nsk*, Doppelfunktion) „ausgießen“ ‖ („ausgießen“),

---

[5] J. Tropper 2000, 551; vgl. dagegen Y. Avishur 1984, 352: „withdraw war from the earth“.

[6] M. Dahood 1972, 124-125: Nr. 67; Y. Avishur 1984, 352.

[7] Siehe B. Janowski 1980, 239; M. Dietrich / O. Loretz 1996, 742, *mlḥm*, *mlḥmt* zu den Übersetzungen „Krieg“ oder „Brot, Gebäck“; DUL 548: *mlḥmt* „war“.

[8] M.H. Pope 1977, 647-649.

[9] M. Dietrich / O. Loretz 1996, zu den Übersetzungen von *ddy* mit „mandrake“, „concordia“, „love“; DUL 266: *ddym* „harmony“.

šlm ‖ *arbdd* „Friede, Wohlergehen" [10] ‖ „x",
l ‖ *l* „in, auf" ‖ „in, auf",
arṣ ‖ *šd* „Erde" ‖ „Feld". [11]

185 | Aus den aufgeführten Parallelismen und aus der symmetrischen Zusammenstellung der beiden Bikola geht eindeutig hervor, daß *arbdd* in ähnlicher Weise wie *šlm* einen erhoffenswerten glücklichen Zustand bezeichnet, der nur durch Götter und gottgefällige Könige bewirkt werden kann.

Dreimal erhält Anat den Befehl, die mit *arbdd* verbundene Handlung durchzuführen (KTU 1.1 II 19-21; [12] 1.3 III 14-17 // IV 8-10):

qryy b arṣ mlḥmt	Gib auf die Erde Gebäck,
št b ʿprm ddym	leg' auf den Boden Liebe(sfrüchte)!
sk šlm l kbd arṣ	Gieß' Heil ins Erdinnere,
arbdd l kbd šdm	*arbdd* ins Feldinnere!

Einmal verkündet Anat (KTU 1.3 IV 22-25) die Durchführung der mit *arbdd* verbundenen Handlung:

a*qry* [b arṣ] *mlḥ*mt	Ich gebe auf die Erde Gebäck,
[aš]*t b ʿprm* ddym	lege auf den Boden Liebe(sfrüchte).
a*sk* [šlm] *l kbd arṣ*	Ich gieße Heil ins Erdinnere,
*a*r[bdd] l k*b*[d š]dm	*arbdd* ins Feldinnere.

Dasselbe verkündet Baal einmal von sich (KTU 1.3 IV 27-31):

aqry an[k] b arṣ *mlḥmt*	Ich gebe auf die Erde Gebäck,
*aš*t [b]ʿ*p*[r]m *ddy*m	lege auf den Boden Liebe(sfrüchte).
*ask šlm l kb*d *ar*!*ṣ*	Ich gieße Heil ins Erdinnere,
arbdd l kbd š[dm]	*arbdd* ins Feldinnere.

[10] *šlm* bezeichnet einen Zustand, der durch Ausgießen (*nsk*) eines Öl-Opfer bewirkt werden soll; vgl. J.C. de Moor 2005, 92.97, zu KTU 1.6 III 4-7 und Mic 6,7; siehe zur Diskussion ferner B. Janowski 1980, 240-241, der es zu Recht ablehnt, in *šlm* einen Opferbegriff zu sehen.

[11] M. Dahood 1972, 126: Nr. 70; Y. Avishur 1984, 353. 643.

[12] Die zerstörten Wörter des von Qdš-Amrr verkündeten Abschnitts können anhand der Parallelstellen rekonstruiert werden.

2.2. Bisherige Deutungsvorschläge

Versuche, Etymologie und Bedeutung von *arbdd* zu erschließen, gibt es zahlreiche. [13] Man erkennt in *arbdd* beispielsweise einen Opferbegriff, [14] den Ausdruck der Liebe [15] oder der Ruhe und der Stille. [16] Da die verschiedenen Vorschläge jedoch noch zu keinem befriedigenden Ergebnis geführt haben, [17] sind weitere Bemühungen angezeigt.

In der altaram. Statueninschrift des Hadda-yis'ī von Guzāna (9. Jh. v. Chr.) findet sich ein Begriff, dessen Lautung dem ugar. *arbdd* nahezustehen scheint und der sich bisher ebenfalls einer Interpretation sperrt: *'rmwddt*. Im folgenden soll untersucht werden, ob sich die beiden änigmatischen Begriffe ugar. *arbdd* und altaram. *'rmwddt* zusammenbringen lassen und in Zusammenschau eine Deutung nahelegen.

186 | 3. Altaram. *'rmwddt* in der Statueninschrift des Hadda-yis'ī von Guzāna

3.1. Vorbemerkung

Die Basaltstatue des Hadda-yis'ī, des Statthalters von Guzāna gegen Ende des 9. Jh. v. Chr., [18] wurde im Februar 1979 auf dem Tell Fecheriye per Zufall entdeckt und ist im Nationalmuseum zu Damaskus aufgestellt. Sie bietet auf ihrem Rock in 38 senkrechten Zeilen eine Weihinschrift in neuassyrischer Monumentalschrift und auf der Rückseite des Rockes in 23 waagerechten Zeilen eine aramäische Version derselben. Da es sich hier um eine der wichtigsten philologischen und historischen Entdeckungen der jüngeren Vergangenheit aus der ersten Hälfte des 1. Jt. v. Chr. handelt, hat die Publikation durch Ali Abou Assaf, Pierre Bordreuil und Alan R. Millard [19] großes Aufsehen erregt und zu zahlreichen Studien geführt, die sich um die Deutung philologischer und inhaltlicher Probleme der bilinguen Inschrift be-

---

[13] Siehe z.B. auch die Zusammenstellungen bei M. Dietrich / O. Loretz 1996, 558a; DUL 98.

[14] Z.B. J. Sanmartín 1976: „Liebes-Opfer".

[15] M. Dietrich / O. Loretz 1997, *ad l.*

[16] Z.B. G. del Olmo Lete 1978, 40-42; B. Janowski 1980, 239-241; DLU 98; D. Pardee 1997, *ad l.*

[17] Vgl. F. Renfroe 1992, 83.

[18] Nach W. von Soden 1982, 294, war er möglicherweise ein Untertan des assyrischen Herrschers Salmanassar III. (858-824) oder Šamši-Adad V. (823-810).

[19] A. Abou Assaf / P. Bordreuil / A.R. Millard 1982; vgl. auch A. Abou Assaf 1981.

mühen. [20]

Die Inschrift setzt sich aus zwei Teilen zusammen: Teil I besteht aus Selbstvorstellung des Stifters, Weihe der Statue, Segen und Fluch (Z. 1-12a), Teil II aus einer erneuten Selbstvorstellung des Stifters, einer zweiten Weihe der Statue und Flüchen (Z. 12b-23). Die assyrischen und altaramäischen Versionen verlaufen im großen und ganzen parallel zu einander, weichen stilistisch und im Detail allerdings wiederholt von einander ab. Darum werden die beiden Versionen normalerweise auch getrennt von einander präsentiert und diskutiert. [21] Aus der Vielzahl von lexikalischen und phonetischen Besonderheiten, die sie bieten, sei im folgenden jene herausgegriffen, die das änigmatische *'rmwddt* am Ende von Z. 13 betrifft.

3.2. Probleme der Epigraphie

Das unerwartet lange Wort *'rmwddt* hat die Erstherausgeber der Statueninschrift, A. Abou Assaf, P. Bordreuil und A.R. Millard (1982), zu folgendem Kommentar bewogen: „*l'rm wrdt* l'omission du séperateur peut difficilement être mise en doute ici ... mais la signification de ces huit lettres est incertain." [22] Dementsprechend sah sich Ali Abou Assaf dazu berechtigt, in der Umschrift MDOG 113, S. 13, kommentarlos einen Worttrenner einzuführen, [23] obwohl das Foto in der Erstedition [24] und seine eigene Autographie [25] keinerlei Anhaltspunkte dafür bieten. Die Annahme, daß *'rmwddt* ein Konglomerat aus zwei Wörtern bestehe, hat sich in den späteren Textwiedergaben fast allgemein durchgesetzt. [26] Dabei wird diskutiert, welcher Aufgliederung des Konglomerats der Vorzug zu geben sei, *'rm wddt* [27] oder *'r mwddt*. [28]

---

[20] Siehe z.B. A.R. Millard 2000, 154: References; D. Schwiderski 2004, 194.

[21] W.C. Delsman 1985: Zuerst die neuassyrische, dann die aramäische Fassung; A.R. Millard 2000 läßt die neuassyrische Fassung beiseite.

[22] A. Abou Assaf / P. Bordreuil / A.R. Millard 1982, 33.

[23] A. Abou Assaf 1981.

[24] A. Abou Assaf / P. Bordreuil / A.R. Millard 1982 , Pl. XIV.

[25] A. Abou Assaf 1981, 15.

[26] Eine Ausnahme bildet W. von Soden 1982, 295-296.

[27] Z.B. A. Abou Assaf / P. Bordreuil / A.R. Millard 1982; A. Abou Assaf 1981; F.I. Andersen / D.N. Freedman 1992, 130; H. Donner / W. Röllig 2002, 75. – Vgl. auch die Übersetzung A.R. Millard 2000, 154: „exalting and continuing".

[28] Z.B. J. Hoftijzer / K. Jongeling 1995, 602-603: „light of loving-kindness"; D. Schwiderski 2004, 194. – Vorausgesetzt wird diese Gliederung offensichtlich auch in der Übersetzung von W.C. Delsman 1985, 636: „*das gnädige Licht*".

Außer dem Vorschlag, *'rmwddt* in zwei Wörter zu gliedern, hat Ali Abou Assaf von Anbeginn an in der Indentifikation der Buchstaben Unsi-
187 cherheit verbreitet: Denn er schlug in der Erstedition außer *'rm | wddt* [29] auch die alternative Lesung *'rm wrdt* [30] vor. [31] Die Wiedergabe des ersten ‚D' durch ein ‚R' läßt sich jedoch weder aufgrund des Fotos [32] noch aufgrund der seiner Autographie [33] verifizieren. [34]

Zusammenfassend kann zur Epigraphie festgehalten werden, daß alles für das Wort *'rmwddt* spricht. Also gilt es, eine Deutung für dieses zu finden.

3.3. Bisherige Deutungsvorschläge

Bisher scheinen nur zwei Versuche unterbreitet worden zu sein, *'rmwddt* als ein einziges Wort zu deuten: 1982 durch W. von Soden auf der Grundlage eines Vorschlags von P.-R. Berger und 1983 durch J.W. Wesselius.

W. von Soden [35] geht davon aus, daß das *'rmwddt* ebenso wie das nachfolgenden *m'rk* „(für) das ‚Langsein'" [36] ein Infinitiv mit der voraufgehenden Präp. *l* sei. Dabei folgt er unbedacht dem unwahrscheinlichen Deutungsvorschlag von P.-R. Berger, die Form als einen „St. constr. des Inf. Iṯpōʿal (oder Iṯpauʿal?) von *mdd*, das im Hebräischen und Akkadischen "messen" bedeutet," zu analysieren und die Wendung *l'rmwddt krs'h*, ohne den parallelen Wortlaut der nA Version *ana ti-ri-iṣ* ^{giš}GU.ZA-*šú* „für das *tiriṣ* seines Thrones" zu berücksichtigen, als „damit sich sein Thron weit erstrekke", d.h. „damit sich für ihn die Zeit auf dem Thron recht lange erstrecke" zu übersetzen. [37]

J.W. Wesselius (1983) betrachtet *'rmwddt* ebenfalls als ein einziges Wort und übersetzt den Passus *l 'rmwddt krs'h* ohne Begründung mit „op dat zijn

---

[29] A. Abou Assaf 1981, 18.

[30] A. Abou Assaf / P. Bordreuil / A.R. Millard 1982, 23. 38. 54 u.a.m.

[31] Übernommen u.a. von F.I. Andersen / D.N. Freedman 1992, 130; vgl. auch die Übersetzung von A.R. Millard 2000, 154: „exalting and continuing".

[32] A. Abou Assaf / P. Bordreuil / A.R. Millard 1982, XIV.

[33] A. Abou Assaf 1981, 15.

[34] Siehe W. von Soden 1982, 295: „Der drittletzte Buchstabe ist aber trotz eines winzigen Striches nach unten sicher *d* ..."

[35] W. von Soden 1982, 295-296.

[36] Vgl. z.B. P.-E. Dion 1985, 144-145; F.I. Andersen / D.N. Freedman 1992, 147. – Erstaunlicherweise schlägt W. von Soden 1982, 295, für das nA GÍD.DA, das dem aram. G Inf. *m'rk* entspricht, die Umschrift *urruk* vor und übersetzt den Passus Z. 22b GÍD.DA *pa-lu-šú* mit „Verlängerung seiner Regierungszeit".

[37] W. von Soden 1982, 296.

troon *stevig* zal zijn". Die kursive Wiedergabe von *stevig* („beständig") soll offenbar andeuten, daß J.W. Wesselius diese Deutung allein aus dem Kontext erschlossen hat.

3.4. Neuer Deutungsvorschlag

3.4.1. Kontextanalyse

Als Voraussetzung für den im folgenden unterbreiteten Deutungsvorschlag von *'rmwddt* soll zunächst dessen Kontext präzisiert werden. Dabei ist von folgendem parallelen altaramäischen und neuassyrischen Abschnitten auszugehen:

(12) ... *ṣlm* : *hdys'y* (13) *mlk* : *gwzn* : *wzy* : *skn* : *wzy* : *'zrn* :
(19) NU ^{m}U-*it-'i* GAR.KUR URU *gu-za-ni* (20) URU *si-ka-ni* *u* URU *za-ra-ni*
(12) ... Die Statue des Hadda-yis'ī, des Königs (nA: Statthalters) von Gūzān und von Sikān und von 'Azrān (nA: Zarāni):

l'rmwddt : *krs'h* (14) *wlm'rk* : *ḥywh* :
188 | (21) *ana ti-ri-iṣ* ^{giš}GU.ZU-*šú* GÍD.DA *pa-lu-šú*
Für die *'rmwddt* (nA: *tiriṣ*) seines Throns und für die Länge seiner Lebenszeit (nA: Regierungszeit)

wlm'n : *'mrt* : *pmh* : *'l* : *'lhn* : *w'l* *'nšn* (15) *tyṭb* :
(22) *qí-bit* KA-*šú* UGU DINGIR^{meš} *u* UN^{meš} (23) *ṭu-ub-bi* [38]
und dafür, daß die Rede (nA: Befehl) seines Mundes vor Göttern und vor Menschen zufriedenstellend sei (nA: wohlgefällig zu machen), [39]

dmwt' : *z't* : *'bd* : *'l* : *zy* : *qdm* : *hwtr* : . . .
NU *šu-a-te* UGU *maḫ*-(24)*re-e* *ú-šá-tir* . . .
hat er selbiges Bildnis [40] überragender als das frühere gefertigt. . .

---

[38] Zur Hervorhebung von *qibīt pī-šu* wurde der Inf. *ṭubbi* invertiert.

[39] Zur Wendung *'mrt pmh* „Rede seines Mundes" und dem zugehörigen Verb *tyṭb*, der konjugierten Nebenform *yṭb* von *ṭb* „gut, zufriedenstellend sein" (J. Hoftijzer / K. Jongeling 1995, 454-455; F.I. Andersen / D.N. Freedman 1992, 153-154; St. Segert 1983, 275) siehe u.a. P.-E. Dion 1985, 145.

[40] Bemerkenswerterweise verwendet der Verfasser der altaram. Version für das Sumerogramm NU (= *ṣalmu*: siehe R. Borger 2003, 269: Nr. 112) in Z. 19 das aram. Wort *ṣlm* (Z. 12), aber in Z. 23 das aram. Wort *dmwt'* (Z. 15). Er spricht sich damit indirekt gegen eine sachliche Differenzierung der beiden Begriffe *ṣlm* und *dmwt'* aus, wie sie im Blick

Der Abschnitt leitet, wie oben hervorgehoben, den zweiten Teil der Inschrift mit erneuter Selbstvorstellung des Hadda-yis'ī, Neuweihe und Flüchen (Z. 12b-23) ein. Nach der Selbstvorstellung läßt der Herrscher festhalten, daß er die neue Statue großartiger als die frühere hat gestalten lassen, um dadurch seinem Wunsch nach dem *'rmwddt* || *tiriṣ* seines Throns, die Länge seiner Lebens- und Regierungszeit und der Wirksamkeit seiner Reden vor Gott und Mensch besonderen Nachdruck zu verleihen.

3.4.2. Bedeutung von *tiriṣ kussî*

Die drei Anliegen „*'rmwddt* || *tiriṣ* des Throns, Länge der Lebens- und Regierungszeit und Wirksamkeit der Reden vor Gott und Mensch" erinnern an die in Briefen häufig wiederkehrenden Wünsche an Götter, die Untertanen gegenüber ihren Königen im Gebet äußern. Nachfolgend seien zwei Beispiele zitiert:

– Der *Šandabakku*-Beamte von Nippur leitet seinen Brief an Asarhaddon (680-669: SAA 18,202) mit folgenden Wünschen ein:

(3) ^{d}EN.LÍL ^{d}MAŠ *u* ^{d}PA.TÚG *ana* LUGAL KUR.KUR EN-*iá* (4) *lik-ru-bu* AN.ŠÁR ^{d}EN-LÍL ^{d}UTU *u* ^{d}AMAR.UTU (5) *ba-laṭ* UD^{meš} *ár-ku-tu ṭu-ub* ŠÀ *ṭu-ub* UZU (6) *u la-bar* BALA-*e ana* LUGAL *kiš-šat* EN-*iá liš-ruk* (7) *u kun-nu* SUHUŠ ^{giš}GU.ZA LUGAL-*ú-tu šá* LUGAL (8) *be-lí-iá a-na* UD-*me ṣa-a-ti liq-bu-ú*

„(3) Ellil, Ninurta und Nusku mögen den König der Länder, meinen Herrn, (4) segnen! Aššur, Ellil, Šamaš und Marduk (5) mögen Leben, lange Tage, seelisches und leibliches Wohlbefinden (6) und eine langjährige Regierungszeit dem König des Universums, meinem Herrn, schenken! (7) Auch die Stabilisierung des Fundaments für den Herrschaftsthron des Königs, meines Herrn, mögen sie für alle künftigen Tage befehlen!"

189 | – Itti-Šamaš-balāṭu schreibt aus der Levante ebenfalls an Asarhaddon (SAA 16,126):

(10) *a-ki-i ša* LUGAL *be-lí* TA DINGIR *u* LÚ-*ti ke-nu-u-nu* (11) *ù ṣi-it pi-i šá* LUGAL EN-*ia ((ša)) i-n*[*a*] UGU-*hi* (12) DINGIR *u* LÚ-*ti i-na* UGU-*hi ṣal-mat* SAG.DU *ṭa-bu-u-ni*

---

auf Gn 1,26 gerne von der alttestamentlichen Wissenschaft vorausgesetzt wird; zu dieser Diskussion siehe z.B. U. Neumann-Gorsolke 2004, 190-192.

„(10) Ebenso, wie der König, mein Herr, vertrauenswürdig für Gott und Mensch ist, (11) möge der Befehl des Königs, meines Herrn, vor (12) Gott und Mensch und den ‚Schwarzköpfigen' zufriedenstellend ist, so ..."

Wie diese Beispiele aus Briefen zu verstehen geben, stehen der stabile Thron eines Herrschers, die Länge seiner Lebens- und Regierungszeit sowie die Wirksamkeit seiner Reden vor Gott und Mensch im Mittelpunkt der Wünsche eines loyalen Untertans für seinen Herrn. Sie bilden offenbar die Eckpfeiler für eine erfolgreiche Regentschaft.

Hinsichtlich des Throns (ᵍⁱˢGU.ZA = *kussû* > altaram. *krs'*) ist im ersten Textbeispiel davon die Rede, daß dem Herrscher „die Stabilisierung des Fundaments" desselben (Z. 7: *kun-nu* SUHUŠ) gewünscht werde: *kun-nu* SUHUŠ ᵍⁱˢGU.ZA LUGAL-*ú-tu šá* LUGAL *be-lí-iá a-na* UD-*me ṣa-a-ti* „die Stabilisierung des Fundaments für den Herrschaftsthron des Königs, meines Herrn, für alle künftigen Tage . . .". [41] Für die Beschreibung der Dauerhaftigkeit einer Regentschaft wird neben der häufig belegbaren Formulierung *kun-nu* SUHUŠ ᵍⁱˢGU.ZA „Stabilisierung des Fundaments für den Thron" (oder ähnlich) [42] auch eine verwendet, die das Substantiv *kussû* „Thron" mit dem Adjektiv *dārû* „dauernd, ewig" [43] oder mit dem Substantiv *dārītu* „Dauer, Ewigkeit" [44] verbindet: *kussû dārû* „dauerhafter, ewiger Thron" [45] bzw. *kussû ana dārâte* „Thron für die Ewigkeit". [46]

Angesichts dieser Ausdrücke, die sowohl babylonische als auch assyrische Texte für die Beschreibung der Dauerhaftigkeit des Herrscherthrons gebrauchen, nimmt die einmalige Formulierung *ana ti-ri-iṣ* ᵍⁱˢGU.ZU-*šú* in Z. 21 der Tell Fecheriye-Inschrift wunder. [47] Denn für das Nomen *terṣu* bietet sich laut W. von Soden als Ableitung von *tarāṣu* I „ausstrecken" [48] bisher nur die Bedeutung „Erstreckung" [49] an. Somit stellt sich die Frage, ob *terṣu* hier nicht besser von *tarāṣu* II „in Ordnung, korrekt sein, werden", D „in Ordnung bringen" abzuleiten [50] und mit „Ordnung (o.ä.)" zu übersetzen

---

[41] Vgl. den Ausdruck *mkwn ks'* in Ps 89,15; 97,2, das üblicherweise auf ägyptischen Einfluß zurückgeführt wird; zu *mkwn ks'* in der hebräischen Königsideologie siehe H. Wildberger ²1980, 384-385.

[42] Siehe AHw. 393b (*išdu* 2); CAD I/J 237-238 (*išdu* 2a-b); CAD K 592 (*kussû* 3a2').

[43] AHw. 164b; CAD D 115-118.

[44] AHw. 164a: *dārītu*; CAD D 111-112: *dārâtu* pl.tantum „eternity".

[45] AHw. 164b: *dārû* 2a; CAD K 592: *kussû* 3a2'.

[46] AHw. 164: *dārītu* 2a; CAD K 592: *kussû* 3a2'.

[47] W. von Soden 1982, 295: „Diese Wendung war bisher nicht belegt."

[48] AHw. 1326-1327.

[49] AHw. 1349b: „Ausstrecken" im Sinne von „Hinstrecken".

[50] Vgl. *tarṣu* II „richtig, angemessen", AHw. 1331b.

ist. Von diesem Bedeutungsansatz her läßt sich problemlos eine Brücke zu „Stabilität“ schlagen, weil Dauerhaftigkeit eine stabile Ordnung voraussetzt. Also wäre für das akkadische Lexikon, ausgehend von *tarāṣu* II, ein *terṣu* II mit der Bedeutung „stabile Ordnung, Stabilität“ einzuführen.

Zusammenfassend läßt sich festhalten, daß der Passus *ana ti-ri-iṣ* ^{giš}GU.ZU-*šú* in Z. 21 der Tell Fecheriye-Inschrift am besten mit „für die
190 Stabilität seines Throns“ [51] zu übersetzen ist. Damit läßt er sich | nahtlos in die Vorstellung einfügen, die die einschlägigen Texte hinsichtlich des Throns eines Herrschers, der Länge seiner Lebens- und Regierungszeit und der Wirksamkeit seiner Reden vor Gott und Mensch unterbreiten.

3.4.3. *'rmwddt* und *arbdd*

Die Deutung von *ana tiriṣ kussî-šu* als „zur Stabilität seines Throns“ bedingt, daß *'rmwddt* im altaram. Parallelpassus *l'rmwddt krs'h* eine Bedeutung wie etwa „stabile Ordnung, Stabilität (o.ä.)“ haben sollte. Diese läßt sich aber nicht ohne weiteres aus dem bisher bekannten Wort- und Formenschatz des Aramäischen ableiten, wie die von W. von Soden zitierten Bemühungen von P.-R. Berger vor Augen führen. [52]

Auf der Suche nach einem anderen, extra-aramaistischen Weg für die Analyse und Deutung von *'rmwddt* kommt einem das ebenfalls änigmatische *arbdd* der literarischen Sprache Ugarits in den Sinn. Dieses kann hinsichtlich seines Konsonantenbestands problemlos dem altaram. *'rmwddt* gegenübergestellt werden, da das ‘W’ in der Mitte des um die Fem.-Endung *-t* erweiterten altaram. Wortes als Vokalbuchstabe gedeutet und der ihm vorangehende Labial ‘M’ ohne Schwierigkeiten mit dem ‘B’ des ugar. *arbdd* zusammengebracht werden kann. Einerseits kennt das Ugaritische nämlich einen sporadischen „Wechsel von /b/ und /m/“ [53] und stellt andererseits die Keilschrift Labiale über die Sprachepochen des Assyrischen und Babylonischen hinweg epigraphisch mitunter schwankend dar, so daß sich ein „Wechsel *b/m*“ (GAG § 27e) zeigt.

Im Blick auf Nominalform und Etymologie läßt sich daraus schließen, daß wir es, wie G. del Olmo Lete bereits vor fast 30 Jahren vorgeschlagen

---

[51] Die Übersetzungen beispielsweise von W.C. Delsman (1985, 635) „Für das lange Währen seines Thrones“ oder von A.K. Grayson (1991, 391) „his throne might be protected“ – bemerkenswert ist der Versuch, den Passus *ana te*$_9$*-re-eṣ* GIŠ.GU.ZA-*šú* als eine Verkürzung von *ana terēṣ andulli/ṣulūli eli kussêšu* „that his (Adad's) protection might be extended over his (Adad-it'i's) throne“ zu deuten – nehmen nicht die sonst üblichen Vorstellungen über königliche Throne auf.

[52] W. von Soden 1982, 295-296.

[53] J. Tropper 2000, 156.

hat, [54] mit einer *'a/iqtilāl*-Ableitung von einer Wurzel *rb/md* zu tun haben, die sich im Ugar. als *rbd* und im Altaram. als *rmd* darstellt und deren Grundbedeutung mit „binden, festigen" angesetzt werden kann. [55] Da diese Nominalform der Bezeichnung von Iterativa dient, [56] scheint sie für ein Nomen *arbdd* / *'rmwdd*(*t*) besonders geeignet zu sein, das in der Bedeutung „Erhaltung (der Ordnung), Stabilität" intensive und durative Eigenschaften ausdrückt.

Bei einer Gegenüberstellung von *arbdd* und *'rmwdd*(*t*) stellt sich die Frage nach der Aussprache der Nominalform. In Anlehnung an die semitistisch erschlossene Form *'a/iqtilāl* legt sich für das ugar. *arbdd* beispielsweise /*'arbidād*/ nahe. Dieser Lautung scheint aber die Orthographie des altaram. *'rmwdd*(*t*) zu widersprechen, das eher auf ein /*'a/irmudād*(*at*)/ weist. Da die Lautung *'aqtulāl* auch für akkadische Wörter belegt ist, [57] ist für das ugar. *arbdd* wohl eher /*'arbudād*/ als /*'arbidād*/ anzusetzen.

4. *arbdd* / *'rmwddt* „Erhaltung (der Ordnung), Stabilität" – eine Synthese

Unter der Voraussetzung, daß ugar. *arbdd* und altaram. *'rmwdd*(*t*) zusammenzustellen sind, ergibt sich die Frage, ob die Bedeutung „Erhaltung (der Ordnung), Stabilität", die über das nA *tirṣu* für *'rmwddt* ermittelt worden ist,
191 auch für das ugar. *arbdd* paßt. Das scheint eindeutig der Fall zu sein, weil das | fünfmal in gleichbleibendem Kontext auftretende *arbdd* das Wohlergehen und Erhaltung der lebensnotwendigen Ordnung auf Erden anspricht, die ähnlich wie *šlm* „Wohlbefinden, Heil" einen erhoffenswerten glücklichen Zustand bezeichnet, der nur durch Götter und gottgefällige Könige bewirkt werden kann.

Die damit für *arbdd* ermittelte Bedeutung „Erhaltung (der Ordnung), Stabilität" ermöglicht folgende Übersetzung des fraglichen Abschnitts der ugar. Dichtung:

---

[54] G. del Olmo Lete 1978, 40-42.

[55] Vgl. G. del Olmo Lete 1978, 41 Anm. 29; vgl. ders. 1984, 154.– In seinem Bedeutungsansatz „being still, calming, reposing" für *arbdd* richtet sich G. del Olmo Lete offenbar verstärkt nach der für das alttestamentlichen Hebräisch ermittelten Bedeutung „(ein Lager) bereiten" (HAL 1097a).

[56] Vgl. C. Brockelmann 1961, 517-518; vgl. G. del Olmo Lete 1984, 154. – Zu den Formen mit reduplizierten Wurzelkonsonanten siehe auch B. Kienast 2001, 233-236: § 200-204, hier besonders § 203 mit der Berücksichtigung der Wurzeln, deren dritter Konsonant redupliziert wird.

[57] Vgl. GAG § 55a 3: *anpurās*; § 57e 17: *aprušād*.

qryy / aqry b arṣ mlḥmt	Gib / Ich gebe auf die Erde Gebäck,
št / ašt b ʿprm ddym	leg' / ich lege auf den Boden Liebe(s-früchte)!
sk / ask šlm l kbd arṣ	Gieß' / Ich gieße Heil ins Erdinnere,
arbdd l kbd šdm	stabile Ordnung ins Feldinnere!

Die Gegenüberstellung und sachliche Gleichsetzung von ugar. *arbdd* und alt-aram. *'rmwdd(t)* impliziert eine Tradition des Wortes, die sich über etwa 500 Jahre erstreckt. Dies nimmt keineswegs wunder, da das Wort, im Wortschatz der Literatur beheimatet, nur eines von vielen ist, die ihren Weg aus der Späten Bronzezeit in die Eisenzeit gefunden haben.

Literatur

Abou Assaf, A., 1981: Die Statue des HDYS'Y, König von Guzana. MDOG 113, 3-22.

Abou Assaf, A. / Bordreuil, P. / Millard, A.R., 1982: La statue de tell Fekherye et son inscription bilingue assyro-araméenne. Édudes Assyriologiques. ÉRC 7 (Paris).

Andersen, F.I. / Freedman, D.N., 1992: The Orthography of the Aramaic Portion of the Tell Fekherye Bilingual, in: D.N. Freedman, A.D. Forbes, F.I. Andersen, Studies in Hebrew and Aramaic Orthography. Biblical and Judaic Studies 2 (Winona Lake, IN), 137-170.

Avishur, Y., 1984: Stylistic Studies of Word-Pairs in Biblical and Ancient Semitic Literatures. AOAT 210 (Kevelaer / Neukirchen-Vlyun).

Bordreuil, P. / Pardee, D., 1989: La trouvaille épigraphique de l'Ougarit I. Concordance. RSO 5 (Paris).

Borger, R., 2003: Mesopotamisches Zeichenlexikon. AOAT 305 (Münster).

Brockelmann, C., 1961: Grundriss der vergleichenden Grammatik der semitischen Sprachen I. Laut- und Schriftlehre (Nachdruck: Hildesheim).

Dahood, M., 1972: Ugaritic-Hebrew Parallel Pairs. Ras Shamra Parallels I. Analecta Orientalia 49 (Roma).

del Olmo Lete, G., 1978: Notes on Ugaritic Semantics IV. UF 10, 37-46.

192 ---, 1984: Interpretación de la mitología cananea. Estudios de semántica Ugarítica. Institución san Jerónimo para la investigación bíblica. Fuentes de la ciencia bíblica 2 (Valencia).

Delsman, W.C., 1985: Aramäische historische Inschriften: Die Statue von Tell Fecherije, in: O. Kaiser, Hg., Texte aus der Umwelt des Alten Testaments I/6. Historisch-chronologische Texte III (Wiesbaden), 635-637.

de Moor, J.C., 2005: The Structure of Micah 6 in the Light of Ancient Delimitations, in: M.C.A. Korpel / J.M. Oesch, ed., Layout Markers in Biblical Manuscripts and Ugaritic Tablets. Pericope 5 (van Gorcum), 78-113.

Dietrich, M. / Loretz, O., 1996: Analytic Ugaritic Bibliography. AOAT 20/6 (Kevelaer / Neukirchen Vluyn).

---, 1997: Mythen und Epen in ugaritischer Sprache, in: O. Kaiser, Hrsg., Texte aus der Umwelt des Alten Testaments III/6: Mythen und Epen IV (Gütersloh).

Dion, P.-E., 1985: La bilingue de Tell Fekherye: le roi de Gozan et son dieu; la phraséologie, in: A. Caquot, e.a., Mélanges bibliques et orientaux en l'honneur de M. Mathias Delcor. AOAT 215 (Kevelaer - Neukirchen/Vluyn), 139-157.

DLU: G. del Olmo Lete / J. Sanmartín, 2004, A Dictionary of the Ugaritic Language in the Alphabetic Tradition. HdO 67 (Leiden).

Donner, H. / Röllig, W., 2002: Kanaanäische und aramäische Inschriften. Band 1. 5., erweiterte und überarbeitete Auflage (Wiesbaden).

GAG: W. von Soden, Grundriss der akkadischen Grammatik. ^{3}1995 (Rom).

Grayson, A.K., 1991: Assyrian Rulers of the Early First Millennium BC I (1114-859 BC). The Royal Inscriptions of Mesopotamia. Assyrian Periods / Vol. 2 (Toronto).

Hoftijzer, J. / Jongeling, K., 1995: Dictionary of the North-West Semitic Inscriptions. HdO 21 (Leiden).

Janowski, B., 1980: Erwägungen zur Vorgeschichte des israelitischen *Š^{e}lamîm*-Opfers. UF 12, 231-259.

Kienast, B., 2001: Historische Semitische Sprachwissenschaft (Wiesbaden).

KTU: M. Dietrich / O. Loretz / J. Sanmartín, The Cuneiform Alphabetic Texts from Ugarit, Ras Ibn Hani and Other Places (KTU: second, enlarged edition). ALASP 8 (Münster).

Millard, A.R., 2000: Old Aramaic Inscriptions: Hadad-Yith'i (2.34), in: W.W. Hallo, ed., The Context of Scripture, vol. 2. Monumental Inscriptions from the Biblical World (Leiden), 153-154.

193 *Neumann-Gorsolke, U.*, 2004: | Herrschen in den Grenzen der Schöpfung. Ein Beitrag zur alttestamentlichen Anthropologie am Beispiel von Psalm 8, Genesis 1 und verwandten Texten. WMANT 101 (Neukirchen-Vluyn).

Pardee, D., 1997: Ugaritic Myths, in: W.W. Hallo, ed., The Context of Scripture. Canonical Compositions from the Biblical World. Vol. 1 (Leiden), 241-283.

Pope, M., 1977: Song of Songs. A New Translation with Introduction and Commentary. Anchor Bible 7 C (Garden City, N.Y.)

Renfroe, F., 1992: Arabic-Ugaritic Lexical Studies. ALASP 5 (Münster).

SAA 16: M. Luukko / G. Van Buylaere, The Political Correspondence of Esarhaddon (Helsinki 2002).

SAA 18: F. Reynolds, The Babylonian Correspondence of Esarhaddon (Helsinki 2003).

Sanmartín, J., 1976: ARBDD „Liebes-Opfer": Ein hurritisches Lohnwort im Ugaritischen. UF 8, 461-464.

Schwiderski, D., 2004: Die alt- und reichsaramäischen Inschriften. Fontes et Subsidia 2 (Berlin).

Segert, St., 1983: Altaramäische Grammatik mit Bibliographie, Chrestomathie und Glossar (^{2}Leipzig).

Soden, W. von, 1982: Rez. von Ali Abou-Assaf / Pierre Bordreuil / Alan R. Millard 1982. ZA 72, 293-296.

Tropper, J., 2000: Ugaritische Grammatik. AOAT 273 (Münster).

Virolleaud, Ch., 1938: La déesse 'Anat (Paris).

Wesselius, J.M., 1983: Het standbeeld van de arameese vorst Hada-yiṯ'ī, in: K.R. Veenhof, Hg., Schrijvend Verleden, documenten uit het oude Nabije Oosten vertaald en toegelicht (Leiden/Zutphen), 55-59.

Wildberger, H., ^{2}1980: Jesaja. 1. Teilband Kapitel 1-12. Biblischer Kommentar. Altes Testament X,1 (Neukirchen-Vluyn).

Die Schardana in den Texten von Ugarit *

Ägyptische Inschriften des ausgehenden Neuen Reiches (Ramses II. und III.) erwähnen eine besondere Truppengattung unter dem Ethnikon — Appellativ — *Šrdn*, die den Seevölkern zuzurechnen ist und deren Name mit dem Ethnikon Sarden (Sardinien) gleichzusetzen ist. [1] Zeitlich befinden wir uns hier also im 13. und am Anfang des 12. Jh. v.Chr., als die Seevölker die syrisch-palästinische Mittelmeerküste und das Nildelta bekriegten.

Die Frage, ob Angehörige der Schardana-Gruppe auch schon vor dem 13. Jh. begegnen, werfen die Belege für eine mit *Šerdanu* benannte Bevölkerungsgruppe in den Amarna-Briefen aus der Zeit Amenophis IV.-Echnaton Mitte des 14. Jh. auf. [2] Gemäß diesen Briefen scheinen sie Teil einer Garnison in Byblos gewesen zu sein. Im Hinblick auf die *Šrdn*-Belege aus der Zeit Ramses II. und III. liegt der Schluß nahe, die *Šerdanu* der Amarna-Briefe mit den Seevölker-Sarden zu verbinden. Trotz der mit Verve vorgetragenen Ablehnung dieser Gleichsetzung durch W.F. Albright, [3] sprechen doch gute historische Gründe für sie, wie die ausführliche Erörterung dieses Problems durch G.A. Lehmann deutlich macht. [4]

---

* *Aus:* Antike und Universalgeschichte. Festschrift Hans Erich Stier zum 70. Geburtstag am 25. Mai 1972 (Münster 1972), S. 39-42.

[1] Siehe z.B. A. Alt, Kleine Schriften 1, 1953, 242-245; B. Lundman, Ein anthropologischer Beitrag zum Schardana-Problem, AfO 17, 1954/56, 147-148; R.D. Barnett, The Sea People, CAH 2, 28, ^{3}1969, 4.12.20.22.

[2] VAB 2, 81,16; 122,35; 123,15. Siehe auch VAB 2, S. 1166-1167 und 1605-1606.

[3] Some Oriental Glosses on the Homeric Problem, AJA 54, 1950, 162-176; S. 167 Anm. 18 heißt es: "The supposed Amarna references almost certainly contain the word šerda (accusative of a šerdu, 'servitor' from the verb which appears in Ugaritic as šrd (Heb. šrt), 'to serve' (connected with Akkadian wardu, 'servant', and urrudu, 'to serve'), and have nothing to do with the Sardinians, who do not figure in Egyptian inscriptions as mercenaries for another century or more."

[4] In: Untersuchungen zur Krise der Großreiche des östlichen Mittelmeerraumes um und nach 1200 v.Chr. II. Die Seevölker. Münster 1970 (Habilitationsschrift; demnächst AOAT 13), 70-101 und 139-146.
Siehe ferner u.a. R. de Vaux, La Phénicie et les peuples de la mer, Mélanges offerts à M. Maurice Dunand. I. Mélanges de l'Université Saint-Joseph 45, 1969, 479-498, sowie F. Schachermeyr, Hörnerhelme und Federkronen als Kopfbedeckungen bei den 'Seevölkern' der ägyptischen Reliefs, Ugaritica 6, Paris 1969, 451-459.

40 | Unter den gegebenen historischen Umständen wäre es keineswegs verwunderlich, wenn man die Schardana in irgendeiner Form auch in den Texten von Ugarit anträfe.

J. Nougayrol unterbreitet, allerdings mit Zurückhaltung, diesbezüglich in PRU 4 (S. 263) bereits einen Vorschlag, indem er in RS 17.112 (= PRU 4, S. 234), 6 genannten und mit der Apposition ^{lú}*še-er-da-n*[*a*] versehenen Amar-Addu, Sohn des Mut-Baʿal, als einen Söldner oder Sarden bezeichnet. Er verweist dabei auf die Amarna-Belege: "EA: *šerdânu* = *šrdn* d'Égypte?". Einige Jahre später bekennt er sich hierzu allerdings mit geringerer Bestimmtheit: "Parmis les mercennaires, il faut peut-être ranger à des titres divers, les ḫpṯ, les šerdânu (P.R.U. IV, p. 263), et les ʿapiru, logés chez l'habitant". [5]

Ebenfalls in PRU 4 (S. 263) erinnert J. Nougayrol ferner an die schon in PRU 3 verzeichneten Personennamen mit vergleichbarem Lautstand: PN *mār Še-er-da-an-ni* RS 15.167+163 (S. 124), 13 und ^{m}*Še-er-ta-an-ni* RS 15.118 (S. 131), 5. [6] Also betrachtet er diese Namen als Appellative für Personen, die zur Volksgruppe der Sarden gehörten. [7]

Gehen wir nun von der Tatsache aus, daß in den syllabisch geschriebenen akkadischen Texten von Ugarit die Schardana teils als Gentilicium und teils als appellative Personennamen begegnen, muß man sich die Frage stellen, ob sie nicht auch in den alphabetischen Texten erscheinen. Hier bietet sich das Wort *ṯrtn*(*m*) für eine genauere Untersuchung an.

ṯrtn (Pl. *ṯrtnm*) ist fünfmal in Listen nachweisbar: PRU 2,28,3; 29,9; 30,4; 31,5 und 91,7. Die Wörterbücher der ugaritischen Sprache von J. Aistleitner und C.H. Gordon verzeichnen dazu folgendes: "e. Schicht der Bevölkerung" [8] bzw. "members of a certain professional guild". [9] Beide Bedeutungsangaben stützen sich hauptsächlich auf den Kontext der Listen, die eine Aufzählung von Bevölkerungs- und Berufsgruppen enthalten. Nur übt J. Aistleitner in der genaueren Bedeutungsansetzung eine größere Zurückhal-
41 tung als C.H. Gordon, der nach eigenen An|gaben [10] nur auf Überlegungen von Ch. Virolleaud fußt. Ch. Virolleaud versucht, das Wort *ṯrtn* folgen-

---

[5] In: Guerre et paix à Ugarit, Iraq 25, 1963, 118 Anm. 48.

[6] Einen weiteren Beleg für einen ähnlich geschriebenen Namen bringt er in PRU 3, S. 257a: **sè-er da-na** (G), p. de Iltaḫmu RS 8.145,27.

[7] Es ist unverständlich, warum F. Gröndahl (Die Personennamen der Texte aus Ugarit, Studia Pohl 1, 1967, 252) von dieser naheliegenden Namensinterpretation Abstand nimmt und stattdessen mit hurr. *šeri-* "Tag" + *tan-* "machen" oder *zirte* "Ölbaum" einen schwer nachzuvollziehenden Etymologisierungsversuch unterbreitet.

[8] WUS Nr. 2948.

[9] UT § 19.2755.

[10] UT § 19.2755.

dermaßen zu etymologisieren: "*šrtn*, de la racine *šrt*, qui, en hébreu, signifie 'servir'". [11] Er löst aus *ṯrtn* also eine Wurzel *ṯrt* heraus und zieht das hebr. Verbum *šrt* (Pi.) "(be)dienen" zur Erklärung heran. Damit suggeriert er die Übersetzung "Diener", die in der Folgezeit häufig aufgegriffen wurde. [12] Demgegenüber sind Bedenken anzumelden. Eine Reihe von Ugaritologen [13] ist vielmehr geneigt, die ug. Entsprechung zu hebr. *šrt* in *šrd* (CTA 14 II 77.IV 169) [14] und nicht in *ṯrt*(+*n*[*m*]) zu sehen.

Hält man *ṯrtn*(*m*) aus den Etymologisierungsversuchen mit semitischen Wurzeln heraus, dann legt sich ein Anschluß an das in den akkadischen Texten belegte ^{lu}*še-er-da-n*[*a*] (siehe oben), das ohne Zweifel den *Šerdanu* von Amarna und den *Šrdn* der ägyptischen Texte an die Seite zu stellen ist, nahe. Hinsichtlich der Lautung können keine ernsthaften Einwände dagegen erhoben werden: Das stimmlose *š*, zumal in Wörtern fremder Herkunft und am Wortanfang, findet, wie allgemein anerkannt, in der alphabetischen Keilschrift seine Wiedergabe fast regelmäßig durch *ṯ*; der Wechsel zwischen *t* und *d* ist auf die allgemeine Unsicherheit in der Darstellung der dentalen Verschlußlaute zurückzuführen, die besonders dann zu beobachten ist, wenn es — wie im vorliegenden Fall — um die Aufzeichnung eines Namens fremder Herkunft geht.

Die Listen in PRU 2 geben wichtige Hinweise auf die Funktion der Schardana (*ṯrtn*) in Ugarit zu erkennen, die auch für ihre Gleichsetzung mit den *Šrdn* in Ägypten sprechen:

1. Die *ṯrtnm* treten im Kontext mit Bevölkerungs- und Berufsgruppen auf, unter denen sich z.B. auch die *ṯnnm* "Nahkämpfer(?)", die *mrjnm* "Wagenbesitzer und -kämpfer" und die *mdrǵlm* "Wachsoldaten" befinden. Sie rangieren also vornehmlich unter Militärpersonal, was durch PRU 2, 31, 15 bekräftigt wird: Die Summierung der in der Liste aufgeführten Gruppen geschieht unter dem Oberbegriff *ḫrd* "(Wach)-Soldat" (: *tgmr ḫrd* ... "Gesamtzahl der Soldaten ...").

42 | 2. Ebenso wie die anderen in den Listen genannten Bevölkerungsgruppen residieren die *ṯrtnm* am Hofe des Königs. Das geht aus der Tatsache hervor, daß in den Listen 28 und 29 abschließend die Notiz *b bt mlk* "im Haus des Königs" (28,14 und 29,16) steht. Es spricht also nichts dagegen,

---

[11] CRAIBL 1952, 233; vgl. auch PRU 2, S. 54 zu Nr. 28, 1-8.

[12] Vgl. z.B. L.M. Muntingh, Die sosiale Struktuur binne die Woongebied van die Kanaäniete gedurende die Laat-Bronstyd. Stellenbosch 1963 (Dissertation), 171, und A.F. Rainey, The Military Personell of Ugarit, JNES 24, 1965, 17-27 — er bemerkt auf S. 26: "The *ṯrtnm*, 'servants, ministers', might have been in military 'service' rather than religious or simply domestic."

[13] U.a. W.F. Albright, siehe oben Anm. 3.

[14] Zur Diskussion über *šrd* (= hebr. *šrt* oder Kausativ von *jrd*) siehe die einschlägigen Kommentare zu diesen Stellen.

die *ṯrtnm* am ugaritischen Hof gleich denen am ägyptischen der 19. und 20. Dynastien [15] sowie in Byblos zur Amarna-Zeit als eine besondere Söldnertruppe, ja vielleicht sogar als eine besondere Truppengattung, die neben den *ṯnnm*, *mrjnm*, *mdrǵlm* etc. fungierten, aufzufassen. [16]

Das Vorhandensein der Schardana in Ugarit gibt zu erkennen, daß sie als Vorboten schon geraume Zeit vor dem Ansturm der Seevölker auf die syrisch-palästinensische Mittelmeerküste und auf das Nildelta eine beachtliche Bedeutung bei verschiedenen Regenten des östlichen Mittelmeerraumes hatten. Als Söldner in einer Truppengattung, die alsbald ihren Volksnamen trug, waren sie also nicht nur in Ägypten und Byblos, sondern auch in Ugarit bekannt und anwesend. Damit wird ein wichtiges historisches Einzelproblem der Seevölkergeschichte nach einer neuen Seite hin ergänzt und unser Bild über die Schardana-Gruppe der Seevölker abgerundet.

---

[15] Zu den *Šrdn* in ägyptischen Diensten siehe W.F. Albright, CAH 2, 33, [3]1966, 26.

[16] Falls das *l* vor *b bt mlk* in 28,14 und 29,16 als Negation aufzufassen ist, dürfte sich an der Argumentation nichts ändern. Denn auch hier würde vorausgesetzt, daß die *ṯrtnm* ihre Stellung normal am Hofe haben.

Die apotropäische Sphinx *ald* = *Alad* auf dem Siegelamulett RS 25.188 *

Eine erneute intensive Auseinandersetzung mit Funden aus Ugarit führt oft zu überraschenden Ergebnissen und zur Erweiterung der Perspektiven bisheriger Forschung. Ein solcher Fall liegt auch bei RS 25.188 vor. A.-S. Dalix hat den Gegenstand in wünschenswerter Weise vorgestellt [1] und damit eine weitere Diskussion ihrer Erklärung des *cachet* ermöglicht.

1. Vorbemerkungen: Die Mehrsprachigkeit der ugaritischen Schriftgelehrten

Ugaritische Schreiber hatten die Fähigkeit, sich auf mindestens zwei Schriftgebieten als Ausdrucksmittel von drei und mehr Sprachen zu bewegen: auf denen des Keilalphabets und auf denen der syllabischen Keilschrift zur Wiedergabe ugaritischer – und hurritischer – bzw. koine-babylonischer und koine-sumerischer Texte. Das Curriculum zu dieser vielseitigen Gelehrtheit hat W.H. van Soldt in seiner Studie *Babylonian Lexical, Religious and Literary Texts and Scribal Education at Ugarit and its Implications for the Alphabetic Literary Texts* (W.H. van Soldt 1995), die nahezu in allen Archiven und Bibliotheken der polykulturellen antiken Hafenstadt zum Vorschein kommt, detailliert beschrieben.

Gemäß diesen Gegebenheiten waren die Schriftgelehrten von Ugarit in der Lage, sich bei der Wiedergabe etwa von Götternamen ihres eigenen Kulturkreises oder solcher des sumero-babylonischen für eine der ihnen bekannten graphischen Möglichkeiten spontan zu entscheiden und dabei eine möglicherweise sogar ungewöhnliche Kombination zu wählen. Vor welche Schwierigkeiten sie dabei die heutigen Interpreten stellen, tritt beispielsweise in den Götterlisten an den Tag, die den antiken Priestern als Opfermemoranda gedient haben. Hier stellt J. Nougayrol in der Erstveröffentlichung der koine-babylonisch verfaßten Liste RS 20.24 jene keilalphabetische gegenüber, die schon 1929 (RS 1.017 = KTU 1.47) bekannt geworden war, und

---

* *Aus:* R.J. van der Spek (ed.), Festschrift Marten STOL (i.D.)

[1] Siehe unten Abschnitt 2.

teilt für Z. 1 die – indirekte – Gleichung DINGIR *a-bi* ≈ *il*[(?) *i*]*b* und für Z. 32 die ^{d}*MA.LIK.MEŠ* ≈ *mlkm* mit. [2] Wenn man diese beiden Gleichungen mit ein|ander in Beziehung setzt, dann ergibt sich für die erste, daß der babylonische Namensbestandteil *a-bi* in DINGIR *a-bi*, [3] DINGIR-*a-bi* [4] oder DINGIR *abi* [5] nicht als ein Akkadogramm mit sumerischem Determinativ zu betrachten ist und der Name besser DINGIR-*A-BI* umschrieben werden sollte. Aus beiden Gleichungen läßt sich ableiten, daß die Schreiber bei der Wiedergabe eines ugaritischen Wortes in der koine-babylonischen Version einem Akkadogramm oder Sumero-Akkadogramm den Vorzug gegeben haben. [6]

In der Wiedergabe des Namens DINGIR-*A-BI* für das genuine *ilib* drückt sich somit die geistige Flexibilität der ugaritischen Schreiber aus, die sich aus der Mehrsprachigkeit ihrer Welt der Gelehrtheit ergibt: das akkadische Epitheton *A-BI* wird mit dem sumerischen Logogramm DINGIR "Gott" verbunden und steht für den Ausdruck *ilib* "Totengeist (*il*) des Vaters". Das besagt zugleich, daß d i n g i r hier als sumerischer Bestandteil eines theophoren Ausdrucks und nicht als reines Determinativ anzusehen ist.

Beispiele für die sumero- und akkadographische Wiedergabe von Namen und Fachausdrücken sowie für mehr oder weniger umfangreiche Werke der mesopotamischen Literatur lassen sich in den Gelehrten- und Priesterbibliotheken zahlreiche finden. Sie folgen orthographisch allerdings nicht immer den aus Mesopotamien bekannten Regeln der ideographischen und syllabi-

---

[2] J. Nougayrol, Ug. 5, 44-45.

[3] So z.B. W.H. van Soldt 1991, 301.303, Nr. 14, DINGIR a-bi (il ib) "ancestral god"; G. del Olmo Lete 1999, 72-74, der gleichfalls die Transkription DINGIR *a-bi* wählt; J.F. Healey 1999, 447, DINGIR *a-bi* = *ilabi*.

Eine Sonderposition nimmt B. Margalit 1989, 269, ein, der in teilweiser Anlehnung an M. Tsevat (1971, 351 mit Anm. 10, *ilib* "paternal god") zur Transkription DINGIR *a-bi* folgendes ausführt: "Since neither Akk. DINGIR *a-bi* nor Hurrian *en atn* is known from other Akkadian or Hurrian sources respectively, there exists a suspicion that these translations of the Ug. ILIB may be somewhat artificial if not altogether erroneous." Von dieser Voraussetzung her gelangt er (a.a.O., S. 144.270) zu folgender Deutung von ILIB: "(*father's*) *ghost*", "ILIB of *Aqht* denotes the defunct and disembodies ghost of the father".

[4] K. van der Toorn 1996, 157, nennt DINGIR *a-bi* = *il*(*i*) *abi* "the god of the father" "the Akkadian translation of the term" und lehnt die Lesung ^{d}*a-bi* "the divine father" ausdrücklich ab; vgl. D. Pardee I 2000, 297, der sich für die Schreibung DINGIR-a-bi entscheidet und diese folgendermaßen versteht: "(DINGIR-a-bi) ne serait pas la transcription du nom divin ougaritique, mais la forme accadienne de ce nom."

[5] N. Wyatt 1998, 360, "The god of the ancestor".

[6] Vgl. dagegen W.H. van Soldt 1991, 301.303, Nr. 14, der DINGIR a-bi (il ib) "ancestral god" zur Gruppe "*The orthography of the syllabically written Ugaritic words and names*" zählt.

schen Keilschrift, sondern präsentieren vor allem ihre sumerischen Texte in einer 'unorthographischen' syllabischen Schreibweise. Während diese das Sumerische dem Ugariter offenbar leichter zugänglich machen sollte, bewirkt sie beim modernen Forscher das Gegenteil. [7] Die syllabische Überlieferung des Sumerischen zeigt an, daß der gelehrte | Ugariter eine bestimmte Aussprachetradition dieser Sprache kannte und ihn dazu befähigt hat, sumerische Wörter auch zu alphabetisieren.

Bei der Zusammenstellung sumerischer Wörter in keilalphabetischer Wiedergabe können wir zwei Kategorien unterscheiden: Die eine umfaßt Lehnwörter wie beispielsweise *hkl* "Palast" oder das hurro-ugaritische *škl* "Bote, Wezir" (KTU 1.44:10; 1.120:4; 1.128:16; 1.131:15), denen ein sumerischer Ursprung zugesprochen werden kann, die zu nicht mehr sicher auszumachenden Zeitpunkten ihren Weg in den Westen bis in die Levante gefunden haben und teil auch des ugaritischen Wortschatzes geworden sind. [8] Eine zweite Kategorie bezieht sich auf koine-sumerische Fremdwörter – z.B. *ad* "Vater" (KTU 1.23:32 *bis* . 43 *bis*) – und Götternamen, die teils in 'unorthographischer' syllabischer Schreibweise – z.B. il-li-il für ^{d}EN.LÍL, in-ki für ^{d}EN.KI oder iz-kur für ^{d}IŠKUR (RS 1979-25:3, 7, 44) [9] – und teils in alphabetischer Orthographie – z.B. *ill* "Ellil" und Els Bote Ilabrat (*ilbrt*) [10] – die in der religiösen Literatur Ugarits Fuß gefaßt haben.

In den folgenden Ausführungen soll aufgezeigt werden, daß auch die Inschrift *a - l - d* von RS 25.188 in die Kategorie der alphabetisch überlieferten koine-sumerischen Götternamen gehört. Mit diesem Baustein aus dem Themenkomplex religiöser Vorstellungen Mesopotamiens im Westen hoffen wir, dem verehrten Jubilar Freude zu bereiten.

---

[7] Vgl. J. Krecher 1969, 155: "Die sumerischen Passagen, sämtlich in unorthographischer Schreibweise, sind im allgemeinen nur dort verständlich, wo uns Parallelen in Normalorthographie zur Verfügung stehen."

[8] Vgl. auch die unvollständige und im Einzelfall nicht unumstrittene Liste sumerischer Wörter nach DUL bei W.G.E. Watson 1995, 546-547; ders. 1996, 708-709.

[9] Vgl. M. Dietrich 1999, 158-163.

[10] M. Dietrich / W. Mayer 1994, 88. 92; vgl. auch W.R. Gallagher 1994, 135-138, der *hll* in KTU 1.17 II 26-27; 1.24:5-6, 15, 40-42 mit ^{d}EN.LÍL ≈ illil zusammenstellt.

2. Die Deutung von RS 25.188 als Stempelsiegel nach A.-S. Dalix

A.-S. Dalix hat den Gegenstand, den C.F.A. Schaeffer 1962 im "Maison aux Foies" des Gebäudekomplexes "Maison du prêtre hourrite" gefunden [11] und mit der Ausgrabungsnummer RS 25.188 versehen hat, zusammen mit zwei Fotos 2002 veröffentlicht: "*Cachet inscrit au nom de Dlq et représentant un sphinx*". [12] Unter Berücksichtigung des Gravurstils der Sphinx datiert sie das Objekt in die zweite | Hälfte 13. Jh. oder in den Anfang des 12. Jh. v. Chr. und bestätigt damit die aus der Fundlage abgeleitete zeitliche Ansetzung.

Der Gegenstand RS 25.188 unterscheidet sich so offensichtlich von Rollsiegeln (*cylinder seals, cylindres-sceaux*), daß für A.-S. Dalix nur die Klassifikation als "*cachet*" (Stempelsiegel, stamp-seal) in Frage gekommen ist. Von dieser Annahme her findet sie überraschend eine Basis für ihre Theorie, daß die Inschrift als ein Negativ aufzufassen sei und die Formen der drei Zeichen sowie ihre Schreibrichtung nur dann der Realität entsprechen, wenn sie positiv, also gestempelt wiedergegeben seien. [13]

A.-S. Dalix geht davon aus, daß die drei Buchstaben der keilalphabetischen Inschrift, die sich deutlich voneinander abheben, den Namen des *cachet*-Besitzers bezeichneten. Sie liest diesen nach Maßgabe ihrer Überlegungen von rechts nach links und begründet dies mit einem schreibtechnischen Argument: "Comme l'indiquent les traces de ciseau orientées de la droite vers la gauche, l'artiste a commencé par tracer le /d/ puis le /l/ et enfin le /q/." [14] Dies führt sie zur Erkenntnis, daß der Siegelbesitzers ein gewisser *Dlq* sei. [15] Er, dessen Name zwischen Schwingen und Rücken der Sphinx eingraviert wurde, sei ihrem besonderen Schutz unterstellt. [16]

Mit der Lesung des Namens als *Dlq* setzt sich A.-S. Dalix bewußt von jener ab, die C.F.A. Schaeffer 1951 in seinen Ausgrabungsnotizen vorge-

---

[11] P. Bordreuil / D. Pardee 1989, 315; W.H. van Soldt 1991, 650. – W.H. van Soldt (1991, 204) beschreibt das Archiv des Prêtre Hourrite, in dessen Bereich RS 25.188 entdeckt worden ist, als ein besonders gelehrtes und literarisch hochstehendes. Denn in ihm wurden vornehmlich Texte der mesopotamischen Tradition aufbewahrt, von denen lexikalische Listen und Lamaštu-Beschwörungen die größten Untergruppen bilden; ähnlich W.H. van Soldt 1995, 177.

[12] A.-S. Dalix 2002, 45-52, mit Fotos S. 52.

[13] A.-S. Dalix 2002, 52.

[14] A.-S. Dalix 2002, 48.

[15] A.-S. Dalix 2002, 48; id. 2004, S. 214, Nr. 126.

[16] A.-S. Dalix 2002, 51; siehe ferner B. Teissier 1996, 83; E.A. Braun-Holzinger 1999, 151, 167; M. Metzger 2004, 91.

schlagen hatte: Er deutete das Zeichen neben *l* und *d* als ein *a* (Alif). [17] Sie teilt in diesem Zusammenhang nicht mit, ob C.F.A. Schaeffer die drei Zeichen von links oder von rechts gelesen hat; es liegt jedoch die Annahme nahe, daß der Ausgräber die Inschrift gemäß der üblichen Interpretation ugaritischer Texte rechtsläufig als *ald* gelesen hat.

A.-S. Dalix führt zugunsten ihrer Lesung *Dlq* die weiteren Bezeugungen dieses Namens in KTU 4.98:4 und 4.82:4 an. Hinsichtlich einer möglichen Deutung des Namens verweist sie auf die Verbalwurzel *dlq* "brûler, être enflammé" und stellt eine Beziehung zwischen der Sphinx und den Seraphen der jüdischen Tradition in der Bibel her. [18]

Die vorzüglichen Fotos, mit denen A.-S. Dalix ihre Ausführungen in UF 34 und im Ausstellungskatalog von Lyon [19] ergänzt, ermöglichen auf erfreuliche Weise | eine Auseinandersetzung mit ihrer Deutung des Gegenstandes und mit ihren Vorschlägen zur Lesung der Inschrift. Daß diese zu Ergebnissen führen kann, die nicht mit den ihrigen übereinstimmen, soll im folgenden ausgeführt werden.

3. Die Deutung von RS 25.188 als Siegelamulett

Die Tatsache, daß der Gegenstand RS 25.188 eine pyramidale Form, eine Bild- und Textgravur an der Basis und ein Bohrloch als Tragevorrichtung an der Spitze hat, [20] weist ihm einen Platz unter den Siegelamuletten zu. Diese sind in großer Vielfalt aus allen Epochen der vorderasiatischen Kulturgeschichte auf uns gekommen und bilden ein wichtiges Zeugnis für die Selbstdarstellung einer Person bereits vor der Erfindung der Schrift. [21] Einem Siegelamulett werden üblicherweise zwei ineinander greifende Funktionen für seinen Träger und Besitzer zugeschrieben: Zum einen konnte es ihm zur Legitimation seiner Person dienen, zum anderen sollte es ihn, mit einer Schnur um den Hals getragen, als Instrument der Magie vor bösen Einflüs-

---

[17] S.-A. Dalix 2002, 48 Anm. 14, nach: C.F.A. Schaeffer, Cahier de fouilles 1951. Archives de la mission de Ras Shamra, inédit.

[18] A.-S. Dalix 2002, 48-49; vgl. dagegen M. Metzger 2004, 91-95, der sie an die Seite der "Keruben", der geflügelten Schutzgenien für den göttlichen Thron stellt.

[19] A.-S. Dalix 2004, S. 214, Nr. 126, des Katalogs der Ugarit-Ausstellung zu Lyon.

[20] A.-S. Dalix 2002, 46; id. 2004, 214, Nr. 226, gibt hierzu folgende Beschreibung: "De forme quasi pyramidale, ce cachet est percé dans sa partie supérieure d'un trou axial destiné à le suspendre au cou de son possesseur."

[21] Vgl. u.a. U. Moortgat-Correns 1957-71, 441; W. Orthmann, Hrsg., 1975, beispielsweise Abb. 127a-d für die Frühzeit oder Abb. 374a-m, 375a-d, 376a-m, 377a-g für die hethitische Zeit des 2. Jt. v. Chr.; A. von Wickede 1990, 16-19.

sen schützen. [22] Im Zusammenhang mit magischen Steinen notiert M. Stol folgende Funktionen der Amulette:

> "Other amulets have similar aims: being reconciled with a god, having a good reputation with man, success in social and economic terms, happiness and harmony. The second quality is negative, to ward off flooding. . . The third use is directed at "privat" misery: so that a (or: any) disease should not approach a man." [23]

Der magische Charakter des Amuletts RS 25.188 wird durch die Gravur einer Sphinx auf seiner Basisfläche unterstrichen. Es spricht nichts dagegen, daß auch die Inschrift, deren Buchstaben in Schreib- und Leserichtung eindeutig horizontal ist und der natürlichen Betrachtung der Sphinx von vorne nach hinten folgt, magisch ist.

Die drei Buchstaben verlaufen nach Brauch der ugaritischen Langalphabetschrift rechtsbündig. Es finden sich keine Anzeichen für eine linksbündige Kurzalphabetschrift oder gar eine Spiegelschrift im Sinne von A.-S. Dalix. Daraus folgt, daß */l/* und */d/* als die zweiten bzw. dritten Buchstaben eines Wortes anzusehen sind – und nicht umgekehrt, wie von A.-S. Dalix postuliert [24] – und daß der dritte Buchstabe, den A.-S. Dalix als */q/* interpretiert, die erste Position einnimmt.

Dieser erste Buchstabe kann gegen A.-S. Dalix nicht als ein */q/* angesehen werden, weil die 'Einstichkanten' der beiden gestaffelten Gravurkeile links – nach A.-S. Dalix spiegelbildlich rechts – exakt parallel liegen und sie zu den beiden Waagerechten eines */a/* machen. Hätten wir es mit einem */q/* zu tun, dann müßte der zweite, hintere Keil diagonal zum ersten stehen und zumindest andeutungsweise die längeren Spitzen eines Winkelhakens haben. [25] Also liegt hier das Wort *ald* vor. [26]

---

[22] Vgl. z.B. U. Moortgat-Correns 1957-1971, 441-442; W. Beltz 1998, 442b.

[23] M. Stol 1993, 108.

[24] Die rechtsbündige Schreibrichtung legt sich ferner aus schreibtechnischen Gründen nahe: Die drei Schriftzeichen füllen den zur Verfügung stehenden Raum vom Kopf der Sphinx bis zum rechten Rand aus.

[25] Die Feststellung von A.-S. Dalix (2002, 48) ist auf der Basis der Fotos nicht nachvollziehbar: "Cette dernière lettre avait été interprétée en première lecture comme un /ʾa/. Mais si l'on observe de plus près, on voit que les deux clous qui la composent ne sont pas orientés de la même façon: l'un est horizontal et l'autre oblique."

[26] Für den Fall, daß anstelle des */a/* doch ein */q/* stehen sollte, wäre auf den Personennamen *qldn* in KTU 4.7:2.11; 4.75 III 4 zu verweisen.

Bei der Deutung des Wortes *ald* kommt seine Position zwischen den Schwingen und dem Rücken der Sphinx zu Hilfe. Geht man nämlich davon aus, daß hier nicht der Name des Siegelinhabers steht, [27] dann könnte es den magischen Charakter des Amuletts unterstreichen und den Namen der schutzgewährenden Sphinx oder eines ihrer Epitheta nennen. Von daher liegt die Annahme nahe, daß *ald* eine keilalphabetische Wiedergabe des sumerischen ^{d}alad ist, das nach allgemeiner Überzeugung dem akkadischen *šēdu*, der Bezeichnung eines Schutzgeistes, entspricht, und das männliche Pendant zum weiblichen ^{d}lamma = *lamassu* ist. [28]

Für den zusammengesetzten Ausdruck ^{d}alad^{d}lamma, in dem die Namen der beiden Genien miteinander verbunden sind und apotropäische Stierkolosse an Gebäuden bezeichnet, wird das Kunstwort *aladlammû* im Babylonischen postuliert. [29] Hier zeigt sich eine Aussprache des Sumerogramms ^{d}ALAD, die für das 2. Jt. v. Chr. in Mesopotamien bisher zwar nicht belegt ist, die aber sicher auch schon damals so gelautet haben dürfte. Von daher ist es anzunehmen, daß die Aussprache */alad/* in den Gelehrtenkreisen von Ugarit bekannt war, [30] auch wenn es hierfür noch keine konkreten Anhaltspunkte gibt wie etwa die Wiedergabe des sumerischen Graphems durch eine der in Ugarit (und Emar) beliebten 'unorthographischen' Syllabisierungen. Einen deutlichen Hinweis auf die Aussprache scheint nun, zumindest hinsichtlich des vokalischen Anlauts des Sumerogramms ^{d}ALAD, das keilalphabetische *ald* zu bieten.

Daß das sumerische ^{d}alad (= *Šēdu*) in Ugarit bekannt war, läßt sich anhand des Textes RS 22.227B + 22.228, einer lexikalischen Liste aus dem "Maison aux textes Littéraires" in der Südstadt unweit des "Maison du prêtre hourrite", [31] nachweisen. Hier finden sich nach M. Civil (2004, 83) in Diri III nämlich Eintragungen, in denen der männliche Schutzgenius *šēdu* – einmal auch vom weiblichen *lamassu* gefolgt – auftritt:

---

[27] Es ist sowohl aus formalen als auch aus philologischen Gründen kaum vorstellbar, daß *ald* eine Variante der Personennamen *ildn* (KTU 4.775:6) und *ildy* (KTU 4.130:3; 4.617:20; 4.635:33) ist.

[28] R. Borger 2003, 353 Nr. 497: ^{d}alad = *šēdu* und Nr. 496: ^{d}lamma = *lamassu*; D.O. Edzard 1965, 49; vgl. die Wörterbücher (*šēdu* I eine Lebenskraft, ein Dämon: AHw. 1208; a spirit or demon representing the indivicual's vital forces: CAD Š/2 256-259; *lamassu* "Lebens- und Leistungskraft": AHw. 532-533; protective spirit: CAD L 60-66) und die Studien W. von Soden 1964; B.J. Engel 1987, 1-49.

[29] AHw. 31; *aladlammû* (su. Lw.) "menschenköpfiger Stierkoloß"; CAD A/1 286: *aladlammû* "bull colossus with human head"; R. Borger 2003, 353 Nr. 497; W. von Soden 1964, 155; B.J. Engel 1987, 1-30.

[30] Vgl. MSL 15.

[31] P. Bordreuil / D. Pardee 1989, 285; W.H. van Soldt 1991, 635.

233	[a]-⸢ra⸣	A.DU [32]	*še-du-ú*
. . .			
241	[x] ⸢x⸣	[A.D]U(?)	*še-du-ú*
242	[ ]	[AN.KA]L	*la-ma-zu* [33]

4. Schlußbemerkungen

Die Wiedergabe des sumerischen ^{d}a l a d durch keilalphabetisches *ald* in RS 25.188 gibt zu verstehen, daß der einstige ugaritische Besitzer des von C.F.A. Schaeffer 1962 ausgegrabenen Gebäudekomplexes "Maison aux Foies" im "Maison du prêtre hourrite" nicht nur das Sumerische beherrscht hat, sondern aufgrund seiner Kenntnis der Keilalphabetschrift auch imstande war, einen sonst nur sumerographisch überlieferten Namen keilalphabetisch wiederzugeben. Dies unterstreicht somit die oben hervorgehobene Feststellung W.H. van Soldts, daß der gelehrte Priester ein Archiv aufgebaut hat, das wegen seiner Texte der mesopotamischen Tradition wie lexikalische Listen und Lamaštu-Beschwörungen literarisch besonder hoch einzustufen ist. Seine Titulierung als 'Prêtre Hourrite', die auf die zahlreichen hurritisch-sprachigen Texte seines Archivs zurückgeht, gibt ferner zu verstehen, daß er nicht nur das Ugaritische, das Koine-Sumerische, das Koine-Babylonische und die mesopotamische Literatur beherrscht hat, sondern auch das Hurritische als Kultsprache. [34]

|Außer diesen sprachlich und literarisch formalen Indizien liefert das Siegelamulett RS 25.188 auch bemerkenswerte kunst- und religionsgeschichtliche: Die Inschrift *ald* bestätigt, daß die Sphinx, die in Syrien-Palästina weithin als Apotropaicum betrachtet wurde, diese Funktion auch in Ugarit innehatte und hier in Anlehnung an die mesopotamische Tradition und auch aufgrund der ihr inherenten Kräfte ^{d}a l a d (= *Šēdu*) genannt werden konnte. Das Bild der Sphinx verleiht dem Gegenstand RS 25.188 zusammen mit dem beigegebenen Namen *ald* unverkennbar einen Amulettcharakter.

---

[32] Zur Schreibweise a . r á siehe R. Borger 2003, 436 Nr. 839; M. Stol 1993, 6; N. Heeßel 2000, 164.

[33] Z. 244 wird der *šēdu* als *utukku* definiert: [ ] | [AN.]UDUG | *še-du-ú*.

[34] Vgl. M. Dietrich 2004, bes. S. 139-141.

Literatur

Beltz, W., 1998: Amulett. RGG[4] I, Sp. 442-443.

Bordreuil, P. / D. Pardee, 1984: Les sceau nominal de 'Ammiyiḏtamrou, roi d'Ougarit. Syria 61, 11-14.

- -, 1987: Bulletin d'Antiquités Archéologiques du Levant Inédites ou Méconnues (BAALIM) IV. Syria 64, 309-321.

- -, 1989: La trouvaille épigraphique de l'Ougarit. 1. Concordance. RSOu 5 (Paris).

Borger, R., 2003: Mesopotamisches Zeichenlexikon. AOAT 305.

Braun-Holzinger, E.A., 1999: Apotropaic Figures at Mesopotamian Temples in the Third and Second Millennia, in: Mesopotamian Magic. Textual, Historical, and Interpretative Perspectives, ed. T. Abusch / K. van der Toorn. Ancient Magic and Divination 1 (Styx), 149-172.

Civil, M., Hrsg., 2004: Materials for the Sumerian Lexicon XV. The Series DIRI = *(w)atru*. Roma.

Dalix, A.-S., 2002: *Dlq* et le sphinx: le cachet RS 25.188. UF 34, 45-52.

- -, 2004: Cachet inscrit au nom de Dlq et représentant un sphinx, in: Le royaume d'Ougarit. Aux origines de l'alphabet. Lyon, S. 214, Nr. 126.

Del Olmo Lete, G., 1999: Canaanite Religion According to the Liturgical Texts of Ugarit. Bethesda, Maryland.

Dietrich, M., 1998: *buluṭ bēlī* "Lebe, mein König!" Ein Krönungshymnus aus Emar und Ugarit und sein Verhältnis zu mesopotamischen und westlichen Inthronisationsliedern. UF 30, 155-200.

- -, 2004: Der hurritische Kult Ugarits zwischen König und Volk, in: M. Hutter / S. Hutter-Braunsar, Offizielle Religion, lokale Kulte und individuelle Religiosität. Akten des religionsgeschichtlichen Symposiums „Kleinasien und angrenzende Gebiete vom Beginn des 2. bis zur Mitte des 1. Jahrtausends v. Chr." (Bonn, 20.-22. Februar 2003). AOAT 318, 137-155.

Dietrich, M. / W. Mayer, 1994: Hurritische Weihrauchbeschwörungen in ugaritischer Alphabetschrift. UF 26, 73-112

Edzard, D.O., 1965: Mesopotamien. Die Mythologie der Sumerer und Akkader. WbMyth., S. 17-139.

Engel, B.J., 1987: Darstellungen von Dämonen und Tieren in assyrischen Palästen und Tempeln nach den schriftlichen Quellen. Mönchengladbach.

Gallagher, W.R., 1994: On the Identity of Hêlēl Ben Šaḥar of Is. 14:12-15. UF 26, 131-146.

Healey, J.F., 1999: ILIB, in: DDD[2], 447-448.

Heeßel, N., 2000: Babylonisch-assyrische Diagnostik. AOAT 43.

Krecher, J., 1969: Schreiberschulung in Ugarit: Die Tradition von Listen und sumerischen Texten. UF 1, 131-158.

Margalit, B., 1989: The Ugaritic Poem of AQHT. BZAW 182.

Metzger, M., 2004: Vorderorientalische Ikonographie und Altes Testament. Gesammelte Aufsätze, hrsg.von M. Pietsch und W. Zwickel. Jerusalemer Theologisches Forum 6 (Münster).

Moortgat-Correns, U., 1957-1971: Glyptik. RlA 3, 440 - 462.

Nougayrol, J., 1968: Textes suméro-accadiens des archives et bibliothèques privées d'Ugarit. Ug. 5 (= MRS XVI), 1-446.

Orthmann, W., Hrsg., 1975: Der Alte Orient. Propyläen Kunstgeschichte 14. Berlin.

Pardee, D., 2000: Les textes rituels, Fascicule 1-2. RSO 12.

Pritchard, J.B., 1969: Ancient Near Eastern Pictures Relating to the Old Testament. Sec. Edition with Supplement. Princeton N.J.

Soden, W. von, 1964: Die Schutzgenien Lamassu und Schedu in der babylonisch-assyrischen Literatur. BaM 3, 148-156.

Stol, M., 1993: Epilepsy in Babylonia. CM 2.

Teissier, B., 1996: Egyptian Iconography on Syro-Palestinian Cylinder Seals of the Middle Bronze Age. OBO.SA 11.

Tsevat, M., 1971: Traces of Hittite at the Beginning of the Ugaritic Epic of Aqht. UF 3, 351-352.

van der Toorn, K., 1996: Family Religion in Babylonia, Syria & Israel. SHCANE 7.

van Soldt, W.H., 1991: Studies in the Akkadian of Ugarit. Dating and Grammar. AOAT 40.

van Soldt, W.H., 1995: Babylonian Lexical, Religious and Literary Texts and Scribal Education at Ugarit and its implications for the alphabetic ligterary texts, in: M. Dietrich / O. Loretz, Hrsg., Ugarit. Ein ostmediterranes Kulturzentrum im Alten Orient. Ergebnisse und Perspektiven der Forschung. Band I: Ugarit und seine altorientalische Umwelt. ALASP 7/1, 171-212.

Watson, W.G.E., 1995: Non-Semitic Words in the Ugaritic Lexicon. UF 27, 533-558.

- -, 1996: Non-Semitic Words in the Ugaritic Lexicon (2). UF 28, 701-719.

Wickede, A. von, 1990: Prähistorische Stempelglyptik in Vorderasien. Münchener Universitäts-Schriften Phil. Fakultät 12, Münchener Vorderasiatische Studien 6. München.

Wyatt, N., 1998: Religious Texts from Ugarit. The Words of Ilimilki and his Colleagues. BiS 53.

Aqhats Ermordung als Mythos

(KTU 1.18 IV 7b-41a) *

Der Jubilar hat sich in zahlreichen Veröffentlichungen zur Frage des Verhältnisses zwischen der Weltanschauung der Ugariter und unserer heutigen wissenschaftlichen Weltsicht geäußert. Dabei zeigt er offen seine Sympathie für eine Deutung der Moderne, die bestrebt ist, sogenannte objektive wissenschaftliche Erkenntnis jeder Art früheren Wissenserwerbs als höherwertig überzuordnen. [1] Er berührt damit mutig und offen Probleme, die auch in der Ugaritologie gerne umgangen oder gar absichtlich vermieden werden, aber in der Auslegung von Mythen in ugaritischen Texten von höchster Bedeutung sind. [2] Also verdient er für seine Kritik an Interpretationen Dank und Anerkennung, die seit den Anfängen der Ugaritologie üblich sind.

Im folgenden wenden wir uns dem Problem zu, ob N. Wyatt in seiner Darstellung der "Theologie" [3] der Ugariter dem von ihm gewählten Gegenstand der Forschung gerecht wird und ob er die Beziehungen zwischen postulierter Theologie und Mythos speziell im Aqhat-Text [4] auf annehmbare Weise bestimmt. Da N. Wyatt der Geisteswelt dieser Dichtung seine besondere Aufmerksamkeit gewidmet hat, erläutern wir dies anhand des
74 Abschnittes über die | Tötung Aqhats durch die Göttin Anat in KTU 1.18 IV 7b-41a. [5]

---

* *Aus:* W.G.E. Watson (ed.), „He unfurrowed his brow and laughed". Essays in Honour of Professor Nicolas Wyatt. AOAT 299 (2007), S. 345-357.

[1] Zur generellen Problematik einer solchen Sicht von Vergangenheit und Moderne siehe u.a. die grundsätzlichen Überlegungen bei K. Hübner 2001, 1-24, zum aspektischen Charakter der Wirklichkeit (Wissenschaft, Mythos, Religion) und den vier Weisen des Zweifels an mythischen und religiösen Wirklichkeitsaussagen.

[2] Siehe z.B. N. Wyatt 1999a, 529-585, "*The Religion of Ugarit*".

[3] N. Wyatt 1999a, 537-549, behandelt breit die "Theology" der Ugariter und speziell das Thema "*The scope of individual theologies in a polytheistic context*" (S. 539-549). N. Wyatt 1999, 253, spricht auch in Zusammenhang mit dem Aqhat-Text von "theological associations". Er verzichtet dabei nicht nur auf eine Bestimmung des Verhältnisses zwischen Mythos und Theologie, sondern auch auf eine Darlegung seines eigenen Verständnisses von "Theologie".

[4] Zwecks Vermeidung eines Vor-Urteils über die literarische Gattung benützen wir im folgenden anstelle der üblichen Terminologie, in der die Begriffe *Aqhat-Story*, *Danil-Epos/Legende* oder *Aqhat-Epos/Legende* gebräuchlich sind, den Terminus "Aqhat-Text".

[5] N. Wyatt 1999, 234-258.

Die grausame Ermordung des Königssohnes Aqhat ermöglicht uns einen ungewöhnlichen Blick auf die ugaritische Königsideologie in ihrem Zusammenhang mit den damals in Ugarit gültigen Anschauungen über die Welt der Götter. und ihren Einfluß auf die menschlichen Belange. Folglich dient der Aqhat-Text in den Darstellungen des altsyrisch-kanaanäischen Königtums allgemein als eines der wichtigsten Zeugnisse dafür. Differenzen der modernen Interpreten in der Sicht der Bedeutung des Mythos, des Rituals und der wichtigsten Feste zur Zeit des ugaritischen Königtums führen jedoch im einzelnen zu widersprüchlichen Urteilen über Aussage und Weltanschauung des Aqhat-Textes.

1. "Theologie" und Mythos - Probleme der Forschungsgeschichte [6]

Aus der neueren Forschung zum Aqhat-Text gewinnt man den Eindruck, daß eine soziologische Deutung des Mythos und der Gebrauch des Wortes "Theologie" als eine unbestreitbare und brauchbare Grundlage für die Deutung des ugaritischen Textes anzusehen seien. Mit diesen Vorentscheidungen nimmt man jedoch, wie noch zu zeigen ist, nicht nur eine fragwürdige Position zum Mythos, sondern auch zur "Theologie" ein. Es wird zu fragen sein, ob das Postulat einer Theologie vor dem Logos im Blick auf Ugarit zulässig ist und man annehmen soll, daß in der levantinischen Hafenstadt Mythen in erster Linie soziologisch und narrativ verstanden worden sind.

In der gegenwärtigen Aqhat-Forschung gesteht man dem Mythos nur eine Randposition zu und der Begriff Theologie findet vor allem dort Verwendung, wo man ihn eigentlich nicht erwartet. Beide Wörter sind in der gegenwärtigen Ugaritologie in das Belieben der einzelnen Autoren so übergeben, daß die Vorgeschichte beider Begriffe bedeutungslos erscheint. Es entsteht der begründete Verdacht, daß in der Ugaritologie der Gebrauch zentraler Begriffe mit allzu großer Sorglosigkeit geschieht. Von dieser Perspektive her wenden wir uns zwecks Verdeutlichung der Problematik den Aqhat-Interpretation der drei Forscher B. Margalit, J.C. de Moor und N. Wyatt zu. [7]

---

[6] Zur Forschungsgeschichte siehe allgemein die wertvollen übersichten bei B. Margalit 1989, 3-92; N. Wyatt 1999, 238-247.

[7] Da T.K. Aitken und S.B. Parker in ihren Aqhat-Interpretationen die narrativen Aspekte in den Vordergrund stellen (N. Wyatt 1999, 243-247. 256), finden sie im folgenden keine Berücksichtigung.

B. Margalit neigt einer soziologischen Mythen-Deutung zu. [8] Seiner Theorie
75 | zufolge kritisiert der Autor des Aqhat-Gedichtes die Krieger-Aristokratie der "Raphaite"-Gesellschaft des 15. Jh. v. Chr. Er lehne die Göttin Anat, die Patronin dieser Bevölkerungsgruppe, ebenso ab wie die Rechtfertigung der kriegerischen Grausamkeit dieser Militärkaste. Der Dichter verwerfe die orthodoxe Theologie und das soziale Ethos der Kultur der "Raphaiter". Er wolle durch seine Dichtung sagen, daß die für den Menschen existentielle Wahl zwischen Leben oder Tod, zwischen Gut und Böse in Ugarit so verlaufen sei, daß die "Raphaite"-Gesellschaft durch ihr Votum für Anat das Böse gewählt habe. Die Botschaft des Aqhat-Poems an die Raphaiter bestehe darin, eine totale Trennung von Anat und ihrem Kult der Gewalt zu fordern. [9]

Die einseitige Ausrichtung B. Margalits auf die Probleme des Gesellschaft der "Raphaiter" zwingt ihn, der Aqhat-Text in erster Linie als Reflex geschichtlicher Vorgänge und sozialer Auseinandersetzungen zu verstehen. Er findet es folglich nur in dem einen Fall der Segensszene in KTU 1.17 I 34-43 nötig, kurz auf den Mythos als Hilfe zu Erklärung der Szene zu verweisen. [10]

B. Margalit gewinnt von seiner Position aus auch die Möglichkeit, zwischen der Aqhat-Dichtung und den alttestamentlichen Schriften einen besonders engen Kontakt herzustellen. Denn aus der Erwähnung Danils in Ez 14 und im Henoch-Buch könne man folgern, daß den Israeliten der Eisenzeit das Epos in irgendeiner Form bekannt gewesen sei. Aqhat-Text und Patriarchenerzählungen wiesen gemeinsame Züge auf. B. Margalit glaubt, sie folgendermaßen bestimmen zu können:

> "In both *Aqht* and the 'partriarchal narratives', men and god(s), though living apart, interact and communicate freely: both Abraham and Dan'el have only to raise their heads towards heaven to establish immediate contact." [11]

Auch auf theologischer Ebene ("theological plane") liege eine bemerkenswerte Ähnlichkeit zwischen der ugaritischen und den biblischen Erzählungen

---

[8] B. Margalit 1989, 281-282, beschränkt seine Ausführungen zum Mythos auf die Szene der Benediktion mit dem Segensbecher (KTU 1.17 I 34-43). In diesem Zusammenhang deutet er zugleich an, daß er das betreffende mythische Geschehen "soziologisch" deutet (a.a.O., S. 281): "We are obviously dealing with a 'type-scene' couched in formulaic language and reflecting a social ritual projected from the human onto the divine sphere. The result is a 'myth-ritual' construct."

[9] B. Margalit 1989, 485.

[10] B. Margalit 1989,

[11] B. Margalit 1989, 490.

vor. Es sei anzunehmen, daß kanaanäische Dichtung und Literatur wie der Aqhat-Text über Dan-Laish den Israeliten vermittelt worden seien. Durch "creative integration" sei jedoch zwischen den beiden Literaturen ein merklicher Unterschied geschaffen worden: Während im Aqhat-Text der politische Wille manifest sei, mit prophetischer Kraft die selbsmörderische "Raphaite"-Gesellschaft zu reformieren und zu retten, sei nichts davon in den
76 Patriarchen-Erzählungen | und dienten der Siedlung im "verheißenen Land" und der Gründung der Davidischen Dynastie in Jerusalem.[12]

In der Interpretation B. Margalits verliert die Aqhat-Dichtung de facto jede engere Verbindung mit dem Mythos. Sie wird durch kühne Vorwegnahme zu einem der Vorläufer der politisch-historisch verstandenen biblischen Patriarchenerzählungen.

J.C. de Moor ordnet den Aqhat-Text entfernt der in Israel erfolgten Entwicklung vom Polytheismus zum Monotheismus zu.[13] Der ugaritische Dichter und Schreiber Ilimilku habe AQHT nach dem Baal-Zyklus mit dem Zweck verfaßt, die in letzterem beschriebene Theologie in ihren Auswirkungen auf die Menschen zu beschreiben.[14]

Aqhat lehne das Angebot ewigen Lebens durch ʻAnat für seinen Jagdbogen ab. Die erzürnte Göttin erhalte von El die Erlaubnis, Aqhat zu töten. Sie schlage ihm zur Täuschung die Heirat vor, so daß er automatisch ein Mitglied des Pantheons werde. Sie lasse ihn während des Hochtzeitsmahls ermorden. Aus diesem Ereignis zieht J.C. de Moor folgenden Schluß: "His death is as meaningless as his life, for ʻAnatu does not obtain the bow she had coveted either."[15]

Neben der Keret-Legende beschäftige sich auch der Aqhat-Text mit dem Tod und der Unmöglichkeit für den Menschen, den großen Göttern gleichzuwerden. Gleichzeitig komme ein Ressentiment gegen die Willkür der Götter zum Ausdruck: Aqhat verdanke sein Leben einerseits dem Wohlwollen Baals, seine Frau ʻAnat entreiße dieses ihm andererseits wieder; El stimme der Geburt Aqhats zu, erlaube aber auch seine Tötung; Danil sei ein gerechter König, aber er müsse dennoch leiden, so daß er am Ende nichts gewonnen habe. Aus diesen Wechelfällen der Legende folgert J.C. de Moor über ihre Tendenz: "Like the children of Kirtu, Aqhatu serves as a model for a younger generation no longer willing to accept that man was no more than a puppet on the strings of unaccountable and conflicting powers in the divine

[12] B. Margalit 1989, 490-491.

[13] J.C. de Moor 1997, 96-102.

[14] J.C. de Moor 1997, 96, formuliert die Thematik folgendermaßen: "He now wanted to show how the theology formulated in that myth wirked out for man."

[15] J.C. de Moor 1997, 98.

world." [16]

J.C. de Moor begreift sowohl den Keret- als auch den Aqhat-Text im Bannkreis der monotheistischen Revolution des Pharao Echnaton. [17] Die von Ägypten aus angestoßene Krise des Polytheismus habe in Ugarit zur Überzeugung geführt, daß nicht nur die Menschen, sondern auch die Götter in einen festen Kreis des Schicksals eingebunden seien. Diese zyklische
77 Auffassung habe einer|seits zu dem großen intellektuellen Erfolg geführt, für das jährliche Klima eine umfassende Theorie zu bilden, andererseits aber einen so tiefen Pessimismus erzeugt, daß kein sinnvolles Leben mehr möglich gewesen sei. Die Werke Ilimilkus offenbarten einen erstaunlichen Mangel an Vertrauen in den Schutz der Götter. Ilimilku sei ein Polytheist geblieben und habe die Einsicht verkündet, daß keiner der Götter mächtig genug sei, um seinen Verehrer zu schützen. Auch eine Rebellion gegen die Götter führe nicht weiter. [18]

In den Augen J.C. de Moors entwickelte Ilimilku in Ugarit eine skeptische Theologie. [19] Er zieht es vor, die Dramatik des Aqhat-Textes in Verbindung mit der theologischen Revolution Echnatons zu deuten, so daß er notwendig darauf verzichtet, Berührungen der ugaritischen Dichtung mit der sumerisch-babylonischen Tradition des "Juste souffrant" in den Blick zu nehmen.

N. Wyatt lehnt die von B. Margalit [20] und J.C. de Moor [21] vorgetragenen Interpretationen des Aqhat-Textes ab. Er vermutet, daß beide Autoren von modernen theologischen Vorstellungen abhängig seien. [22] Der Aqhat-Text beschreibe ohne Kritik die Welt, in der die Ugariter damals lebten. Aqhat erscheine als ein sehr moderner junger Mann, der seine Autonomie und Integrität verteidige. ʻAnat trete als Kriegsgöttin und Jägerin auf. Die Legende enthalte keine ideologischen Implikationen. [23]

Dennoch fühlt sich N. Wyatt veranlaßt, auf die Frage einzugehen, ob der Aqhat-Text theologische Anliegen zur Sprache bringe. Er nimmt an, daß die

---

[16] J.C. de Moor 1997, 99.

[17] J.C. de Moor 1997, 99-100.

[18] J.C. de Moor 1997, 101.

[19] J.C. de Moor 1997, 102.

[20] N. Wyatt 1998, 247; id. 1999, 242-243. 245.

[21] N. Wyatt 1998, 247; id. 1999, 246; id. 1999a, 540.

[22] N. Wyatt 1998, 247 Anm. 1, wirft beiden Autoren vor, der Idee zu folgen, daß die Bibel gegen eine Bedrohung vonseiten der ugaritischen Literatur verteidigt werden müsse. – Sowohl die von B. Margalit als auch die von J.C. de Moor vorgetragene Behandlung der Querverbindungen zwischen der ugaritischen und der biblischen Literatur zeigen jedoch, daß die Kritik N. Wyatts unbegründet ist.

[23] N. Wyatt 1998, 247-248.

in die gegenwärtige Aqhat-Interpretation eingeführten modernen theologischen Anschauungen über eine Kritik der ugaritischen Tradition durch Ilimilku ohne Substanz sind. Hier handle es sich um normale Vorgänge innerhalb einer polytheistischen Welt. [24] Der Aqhat-Text sei als eine "story" zu verstehen, die Ilimilku in den Dienst der Königsideologie gepreßt und dadurch zu einem ideologischen Text gemacht habe. [25] Ilimilkus postulierte propagandistische Tätigkeit für den König charakterisiert er, allzu kühn über
78 Jahrtausende von Religions- | und Geistgeschichte hin ausholend, folgendermaßen: "As propagandist for the king, he actually *creates* theology for his age, thus influencing and modifying the thoughts of his contemporaries and of subsequent generations, just as an influential systematic theologian such as Luther or Calvin can have a significant impact on his culture, or as Homer or Hesiod had on early Greek theology." [26]

N. Wyatts Kritik an den Aqhat-Interpretationen von B. Margalit und J.C. de Moor baut auf der Annahme auf, daß zwischen mythologischer und empirischer Auffassung zu unterscheiden sei und letztere eine Bewertung der ersteren erlaube [27] und von daher das Urteil erlaubt sei, daß Ilimilku als Theologe schreibe. N. Wyatt operiert von der Überzeugung aus, daß man von einer modernen Wirklichkeitsauffassung her bei der Auslegung des Aqhat-Textes unterschiedlos und gleichzeitig mit Begriffen wie Ideologie, Theologie, Mythos, Metaphysik [28] und der Vorstellung von einer rein empirischen Welt [29] ohne kritische Vorsicht argumentieren könne.

N. Wyatt stimmt in der Aqhat-Auslegung hinwiederum mit seinen beiden Kontrahenten insoweit überein, als auch er keineswegs davor zurückschreckt, ugaritische Texte mutig im Licht seiner eigenen Weltanschauung zu interpretieren. Es wird im folgenden zu zeigen sein, daß der Aqhat-Text kaum im Rahmen des von N. Wyatt bevorzugten Begriffssystems zu verstehen ist und seine Bemühungen eine Reihe von hermeneutischen Fragen aufwerfen.

2. Mord im Königshaus

N. Wyatt schließt sich ausdrücklich der in der Aqhat-Auslegung strittigen These an, daß Danil als König auftritt und handelt. [30] Sein Sohn Aqhat ist

---

[24] N. Wyatt 1999, 253-254.

[25] N. Wyatt 1999, 253. 255-256; id. 1999a, 553.

[26] N. Wyatt 1999a, 553.

[27] N. Wyatt 1999, 256.

[28] N. Wyatt 1999, 254.

[29] N. Wyatt 1999, 256.

[30] N. Wyatt 1999, 249-251.

folglich als der rechtmäßige zukünftige Nachfolger auf dem Königsthron anzusehen. Die in KTU 1.18 IV 7b-41a beschriebene Ermordung Aqhats zielt demnach auf die Auslöschung der Dynastie Danils ab. Sie zerstört durch die Tötung des für den zukünftigen Ahnenkult zuständigen Sohn Aqhat endgültig den Zusammenhang zwischen den Toten und den Lebenden der Dynastie Danils. Daß dieser Aspekt im Vordergrund der Dichtung steht, geht bereits aus der Charakterisierung Danils als *mt rpi* ‖ *mt hrnmy* "Held/Mann des Rāpi'u" ‖ "Held/Mann des Harnamiten" hervor: Danil pflegt besonders die Abkunft seines Hauses vom legendären Amurriter Ditānu. Denn nach KTU
79 1.108:1 ist "Rāpi'u, der ewige König," | mit Ditānu gleichzusetzten. [31] So war auch Aqhat als der Sohn gedacht, der von seinem Vater die Aufgabe des Ahnenkultes übernimmt und weiterführt, wie in KTU 1.17 I 25-33 ausführlich dargelegt wird. Seine Ermordung bildet folglich den Mittel- und Wendepunkt des Geschehens im Aqhat-Text.

Im Rahmen der Begegnungen zwischen dem sterblichen Menschen Aqhat und der Göttin 'Anat nützt die weit stärkere Tochter Els eine Festfeier für ihre hinterhältige Rache und Mordtat in folgender Weise aus:

> [Sie erhob ihre Stimme] [7]und rief:
> "*Ytp* [32], es weilt [33] A[qhat [34], der Held]
> [in] [8]der Stadt Abiluma,
> in Abiluma, [der Stadt des Fürsten Yariḫ]!
> [9]Warum [35] soll sich nicht erneuern Yariḫ

---

[31] N. Wyatt 1998, 250-251; id. 1999, 249, äußert sich ausführlich zum Parallelismus *mt rpi* ‖ *mt hrnmy*, ohne jedoch seine Bedeutung adäquat zu erfassen.

[32] *Ytp*, Kurzform zu *Ytpn* ohne den nasalen Auslaut.

[33] Aus dem folgenden Text geht hervor, daß die Bluttat in oder nahe der Stadt *Ablm* geschieht (KTU 1.19 IV 1-4). Die Göttin instruiert *Ytp* über den momentanen Aufenthaltsort Aqhats. Vgl. dagegen die Deutung von Z. 7b-8 als Aufforderung an *Ytp*, entweder in *Ablm* zu bleiben oder dorthin zurückzukehren bei folgenden Autoren: B. Margalit 1989, 154-155; D. Pardee 1997, 349; S.B. Parker 1997, 65; N. Wyatt 1998, 282.

Hinsichtlich der Diskussion, ob die drei als *y<u>t</u>b* gelesenen Buchstaben von *y<u>t</u>b* oder *<u>t</u>wb* abgeleitet werden sollen, siehe u.a. zu *y<u>t</u>b*: J.C. de Moor, ARTU 1987, 244, "is staying"; B. Margalit 1989, 154, "abide"; D. Pardee 1997, 349, "sit/return"; N. Wyatt 1998, 282-283, "let him remain"; zu *<u>t</u>wb*: S.B. Parker 1997, 65, "Let YTPN turn".

[34] Ch. Virolleaud liest den Zeichenrest vor der Bruchstelle als *m* und ergänzt folgendermaßen: *ytp* [*mhr št*] (CTA, S. 85 Anm. 13); ähnlich B. Margalit 1989, 129. Dagegen ergänzen J.C. de Moor / K. Spronk, CARTU 1987, 109, *a*[*qht.ġzr.b*].

[35] J. Tropper, UG 2000, 753. Die Frage setzt eine positive Antwort voraus und insinuiert, daß bald Neumond, somit ein Festtag mit einem großen Mahl sein wird, das Gelegenheit bietet, Aqhat zu erschlagen.

Auf T.H. Gaster 1975, 352, geht die These zurück, daß *Ytp* aufgefordert werde, sein böses Werk bei Monddunkelheit durchzuführen. 'Anat fordere deshalb, nicht auf den

am Ho[rn an seiner Linken],
[10]am Horn an seiner Rechten? [36]
| Bei der Schwäche [seiner Hörner
schlag ihn auf] [11]seinen Schädel!"

Da antwortete *Ytpn*, der Kr[ieger der Dame]:
[12]"Höre, oh Jungfrau ‘Anat:
Du selbst [13]sollst [37] ihn erschlagen we[gen seines Bogens],
wegen seiner Pfeile sollst du ihn nicht am Le[ben erhalten!]
[14]Der liebliche Held hat ein Essen bereitet
und [seine Mannen [38]] [15] sind zurückgeblieben [39] beim Vorplatz [40],
damit wir die *Hochzeit feiern* [41] [mit ihm [42]]!"

Neumond zu warten, der als gutes Omen gedeutet worden sei. Das setzt er für Z. 9 mit der Übersetzung "Look out that the new moon rise not" (a.a.O., S. 352) voraus. Diese Interpretation akzeptiert z.B. J.C. de Moor, ARTU 1987, 244 Anm. 139.

Zu *ḥdṯ* "Neumond" und "Neumondfest" siehe u.a. D.M. Clemens 2001, 854.

[36] Für die Einteilung des Abschnittes Z. 9-11a in poetische Einheiten liegen u.a. folgende Lösungen vor:

1. Tetrakolon (J.C. de Moor, ARTU 1987, 244; M. Dietrich / O. Loretz 1997, 1281; N. Wyatt 1998, 282-283);
2. Trikolon (D. Pardee 1997, 349; S.B. Parker 1997, 65);
3. Monokolon plus Bikolon (S.B. Parker 1989, 117; id. 1997, 65);
4. Trikolon plus Monokolon (B. Margalit 1989, 154).

Der Parallelismus [*šmal*] || *ymn* "links" || "rechts" bildet den Abschluß einer poetischen Einheit, so daß in Z. 10b-11a die Aufforderung zur Tötung Aqhats folgt. Die in Z. 9-11a schildert der Erzähler folgende Situation: Aqhat wird nach dem Wissen der Göttin bei Neumond ein Fest feiern. Bei dieser Gelegenheit soll die Tötung des Widerspenstigen erfolgen.

[37] *Ytp* verhält sich gegenüber der Aufforderung ‘Anat in Z. 10-11 ablehnend und schlägt vor, daß die Göttin selbst den Mord durchführe. *Ytp* spielt den *agent provocateur* (N. Wyatt 1998, 283 Anm. 146). Die Göttin gewinnt *Ytp* schließlich doch für ihr Vorhaben, wie die Entwicklung ab Z. 16 zeigt.

Vgl. dagegen J. Tropper, UG 2000, 734, zu PK^L mit der Nuance "müssen": "Was dich betrifft, so mußt du ihn we[gen seines Bogens] erschlagen, <wegen> seines Krummholzes’ darfst du ihn nicht am Le[ben lassen]".

[38] J.C. de Moor / K. Spronk, CARTU 1987, 109, *w ǵlmh*.

[39] Zur Diskussion über *ištir* siehe u.a. J. Hoftijzer 1971, 361-364; M. Dijkstra / J.C. de Moor 1975, 195; J. Tropper, UG 2000, 183. 528-529. 619.

[40] M. Dietrich / O. Loretz 1997a, 139-141, *ḏd* "Vorplatz".

[41] *‘rs* D "eine Hochzeit feiern"; M. Dijkstra / J.C. de Moor 1975, 195, ar. *‘a’rasa* "to give a marriage-feast", *‘urs* "wedding-feast", *‘arūs* "bridegroom"; J.C. de Moor / K. Sprong, CARTU 1987, 161, *‘rs* D "to celebrate a wedding".

[16]Da antwortete die Jungfrau ‘Anat:
"Kehre zurück, *Ytp*, und [nach *Ablm*] [17]gehe! [43]
81 Ich werde dich wie einen Adler an meinen Gürtel stecken,
[18]wie einen Falken in meine Hülle.
Sobald Aqhat [sich setzt] [19]zum Essen,
ja, [44] der Sohn Danils zum Speisen,
werden [über ihm] [20]die Adler schweben,
wird ihn beobachten [eine Schar von Fa][21]lken!
Zwischen den Adlern werde ich schweben,
i[ch] werde über [22]Aqhat dich loslassen! [45]
Schlage ihn zweimal auf den Schädel,
[23]dreimal aufs Ohr!
Gieße aus wie ein Verbrecher [26]das Blut [46],
wie ein Mörder auf seine Knie!
Es gehe hinaus wie ein [25]Wind seine Seele,
wie ein *Hauch* seine Lebenskraft,
wie ein [26]Rauch aus der Nase sein Lebensgeist [47]! [48]
Ich [27]lasse ihn bestimmt nicht am Leben!"

Sie nahm *Ytpn*, den Krieger der Dame,
[28]sie steckte ihn wie einen Adler an ihrem Gürtel,
wie einen Falken [29]in ihren Hülle.
Als Aqhat sich niedersetzte zum Essen,

Siehe zur Diskussion J. Hoftijzer 1971, 363, ar. *‘rs* "to make a short pause during the night", *ištir bdm w n‘rs*["He stays behind (alone) in the fields and has made a halt . . ."; N. Wyatt 1998, 284 Anm. 149; DLU 90: */‘-r-s/* V. G "regocijarse".

Sollte die Aussage tatsächlich von der Hochzeit Aqhats berichten, beginge die Göttin eine besonders verabscheuungswürdiges Verbrechen.

[42] Ergänze: *‘mh*.

[43] Lesung und Deutung von Z. 16b-17 sind strittig. *ṯb* und *lk* dürften auf *ṯwb* und *hlk* zurückzuführen sein. Wahrscheinlich ergeht an *Ytp* die Aufforderung, nach *Ablm* zu gehen.

J.C. de Moor, ARTU 1987, 245, versteht die Antwort ‘Anats folgendermaßen: "‘Return, Yattupa, || and [I shall return] to you!’" und interpretiert die Aussage im Sinne von KTU 1.3 IV54-55; vgl. S.B. Parker 1997, 65, "Turn here, YTPN, and [I’ll teach(?)] you."; N. Wyatt 1998, 284, "‘Pay attention, Yatip<an>, and [I shall instruct[?]] you."

[44] Nach der Rasur [[b]] steht ein *w-explicativum*.

[45] Entsprechend *t‘dbnh* in Z. 33 ist die Verbform hier in <*a*>*‘dbk* zu restituieren.

[46] *dm* "Blut" erfüllt in diesem Bikolon eine Doppelfunktion.

[47] *mpr* "Gemüt, Lebensgeist"; M. Dietrich / O. Loretz 1978, 68 mit Anm. 43, akk. *nupāru* II "Herz, Gemüt" (AHw. 804).

[48] M. Dietrich / O. Loretz 1978, 68-69; id. 1997, 1282.

[30]der Sohn Danils zum Speisen,
[31]schwebten über ihm Adle[r],
beobachtete ihn eine Schar von Falken.
[Zwischen] [32]den Adlern schwebte ‘Anat,
über [Aqhat] [33]ließ sie ihn los:
"Schlag’ ihn zweimal [auf den Schädel],
[34]dreimal übers Ohr!
Ver[gieße wie] [35]ein Verbrecher sein Blut,
82 wie ein Mörd[er auf seine Knie!]"
[36]Da zog wie ein Wind [seine] Seele aus,
[wie ein *Hauch*] [37]sein Lebenskraft,
wie ein Rauch aus [der Nase sein Lebensgeist [49]].
[38]‘Anat hat nun nach dem Schlagen ihres Kriegers,
[nach dem Erschlagen des jungen Mannes [50]] [39]Aqhat
beweint den Kna[ben Danils]:
"Ich war [doch ohne [51]] [40]Einsicht,
darum [habe ich dich erschlagen] wegen [deines] Bo[gens],
[wegen] [41]deiner Pfeile dich nicht le[ben lassen [52]]!

‘Anat tritt in diesem Abschnitt als eine rachsüchtige, verschlagene Anstifterin des Mordes an Aqhat auf. Sie bereut jedoch am Ende die auch für sie nutzlose Bluttat. Also erleben wir eine Göttin, die ihren Unmut an einem Königssohn ausläßt und dazu die Einwilligung des obersten Gottes El erhalten hat. Die Welt der Menschen und der Könige ist rückhaltlos dem Willen der Götter ausgeliefert.

3. Mythos und "empirische" Weltsicht in der Aqhat-Interpretation. Die royalistische Ideologie des Ilimilku

N. Wyatt wählt aus den traditionellen Klassifizierungen des Aqhat-Textes als Story, Legende, Sage oder Mythos den Begriff "Story" als zutreffend aus. [53] Zugleich wirft er Ilimilku vor, eine Ideologisierung der Aqhat-"Story" durchgeführt zu haben. Seiner Anschauung zufolge enthielt der Text ursprünglich keine besondere Motivation. Erst Ilimilku habe diesen

---

[49] Wohl [aph b ap mprh] zu ergänzen.

[50] Wohl [b mḫṣ ǵzr] zu ergänzen.

[51] Wohl [hl l] zu ergänzen.

[52] Am Ende wohl *l ḥ*[wtk . . .] zu ergänzen.

[53] N. Wyatt 1999, 254. 256.

Sachverhalt geändert. Das Argument lautet: "... but in the hands of Ilimilku there is a case of royal propaganda. To this extent it has become an ideological text. And in so far as Ilimilku has brought an ideological element into traditional material, he has blurred the distinction between genres, and produced composite works." [54]

Die ideologische Ausrichtung der schriftstellerischen Tätigkeit Ilimilkus wird mit dem Hinweis begründet, daß er als Propagandist für die Legitima-
83 tion | des Niqmaddu II. gewirkt habe. [55] Da die wesentlichen Argumente zu Gunsten des neuen Königs von Ilimilku bereits im Baal-Zyklus und in *Keret* vorgetragen worden seien, spiele die Aqhat-"Story" in diesem Zusammenhang eher eine Nebenrolle. Funktion des Aqhat-Textes sei es allein, die bereits vorgetragenen Argumente für den neuen König zu verstärken. [56] Diesem Ziel seien auch die Zugaben Ilimilkus zum Text zu verstehen. [57]

Von der so gewonnen Basis her findet N. Wyatt sogar eine Möglichkeit, zwischen den biblischen Patriarchen-Erzählungen und der Aqhat-Story einen Vergleich anzustellen. [58] Beide Traditionen seien in ihrer Endgestalt mit ideologischer Kraft ausgestattet. [59]

Die von N. Wyatt für eine Ideologisierung des Aqhat-Textes durch Ilimilku angeführten Argumente beruhen letztlich auf einer wenig fundierten Annähherung des Aqhat-Textes an den des Keret-Epos. Für die Charakterisierung Danils als *mt rpi* (KTU 1.17 I 1. 17) schlägt er die beiden Deutungen "Mann / Herrscher von Rapha" oder "(nach dem Tod) Mitglied der Gruppe der *rpum*" [60] vor. [61] Letztere Interpretation rechtfertigt er

---

[54] N. Wyatt 1999, 256.

[55] N. Wyatt 1999, 253, beruft sich auf folende Werke Ilimilkus: KTU 1.1-1.6; 1.14-1.16; 1.17-1.19; RS 92.2016 (= A. Caquot / A.-S. Dalix, RSO 14, 393-405, Nr. 53); vielleicht 1.10.

[56] N. Wyatt 1999, 253.

[57] N. Wyatt 1999, 256-257, nennt die viermalige Wiederholung der Sohnepflichten.

[58] N. Wyatt 1999, 256-258.

[59] N. Wyatt 1999, 258, formuliert sein Ergebnis der Parallelisierung folgendermaßen: "... in their final form both traditions are pregnant with ideological power."

[60] N. Wyatt 1999, 249, formuliert er seine These folgendermaßen: "I have taken it in the sense 'man (i.e. ruler) of Rapha'. The alternative sense is to take it as a promise of Danel's later (*postmorteml*) incorporation into the *rpum* (deified dead kings of high rank)."

[61] N. Wyatt 1998, 250 mit Anm. 5, übersetzt in Parallele zu seinem Verständnis von *mt rpi* die Formel *mt hrnmy*, das zweite Glied des Wortpaares, mit "the devotee of *Hrnm*" und gibt hierzu folgende Erklärung ab (a.a.O., S. 251 Anm. 5): "... I take to be an unexplained theological term, perhaps an epithet or a DN **hrnm*. Might such (a minor) god be associated above all with incense?".

durch einen Verweis auf die Segensformel für Keret in KTU 1.15 III 2-4. 13-15. [62]

Wenn man dagegen voraussetzt, daß Danil als *mt rpi* ‖ *mt hrnmy* "Held/Mann des Rāpi'u" ‖ "Held/Mann des Harnamiten [63]", als Abkömmling und Verehrer des Gründers seiner Dynastie, des legendären oder mythischen *Ditānu*, des großen *rpu* und "ewigen Köngs" (KTU 1.108:1; 1.161:3. 10), [64]
84 die Bühne | betritt, entfällt jede Notwendigkeit, das Verhältnis Danils zu seinen Vorfahren vom Keret-Text her zu erklären. Der Aqhat-Text steht völlig selbständig neben dem Keret-Text: Danil verliert trotz engster Verbindung mit seinen königlichen Vorfahren den Nachfolger und somit den Mann, der die Pflege und Verehrung der verstorbenen Familienmitglieder einmal übernehmen und die Familie fortsetzen soll. Der Aqhat-Text expliziert, daß auch vollkommene Frömmigkeit im Dienst der Ahnen das Weiterleben einer Dynastie nicht zu sichern vermag. Das Glück auch einer königlichen Familie hängt stets vom Wohlwollen der Götter ab.

Neben der Darstellung der Rolle des königlichen Ahnenkultes könnte der Aqhat-Text auch dem Ziel gedient haben, die jeweils herrschende Dynastie von Ugarit als Fortsetzung der von *Ditānu* gegründeten amurritischen Königsfamilie zu erweisen.

Zusammengefaßt ergibt sich, daß im Aqhat-Text über die Ermordung Aqhats in KTU 1.18 IV 7b-41a Mythos ('Anat), Ahnenkult (*rpum*) und "historische Gestalten" (Danil, Aqhat) zu einer Einheit verwoben sind. [65] Moderne Begriffe und Rede von angeblicher Ideologie, Theologie oder von einem Gegensatz zu moderner empirischer wissenschaftlicher Erkenntnisweise tragen wenig zu einem historisch und religionsgeschichtlich begründeten Verständnis des Aqhat-Textes bei. Sie suggerieren allenfalls, daß der moderne Interpret in der Lage sei, klar hinter den Schleier altorientalischer Mythen zu blicken.

Wir verdanken N. Wyatt den notwendigen Anstoß zu vertieftem Nachdenken über all die Gefahren, die uns bei der Annäherung an 'Anat, Danil und Aqhat belauern.

---

[62] N. Wyatt 1998, 251 Anm. 5; id. 1999, 249.

[63] *Hrnm* gilt als Herkunftsort des Dynastiegründers.

[64] O. Loretz 2003, Teil 2, Kap. 1, zu KTU 1.108:1 und parallelen Stellen.

[65] S.B. Parker 1989, 112-122, bietet einen ausführlichen Vergleich des Abschnittes mit verwandten altorientalischen Texten.

Literatur

Aitken, K.T., 1990: The Aqhat Narrative. A Study in the Narrative Structure and Composition of an Ugaritic Tale. JSSt.M 13.

Caquot, A. / S.-A. Dalix, 2001: RS 92.2016. *Le dieu* Ḥôrānu *entre deux eaux*, in: RSO 14, 393-405.

Clemens, D.M., 2001: Sources for Ugaritic Ritual and Sacrifice. I Ugaritic and Ugarit Akkadian Texts. AOAT 284/1.

Dietrich, M. / O. Loretz, 1978: Bemerkungen zum Aqhat-Text. Zur ugaritischen Lexikographie (XIV), UF 10, 65-71.

- -, 1997: Das Aqhat-Epos KTU 1.17-1.19, in: TUAT III/6, 1254-1305.

85 | - -, 1997a: Wohnorte Els nach Ugarit- und Bibeltexten, UF 29, 123-149.

Gaster, T.H., 1975: Thespis: ritual, myth, and drama in the ancient Near East. New and Revised Edition, New York.

Hoftijzer, J., 1971: A Note on G 1083[3]: *'išt'ir* and Related Matters, UF 3, 361-364.

Hübner, K., 2001: Glaube und Denken. Dimensionen der Wirklichkeit, Tübingen.

Loretz, O., 2003: Götter - Ahnen - Könige als gerechte Richter. Der "Rechtsfall" des Menschen vor Gott nach altorientalischen und biblischen Texten. AOAT 290.

Margalit, B., 1989: The Ugaritic Poem of AQHT. BZAW 182.

Moor, J.D. de, 1987: An Anthology of Religious Texts from Ugarit, Leiden. (= ARTU).

- -, ^{2}1997: The Rise of Yahwism. The Roots of Israelite Monotheism. BEThL 91.

Moor, J.C. de / M. Dijkstra, 1975: Problematical Passages in the Legend of Aqhâtu, UF 7, 171-215.

Moor, J.C. de / K. Spronk, 1987: A Cuneiform Anthology of Religious Texts from Ugarit, Leiden. (= CARTU).

Pardee, D., 1997: The 'Aqhatu Legend, in: COS I, S. 343-356.

Parker, S.B., 1989: The Pre-Biblical Narrative Tradition. SBL.RBS 24.

- -, 1997: Aqhat, in: UNP, S. 49-80.

Tropper, J., 2000: Ugaritische Grammatik. AOAT 273. (= UG).

Wyatt, N., 1998: Religious Texts from Ugarit. The Words of Ilimilku and his Colleagues. BiSe 53.

- -, 1999: The Story of Aqhat, in: HUS, S. 234-258.

- -, 1999a: The Religion of Ugarit: An Overview, in: HUS, S. 529-585.

Indizes

1. Sachen

2. Namen

1. Gottheiten

a-bi (DINGIR) 336
Addu 5
Alad 335
alad (sum.) 341, 342
d*aladdlamma* 341
ald 342
ʿAnat 44, 155, 348, 349
aklm 177
anw = Anu 257
ʿqqm 177
Asarluḫi 137
ʿAṯtart 155
ʿṯtrt von Māri 130
Baal 75, 177
dbr 177
Demeter 123
DINGIR *a-bi* 336
Ellil / EN.LÍL 337
Enki / EN.KI 137, 337
Enki/Ea 131
Gupan-und-Ugar 75
Ḥabay 155
Ḫanat 9
ḥby 177
Ḥorōn 119, 121, 137
ḥrn 177
dIB/Uraš 8
Ilabrat 337
ilbrt 337
ilib 336
ill 337
dIM 5, 21, 32
IŠKUR 337
Išt 173
Iš$_8$-tár 202, 204
Koṯar-wa-Ḫasīs 262, 283
Kušuḫ 32
lamassu 341
lamma (sum.) 341
Leviathan 75, 77, 102
Ltn 79, 102, 177
Ltn - *Šlyṭ* 81
MA.LIK.MEŠ ≈ *mlkm* 336
mlkm 336
Môt 75
Ptah 283
qṭ/ẓb 177
ršp 177
Šapaš 127
Šimige 32
Šlyṭ 75, 79, 102
Šlyṭ - *Ltn* 81
Šukamuna 150
Šunama 150, 152
Teššub 32
Tiamat 78
Triton 282
Ṯmq 305
dUTU 32
Yammu 102
Ytpn 306
d30 32

2. Toponyme – Gentilicia

Ablm 351
Achäer (Gent.) 262
Ägäis 264, 272, 274
Ägäische Inseln 261
Ägypten 1, 165, 262, 275, 282
Aḫḫijawa 265, 268
Aḫlamû/Aramû 24
A'irraše 203
Alalaḫ/Mukiš 11, 195
Alašia 262
Amarna 1
amr 263, 271
Amurriter (Gent.) 263
Amurru 1, 261, 263, 268, 271
Ar 287
ʿrmt 270
Assyrien 265
Babylonien 268
Byblos 271, 282, 331
Ebla 278
gbl 282
Griechen (Gent.) 261
Griechen, mykenische (Gent.) 271
Guzāna 320

3. Personen

4. Monat

6. Stern

3. Wörter

1. Ugaritisch

2. Hebräisch

3. Akkadisch

šumma lā 24
tamkāru 288, 311
tamû 26
tarāṣu II 325
terṣu 325
tiriṣ kussî 324
ù 6, 8
ú-ra-nu 114

4. Nordwestsemitisch, Punisch

BḤR 31
dbḥ zd (pun.) 147
ḥzw 53
k(w)n 62
PSQ 27

5. Aramäisch

'rmwddt (aaram.) 317, 320
ḥzw/y 53
krs' (aaram.) 325
'im/'am 66
psq$_1$ (aaram.) 27

6. Arabisch

'āba 110
badal 289, 291
badala 288
ḥḏw 53
ṣafira 167
'rs 353
'ašara 223
'ašīra 223
'išra 223
ġaniya 38
mu'āšara 223
mahara 309
waṯiqa 136

7. Altsüdarabisch

tmhrt 309

8. Äthiopisch

mahara 309
mkr 291
'aššara 223
'ašūr 223

9. Ägyptisch

iww ḥryw-ib nw W'ḏ-wr 274
iš 298
**mahar* 291, 308
Šrdn 331

10. Hethitisch

ab/pi 109
issalli- 297
ištanzan 297

11. Hurritisch

**p/bid(d)*- 292
ab/pi 109
ar=/ir= 22
be/anti-/wanti 5
bidallenni (Alal.) 292
biddallenni 289
en atn 110
ḫa-at-ḫa-ar-ri 29
ḫad 29
ḫat=ḫ= 29
ḫat=ḫ=ar=re 30
ḫatḫarre 29
ups= 26
ups=ukka 26
zuzilaman 7

12. Sumerisch

dingir 336
dingir^{meš} gal.ga[l.e.ne 32
erín^{meš} gìr 8
^{giš}gìr 28
^{giš}gu.za = *kussû* 325
limXgunu 7
lú.igi.kàr 235
lugal-*ru* 22
ur.sag 310
ur.sag (= akk. *qarrādu*) 309

4. Stellen

1. Ugaritische Texte

2. Bibel

a) Altes Textament

b) Neues Testament

3. Jüdische Literatur

4. Texte der Keilschriftliteratur

a) Akkadische

b) Hethitische

5. Nordsemitische Epigraphik

6. Griechische Literatur

Abkürzungsverzeichnis und Siglen der Literatur

ÄA	Ägyptologische Abhandlungen, Wiesbaden.
AASOR	The Annual of the American Schools of Oriental Research, New Haven, Cn.
AAAS	Annales archéologiques arabes syriennes. Damas.
AB	siehe AncB.
ABAW.PH	Anhandlungen der Bayerischen Akademie der Wissenschaften. Philosophisch-historische Abteilung, München.
ABD	Anchor Bible Dictionary, Garden City NY.
AcOr.	Acta Orientalia, Leiden etc.
AEL	siehe Lane.
AfO	Archiv für Orientforschung, Graz etc.
AHw.	W. von Soden, Akkadisches Handwörterbuch. Bd. I-III, Wiesbaden 1965/81.
AJA	American Journal of Archaeology, Princeton NJ.
AJBA	The Australian Journal of Biblical Archaeology, Sydney.
AkkUg.	J. Huehnergard, The Akkadian of Ugarit, HSS 34.
ALASP(M)	Abhandlungen zur Literatur Alt-Syrien-Palästinas (und Mesopotamiens), Münster.
AlT	D.J. Wiseman, The Alalakh Tablets, London 1953.
AnB	siehe AncB.
AncB	The Anchor Bible, Garden City NY.
ANET	J.B. Pritchard (Ed.), Ancient Near Eastern Texts Relating to the Old Testament. Third Edition with Supplement. Princeton, New Jersey 1969.
AnOr	Analecta orientalia, Roma.
AOAT	Alter Orient und Altes Testament, Kevelaer/Neukirchen-Vluyn - Münster.
AoF	Altorientalische Forschungen, Berlin.
APNM	H.B. Huffmon, Amorite Personal Names in the Mari Texts: A Structural and Lexical Study, Baltimore MD.
ARM(T)	Archives Royales de Mari (Textes), Paris.
ArOr	Archiv Orientalni, Praha.
ARTU	J.C. de Moor, An Anthology of Religious Texts from Ugarit, Leiden 1987.
ASJ	Acta Sumerologica Japonica. Hiroshima.
ASOR.DS	American Schools of Oriental Research. Dissertation Series, New Haven CN.
Astour, Merchant Class	M.C. Astour, The Merchant Class at Ugarit, in: D.O. Edzard, Hg., Gesellschaftsklassen im Alten Zweistromland und in den angrenzenden Gebieten – XVIII. Rencontre Assyriologique Internationale, München, 29. Juni bis 3. Juli 1970. Bayerische Akademie der Wissenschaften. Philosophisch-historische Klasse. Abhandlungen. Neue Folge Heft 75. München 1972, 11-26.
ATaB	Siglum für die aB Alalaḫ-Texte.
ATD	Altes Testament Deutsch, Göttingen.
ATT	Tafelsignatur Tell Atchana/Alalaḫ.
ÄuL	Ägypten und Levante, Wien.
AVO	Altertumskunde des Vorderen Orients. Archäologische Studien zur Kultur und Geschichte des Alten Orients, Münster.
AuOr(S)	Aula orientalis (Supplementa), Barcelona.
BA	K. Spronk, Beatific Afterlife in Ancient Israel and in the Ancient Near East. AOAT 219, Kevelaer - Neukirchen/Vluyn.

BA	The Biblical Archaeologist, Cambridge MA.
BASOR	Bulletin of the American Society for Oriental Research.
BBVO	Berliner Beiträge zum Vorderen Orient, Berlin.
BDB	F. Brown/S.R. Driver/C.A. Biggs, Hebrew and English Lexicon of the Old Testament, Oxford 1907.
BDFSN.M	Banco de datos filológicos semíticos noroccidentales. Mongrafías, Madrid.
Ber.	siehe Berytus.
Berytus	Archaeological Studies, København etc.
BEThL	Bibliotheca Ephemeridum Theologicarum Lovaniensium, Gembloux
BGUL	St. Segert, A Basic Grammar of the Ugaritic Language, Berkeley, Ca. 1984
BH	ursprüngliches Siglum für KTU 1.12.
BHS	Biblia Hebraica Stuttgartensis, Stuttgart.
Bib.	Biblica, Roma.
Bi(b)O(r.)	Bibliotheka Orientalis, Leiden.
BiS(e.)	The Biblical Seminar, Sheffield.
BK(AT)	Biblischer Kommentar (Altes Testament), Neukirchen/Vluyn.
BN	Biblische Notizen, Bamberg.
BOH	Bibliotheca orientalis hungarica, Budapest.
BRL	Biblisches Reallexikon, 2. Auflage (Kurt Galling), 1978.
BSOAS	Bulletin of the School of Oriental and African Studies, London.
BVSAW.PH	siehe WUS.
BWL	Wilfred G. Lambert, Babylonian Wisdom Literature, Oxford 1960.
BZ	Biblische Zeitschrift (Neue Folge), Paderborn.
BZAW	Beihefte zur Zeitschrift für die alttestamentliche Wissenschaft, Berlin.
CAD	The Assyrian Dictionary of the Oriental Institute of the University of Chicago, Chicago, Ill.
CAH	The Cambridge Ancient History, Cambridge.
CARTU	J.C. de Moor/K. Spronk, A Cuneiform Anthology of Religious Texts from Ugarit, Leiden 1987.
CByrsa	Cahiers de Byrsa, Carthago.
CDG	W. Leslau, Comparative Dictionary of Geʿez (Classical Ethiopic), Wiesbaden 1987
CIS	Corpus Inscriptionum Semiticarum, Paris.
CM	Cuneiform Monographs, Groningen / Leiden.
CML	G.R. Driver, Canaanite Myths and Legends, Edinburgh 1956; zweite Auflage: J.C.L. Gibson 1978.
COS	W.W. Hallo (ed.), The Context of Scripture I-III, Leiden.
CRAIBL	Académie des Inscriptions et Belles-Lettres, Comptes rendus des séances de l'année ..., Paris.
CRRA(I)	Compte Rendu de la ... Rencontre Assyriologique Internationale.
CTA	A. Herdner, Corpus des tablettes en cunéiformes alphabétiques découvertes à Ras Shamra-Ugarit de 1929 à 1939, Texte, Figures et Planches, Paris 1963.
Dalman	G.H. Dalman, Aramäisch-neuhebräisches Wörterbuch zu Targum, Talmu und Midrasch, Hildesheim 1967
DBH	Dresdner Beiträge zur Hethitologie, Dresden.
DCH	The Dictionary of Classical Hebrew, Sheffield.
DDD	K. van der Toorn, B. Becking, P.W. van der Horst, Dictionary of Deities and Demons in the Bible, Leiden 1995
DLU	G. Del Olmo Lete / J. Sanmartín, Diccionario de la lengua ugarítica I (= AuOrS 7), 1996.
DMWA	H. Wehr, A Dictionary of Modern Written Arabic, Wiesbaden ^{5}1985

DNP	Der Neue Pauly, Stuttgart/Weimar.
DNWS(I)	J. Hoftijzer - K. Jongeling, Dictionary of the North-West Semitic Inscriptions (HdO I 21 1/2), Leiden 1995.
DUL	G. del Olmo Lete / J. Sanmartín, A Dictionary of the Ugaritic Language in the Alphabetic Tradition (= HdO 67), Leiden.
EA	J.A. Knudtzon, Die Al-Amarna-Tafeln (= VAB 2), Berlin 1915.
EB	Études bibliques, Paris.
EdF	Erträge der Forschung, Darmstadt.
Ee	*Enūma eliš*
Eothen	Collana di studi sulle civiltà dell'Oriente, Firenze.
ÉRC	Études Recherche sur les Civlisations, Paris.
FARG	Forschungen zur Anthropologie und Religionsgeschichte, Saarbrücken / Münster.
FRLANT	Forschungen zur Religion und Literatur des Alten und Neuen Testaments, Göttingen.
FS	Festschrift.
FS Richter	W. Groß/H. Irsigler/Th. Seidl, eds., Text, Methode und Grammatik. Wolfgang Richter zum 65. Geburtstag, St. Ottilien 1991.
FS Schlerath	B. Hänsel/St. Zimmer, eds., Die Indogermanen und das Pferd. Akten des Internationalen interdisziplinären Kolloquiums Freie Universität Berlin, 1.-3. Juli 1992. Bernfried Schlerath zum 70. Geburtstag gewidmet. Archaeolingua Bd. 4, Budapest 1994.
FuF	Forschungen und Fortschritte, Berlin.
FzB	Forschung zur Bibel, Würzburg.
GAG	W. von Soden, Grundriß der akkadischen Grammatik, AnOr 33. 1952.
Ges.$^{17/18}$	W. Gesenius, Hebräisches und aramäisches Handwörterbuch über das Alte Testament, Berlin ^{17}1915; R. Meyer/H. Donner, eds., ^{18}1987/95, Lieferung 1-2.
GLH	E. Laroche, Glossaire de la langue Hourrite, Paris 1980.
GM	Göttinger Miszellen. Beiträge zur ägyptologischen Diskussion, Göttingen.
GS	Gedenkschrift.
HAL(AT)	W. Baumgartner, Hebräisches und aramäisches Lexikon zum Alten Testament, Leiden 1967ff.
HANES	History of the Ancient Near East/Studies, Padova.
HAT	Handbuch zum Alten Testament, Tübingen.
HAW	E. König, Hebräisches und aramäisches Wörterbuch zum Alten Testament, Wiesbaden $^{6/7}$1936.
HdO	Handbuch der Orientalistik, Leiden.
HED	J. Puhvel, Hittite Etymological Dictionary, Berlin 1984ff.
HEG	J. Tischler, Hethitisches Etymologisches Glossar, Innsbruck.
Helck, Beziehungen	W. Helck, Die Beziehungen Ägyptens zu Vorderasien im 3. und 2. Jahrtausend v.Chr., Wiesbaden 1962.
HSS(t.)	Harvard Semitic Studies, Atlanta GA.
HUS	W.G.E. Watson / N. Wyatt (ed.), Handbook of Ugaritic Studies (= HdO 39), Leiden.
HZ	Historische Zeitschrift, München.
IBKW	Innsbrucker Beiträge zur Kulturwissenschaft, Innsbruck.
ICC	The International Critical Commentary, Edinburgh.
IEJ	Israel Exploration Journal, Jerusalem.
IOS	Israel Oriental Studies, Tel Aviv.
Iraq	Zeitschrift Iraq, London.

JANES	Journal of the Ancient Near Eastern Society of Columbia University, New York NY.
JAOS	Journal of the American Oriental Society, New Haven CN.
JBL	Journal of Biblical Literature, Philadelphia PA.
JEOL	Jaarbericht van het Vooraziatisch-Egyptisch Genootschap 'Ex Oriente Lux', Leiden.
JCS	Journal of Cuneiform Studies, New Haven CN.
JKF	Jahrbuch für kleinasiatische Forschung. Heidelberg.
JNES	Journal of Near Eastern Studies, Chicago IL.
JNSL	Journal of the North-West Semitic Languages, Leiden.
JPOS	Journal of Palestine Oriental Society, Jerusalem.
JRAS	Journal of the Royal Asiatic Society, London.
JSOTSS	Journal for the Study of the Old Testament (Supplement Series), Sheffield.
JSS	Journal of Semitic Studies, Manchester.
JThS	Journal of Theological Studies, Oxford.
Jucquois, Phonétique	G. Jucquois, Phonétique comparée des dialectes moyenbabyloniens du nord et de l'ouest, Louvain 1966.
KAT^{3}	E. Schrader, Die Keilinschriften und das Alte Testament, 3. Aufl., hg. von H. Winckler u. H. Zimmern, Berlin 1903.
KBL	L. Koehler / W. Baumgartner, Lexicon in Veteris Testamenti libros, Leiden 1953.
KBo.	Keilschrifttexte aus Boghazköi, Berlin.
KTU^{2}	M. Dietrich, O. Loretz, J. Sanmartín, The Cuneiform Alphabetic Texts from Ugarit, Ras Ibn Hani and Other Places (KTU: second, enlarged edition) (ALASP 8), Münster 1995.
KUB	Keilschrifturkunden aus Boghazköi, Berlin.
LÄ	W. Helck (ed.), Lexikon der Ägyptologie, Wiesbaden.
Lane	E.W. Lane, Arabic-English Lexicon, Beirut 1968.
LC	J. Gray, The Legacy of Canaan. Leiden ^{2}1965.
LE	A. Goetze, The Laws of Eshnunna. AASOR 31, New Haven 1956.
LHVT	F. Zorell, Lexicon Hebraicum Veteris Testamenti, Roma 1984.
Margalit, AQHT	B. Margalit, The Ugaritic Poem of AQHT. BZAW 182, 1989.
MAD	Materials for the Assyrian Dictionary, Chicago IL.
MARI	Mari Annales de Recherches Interdisciplinaires, Paris.
MC	Mesopotamian Civilizations, Winona Lake IN.
MDOG	Mitteilungen der Deutschen Orient-Gesellschaft, Berlin.
MIO	Mitteilungen des Instituts für Orientforschung, Berlin.
MLC	G. Del Olmo Lete, Mitos y leyendas de Canaán según la tradición de Ugarit, Madrid 1981.
MRS	Publications de la Mission (Archéologique) de Ras Shamra, Paris.
MU	E. Verreet, Modi ugaritici. OLA 27.1988.
MVAeG	Mitteilungen der Vorderasiatischen Gesellschaft, Berlin.
NABU	Nouvelles Assyriologiques Brèves et Utilitaires, Paris.
NH	E. Laroche, Les noms des Hittites, Paris 1966.
OA	Oriens Antiquus, Roma.
OBO(SA)	Orbis Biblicus et Orientalis (Series Archaeologica), Fribourg / Göttingen.
OLA	Orientalia Lovaniensia Analecta, Leuven.
OLZ	Orientalistische Literaturzeitung, Leipzig.
Or.	Orientalia, Roma.
OTS(t.)	Oudtestamentische Studien, Leiden.
POS	Pretoria Oriental Studies, Leiden, etc.

PRU	Palais Royal d'Ugarit, Paris 1957ff.
PTU	F. Groendahl, Die Personennamen der Texte aus Ugarit (= StP 1), Roma 1967.
PU	K. Aartun, Die Partikeln des Ugaritischen (= AOAT 21/1.2), Kevelaer - Neukirchen/Vluyn 1974.1978.
RA	Revue d'Assyriologie et d'Archéologie Orientale, Paris.
RB	Revue biblique, Paris.
RdÉ	Revue d'Égyptologie, Paris.
RGTC	Répertoire Géographique des Textes Cunéiformes, Wiesbaden.
RHA	Revue Hittite et Asianique, Paris.
RHR	Revue de l'histoire des religions, Paris.
RIH	Tafelsignatur Ras Ibn Hani.
RlA	Reallexikon der Assyriologie, Berlin.
RS	Tafelsignatur Ras Shamra.
RSO	Rivista degli studi orientali, Roma
RSO(u)	Ras Shamra-Ougarit. Paris.
RSP	L.R. Fisher etc., eds., Ras Shamra Parallels I-III (= AnOr. 49/51), 1972/81.
RSV	Revised Standard Version.
SAHL	Studies in Archaeology and History of the Levant. Harvard Semitic Museum Publications, Winona Lake IN.
SAKB	Studien zur altägyptischen Kultur. Beihefte, Hamburg.
SBL.DS	Society for Biblical Study. Dissertation Series, Atlanta GA.
SBL.RBS	Society for Biblical Study. Resources for Biblical Studiy, Atlanta GA.
SD	A.F.L. Beeston, u.a., Sabaic Dictionary. Beyrouth 1982
SDA	R. Dozy, Supplément aux dictionnaires arabes, Paris 1927.
SDB	Supplément au dictionnaire de la Bible, Paris.
SED	A. Militarev / L. Kogan, Semitic Etymological Dictionary (= AOAT 278), Münster 2000 ff.
SEL	Studi epigrafici e linguistici, Verona.
SHCANE	Studies in the History and Culture of the Ancient Near East, Leiden.
SJOT	Scandinavian Journal of the Old Testament, Aarhus.
ŠL	A. Deimel, Šumerisches Lexikon, Roma 1925-1950.
SMEA	Studi Micenei ed Egeo-Anatolici, Roma.
SMSR	Studi e materiali di storia delle religioni. Roma.
SP	J.C. de Moor, The Seasonal Pattern in the Ugaritic Myth of Baʿlu (= AOAT 16), 1971.
Spronk, BA	siehe BA.
StAeg.	Studia Aegyptiaca, Budapest.
StBoT	Studien zu den Boğazköy-Texten, Wiesbaden.
StP	Studia Pohl. Roma.
StP 1	F. Gröndahl, Die Personennamen der Texte aus Ugarit, Studia Pohl 1, Rom 1967.
StPh.	Studia Phoenicia, Namur
StSLL	Studies in Semitic Languages and Linguistics, Leiden.
SVT	Supplement to Vetus Testamentum, Leiden
Syr.	siehe Syria.
Syria	Syria, Paris.
TCS	Texts from Cuneiform Sources, Locust Valley.
TÉO	La trouvaille épigraphique de l'Ougarit (= RSOu 5), 1989.
THAT	E. Jenni / C. Westermann, Theologisches Handwörterbuch zum Alten Testament, München.
ThLZ	Theologische Literaturzeitung, Leipzig.

T(h)WAT	Theologisches Wörterbuch zum Alten Testament, Stuttgart.
TO	A.Caquot / M.Sznycer / A.Herdner, Textes Ougaritiques, t. 1: Mythes et légendes, Paris 1974.
Tropper, Kausativstamm	J. Tropper, Der ugaritische Kausativstamm und die Kausativbildungen des Semitischen (= ALASP 2), 1990.
TRU	P. Xella, I testi rituali di Ugarit – I. Roma 1981.
TTKY	Türk Tarih Kurumu Yayinlarindan, Ankara.
TUAT(.NF)	Texte aus der Umwelt des Alten Testaments (Neue Folge), Gütersloh.
UBL	Ugaritisch-Biblische Literatur, Altenberge/Münster.
UCOP	University of Cambridge Oriental Publications, Cambridge.
UF	Ugarit-Forschungen, Kevelaer/Neukirchen-Vluyn - Münster.
UG	J. Tropper, Ugaritische Grammatik (= AOAT 273), 2000.
Ug(aritica)	C.F.A. Schaeffer et al., Ugaritica II-VII, Paris.
UGU	J. Aistleitner, Untersuchungen zur Grammtik des Ugaritischen, Leipzig 1954.
UNHAII	Uitgaven van het Nederlands historisch-archaeologisch Instituut te Istanbul, Istanbul.
UNP	S.B. Parker (ed.), Ugaritic Narrative Poetry, Atlanta GA.
UT	C.H. Gordon, Ugaritic Textbook, Roma 1965.
UVST	J. Huehnergard, Ugaritic Vocabulary in Syllabic Transcription (= HSS 32), 1987.
VAB 2	siehe EA.
VO	Vicino Oriente, Roma.
VT(.S)	Vetus Testamentum (Supplementum), Leiden.
WMANT	Wissenschaftliche Monographien zum Alten und Neuen Testament, Neukirchen/Vluyn.
WO	Die Welt des Orients, Göttingen.
WUS	J. Aistleitner, Wörterbuch der ugaritischen Sprache, Berlin ^{2}1967.
ZA	Zeitschrift für Assyriologie und verwandte Gebiete / Vorderasiatische Archäologie, Leipzig - Berlin.
ZAW	Zeitschrift für die alttestamentliche Wissenschaft und die Kunde des nachbiblischen Judentums, Berlin.
ZBK.AT	Zürcher Bibelkommentare. Altes Testament, Zürich.
ZDMG	Zeitschrift der Deutschen Morgenländischen Gesellschaft, Wiesbaden.
ZDPV	Zeitschrift des Deutschen Palästina-Vereins.

Ugarit-Verlag Münster

Ricarda-Huch-Straße 6, D-48161 Münster (www.ugarit-verlag.de)

Lieferbare Bände der Serien AOAT, AVO, ALASP(M), FARG, Eikon und ELO:

Alter Orient und Altes Testament (AOAT)

Herausgeber: *Manfried DIETRICH - Oswald LORETZ*

43 Nils P. HEEßEL, *Babylonisch-assyrische Diagnostik.* 2000 (ISBN 3-927120-86-3), XII + 471 S. + 2 Abb., € 98,17.

44 Anja ULBRICH, *KYPRIS. Heiligtümer und Kulte weiblicher Gottheiten auf Zypern in der kypro-archaischen und -klassischen Epoche (Königszeit).* 2005 (ISBN 3-934628-56-7) (i.V.)

245 Francesco POMPONIO - Paolo XELLA, *Les dieux d'Ebla. Étude analytique des divinités éblaïtes à l'époque des archives royales du IIIe millénaire.* 1997 (ISBN 3-927120-46-4), VII + 551 S., € 59,31.

246 Annette ZGOLL, *Der Rechtsfall der En-ḫedu-Ana im Lied nin-me-šara*, 1997 (ISBN 3-927120-50-2) – vergr.

248 *Religion und Gesellschaft. Veröffentlichungen des Arbeitskreises zur Erforschung der Religions- und Kulturgeschichte des Antiken Vorderen Orients (AZERKAVO), Band 1.* 1997 (ISBN 3-927120-54-5), VIII + 220 S., € 43,97.

249 Karin REITER, *Die Metalle im Alten Orient unter besonderer Berücksichtigung altbabylonischer Quellen.* 1997 (ISBN 3-927120-49-9), XLVII + 471 + 160 S. + 1 Taf., € 72,60.

250 Manfried DIETRICH - Ingo KOTTSIEPER, Hrsg., *"Und Mose schrieb dieses Lied auf". Studien zum Alten Testament und zum Alten Orient. Festschrift Oswald Loretz.* 1998 (ISBN 3-927120-60-X), xviii + 955 S., € 112,48.

251 Thomas R. KÄMMERER, *Šimâ milka. Induktion und Reception der mittelbabylonischen Dichtung von Ugarit, Emār und Tell el-'Amārna.* 1998 (ISBN 3-927120-47-2), XXI + 360 S., € 60,33.

252 Joachim MARZAHN - Hans NEUMANN, Hrsg., *Assyriologica et Semitica. Festschrift für Joachim OELSNER anläßlich seines 65. Geburtstages am 18. Februar 1997.* 2000 (ISBN 3-927120-62-6), xii + 635 S. + Abb., € 107,88.

253 Manfried DIETRICH - Oswald LORETZ, Hrsg., *dubsar anta-men. Studien zur Altorientalistik. Festschrift für W.H.Ph. Römer.* 1998 (ISBN 3-927120-63-4) – vergr.

254 Michael JURSA, *Der Tempelzehnt in Babylonien vom siebenten bis zum dritten Jahrhundert v.Chr.* 1998 (ISBN 3-927120-59-6), VIII + 146 S., € 41,93.

255 Thomas R. KÄMMERER - Dirk SCHWIDERSKI, *Deutsch-Akkadisches Wörterbuch.* 1998 (ISBN 3-927120-66-9), XVIII + 589 S., € 79,76.

256 Hanspeter SCHAUDIG, *Die Inschriften Nabonids von Babylon und Kyros' des Großen.* 2001 (ISBN 3-927120-75-8), XLII + 766 S., € 103,--.

257 Thomas RICHTER, *Untersuchungen zu den lokalen Panthea Süd- und Mittelbabyloniens in altbabylonischer Zeit* (2., verb. und erw. Aufl.). 2004 (ISBN 3-934628-50-8; Erstausgabe: 3-927120-64-2), XXI + 608 S., € 88,--.

258 Sally A.L. BUTLER, *Mesopotamian Conceptions of Dreams and Dream Rituals.* 1998 (ISBN 3-927120-65-0), XXXIX + 474 S. + 20 Pl., € 75,67.

259 Ralf ROTHENBUSCH, *Die kasuistische Rechtssammlung im Bundesbuch und ihr literarischer Kontext im Licht altorientalischer Parallelen.* 2000 (ISBN 3-927120-67-7), IV + 681 S., € 65,10.

260 Tamar ZEWI, *A Syntactical Study of Verbal Forms Affixed by -n(n) Endings . . .* 1999 (ISBN 3-927120-71-5), VI + 211 S., € 48,06.

261 Hans-Günter BUCHHOLZ, *Ugarit, Zypern und Ägäis - Kulturbeziehungen im zweiten Jahrtausend v.Chr.* 1999 (ISBN 3-927120-38-3), XIII + 812 S., 116 Tafeln, € 109,42.

262 Willem H.Ph. RÖMER, *Die Sumerologie. Einführung in die Forschung und Bibliographie in Auswahl* (zweite, erweiterte Auflage). 1999 (ISBN 3-927120-72-3), XII + 250 S., € 61,36.

263 Robert ROLLINGER, *Frühformen historischen Denkens. Geschichtsdenken, Ideologie und Propaganda im alten Mesopotamien am Übergang von der Ur-III zur Isin-Larsa Zeit* (ISBN 3-927120-76-6)(i.V.)

264 Michael P. STRECK, *Die Bildersprache der akkadischen Epik.* 1999 (ISBN 3-927120-77-4), 258 S., € 61,36.

265 Betina I. FAIST, *Der Fernhandel des assyrischen Reichs zwischen dem 14. und 11. Jahrhundert v. Chr.*, 2001 (ISBN 3-927120-79-0), XXII + 322 S. + 5 Tf., € 72,09.

266 Oskar KAELIN, *Ein assyrisches Bildexperiment nach ägyptischem Vorbild. Zu Planung und Ausführung der „Schlacht am Ulai".* 1999 (ISBN 3-927120-80-4), 150 S., Abb., 5 Beilagen, € 49,08.

267 Barbara BÖCK, Eva CANCIK-KIRSCHBAUM, Thomas RICHTER, Hrsg., *Munuscula Mesopotamica. Festschrift für Johannes RENGER.* 1999 (ISBN 3-927120-81-2), XXIX + 704 S., Abb., € 124,76.

268 Yushu GONG, *Die Namen der Keilschriftzeichen.* 2000 (ISBN 3-927120-83-9), VIII + 228 S., € 44,99.

269/1 Manfried DIETRICH - Oswald LORETZ, *Studien zu den ugaritischen Texten I: Mythos und Ritual in KTU 1.12, 1.24, 1.96, 1.100 und 1.114.* 2000 (ISBN 3-927120-84-7), XIV + 554 S., € 89,99.

270 Andreas SCHÜLE, *Die Syntax der althebräischen Inschriften. Ein Beitrag zur historischen Grammatik des Hebräischen.* 2000 (ISBN 3-927120-85-5), IV + 294 S., € 63,40.

271/1 Michael P. STRECK, *Das amurritische Onomastikon der altbabylonischen Zeit I: Die Amurriter, die onomastische Forschung, Orthographie und Phonologie, Nominalmorphologie.* 2000 (ISBN 3-927120-87-1), 414 S., € 75,67.

272 Reinhard DITTMANN - Barthel HROUDA - Ulrike LÖW - Paolo MATTHIAE - Ruth MAYER-OPIFICIUS - Sabine THÜRWÄCHTER, Hrsg., *Variatio Delectat - Iran und der Westen. Gedenkschrift für Peter CALMEYER.* 2001 (ISBN 3-927120-89-8), XVIII + 768 S. + 2 Faltb., € 114,53.

273 Josef TROPPER, *Ugaritische Grammatik.* 2000 (ISBN 978-3-927120-90-7), XXII + 1056 S., € 100,21.

274 Gebhard J. SELZ, Hrsg., *Festschrift für Burkhart Kienast. Zu seinem 70. Geburtstage, dargebracht von Freunden, Schülern und Kollegen.* 2003 (ISBN 3-927120-91-X), xxviii + 732 S., € 122,--.

275 Petra GESCHE, *Schulunterricht in Babylonien im ersten Jahrtausend v.Chr.* 2001 (ISBN 3-927120-93-6), xxxiv + 820 S. + xiv Tf., € 112,48.

276 Willem H.Ph. RÖMER, *Hymnen und Klagelieder in sumerischer Sprache.* 2001 (ISBN 3-927120-94-4), xi + 275 S., € 66,47.

277 Corinna FRIEDL, *Polygynie in Mesopotamien und Israel.* 2000 (ISBN 978-3-927120-95-2), 325 S., € 66,47.

278/1 Alexander MILITAREV - Leonid KOGAN, *Semitic Etymological Dictionary. Vol. I: Anatomy of Man and Animals.* 2000 (ISBN 978-3-927120-96-9), cliv + 425 S., € 84,87.

278/2 Alexander MILITAREV - Leonid KOGAN, *Semitic Etymological Dictionary. Vol. II: Animal Names.* 2005 (ISBN 978-3-934628-57-1), xci + 415 S., € 104,--.

279 Kai A. METZLER, *Tempora in altbabylonischen literarischen Texten.* 2002 (ISBN 978-3-934628-03-8), xvii + 964 S., € 122,--.

280 Beat HUWYLER - Hans-Peter MATHYS - Beat WEBER, Hrsg., *Prophetie und Psalmen. Festschrift für Klaus SEYBOLD zum 65. Geburtstag.* 2001 (ISBN 3-934628-01-X), xi + 315 S., 10 Abb., € 70,56.

281 Oswald LORETZ - Kai METZLER - Hanspeter SCHAUDIG, Hrsg., *Ex Mesopotamia et Syria Lux. Festschrift für Manfried DIETRICH zu seinem 65. Geburtstag.* 2002 (ISBN 3-927120-99-5), XXXV + 950 S. + Abb., € 138,--.

282 Frank T. ZEEB, *Die Palastwirtschaft in Altsyrien nach den spätaltbabylonischen Getreidelieferlisten aus Alalaḫ (Schicht VII).* 2001 (ISBN 3-934628-06-0), XIII + 757 S., € 105,33.

283 Rüdiger SCHMITT, *Bildhafte Herrschaftsrepräsentation im eisenzeitlichen Israel.* 2001 (ISBN 3-934628-05-2), VIII + 231 S., € 63,40.

284/1 David M. CLEMENS, *Sources for Ugaritic Ritual and Sacrifice. Vol. I: Ugaritic and Ugarit Akkadian Texts.* 2001 (ISBN 3-934628-07-9), XXXIX + 1407 S., € 128,85.

285 Rainer ALBERTZ, Hrsg., *Kult, Konflikt und Versöhnung. Veröffentlichungen des AZERKAVO / SFB 493, Band 2.* 2001 (ISBN 3-934628-08-7), VIII + 332 S., € 70,56.

286 Johannes F. DIEHL, *Die Fortführung des Imperativs im Biblischen Hebräisch.* 2004 (ISBN 3-934628-19-2), XIV + 409 S., € 78,00.

287 Otto RÖSSLER, *Gesammelte Schriften zur Semitohamitistik*, Hrsg. Th. Schneider. 2001 (ISBN 3-934628-13-3), 848 S., € 103,--.

288 A. KASSIAN, A. KOROLËV†, A. SIDEL'TSEV, *Hittite Funerary Ritual šalliš waštaiš.* 2002 (ISBN 3-934628-16-8), ix + 973 S., € 118,--.

289 Zipora COCHAVI-RAINEY, *The Alashia Texts from the 14th and 13th Centuries BCE. A Textual and Linguistic Study.* 2003 (ISBN 3-934628-17-6), xiv + 129 S., € 56,--.

290 Oswald LORETZ, *Götter – Ahnen – Könige als gerechte Richter. Der "Rechtsfall" des Menschen vor Gott nach altorientalischen und biblischen Texten.* 2003 (ISBN 3-934628-18-4), xxii + 932 S., € 128,--.

291 Rocío Da RIVA, *Der Ebabbar-Tempel von Sippar in frühneubabylonischer Zeit (640-580 v. Chr.),* 2002 (ISBN 3-934628-20-6), xxxi + 486 S. + xxv* Tf., € 86,--.

292 Achim BEHRENS, *Prophetische Visionsschilderungen im Alten Testament. Sprachliche Eigenarten, Funktion und Geschichte einer Gattung.* 2002 (ISBN 3-934628-21-4), xi + 413 S., € 82,--.

293 Arnulf HAUSLEITER - Susanne KERNER - Bernd MÜLLER-NEUHOF, Hrsg., *Material Culture and Mental Sphere. Rezeption archäologischer Denkrichtungen in der Vorderasiatischen Altertumskunde. Internationales Symposium für Hans J. Nissen, Berlin 23.-24. Juni 2000.* 2002 (ISBN 3-934628-22-2), xii + 391 S., € 88,--.

294 Klaus KIESOW - Thomas MEURER, Hrsg., *„Textarbeit". Studien zu Texten und ihrer Rezeption aus dem Alten Testament und der Umwelt Israels. Festschrift für Peter WEIMAR zur Vollendung seines 60. Lebensjahres.* 2002 (ISBN 3-934628-23-0), x + 630 S., € 128,--.

295 Galo W. VERA CHAMAZA, *Die Omnipotenz Aššurs. Entwicklungen in der Aššur-Theologie unter den Sargoniden Sargon II., Sanherib und Asarhaddon.* 2002 (ISBN 3-934628-24-9), 586 S., € 97,--.

296 Michael P. STRECK - Stefan WENINGER, Hrsg., *Altorientalische und semitische Onomastik.* 2002 (ISBN 3-934628-25-7), vii + 241 S., € 68,--.

297 John M. STEELE - Annette IMHAUSEN, Hrsg., *Under One Sky. Astronomy and Mathematics in the Ancient Near East.* 2002 (ISBN 3-934628-26-5), vii + 496 S., Abb., € 112,--.

298 Manfred KREBERNIK - Jürgen VAN OORSCHOT, Hrsg., *Polytheismus und Monotheismus in den Religionen des Vorderen Orients.* 2002 (ISBN 3-934628-27-3), v + 269 S., € 76,--.

299 Wilfred G.E. WATSON, Ed., *„He unfurrowed his bow and laughed". Essays in Honour of Professor Nicolas Wyatt.* 2007 (ISBN 978-3-934628-32-8), xi + 410 S., € 108,--.

300 Karl LÖNING, Hrsg., *Rettendes Wissen. Studien zum Fortgang weisheitlichen Denkens im Frühjudentum und im frühen Christentum. Veröffentlichungen des AZERKAVO / SFB 493, Band 3.* 2002 (ISBN 3-934628-28-1), x + 370 S., € 84,--.

301 Johannes HAHN, Hrsg., *Religiöse Landschaften. Veröffentlichungen des AZERKAVO / SFB 493, Band 4.* 2002 (ISBN 3-934628-31-1), ix + 227 S., Abb., € 66,--.

302 Cornelis G. DEN HERTOG - Ulrich HÜBNER - Stefan MÜNGER, Hrsg., *SAXA LOQUENTUR. Studien zur Archäologie Palästinas/Israels. Festschrift für VOLKMAR FRITZ zum 65. Geburtstag.* 2003 (ISBN 3-934628-34-6), x + 328 S., Abb., € 98,--.

303 Michael P. STRECK, *Die akkadischen Verbalstämme mit* ta-*Infix.* 2003 (ISBN 3-934628-35-4), xii + 163 S., € 57,--.

304 Ludwig D. MORENZ - Erich BOSSHARD-NEPUSTIL, *Herrscherpräsentation und Kulturkontakte: Ägypten - Levante - Mesopotamien. Acht Fallstudien.* 2003 (ISBN 3-934628-37-0), xi + 281 S., 65 Abb., € 68,--.

305 Rykle BORGER, *Mesopotamisches Zeichenlexikon.* 2004 (ISBN 3-927120-82-0), viii + 712 S., € 74,--.

306 Reinhard DITTMANN - Christian EDER - Bruno JACOBS, Hrsg., *Altertumswissenschaften im Dialog. Festschrift für WOLFRAM NAGEL zur Vollendung seines 80. Lebensjahres.* 2003 (ISBN 3-934628-41-9), xv + 717 S., Abb., € 118,--.

307 Michael M. FRITZ, *". . . und weinten um Tammuz". Die Götter Dumuzi-Ama'ušumgal'anna und Damu.* 2003 (ISBN 3-934628-42-7), 430 S., € 83,--.

308 Annette ZGOLL, *Die Kunst des Betens. Form und Funktion, Theologie und Psychagogik in babylonisch-assyrischen Handerhebungsgebeten an Ištar.* 2003 (ISBN 3-934628-45-1), iv + 319 S., € 72,--.

309 Willem H.Ph. RÖMER, *Die Klage über die Zerstörung von Ur.* 2004 (ISBN 3-934628-46-X), ix + 191 S., € 52,--.

310 Thomas SCHNEIDER, Hrsg., *Das Ägyptische und die Sprachen Vorderasiens, Nordafrikas und der Ägäis. Akten des Basler Kolloquiums zum ägyptisch-nichtsemitischen Sprachkontakt Basel 9.-11. Juli 2003.* 2004 (ISBN 3-934628-47-8), 527 S., € 108,--.

311 Dagmar KÜHN, *Totengedenken bei den Nabatäern und im Alten Testamtent. Eine religionsgeschichtliche und exegetsiche Studie.* 2005 (ISBN 3-934628-48-6), x + 514 S. + 42 S. Abb., € 95,80.

312 Ralph HEMPELMANN, *„Gottschiff" und „Zikkurratbau" auf vorderasiatischen Rollsiegeln des 3. Jahrtausends v. Chr.* 2004 (ISBN 3-934628-49-4), viii + 154 S., + Tf. I-XXXI, Abb., € 55,--.

313 Rüdiger SCHMITT, *Magie im Alten Testament.* 2004 (ISBN 3-934628-52-4), xiii + 471 S., € 94,--.

314 Stefan TIMM, *„Gott kommt von Teman . . ." Kleine Schriften zur Geschichte Israels und Syrien-Palästinas. Hrsg. von Claudia Bender und Michael Pietsch.* 2004 (ISBN 3-934628-53-2), viii + 274 S., € 63,--.

315 Bojana JANKOVIĆ, *Vogelzucht und Vogelfang in Sippar im 1. Jahrtausend v. Chr. - Veröffentlichungen zur Wirtschaftsgeschichte Babyloniens im 1. Jahrtausend v. Chr., Bd. 1.* 2004 (ISBN 3-934628-54-0), xx + 219 S., € 56,20.

316 Christian SIGRIST, Hrsg., *Macht und Herrschaft. Veröffentlichungen des AZERKAVO / SFB 493, Band 5.* 2004 (ISBN 3-934628-55-9), xii + 239 S., € 63,--.

317 Bogdan BURTEA / Josef TROPPER / Helen YOUNANSARDAROUD, Hrsg., *Studia Semitica et Semitohamitica. Festschrift für RAINER VOIGT anläßlich seines 60. Geburtstages am 17. Januar 2004.* 2005 (ISBN 3-934628-73-7), v + 539 S., € 98,50.

318 Manfred HUTTER / Sylvia HUTTER-BRAUNSAR, *Offizielle Religion, lokale Kulte und individuelle Religiosität. Akten des religionsgeschichtlichen Symposiums „Kleinasien und angrenzende Gebiete vom Beginn des 2. bis zur Mitte des 1. Jahrtausends v. Chr." (Bonn, 20.-22. Februar 2003).* 2004 (ISBN 3-934628-58-3), 504 S., Abb., € 121,--.

319 Catherine MITTERMAYER, *Die Entwicklung der seitlich abgebildeten Tierkopfzeichen. Eine Studie zur syro-mesopotamischen Keilschriftpaläographie des 3. und frühen 2. Jahrtausends v. Chr.* 2005 (ISBN 3-934628-59-1), 169 S., € 48,80.

321 Galo W. VERA CHAMAZA, *Die Rolle Moabs in der neuassyrischen Expansionspolitik.* 2005 (ISBN 3-934628-61-3), VIII + 203 S., € 58,00.

322 Siam BHAYRO, *The Shemihazah and Asael Narrative of 1 Enoch 6-11: Introduction, Text, Translation and Commentary with reference to Ancient Near Eastern and Biblical Antecedents.* 2005 (ISBN 3-934628-62-1), X + 295 S., € 66,50.

323 Mirko NOVÁK / Friedhelm PRAYON / Anne-Maria WITTKE, Hrsg., *Die Außenwirkung des späthethitischen Kulturraumes. Güteraustausch - Kulturkontakt - Kulturtransfer. Akten der zweiten Forschungstagung des Graduiertenkollegs „Anatolien und seine Nachbarn" der Eberhard-Karls-Universität Tübingen (20. bis 22. November 2003).* 2004 (ISBN 3-934628-63-X), VIII + 496 S., Abb. € 106,00.

324 Wilfred H. van SOLDT, *The Topography of the City-State of Ugarit.* 2005 (ISBN 3-934628-64-8), vi + 253 S., € 64,--.

325 Robert ROLLINGER, Hrsg., *Von Sumer bis Homer. Festschrift für Manfred Schretter zum 60. Geburtstag am 25. Februar 2004.* 2005 (ISBN 3-934628-66-4), ix + 697 S., € 128,50.

326 Ulla Susanne KOCH, *Secrets of Extispicy. The Chapter Multābiltu of the Babylonian Extispicy Series and niṣirti bārûti Texts mainly from Aššurbanipal's Library.* 2005 (ISBN 3-934628-67-2), x + 630 S. + liv pl., € 119,--.

327 Helga WEIPPERT, *Unter Olivenbäumen. Studien zur Archäologie Syrien-Palästinas, Kulturgeschichte und Exegese des Alten Testaments. Gesammelte Aufsätze. Festgabe zum 4. Mai 2003 herausgegeben von Angelika Berlejung und Hermann Michael Niemann.* 2006 (ISBN 3-934628-68-0), x + 522 S., € 94,00.

328 Eva A. BRAUN-HOLZINGER / Ellen REHM, *Orientalischer Import in Griechenland im frühen 1. Jahrtausend v. Chr.* 2005 (ISBN 3-934628-72-9), vi + 208 S. + 39 Tf., € 63,60.

329 Michael HERLES, *Götterdarstellungen Mesopotamiens in der 2. Hälfte des 2. Jahrtausends v. Chr. Das anthropomorphe Bild im Verhältnis zum Symbol.* 2006 (ISBN 3-934628-76-1), xiii + 394 S. + 145 Tf., € 112,00.

330 Heather D. BAKER / Michael JURSA, *Approaching the Babylonian Economy. Proceedings of the START Project Symposium Held in Vienna, 1-3 July 2004.* 2005 (ISBN 3-934628-79-6), viii + 448 S., € 86,50.

331 Thomas E. BALKE, *Das sumerische Dimensionalkasussystem.* 2006 (ISBN 3-934628-80-X), x + 287 S., € 68,00.

332 Margaret JAQUES, *Le vocabulaire des sentiments dans les textes sumériens. Recherche sur le lexique sumérien et akkadien.* 2006 (ISBN 3-934628-81-8), xxii + 663 S., € 122,00.

333 Annette ZGOLL, *Traum und Welterleben im antiken Mesopotamien. Traumtheorie und Traumpraxis im 3.-1. Jt. v. Chr. als Horizont einer Kulturgeschichte des Träumens.* 2006 (ISBN 3-934628-36-2), vi + 568 S., € 96,00.

335 Ignacio MÁRQUEZ ROWE, *The Royal Deeds of Ugarit. A Study of Ancient Near Eastern Diplomatics.* 2006 (ISBN 3-934628-86-9), 336 S., € 69,00.

334 Tali BAR / Eran COHEN, Eds., *Studies in Semitic and General Linguistics in Honor of Gideon Goldenberg.* 2007 (ISBN 978-3-934628-84-7), 380 S., € 94,00.

336 Jürg LUCHSINGER, Hans-Peter MATHYS, Markus SAUR, Hrsg., *„... der Lust hat am Wort des Herrn!" Festschrift für Ernst Jenni zum 80. Geburtstag.* 2007 (ISBN-13: 978-3-934628-87-8; ISBN-10: 3-934628-87-7), xii + 466 S., € 118,00.

337 Manfred HUTTER / Sylvia HUTTER-BRAUNSAR, Hrsg., *Pluralismus und Wandel in den Religionen im vorhellenistischen Anatolien. Akten des religionsgeschichtlichen Symposiums in Bonn am 19.-20. Mai 2005.* 2006 (ISBN 3-934628-88-5), 263 S., € 68,00.

338 James KINNIER WILSON, *Studia Etanaica. New Texts and Discussions.* 2007 (ISBN 978-3-934628-90-8), 100 S. + 15 Tf., € 58,00.

339 Nicole BRISCH, *Tradition and the Poetics of Innovation. Sumerian Court Literature of the Larsa Dynasty (c. 2003-1763 BCE).* 2007 (ISBN 978-3-934628-91-5), xii + 303 S. + 17 Tf., € 78,00.

341 Johannes HACKL, *Der subordinierte Satz in den spätbabylonischen Briefen.* 2007 (ISBN 978-3-934628-96-0), xiv + 171 S., € 62,00.

342 Eva A. BRAUN-HOLZINGER, *Darstellungen des mesopotamischen und elamischen Herrschers. Spätes 4. bis frühes 2. Jt. v. Chr.* 2008 (i.D.)

343 Manfried DIETRICH, *Orbis Ugariticus. Ausgewählte Beiträge von Manfried Dietrich und Oswald Loretz zu Fest- und Gedenkschriften. Anläßlich des 80. Geburtstages von Oswald Loretz.* 2008 (ISBN 978-3-934628-99-1), xii + 384 S. (i.D.)

344 Roland LAMPRICHS, *Tell Johfiyeh. Ein archäologischer Fundplatz und seine Umgebung in Nordjordanien. Materialien zu einer Regionalstudie.* 2007, xi + 787 S.(i.D.)

345 Su Kyung HUH, *Studien zur Region Lagaš. Von der Ubaid- bis zur altbabylonischen Zeit.* 2007, xi + 915 S. + 3 Beilagen (i.D.)

346 Juliane KUTTER, *Nūr-ilī. Die Sonnengottheiten in den nordwestsemitischen Religionen von der Spätbronzezeit bis zur vorrömischen Zeit.* 2008 (i.D.)

Guides to the Mesopotamian Textual Record (GMTR)

Editors: *Eckart FRAHM - Michael JURSA*

1 Michael JURSA, *Neo-Babylonian Legal and Administrative Documents. Typology, Contents and Archives.* 2005 (ISBN 3-934628-69-9), xii + 189 S., € 28,--.

2 Benjamin R. FOSTER, *Akkadian Literature of the Late Period.* 2007 (ISBN 978-3-934628-70-0), xii + 147 S., € 28,--.

3 Karen RADNER, *Assyrian Archival Documents. Letters, Legal Records and Administrative Texts.* 2006 (ISBN 978-3-934628-71-7)(i.V.)

4 Rocio DA RIVA, *The Neo-Babylonian Royal Inscriptions. An Introduction.* 2006 (ISBN 3-934628-83-4)(i.V.)

Elementa Linguarum Orientis (ELO)

Herausgeber: *Josef TROPPER - Reinhard G. LEHMANN*

1 Josef TROPPER, *Ugaritisch. Kurzgefasste Grammatik mit Übungstexten und Glossar.* 2002 (ISBN 3-934628-12-5), xii + 168 S., € 28,--.

2 Josef TROPPER, *Altäthiopisch. Grammatik des Ge'ez mit Übungstexten und Glossar.* 2002 (ISBN 3-934628-29-X), xii + 309 S. € 42,--. — Weiterführung durch Otto Harrassowitz, Wiesbaden.

Altertumskunde des Vorderen Orients (AVO)

Herausgeber: *Manfried DIETRICH - Reinhard DITTMANN - Oswald LORETZ*

1 Nadja CHOLIDIS, *Möbel in Ton.* 1992 (ISBN 3-927120-10-3), XII + 323 S. + 46 Taf., € 60,84.

2 Ellen REHM, *Der Schmuck der Achämeniden.* 1992 (ISBN 3-927120-11-1), X + 358 S. + 107 Taf., € 63,91.

3 Maria KRAFELD-DAUGHERTY, *Wohnen im Alten Orient.* 1994 (ISBN 3-927120-16-2), x + 404 S. + 41 Taf., € 74,65.

4 Manfried DIETRICH - Oswald LORETZ, Hrsg., *Festschrift für* Ruth Mayer-Opificius. 1994 (ISBN 3-927120-18-9), xviii + 356 S. + 256 Abb., € 59,31.

5 Gunnar LEHMANN, *Untersuchungen zur späten Eisenzeit in Syrien und Libanon. Stratigraphie und Keramikformen zwischen ca. 720 bis 300 v.Chr.* 1996 (ISBN 3-927120-33-2), x + 548 S. + 3 Karten + 113 Tf., € 108,39.

6 Ulrike LÖW, *Figürlich verzierte Metallgefäße aus Nord- und Nordwestiran - eine stilkritische Untersuchung.* 1998 (ISBN 3-927120-34-0), xxxvii + 663 S. + 107 Taf., € 130,89.

7 Ursula MAGEN - Mahmoud RASHAD, Hrsg., *Vom Halys zum Euphrat.* Thomas Beran *zu Ehren.* 1996 (ISBN 3-927120-41-3), XI + 311 S., 123 Abb., € 71,07.

8 Eşref ABAY, *Die Keramik der Frühbronzezeit in Anatolien mit »syrischen Affinitäten«.* 1997 (ISBN 3-927120-58-8), XIV + 461 S., 271 Abb.-Taf., € 116,57.

9 Jürgen SCHREIBER, *Die Siedlungsarchitektur auf der Halbinsel Oman vom 3. bis zur Mitte des 1. Jahrtausends v.Chr.* 1998 (ISBN 3-927120-61-8), XII + 253 S., € 53,17.

10 *Iron Age Pottery in Northern Mesopotamia, Northern Syria and South-Eastern Anatolia.* Ed. Arnulf HAUSLEITER and Andrzej REICHE. 1999 (ISBN 3-927120-78-2) – vergr.

11 Christian GREWE, *Die Entstehung regionaler staatlicher Siedlungsstrukturen im Bereich des prähistorischen Zagros-Gebirges. Eine Analyse von Siedlungsverteilungen in der Susiana und im Kur-Flußbecken.* 2002 (ISBN 3-934628-04-4), x + 580 S. + 1 Faltblatt, € 142,--.

Abhandlungen zur Literatur Alt-Syrien-Palästinas und Mesopotamiens (ALASPM)

Herausgeber: *Manfried DIETRICH - Oswald LORETZ*

1 Manfried DIETRICH - Oswald LORETZ, *Die Keilalphabete.* 1988 (ISBN 3-927120-00-6), 376 S., € 47,55.

2 Josef TROPPER, *Der ugaritische Kausativstamm und die Kausativbildungen des Semitischen.* 1990 (ISBN 3-927120-06-5), 252 S., € 36,30.

3 Manfried DIETRICH - Oswald LORETZ, *Mantik in Ugarit.* Mit Beiträgen von Hilmar W. Duerbeck - Jan-Waalke Meyer - Waltraut C. Seitter. 1990 (ISBN 3-927120-05-7), 320 S., € 50,11.

5 Fred RENFROE, *Arabic-Ugaritic Lexical Studies.* 1992 (ISBN 3-927120-09-X). 212 S., € 39,37.

6 Josef TROPPER, *Die Inschriften von Zincirli.* 1993 (ISBN 3-927120-14-6). XII + 364 S., € 55,22.

7 *UGARIT - ein ostmediterranes Kulturzentrum im Alten Orient. Ergebnisse und Perspektiven der Forschung.* Vorträge gehalten während des Europäischen Kolloquiums am 11.-12. Februar 1993, hrsg. von Manfried DIETRICH und Oswald LORETZ. **Bd. I**: *Ugarit und seine altorientalische Umwelt.* 1995 (ISBN 3-927120-17-0). XII + 298 S., € 61,36; **Bd. II**: H.-G. BUCHHOLZ, *Ugarit und seine Beziehungen zur Ägäis.* 1999 (ISBN 3-927120-38-3): **AOAT 261**.

8 Manfried DIETRICH - Oswald LORETZ - Joaquín SANMARTÍN, *The Cuneiform Alphabetic Texts from Ugarit, Ras Ibn Hani and Other Places.* (*KTU: second, enlarged edition*). 1995 (ISBN 3-927120-24-3). XVI + 666 S., € 61,36.

9 Walter MAYER, *Politik und Kriegskunst der Assyrer.* 1995 (ISBN 3-927120-26-X). XVI + 545 S. € 86,92.

10 Giuseppe VISICATO, *The Bureaucracy of Šuruppak. Administrative Centres, Central Offices, Intermediate Structures and Hierarchies in the Economic Documentation of Fara.* 1995 (ISBN 3-927120-35-9). XX + 165 S. € 40,90.

11 Doris PRECHEL, *Die Göttin Išḫara.* 1996 (ISBN 3-927120-36-7) — Neuauflage geplant in AOAT.

12 Manfried DIETRICH - Oswald LORETZ, *A Word-List of the Cuneiform Alphabetic Texts from Ugarit, Ras Ibn Hani and Other Places (KTU: second, enlarged edition).* 1996 (ISBN 3-927120-40-5), x + 250 S., € 40,90.

Eikon

Beiträge zur antiken Bildersprache

Herausgeber: *Klaus STÄHLER*

1 Klaus STÄHLER, *Griechische Geschichtsbilder klassischer Zeit.* 1992 (ISBN 3-927120-12-X), X + 120 S. + 8 Taf., € 20,86.

2 Klaus STÄHLER, *Form und Funktion. Kunstwerke als politisches Ausdrucksmittel.* 1993 (ISBN 3-927120-13-8), VIII + 131 S. mit 54 Abb., € 21,99.

3 Klaus STÄHLER, *Zur Bedeutung des Formats.* 1996 (ISBN 3-927120-25-1), ix + 118 S. mit 60 Abb., € 24,54.

4 *Zur graeco-skythischen Kunst. Archäologisches Kolloquium Münster 24.-26. November 1995.* Hrsg.: Klaus STÄHLER, 1997 (ISBN 3-927120-57-X), IX + 216 S. mit Abb., € 35,79.

5 Jochen FORNASIER, *Jagddarstellungen des 6.-4. Jhs. v. Chr. Eine ikonographische und ikonologische Analsyse.* 2001 (ISBN 3-934628-02-8), XI + 372 S. + 106 Abb., € 54,19.

6 Klaus STÄHLER, *Der Herrscher als Pflüger und Säer: Herrschaftsbilder aus der Pflanzenwelt.* 2001 (ISBN 3-934628-09-5), xii + 332 S. mit 168 Abb., € 54,19.

7 Jörg GEBAUER, *Pompe und Thysia. Attische Tieropferdarstellungen auf schwarz- und rotfigurigen Vasen.* 2002 (ISBN 3-934628-30-3), xii + 807 S. mit 375 Abb., € 80,--.

8 *Ikonographie und Ikonologie. Interdisziplinäres Kolloquium 2001.* Hrsg.: Wolfgang HÜBNER - Klaus STÄHLER, 2004 (ISBN 3-934628-44-3), xi + 187 S. mit Abb., € 40,--.

Auslieferung - Distribution:
BDK Bücherdienst GmbH
Kölner Straße 248
D-51149 Köln

Distributor to North America:
Eisenbrauns, Inc.
Publishers and Booksellers, POB 275
Winona Lake, Ind. 46590, U.S.A.